KB042746

한국목간학회 연구총서 04

주보돈교수 정년기념논총

문자와 고대 한국 2

교류와 생활

한국목간학회 편

한국목간학회 연구총서 04

주보돈교수 정년기념논총

문자와 고대 한국 |2|

교류와 생활

한국목간학회 편

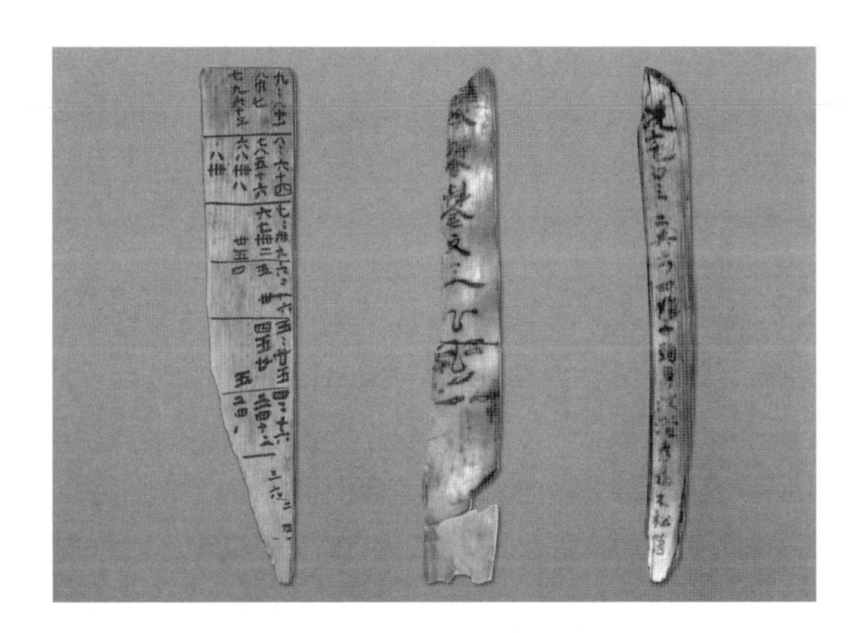

목차

3부

문자로 주고받다 8

4부

문자와 함께 살다 214

에필로그

1권 목차

2부

문자로 다스리다 332

한국목간학회 연구총서 04

주보돈교수 정년기념논총

문자와 고대 한국

2 교류와 생활

3부 문자로 주고 받다

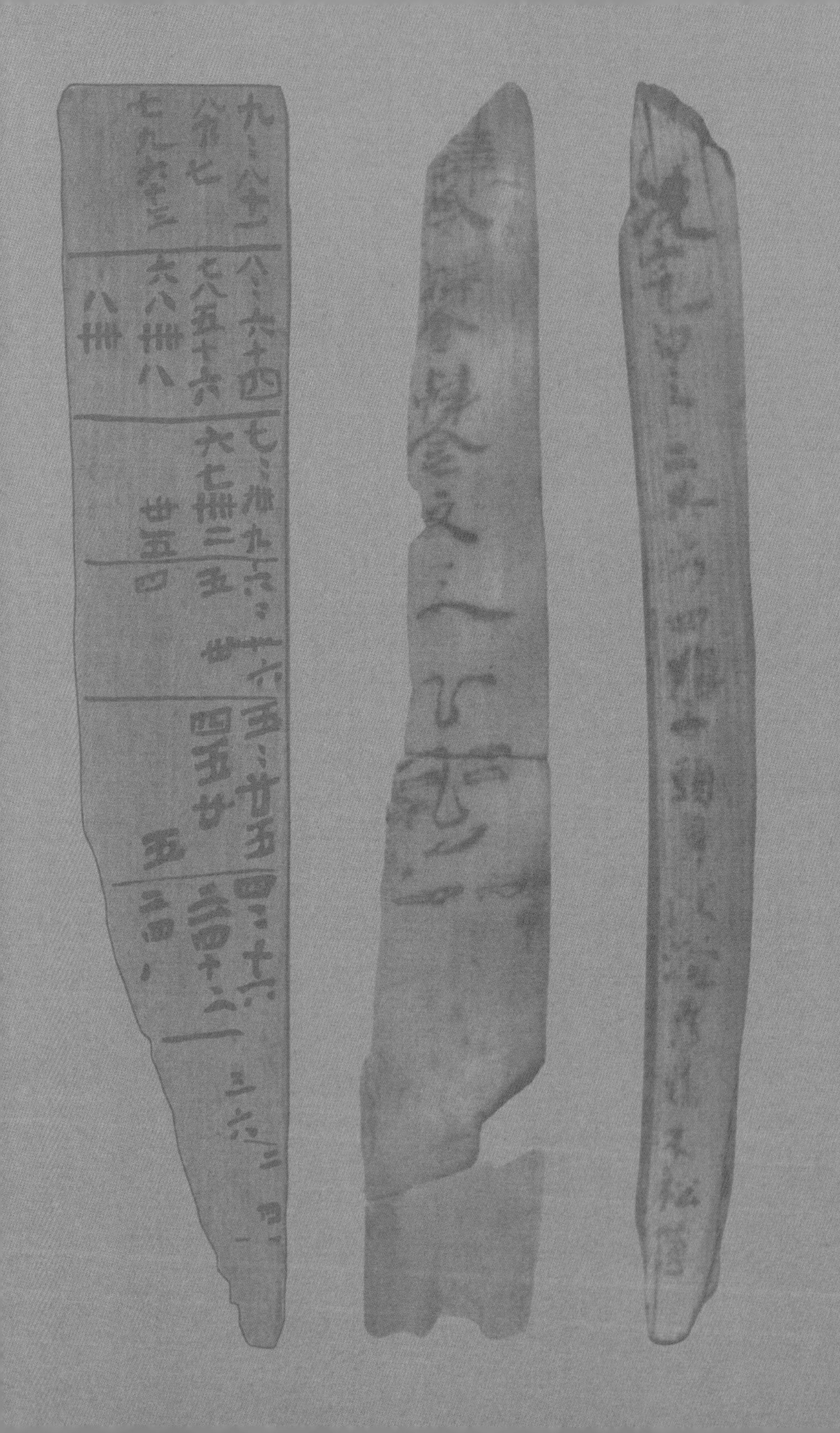

낙랑군과 삼한 지역의 교역

김병준
서울대학교

이 글은 중국 돈황 현천치 발견 漢簡의 내용을 중심으로 분석한 한과 서역 간의 교역문제를 낙랑군과 삼한 지역과의 교역에 적용시켜 보려고 한다. 한 제국의 서쪽 끝에 위치한 서역과의 관계와 동쪽 끝에 위치한 삼한과의 관계 사이에는 커다란 차이가 있을 수 있다. 하지만 낙랑군과 삼한 사이의 교역과 관련해 비록 적은 양이나마 전해지는 문헌 내용을 보면, 양자가 대단히 유사하다는 사실을 확인할 수 있다.

삼한(三韓) 사절단의 사행(使行)

기원전 1세기 삼한 지역과 낙랑과의 교역이 시작되었으며, 그 방식은 주로 조공무역이라고 지적되어 왔다. 조공무역이 주요한 교역형태라는 점은 이견의 여지가 없다. 진한시기 이래 수당시기까지 중국은 자국민의 出境을 원칙상 금하고 關塞와 互市를 엄격히 통제했으며, 황제에게 조공을 명분으로 入關한 외국 상인들에게만 유일하게 통로가 열려 있었기 때문이다. 지금까지는 그 조공사절의 구체적 모습을 알 수 없었지만, 돈황 현천치 한간은 서역으로부터의 조공 사절단의 규모, 구성, 교통로 및 빈도 등 자세한 정보를 전해 주었다.

첫째, 조공사절단의 규모가 다양했다. 현천치 한간에는 수 명의 규모에서 천여 명 이상에 이르는 경우까지 있었다. 그런데 삼한 지역에서 낙랑군으로 조공하는 경우도 마찬가지였다. 『三國志』 東夷傳 韓條 "下戶詣郡朝謁, 皆假衣幘, 自服印綬衣幘千有餘人"에 의하면, 韓에서 朝謁하는 주체가 비록 印綬와 衣幘을 갖추고 있지만 정식 외교사절이 아니라 下戶였다는 사실 그리고 그 규모가 결코 작지 않았음을 알려주기 때문이다.

기존 연구에서는 그 규모가 천여 인이나 되었다는 점을 비정상적인 것으로 보는 경우가 많았지만, 서역에서 들어오는 사절단의 사례에서도 천여 명의 규모를 확인할 수 있다. 또 삼한의 경우 臣智 이외에 印綬와 衣幘을 갖춘 下戶가 포함되었지만, 서역 사절단에도 王, 王子에서부터 貴人, 客에 이르기까지 다양한 구성원이 포함되었다. 따라서 삼한 사절단이 천여 명에 이른다는 것이 결코 비정상적인 것은 아니며, 따라서 이 기록도 특별한 정치적 맥락이 아닌 일상적인 상황 하에서의 조공사절단을 기록한 것으로 보아도 좋을 듯하다.

둘째, 조공사절단은 반드시 一國一使로 국한되지 않았다. 사절단의 규모가 매우 컸다는 사실 자체가 곧 다양한 구성원이 포함되었을 가능성을 의미하지만, 현천치 한간에 의하면 단일한 사절단에 여러 나라의 사절이 포함되어 있었다. 『晉書』 武帝紀 太康 7년조에는 "是歲, 扶南等二十一國, 馬韓等十一國遣使來獻"라는 기록이 있는데, '是歲'라고 되어 있기 때문에 1년 동안 조공한 횟수를 총합한 것으로 보기 쉽다. 그러나 "(원년7월) 東夷二十國朝獻", "(2년6월) 東夷五國內附" "(3년9월) 東夷二十九國歸化, 獻其方物" "(6년4월) 扶南等十國來獻" 등과 같이 1년 단위가 아니라 어느 달을 기준으로 여러 나라가 함께 도착한 사실을 기록하고 있는 것이 있다. 그런가 하면 太康 원년조에는 6월 갑신일에 "東夷十國歸化"이라고 기록되어 있다. 따라서 서사 방식이 동일하다는 사실에 주목한다면, 1년 단위 혹은 1달 단위로 기록된 것들이 사실은 동일한 날짜에 함께 도착했음을 알려준다.

또 四夷傳에 의하면 辰韓은 태강 7년에 조공한 것으로 되어 있지만, 武帝紀에는 같은 해 7월에 "東夷 11國이 內附해 왔다는 기록과 "이 해에 扶南 등 21개국과 馬韓 등 11개국이 조공했다는 기록이 남아있을 뿐 辰韓의 조공 기록은 빠져있다. 일단 무제기에 辰韓이라는 명칭이 기록되지 않았으므로 辰韓은 東夷 11국 혹은 馬韓等 11국에 속해 있었다고 보아야 한다. 그런데 여기서 8월의 '東夷 11국'과 태강 7년조 마지막의 '馬韓等 11국'이 동일한 대상을 지칭하는 것이므로, 辰韓은 '마한 등 11국' 속에 포함되는 것이다. 결국 진한이 마한과 함께 서진으로 조공했다는 의미가 된다. 진한이나 마한의 조공이 모두 '東夷~國이 조공했다'는 방식으로 표현되기도 했다는 것이다. 진한과 마한 혹은 각각의 공동체에 속한 여러 소국들은 하나의 사절단을 구성하였고 이를 '東夷~國'로 기록했었던 것이다.

셋째, 조공사절단에 포함되는 여러 소국들은 대부분 동일한 교통로에 위치하였다. 현천치 한간에서 적대적 관계에 있었던 여러 나라들까지도 하나의 사절단을 구성하는 까닭은 일단 외교적 목적보다 경제적 목적이 더 컸기 때문에 가능했던 것이지만, 이들 국가가 하나의 교통로 위에 위치해 있었기 때문이기도 했다. 낙랑군과 삼한 및 왜와의 교역도 이처럼 교통로를 따라 주변의 소국들이 하나의 사절단을 구성했을 가능성이 크다. 특히 삼한과의 교역이 주로 해로에 의존했을 가능성이 큰데, 사막을 건널 때 오아시스 소국으로부터 일정한 물과 식량 등의 물자를 제공받아야 하는 서역의 경우처럼 해로 교통 또한 항해에 필요한 각종 물자를 적절하게 육지로부터 제공받아야 했다. 이러한 방식으로 낙랑군까지 오기 위해서 여러 곳의 기착지를 거쳤을 가능성이 크며, 이런 과정을 거치면서 여러 지역의 사절들이 함께 이동했을 것이라고 추정된다. 五銖錢과 貨泉 등 漢과 新의 화폐가 전남 해남과 거문도, 경남 김해와 마산, 그리고 제주도 등 한반도 남부 지역에 해로를 따라 확인되고, 또 일본 열도에서 제작된 것으로 보이는 기물들이 김해, 고성, 마산, 창원, 삼천포 등에 분포되어 있는데, 이들 지역이 사절단이 기착하게 되는 교통로에 위치해 있었기 때문이라고 생각된다.

넷째, 조공사절단은 한의 사절에 의해 호송되었다. 서역 사절이 한의 영역으로 들어온 이후 한 측에서 이들을 호송하며 모든 식량과 이동을 부담하였다는 사실은 현천치 한간 중 <永光五年康居王使者訴訟冊>에서 명확하게 드러난다. 그렇지만 이들이 자국으로부터 한으로 오기까지도 한의 사절이 호위하고 있었으며, 조공이 완료된 이후 귀국할 때에도 한의 사절이 그 안전을 보장했다는 사실을 확인할 수 있었다. 낙랑군으로 오게 되는 사절들도 이러한 한의 사절이 중요한 역할을 했을 가능성이 매우 높다.

A.D. 1세기 廉斯鑡의 歸附 기록에 의하면, 낙랑군이 廉斯鑡를 통역으로 삼아 岑中으로부터 大船을 타고 진한에 들어가서 戶來 등을 맞이하여

데려갔다. 사실 戶來의 무리 1천명과 辰韓人 1만5천 명, 그리고 1만5천 필의 弁韓布를 거두어 돌아가기 위해서는 이를 호송할 大船과 같은 교통수단과 인원이 필요했었을 것이다. 삼한과 왜가 이러한 교통수단을 구비하고 있지 않았다고 볼 필요는 없다. 그러나 낙랑군과 무역에서 얻을 것으로 예상되는 경제적 수익이 수송비용 등을 크게 초과한다면, 삼한과 왜 측에서 이러한 교통 비용을 지불하지는 않았을 것이다. 그보다는 한 측에 의해 이러한 교통수단과 인원이 제공되었을 터인데, 왜냐하면 한측은 경제적 목적 외에 조공을 받으려는 외교적 목적이 추가되어 있었기 때문이다.

다섯째, 조공사절단의 봉헌 빈도는 문헌자료에 기록되어 있는 것보다 훨씬 많았다. 현천치 한간에는 문헌자료에 언급되어 있는 사절단의 조공 기록도 있지만, 더 많은 경우 문헌기록에서 확인되지 않는다. <永光五年康居王使者訴訟冊>에서도 康居 사절단이 벌써 여러 차례 奉獻하려 한에 入關한 적이 있었다고 기록되어 있지만, 문헌에는 이 시기 漢과 康居는 적대적 관계에 있었다. 『삼국지』 동이전 韓條의 '四時朝謁'나, 倭條의 '歲時來獻', 그리고 高句麗條에 '歲時來取地' 등의 기록에서 '四時' '歲時'라고 되어 있는 표현은 1년에도 여러 차례에 걸쳐 봉헌 즉 교역 행위를 했음을 의미한다.

사행(使行)무역과 호시(互市)

교역 자체가 쌍방에 의해 이루어지듯 삼한과 낙랑의 교역도 일방적으로 이루어지지 않았을 것이다. 삼한의 사절이 낙랑군에 들어가는 경우가 있는가 하면, 그 반대로 한 혹은 낙랑에서 직접 삼한으로 가서 교역을 행하는 경우도 존재하였다. 그런데 그동안의 연구에서는 그 주체를 한의 사절이 아닌 민간상인으로 보았다. 삼한 지역에서 확인되는 각종 중국 화폐는 이들 중국 상인이 와서 교역한 명백한 증거로 언급되곤 하였다.

그러나 한은 근본적으로 민간 상인이 외국으로 나가는 것 자체를 허락하지 않았다. 민간인의 대외 무역은 법적으로 철저하게 금지되었다. 물론 일부 민간 상인이 먼 외국까지 출국하여 교역을 한 사례가 보이지만 이들은 모두 '몰래 출국한(竊出)'한 자들에 불과하다. 가령 촉국 상인들은 자기 지역의 枸醬을 야랑(지금의 귀주성 지역)에서 팔았고, 또 蜀布와 邛竹杖을 멀리 身毒國(지금의 인도 지역)에 팔았지만, 이러한 사례는 모두 비정상적인 경우에 해당된다. 따라서 삼한까지 와서 교역을 했던 자는 국가로부터 공식적으로 허가를 받은 자여야 했다면, 그들은 한의 사절 이외에는 상정할 수 없다. 日南 지역의 경우이지만, 배를 타고 수개월 동안 항해를 하여 각종 明珠, 璧琉璃, 奇石, 異物를 구입해 온 자들은 국가의 사절에 '應募'한 자들이었다.

사실 한의 사절이 교역행위에 참여했다는 것은 『사기』와 『한서』에 이미 명백히 기록되어 있었다. 즉 漢人으로서 외국으로 使行하는 경우가 매우 많았으며 그들은 짧게는 수년에서 길게는 8~9년까지 외국에 체류하였는데, 이들 역시 경제적 수익을 목적으로 使行을 자원했던 것이다. 그럼에도 불구하고 그동안 한의 사절에 주목하지 못했던 까닭은 아마 史書에 한의 사절이 삼한으로 파견되는 경우를 찾을 수 없기 때문이었을 것이다. 그러나 전술했듯이 원칙적으로 한의 사절이 삼한과 왜의 사절을 호송하는 임무를 담당했다는 사실, 그리고 민간상인의 대외 무역 종사를 금지했다는 사실은 삼한과 낙랑군의 교역에 한의 사절이 중요한 역할을 담당했을 것임을 웅변해 주고 있다.

이렇게 이해할 때 비로소 화폐를 비롯한 각종 한의 유물이 해안을 따라 발견된다는 점을 이해할 수 있다. 낙랑을 비롯한 한의 여러 민간 상인들은 해외로 사행하는 사절단에 응모하여, 공식적으로는 외교 업무와 삼한 사절의 호송 임무를 담당하였으며, 이와 동시에 이들은 외교 사절의 신분으로서 취득한 교통수단과 식량, 인원 등을 기반으로 삼한의 여러 곳에서 교역을 통해 이익을 취했다는 것이다.

한편 서역의 조공 사절이 돈황군에 들어간 뒤 봉헌물품을 평가하고 거래하는 酒泉郡 昆歸官으로 먼저 호송되었듯이 삼한과 왜의 사절 역시 낙랑군에 들어간 뒤 변경 교역을 총괄하는 장소로 안내되었을 것이다. 互市라고도 불리웠을 그곳까지 가는 동안 이들은 원칙적으로 식량과 안전을 보장받았을 것이며, 일단 목적지에 도착하면 가지고 간 봉헌물품을 감정하는 절차를 밟았을 것이다. 그리고 그 중 황제가 있는 수도로 가려고 할 경우는 이들에게 통행증을 발급해 주었을 것이며, 낙랑군에서 곧바로 귀국하려는 경우는 낙랑군에서 물건의 가격을 결정해 사들이고 그 대신 낙랑군 관부의 재고 물자와 교역을 했을 것이다.

이들은 봉헌을 명목으로 들어왔기 때문에 물건의 가격을 결정할 때 일상적인 가격보다는 후하게 결정되었을 가능성이 크다. 그렇지만 일반인들과의 자유로운 거래가 이루어진 것이 아니라 관부에 의해 가격이 결정되는 구조였으므로, 종종 불공정한 거래가 이루어질 가능성이 매우 컸다. <永光五年康居王使者訴訟冊>와 같이 식량 지급이 이루어지지 않거나 물건 가격을 일방적으로 결정할 수도 있었다는 것이다.

사실 일반적으로 사무역으로 취급되곤 하는 互市는 사실 넓은 의미에서 使行 무역의 일환이다. 사신이 직접 교역을 행하는 것이 아니라는 점에서 엄밀한 의미에서 조공 무역과 차이가 있는 것은 사실이지만, 기본적으로 사신을 보내 봉헌을 하며 互市를 요구하는 방식을 거쳐 互市가 설치된다는 점을 고려하면 호시를 사행 무역이라고 할 수 있다는 것이다. 이처럼 호시가 사적 교역이 아니라 사행 무역, 즉 공무역에 속하기 때문에 관리의 철저한 감독 하에 거래가 이루어져야 했다. 唐代의 사례이기는 하지만 唐令에 의하면 변경에서의 互市를 관리가 감독하고 검열하였으며, 교역이 이루어지는 장소 역시 사방이 외부와 격절되었고 외부로 통하는 문도 사람들이 지키고 있었다. 이렇게 관에 의해 철저히 통제된 장소에서 관리들이 봉헌물품에 대해 가격을 정하는 방식으로 교역이 진행되었던 것이다. 『삼국지』 梁習傳에는 鮮卑의 大人인 育延이 자기 부락 5천여 騎를 이끌고 互市에서 교역을 하는 과정에서 발생한 사건이 실려 있는데, 그 장소는 空城에서 이루어졌지만 명백히 魏의 관리 감독 하에 실시되었다. 이 사건은 교역이 끝나지 않았는데 魏의 市吏가 선비족을 체포하면서 발생하였고, 이에 대해 무력으로 대응했던 선비족을 참수하는 것으로 끝맺게 되었다. 互市의 교역이 魏의 교역 원칙과 감시 하에 거래가 이루어졌던 것이므로, 종종 관리의 침탈이 일어났고 이에 대한 불만이 적지 않게 제기되곤 했던 것이다.

물론 관부 이외에 변군의 한인 호족들과 거래가 개별적으로 이루어질 수도 있었다. 특히 봉헌이 끝난 뒤에도 곧바로 귀국하지 않고 4세기 이후 소그드 상인과 같이 장기 체류하며 교역 행위를 했다면 그 대상에는 일반인도 포함될 수 있다는 것이다. 다만 이 경우라 하더라도 결국 출국시 이들에 대한 검사가 이루어지는 만큼 국가에서 금지한 물품을 구입하여 돌아가지는 못했을 것이라고 생각된다.

이상에서 살펴본 바와 같이 삼한과 낙랑군의 교역은 이처럼 삼한의 조공 사절과 이를 호송하는 한의 사절에 의해 기본적으로 이루어졌다고 할 수 있다. 또한 호시도 넓은 의미에서 사신의 왕래를 전제로 하는 것이기도 했다. 그러므로 한의 사절에 의한 교역, 그리고 호시까지를 포함하기 위해서는 삼한과 낙랑군의 교역을 '조공무역'이라는 좁은 개념으로 국한시키기보다, 쌍방의 사절이 왕래함으로써 이루어지는 교역이라는 의미에서 조공무역을 내포하는 넓은 의미로서 '使行무역'이 더 적절한 개념이라고 생각된다.

참고문헌

김병준, 2011, 「돈황 현천치한간에 보이는 한대 변경무역 -삼한과 낙랑군의 교역과 관련하여」, 『한국 출토 외래문물: 초기철기~삼국시대』, 한국문화재조사연구기관협회.

Column

고대 동아시아의 기록문화와 계수간(計數簡)

윤재석(경북대학교)

종래 동아시아문화권의 구성 요소로 알려진 한자·유교·불교·율령체제에 더하여 고대 동아시아문화의 공통 인소로 簡牘에 의한 기록문화의 공유 양상에 대한 학술적 관심이 점증하고 있다. 잘 알려져 있듯이 지금까지 동아시아지역에서는 약 90만매의(중국 40~50만매, 일본 약 40만매, 한국 약 900매) 간독자료가 발굴되었고, 이들 간독은 서사재료와 제작방식 및 서사격식 등에서 유사성이 확인될 뿐 아니라 간독을 매개로 한 동아시아 기록문화의 전파 루트가 중국-한반도-일본열도로 형성되었음도 밝혀지고 있다. 이로 인하여 간독을 중심으로 한 기록문화 나아가 동아시아문화권의 형성과 전개 과정을 추적할 만한 단서로서 간독의 중요성이 부각되고 있는 것이다.

한중일 간독의 전파와 이에 수반된 기록문화의 공유 양상은 기존 동아시아문화권의 형성 및 전개과정과 유사한 양상을 드러내고 있다. 즉, 秦漢시대 간독을 중심으로 한 중국의 기록문화가 기원전 1세기 낙랑을 중심으로 한 한반도 북부지역으로 전래되었고, 이것이 6-8세기 한반도의 簡紙併用時期를 거쳐 다시 8-9세기 일본열도의 목간기록문화로 이어진 것으로 추정된다. 이러한 기록문화의 전파과정은 동아시아 삼국이 간독이라는 서사도구와 여기에 기재된 콘텐츠의 유통으로 확인될 수 있는바, 대표적으로 한중일 삼국에서 공통적으로 발굴되고 있는 '論語木簡'으로 대변되는 유교문화의 확산 과정과 더불어 '計數化'된 정책의 수립과 집행의 기초라 할 수 있는 '九九段木簡'의 확산 과정에서도 확인된다.

동서고금을 막론하고 국가의 운영에 있어서 인적·물적 자원의 생산과 분배 및 관리는 '計數化'된 정책에 의해 집행된다. 중국의 경우 국가권력의 완성도가 높아져 가는 춘추전국시대부터 인민지배의 細技가 정교해지면서 戶籍制度·土地制度·稅役制度·徵兵制度·官僚制度 등 등의 효율적 운영을 위하여 사칙연산 등의 셈법이 적극 사용되었고, 帝國體制를 갖추는 秦漢時代에는 그 정점에 달하였다.

중국에서 십진법에 의한 숫자의 사용은 이미 殷代 갑골문에 등장하고, 이에 기초한 곱셈은 아무리 늦어도 춘추전국시기에는 보편화된 것으로 보인다. 사칙연산을 기초로 한 算學의 정치적 활용은 춘추전국의 열국들이 각기 독립 국가로서의 역량을 강화해 나가는 과정에서 인적·물적 자원의 생산과 소비 및 배분의 효율화를 꾀하기 위한 것임은 물론이고, 이를 위해서는 정책을 입안하고 실행하는 모든 관리들에게 수학교육은 필수였을 터인데, 현전하는 『九章算術』을 비롯한 문헌자료와 근래 지속적으로 발굴되고 있는 '計數簡牘'은 이를 잘 말해준다.

後漢시대에 저술된 『九章算術』은 춘추전국기 이래 축적되어 온 진한시대의 산학을 집대성한 저작으로서, 모두 9章으로 나누어진 주제를 중심으로 246개의 算題로 구성된 응용수학 문제집이다. 이는 오늘날 중고교의 수학문제집과 같은 용도로 제작된 일종의 수학교재라 할 만한데, 관리가 공무를 처리하면서 필요로 하는 실용수학의 결정판이라 할 수 있다.

흥미로운 점은 『九章算術』보다 약 150년 앞선 것으로 추정되는 수학 문제집이 죽간 형태로 발굴되었다는 사실인데, 湖北省 江陵 張家山247號 漢墓에서 발굴된 약 200매의 죽간 『算數書』가 그것이다. 이들 죽간은 "二年(呂太后二年: B.C.186년) 律令"이라는 표제가 붙은 律令簡과 함께 출토된 만큼 漢初에 사용된 실용 수학 문제집이 분명한데, 특히 여기에 포함되어 있는 68개의 算題 중 상당 부분이 『九章算術』의 그것과 겹치는 까닭에 『九章算術』의 원류라 할 만하다. 그런데 더욱 흥미로운 점은 이 책보다 더 이른 진대의 응용 수학 문제집이 죽간 형태로 발견되었다는 서실이다. 즉, 2007년 湖南大學의 岳麓書院 측이 홍콩의 문물시장에서 구입한 嶽麓秦簡에 포함된 236매의 『數』簡이 그것이다. 이 책은 81개의 算題와 19개의 術文으로 구성되어 있으며, 늦어도 秦始皇帝35년(B.C.212)에 사용된 것으로 추정된다. 竹簡本 『數』와 『算數書』는 모두 실용 수학문제집으로서 관리의 묘에서 출토된 것으로 추정되는데, 이는 이들 計數簡이 진한제국의 유지에 필요한 인적·물적 자원의 생산과 배분 및 소비의 전 과정이 計數化된 정책의 산물로서, 관리들에게는 필수 학습도서였을 것으로 보인다.

한편, 이들 計數簡에 나오는 가장 기본적 수식계산 원리는 加減乘除의 四則演算임은 두말할 필요가 없는데, 이중 乘數와 被乘數가 모두 10 미만 자연수 간 곱셈의 경우는 예나 지금이나 구구단의 형태로 암송되었음을 보여주는 간독이 발굴되고 있어 주목을 끈다. 중국에서 구구단은 춘추전국시대에 이미 보편적으로 사용되었을 것으로 추정된다. 『管子』·『荀子』·管子』·『戰國策』·『韓詩外傳』등에는 구구단의 사용 흔적이 다수 발견된다. 이러한 문헌기재상의 구구단은 20세기 초에 발굴된 敦煌漢簡과 居延漢簡 등은 물론 근래 발굴된 里耶·張家界·深川 등지에서도 木牘 또는 磚에 기재된 구구단이 발견되었다.

이중 그림 1에서 보듯이 2002년 湖南省 湘西 土家族·苗族自治州 龍山縣 里耶鎭의 古井에서 발굴된 두 건의 구구단 목독은 현재까지 발굴된 가장 오래된 것으로서 先秦時代 문헌에서 언급하고 있는 구구단의 원형으로 엿볼 수 있다. 특히 이들 목독은 진대 서남부 변경지역 縣 중의 하나인 遷陵縣의 공문서와 함께 발굴된 만큼 관리에 대한 산학 교육과 밀접한 관계가 있는 것으로 추정된다. 아울러 그림 1을 일별하더라도 당시 구구단은 "九九八十一"로 시작되었고, 그 끝에는 "凡千一百一十三字"라 하여 전체 합계를 표시하였음을 알 수 있다. 흥미로운 것은 리야구구단 목독을 비롯하여 지금까지 敦煌과 居延 등에서 발굴된 고대 중국의 구구

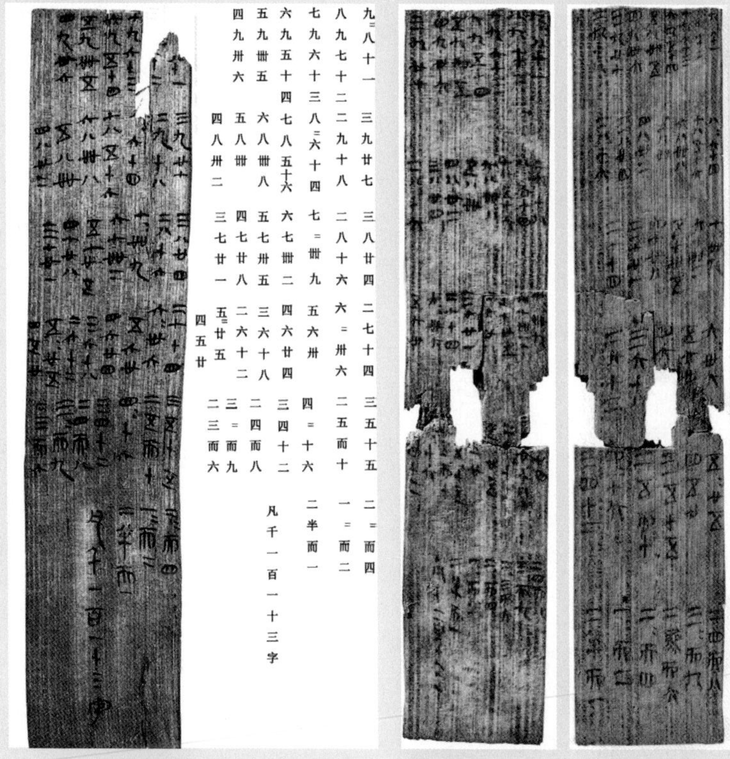

그림 1. ①, 中國 里耶遺蹟 제6층 출토 九九段木牘　　②, 里耶博物館 소장 九九段木牘(正面/背面)

단 목독은 어느 것이나 "九九八十一"로부터 시작한다는 공통점이 있는데, 이는 오늘날 우리가 상용하는 "九九段" 또는 "九九表"라는 표현의 원류가 여기에서 비롯되었음을 보여준다.

한편, 그림 1에서 보듯이 구구단의 배치 방식은 왼쪽에서 시작하여 오른쪽으로 나열하되 각 단별로 한 줄에 배치하지는 않고 일률적으로 한 줄에 7개의 셈식을 배치하며, 승수가 1이 들어가는 곱셈을 표기하지 않음은 물론 1단은 아예 기재하지 않음을 알 수 있다. 특히 흥미로운 것은 위의 里耶九九段과 더불어 그림 2(張家山古人堤九九段木牘)에서 보듯이 각 단별로 승수와 피승수는 동일한 숫자로부터 시

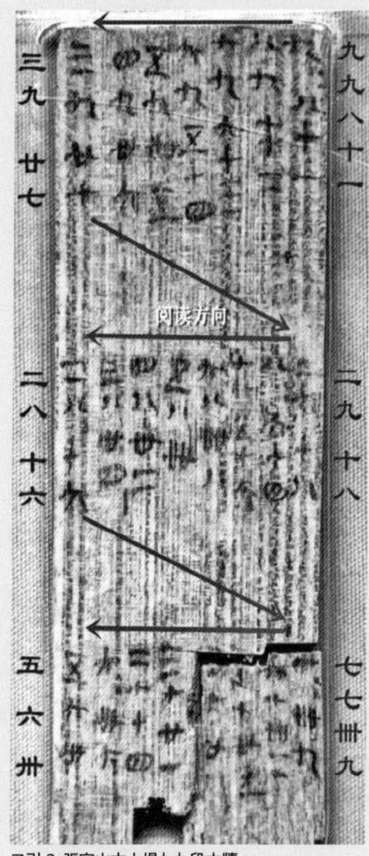

그림 2. 張家山古人堤九九段木牘

작한다는 점이다. 즉, 9단의 시작은 9×9, 8단의 시작은 8×8, 7단의 시작은 7×7……2단의 시작은 2×2의 순서로 내려가고, 각 단이 바뀔 때마다 승수는 고정되어 있고 피승수만 1씩 감소시켜 9단에서 2단에 이르게 하였으며, 피승수를 1로부터 시작하는 1단은 기재하지 않았다. 그 결과 9×8과 8×9처럼 값이 동일한 곱셈의 승수와 피승수가 상호 교차시키는 셈법은 전혀 나타나지 않는다. 이에 따라 단이 내려갈수록 셈식은 줄어들게 되는데, 8개의 셈식으로 구성된 9단부터 각 단별로 하나씩 줄여 2단에 이르러서는 "二二而四" 하나만 남도록 하였다.

한편, "九九八十一"로 시작하여 "二二而四"로 끝나는 춘추전국 및 진한시대 구구단에 더하여 1단인 "一一如一"까지 곱셈의 단위가 늘어나게 되는 것은 4-5세기에 편찬된 것으로 추정되는 『孫子算經』("右從九九至一一, 總成一千一百五十五") 단계부터로 알려져 있다. 이는 敦煌 莫高窟에서 발굴된 5~10세기의 算經文書 중에서도 확인된다. 그리고 오늘날처럼 1×1로 시작하여 9×9로 끝나는 구구단은 13~14세기부터인 것으로 알려져 있다. 오늘날 통용되는 구구단의 순서가 정착된 것은 宋代 이후인 셈이다.

위의 중국 출토 구구단목간과 더불어 주목되는 것은 한국과 일본에서 발굴된 구구단목간이다. 지금까지 한국에서는 2011년 부여 쌍북리에서 발굴된 백제시대 구구단목간 (그림 3)이 발굴되었고, 일본에서는 新潟·大沢谷内 유적 출토 九九段木簡(그림 4) 등 약 40여 매가 발굴되었다. 우선 전자가 6~7세기의 것이라면 일본에서 발굴된 구구단목간 중에서 시기적으로 가장 이른 것이 7세기 후반인 점에서 볼 때, 양자 간의 선후 관계와 전승 관계를 미루어 짐작할 수 있을 것이다. 특히 양자 모두 중국의 그것과 동일하게 "九九八十一"로부터 시작할 뿐 아니라, 중문부호(=) 및 숫자 표현인 "卄" "卅" "卌", 그리고 곱셈의 결과값이 10미만인 경우 "如"자가 사용되는 등 공통점이 발견되는 것으로 보아 한국과 일본에서 출토된 구구단목간은 중국의 그것으로부터 영향을 받았음을 충분히 짐작할 수 있다. 특히 부여 구구단목간과 달리 일본의 구구단목간에는 "一九如九"처럼 1단이 기재되어 있는 점이 주목되는데, 이는 전술하였듯이 1단이 구구단에 기재되기 시작한 4-5세기 중국 구구단의 영향인 것으로 보인다.

그런데 흥미로운 것은 부여와 일본 출토 구구단목간은 시대가 근접해 있음에도 불구하고 전자에는 1단이 전혀 기재되어 있지 않다는 점인데, 이러한 측면에서만 본다면 부여의 구구단목간은 1단을 기재하지 않는 4세기 이전 중국 구구단목간의 영향을 받은 상태에서 6~7세기까지 그대로 사용되었을 것임을 짐작케 한다. 이에 대해서는 추후 논거의 보강이 필요해 보인다.

이상에서 볼 때, 計數簡 및 九九段木簡은 개인의 일상사는 물론 고대 동아시아에서 사회와 국가를 유지·관리함에 있어서 인적·물적 자원의 파악과 생산 및 분배·소비의 計量化에 필요불가결한 도구였다. 특히 춘추전국시대부터 보편적으로 사용된 구구단은 중앙집권국가의 효율적 유지와 관리에 필요한 가장 기본적인 지배도구의 하나이기도 하였던 바, 敦煌과 居延 등의 軍營과 里耶의 遷陵縣廷 유적지에서 구구단목간이 주로 발굴되는 것은 이를 잘 보여준다. 기원전 3세기 里耶에서 출토된 구구단목간을 비롯한 중국 구구단목간의 기재방식은 오늘날의 그것과 사

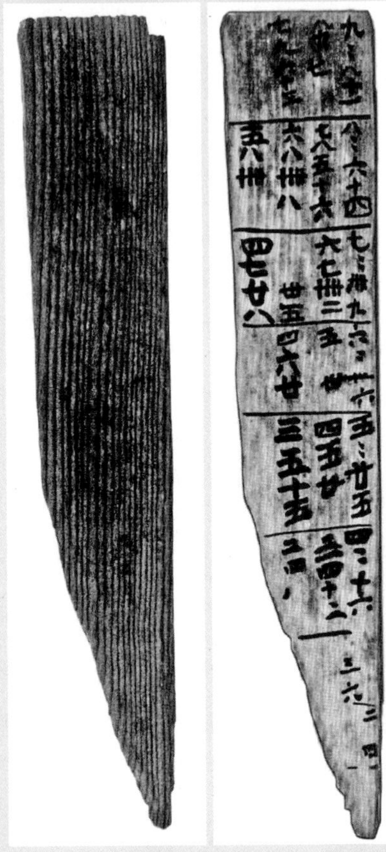

그림 3. 한국 부여 쌍북리 328-2유적 출토 九九段木簡

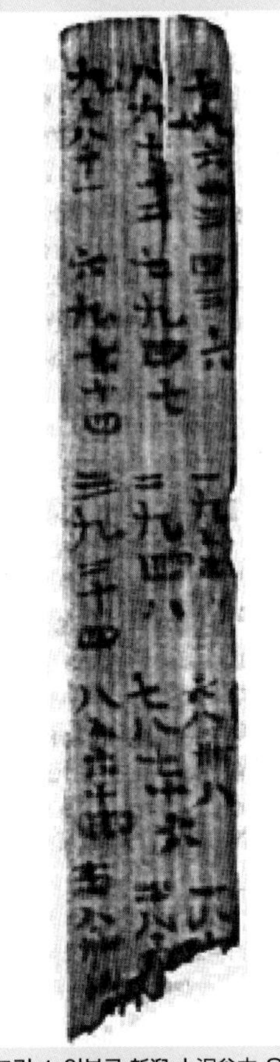

그림 4. 일본국 新潟·大沢谷内 유적 출토 九九段木簡

뭇 다르다. 그렇지만 이러한 중국의 구구단목간과 6세기 이후 한국과 일본에서 발굴된 구구단목간이 동일한 기재방식을 취하고 있다는 점에서 볼 때, 구구단을 비롯한 고대 중국의 算學이 동아시아문화권의 형성과 전승 과정에서 중요한 구성 요소로 작용하였음을 확인할 수 있다.

* 이 글은 2018년도 경북대학교연구비지원 수행과제인「동아시아 간독문화권과 구구단목간」의 연구노트로서 무단 복제와 인용을 금함.

참고문헌

羅振玉·王國維 編著, 1993,『流沙墜簡』, 中華書局.

中國社會科學院歷史研究所等 編, 1994,『居延新簡(下)』, 中華書局.

甘肅省文物考古研究所 編, 1991,『敦煌漢簡(下)』, 中華書局.

中國社會科學院歷史研究所等 編, 1994,『居延新簡』.

張家山二四七號漢墓竹簡整理小組, 2001,『張家山漢墓竹簡[二四七號墓]』, 文物出版社.

朱漢民·陳松長 主編, 2011,『岳麓書院藏秦簡(貳)』, 上海辭書出版社.

湖南省文物考古研究所 編著, 2012,『里耶秦簡(壹)』, 文物出版社.

里耶秦簡博物館出土文獻與中國古代文明研究協創昌新中心中國人民大學中心 編著, 2016,『里耶秦簡博物館藏秦簡』, 中西書局.

李儼, 1963,『中國古代數學史料』, 上海科學技術出版社.

錢寶琮, 1964,『中國數學史』, 科學出版社.

李成市, 2007,『東アジア文化圈の形成』, 山川出版社.

王焕林, 2006,「里耶秦簡九九表初探」,『吉首大學學報(社會科學版)』2006年 第27卷 第1期.

劉金華, 2003,「秦漢簡牘"九九殘表"述論」,『文博』2003年 第3期.

三上喜孝, 2011,「日本 出土 古代木簡 -近年(2008~2011)出土木簡-」,『목간과 문자』제7호.

桑田训也, 2016,「日本における九九·暦关連出土文字资料とその研究動向-木簡を中心に」, 慶北大學校第3回國際學術大會發表資料.

前山精明·相沢央, 2009,「新潟、大沢谷内遺迹」,『木簡研究』第3号.

鄭勛晋, 2016,「부여 쌍북리 백제유적 출토 목간의 성격」,『목간과 문자』제16호.

尹善泰, 2016,「百濟의 '九九段'木簡과 術數學」,『목간과 문자』제17호.

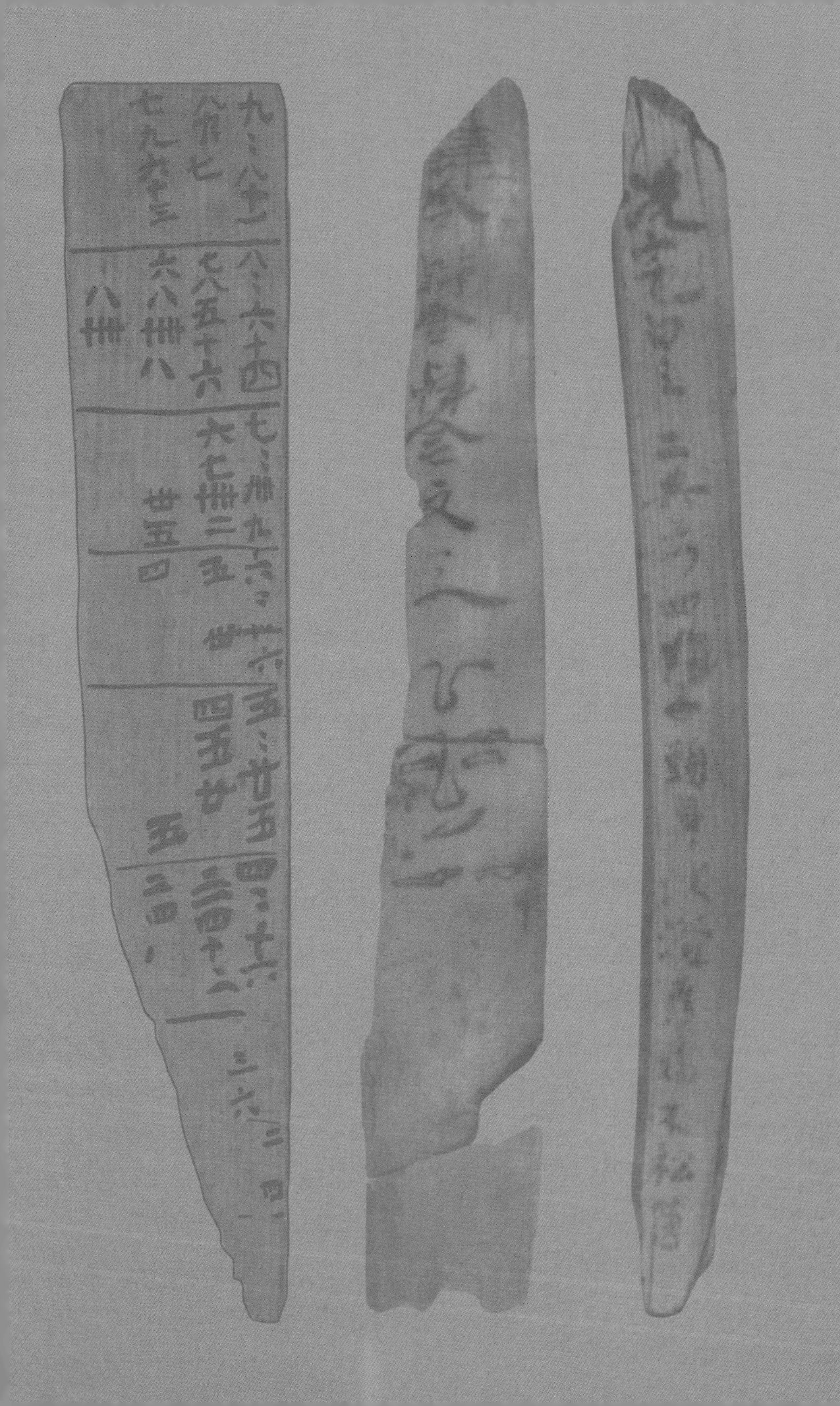

고대의 대내·외 교역과 문자

김창석
강원대학교

한국 고대의 교역 활동과 교역품, 그리고 이를 담당한 교역자에 관해서 근래 관심이 높아지고 연구가 점증하고 있다. 이에 관한 자료가 많지 않지만 고고학 발굴품과 유적 조사 사례가 축적되고 그간 알고 있던 사료를 교역이라는 관점에서 새롭게 인식하게 되면서 가능해진 일이다.

발굴조사 지역에서 이질적인 유물이 발견되었을 때 그 배경의 하나로 물품이 외부에서 반입되었을 가능성을 상정하게 된다. 하지만 교역에 의해 들어왔는지, 아니면 주민 집단의 이주와 같은 다른 요인이 작용했는지를 물질 자료만 가지고 판단하기는 어렵다. 금석문, 목간, 포기(布記)처럼 발견된 자료에 문자가 남아 있을 경우 그 유물이 유입된 배경과 경위를 파악할 수 있는 결정적 단서가 된다. 이 역시 많지 않은 실정이지만 몇 가지 문자자료를 통해서 고대 교역의 실상을 그려보고자 한다.

교역, 무역, 상업

먼저 교역 활동이란 무엇인가를 짚어보자. 교역이라고 하면 흔히 외국과의 무역 활동을 떠올린다. 그러나 교역과 무역은 구분해서 봐야 한다. 두 사람 또는 두 집단이 만나서 서로 바꿀 만 한 가치가 있다고 판단한 물품을 교환했을 때 교역이 성사된다. 그런데 고대인들은 어떤 물건이 과연 교역을 벌여 얻을 정도로 가치가 있는가를 가늠할 때 경제적 가치만 따지지 않았다. 경제적으로는 손해를 보더라도 교역품을 통해서 얻을 수 있는 정치·사회적 위신, 교역 파트너와의 유대, 그리고 정서적 만족감 등이 중요하게 작용했다. 소국연맹체의 맹주에 의한 위세품의 분여, 고대국가 사이에 이뤄진 책봉-조공관계, 귀족들의 사치품 수입을 이러한 관점에서 이해할 수 있을 것이다.

이에 비해서 무역은 경제적 이익만을 노린 교역을 가리킨다. 무역의 현장에서도 교환되는 물품은 형식상 등가교환의 형태를 띤다. 하지만 무역 상인은 수입한 물품을 제3자에게 비싸게 팔아서 중개 이득을 얻는다. 국가 간의 무역은 물론 국내에서 상업 활동을 하는 상인 역시 마찬가지다. 생산자로부터 구입한 가격보다 높은 가격으로 소비자에게 판매함으로써 차익을 얻을 수 있었다. 따라서 대외교역이냐, 대내교역이냐 하는 차이가 있을 뿐 무역과 상업은 모두 교역 활동에 속하고 경제적 이익을 좇는다는 공통점을 가진다.

송나라로부터 사신으로 고려에 왔던 서긍(徐兢)이 1123년에 쓴 『고려도경』에 무역 조가 있다. 고려에서는 예전에 외국 사신이 방문하면 큰 시장을 열어 호화로운 상품을 진열한다고 썼다. 사신이 여기서 값비싼 물건을 샀다면 고려와 송나라 사이에 일종의 국제무역이 이뤄진 셈이다. 그런데 같은 무역 조의 후반부에는 고려 국내의 시장인 허시(虛市)와 물품화폐에 관한 내용이 나온다. 국내상업에 대한 기술이다. 서긍은 국제무역과 국내상업을 같은 차원의 활동이라고 보아서 양자를 함께 '무역' 조에 실었던 것이다.

신라 하대의 금석문인 「흥덕왕릉비」의 파편에 "무역지인(貿易之人)"이 나온다. 종래 이를 흥덕왕이 설치한 청해진과 관련시켜 장보고가 거느리던 상단을 가리킨다고 이해하기도 했다. 그러나 『고려도경』 무역 조의 사례와 9세기 신라의 상업 발달 상황을 감안한다면 "무역지인"에는 국내상업에 종사하던 상인이 포함되었다고 보인다. 요컨대 적어도 동아시아의 고대사회에서 대외교역(증여, 무역 등)과 대내교역(물물교환, 상업 등)은 모두 교역이라는 공통 기반에서 출발했다. 특히 대외교역 가운데 무역은 교역이 발전하는 과정에서 새롭게 발생한 교역 활동이었다.

필자가 교역, 무역, 그리고 상업의 개념을 기회 있을 때마다 강조하는 이유는 이렇게 무역과 상업이 교역 활동의 일환으로서 본질적으로 같은 성격을 갖고 있고, 무역을 교역과 혼동하여 마치 인류 역사의 초기부터 무역이 이뤄진 것처럼 인식하는 오류를 경계하기 위해서이다. 이제 한국 고대의 교역 상황을 크게 대내교역 중 상업과, 무역을 포함한 대외교역이라는 두 부분으로 나누어 교역 활동에서 문자와 문서가 어떤 영향을 미쳤는지 살펴보자.

문서행정과 교역

1988년 경상남도 창원시의 다호리에서 철기시대의 목관묘 44기가 조

그림 1. 「흥덕왕릉비편」 탁본의 "무역지인" (國立慶州博物館, 2002 『文字로 본 新羅』, 예맥출판사)

사되었다. 이 가운데 1호분은 BC 1세기 후반 이 지역의 수장 무덤이라고 추정된다. 여기서 옻칠을 한 칼집을 갖춘 청동검[漆鞘銅劍], 쇠투겁창과 같은 고급 무기가 출토되었기 때문이다. 더불어서 각종 칠기, 오수전(五銖錢), 청동 띠고리, 무늬 있는 거울 등 한식(漢式) 유물과 덩이쇠[鐵鋌]가 발굴되었다. 나중에 변한으로 발전하는 이 지역의 특산물이 철이었으므로, 덩이쇠를 다량 보유한 무덤의 주인공이 칠기, 거울 등을 덩이쇠와 교환한 결과라고 생각된다. 그 과정에서 한나라의 화폐인 오수전이 유입되었다.

특히 부장품 가운데 여러 자루의 붓과 손칼, 저울추가 주목을 끈다. 붓은 양 끝에 털을 달아 붓 하나로 두 개의 효과를 얻을 수 있게 했다. 사용기한을 늘임은 물론 양쪽에 각기 다른 색깔의 먹물을 묻혀 기록하면 기록내용을 구분할 수 있다. 어느 경우이든 이 붓을 통해서 당시 이미 전문적인 문자 기록이 이뤄졌음을 알 수 있다. 그리고 실물은 발견되지 않았지만 목간(木簡)이 사용되었을 것이다. 함께 발견된 손칼이 목간을 제작하고, 기록하다가 잘못 쓴 글자 부분의 표면을 깎아 낼 때, 또는 용도 폐기된 목간을 재활용할 때 요긴하게 쓰이기 때문이다.

그림 2. 창원 다호리 1호분 출토 붓과 손칼 (국립중앙박물관)

저울추는 다양한 교역품의 무게를 다는 데도 쓰였을 것이다. 따라서 목간에 기록된 내용 가운데는 대외교역, 특히 한나라 낙랑군과의 교역에 관련된 내용이 한자로 쓰인 것이 포함되었다고 여겨진다. 일종의 거래 장부나 서류였을 것이다. 다호리 1호분의 주인공은 이 지역집단의 우두머리이면서 대중 교역에도 간여했다. 교역품과 관련 용품이 부장될 정도로 삼한 이전 시기부터 지배체제 운영을 위해 대외교역이 중시되었으며, 교역권의 장악이 수장권 확립에 결정적인 요소 중 하나였다.

대외교역이 발전하고 국내의 수취체계가 갖춰지면서 중앙으로 집중되는 물자의 양은 폭증했을 것이다. 이를 보관하는 창고시설이 확충되었고 물자의 수납과 지출, 나아가 국가 재정을 계획적으로 운영하기 위한 전문 관료가 등장했다. 『삼국사기』 첨해니사금 5년(251) 조에 다음 기사가 전한다.

한기부 사람 부도(夫道)가 집이 가난했지만 아첨하는 바가 없고 글씨와 계산에 능하여 당시에 이름이 알려져 있었다. 왕이 그를 불러 아찬으로 삼고 물장고(物藏庫)의 사무를 맡겼다.

첨해니사금은 실제로는 4세기 중엽에 재위했다고 보인다. 신라가 진한연맹체로부터 부체제로 발전하는 여정에서 분수령을 이루는 시기이다. 부도가 한기부 출신이라는 사실은 훼부, 사훼부를 중심으로 6부가 연합을 이뤄가는 추세를 보여준다. 첨해니사금은 그로 하여금 중앙의 창고인 물장고 사무를 담당하도록 임명했다. 유념해야 할 것은 부도가 글쓰기와 계산을 잘 했다는 점이다. 고대국가가 성립·발전하기 위해서는 농업, 수공업 분야의 생산력을 높이는 생산기술뿐 아니라 측량, 표준화된 도량형, 보안, 문서행정과 같은 사회적 기술(Social Technology)의 발달이 긴요하다고 한다. 부도의 능력이 이와 상통한다.

국가 행정의 기본 체계는 고대사회에서도 '명령·지시 - 업무 수행 - 보고'의 형식으로 진행된다. 문자 기록은 정책 집행과 보고의 과정에서 업무의 정확성과 효율성을 높이는데 크게 기여했다. 고조선 유민의 유입이나 낙랑·대방군과의 교섭을 고려하면 진한 시기에 이미 한자는 부분적으로 도입되었다고 보아야 한다. 그러나 당시에는 사람이나 사물의 이름, 숫자, 혹은 종교적 길상구 정도에 그쳤고, 점차 발전하여 4세기 중·후반이 되면 한자 혹은 한문의 구사는 실무에 활용하는 수준에 이르렀다. 부도가 맡은 일이 중앙의 창고를 관리하는 것이었으므로 물품을 수납·보관·지출하는 데 필요한 장부 기록을 유지하고 수량을 계산할 때 한자를 이용한 행정 기술이 발휘되었을 것이다. 이러한 문서행정의 경험이 뒤에 국왕 측근에서 기밀을 취급하거나 재정을 담당하는 관부가 설립되는 밑

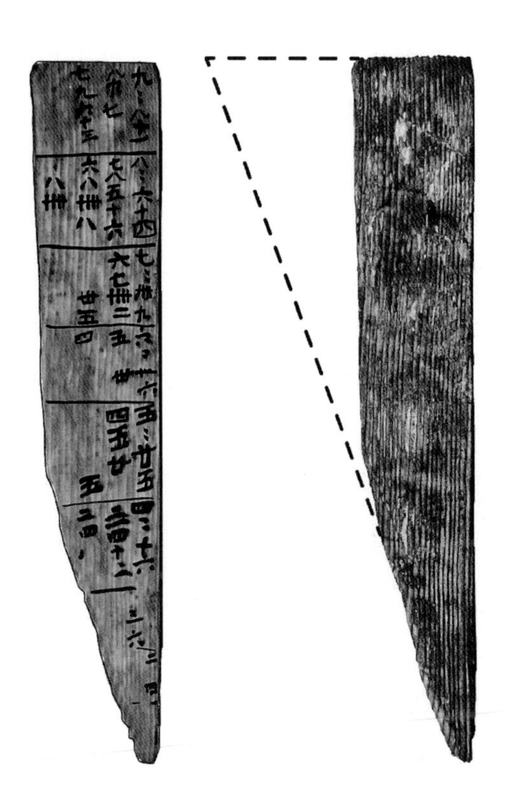

그림 3. 부여 쌍북리 출토 구구단 목간의 모사도(좌)와 원형의 추정도(우) (정훈진, 2016「부여 쌍북리 백제유적유적 출토 목간의 성격」『木簡과 文字』16)

바탕이 되었다.

2011년 충청남도 부여읍 쌍북리 328-2번지 유적에서 백제 사비 시기의 목간 3점이 출토되었는데, 그 중 구상(溝狀) 유구에서 발견된 목간에 구구단이 쓰여 있다. 중국과 일본에서 구구단 목간이 발견된 예가 있으나 우리의 경우는 처음이다.

이 목간은 크기가 30.1×5.5×1.4㎝이며 위의 그림과 같이 쐐기 모양을 한 채로 발굴되었으나 원래는 직각삼각형 형태였다고 추정된다. 남은 부분을 근거로 하여 원래의 기록 내용을 복원해보면 다음과 같다. 편의상 아라비아 숫자로 표기했다.

요즘 구구단과 몇 가지 차이를 발견할 수 있다. 9단부터 2단의 순서로 적었고 앞, 뒤 자리 숫자의 순서가 바뀌어 있다. 예를 들어 9단이 9×2, 9×3 등의 방식이 아니라 2×9, 3×9로 적혀있다. 또 한문은 우로부터 좌의 순서로 읽어야하므로 오늘날 9×2, 9×3의 순이 아니라 9×9, 8×9, 7×9로 된 것도 다르다. 최하단에 들어가야 할 1단은 생략했고 각 단의 1×9, 1×8 등 역시 생략했다.

그리고 9단은 2×9 ~ 9×9를 모두 적었지만, 8단은 8×8까지만 적고 8×9를 뒤에 쓰지 않고 7단은 7×7까지 적고 8×7, 9×7을 쓰지 않았다. 이하 모두 마찬가지여서 2단의 경우 2×2만 쓰고 3×2 ~ 9×2는 생략했다. 그 이유는 각 단의 오른쪽 끝 숫자로부터 왼쪽 대각선 위 방향에 그 다음의 계산 결과가 나오기 때문이다. 예를 들어 8×9는 둘째 단의 끝에 나오는 8×8로부터 좌측 대각선 상부를 보면 8×9의 결과를 확인할 수 있다.

```
 2  3  4  5  6  7  8  9
 9  9  9  9  9  9  9  9
18 27 36 45 54 63 72 81
-----------------------
    2  3  4  5  6  7  8
    8  8  8  8  8  8  8
   16 24 32 40 48 56 64
-----------------------
       2  3  4  5  6  7
       7  7  7  7  7  7
      14 21 28 35 42 49
-----------------------
          2  3  4  5  6
          6  6  6  6  6
         12 18 24 30 36
-----------------------
             2  3  4  5
             5  5  5  5
            10 15 20 25
-----------------------
                2  3  4
                4  4  4
                8 12 16
-----------------------
                   2  3
                   3  3
                   6  9
-----------------------
                      2
                      2
                      4
-----------------------
```

그림 4. 부여 쌍북리 출토 구구단 목간의 아라비아 숫자 변환

이런 방식은 목간의 공간을 절약하는 데 효과적이다. 구구단 목간을 제작할 때 나무를 직사각형 모양의 목판으로 가공하고 이를 오른쪽 아래 방향의 대각선을 따라 잘라서 2개의 직각삼각형 모양으

로 만들었을 것이다. 특이하게 직각삼각형을 띠게 된 이유로 한 손으로 잡기 편하기 때문이라거나 완전한 宇宙를 상징한다는 견해가 있다. 이와 더불어서 설명한 바와 같이 계산식의 중복 기록을 피하는 효율적인 공간 배치가 고려되어야 한다. 직각삼각자처럼 설계도면을 작도하거나 실물의 길이를 잴 때 사용했을 가능성도 있다.

이 목간을 보는 방법은 우 → 좌, 상 → 하, 우하향 대각선(↘), 좌상향 대각선(↖) 방향이 기본이었다고 생각된다. 즉 가장 큰 수인 9×9부터 시작해서 앞자리 숫자를 1씩 줄여가며 8×9, 7×9 … 의 순서로 찾아가고, 아니면 아랫 단으로 내려가 8단, 7단 … 을 찾는다. 9단의 2×9까지 가서 2×8, 2×7 … 을 찾으려면 ↘ 방향으로 내려가면 된다. 역으로 2×2로부터 ↖ 방향으로 올라가면 2×3, 2×4... 를 찾을 수 있다.

이렇게 특이한 형태로 만들어지고 좁은 공간에 적힌 구구단은 교육용이라고 보기 어렵다. 숙달된 전문가가 현장에서 빠른 시간 안에 계산 결과를 찾기에 편리한 구성이다. 비록 백제의 유물이지만 다른 고대국가에서도 대내·외 교역 또는 창고 관리, 예산 등을 담당하여 수량의 계산과 결산, 통계를 일상에서 취급하는 관료라면 장부를 정리하고 보고하는 데 이러한 구구단 목간을 요긴하게 사용했을 것이다.

국내상업

대내교역의 주요 분야로서 물물교환과 상업을 들 수 있는데 관련 문자자료가 비교적 남아 있는 상업과 시장을 중심으로 살펴보겠다.

「신라 촌락문서」를 보면 동산(動産)의 일부가 팔려나간 사실이 적혀있다.

當縣 沙害漸村 …… 賣如白貫甲一

(失名村) …… 合无去因白馬四 以賣如白三 死白一

西原京 □□□村 …… 合无去因白馬三 以賣如白一 死白馬一 廻烟馬一

合无去因白牛六 以賣如白牛一 廻去烟牛一 死白四

촌락문서는 지금의 충청북도 청주시에 있던 서원경 소속 촌락을 비롯한 4개 촌락의 경제 상황을 기록한 통일신라 시기의 문서이다. 3년 사이에 사해점촌에서 관갑(貫甲) 1점이 팔렸고, 실명촌에서 감소한 말이 4두인데 그 중 3두가 팔렸으며 서원경의 어떤 촌에서 말 1두와 소 1두가 팔렸다. 관갑은 사슴을 가리킨다는 견해가 있는데, 사슴 자체라기보다는 그 가죽을 이용하여 만든 수공업품일 것이다. 갑(甲)이 껍데기라는 뜻이 있으므로 사슴 가죽에 쇳조각과 같은 재료를 꿰어 붙여[貫] 만든 갑옷류일 가능성이 있다.

설화 형태이지만 『삼국사기』 온달전에 고구려의 말 거래에 관한 기록이 보인다. 통일신라에서도 말이 거래되고 있었던 것인데, 말은 국가의 전략물자인 만큼 일반 상품처럼 자유롭게 매매가 이뤄지지는 않았다. 이는 관갑도 동일해서 그 증감 현황이 파악된다는 것 자체가 국가의 관리 대상이었음을 보여준다. 그렇다고 판매가 금지된 것은 아니고 촌주와 지방관에 의해서 통제가 이루어진 거래였다. 한국 고대사회에서 소의 매매는 과문한 탓인지 위의 촌락문서 외에 관련 자료를 찾을 수 없다. 소 역시 농경과 물자를 수송할 때 큰 비중을 차지하므로 매매에 대해 통제가 이뤄진 것이다. 이를 판매한 자는 전업 상인은 아니고 각 촌락의 우마 사육자, 그리고 관갑의 경우는 사해점촌의 수공업자였다고 여겨진다.

8세기를 전후로 하여 제작된 경주 안압지 목간 가운데 237번은 '買'자

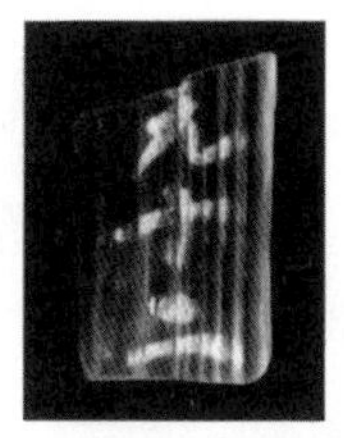

a.

b.

그림 5. 안압지 출토 237번 목간 (함순섭, 2007 「국립경주박물관 소장 안압지 목간의 새로운 판독」, 『新羅文物硏究』 創刊號)

가 확인되어 왕실 혹은 동궁이 어떤 물품을 구입하여 썼음을 알 수 있게 한다.

a면은 "…元十二", 그리고 그 반대 면인 b는 "…斤(?) 買"라고 읽힌다. a면의 첫 글자를 '九'라고 읽으면 "九十二"가 된다. b면의 '斤'을 인정할 수 있다면 "몇 근을 샀다"는 우리말 순의 해석이 가능하고, a면은 구매의 대상이 된 물품의 이름과 개수, 즉 어떤 물품 12개 또는 92개를 썼다고 보인다. 이밖에 안압지 목간 190번에서 "良價"를, 191번에서 "△賣"를 판독해내어 동궁(東宮)이 주도한 물품의 매매를 상정한 견해가 있으나 아직 판독안이 유동적이어서 속단하기 어렵다.

『삼국사기』에 따르면, 왕도의 동시(東市), 즉 월성의 동쪽에 있던 시장을 관리하기 위해 동시전이 지증왕 9년(508)에 설치되었다. 시전의 관원 중 일부는 시장에서 근무했던 듯하다. 중국 쓰촨성(四川省) 신판현(新繁縣)에서 출토된 한대의 화상전을 보면, 시장 내부가 도로에 의해 십자형으로 구획되어 있고 그 중앙에 시루(市樓) 건물이 서 있다. 이 건물에 시장을 감독하는 관청을 두었다고 한다.

이 유물이 발견된 지역에는 후한의 판현(繁縣)이 있었다. 따라서 위의 화상전은 후한대 현급의 지방도시에 설치된 시장의 양상을 보여준다. 신

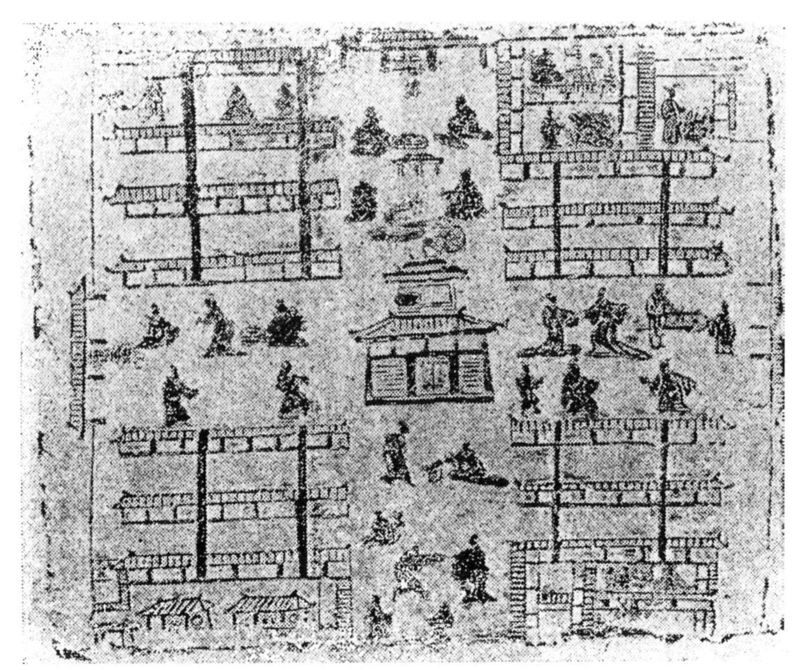

그림 6. 쓰촨성 신판현 출토 '市井' 화상전의 탁본 (堀敏一, 1988 「中國古代の市」, 『中國古代の法と社會』, 汲古書院)

라의 지방 사정은 어땠을까? 주·군·현, 소경 등 지방 행정구역의 치소에도 왕경의 동시와 같은 관설 시장을 두었을까? 하대의 자료이지만 「보림사 보조선사탑비」를 실마리로 삼을 수 있다.

> 당 선제 14년 2월에 부수(副守) 김언경은 일찍이 제자의 예를 갖추고 (보조선사) 문하의 빈객이 되어 녹봉을 덜고 사재를 내어 철 2,500근을 사서 노사나불 1구를 주조하여 선사가 거처하는 절을 장엄하였다.

860년에 김언경이 녹봉과 재산을 들여 철을 사고 비로자나불을 주성하여 현재의 전라남도 장흥군 가지산에 머물던 보조선사 체징에게 시납했다. 그런데 당시 김언경은 장사현, 즉 현재 장흥군에 파견된 지방관이었다. 그가 당시 장사현의 관료였으므로 지방의 현치(縣治)에 있던 시장에서 철을 구입했을 가능성이 있는 것이다.

조선 초에 편찬된 『삼국사절요』의 유례왕 15년 조에 다음과 같은 기록이 실려 있다.

> 신라에 인관과 서조라는 두 사람이 있었다. 인관은 시장에서 면(緜)을 팔았다. 서조가 곡물로써 이것을 사서 돌아가는데 갑자기 솔개가 나타나 면을 채가서 인관의 집에 떨어뜨렸다. 인관이 이를 가지고 시장으로 돌아가서 서조에게 말하기를 "솔개가 당신의 면을 내 집에 떨어뜨렸으니 이제 돌려드립니다." 서조가 말하길 "솔개가 면을 당신에게 준 것은 하늘의 뜻이니 어찌 내가 받겠습니까?" 인관이 말하기를 "그렇다면 당신의 곡물을 돌려드리겠습니다." 서조가 말하길 "내가 당신과 거래한지 벌써 이틀이 되었으니 곡물은 이미 당신의 것입니다."라고 말하고 사양하여 받지 않았다. 두 사람이 서로 양보하여 면과 곡물을 함께 시장에 두고 돌아갔다. 장시관(掌市官)이 이를 아뢰니 왕이 두 사람에게 관작을 내렸다.

『삼국사기』와 『삼국유사』에 없는 기록이고 편찬자인 노사신·서거정도 전거를 밝히지 않았으나, 내용을 보면 사실로서의 개연성이 큰 자료이다. 『동사강목』 제2상 무오년 조에 이 기록이 다시 실린 것은 안정복이 그 사료적 가치를 인정했기 때문이다. 『삼국사절요』의 서문을 보면, "구사(舊史), 사략(史略)을 취하고 겸하여 유사(遺事)와 수이전(殊異傳)에서 채록하여 장편을 지었다."고 했으므로 인관과 서조의 일화는 지금은 전하지 않는 신라의 고기류에서 발췌했다고 생각된다.

위 기록은 지증왕 때 동시전과 동시가 설치된 이후 발생한 사건이 금욕과 겸양의 도덕적 윤색이 입혀져 구전되고, 나중에 유례니사금 때의 일로 소급되어 문자화되었을 것이다. 그러나 시장에서 특정 물품을 파는 상인이 활동하고 거래에 곡물과 같은 현물이 사용되며, 시전의 관리에 해당하는 장시관이 국왕에게 사안을 보고하는 모습은 주목할 만하다. "인관과 서조가 서로 양보하여 면과 곡물을 시장에 두고 돌아갔다."는 것은 다툼이 일어나자 이를 시전에 신고하여 관련 물품의 처리를 맡긴 것이라고 이해된다.

특히 이 자료에서 ①판매한 물품을 시간이 흐른 다음이라도 구매자에게 양도하고 ②거래 후 물품에 문제가 생기면 판매자가 환불을 해야 하지만 ③환불 가능 기간이 정해져 있었음을 유추할 수 있어 주목된다. 이러한 사항은 법흥왕 때 반포한 율령이나 그 후 율령의 보완、개정을 거치면서 명문화된 규정이라고 보인다.

> 들에서는 농사에 힘쓰고 시장에는 남물(濫物)이 없었으며, 세상 사람들이 금, 옥을 싫어하고 문장을 숭상했다. (『성덕대왕신종명』)

성덕왕의 치세가 성대였음을 칭송한 구절인데 여기서 '남물'의 의미가 무엇일까? 시장에 넘치는, 즉 남아도는 물건이 없을 정도로 풍속이 검박했다고 볼 수도 있으나, '남물'은 율령에 나오는 법제 용어이다. 『당률소의』에 다음과 같은 조문과 해설이 실려 있다.

> [율문1] 무릇 그릇으로 사용하는 물건이나 비단, 베 등을 행람(行濫)하거나

짧게 혹은 좁게 만들어 판 자는 각각 장형(杖刑) 60에 처한다. (단단하지 않은 것을 행(行)이라 하고, 진품이 아닌 것을 남(濫)이라고 한다. 곧 칼, 화살촉을 만들 때 무른 쇠를 사용하는 경우 남(濫)이 된다.)

[소(疏)1] 논의하여 말한다. 무릇 그릇으로 사용하는 물건 – 공、사의 쓰임에 공급되는 것 – 과 각종 비단, 베의 종류를 행람하거나 - 그릇이 단단하지 않고 진품이 아닌 것 -, 단협(短狹)한 – 비단 1필이 40척이 안 되고, 삼베 1단(端)이 50척에 모자라며 폭이 1척 8촌이 되지 않는 것 등 – 물건을 판 자는 각기 장(杖) 60에 처한다. 고로 『예기』에 이르기를, "물건에 장인의 이름을 새김으로써 그 성실성을 살필 수 있다. 물건이 마땅하지 않으면 반드시 처벌해야 한다."고 했다. 행람한 물건은 관청이 몰수하고 단협한 물건은 물주에게 되돌린다.

당률에 '남물'을 진품이 아닌 물건이라고 규정했다. 남물을 처벌했다는 것은 관설 시장에서 취급하는 물품에 대해 그 원료, 규격, 품질 등을 정부에서 정하여 수공업자와 상인에게 강제했음을 전제하는 것이다. 신라의 경우 관련 율령 규정이 전하지 않지만, 동、서、남의 3시가 관설 시장이었으므로 당과 일본 나라 조정이 정한 관시령(關市令)과 기본 내용을 공유하는 신라의 행정령, 그리고 이를 위반했을 때 처벌을 규정한 형률이 시행되었음이 분명하다.

6~7세기의 유물인 월성해자 목간 가운데 149번의 4면 목간은 '白' '牒' '敎' '命'이 쓰여 있어 어떤 업무를 지시하고 이에 대해 보고하는 과정을 함축하고 있다. 지시와 보고의 핵심 내용은 "경에 들여 쓸 종이를 구입하는[經中入用思買白不踓紙]" 것이었다. 종이를 사용하여 경(經)에 관한

그림 7. 월성해자 출토 149번 목간의 1면 컬러(좌)와 적외선(우) 사진 (國立昌原文化財硏究所, 2006『韓國의 古代木簡 (개정판)』)

일을 했다면 불경을 사경하는 사업이라고 생각된다. 이 종이는 왕경의 시장에서 구입되었을 것이다.

일본 나라시대에 사경소가 시장에서 물품을 구입한 사례를 참조할 수 있다. 758년의 「동시장해(東市莊解)」를 보면, 사경소가 구입할 품목과 수량을 적은 부(符)를 동시 부근에 있던 동시장(東市莊)에 발급하면 장령 2인이 동시에서 이를 구입하여 보고 문서인 해(解)와 함께 제출했다. 그리고 조동대사사가 상급관청으로서 사경소와 동시장을 관장했다고 한다.

월성해자 목간의 경우 불사의 주체가 드러나 있지 않은데, 성전(成典)과 같은 정부 기구, 사찰 혹은 승려, 그리고 진골귀족을 상정할 수 있다. 755년에 작성된 「신라 화엄경사경발문」에 따르면, 사경의 발원자는 황룡사의 연기법사였고 시주자 '순△'(판독에 이견이 있음)는 왕경의 귀족으로 추정된다. 황룡사, 분황사 등 왕경 소재 대형 사찰은 시주를 받고 자체 공방과 소속 승장을 활용하여 소용품을 생산했으나 종이와 같은 문방구, 차(茶), 숯 등의 특수한 물품은 3시에서 구입한 듯하다. 각종 불사와 의례에는 다종의 물건이 필요했을 텐데 이를 가까이에서, 그리고 개시

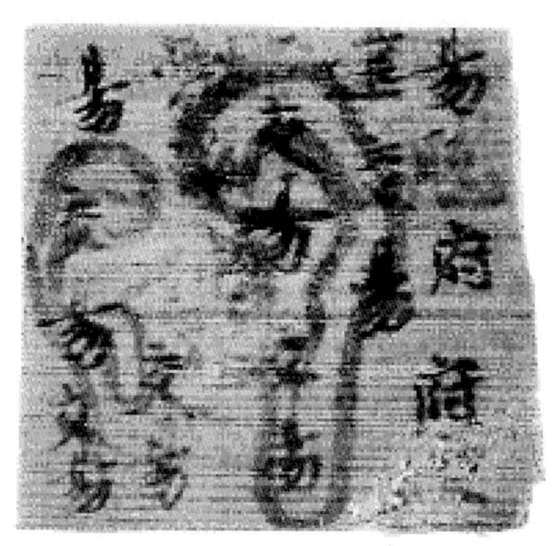

그림 8. 일본 나라시 장옥왕가 유적 출토 '발해사' 목간 (전쟁기념관, 1998 『발해를 찾아서』)

(開市) 시간이면 언제라도 구입할 수 있는 곳이 왕경의 시장이었다.

시장에서 활동하는 상인에게는 왕경의 일반 주민은 물론 정부 관서, 사찰, 귀족 등 고급 소비자가 확보되어 있었던 셈이다. 그 중에서도 점포 시설[肆]에 입주해 있는 시적자(市籍者)들이 그렇지 않은 노점 상인보다 품질이 좋은 물품을 더 많이 보유하고 진열 공간을 갖고 있었으므로 판매가 유리하고 더 많은 이익을 얻을 수 있었다. 고려 말 강원도 회양에 있던 장안사가 개경 경시(京市)의 장랑(長廊) 30칸을 얻고 사람을 고용하여 운영한 것은 사찰이 시장 시설을 활용해서 수익 사업을 펼쳤음을 보여준다.

이처럼 관시(官市)의 사(肆)에 입점하고 국가의 통제를 받던 시인(市人)들은 시장 시설을 이용하고 상업 활동에 필요한 여러 서비스를 시전(市典)을 통해 제공받으며, 고급 구매자를 확보하는 혜택을 받을 수 있었다. 따라서 신라 왕실 혹은 정부는 시적자들로부터 별도의 조세를 걷었으리라 추정된다. 이것은 일종의 상가 임차료이며 국가로부터 받는 여러 혜택과 정부의 편의 제공에 대한 대가이기도 하다. 중국 고대 시장에서 점포를 갖고 영업하는 고(賈)는 시적이라는 문서에 등록되었고, 미등록자는 시에서 영업을 할 수 없었다. 시적에 등재된 상인은 상업세[市租]를 납입해야 했다. 그리고 당 정부가 상인에 대한 세금 부과를 잡령(雜令)에 규정한 사실도 이와 관련하여 참고 된다.

대외교역

일본 나라시대의 도읍인 평성경에서 황족의 일원이었던 나가야노오오(長屋王)의 저택 유적이 발굴되었다. 이곳에서 약 35,000점의 목간이 출토되었는데, 그 가운데 발해와 관련된 것이 있다. 원래는 가로가 긴 직사각형의 목독(木牘)이었는데 일부가 없어져 현재는 8×8.5×0.7㎝의 크기로 남아 있다. 용도가 다하여 절단, 폐기된 목간을 낙서와 연습용으로 재활용했다고 여겨진다.

양면에 몇몇 글자를 어지러이 쓰거나 같은 글자를 반복해서 쓰고 인물상과 사람의 귀를 그리기도 했다. 그림 8을 보면, "交易" "府交" "渤海使" 등이 보인다. 발해에서 파견된 사절이 장옥왕가 혹은 어떤 관부와 모종의 교역을 벌였음을 상정할 수 있다. 727년에 방일한 고제덕 일행이 그 사절단이라고 추정하기도 한다. 귀와 다른 면에 그려진 인물상은 바로 이 사절단의 일원의 모습일 가능성이 있다.

어떤 물자가 교역되었는지 알기 어려우나, 발해의 대일 교역품 중 인기 품목의 하나는 모피였다. 장옥왕가 유적 출토 목간 가운데 "豹皮分

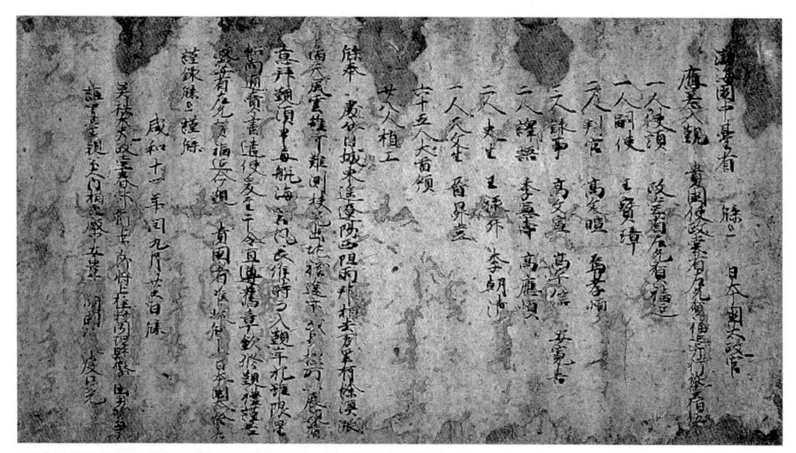

그림 9. 「발해중대성첩」 사본 (전쟁기념관, 1998 『발해를 찾아서』)

六百文"이 기록된 목간이 있다. 이 표범 가죽이 발해로부터 유입되었을 것이라는 견해가 있다.

발해의 모피 교역과 관련하여 유념할 자료가 「발해국중대성첩」 사본이다. 841년 발해의 중대성에서 일본 태정관에게 보낸 외교문서를 헤이안시대 이후 필사한 것이다.

여기에 당시 발해가 일본에 파견한 사절단의 구성과 인원, 그 일부의 명단이 기록되어 있다. 사두(使頭)인 하복연 이하 뱃사공 28명까지 모두 105명인데, 이 가운데 65명의 대수령(大首領)이 포함되어 있다. 대수령은 지방에서 부족 단위로 흩어져 살고 있던 말갈족을 다스렸는데, 말갈 출신의 전통적인 수장이 그 다수를 차지했다. 주지하듯이 발해의 주민 구성은 말갈족이 많았으며, 이들은 읍루라고 불리던 시절부터 수렵ㆍ채집을 하거나 배를 타고 주변의 종족 집단을 약탈하고 한편으로 교역을 벌임으로써 생업경제를 유지했다.

대체로 8세기 후반부터 발해 왕권은 말갈 출신을 대일 교섭에 참여시켰다. 그들의 특장을 살려서 교역 활동을 벌이되 발해 정부의 통제를 받도록 한 것이다. 위 문서에 보이는 대수령이 바로 발해의 사절단에 속하여 도일한 후 일본에서 교역 활동을 벌였다고 추정된다. 읍루의 특산품 가운데 읍루초(挹婁貂)라고 불린 담비 가죽이 유명했다. 그 수합과 운송, 항해, 그리고 일본에서의 교역에 대수령이 주도적으로 참여했을 것이다. 발해 국가는 이를 허용함으로써 말갈족에 대한 포섭을 강화하고 교역의 이익을 나눠가질 수 있었다.

신라와 일본 사이의 교역에 관해서는 상대적으로 풍부한 문자자료가 남아 있다. 일본 나라현의 동대사 경내에는 나라시대 황실의 보물창고인 정창원이 있다. 그 보관품 가운데 토리게리츠죠(鳥毛立女)라는 미인을 그린 병풍에서 대외교역과 관련된 문서가 발견되었다. 문서의 제목은 「매신라물해(買新羅物解)」이며 현재까지 26점이 확인되었다. 여기 적힌 신라의 교역품을 분류해 보면 다음 표와 같다.

752년 김태렴이 이끄는 신라 사절단이 평성경을 찾았다. 이들은 다종다양한 물품을 가져왔는데, 일본의 고위 황족과 귀족들이 그것을 구하기 위해 희망하는 물품의 목록을 적어 일본 조정에 제출한 문서가 「매신라물해」였다. 물품을 보면 신라산은 물론 외국산품이 섞여 있다. 금, 철, 용기류, 깔개[氈], 잣[松子]은 신라의 특산품이고, 약재 중 사향, 우황, 인삼 등도 신라산일 가능성이 높다. 그러나 대부분의 향료와 약재, 안료, 염료는 중국 남·서부, 동남아시아, 인도, 아라비아, 북아프리카에서 생산되는 물품이다. 외국산품은 당나라의 양주 등을 거쳐 신라로 들어온 다음 일본으로 건네졌다.

752년 신라-일본 간 교역의 성격에 관해 논란이 있다. 다양한 물품이

<표 1> 「매신라물해」에 기록된 신라 물품

종류	품목	건수	품목	건수
향료	薰陸香(薰陸)	9	薰衣香	3
	青木香	6	薰香	1
	丁香(丁字·丁子·丁子香)	10	裛衣香	2
	沈香(枕香)	8	雜香	2
	藿香	1	和香	1
	零陵香	2	香油	1
	甘松香	2	白檀	1
	龍腦香	2	鷄舌香	1
	安息香	2	鬱金香	1
	衣香	1	소계	56
약재	麝香	8	臘蜜	1
	呵(可)梨勒	8	芒消	1
	人參	4	犀角	1
	桂心	6	石腦	1
	太(大)黃	6	蜜汁	5
	牛黃	3	蜜	1
	畢拔(蓽撥·密拔)	4	羊膏	1
	甘草	4	人心	1
	肉縱容	2	소계	58
	遠志	1		
안료	同黃(銅黃)	9	雌黃	1
	烟子	1	白青	1
	朱沙	10	烟紫	1
	胡粉	2	曾青	1
	黃丹	1	소계	31
	金青	4		
염료	蘇芳	11	紫	1
	紫根	1	蘇方木	1
	茱芳	1	소계	15
금속	金(黃金)	4	鐵青	1
	鐵精	1	소계	6

종류	품목	건수	품목	건수
생활용품·집기류	鏡	17	笄子	2
	白銅火爐	1	髮刺	1
	香爐	5	牙笏	1
	鋺	12	如意	1
	盤	5	蠅拂	1
	匙	4	氈	3
	箸	5	屛風	2
	鉢	2	帶	1
	白銅水甁	2	風爐	1
	白銅錫杖	1	壺	2
	燭臺	1	多羅(良)	2
	黑作鞍具	1	水精念數	1
	韉面	1	誦數	1
	勒鞦	1	소계	80
	梳	3		
기타	口脂	12	牙量	1
	木槵子	2	□草	1
	松子	2	□脂	1
	熟布	1	□布	1
	石	1	□骨	1
	靑胎	1	□消	1
	漆子	1	소계	15

오고갔지만 외교·정치적 목적이 교역의 본질이었다는 견해와 신라의 왕실 및 귀족이 주도한 무역이었다는 견해가 대립하고 있다. 이에 관한 단서로 삼을 수 있는 자료가 「모전첩포기(毛氈貼布記)」이다.

정창원 보물 가운데 모전은 양털로 만든 깔개이다. 주로 사찰이 개최하는 의식에서 참석자들이 절을 하거나 앉을 때 사용하는 의례용품이다. 귀족들이 겨울에 차가운 바닥을 피하기 위해 사용하기도 했을 것이다. 그림의 첩포기는 삼베 천에 문자를 기록하여 색전과 화전에 꿰매어 붙였다. 색전은 자줏빛 단색으로 무늬가 없고, 화전은 꽃 문양을 넣어 제작되었

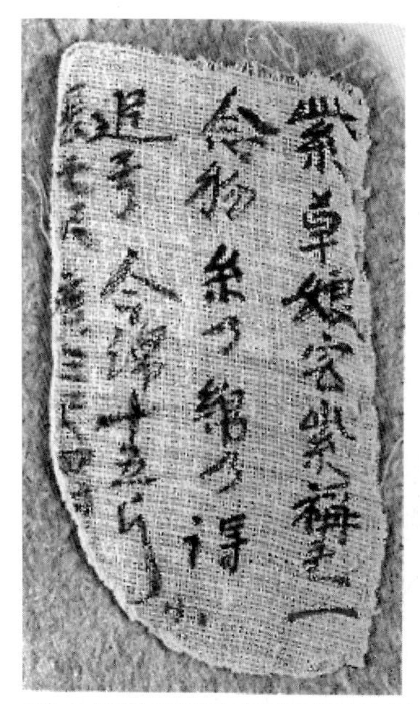

그림 10. 색전첩포기(좌)와 화전첩포기(우) (李成市, 1997『東アジアの王權と交易』 青木書店)

다. 첩포기의 내용을 통해 이 2점의 모전이 신라산임을 알 수 있었다. 이를 각각 해석해보면 다음과 같다.

자초낭댁의 자칭모 1점

염물을 糸나 綿이나 얻을 수 있도록 (바랍니다.)

지금 (대가인) 綿은 15斤小임. 길이 7척, 너비 3척 4촌임.

행권 한사의 가화전 1점

염물을 얻을 수 있도록 (바랍니다.)

* 기울여 쓴 부분은 필체가 다름을 표시함. - 필자

자초낭댁과 한사, 즉 대사(大舍) 관등을 가진 행권의 집에서 각기 운영하던 수공업장에서 두 모전을 만들었다. 자칭모는 자색이 나는 아름다운 색전이고, 가화전은 값비싼 고급의 화전이란 뜻이다. '염물(念物)'은 그 대가로서 적당한 물건을 가리키는데, 행권 한사는 언급이 없지만 자초낭댁은 비단 실[糸]또는 솜[綿]을 지정했다. 실제 자초낭댁은 자칭모의 대가로 면 15근소를 받았다. 길이 7척과 너비 3척 4촌은 이 색전, 즉 자칭모의 크기이다. 면의 중량과 색전의 크기에 관한 부분은 앞 부분과 필체가 다르므로 일본에서 교역이 이뤄진 후 추기되었다고 보인다.

추기를 한 사람은 누구일까? 이 색전을 면과 교역할 때 그 실무를 담당한 사람일 것이다. 색전의 규격을 잰 다음 신라 측의 기록과 구분하기 위해 줄을 바꿔 좌측 끝의 좁은 공간에 그 치수를 적었다. 그리고 대가로 지불된 품목과 액수(今綿十五斤小)를 적으려니 공간이 없어 3행의 남은 공간에 썼다. '소(小)'자는 실수로 빼 먹었다가 다시 기입한 듯하다. 이렇게 정확을 기함으로써 교역 과정을 관리하고, 실제로 이 색전을 사용할 사람이나 기구에게 교역의 내역을 전달하려고 했다. 다만 화전의 경우 첩포기에 여백이 있음에도 불구하고 추기를 하지 않은 점은 의문인데, 대신 다른 방식의 기록이 이뤄졌을 것이다.

이러한 짐작이 맞는다면 일본 측의 교역 담당 관리가 추기를 작성했다고 보는 쪽이 자연스럽다. 이 모전이 일본에 들어온 시기는 단정할 수 없으나 앞의 「매신라물해」의 품목에 전(氈)이 들어 있으므로 752년 교역을 통해 입수되었을 가능성이 크다. 이때 일본의 고위 귀족들이 관청에 문서를 올려 신라에서 온 물품을 구했고, 그 대가로 지불된 섬유제품은 일본 정부가 귀족들에게 하사하였다고 추정된다. 신라와의 대외교역에 일본 조정이 깊숙이 간여한 것이다.

신라 쪽도 마찬가지여서 교역품을 제조한 귀족들은 첩포기와 같은 꼬리표 형태의 간단한 문서를 물품에 첨부하여 관청에 제출했다. "염물을 얻을 수 있도록 (바랍니다.)"라는 문구는 생산자 측이 신라 정부에게 교역을 원한다는 뜻을 전하는 상투구로서 이 문서의 마무리에 쓰이는 서식이었다고 생각된다. 신라 정부는 이러한 물품들을 수합하고 그 물목을 만들어서 사절에게 전달했고, 사절단이 도일한 후 일본 측이 작성한 교역 희망 품목과 대조하여 교역을 벌였다.

즉 752년의 교역은 신라의 외교사절과 일본 측 관청이 대외교역을 대행했으며 이로 인해서 교역에 대한 통제와 관리가 엄격했다. 그러나 신라는 교역품의 생산에 귀족이 개인적으로 운영하는 수공업장이 참여했고, 꼬리표 형태의 문서라고 할지라도 교역의 의지가 강하게 표현되었으며, 정부가 신라에서 생산되지 않는 외국산품을 중계하여 일본과 교역했다는 점은 새로운 현상이라고 할 수 있다. 외교적 목적과 경제적 목적이 복합되어 있었던 것이다. 이러한 과도기를 거쳐 8세기 후반이 되면 동아시아에서 경제적 이익을 위한 무역 활동이 점증하고 그 주역도 왕권 또는 외교사절로부터 귀족과 평민 출신 교역 상인으로 바뀌게 된다.

참고문헌

鈴木靖民, 1985,『古代對外關係史の研究』, 吉川弘文館.

김창석, 2013,『한국 고대 대외교역의 형성과 전개』, 서울대학교출판문화원.

李成市, 1998,「正倉院所藏新羅氈貼布記の研究 - 新羅·日本間交易の性格をめぐって」,『古代東アジアの民族と國家』, 岩波書店.

金昌錫, 2016,「新羅 왕경 내 市場의 위치와 운영」,『韓國文化』75.

윤선태, 2016,「百濟의 '九九段' 木簡과 術數學」,『木簡과 文字』17.

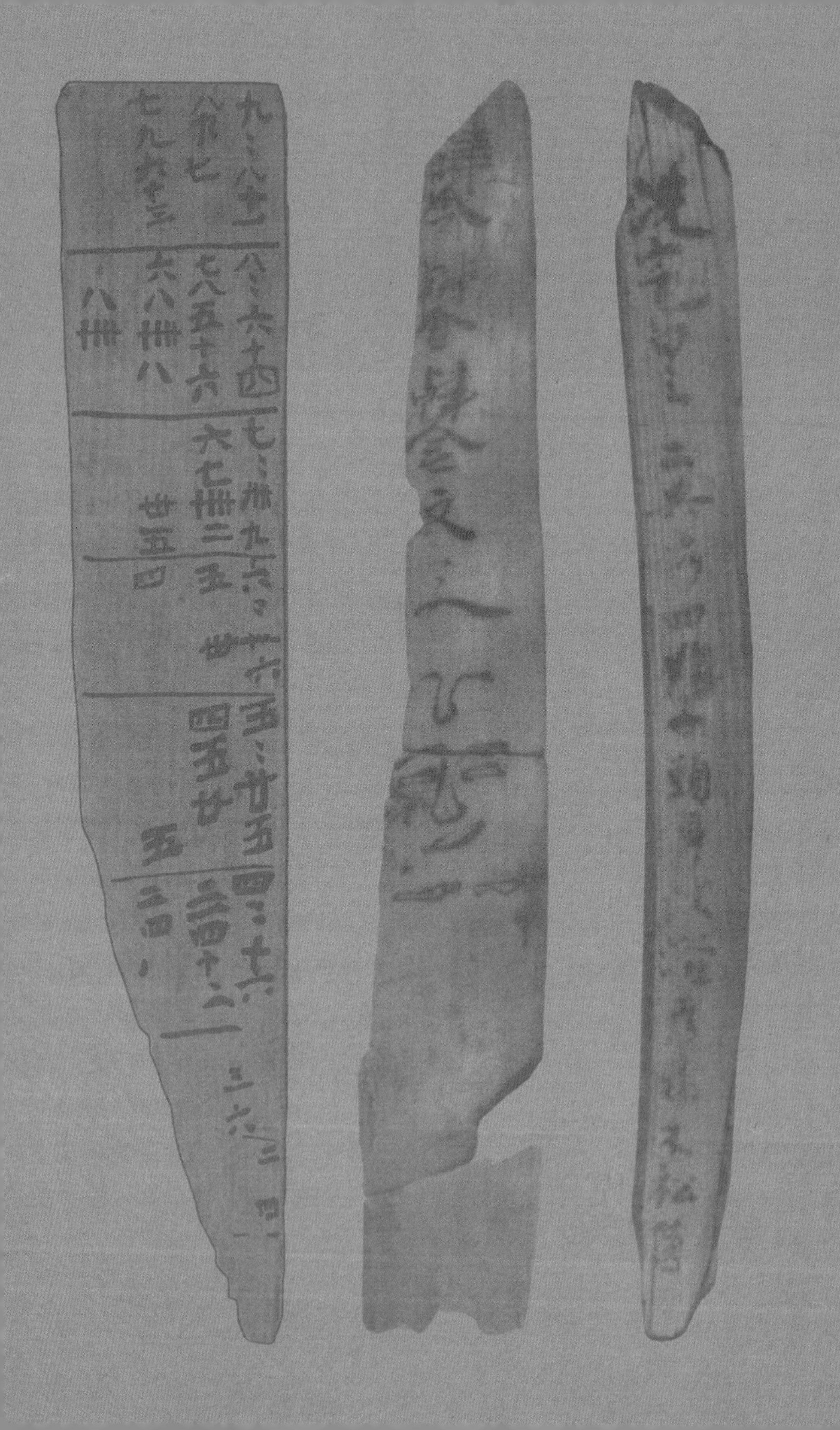

고구려에 온 신라 사신

김현숙

동북아역사재단

4세기 말에서 5세기 전반까지 한반도와 만주 지역, 일본 열도를 포함한 동아시아의 국제관계를 논할 때 흔히 고구려-신라 대 백제-가야-왜 동맹군의 대결을 언급한다. 그러나 고구려와 신라의 동맹이 언제, 어떻게 결성되었으며, 어떤 활동이 있었는지, 『삼국사기』를 보아서는 구체적으로 알 수가 없다. 당시 상황을 들여다볼 수 있는 창은 우리에게 매우 익숙한 고구려 비석, 즉 광개토왕비에 있다. 그리고 그 이후 고구려와 신라의 관계변화는 충주고구려비를 통해 확인할 수 있다.

광개토왕비는 광개토왕 사후 그의 업적을 기리고 왕릉의 안정적인 관리라는 기본 목적과 함께, 시조 추모왕으로부터 시작된 고구려가 광개토왕의 업적으로 더욱 위대한 나라가 되었음을 국내외에 알리려는 장수왕의 포부라는 이면의 목적을 가지고 414년에 설립되었다. 따라서 이 비는 당시의 국제정세에 초점을 맞추고 있지 않으며, 특히 신라와의 관계를 상세하게 설명하려는 의도가 전혀 없었다. 따라서 1,775자가 새겨진 광개토왕비에서 신라와의 관계에 대한 것은 겨우 수십 글자에 불과하다.

충주고구려비도 마찬가지이다. 고구려와 신라의 관계변화를 보여주기 위해 비석을 세운 것이 아니므로, 그에 대한 상세한 전말을 적어놓지 않았다. 또 두 석비의 비문에는 건립 주체인 고구려의 시각과 의도가 들어있을 뿐, 상대국의 입장이 객관적으로 반영되어 있지 않다. 그런 점에서 비문은 사료로서의 한계를 분명히 지니고 있다. 그러나 사서에 나오지 않는 역사 사실들을 고구려 당대 사람들이 새겨놓은 문자를 통해 살펴볼 수 있기 때문에, 과거 역사를 복원하는 데 필요한 결정적인 조각들을 얻을 수 있다.

이 글에서는 유명한 광개토왕비, 고구려 호우(壺杅), 충주고구려비 등을 통해 4세기말부터 6세기 초까지 고구려와 신라의 관계를 들여다보려고 한다. 이 글의 주요 등장인물로 고구려에서는 광개토왕과 장수왕, 그리고 태자 공(共)과 문자명왕이 나오고, 신라에서는 나물왕과 실성왕, 그리고 눌지왕과 지증왕이 나온다.

광개토왕비에 전하는 고구려의 신라 구원

고구려와 신라의 교류는 4세기 이후 본격적으로 진행되었다. 신라는 고구려를 매개로 377년과 382년 두 차례 전진(前秦)에 사신을 파견하는 등 국제무대에 등장하게 되었다. 당시 신라는 진한 사회의 통합을 어느 정도 마무리하고, 김씨 왕권의 세습체제를 구축했다. '마립간'이라는 새로운 왕호를 사용하게 된 것이 그런 상황을 보여준다. 신라는 북방의 선진문물을 적극적으로 수입하기 위해 능동적으로 나섰다. 이런 변화를 주도한 왕이 제17대 신라 왕인 나물마립간(재위356~402년)이었다.

나물왕은 46년간 재위에 있었다. 광개토왕비에는 영락 9년 기해(己亥, 399년)에 나물왕이 평양에 내려와 있던 광개토왕에게 사신을 보내 왜가 신라 국경에 가득 들어와 성지를 훼손하고 파괴하고 있다며 고구려의 구원을 간곡히 청했다고 나온다. 그때 나물왕은 스스로를 고구려왕의 노객(奴客)이고 백성이라 칭하며 광개토왕에게 귀복하여 명을 청한다고 했다. 이에 광개토왕은 그 충성을 긍휼히 여겨 사신에게 모종의 밀계를 주어 돌려보냈다고 한다. 그리고 다음 해인 영락 10년 경자년(400년)에 보병과 기병 5만을 보내 신라를 구하도록 했다. 이때에도 왜와 가야의 병사들이 신라의 수도에까지 들어와 있는 급박한 상황이었는데 고구려군이 내려와 이들을 쫓아낸 뒤 금관가야가 있는 김해 지역까지 밀고 내려갔다. 이로 인해 금관가야는 신라의 영향권 아래 들어가게 되었고, 다른 가야 세력도 타격을 입게 되어 가야권 전체가 세력재편을 겪게 되었다. 이른바 김해를 중심으로 했던 가야연맹이 붕괴되고 가야권의 주도권이 고령의 대가야로 넘어가게 되었다.

나물왕이 노객을 자칭하며 얻어낸 고구려 원정군 파병으로 신라는 많은 것을 얻어냈다. 400년에 있었던 고구려 남정은 한반도 남부 지역의 역학관계를 완전히 변화시켰고, 이 전쟁에서 모습을 드러내진 않지만 가야와 왜 세력을 움직이던 백제도 타격을 입게 되었다. 이후 신라는 고구려의 영향권 아래 깊숙이 들어가게 되었다. 왕위계승을 좌지우지할 정도로 고구려의 정치적 간섭을 직접적으로 받게 되었고, 고구려 군대가 수도인 경주에 주둔하게 되었다. 고구려의 영향력은 정치, 경제, 문화 등 다방면으로 미쳤다. 그러나 고구려의 우산 아래에서 신라는 착실하게 발전할 수 있게 되었다.

고구려의 '속민(屬民)'이었던 신라

광개토왕비에는 고구려의 힘을 빌어 국가적 위기에서 벗어난 나물왕이 전쟁이 끝난 후 직접 고구려 수도로 가서 감사를 표하며 조공을 바쳤다고 나온다. 광개토왕비 3면 영락 10년 경자년조를 마무리하는 부분에 "昔新羅寐錦未有身來□□□□□□□開土境好太王□□□□寐錦□□僕句□□□□朝貢"했다고 나온다. 글자가 보이지 않는 부분이 있지만, "옛날에는 신라왕이 직접 온 적이 없었지만 광개토왕의 군사파견으로 위기를 모면한 데 대한 감사를 표시하기 위해 신라 매금이 직접 와서 조공을 했다."는 내용으로 볼 수 있다.

전쟁이 끝나고 어느 정도 시간이 흐른 후 답례성 방문이었다고 볼 경우, 나물왕이 아닌 다음 왕인 실성왕이 고구려의 수도 국내성(현 중국 지린성 지안시)으로 갔을 수도 있다고 보는 사람도 있다. 400년 전쟁 이후 바로 2년 뒤인 402년에 나물왕이 서거하고 실성왕이 즉위했으므로, 연로한 나물왕이 직접 국내성까지 갔다고 보기보다는 실성을 대신 보냈다고 보는 것이 더 자연스럽다고 여기기 때문이다. 광개토왕비에는 연관된 사건의 경우 몇 년에 걸쳐 일어난 일도 한 해에 일어난 것으로 적은 부분이 있으므로, 영락 10년 기사에 적혀 있다고 해서 반드시 400년에 일어난 일이었다고 볼 필요는 없기 때문이다. 하지만 군사파병을 요청한 당사자가 가는 것이 가장 자연스럽다고 보면 역시 고구려 수도에 가서 광개토왕을 만난 신라왕은 나물왕이었다고 보아야 할 것 같다. 당시 광개토왕은 스물여덟살이었다. 노인인 신라 왕이 몸소 압록강을 건너 국내성까지 가서 청년 왕에게 조공을 바치며 감사를 표했던 것이다.

그런데 신라의 조공은 이때가 처음이 아니었다. 이전에는 신라 매금이 직접 온 적이 없었으나 이 일로 인해 직접 와서 조공을 바쳤다고 되어 있으니, 이전부터 고구려와 신라는 조공 관계를 맺고 있었다고 보아야 한다. 그럼 그 관계는 언제부터 시작되었을까? 이와 관련하여 주목되는 기사가 광개토왕비에 나오는 이른바 '신묘년조' 기사이다. 이 기사에는 백제와 신라가 옛날부터 고구려의 '속민(屬民)'이었다고 나온다. 속민은 고구려 호적에 등재되어 고구려 왕에게 직접 조세를 내는 민(民)은 아니지만, 고구려에 조공을 바치고 내부의 일을 의논해야 하는 의무를 지닌 존재였다. 고구려의 왕은 고구려민과 속민 모두를 자신이 다스려야 할 민으로 생각했다. 따라서 속민은 독립된 국가로서 나라이름을 유지하고 있고, 왕도 존재했지만 고구려로부터 완전히 독립할 수 없는 존재라고 생각했다. 백제처럼 속민이면서 고구려와의 약속을 저버리고 왜와 내통을 한다든가, 고구려로부터 벗어나려고 하면 언제든 가차 없이 응징이 가해졌다. 고구려왕이 자신의 속민이라고 생각한 대상은 신라와 백제 외에 숙신도 있었다. 이들이 스스로 고구려의 속민이라고 생각했는지는 알 수 없지만 광개토왕비에 나타나는 바로는 일단 고구려는 이들을 자국의 속민이라고 규정했다.

그것은 여하튼 신라가 고구려의 속민이 되었다고 하는 "옛날부터"는 언제를 말하는 것일까? 사서에 의하는 한 신라가 고구려와 본격적으로 교류하게 된 것은 4세기 말에 들어와서부터였다. 따라서 광개토왕 재위연간에서 그다지 멀지않은 시기에 그 관계가 시작되었다고 보아야 한다. 이는 광개토왕비에 적혀 있는 내용은 고구려의 입장만 반영된 것이므로 거기에는 일종의 과장이 들어있을 수 있다는 것을 잘 보여준다. 하지만 400년 당시에는 나물왕이 고구려 왕도인 국내성까지 와서 조공을 바칠 정도로 고구려에 종속되어 있는 관계였다는 것은 분명하다. 그러나 이런 사실은 『삼국사기』에는 전혀 나오지 않는다. 광개토왕비를 통해 그 사실을 비로소 알 수 있었다. 또 그와 함께 다른 사료들을 종합하면 당시 두 나라의 관계를 보다 정확하게 파악할 수 있다.

그럼 당시 고구려-신라 대 백제-가야-왜 동맹의 대결구도는 왜 형성되었을까? 342년(고국원왕 12) 12월, 전연 왕 모용황(慕容皝)의 침공로를 잘못 판단한 탓에 고구려는 수도가 함락되는 엄청난 피해를 입고 말았다. 전연은 고구려의 보복 공격을 미연에 방지하기 위해 미천왕의 무덤을 파헤쳐 시신을 수레에 실어가고, 왕모 주씨와 왕비 및 남녀 5만 명을 포로로 잡아갔다. 창고에 있던 누대의 보물도 모두 탈취하였고 궁실을 불살랐으며 환도성을 헐어버렸다. 고국원왕은 선왕 시신의 반환과 어머니의 생환을 위해 허리를 굽힐 수밖에 없었고, 당분간 서쪽으로 진출하려는 꿈을 접고 그 방향을 남쪽으로 돌릴 수밖에 없었다.

이에 따라 당시 상승세를 타고 북으로 확장해가던 백제와의 충돌이 불가피해졌다. 대방(帶方) 고지를 누가 차지하느냐를 놓고 두 나라는 치열하게 공방을 거듭했다. 그 와중에 371년 10월, 평양성 전투에서 백제군의 유시(流矢)에 맞아 고국원왕이 전사하는 참변이 일어났다. 이후 즉위한 소수림왕(小獸林王)은 국가적 어려움에 직면하여 율령체제 수립, 불교 도입과 태학 설립, 정치체제의 정비 등 정치개혁 작업을 과감하게 추진했다.

고구려는 위기를 기회로 삼아 내부 역량을 총결집하여 세력 팽창의 길로 나섰다. 마침 탁월한 군사전략가인 광개토왕이 고국양왕의 뒤를 이어 즉위하면서 고구려는 대외 정복활동에 적극 나섰다. 광개토왕은 거란, 후연, 동부여, 숙신 등 여러 정치세력과 전쟁을 했지만, 광개토왕비에는 백제 공격에 가장 힘을 많이 기울인 것으로 나타나고 있다. 이에 대해 백제는 가야, 왜, 신라와 연합해 대응하고자 했다. 그러나 낙동강을 중심으로 가야와 경쟁을 벌이던 신라는 백제와 손을 잡는 대신 고구려를 선택했다. 그에 따라 백제-가야-왜 동맹과 고구려-신라가 대립하는 구도가 형성되었던 것이다.

신라 호우총에서 발굴된 고구려 제사그릇

그런데 여기서 한 가지 궁금증이 생기게 된다. 광개토왕비에 적혀있듯이 고구려에서 자국을 속민으로 칭하고 있다는 것과 나물왕이 고구려 왕 앞에 스스로를 노객이라 칭했던 것을 신라인들은 알고 있었을까 하는 점이다. 문헌자료로는 이를 알 수 없지만, 당시 상황을 이해할 수 있는 고고자료가 해방 이후 발굴을 통해 우연히 드러나게 되었다. 신라의 한 적석목곽분 속에서 고구려의 제사그릇인 청동 '호우(壺杅)'가 발굴되었고, 이로 인해 이 고분을 호우총이라고 부르고 있다. 청동 호우에는 광개토왕비와 동일한 서체로 '을묘년(乙卯年)'과 광개토왕의 시호가 새겨져 있다. 추측컨대 광개토왕비가 건립된 지 1년이 지난 '을묘년(415년)'에 광개토왕을 기리는 제사가 거행되었고, 그때 청동 호우가 기념품으로 제작되어 제사에 참례하였던 신라 사절단에게 사여되었던 것으로 추측된다. 사절단은 이를 갖고 경주로 돌아왔고, 이후 수십 년간 전세되다가 5세기 말경 고분에 부장품으로 매장되었던 것이다. 호우총의 규모나 부장품의 수준으로 볼 때 호우총 피장자의 선조가 415년 고구려에 파견되었던 신라 사절단의 대표급 인물이었을 가능성이 매우 높다.

415년 당시 신라의 왕은 실성왕이었다. 실성왕은 이찬 대서지의 아들이었는데, 392년(나물왕 37) 정월에 볼모로 고구려에 갔다가 401년에야 경주로 돌아올 수 있었다. 실성왕은 광개토왕 생전에 오랫동안 고구려에 머물렀고, 고구려 귀족들과도 친목을 쌓았던 인물이었다. 그의 즉위 배경에는 고구려의 후원이 있었다. 이 호우로 볼 때 실성왕은 광개토왕의 장례식을 비롯해, 415년의 기일 제사에도 사신을 파견하였음이 분명하다.

당시 신라사절단은 6미터가 넘는 거대한 광개토왕비를 보았을 것이다. 사절단 안에는 한자를 잘 알았던 인물들도 포함되었을 것이다. 따라서 그들은 광개토왕비를 직접 보고 손바닥만한 크기로 웅장하게 새겨진 비문을 흥미롭게 읽었을 것이다. 그때 신라에 관한 내용이 적혀 있는 부분에 가장 관심을 기울여 읽었을 것은 두말할 필요가 없을 것이다. 그리고 행사가 끝난 후 신라로 돌아온 사신들은 왕에게 그 비석에 새겨진 내용을 중심으로 출장보고를 했을 것이다. 이런 점들을 종합해볼 때 광개토왕비 건립 당시 신라사람들도 고구려가 자신들을 속민이라 생각하고 있다는 것을 잘 알고 있었을 가능성이 높다고 볼 수 있다.

실성왕은 자신을 고구려에 볼모로 보낸 나물왕을 원망했다. 그래서 그 아들인 눌지를 고구려 사신을 맞이하는 접대사로 임명하고, 미리 고구려 사신에게 편지를 보내 도중에 눌지를 만나면 죽여 달라는 밀명을 내렸다. 그러나 고구려 사신이 그 사실을 눌지에게 털어놓았고, 눌지는 곧바로 경주로 되돌아와 실성왕을 죽이고 왕위를 차지했다. 눌지왕 역시 고구려의 지원을 받아 왕위에 올랐던 것이다. 하지만 눌지왕은 즉위 후 자신도 고구려에 의해 제거될 수 있다는 두려움을 갖게 되었다. 이는 이후 고구려와 신라의 관계가 변화되는 계기가 되었다.

충주고구려비에 나오는 고구려와 신라의 형제관계

눌지왕은 고구려의 지원으로 정적인 실성왕으로부터 목숨을 구할 수 있었고, 왕위에 오를 수도 있게 되었다. 그러나 즉위하자마자 박제상에게 명하여 고구려에 볼모로 가 있던 동생 복호를 몰래 데려오게 했다. 이것은 공식적인 절차를 거친 것이 아니므로 고구려의 분노를 살 행위임에 분명했다. 하지만 눌지왕은 과감하게 고구려로부터 동생을 구출해왔고 나아가 일본에 인질로 가 있던 미사흔까지 데리고 왔다. 눌지왕은 이때부터 이미 고구려로부터 자립하려고 했던 것이다. 그 자신 고구려의 비호를 받고 즉위했지만, 친고구려파였던 실성왕이 믿었던 고구려로부터 배신당하고 한순간에 버림받는 것을 보았기 때문에 힘을 길러 고구려로부터 자립하는 것만이 신라가 살 길이라는 생각을 더욱 강하게 가졌는지도 모르겠다. 하지만 그는 신중한 사람이었다. 복호 구출 이후에도 한동안은 반고구려적인 자세를 드러내지 않았다. 여전히 고구려에 사신을 보내고 화친하는 자세를 보였다. 독립할 수 있는 힘을 더 기를 때까지 시간이 필요했기 때문이다.

즉위 후 상당기간 동안 고구려부터의 자립을 꿈꾸면서도 그것을 숨겨왔던 눌지왕이 마침내 자신의 의지를 드러낼 수밖에 없는 상황이 도래했다. 고구려 장수왕이 반대하는 귀족들을 숙청해가면서 평양천도를 강행했기 때문이다. 평양 천도는 사실 광개토왕대부터 계획을 세우고 설계 작업을 진행한 것으로 장수왕으로서는 부왕으로부터 하명받은 숙원사업이었다. 이것은 또한 향후 고구려의 지향점을 보여주는 것이었다. 평양 천도를 계기로 고구려는 본격적으로 남진정책을 추진했다. 장수왕대의 남진정책은 이전과 성격이 많이 달랐다. 단순히 고구려의 세력권을 확장한다는 의미가 아니라 고구려가 실질적으로 지배하는 영토를 확장해나간다는 것이었다.

광개토왕대에는 비록 고구려군에 정복을 당했더라도 속민으로서 충성을 맹세하고 조공을 하면 기존체제를 유지하는 가운데 독립국가로서 국왕권을 유지하고 자체적으로 국가경영을 해나갈 수 있었다. 하지만 장수왕은 그렇지 않았다. 장수왕은 정복한 지역에 고구려 지방관을 보내 직접 통치를 하려고 했다.

이와 같은 고구려의 정책변화에 위기감을 느낀 신라는 백제와 동맹을 맺어 대응하려 했고, 장수왕은 이에 대해 민감한 반응을 보였다. 고구려의 주적(主敵)인 백제와 손을 잡으려고 하는 신라를 묶어두기 위해 모종의 조처를 취할 필요가 있었다. 이에 신라 왕과 그 신하들을 불러 고구려의 관복을 사여하는 의식을 통해 신라를 단속하고 두 나라의 상하관계를 재확인하려고 하였다.

관복 사여식에 관한 내용은 충주고구려비에 새겨져 있다. 충주고구려비의 3면과 4면에는 449년, 곧 장수왕 37년, 신라의 눌지왕 33년에 고구려의 태자와 신라 매금이 참석한 가운데 거행된 관복사여 행사에 대해 서술되어 있다. 그동안 학계에서는 비문에 나오는 날짜와 등장하는 고구려왕의 존재를 근거로 충주고구려비의 건립연대에 대해 논의가 분분했다. 하지만, 충주고구려비를 재판독한 결과 그간 불명했던 글자들을 재확인하고, 이를 근거로 비의 성격과 건립연대 및 비를 세운 목적 등에 대해 새롭게 이해할 수 있게 되었다.

충주고구려비에는 '고려태왕조왕(高麗太王祖王)'이란 구절이 나온다. 이것은 '고려태왕의 할아버지왕'으로 해석할 수 있다. 5~6세기의 고구려 왕계로 보아 고려태왕은 문자명왕, 태왕의 할아버지왕은 장수왕임이 분명하다. 그렇게 보면 비를 세운 시점은 문자명왕대이고, 비 3면과 4면에 새겨져 있는 사건이 발생한 시점은 장수왕대에 일어난 일이라는 것을 자연스럽게 이해할 수 있다. 즉 충주고구려비에는 과거를 회고하는 내용과 비석을 세울 당시의 일을 논한 내용이 함께 실려 있는 것이다.

구체적으로 장수왕대 언제쯤 비문에 기록된 관복사여식이 개최되었는지 알 수 있는 단서는 '십이월입삼일갑인(十二月廿三日甲寅)'이라는 구절이다. 장수왕 재위 중에 12월 23일이 갑인인 해는 재위 37년(449)과 68년(480)이 있지만 비문에 나오듯 두 나라가 여형여제(如兄如弟)하던 시기는 5세기 중반까지였다. 따라서 충주고구려비의 3면과 4면에는 장수왕대인 449년에 있었던 사건을 적어놓았음을 알 수 있다. 문자명왕대의 일은 1면과 2면에 새겨졌을 것이다.

물론 비석의 1면이 어디인가 두고도 논의가 있었다. 현재 1면으로 보고 있는 면은 다른 면보다 글자를 새기기 위해 비석면을 다듬은 부분이 적다는 점에서 이곳이 비의 1면인 것 같지 않고 우측면이 1면인 것 같다고 한 견해가 비문 연구 초창기부터 제시되었었다. 3면의 경우 첫 부분이 '오월 중(五月中)'으로 시작되고 있어 이 면이 1면이 아님을 알 수 있다. 그것은 여하튼 비문의 내용으로 볼 때, 문자명왕대에 어떤 필요에 의해 충주고구려비를 건립하면서 그 필요성과 관련하여 고구려와 신라의 이전 관계를 정리, 회고하는 차원에서 장수왕대에 일어난 일을 비의 1면과 2면에 기록했던 것으로 볼 수 있다.

449년에 신라매금과 그 신하들에게 고구려 관복을 수여하는 의식을 주도한 사람은 장수왕의 아들이자, 당시 태자였던 공(共)이었다. 그는 문자명왕의 아버지로서 『삼국사기』에는 조다(助多)라는 이름으로 나온다. 『삼국사기』에는 장수왕의 태자이자 문자명왕의 아버지였던 조다가 조사(早死)했다고 나온다. 하지만 이때의 조사는 어린 나이에 죽었다는 것이 아니라 왕이 되기 전에 죽었다는 의미였다. 태자 공은 장수왕 37년(449) 5월에 신라 매금과의 관계를 재확인하는 매우 중요한 행사를 주관했다. 고구려의 다른 태자, 또는 왕자들과 마찬가지로 그도 군사적으로나 정치적으로 활발히 활동했던 것이다. 이는 곧 국왕인 아버지를 여러 면에서 도운 것이 된다. 이런 점에서 생존시의 이름은 공(共)이었지만, 죽은 다음 조다(助多)라는 미화된 이름을 붙였던 것 같다. 아니면 신라 진흥왕이나 백제 무령왕처럼 생시에 이미 '공'과 '조다'라는 두 개의 이름을 가지고 있었을 수도 있다.

충주고구려비에 의하면 장수왕은 신라 매금과 그 신하들을 우벌성의 궤영(跪營)으로 불러 의복을 사여하는 행사를 열도록 했다. 그러나 장수왕이 직접 이곳까지 내려오지는 않았다. 태자 공을 보내 그로 하여금 행사를 주관하도록 했다. 고구려의 태자와 신라의 매금이 행사의 주빈이라는 점에서 이미 고구려가 신라를 하위로 대하는 것이므로 눌지왕으로서는 당연히 썩 내키지 않았을 것이다. 그러나 아직은 상황을 좀 더 지켜봐야 할 시점이었으므로 고구려의 요청을 받아들여 궤영으로 가서, 형과 동생같이 우애 깊은 관계를 지속할 것을 강조하는 고구려로부터 관복을 하사받고 돌아왔다. 그런데 12월에 다시 우벌성에서 모종의 사건이 발생해서 두 나라 사이에 긴장국면이 조성되었다. 하지만 고추가 공의 군사가 도착한 후 큰 충돌 없이 해결되었다. 충주고구려비에는 '태자공'과 '고추가공'

이 함께 나온다. 당시 신라와의 관계를 주도하던 고구려측 인물이 '공'이었으므로, 이 둘은 같은 사람이라고 보아야할 것 같다. 즉 공은 태자이면서 고추가란 작위를 가지고 있었던 것이다.

요컨대 이것이 충주고구려비에 새겨져 있는 장수왕대에 일어난 사건의 내용인데, 이를 통해 우리는 고구려와 신라의 관계가 30여년 사이에 많이 바뀌었다는 것을 알 수 있다. 광개토왕대 신라 왕은 고구려 왕에게 노객이라 자칭하며 조공하고 나라 일을 보고해야 하는 속민이었지만, 장수왕대에는 형과 동생 같은 관계로 변화된 것이다. 고구려에서도 두 나라의 관계를 재설정할 수밖에 없을 정도로 그동안 신라의 국력이 급성장한 것이다.

나제동맹과 신라의 자립

눌지왕의 자립 모색과 백제와의 화친으로 인해 발생한 균열은 449년의 의복사여식을 계기로 겨우 봉합되었다. 그러나 또 『삼국사기』 신라본기를 보면 450년 7월에 고구려 변방의 장수가 지금의 삼척지역인 실직(悉直)에서 사냥을 하고 있었는데, 지금의 강릉지역인 하슬라(何瑟羅)의 신라 성주 삼직(三直)이 출병하여 그를 살해한 사건이 일어났다. 이에 장수왕이 크게 노하여 군사를 움직이려 하자, 눌지왕이 말을 공손히 하며 사과하여 겨우 사태가 무마되었다. 신라본기에는 장수왕이 "내가 대왕과 화호를 닦아 매우 즐거워하던 바인데"라고 했다는 내용이 나온다. 이것은 전 해인 449년에 있었던 신라매금과 그 신하들에게 고구려 관복을 하사하며 우호를 다진 것을 말한다.

그런데 이 사건의 전개과정을 보면, 실직에서의 사냥에 대해 신라 장수 삼직과 고구려 변장의 생각이 서로 전혀 다르다는 것을 알 수 있다. 삼직은 신라 국경 안에 들어와 사냥을 하는 타국 장수를 습격해 죽이는 것이 당연하다고 생각했던 것 같고, 고구려 변장은 신라영토 안에서 사냥을 하는 것이 너무나 일상적이고 자연스러운 일이라고 여겼던 것 같다. 그렇지 않다면 변방의 장수가 남의 영토, 그것도 다른 지역보다 예민할 수밖에 없는 변경에서 사냥놀이를 할 리가 없기 때문이다. 변장 살해 사건 후 고구려 왕이 즉각 거세게 항의했고, 또 그에 대해 신라왕이 사과를 했던 것에서도 그런 면을 거듭 확인할 수 있다. 이를 통해 당시까지도 고구려는 신라 영토 안에 무시로 드나들어도 될 정도의 관계라고 생각하고 있었다는 것을 알 수 있다. 또 눌지왕이 즉각 장수왕에게 사과하는 것을 보면 이때까지도 신라에 대한 고구려의 영향력이 지속되고 있었다는 것을 보여준다.

고구려 변장 살해 사건으로 인해 신라의 자립화 노력은 잠시 주춤하게 되었다. 하지만 결국 신라로서도 국운을 걸고 고구려에 저항하지 않으면 안 되게 된 돌발 사건이 발생했다. 신라가 국내에 주둔하고 있던 고구려 정병(精兵) 1백 명을 몰살시킴에 따라 장수왕이 즉각 군사를 일으켜 쳐들어왔던 것이다. 『일본서기』 웅략천황(雄略天皇) 8년(464) 2월조에 전하는 당시 사건의 전말은 다음과 같다.

고구려왕이 정병 1백인을 파견해 신라를 지켜주고 있었는데, 그 중 한 군사가 휴가를 받아 귀국하는 길에 신라인을 전마(典馬) 삼아 데리고 가면서, 그 종자에게 "너희나라가 우리나라에 깨질 날이 멀지 않았다."라고 했다고 한다. 즉 고구려가 신라를 지켜주는 것 같지만, 사실은 신라를 깨뜨리고 완전히 고구려 땅으로 만들어버릴 계획이라는 비밀을 누설한 것이다. 이에 신라인 종자는 배가 아프다는 핑계를 대고 물러 나와 신라로 도망해 들어가 그 이야기를 전했다. 이에 신라의 눌지왕이 고구려가 거짓으로 지켜주고 있다는 것을 알고 사자를 급히 보내 나라사람들에게 "집안에서 기르고 있는 수탉을 모두 죽여라."고 명령을 내렸다. 그러자 나라사람들이 그 뜻을 알고 국내에 있는 고구려군사를 모두 죽였다. 이때 고구려 군사 가운데 한 명이 빈틈을 타 겨우 탈출하여 고구려로 돌아가 사건의 전말을 모두 이야기했고, 이에 고구려의 장수왕이 즉시 군사를 출병시켰다는 것이다.

'수탉을 죽여라!'라는 작전명으로 단행된 신라의 고구려 군사 몰살 사건을 계기로 마침내 두 나라는 완전히 결별하게 되었다. 이때 이후 고구려는 백제와 신라를 번갈아 공격했고, 신라도 본격적으로 영토 회복작업에 착수했다. 신라는 광개토왕대에 고구려에 넘겼던 경북 동북부의 임하 이하 청하에 이르는 지역 상당부분을 눌지왕 말년인 450~480년 사이에 회복했다. 그리고 481년 3월에 있었던 호명성(狐鳴城)을 비롯한 일곱 개 성에 대한 공격을 성공적으로 물리쳤다. 호명성은 고구려의 야시홀(也尸忽)이었던 지금의 영덕이고, 나머지 여섯 개 성은 청하, 청송, 안덕, 진보, 임하, 영해로 『삼국사기』 지리지에 하슬라주 소속 고구려 군현으로 이름이 나와 있는 곳이다. 이때 고구려와 말갈군은 신라 수도 경주를 최종 목표로 하고 쳐들어 왔다. 고구려는 7성 공취 후 바로 이어 흥해 지방까지 돌진해 미질부성을 공격한 뒤 속전속결로 경주로 진격해 들어가려고 했다. 그러나 백제와 가야 지원군이 예상보다 빨리 도착해 길을 나누어 공격해 오는 바람에 이 작전은 성공하지 못했다. 고구려군은 연합군에 의해 니하까지 쫓겨 간 끝에 1천여 명이 몰살당하는 참패를 당했다.

481년의 작전은 이전에 고구려의 지배를 받은 적이 있던 7성의 재지 유력자들과 미리 내통이 된 상태에서 개시했으며, 그 결과 쉽게 7성을 공취할 수 있었다. 고구려는 한성 함락과 국왕 사망으로 인해 갑작스럽게 공주로 천도한 백제가 내부수습에도 여념이 없는 상태이므로 원군을 보낼 수 없으리라 생각했던 것 같다. 그러나 고구려의 예상은 빗나갔고, 그 결과 작전은 실패하고 말았다. 장수왕대의 고구려는 중국 남북조의 왕조들과 등거리 외교를 하며 국제무대에서 외교적 위상을 고조시키는 등 자신감에 차 있었다. 그런 가운데 남쪽에서 진행된 나제동맹의 결성을 제대로 막아내지 못했다. 또 그 동맹이 가진 위력을 과소평가하여 적극적으로 파괴공작을 하지 않았기 때문에 공수동맹으로 발전하게 되었다. 이런 실수로 인해 481년 경주를 기습공격하려 한 대담한 작전이 실패로 돌아가게 된 것이다.

이후 신라는 강릉 선까지 북상했고, 소백산맥 서쪽에 산성들을 구축했다. 500년 이전에 고구려는 소백산맥 이북으로 완전히 물러났다. 소지마립간이 영주 지역으로 순행한 것이 그 증거다. 바로 인접한 순흥과 봉화가 고구려 영역인 상태에서 신라 왕의 순행과 두세 번에 걸친 미행이 이루어지기는 어렵기 때문이다. 그렇지만 소지왕이 영주 재지세력인 파로의 딸 벽화를 만나게 되는 과정이나 그에 대한 고타군 노구(老嫗)의 우려 섞인 비판을 볼 때, 500년 당시에도 신라가 이 지역에 대한 지배권을 확고하게 구축한 상태는 아니었던 것 같다. 파로로 대변되는 영주 재지세력의 영향력이 여전히 상당한 것으로 보인다. 이 지역을 둘러싸고 군사적 충돌이 있었다는 것을 보여주는 기사가 나오지 않는 만큼, 신라가 전쟁을 통해 이 지역을 차지했던 것 같지는 않다. 고구려가 자진 철수한 것으로 보는 쪽이 더 타당하다. 고구려 세력은 481년~500년 사이의 어느 시기에 순흥, 봉화 등의 고구려고지에서 철수하였다. 이후 진흥왕이 단양을 차지하게 되는 545~550년 무렵까지 거의 50년이 넘는 기간 동안 죽령은 고구려와 신라의 국경선으로 존재했다. 이제 신라는 더 이상 고구려로부터 내정간섭을 받지 않게 되었다.

『위서(魏書)』에는 문자명왕 13년(504) 고구려 사신 예실불(芮悉弗)이 북위(北魏)로 가, 세종(世宗)을 동당(東堂)에서 만났을 때 했던 이야기가 나온다. 예실불은 고구려가 누차 정성을 다해 토산물을 바쳐왔지만, 황금은 부여에서 나고 백마노〔珂〕는 섭라(涉羅)에서 생산되는 바, 부여는 물길(勿吉)에게 쫓겼고 섭라가 백제에 신속하게 되었으므로 백마노를 바칠 수 없게 되었다고 말하였다. 여기에 나오는 '섭라'는 신라로 보는 것이 다수설이다. 신라가 백제에 신속되었다고 하는 것은 북위에게 백제의 허물을 고해바치려는 의도가 엿보이는 과장법일 것이다. 하지만 일단 이 기사를 통해 신라가 더 이상 고구려의 '속민'도 '동생나라'도 아니며, 오히려 백제의 영향권 안으로 들어간 세력임을 고구려도 인정하고 있는 상태라는 것을 알 수 있다.

충주고구려비는 고구려와 신라의 영역확정비

여기에서 고구려와 신하의 과거사를 적어놓은 충주고구려비로 다시 눈을 돌려보자. 고구려는 왜 충주고구려비를 세웠을까?

『삼국사기』지리지에는 분명 계립령과 죽령 이남 지역에 있었던 고구려 군현의 이름이 줄줄이 나열되어 있는데, 6세기 후반의 온달과 7세기 후반 연개소문의 영토관을 보여주는 사료에는 '계립령과 죽령 이북의 땅은 우리 땅'이라는 의식이 담겨 있다. 이것은 6세기 초반에 고구려와 신라가 공적으로 인정한 국경개념이 고구려인들의 뇌리에 각인되었기 때문이라고 볼 수 있다. 고구려인의 영역인식 정립에 일정 정도 역할을 한 구조물이 바로 고구려가 소백산맥을 경계로 신라와 영역범위를 확정한 뒤 그 내용을 국내외 사람들에게 알리기 위해 세운 충주고구려비였다.

충주고구려비 건립 후 신라에 대한 고구려의 공격은 당분간 중단되었다. 두 나라 사이에 영역을 둘러싼 갈등이 없어지자, 지증왕대의 신라는 백제와 한동안 교류를 끊었고, 고구려와 백제 사이에 전쟁이 발생했을 때 어느 쪽 편도 들지 않고 철저히 방관하는 자세를 취했다. 영역범위를 분명히 했으므로 당분간 고구려와 싸울 필요성을 느끼지 못했기 때문이었다. 지증왕은 제도와 체제를 정비하는데 주력한 왕이었다. 소백산맥이남 지역을 모두 회복한 후 그 땅의 소유권을 고구려로부터 확정 받은 것도 그의 업적 가운데 하나였다. 문자명왕으로서도 이를 통해 백제와 신라의 공수동맹이 가동되지 않도록 함으로써 백제와의 전쟁에 힘을 집중할 수 있게 되었다.

한편 충주고구려비를 통해 우리는 장수왕대와 문자명왕대에 백제나 신라를 보는 고구려의 인식이 달라졌다는 것을 확인할 수 있다. 독자적인 천하관에 입각해 백제와 신라가 자신의 속국 또는 동생 국가임을 인정하고 그 질서에 순응하기를 요구하던 장수왕대와 달리, 문자명왕대의 고구려는 그런 관념을 버리고 백제가 성장하고 신라가 자립한 현실을 그대로 인정하고 있다는 것을 알 수 있다.

요컨대 충주고구려비는 문자명왕과 지증왕이 국경선을 확정짓고 그 징표로 건립했다. 여기에 문자명왕은 두 나라의 과거사를 설명하는 글도 함께 새겨 넣었던 것이다. 비석 건립 당시 문자명왕과 지증왕이 직접 이곳으로 왔는지 여부는 알 수 없다. 하지만 두 나라의 합의 아래 비석을 건립했으므로, 지증왕도 이 비석의 존재를 알았을 것이다.

신라인들이 본 고구려 비석들

고구려와 신라는 50~70여 년간 매우 밀접한 우호관계를 유지했다. 그러나 나제동맹이 지속적으로 가동되어 공수동맹으로서 기능을 한 5세기말 이후는 영토를 두고 전쟁을 하는 사이가 되었다. 415년 고구려로부터 하사받은 청동 호우를 수십 년간 애호품으로 자랑하던 신라의 왕족이 고구려와 사이가 나빠지는 5세기말에 가서 호우를 무덤 속에 매장하여 감추어버린 것도 5세기말 신라와 고구려 사이의 악화된 관계를 잘 말해준다.

두 나라가 우호적일 때에는 정치적 관계를 토대로 문화적, 경제적, 사회적 교류도 활발히 이루어졌다. 고구려와 가장 활발히 교류했던 5세기에 신라가 지방통치제도나 군사제도, 무기체계, 고분양식 등에서 고구려의 영향을 많이 받았다는 것은 이제 상식에 속한다. 고구려 문화의 영향은 신라의 비석문화에도 미쳤다. 삼국 가운데 비석이 가장 많이 남아 있는 나라는 신라다. 비석에 새겨진 문자를 통해 사서에는 기록되지 않은 당시의 사회상이나 정치상황 등 다양한 내용을 파악할 수 있다. 앞에서 광개토왕비와 충주고구려비를 통해 동아시아의 국제관계나 고구려와 신라 두 나라의 관계, 고구려 내부의 상황 등 많은 내용을 파악할 수 있었던 것처럼, 신라 역시 당시 상황을 보여주는 비석을 많이 남겼다. 그런데 이 비석 건립에 있어서도 우리는 고구려의 영향을 감지할 수 있다.

400년에 보기(步騎) 5만의 고구려군이 남정하여 한반도 남부지역을 재편한 이후 신라는 여러 방면에서 고구려의 영향을 받게 되었다. 이 과정에서 두 나라의 인적교류가 활발히 이루어졌다. 5세기 당시 고구려에는 이미 태학과 경당이 설립되어 있었고, 율령통치가 이루어지고 있었다. 신라는 당시 고구려로부터 고급문화와 제도를 적극 받아들여 창의적으로 활용했다. 국내성으로 간 신라 인질이나 사신들은 6.39m의 거대한 광개토왕비를 보았다. 역대 왕들의 무덤 위에 세워진 묘상입비들과, 수묘인 매매와 관련하여 불법을 저지를 경우 엄중처벌하리라는 경고문이 새겨져 있는 집안고구려비도 보았을 것이다. 그리고 훗날 계립령과 죽령을 넘어 북진하여 한강유역으로 나아간 진흥왕과 그 신하들은 충주고구려비도 보았을 것이다. 이 고구려 비석들은 모두 5세기~6세기 초에 건립되었다.

그런데 통일 이전 신라의 석비는 6세기에 집중적으로 세워졌다. 포항 중성리 신라비는 501년, 포항 냉수리 신라비는 503년, 울진 봉평리 신라비는 524년, 영천 청제비는 536년, 단양 신라 적성비는 545~550년, 경주 명활산성 작성비는 551년, 창녕 신라 진흥왕 척경비는 561년, 마운령 진흥왕 순수비와 황초령 순수비는 568년, 북한산 진흥왕 순수비는 561~568년, 무술오작비는 578년, 남산신성비는 591년에 건립되었다. 영천 청제비와 무술오작비, 명활산성작성비, 남산신성비는 저수지나 성 축조와 관련한 내용을 적은 비석이고, 진흥왕대에 건립된 창녕비, 마운령비, 황초령비, 북한산비 등은 모두 새로 확장한 영역에 왕이 순행하고 민심을 살핀 내용을 새긴 비석들이다.

이와 성격상 차이가 있는 비석들이 포항 중성리 신라비, 포항 냉수리 신라비, 울진 봉평리 신라비이다. 이 비석들은 다른 비석보다 이른 시기인 6세기 전반기에 건립되었다. 중성리 신라비는 대체로 포항 중성리 일대 지역에서 발생한 모종의 분쟁에 대하여 신라 6부가 심의하여 결정한 사실을 교(教)로써 공시한 내용을 새긴 것이다. 포항 냉수리 신라비의 내용은 진이마촌(珍而麻村)에 사는 절거리(節居利)와 미추(末鄒), 사신지(斯申支) 등이 재물을 둘러싸고 다툼이 일자 지증왕인 지도로갈문왕(至都盧葛文王)을 비롯한 7명의 왕들이 전세(前世) 2왕의 교시를 증거로 하여 진이마촌의 재물을 절거리의 소유로 결정했다는 것이다. 울진 봉평리 신라비는 법흥왕인 모즉지매금왕(牟卽智寐錦王)을 비롯한 14명의 6부 귀족들이 회의를 열어 죄를 지은 거벌모라(居伐牟羅) 남미지촌(男彌只村) 주민들을 처벌한 내용을 담고 있다.

흥미로운 것은 이 비석들이 모두 고구려와 관련이 있는 지역에 세워졌다는 점이다. 울진 봉평리는 고구려 영역에 속했던 지역이고, 포항의 중성리와 냉수리도 고구려 문화의 영향이 확인되는 지역이다. 신라 비석들 가운데 가장 이른 시기에 만들어졌고 고구려와 관련이 있는 지역에 세워진 이 비석들은 모종의 이권에 관한 분쟁을 신라 중앙 정부에서 해결하고 그 내용을 기재하여 공시하거나 죄에 대한 처벌내용을 공시한 내용을 담고 있다. 즉 이 비석들은 모두 법과 관련한 내용을 공시하는 목적을 가진 비석들이다. 6세기 후반기에 만들어진 다른 비석들도 현재의 상황을 설명하고 미래의 일을 예고하는 실용적인 목적을 가진 비석이라는 공통점이 있다.

즉 태종무열왕비 건립 이전 신라의 비석은 모두 무덤에 세운 묘비와는 관련이 없는 비석이었다. 태종무열왕비를 비롯한 신라의 묘비는 고구려가 아닌 중국의 영향을 직접 받아 제작되었다. 하지만 6세기대에 제작된 신라비는 고구려 비석의 영향을 직, 간접적으로 받았다고 할 수 있다. 그리고 그때의 비석은 죽은 이를 위한 것이거나 관념적인 것이 아니라 현재와 미래에 직접적인 관련이 있는 법적 내용을 널리 공시하려는 실용적인 목적을 가지고 세워졌다.

이러한 성격의 신라비석들은 역으로 그에 영향을 준 고구려 비석들의 본래 기능과 성격을 판단하는 데 근거를 제공해준다. 즉 충주고구려비와 마찬가지로 광개토왕비나 집안고구려비, 더 나아가 선조 왕들의 묘에 세운 비석까지 모두, 죽은 이를 기리려는 목적에서 세운 묘비가 아닌 현재와 미래의 실용적인 목적을 추구하여 세운 비석이라는 것이다. 비석에 새겨진 글들을 통해 사서에 나오지 않는 역사 사실들을 추적해갈 수 있다는 것, 이 또한 역사서술의 묘미 가운데 하나라고 할 수 있다.

참고문헌

檀國大史學會, 1979, 『史學志』 13, 中原高句麗碑特輯號.

高句麗研究會編, 2000, 『中原高句麗碑 研究』, 학연문화사.

김현숙, 2005, 『고구려 영역지배방식 연구』, 도서출판 모시는 사람들.

연민수·서영수 외, 2013, 『광개토왕비의 재조명』, 동북아역사재단.

박진석 외, 2015, 『광개토왕비의 탐색』, 동북아역사재단.

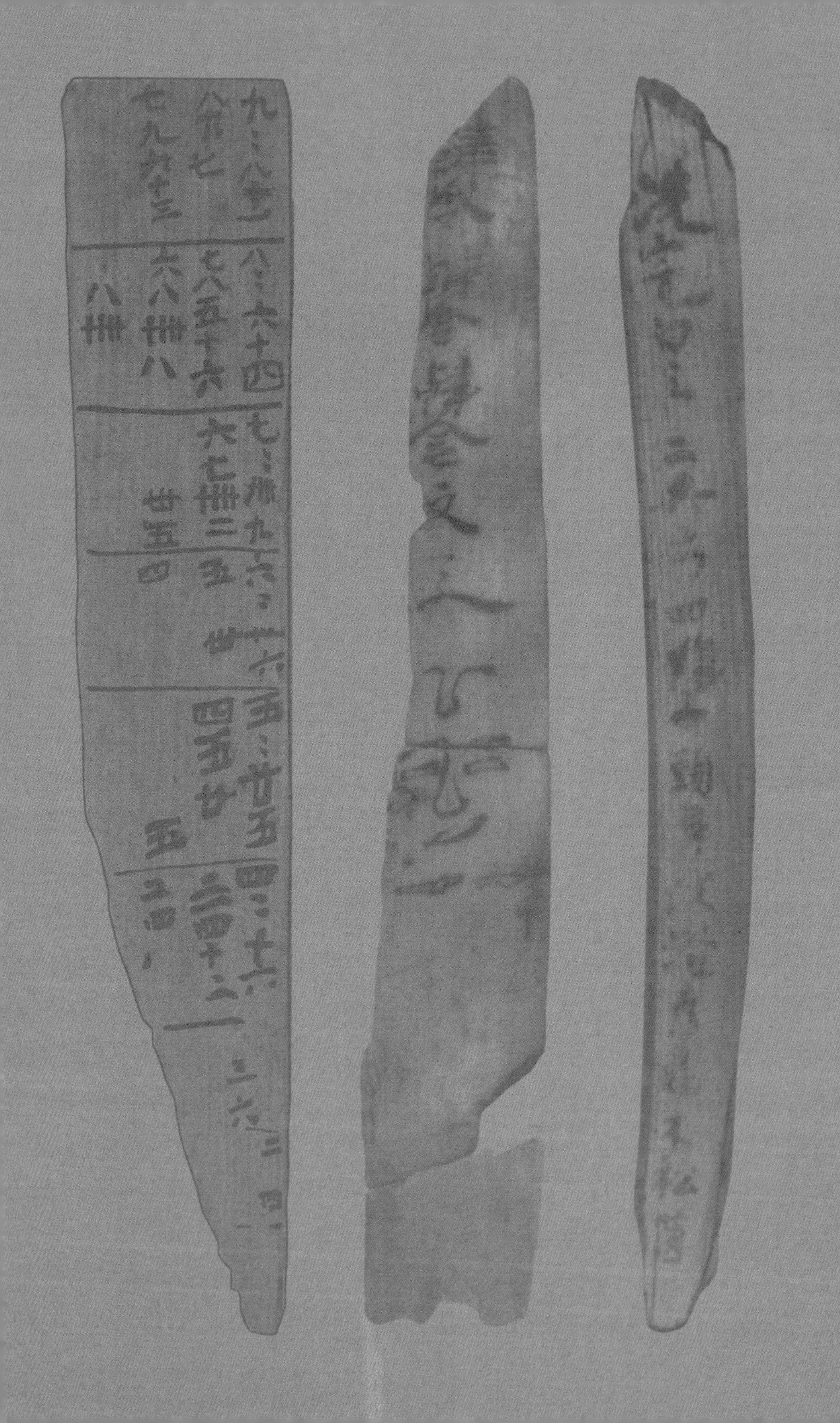

백제 개로왕의 국서(國書)와 풍태후(馮太后)

서영교

중원대학교

472년 8월, 최초의 백제 사신이 북위 조정에 도착했다. 그들은 백제 개로왕(蓋鹵王)의 국서(國書)를 북위 헌문제(獻文帝)에게 올렸다. 당시 백제는 고구려에 군사적으로 밀려 위기에 처해 있던 상황이었다.

『위서』 권100, 백제전(2317쪽)에 다음과 같은 국서가 실려 있다.

延興二年, 其王餘慶始遣使上表曰：

「臣建國東極, 豺狼隔路, 雖世承靈化, 莫由奉藩, 瞻望雲闕, 馳情罔極. 涼風微應, 伏惟皇帝陛下協和天休, 不勝係仰之情, 謹遣私署冠軍將軍、駙馬都尉弗斯侯, 長史餘禮, 龍驤將軍、帶方太守、司馬張茂等投舫波阻, 搜徑玄津, 託命自然之運, 遣進萬一之誠. 冀神祇垂感, 皇靈洪覆, 克達天庭, 宣暢臣志, 雖旦聞夕沒, 永無餘恨.」

又雲 : 「臣與高句麗源出夫餘, 先世之時, 篤崇舊款. 其祖釗輕廢鄰好, 親率士眾, 陵踐臣境. 臣祖須整旅電邁, 應機馳擊, 矢石暫交, 梟斬釗首. 自爾已來, 莫敢南顧.

自馮氏數終, 餘燼奔竄, 醜類漸盛, 遂見陵逼, 構怨連禍, 三十餘載, 財殫力竭, 轉自孱踧. 若天慈曲矜, 遠及無外, 速遣一將, 來救臣國, 當奉送鄙女, 執掃後宮, 並遣子弟, 牧圉外廄. 尺壤匹夫不敢自有.」

又雲 : 「今璉有罪, 國自魚肉, 大臣強族, 戮殺無已, 罪盈惡積, 民庶崩離. 是滅亡之期, 假手之秋也. 且馮族士馬, 有鳥畜之戀 ; 樂浪諸郡, 懷首丘之心. 天威一舉, 有征無戰. 臣雖不敏, 志效畢力, 當率所統, 承風響應.

且高麗不義, 逆詐非一, 外慕隗囂藩卑之辭, 內懷兇禍豕突之行. 或南通劉氏, 或北約蠕蠕, 共相脣齒, 謀陵王略.

昔唐堯至聖, 致罰丹水 ; 孟常稱仁, 不捨塗詈. 涓流之水, 宜早壅塞, 今若不取, 將貽後悔.

去庚辰年後, 臣西界小石山北國海中見屍十餘, 並得衣器鞍勒, 視之非高麗之物, 後聞乃是王人來降臣國. 長蛇隔路, 以沉於海, 雖未委當, 深懷憤恚. 昔宋戮申舟, 楚莊徒跣 ; 鷂撮放鳩, 信陵不食.

克敵建名, 美隆無已. 夫以區區偏鄙, 猶慕萬代之信, 況陛下合氣天地, 勢傾山海, 豈令小豎, 跨塞天逵. 今上所得鞍一, 以為實驗.」

가독성을 위해 위의 기록을 번역하고 분류하면 다음과 같다.

延興二年(472), 백제왕 餘慶이 처음으로 사신을 파견하여 표를 올려 말하기를 :

1.

「臣이 東極에 나라를 세워, 승냥이와 이리(豺狼) 등에게 길이 막히니, 비록 대대로 신령하신 교화를 받았으나 藩臣의 예를 받들 길이 없었습니다. 天子의 궁궐을 그려 우러러 보면서 달려가는 마음 끝이 없습니다. 소슬한 바람이 살며시 일어나는데 엎드려 생각건대 황제폐하께서는 사절의 변화에 잘 조화하시는지 우러러 사모하는 정을 억누를 길없습니다. 삼가 私署한 冠軍將軍、駙馬都尉 弗斯侯와 長史 餘禮, 龍驤將軍、帶方太守、司馬張茂 等을 보내 파도에 배를 던져 망망한 바다에 길을 더듬게 하였습니다. 하늘에 운명을 맡기고 만분의 일이나마 조그만 정성을 올리오니, 바라옵건대 귀신의 감응이 내리고 皇靈이 크게 감싸주어 폐하의 대궐에 도착하여 신의 뜻이 퍼진다면, 아침에 말을 듣고서 저녁에 죽는다 하여도 영원히 여한이 없을 것입니다.

2.

①또 말하기를 臣은 高句麗와 같은 근원인 夫餘에서 나와, 先世에는 매우 우의를 돈독히 하였습니다. 그런데 그들(고구려)의 선조인 釗(고국원왕)가 이웃간의 우호를 가볍게 깨뜨리고 몸소 많은 군사를 거느리고 신의 국경을 짓밟았습니다. 臣의 祖인 須(근구수왕)기 군사를 정돈하고 번개처럼 달려가서 기회를 타 돌풍처럼 공격하여, 화살과 돌이 오고 간지 잠간 만에 釗의 머리를 베어 높이 달았습니다. 이후부터 감히 남쪽을 엿보지 못하였습니다.

②"그런데 馮氏의 국운이 다하여 그 醜類[遺民-유민]이 (고구려로-필자-) 도망하여 온 이후로부터 추악한 무리(고구려)가 점점 강성해져 끝내 (백제가) 침략과 위협을 당하여 원한이 얽히고 戰禍(전화)가 연이은 것이 30여

년입니다. (백제는) 물자도 다하고 힘도 떨어져서 자꾸만 쇠잔해지고 있습니다. 만일 천자의 仁慈(인자)와 간절한 矜恤(긍휼)이 멀리라도 미치지 않는 곳이 없다면 급히 장수 한 사람을 보내어 신의 나라를 구원하여 주십시오"

마땅히 저의 딸을 보내어 후궁에서 청소를 하게하고, 아울러 자제들을 보내어 마굿간에서 말을 먹이게 하겠으며 한 치의 땅이나 한 사람의 匹夫라도 감히 저의 것이라 생각하지 않겠습니다.

3.

또 말하기를

①「지금 璉의 罪로, 고구려國은 魚肉이 되었고, 大臣과 強族들이 죽고 죽이는 것이 끝이 없어, 죄악이 가득 쌓였으며, 백성들은 이리저리 흩어지고 있습니다. 이는 滅亡의 시기이며, 도움을 받아야 할 때입니다.

② 또 馮氏 일족의 士馬에게는 鳥畜之戀이 있고, 樂浪諸郡에게는, 首丘之心을 품고 있습니다. 폐하의 위험을 한번 발동하면 정벌만 있고, 전쟁은 없을 것입니다. 신이 영민하지 못하더라도 몸과 마음을 다 바쳐 당연히 휘하의 군사를 거느리고 가르침을 받아 움직일 것입니다.

③ 또 고구려의 불의와 잘못은 하나뿐이 아닙니다. 겉으로 隗囂처럼 藩屏의 겸손한 말을 지껄이면서도 속으로는 흉악한 짐승의 저돌적인 행위를 품고 있습니다. 南쪽으로 劉氏와 통하고, 北쪽으로 蠕蠕과 맹약하여 서로 脣齒관계를 이루어 모의하여, 폐하의 땅을 짓밟으려 하고 있습니다.

옛날 堯같은 성군도 南蠻을 丹水에서 쳐서 벌하셨고, 盟常君처럼 어질다는 사람도 비웃는 길손을 그대로 두지 않았습니다. 한 방울씩 새어 나오는 물이라도 마땅히 일찍 막아야지 지금 취하지 않을 것 같으면 뒷날 후회를 남기실 것입니다.

4.

지난 庚辰年(440) 後에 臣의 나라 西界에 있는 小石山의 北國 海中에서 시신屍 10여구를 발견했고, 아울리 옷과 기물 안장 굴레를 얻었사온데, 高麗之物이 아닙니다. 뒤에 들어니 폐하의 사신이 臣國에 오는 것을 뱀처럼 길을 막고 바다에 침몰시킨 것이었습니다. 비록 확실하지 않지만 깊은 분노를 느꼈습니다. 옛날(昔:춘추시대) 宋나라에서 申舟를 살해하자 楚나라 莊왕은 맨발로 뛰쳐 나아갔고, 놓아준 새매(鷂)가 비둘기(鳩)를 덮치자, 信陵君은 不食했습니다.

적을 이겨 명예를 세움은 더 할 수 없는 훌륭한 것입니다. 구구하게 외진 조그마한 어린 아이가 폐하께 가는 길을 걸터앉아 막게 하십니까? 지금 주은 안장 하나를 올려 증거로 삼으려 합니다.

위의 백제 개로왕의 國書 내용을 풀어가 보자. 그 안에는 당시 동아시아 세계에 대한 많은 정보가 들어있다. 이야기 전개의 편의성을 위해 꼭 순서대로는 다루지 않았다.

먼저 1의 기록은 인사말에 해당되는 형식적인 구절이다. 그렇지만 고구려에 대한 비방으로 시작하고 있다. 백제와 북위 사이를 험한 바다가 막고 있는 것은 고구려 때문이라는 것이다. 고구려의 방해로 북위조공을 위해 위험한 바다를 건너야하는 백제의 입장을 말하고 있다. 백제 사절의 명단이 나온다. 冠軍將軍으로 駙馬都尉인 弗斯侯와 長史인 餘禮 그리고 龍驤將軍으로 帶方太守·司馬인 張茂 등이 그들이다.

북위(北魏) 풍태후(馮太后)의 등장과 백제의 사신파견

당시 백제가 파악한 북위 조정과 주변세계에 대한 지식과 관련하여 가장 주목되는 것은 2-②기록이다.

472년 백제는 북위에게 고구려로부터 군사적으로 구원해줄 것을 호소하고 있다. 2-②에서 보이는 풍씨(馮氏)는 북연(北燕, 411-436)을 의미한다. 북연의 유민을 받아들인 이후 고구려가 강성해졌고, 그 때문에 30여 년 동안 백제가 지속적인 피해를 입었다는 것이다. 내용은 36년 전에 고구려 장수왕이 북위의 이익을 침해한 사건을 백제가 들춰내는 것이나 다름없다. 이해를 돕기 위해 북연이 멸망한 436년으로 거슬러 올라가 보자.

이 해 2월, 북위는 북연의 마지막 숨통을 끊어놓기 위해 군대를 보냈다. 그 때는 이미 북위에 의해 북연이 멸망당한다는 것이 너무나 분명해진 시점이었다. 이는 곧 차후에 고구려와 북위 사이에 완충지대가 사라짐을 의미한다. 최강국 북위와 국경을 접하는 상황은 고구려에게 엄청난 환경의 변화였다.

고구려는 향후 북위와 대결할 가능성이 높아졌다. 그렇다면 소극적으로 북연 황제의 망명만 받아들일 게 아니라, 요하(遼河)를 넘어가서 북연의 고급인력과 물품[士馬·戶口·兵器·軍資] 등을 가져올 필요가 있었다. 고구려로서는 북연의 인적·물적 자원을 획득해서 중원에 비해 상대적으로 열세인 자국의 문화적·정치적·군사적 역량을 강화할 수 있기 때문이다. 이 같은 판단이 선 장수왕은 북연에 군대를 파견했다. 물론 당시 장수왕이 의도한 대로 상황이 돌아가고, 좋은 결과가 나올지 여부는 불확실했다.

436년 5월, 북연의 수도인 화룡성(和龍城:朝陽)을 사이에 두고 북위군과 고구려군이 대치했다. 화룡성에 먼저 진입한 고구려군은 무기고에서 북연의 무기와 갑을 탈취해 재무장하고 대대적인 약탈을 감행했다. 이어 북연의 황제 풍홍(馮弘:풍태후의 조부) 이하 관리·군인과 다수의 화룡성 견호(見戶)를 이끌고 동(東)으로 회군했다. 회군 행렬의 규모는 80여 리에 달했다. 북위군은 고구려군 행렬을 추격하다가 결국 포기하고 돌아갔다. 북위는 북연의 땅을 차지할 수는 있었지만, 가치 있는 고급인력과 물품은 고스란히 고구려가 가로챘다. 이후 고구려와 북위의 관계는 긴장과 대립 상태를 지속했다. 439년 이후 462년까지 23년 동안 양국 간에는 단 한 차례의 사신 왕래도 없었다. 백제가 북위에 청병을 한 472년에 고구려와 북위의 관계는 이미 정상궤도에 올라 있었다.

백제는 북위 내정에 대해서도 역시 잘 알고 있었다. 471년 북위 조정에 정치적 변화가 있었다. 헌문제의 퇴위가 논의되고 있었고, 결국 태자 굉(宏)이 효문제(孝文帝)로 즉위했다. 풍태후(馮太后)가 1차 임조청정(臨朝聽政) 이후 490년 사망할 때까지 실질적인 영향력을 행사했던 점을 감안한다면, 그녀가 헌문제의 퇴위를 사주했을 가능성은 충분하다. 북위 조정에서 풍태후의 득세는 백제에게 반가운 소식일 수 있었다. 왜냐하면 풍태후는 438년에 고구려 장수왕에게 살해된 북연의 황제 풍홍(馮弘)의 손녀이기 때문이다.

436년 북연을 두고 북위와 대치하는 상황에서 철저하게 실리를 취한 고구려 장수왕은 요동으로 옮겨진 북연 황제 풍홍에 대해 황제의 대우를 하지 않고, 그를 북연의 망명 집단과 분리시켰다. 뿐만 아니라 풍홍의 시인(侍人)을 빼고 태자 풍왕인(馮王仁)을 인질로 데려갔다. 이에 분개한 풍홍은 밀사를 남조 송에 보내 망명을 신청했다. 송은 풍홍의 망명 요청을 호기로 여겨, 438년에 장군 왕백구(王白駒)이하 병력 7천을 해로로 요동에 파견했다.

풍홍의 망명 시도로 인해 그를 둘러싸고 고구려와 송나라 간의 분쟁이 일어났고, 그 과정에서 고구려로 망명한 풍씨 일족은 멸족을 면치 못했다. 풍홍과 그의 자손 10여 명은 장수왕이 보낸 병사들에게 살해되었고, 송군도 격퇴되었다.

풍태후 본인이 어떻게 생각했건 간에 472년 당시 백제는 그녀가 장수왕에게 유감을 가지고 있다고 생각했을 수 있다.

재고구려 중국인에게 알려진 풍태후

청병표 3-②에서 언급된 '풍씨'는 이와 관련이 있지 않을까. "馮氏 일족의 士馬"라는 표현이 보인다. 북연 황제 풍홍은 436년 고구려 망명 때 자신의 사마도 동반했다.

그들이 그리워하는 대상은 당시 북위의 천자 헌문제[현조]일까. 정황상 그렇게는 볼 수 없다. 헌문제는 북연을 멸망시킨 장본인인 북위 태무제의 손자가 아닌가. 그렇다면 고구려에 망명한 북연인들이 그리워하는 대상은 풍홍의 손녀 풍태후가 확실하다. '낙랑 제군(樂浪 諸郡)의 수구지심(首丘之心)' 운운한 대목도 마찬가지 의미다.

『위서』 권30, 문명황후 풍씨전(328쪽)을 보면 그녀의 어머니는 낙랑왕씨(樂浪王氏)로 기록되어 있다. 낙랑왕씨는 평양 부근의 유력 가문이었으며, 광개토대왕 당시에도 고구려에 남아 명맥을 유지했던 사실이 확인된다. 467년 이후 풍홍의 손녀 풍태후가 북위에서 막후 실력자로 군림했다는 사실이 고구려에 살고 있는 북연인들과 낙랑인들에게 이미 알려져 있었을 수도 있다.

중국의 황제에게 보내는 외교문서에는 형식과 절차가 있다. 공식적으로 북위의 태상황 헌문제에게 보낸 청병표인 만큼, 백제는 그 형식 절차를 준수했다. 하지만 청병서의 내용은 사실상 풍태후를 의식하고 만들어졌다고 볼 수 있다.

고구려로 망명한 풍홍 일족의 운명을 간략히 더듬어 보았다. 이제 북위로 망명한 풍태후의 가족에 대해 이야기해 보겠다.

432년 11월 북연에 내분이 일어났다. 폐출된 태자 풍숭(馮崇)이 요서(遼西) 지방에서 자립했던 것이다. 풍숭은 풍홍의 원처(元妻) 왕씨가 낳은 아들이다. 후처 모용씨 소생 풍왕인이 태자에 책봉되자 풍숭은 어머니 왕씨와 동생 풍랑·풍막(郞·邈)과 함께 요서로 도망가서 북위에 도움을 청했다. 이 풍숭이 바로 풍태후의 큰아버지가 된다. 당시 북연을 공격하고 있던 북위에게 풍숭의 귀순은 좋은 기회였다. 북위는 풍숭에게 작위를 수여하고 우대했다. 그러나 436년 북연이 멸망하자 풍숭과 그 가족들의 정치적 이용 가치는 사라졌다.

풍숭과 함께 북위에 귀순한 풍랑이 바로 풍태후의 아버지다. 풍태후는 442년에 장안에서 태어났다. 그녀가 7세가 되던 해(449년)에 집안에 불행이 밀어 닥쳤다. 삼촌 풍막이 전쟁와중에 유연(柔然)으로 투항을 한 것이다. 아버지 풍랑은 이 일에 연좌되어 죽음을 당하고, 계모는 오빠인 풍희(馮熙)를 데리고 저강(氐羌)지역으로 도피했다. 어린 풍태후는 여자라 함께 데려가지 않은 것 같다.

역설적으로 고난은 풍태후에게 권력으로 향하는 계단이 되었다. 망국의 왕녀에서 버림받은 여아(女兒)로, 그리고 노비로, 그러나 455년에는 황제를 모시는 귀인으로, 다시 그 이듬해엔 황후가 된다. 그러나 황후가 된 기쁨도 잠시, 곧 불행이 찾아왔다. 465년 남편 문성제가 죽고 이십대 초반에 과부가 된 것이다.

문성제의 죽음이라는 불행은 그녀에게 또 다른 상승의 기회가 되었다. 그녀는 24세에 황실 최고의 어른 황태후 자리에 올랐다. 풍태후가 이렇게 화려한 변신을 하게 된 데는 태무제의 좌소의(左昭儀)였던 고모(姑母)의 배려가 있었기 때문이다. 그녀가 죄인으로 궁궐로 가게 된 것도 고모가 미리 손을 써놓았기 때문일지도 모른다. 풍좌소의는 연화 2년(433) 6월 이후 어느 시기에 북위의 궁정에 들어온 것으로 추정된다. 그 때는 북연이 풍전등화의 상황에 처한 시기였다. 풍좌소의는 436년에 북연의 수도 화룡성이 함락되고, 친정아버지와 형제들이 고구려로 집단 망명했으며, 2년 후에 장수왕에 의해 아버지 풍홍과 형제들이 학살당했다는 사실을 북위에서 알게 되었을 것이다. 7살에 북위 궁정에 들어와 고모의 후광 아래에서 성장한 풍태후도 풍씨 일족의 이산과 고구려에서의 비극에 대해 들어 알고 있었을 가능성이 충분하다.

동아시아에서 고구려의 대외관계

한편 3-③을 보면 북위를 둘러싼 동아시아 세계에서 고구려의 외교관계가 압축적으로 표현되어 있다. 백제는 당시 국제 정세를 예리하게 꿰뚫어 보고 있었다. 고구려가 남조(南朝) 송(宋)과 통하고 북방의 유목민 유연(柔然)과 맹약해 북위를 포위하고 있는 상황을 정확히 파악하고 있었던 것이다.

고구려와 유연은 늦어도 430년 말에는 서로간에 교섭을 가지게 되었던 것으로 보인다. 고구려는 북위와 대립하면서 송과 유연과 연결하였을 뿐만 아니라 나아가 송과 유연을 중개해 주기도 하였다. 463년 송은 장수왕에 대한 책봉문에서 다음과 같이 기술하였다.『송서(宋書)』 고구려전(高句麗傳)을 보자.

"고구려왕 낙랑공 璉은 대대로 충의로서 섬기어 바다 밖의 藩屛이 되었다. 짐의 조정에 충성을 다하여 포악·잔인한 무리를 없애는 데 뜻을 두었고, 사막의 나라에 통역하여 짐의 뜻을 잘 펼쳤다. 마땅히 벼슬을 더해 절의를 드러내려 하니, 이에 거기대장군개의부의동삼사지절상시도독으로 삼고 왕공의 칭호는 그대로 인정한다."

사막의 나라는 유연을 의미한다. 송 황제(宋皇帝)의 언급대로 고구려가 북위에게 가장 위협적인 두 세력, 초원의 유연(柔然)과 남조 송(宋)을 연결하고 있었다. 북위는 유연의 침입이 두려워 남조 송(宋) 침공에 전력(全力)을 투여할 수 없었고, 마찬가지로 송의 침입이 두려와 북방 유연에 전력을 투여할 수도 없었다.

486년 8월 북위조정에서 유연(柔然)이 그 예하를 이탈한 高車丁零 부족들과 상쟁하는 틈을 타 이에 대한 대규모 공격을 감행하자는 논의가 제기되었다. 이에 대해 북위의 중신 高閭는 다음과 같이 언급하면서 반대하였다.

옛적 漢나라 때는 천하가 통일되었으므로, 北狄을 끝까지 추격할 수 있었다. 그러나 지금은 남으로 吳寇(宋)가 있기 때문에, 군을 동원해 (北으로) 깊이 들어가는 것은 적절치 않다.

남조 송(宋)의 존재는 북위가 북방 초원에서 장기전을 수행하는데 최대의 걸림돌이었다. 물론 이러한 힘의 균형을 유지 시키는 것은 柔然-宋 사이에 고구려의 신속한 정보 유통이 있었기 때문에 가능했다.

475년 한성백제 멸망의 도화선이 된 국서(國書)의 한줄

마지막으로 2-① 기록이 가진 의미에 대해 살펴보자. 이러한 지나친 언사는 고구려 장수왕에게 엄청난 자극을 주었다. 이와 대칭되는 기록이 『삼국사기』 권18 고국원왕 41년조를 보자.

> 41년 겨울 10월, 백제왕이 군사 3만 명을 거느리고 평양성을 공격하였다. (고국원)왕이 군사를 이끌고 방어하다가 흐르는 화살(流矢)에 맞았다. 이 달 23일에 왕이 별세하였다. 고국 언덕에 장사지냈다.[백제 개로왕이 위 나라에 보낸 표문에 '釗의 머리를 베었다'고 한 것은 지나친 말이다.]

위 기록을 보면 고국원왕이 군사를 이끌고 평양성에서 방어하다가 흐르는 화살(流矢)에 맞았다고 하고 있다. 김부식은 여기에 주석을 달아 2-① 기록에서 '소의 머리를 베었다'고 한 것은 지나친 말이다. 라고 하고 있다. 사실도 아닐 뿐만 아니라, 북위조정에서 사신을 보내 백제가 고구려 고국원왕을 전사시킨 것을 지나치게 과장했다는 것이다. 국서의 내용은 고구려 왕실을 존엄에 해를 가는 행위였다.

475년 초겨울(9월) 장수왕의 고구려군 3만이 백제를 급습했다. 북위 사신 정준이 평양에 체류하던 때였으리라 생각된다. 한성(漢城)이 함락 직전에 이르자 개로왕은 수십 명의 기병을 이끌고 성을 빠져나갔다. 그러나 그의 얼굴을 아는 자들에게 체포되었고, 모욕적인 치죄(治罪) 후에 처형당했다. 물론 개로왕의 가족들도 살아남지 못했다. 장수왕은 개로왕에 대한 악감정(惡感情)을 노골적으로 드러냈던 것이다.

西嶋定生에 따르면, 백제는 한성이 함락되기 3년 전인 472년에 북위에 견사봉표(遣使奉表)하여 고구려의 무도함을 호소하고, 고구려 정벌을 위해 원병을 요청했지만, 당시 북위와 고구려의 친밀성으로 보아 그것은 도저히 실현 가능성이 없는 희망사항에 불과했다고 한다.

한편 백제는 풍태후가 장수왕에게 사적 원한을 품었다고 생각하고 이를 이용하려 했다. 그러나 의도대로 되지 않았고, 결과적으로는 재앙(災殃)이 되고 말았다. 『일본서기』 웅략기 20년조를 보면 "(475년) 백제는 망했다"고 표현하고 있다. 『일본서기』 흠명(欽明) 16년조에도 "백제는 와카타케루시대(雄略紀)에 멸망했다"는 기록이 있다. 鈴木英夫는 478년에 왜(倭)의 웅략천황(武)이 남조 송의 순제(順帝)에게 올린 상표문이 대부분 일관되게 한반도 정세에 관한 내용을 담고 있으며, 상표한 동기는 틀림없이 백제 멸망의 충격 때문이었다고 말한다.

그렇다면 백제가 472년에 북위에 대해 펼친 외교는 백제의 지배층의 오판일까. 동기야 어떻든 결과가 좋지 않기 때문에 그렇다고 할 수도 있다. 승자로부터는 성공할 수밖에 없는 이유만 찾고, 패자에게는 실패할 수밖에 없는 이유만 든다면 말이다. 그러나 패자에게도 그 나름대로 이유가 있었다. 주지하다시피 427년에 평양으로 천도한 고구려는 적극적으로 남진을 추구했다. 백제에 대한 고구려의 군사적 압박은 436년 북연이 멸망한 후 더욱 가속되어, 예성강과 개성 라인에서만 30여 년을 끌었다. 백제는 고구려와 끊임없이 국지전을 벌이면서 국력이 극심하게 소모되었다.

그런데 백제왕은 과거에(375년) 고구려 고국원왕을 죽인 사실을 북위 조정에 자랑스럽게 떠벌렸다. 장수왕에게 그것은 자존심이 걸린 문제가 되어버렸다.

"불과 80년 전 나의 선왕이신 광개토왕이 백제 한성을 점령하여 항복한 백제 아신왕을 죽이지 않고 용서해 주었다. 증조부가 백제 근구수왕과 싸우다 전사했는데도 말이다. 그런데 지금 그들은 나의 증조부를 잡아 죽여 머리를 창끝에 꽂아 매달았다는 등의 막말을 하고 있다. 이렇게 무례한 놈들이 어디에 있겠는가. 돌아가신 분을 그렇게 국제적으로 능욕하다니"

장수왕은 고구려의 자존심을 건드리면 어떻게 된다는 것을 주변 나라에 보여주고 싶었다.

475년 초겨울(9월) 장수왕이 고구려군 3만을 동원하여 백제의 수도를 급습했다. 북위 사신 정준이 평양에 체류하던 때였다. 고구려군대는 단번에 한성을 포위하였다. 백제의 개로왕은 성문을 열고 나아가 고구려군대와 대결할 자신이 없었다. 성 밖에 거련(장수왕)이 보낸 북방의 무시무시한 도살자 백정 기병과 싸운다는 것이 소름이 끼쳤다.

"거련 저 놈이 이렇게 직접 오다니, 그놈을 나를 죽이려 온 것이 분명해! 내가 북위조정에 국서를 보내어 군사를 일으켜 함께 치자고 그렇게 말을 했건만 북위의 상황(上皇)인 헌문제도 거련에게 맞아죽은 풍홍의 손녀인 풍태후도 말로만 고구려에 압력을 넣고 행동을 하지 않아! 오히려 내가 돌이킬 수 없는 심각한 실수를 한 것이 아닌가. 이렇게 북쪽에서 부추한 놈들만 잔득 몰려오게 되었으니 말이다."

고구려 군대는 4개의 군단으로 나뉘어 있었다. 2개의 군단은 한성의 배후 요새인 북성을 공격하였다. 성벽을 사방에서 7일 밤낮으로 공격하였다. 거대한 돌이 날아오고 화살이 비처럼 쏟아졌고 그 후 고구려군들이 성벽에 포도송이처럼 매달려 기어 올라오는 것이 반복되었다. 수비하던 백제군들은 이렇게 진이 빠져갔다. 북성이 먼저 함락되었다.

이제 고구려의 군대는 모든 전력을 동원하여 이미 포위된 개로왕이 살고 있는 남성을 공격하였다. 겨울 바람이 북서쪽에서 불자 그것을 정면으로 맞는 성문 쪽에 장작을 가득 쌓았다. 그것을 방해하기 위해 수없이 많은 활을 쏘고 돌을 던졌지만 소용이 없었다. 불을 질러 성문을 태워버릴 작정이었다. 바람을 타고 불길이 활활 타 오르자 시시각각 공포는 고조되었고, 저항의 의지가 꺾여서 항복하려는 자도 나타났다. 불에 탄 성문이 무너지고 고구려군들이 물밀듯이 몰려왔다. 함락 직전에 이르자 개로왕은 수십 명의 기병을 이끌고 성을 빠져나갔다. 그러나 고구려군 내부에는 그의 얼굴을 알고 있는 재증걸루(再曾桀婁)와 고이만년(古爾萬年)이 있었다. 개로왕은 그들에게 발각됐다.

"저 사람이 바로 백제왕이다!"

재증걸루와 고이만년은 고구려로 망명했던 백제장군이었다. 적에게 투항한 배신자들의 가족이 무사할 리 없었다. 그들은 백제왕에게 개인적인 감정을 갖고 있었다. 개로왕은 그들에 의해 곧바로 체포됐다. 『삼국사기』 백제본기 개로왕 조는 이 장면을 이렇게 전하고 있다.

> "왕이 성을 나가 도망하자 걸루 등은 왕을 보고 말에서 내려 절 한 다음에 왕의 얼굴을 향하여 세 번 침을 뱉고는 그 죄를 꾸짖었다. 그리고는 왕을 포박하여 阿且城 아래로 보내 죽였다".

고구려군에 쫓겨 왕성을 탈출하려고 했는데 그것도 마음대로 되지 않았다. 그리고 자신의 얼굴을 알고 있는 과거의 신하였던 자들에게 체포되었다. 그들의 손에 포박되고 얼굴에 침이 날아왔다. 그것도 3번씩이나 말이다. 그렇다고 자신만 잡힌 것이 아니다. 『일본서기』 웅략기 5년 조를 보자.

> "『백제기百濟記』에 의하면 개로왕이 을묘년(475) 겨울에 고구려(狛)의 대군이 와서 대성大城(한성) 7일 밤낮으로 공격하여 함락하고, 드디어 위례를 잃고, 국왕 및 태후와 왕자들이 다 적의 손에 죽었다고 한다."

고구려군이 성을 점령한 이후 대대적인 수색이 뒤따랐다. 개로왕의 어머니와 그리고 그 자식들을 검거하게 위해서 얼굴을 아는 자들이 앞장을 섰을 것이다. 변장을 해도 소용이 없었다. 결국 한성에 있던 백제왕실의 구성원들은 이렇게 모두 체포되었다. 한성에서 나룻배에 실려 강을 건너 아차산으로 끌려갔다. 백성들은 가슴을 조이고, 결박당한 한 남자를 바라보았다.

지금의 서울의 쉐라톤 워커힐 호텔 자리였다. 궁정에서 태어나 백제라는 국가를 이끌었던 사람이 이제 자신의 신하에게 포박되어 사형장으로 끌려왔다. 그 자신 만만 하던 사람이 사형수로 전락했다. 강 건너 자신이 살던 왕궁이 눈에 들어왔고, 한성 하늘아래에는 개로왕 자신이 즉위할 때 환호하던 백성들이 슬픈 표정을 짓고 있었으리라.

이제는 밑바닥이요 길은 막다른 골목이었다. 운명이 만들어 놓은 대조적인 비극이 실현된 것이다. 함께 끌려온 자신의 어머니와 자식들을 바라보면 그는 무슨 생각을 했을까. 이 최후의 시련만 참으면 끝이라는 것을 알고 있었고, 몇 분만 지나면 불멸이 온다는 것을.

고귀한 신분의 왕과 그 가족들이 모욕적인 치죄를 당하는 드문 풍경이 펼쳐졌다. 백제의 왕도가 훤히 바라다 보이는 곳에서 말이다. 장수왕은 백제왕과 그 가족들을 고이 죽이려 하지 않았다. 백성들이 보는 앞에서 온갖 모욕을 주려고 작정했다. 개로왕의 죄목이 나열되었을 것이고, 결코 짧지 않은 시간을 그 처형의식에 할애 하였을 것이다. 형리가 포박된 그를 잡아채서 모루 밑에 그의 머리를 고정시켰다. 연장은 둔탁한 소리를 냈고, 피가 떨어지는 머리가 땅바닥에 뒹굴었다.

고구려의 침공은 명분이 있었다. 하지만 이러한 명분 뒤에는 실리도 감추어져 있었다. 『일본서기』 기록을 보면 백제 왕실 구성원 가운데 처형된 사람은 왕과 왕자들 그리고 태후(大后)이다(王城降陷 遂失慰禮 國王及大后 王子等 皆沒適手). 왕비나 후궁들, 공주들은 빠져있다. 왕자들은 복수의 씨앗이 되니 처형했고, 늙은 태후는 정치적인 이유로 그렇게 했다. 하지만 왕실의 여자들은 평양으로 데리고 가야할 소중한 자산으로 간주되었던 것이다. 인신을 바라보는 고구려인들의 의식을 여실히 말해준다.

백제왕과 그 가족들의 처형의식이 끝나고 한성사람들 가운데 젊고 부릴만한 사람들은 모두 줄줄이 묶여 한강을 건넜다. 왕경에 살던 그들 가운데 상당수는 백제의 상류층 사람들이었다. 궁정에서 중요한 자리를 차지하고 있던 귀족들, 중하급 관리들, 궁인들, 궁중수공업장의 장인들과, 강둑을 관리하던 토목기사 들이 총망라 되었을 것이다. 그들은 고구려의 소중한 자산이 되었던 것이 확실하다. 그 8천명이나 되는 사람들 가운데 왕실의 여자들도 포함되었다고 생각된다.

백제 개로왕은 풍태후가 장수왕에게 사적 원한을 품었다고 생각하고 이를 이용하려 했다. 그러나 의도대로 되지 않았고, 결과적으로는 재앙이 되고 말았다. 『일본서기』「웅략기」 20년 조를 보면 "(475년) 백제는 망했다"고 표현하고 있다. 478년에 왜의 웅략천황[武]이 남조 송의 순제(順帝)에게 올린 상표문이 대부분 일관되게 한반도 정세에 관한 내용을 담고 있으며, 상표한 동기는 틀림없이 백제 멸망의 충격 때문이었다. 바다 건너의 일본 천황이 이 정도 놀랐다면 소백산맥을 경계로 고구려와 접하고 있던 신라 국왕은 어떠했을까.

백제의 태자가 군대를 요청하자 신라 자비왕(458~478)은 병력을 한성으로 파견했다. 하지만 신라군이 그곳에 도착했을 때 모든 상황은 종료됐고 고구려군은 철수한 상태였다. 백제를 구원하러 갔던 신라장군이 왕경에 돌아와 백제왕가의 참극을 보고했다. 그 소식을 접한 자비왕은 노이로제가 걸렸다.

"자비왕의 입이 쩍 벌어졌다. 온몸의 근육이 풀어지고 아래턱이 빠져버린 것 같았다. 장수왕이 백제왕과 그 가족을 잡아서 모두 학살했다고! 고구려 장수왕의 분노가 그 정도일 줄은 상상도 못했다. 자비왕은 벌어진 턱밑에 자신의 목이 붙어 있는지 확인해보고 공포 서린 눈빛으로 자신의 가족들을 쳐다보았다. 그는 '다음은 우리 차례가 분명해!'라고 생각했다. 곧 고구려군이 신라로 들어와 왕성(반월성)을 함락시키고 나와 가족들을 다 죽일 것이야!"

자비왕은 그 후 신경쇠약증에 시달렸다. 이듬해인 476년 1월에 자비왕은 반월성을 버리고 명활산성으로 숨었다. 그후 488년(소지왕 10)까지 근 15년간 왕궁의 역할을 했다. 사실 당시의 정세로 보아 그러한 감은 충분히 가질 수 있는 분위기였다. 참사는 갑자기 찾아왔고 방법도 너무나 잔인했다. 당시 백제와 신라를 굳건한 동맹 관계로 묶어준 것은 고구려에 대한 공포였다.

그렇다면 백제가 472년에 북위에 대해 펼친 외교는 백제의 지배층의 오판일까? 동기야 어떻든 결과가 좋지 않기 때문에 그렇다고 볼 수도 있다. 승자로부터는 성공할 수밖에 없는 이유만 찾고, 패자에게는 실패할 수밖에 없는 이유만 든다면 말이다. 그러나 패자에게도 그 나름대로 이유가 있었다. 주지하다시피 427년에 평양으로 천도한 고구려는 적극적으로 남진을 추구했다. 백제에 대한 고구려의 군사적 압박은 436년 북연이 멸망한 후 더욱 가속화되었다. 백제는 고구려와 끊임없이 국지전을 벌이면서 국력이 극심하게 소모됐다. 당시 백제는 가만히 있어도 한강 하류를 상실할 상황에 처했던 것으로 생각된다.

백제의 입장에서는 어떻게든 이 같은 상황을 타개해야 했다. 472년 최강국 북위에 대한 청병은 고구려의 남하 때문에 후퇴할 수밖에 없었던 백제로서는 국운을 건 걸사운동(乞師運動)이었다.

참고문헌

『三國史記』, 『魏書』, 『宋書』, 『資治通鑑』, 『日本書紀』

孔錫龜, 1998, 『高句麗 領域擴張史 硏究』, 서경문화사.

김기섭 편역, 1994, 『고대 한일관계사의 이해-倭』, 이론과 실천.

金聖熙, 2001, 「北魏 文明太后 -政治勢力間의 對立樣相을 中心으로-」, 『魏晉隋唐史硏究』7.

김한규, 1999, 『한중관계사 Ⅰ』, 아르케.

盧泰敦, 1999, 『고구려사 연구』, 사계절.

徐榮教, 2004, 「北魏 馮太后의 집권과 對고구려 정책」, 『中國古代史硏究』11.

서영교, 2007, 『고구려, 전쟁의 나라』, 글항아리.

李基東, 1996, 「高句麗史 발전의 劃期로서 4世紀」, 『東國史學』30.

이도학, 1997, 『새로 쓰는 백제사』, 푸른역사.

薛 登, 1984, 「北魏改革再檢討」, 『中國史硏究』1984-2.

周一良, 1985, 『周一良集 2卷』, 遼寧教育出版社.

江畑武, 1968, 「四−六世紀の朝鮮三國と日本」, 『朝鮮史硏究會論文集』4.

上田正昭 · 井上秀雄 編, 1974, 『古代の日本と朝鮮』, 學生社. 1974.

鈴木令夫, 2002, 「倭의 五王과 高句麗 -한반도와 관계된 왜왕의 칭호와 對고구려 전쟁 계획-」, 『高句麗의 國際關係』, 8회 고구려 국제학술대회 발표요지.

武田幸男, 1989, 『高句麗と東アシア』, 岩波書店.

西嶋定生, 1985, 「四−六世紀の東亞細亞と倭國」, 『日本歷史の國際環境』, 東京大學出版會.

Column

백제의 편지

이재환(중앙대학교)

편지를 주고받는 일은 우리 삶 속에서 빼놓을 수 없는 중요한 일상 행위 중 하나이다. 손으로 한 자 한 자 적어 내려가던 손편지야 요즘 드물어졌다고 하지만 방식이 바뀌었을 뿐 편지의 교환이 줄어든 것은 아니다. 아침에 일어나면 이메일 확인으로 하루를 시작하는 사람들이 많다. 스마트폰을 통해 수시로 이메일이나 메세지를 확인하느라 업무에서 벗어날 틈이 없어 괴로움을 호소하는 경우도 있다.

고대의 한반도에 살던 사람들 역시 직접 만나서 대화하는 것 이외에 편지를 교환하여 소통하는 일이 없었을 리 없다. 그들은 어떤 방식으로 편지를 썼을까? 어떤 내용이 그들의 편지에 담겨 있었을까? 2010년, 백제인의 편지와 그 내용을 알려주는 것으로 여겨지는 목간(木簡)이 발견되었다.

목간이 출토된 곳은 백제의 마지막 도읍인 사비성이 위치해 있었던 현재의 부여 구아리 319 유적이다. 이곳은 부여 시가지의 남북중심로인 '사비로'의 서편으로서, 북쪽 부소산과 동남편 금성산 등에 둘러싸인 해발 7m 전후의 저지대이다. 북·동·남편의 구릉으로 발원한 물이 서편의 백마강으로 흘러들어가는 길목이며, 하천이 범람하면 침수되는 지역이기도 하다. 백제 사비기에 들어 이 일대는 치수(治水) 시설 혹은 조경 시설이 들어섰다가, 이후 주거 공간으로 변화하게 된 것으로 보인다.

이 유적에서는 10점의 목간이 출토되었는데, 홍수 관련 흔적과 『삼국사기』 무왕 13년의 대수(大水) 기록을 연관지어 612년 이전의 것으로 추정하고 있다. 그

중 가장 많은 문자가 기록된 것이 442번 목간이다. 출토 지점은 1-2단계면의 유구 5(웅덩이)이며, 길이 25.2cm, 폭 3.5cm, 두께 0.3cm의 양면에 묵서가 있다. 기존의 연구에서 제시된 묵서의 판독과 해석은 다음과 같다.

<판독>

앞면:「所 遺 信 來 以 敬 辱 之 於 此 貧 薄」

뒷면:「一无所有不得仕也 膜瞋好邪 荷陰之後
永日不忘」

<해석>

앞면: 보내주신 편지를 받자오니, 삼가 과분하옵니다. 이곳에 있는 이 몸은 빈궁하여

뒷면: 하나도 가진 게 없어서 벼슬도 얻지 못하고 있나이다. 좋고 나쁨에 대해서 화는 내지 말아 주옵소서. 음덕(陰德)을 입은 후 영원히 잊지 않겠나이다.

'신(信)'은 '서신(書信)', 곧 편지의 의미로 흔히 사용되는 글자이다. '보내준 편지'를 언급하고 있으므로, 이 글의 내용이 받은 편지에 대한 답신의 성격을 가지고 있음을 짐작할 수 있다. 뒷면의 후반부는 앞 부분보다 작은 글씨로 두 줄로 나누어 서사하고 있는데, 이는 할주(割註)로서 주석(註釋)을 달 때 쓰는 방법이기도 하지만, 여기서는 내용상 주석이라기보다는 글을 써 나가다가 공간이 부족해서 채택한 방식으로 여겨진다. 할 말은 많은데 공간이 부족하면 윗부분의 빈 부분이나 행간에도 이어서 내용을 써 나간 조선시대 편지의 사례들을 연상케 한다. 이 목간은 백제의 목간 중 최초로 발견된 편지(서간문)로서 주목을 받게 되었다.

그렇다면 백제인의 편지에 담긴 내용은 어떠한 것이었을까? 자신이 빈궁하여

가진 것이 없음을 언급하고, 그에 이어 벼슬을 얻지 못함(不得仕)을 말하고 있음이 눈에 띈다. 목간에 씌여진 글에 직접적으로 드러나고 있지는 않지만, 편지를 받는 대상에게 벼슬자리를 구하는 분위기를 느끼기에 충분하다고 하겠다. 그렇다면 이 목간의 내용은 유력자에게 벼슬을 요구하는 인사 청탁의 편지로 해석할 수 있게 된다.

"음덕을 입은 후 영원히 잊지 않겠다."는 문구 또한 인사 청탁의 메시지에 어울린다고 하겠다. 목간의 문장은 정확히 네 글자씩 끊어지는 사언구(四言句)로 이루어져 있는데, 이 또한 관리에게 필요한 한문 문장의 소양을 보이기 위한 의도였다고 파악하기도 한다. 나아가 "좋고 나쁨에 대해서 화는 내지 말아 주옵소서."라고 해석한 부분을 통해, 고관이 편지를 보내 가난한 선비가 감당할 수 없을 정도로 무리한 물질적 요구를 하자, 답장과 함께 인사치레로 예물을 보내면서 보잘 것 없다고 해도 화는 내지 말아달라고 부탁하는 상황을 읽어내기까지 하였다.

처음으로 발견된 백제의 편지가 뇌물이 오고가는 인사 청탁과 관련된 것일 수 있음은 흥미를 자아내는 부분이다. 어쩌면 이 편지를 통해 역사 기록을 통해 확인하기 어려운 백제의 관리 임명 제도의 한 측면을 유추해 볼 수 있을지도 모른다.

그런데, 이 목간의 내용이 편지(서간문) 형식을 완전히 갖추었다고는 보기 어렵다. 발신인과 수신인이 기록되어 있지 않으며, 날짜도 없다. 내용도 핵심적이거나 구체적인 부분이 직접적으로 드러나지 않고 있다. 이 목간은 정말로 편지로 보내진 것이었을까? 혹시 정식으로 편지를 정서(正書)하기 전에 미리 써본 일종의 습서(習書)는 아니었을까? 아니면 이미 여러 차례 편지가 오고가고 있던 상황이기에 굳이 그와 같은 정보를 쓸 필요가 없었을까? 혹은 은밀한 인사 청탁의 편지였기에 발신인과 수신인, 구체적인 청탁 내용을 명시하지 않았던 것일까? 그렇게 은밀한 편지였다면, 어떤 정황에서 이 지점에 버려져 지금까지 남게 되었을까? 백제의 편지는 우리에게 새로운 의문들을 가져다 주었다.

참고문헌

심상육·이미현·이효중, 2011, 「부여 '중앙성결교회유적' 및 '뒷개유적' 출토 목간 보고」, 『목간과 문자』제7호.

심상육·이미현·이명호, 2012, 『부여 구아리 319 부여중앙성결교회유적 발굴조사 보고서』, 부여군문화재보존센터.

심상육·김영문, 2015, 「부여 구아리 319 유적 출토 편지목간의 이해」, 『목간과 문자』제15호.

Column

중국 고대의 편지

김병준(서울대학교)

개인 간에 주고받는 편지는 공문서와는 달리 자연스러운 감정이 녹아있기 마련이다. 그렇기 때문에 편지를 쓰는 그 당시 처해 있었던 개인 혹은 가족의 상황 나아가 사회적 분위기가 반영되곤 한다. 그 뿐 아니라 개인적 편지에는 공문서와는 사뭇 다른 서사 방식이 보인다. 일상 생활에서 어떤 상투어구 특히 존경어와 겸양어가 쓰이는지 확인할 수 있기도 하다.

중국 고대의 간독 중에는 이러한 편지가 여럿 확인된다. 가장 유명한 편지는 호북성 운몽현 수호지 4호묘에서 출토된 두 통의 편지다. 전투에 투입된 두 형제가 전쟁 중에 집으로 보낸 편지다. 하나씩 소개해 보기로 하자. 먼저 黑夫의 편지다.

> 2월 辛巳日에 흑부와 경이 문안 인사드립니다. 어머니께서는 별고 없으시지요. 저희들도 잘 있습니다. 얼마 전 흑부와 경 저희 둘이 헤어졌었다가 이제 다시 만났습니다. 제가 지난번에 편지를 써서 부탁드렸었지요. 돈을 좀 보내주시고 어머니가 여름옷을 만들어서 보내달라고 했었지요. 하지만 이 편지가 도착하면, 어머니께서 동네 옷값을 살펴보시고 나서 만약 값이 싸면 꼭 얇은 윗옷과 바지를 만들어서 돈과 같이 보내주세요. 만약 옷값이 비싸면, 그냥 돈만 보내주세요. 그러면 제가 여기서 옷을 만들어 입겠습니다. 저희들은 지금 회양성 전투에 투

입되어 있습니다. 반란을 일으켰던 성을 공격한지 벌써 꽤 오래되었습니다. 그동안 얼마나 많은 사람이 다쳤는지 모를 정도입니다. 어머니, 제가 좀 넉넉히 쓸 수 있도록 보내주시기 바랍니다. 편지가 도착하면 답장 꼭 주세요. 답장하실 때에는 저희가 집안을 위해 싸운 결과인 군공작이 도착했는지도 말해주세요. 만약 도착하지 않았다면 어떻게 된 일인지 알려주시기 바랍니다. 王得은 잘 지내는지요. 왕득은 군공작을 받았는지요? 이 편지는 남쪽으로 내려가는 군대 편에 보냅니다. 큰 어머니, 강락에 사는 孝 누이, 故尤에 사는 누이에게 안부를 전해주세요. 동실에 사는 누이에게도 안부를 전해주세요. 嬰記季의 일은 어떻게 되었는지요. 결정이 났나요. 석양에 사는 여영과 병리에 사는 염정의 어르신 분들께 안부를 전해주세요. 呂嬰과 閻諍도 잘 지내죠. 경이가 경의 부인과 딸 원은 잘 있는지 묻습니다. 부인이 집안 어르신을 잘 돌봐드리고 있는지, 언제 돌아갈지 모르니 부인에게 더 잘 모시라고 해 달라고 합니다.

二月辛巳, 黑夫、警敢再拜問衷, 母毋恙也. 黑夫、警毋恙也. 前日黑夫與警别, 今復會矣. 黑夫寄益就書曰：遺黑夫錢, 母操夏衣來. 今書即到, 母視安陸絲布賤, 可以為禪裙襦者, 母必為之, 令與錢偕來. 其絲布貴, 徒〔以〕錢來, 黑夫自以布此. 黑夫等直佐淮陽, 攻反城久, 傷未可知也, 願母遺黑夫用勿少. 書到皆為報, 報必言相家爵來未來, 告黑夫其未來狀. 聞王得苟得毋恙也. 辭相家爵不也. 書衣之南軍毋……不也. 為黑夫、警多問姑姊、康樂孝嫛故尤長姑外内……為黑夫、警多問東室季嫛苟得毋恙也. 為黑夫、警多問嬰記季事可如. 定不定. 為黑夫、警多問夕陽呂嬰、匾里閻諍丈人得毋恙……矣. 警多問新婦、妴得毋恙也.

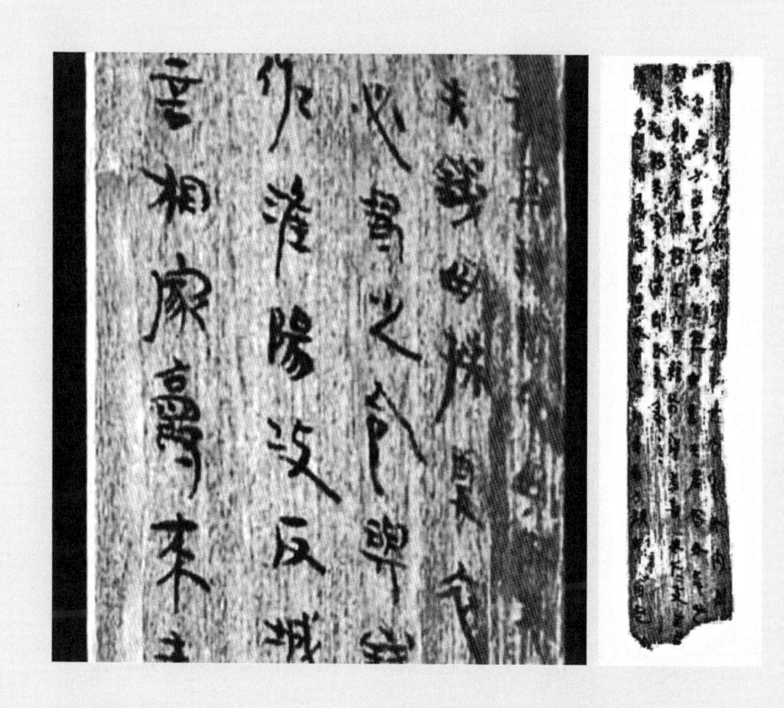

新婦勉力視瞻丈人, 毋與……勉力也.

다음은 동생 驚의 편지다.

경이 衷 형님께 문안인사 드립니다. 어머니 안녕하시죠? 가족들도 모두 안팎으로 건강하시죠? 형도 어머니 모두 별 일 없으시죠? 종군한 이래, 죽 흑부 형과 같이 있습니다. 모두 잘 있습니다. 어머니, 돈과 옷 이야기인데, 돈은 5~600전, 좋은 옷감은 2장5척보다 적게 보내 주시면 안되요. 환백垣柏에게 돈을 빌렸는데, 집에서 돈을 보내주지 않으면 큰일 날 것 같아요. 아주 급해요. 아내와 딸은 잘 있는지요. 아내보고 어르신들 잘 보살피라고 해 주세요. 제가 멀리 있으니, 衷 형님이 제 딸을 잘 가르쳐 주시기 바랍니다. 집에서 너무 멀리까지 나가서 땔나무를 해 오지 않도록 해 주세요. 새롭게 막 점령한 성은 텅 비어있어서, 법을 지키지 않는 내지의 사람들이 이쪽으로 이주해 왔다고 들었거든요. 저 대신 제사를 드려주세요. 만약 제사가 끊어진다면 그건 이곳 멀리 반란 지역까지 와 있는 저 때문일 테니까요. 큰어머니와 새로 낳은 아이는 건강한지요. 새롭게 점령한 곳에는 도적들이 많다고 들었습니다. 형님도 그곳에 가시지 말기 바랍니다. 급하게 연락드렸습니다.

驚敢大心問衷, 母得毋恙也. 家室外内同……以衷, 母力毋恙也. 與從軍, 與黑夫居, 皆毋恙也. ……錢衣, 願母幸遣錢五、六百, 布謹善者毋下二丈五尺. ……用垣柏錢矣, 室弗遺, 即死矣. 急急急. 驚多問新負、娶皆得毋恙也？新負勉力視瞻兩老…… 驚遠家故, 衷教詔娶, 令毋敢遠就若取薪, 衷令……聞新地城多空不實者, 且令 故民有為不如令者實……為驚祠祀, 若大廢毀, 以驚居反城中故. 驚敢大心問 姑姐, 姑姐子彦得毋恙……新地入盜, 衷唯毋方行新地, 急急急.

이 편지는 진시황이 전국을 통일하기 2년 전, 기원전 223년 늦봄에서 초여름 사이에 쓰여졌다. 두 형제는 창평군과 항연이 회양성에서 진에 반란을 일으키자 이를 진압하기 위해 투입된 병사였다. 회양성으로부터 멀지 않은 南郡 安陸縣에 거주하고 있었기 때문에 징발되었던 듯하다. 이미 진압 작전은 오래 전에 시작되었지만, 전쟁은 쉽게 끝나지 않았다. 그 사이 수많은 사람이 희생되었고, 이 두 형제도 전쟁 통에 헤어지기도 했다가 겨우 다시 만나게 되었다. 하지만 그들 역시 안전하게 집으로 돌아가기란 결코 쉽지 않았다. 사실 안타깝게도 이 두 형제는 살아서 집으로 돌아가지 못한 것 같다. 이 두 통의 편지가 발견된 곳은 이 두 통의 편지를 받았던 고향의 형님 衷의 무덤 속이었다. 두 동생으로부터 받은 편지를 버리지 않고 내내 보관하고 있다가 끝내 돌아오지 못하게 되자 동생들을 그리워하는 마음에 자신의 무덤 안까지 갖고 갔던 것 같다.

이렇듯 두 통의 편지에는 어머니와 형에 대한 애정을 곳곳에서 느낄 수 있다. 뿐만 아니라 인근 주변에 거주하는 친척의 문안을 일일이 묻는 등 친족 간의 정도 두터웠다. 혼인한지 얼마 안 된 驚이 고향에 두고 온 부인과 어린 아이에 대해 걱정하는 모습도 절절하다. 집안 제사가 끊어지지 않도록 해달라는 부탁을 보면, 당시 조상 제사가 매우 중시되고 있는 분위기도 엿볼 수 있다.

그런가 하면 두 통의 편지에서 가장 두드러지는 부분은 전쟁에 투입된 두 병사 형제가 반복적으로 가족에게 돈과 옷감을 부쳐달라는 요구를 하는 점이다. 병사가 입는 옷은 스스로 자담해야 했기 때문일 것이다. 진시황릉 병마용갱에 매립된 수많은 병사 토용이 동일한 갑옷을 입고 있어서 마치 일괄적으로 군복이 지급된 것 같지만, 자세히 관찰하면 병사가 갑옷 안에 입고 있는 옷 그리고 허리띠 바클, 신발은 각양각색이다. 이는 병사가 적어도 옷과 허리띠, 신발 등만큼은 스스로 부담해야 한다는 것을 의미한다. 직접 옷을 갖고 오든지, 아니면 돈으로 그 주변에서 옷을 구입해야 했을 것이다. 이 편지에서 두 병사가 여름옷을 요구하는 것으로 보아, 이제 겨울옷을 벗고 여름옷으로 갈아입어야 할 계절이 되고 있었음을 추측할 수 있다. 그들이 입고 있었던 겨울옷 역시 이렇게 자담했을 터인데, 驚이 垣柏에게 돈을 빌렸던 것도 이러한 물자를 구득하기 위한 것이었으리라 생각된다.

국가에서는 이들이 전쟁에 목숨을 걸고 싸울 수 있도록 당근을 제공하고 있었다. 이른바 군공작이 그것이다. 전쟁에서 이들이 군공을 세우면 그것이 군공작으로 환산되어 가족에게 전달되고 군공작에 부수된 각종 혜택을 받을 수 있었다. 그래서 두 형제는 자신들이 얻은 군공작이 가족에게 잘 전달되었는지가 궁금했던 것이다.

두 형제의 군공작을 받았지만 정작 그 두 사람이 고향으로 돌아오지 못했다면, 이 두 형제에 대해 느끼는 연민의 정은 더욱 더 절실했을 것이다.

이 편지 외에도 호남성 용산현에서 발견된 리야진간에서 여러 私信이 확인되어 통일 이후 먼 변경까지 편지가 전달되었다는 것을 알 수 있다. 한대에 들어와서도 개인간 주고 받았던 많은 사신이 발견되었다. 간단히 대표적인 편지를 소개해 보자. 거연한간에는 「宣與幼孫少婦書」라 불리는 사신이 있다. 이 편지는 한대 변군의 都吏가 候長인 幼孫과 그 처자 少婦에게 보내는 私信이다.

幼孫과 少婦에게 문안 인사 드립니다. 변방 요새에서의 생활이 무척 힘들지요. 더운 계절에 두 사람 모두 옷과 음식에 유의하고 또 변방 요새 일에 조심하시기 바랍니다. 저는 다행히 幼孫 덕분에 별 일 없이 변경 지역을 잘 순찰하며 다니고 있습니다. 幼都가 윤달 7일에 長史君과 같이 거연에 가기 전에 (장액군의 郡府인 역득현에서 만났는데) 집안 어른들 모두 편안하다고 하더군요. 갑자기 갔기 때문에 幼孫을 만났는지 모르겠네요. 다른 건 별로 특별히 적을 만한 것이 없습니다. 저는 11일에 候官으로 가서 일을 처리했지만 아직 결과가 나오지는 않았습니다. 심부름꾼을 시켜 편지를 보냅니다. 幼孫과 少婦 두 분께 인사드립니다. 朱幼季의 편지는 高掾이 대신 臨渠長에게 보내어 劉幼孫 사무실로 건네주셨으면 합니다. 편지는 오늘 바로 후관에서 보낼 예정입니다. 다행히 行兵使者이 도착하지 않았다면, 유손이 알아서 얼른 잘 처리해서 여러 部 중에서 고과 점수가 엉망이 되지 않도록 하시길 바랍니다.

宣伏地再拜請, 幼孫少婦足下: 甚苦塞上. 暑時, 願幼孫少婦, 足衣彌食, 愼塞上. 宣畢得幼孫力, 過行邊, 毋它急. 幼都以閏月七日, 與長史君俱之居延, 言丈人毋它急, 發猝不審得見幼孫不也. 不足數來記, 宣以十一日對候官, 未決, 謹用使奉書, 伏地再拜幼孫少婦足下, 朱幼季書, 願高掾幸為到臨渠長. 劉幼孫治所書. 即日起候官. 行兵使者幸未到, 願豫自辦, 毋為諸部殿.

변군을 순행하는 일을 맡고 있는 劉宣이 아마도 혈연 관계였을 劉幼孫에게 문안 인사 겸 업무와 관련한 정보를 전달하려고 보낸 편지라 추정된다. 劉宣이 근무하는 張掖郡 觻得縣 郡府에 머물다 받은 朱幼季의 편지를 전달하고, 동시에 조만간 行兵使者가 도착할 터인데 만약 이 편지가 미리 도착한다면 잘 준비하도록 하라는 내용이 담겨 있다.

한대 서북 변경 지역의 군사 조직 운영의 정황 일부를 알 수 있을 뿐 아니라, 공식적인 행정 속에서도 친족의 안위와 승진 등에 대한 관심을 엿볼 수 있다. 특히 진대의 편지와 달라진 점은, 진대에 비해서 존경과 겸손을 표현하는 상투어가 곳곳에서 사용되고 있다는 점인데 이는 유가적 가족 윤리가 한대의 사회에 크게 침투해 들어갔음을 알려주는 것이기도 하다.

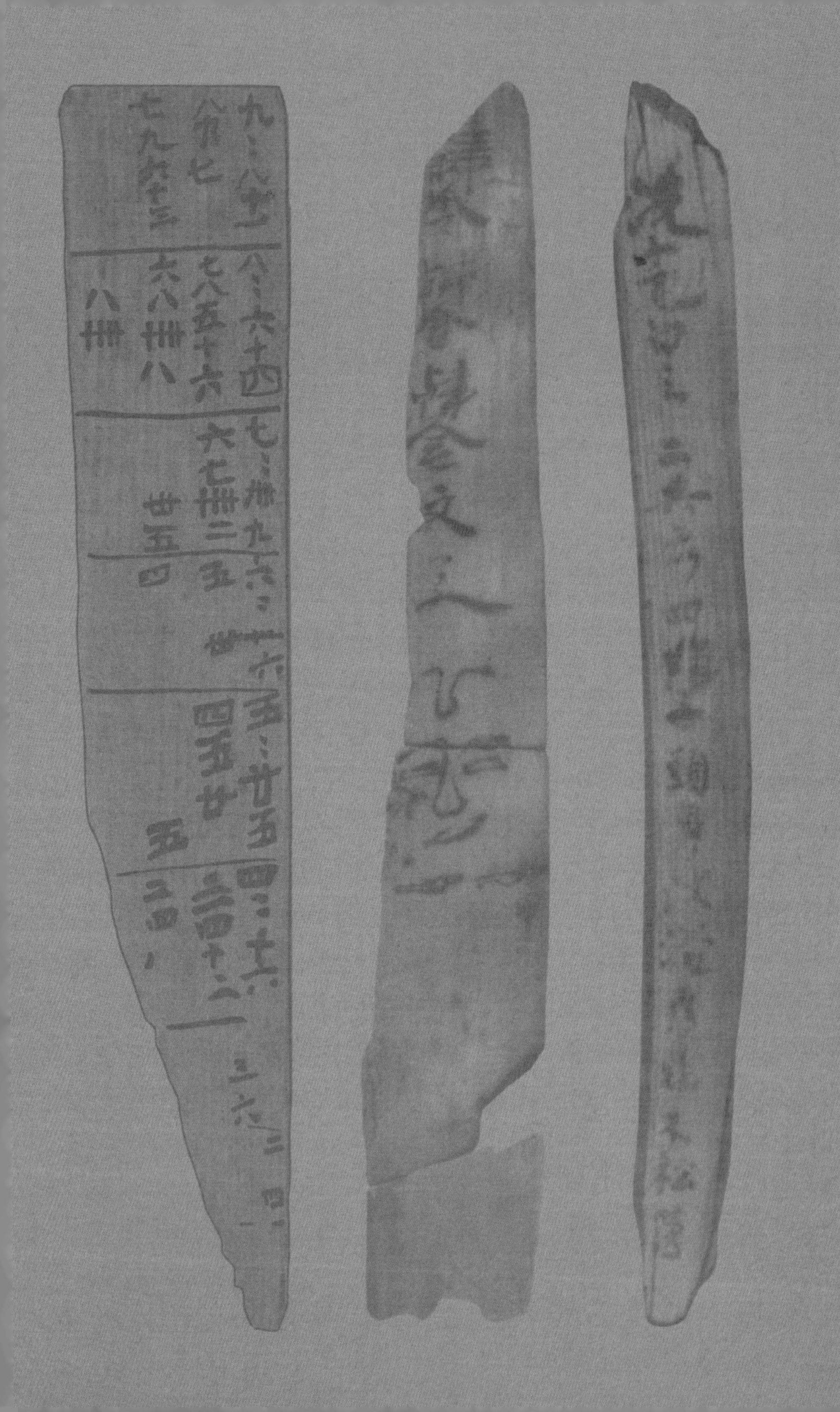

신라 · 백제 목간과 일본 목간

李成市

早稲田大学校

현재까지 일본에서 출토된 목간의 수량은 37만 점으로 전한다. 중국의 간독(簡牘)은 20만 또는 30만 점이라고 하는데, 그 실제 수는 파악하기 어려울 정도로 증가하는 경향에 있다. 이러한 목간에 관해서 고대 중국의 경우 4세기 중반에는 공식적으로 종이를 사용하게 되었기 때문에, 7세기 중반 무렵부터 사용되기 시작한 일본 목간은 중국과 관계 없이 독자적으로 생겨나 발전했다고 보던 시기도 있었다. 한편 한국 목간은 아직 천 점에도 도달하지 못한 출토 상황이지만, 현재 하찰(荷札)·부찰(付札)·전표(傳票)·장부(帳簿)·문서목간·『논어(論語)』 서사 목간·주부(呪符)목간·습서(習書)목간·제첨축(題簽軸)·봉함(封緘)목간·삭설(削屑)·양물(陽物)목간·구구단 목간 등 일본열도에서 출토되는 종류들이 대부분 확인되었다.

그러므로 한국의 출토 목간은 동아시아 지역에서의 목간 문화 전파와 수용에 관한 중요한 단서를 제공해 준다는 점에서 근년 더욱 주목을 받고 있다. 이 글은 신라·백제 목간의 연구 성과를 바탕으로, 동아시아 한자문화권에 있어서 고대 한국 한자의 자체(字體)나 자음(字音) 및 한자에서 파생된 문자와 문체(文體) 등을 소개하는 것을 목적으로 한다.

지금까지 신라나 백제의 도읍이었던 경주·부여뿐 아니라 두 나라의 지배가 미치던 지방에서도 6세기 이후의 목간이 계속 출토되고 있다. 이처럼 다양한 지역에서 출토된 목간의 비교 검토에 따르면, 신라·백제 두 나라의 목간 문화에는 차이가 있다고 한다. 그와 같은 지역성에 유의하여 신라와 백제의 목간을 앞서 언급한 시점에서 살피면서, 특히 일본 학계에서 주목하는 특징적인 목간에 초점을 맞추어 보고자 한다.

신라의 부찰목간

가야 제국(諸國) 중 하나인 안라국(安羅國)이 위치해 있던 경상남도 함안군의 산성에서 약 200점의 신라 목간이 발견되었다. 그 대부분은 6세기 중엽 안라국이 신라에 멸망된 뒤, 신라가 통치하던 낙동강 중·상류 지역에서 이 지역으로 식료 등을 운반할 때 사용된 하찰로 추정되고 있다. 그에 더불어 문서목간도 몇 점 발견되어 있다.

하찰에는 지명에 이어 인명·곡물명·곡물의 수량 등이 기록되었다. 기본적인 표기법은 다음과 같다.

仇伐　　于好□　　卑尸　　稗　　一石
군명(郡名) + 촌명(村名) + 인명 + 물품명 + 수량

인명 중에는 재지 수장에 부여된 관위(외위)가 적혀 있는 것도 있다. 그 표기를 단서로 하여 이 목간군(群)이 6세기 중반의 목간을 중심으로 하되, 일부 더 늦은 시기에 투기된 것을 포함한다고 추정하고 있다. 즉, 출토 상황을 통해서 어떤 시기에 사용된 것이었는지 특정하기는 어려우며, 6세기 말까지 시야에 넣어 둘 필요가 있다. 이 목간군은 산성 동문지 부근의 성벽 기반 시설로 조성된 배수시설에서 다른 식물성 유기물과 함께 일괄 출토되었다. 출토 목간의 대부분은 하단 좌우에 홈이 파인 하찰 형태를 하고 있으며, 기본적인 기재 내용은 위에 언급한 바와 같다. 지명에는 촌명만 기록된 것과, 촌명 위에 '급벌(及伐)', '구리벌(仇利伐)', '추문(鄒文)' 등 지명이 기재된 것이 있는데, 이들은 '촌'보다 상위의 행정 단위인 군(郡)으로 추정된다. 신라가 통치하던 낙동강 중·상류의 각 지역으로부터 운반된 하찰의 물품으로는 피(稗)가 압도적으로 많고, 그 밖에 보리(麥)나 쌀(米) 등이 있다.

이러한 하찰목간의 사용은 성벽 축조보다 선행하므로, 피나 보리 등 곡물은 축성 때 소비된 식료로 보인다. 즉, 산성 축조에 다수의 노동력을 동원할 때 집중적으로 투입된 식료에 붙었던 하찰인 것이다.

신라의 문자 유통과 관련하여 목간이 어디서 작성되었는지가 문제인데, 목간의 제작 기법이나 서체 등의 연구에 의해 군 규모에서 작성되고 있었음이 밝혀졌다. 서체는 지역에 따라 약간 다르며, 1979년 단양에서 발견된 적성비(545년 +α)와 흡사한 목간이 적지 않다.

또, 성산산성 목간의 작성이나 하찰목간의 송부·수신에 관하여 다음의 목간이 중요하다.

竹尸弥牟レ于支稗一

일찍이 '牟'字와 '于'資 사이의 'ㄴ'는 앞·뒤의 두 글자를 뒤바꾸는 전도(轉倒) 부호라고 본 적이 있다. 그러나 최근 한대(漢代) 간독의 용례에 따르면 이것이 구두 부호라는 사실이 김병준에 의해 지적되었다. 위 목간의 부호도 그에 해당한다는 견해는 가벼이 볼 수 없다. 구두를 위한 부호라면 그것은 자연히 하찰목간의 작성지에서 써 넣은 것이 아니라, 수신하여 읽는 사람 쪽인 성산산성에서 첨가한 것이라 하지 않을 수 없기 때문이다. 그렇다면 구두 부호는 지역명과 인명의 변별을 목적으로 수신 측에서 써 넣은 기호로 보아야 한다. 즉, 읽는 사람이 지명 '竹尸弥牟'와 인명 '于支'를 분절하였음을 보여준다고 추정되는 것이다. 부호에 의해 지명과 인명의 변별이 수신측에서 이루어졌던 것은 수신자가 다시 물자의 수령에 관한 장부를 작성했기 때문인 듯하다. 하찰목간의 이용법을 엿보게 해 주는 부호로서 주목된다.

6 · 7세기의 문서목간

성산산성 목간 중에는 하찰목간과 아울러 문서목간도 확인되었다. 제17차 조사에서 다음과 같은 사각형(길이 34㎝)의 문서목간이 보고되었다.

·三月中眞乃滅村主憹怖白

·本城在弥卽尒智大舍下智前去白之

·卽白　先節　本日代法稚然

·伊他羅仇伐尺采言□法三十代告今三十日食去白之

맨 앞 부분 '三月中'의 시격(時格) '중(中)'은 뒤에서 다룰 백제의 문서 목간에도 용례가 있고, 고대 한반도에서 널리 사용되었다. 또, 2행 말미의 '前去白之'는 고대 일본 목간에 보이는 '前白(누구에게 말씀드림)'이라는 형식의 가장 오래된 사례로 추정된다. 그 밖에 '白'字에 주목하면 그 내용은 재지 수장인 '진내멸촌주(眞乃滅村主)'가 중앙 관리로서 '본성(本城)'에 체재('在')하고 있던 '미즉이지 대사(弥卽尒智大舍)'와 '하지(下智)'에게 보고한 것으로 보인다.

이와 같은 사면체(四面體)나 막대 모양의 목간이 많은 점은 신라·백제 목간의 공통된 특징이다. 예를 들어 경기도 하남시에 소재하는 이성산성에서는 신라목간이 13점 출토되었는데, 그 중 1점에는 네 면 중 세 면에 걸쳐 다음과 같은 내용이 기록되어 있다.

·戊辰年正月十二日明南漢城道使×

·須城道使村主前南漢城城火×

·城上蒲黄去□□□賜□×

즉, 무진년(608년으로 추정) 정월 12일 새벽에, 남한성도사(지방관)가 '□수성'도사·촌주에게 발신한 문서목간으로 추정된다. 이것 또한 '누구 앞(前)에 보고함'이라는 문서 형식 중 하나로 보인다. 한편 3면의 '포황(蒲黄)'은 출혈을 멈추는 약초로 알려져 있다.

거의 같은 시기로 추정되는 목간군이 신라 왕궁이 위치해 있던 월성 해자에서 출토되었는데, 그 중 사면목간의 문서 형식 목간이 있다.

大烏知郎足下万拜白了

経中入用思買白雖紙一二斤

牒垂賜教在之後事者命盡

使内

첫머리를 "대오(신라 경위 15등) 지랑(知郞) 족하(足下)에게 만배(萬拜)하고 보고함"으로 읽고, '某足下白'이 앞의 두 '某前白' 형식 문서목간의 직접적인 연원이었다고 본 견해도 있다. 또, 이 목간에는 동사 '垂'에 조동사 '賜'가 있는 '내려주다'라는 표현이나, '교(敎)가 있으니, 후사(後事)는 명을 다할 것' 등 신라 특유의 용자(用字)나 문체가 보인다.

같은 월성해자 목간 중에는 다음의 내용이 기록된 원주 형태(막대 형태)의 목간도 있다.

「四月一日典大等教事

勺箬日故為改教事□

신라의 중앙관청들을 통괄하는 집사부의 차관인 전대등의 교사(명령)를 간략히 기록한 것으로, '故爲改教事' 이외에 '교사'의 구체적 내용은 보이지 않는다. 그 특이한 형상과 더불어 일본 목간의 이용법을 참조하면, 이러한 형태의 목간을 소지함으로써 일정한 권위 부여가 이루어지고, 다시 구체적인 '교사'가 구두(口頭)로 전해졌다고 추측된다. 이와 같은 월성해자 출토 목간들은 공반유물을 통해서 모두 600년 전후로 추정되고 있다.

문서목간 중 더욱 주목되는 것은 역시 해자에서 근년 발견된 다음의 목간이다.

□□年正月十七日□□村在幢主再拜□淚廩典□岑□□

喙部弗德智小舍易稻參石粟壹石稗參石大豆捌石

金川一伐上內之　所白人登彼礼智一尺　文尺智重一尺

어느 촌에 주재하고 있던 당주로부터 재정을 담당하던 중앙 관사 늠전에 보내진 목간으로 추정되는데, 그 문체는 '在'의 위치 등으로 보아 한문이 아니라 앞의 문서목간과 같이 신라 독자의 것으로 추정된다. 아울러 지방에 파견된 당주와 중앙 관사인 늠전 사이에 오고간 문서의 첫 사례임은 흥미롭다. 특히 벼(稻), 조(粟), 피(稗) 등 곡물의 분량을 종래 하찰의 표기와 다르게 '壹', '參', '捌' 등 수정이 어려운 갖은자로 표기한 점도 문서의 공적 성격을 띠고 있는 것으로서 주목된다.

통일신라의 부찰목간 · 장부목간

8세기 중엽으로 추정되는 안압지 목간 약 50점 중 19점은 거의 같은 형식으로 된 식품의 부찰목간이었다. 전형적인 목간을 두 점 소개하면 다음과 같다.

A ·甲寅年四月九日作加火魚醯

B ·三月廿一日作獐助史缶

A 말미의 '醯'는 원래 '술잔'을 의미하지만, 『삼국사기』 신문왕 3년조에서도 "米·酒·油·蜜·醬·豉·脯醯"라고 하여 식품을 열거하는 가운데 '脯

醢(고기의 젓갈)'가 보이고 있으므로, 안압지 목간 중 6점에 보이는 '醢'는, '醓'(젓갈·식해·육장)'로 사용되었던 것인다. 해(醓)는 물고기나 동물의 고기를 소금에 절인 것으로 해석되며, 안압지 목간들에서는 두 목간에 기록된 '加火魚'나 '獐' 외에도 '鹿'·'猪', '豕' 등으로 만든 '해'가 확인된다.

'가화어(加火魚)'란 가오리의 차자표기로서, 가장 오래된 용례로는 『세종실록지리지』 평안도 공물 사례를 들 수 있다. 동일 장소에 위치한 B의 '장(獐)'은 노루다. 아울러 식품 부찰목간 중 동물로 기록된 '豕'은 쇼쇼인(正倉院)의 사하리 가반 부속문서(佐波理加盤付屬文書)에서도 관찰되는데, '猪(멧돼지)'의 약자라는 견해가 있다.

또한 A의 '해(醢)'와 같은 장소에 적혀진 B의 '助史'는 '醓'의 음차자로서, 현대 한국어 젓갈의 '젓(jos)'을 '조(jo)'와 '사(sa)' 두 글자로 표기한 것이다. B의 '부(缶)'는 가공식품의 용기로서, 그 밖에도 瓮·瓫 등이 검출되었다. 이러한 용기들이 월지궁 한켠에 늘어세워져 있었던 것으로 추정된다.

다음으로, 궁정의 세간(調度)·식품에 관한 목간으로서 다음과 같은 것이 있다.

·郎席長十尺　細次朼三件　法次朼七件　法□

'낭석(郎席)'은 궁중에서 사용되던 깔개이며, 그 다음에 적힌 '세차비(細次朼)'·'법차비(法次朼)'는 원형 숟가락과 버들잎 모양 숟가락으로 추정된다. 안압지에서는 다양한 숟가락이 출토되었는데, 쇼쇼인(正倉院)에는 신라에서 가져온 것으로 추정되는 사하리(佐波理)제 숟가락이 있으며, 원형과 버들잎 모양의 숟가락이 세트를 이룬 10조가 가는 끈으로 묶여진 상태로 남아 있다. '세차비'와 '법차비'는 각각 버들잎 모양 숟가락과 원형 숟가락('법'은 정해진 형태, 일정한 형태가 아닐까?)으로 추정된다. '次'는 후대의 이두에 옷감·재료라는 용례가 있다. 또, 안압지 출토의 식품 부찰에서는 지금까지 일본의 국자(國字)라고 여겨지던 '鮑'가 검출되어, '鮑'字 역시 신라에서 유래한 것임이 판명되었다.

안압지 유적에서는 발굴을 통해 궁전지가 확인되고, 몇 개의 문지(門址) 또한 확인되었는데, 안압지 목간 중에는 앞·뒤에 문의 이름이 기록된 것이 있다.

·「策事門思易門金」

·「策事門思易門金」

이것은 두 문의 열쇠고리로 보이며, 말미의 '金'은 현대 한국어 '열쇠'의 '쇠'를 표기한 것으로 추정된다. 『삼국사기』에도 '金'은 '蘇'·'素'·'徐' 등의 글자와 호환되어 사용되는데, 여기서의 '金'은 신라 고유어로 열쇠를 나타내는 훈차자(訓借字)로 사용되었음을 보여준다.

다음으로, 궁전의 문이 대해서는 양면에 다음과 같이 문 이름을 기록한 목간이 있다.

·隅宮北門迂阿口 同宮西門迂元方左

·東門迂三毛左 開義門迂小巴乞左

보이는 대로 앞·뒤에 4개의 문을 적고, 문 아래에 작은 글자로 인명을 기입하였다. 헤이죠큐(平城宮) 목간 중에도 유사한 것이 있어, 궁전의 문번(門番)들에게 식료를 지급한 '병위목간(兵衛木簡)'이라고 불리고 있다. 동일 형식으로 기록되어 있음을 볼 때, 공통되는 장부로 주목된다. '문(門)'字 다음에 적힌 '수(䢘)'字는 문번을 의미하며, 고구려에서 유래한 조자(造字)로 추정된다. 『삼국사기』 지리지에는 구(舊) 고구려 지명 중 '수성군(䢘城郡)'·'저수혈현(猪䢘穴縣)'이 있는데, 이들이 8세기에 당나라 풍으로 개칭될 때에 각각 '수성군(守城群)'·'환가현(豢猳縣)'으로 바뀌어, '守'·'豢'이라는 글자로 치환되었다. '䢘'는 '辶'(길을 가다)과 '守'(지키다)로 구성된 조자였던 듯하다. 유사한 사례로 뒤에서 언급할 고대 한반도와 일본열도에서 사용된 '椋'字가 있다. 즉, '椋'은 원래 고구려에서 작은 창고를 의미하던 '桴京(『삼국지』 동이전 고구려조)의 '木'과 '京'으로 만들어진 조자로서 동일한 원리에 의한 것이었다고 추정된다.

신라와 백제의 『논어』목간

현재까지 한국에서는 세 점의 『논어(論語)』목간이 발견되었다. 2001년 김해시 봉황동에서 발견된 『논어』는 상·하단이 결손되어 있으며(약 20㎝), 네 면에 공야장(公冶長)편의 일부가 다음과 같이 기록되었다.

Ⅰ ×不欲人之加諸我吾亦欲无加諸人子×

Ⅱ ×文也子謂子産有君子道四焉其别×

Ⅲ ×已□□□色舊令之正必以告新×

Ⅳ ×違之何如日清矣□仁□□日未知×

또, 인천광역시 계양산성에서도 오각주 목간(약 14㎝)이 발견되었는데, 거기에도 『논어』 공야장편 일부가 기록되었다.

Ⅰ ×賤君子□□人□×

Ⅱ ×吾斯之未能信子□×

Ⅲ ×□不知其仁也求也×

Ⅳ 〔 〕

Ⅴ 〔 〕子曰吾×

발굴담당자에 따르면 목간 출토 위상에서 백제토기가 출토되었다고 하지만, 유적 전체는 신라말 고려초의 것으로 판단되어 백제까지 소급하기는 어려우므로, 『논어』목간도 통일신라 시대의 것으로 추정하고 있다. 이 두 목간에서 판독된 문자는 『논어』 공야장의 텍스트를 생략하지 않고 기록하고 있다는 점에서 공통된다. 아울러 결실된 하단에서 다음 면 상단까지의 문자 수가 각각 비슷하여, 결실된 공간에는 원래 유사한 간격으로 문자가 있었다고 추정된다. 이러한 사실로부터 양자는 모두 1m 이상의 다면체 목재에 『논어』 공야장편의 생략하지 않은 전문을 서사했었을 것이라는 판독안이 제기되어 왔다. 이러한 다면체 논어목간의 용도·이용 목적에 대해서는 학습을 위한 것이라 보거나, 의식 등 상징적 용도를 추정하는 등 여러 설이 있다.

한편, 백제의 도읍이 있던 부여군 쌍북리에서도 다음과 같은 4면체 목간에 『논어』 학이(學而)편의 모두 장구가 기록된 것이 2018년에 발견되었다. 쌍북리 출토 목간에 대해서는 뒤에서 언급할 것이지만, 그 출토지는 백제의 관아가 있던 곳이기도 하다.

Ⅰ 習子日學而時習之 不亦說(乎)

Ⅱ 有朋自遠方來 不亦樂(乎)

Ⅲ 人不知 而不慍 不亦(君)

Ⅳ 子乎 有子曰 其爲人(也)

목간의 크기는 길이 28㎝, 폭 1.8·2.5㎝이고, 하부에 한 글자 분의 결실이 있으며, 학이편 모두가 생략 없이 기록되어 있다. 그 특징은 첫머리에 '습(習)'자를 쓴 뒤, 장구의 절목(節目)에 빈 칸을 두어서 나누어 썼다는 점이다. 빈 칸으로 문장의 절목을 표시한 예로는 신라의 <임신서기석>이 알려져 있다.

이 『논어』목간은 '정사년 10월 20일(丁巳年十月二十日)'이라고 적힌 목간과 함께 출토되어, 그 연대는 657년으로 추정하고 있다. 이처럼 백제에서도 『논어』목간의 출토가 확인되었으며, 모두 다각형의 막대 형상 목간에 『논어』가 서사된 점이 주목된다.

일본에서도 다각형 목간에 텍스트 전문이 기록된 예로서 7세기 중반 아스카이케(飛鳥池) 유적에서 출토된 천자문 목간이 있는데, 양자는 시기적으로도 가깝다.

백제목간에 보이는 용자 · 조자 · 자음

부여 쌍북리는 사비시대 관아군이 있던 지역으로 추정되며, 왕도의 산성인 부소산성의 산기슭 동쪽에 위치해 있다. 이곳에서 2008년에 3점의 목간이 발견되었다.

戊寅年六月中　固淳□三石　　　　　　佃麻二石

佐官貸食記　　上夫三石上四石〔　〕　　比至二石上一石未二石

佃目之二石上二石未一石　習利一石五斗上一石未一石〔

素麻一石五斗上一石五斗未七斗半　佃首行一石三斗半上一石未一石甲并十九石□

今沽一石三斗半上一石未一石甲　　刀己邑佐三石与　　　　得十一石□

목간 윗 부분의 구멍 뚫린 곳 양측에 '무인년 6월중(戊寅年六月中)', '좌관대식기(佐官貸食記)'라고 쓰고, 양면 모두 3단으로 나누어 기재하였다. 앞면 첫째 단의 표제는 "무인년 6월에 관인(관청)을 돕기 위해 식(食)을 빌려준 기록"이라고 적었다. '식'은 백제 목간에 '식미(食米)'의 용례가 있어, 식용 쌀로 여겨진다. 앞면 두 번째 단에서 뒷면 두 번째 단까지는 '인명+석수(石數)+상석수(上石數)+미석수(未石數)'의 순서로 앞면에 6명, 뒷면에 4명, 총 10명분의 기록이 기재되었다. 인명 아래의 석수는 각각에게 빌려준 양, 상석수는 반납한 양, 미석수는 아직 반납하지 않은 양을 나타낸다. 빌려주는 행위를 '대(貸)'라고 표기하고, 앞면에 그 시기를 명기하며, 그 아래에 빌려준 인물을 열거하는 기재 방식은 일본 후쿠오카(福岡)현 다자이후(大宰府)에서 출토된 다음의 목간과 공통된다.

「八月□日記貸稲数　□□□　　財×」

財マ人　　物×」

상석수와 미석수를 합산하면 빌려준 석수의 1.5배가 되므로, 이율(利率)은 5할이 된다. 2인의 미석수에 기록된 '갑(甲)'은 4분의 1을 의미하며, 이러한 갑의 용례는 일본 돗토리(鳥取)현 오미도(大御堂) 폐사(廃寺) 출토 목간에도 보인다. 원래 '갑'에 4분의 1이라는 의미는 없으므로, 백제에서 독자적으로 사용되다가 일본열도에 전파된 것임은 새삼 지적할 필요도 없다.

뒷면 세 번째 단은 전체의 합계로서, 빌려준 석수의 합계와 이때까지 반납된 석수의 합계('得十一石')이다. 창고에서 빌려준 양과 회수한 양만을 기록하고 있는데, 그 목적이 벼의 관리를 위한 것이었기 때문이다.

이 대식기 목간이 일본의 출거목간(出擧木簡)과 서식이나 용자법에서 일치한다는 점에서, 그 시스템이나 문서행정이 백제로부터 고대 일본으로 전해졌음을 보여주는 것으로 여겨진다. 또한, 백제 목간 중에는 이와 같은 기록부로 '병여기(兵与記)', '지약아기(支藥兒記)' 등이 부여에서 출토된 바 있다.

그런데 같은 유적에서 출토된 목간에는, 『주서(周書)』 백제전에만 백제의 중앙 관사로 전해지고 있던 '외경부(外椋 卩)'가 적혀 있다. '卩'는 '부(部)'의 약체자로, 고대 일본에서도 많이 사용되던 것이나, 신라에서는 비석·목간에 모두 그 사례가 없다. 외경부는 일본의 대장성(大藏省)에 해당하는, 국가 재정을 관장하는 관청으로 추정된다. '椋'字는 부여 능산리 출토 백제 목간에도 '三月仲椋內上田'('田'은 '刃'의 이체자로서 '벼(籾)'를 의미한다)이라는 내용 가운데 나온다. 한편 신라에도 황남동 출토 8세기 추정 신라 목간에서,

·五月廿六日仲食□□之下椋□

·仲椋有食廿二石

이라고 하여, 마찬가지로 '仲椋'이라는 용례가 있다. 일본의 고대목간

에도 '椋'자를 사용한 예가 보이는데, 그 대부분은 7세기에서 8세기 초의 것으로, 8세기 이후가 되면 '椋'자는 쓰이지 않고, 수납된 물품에 따라 창(倉)·고(庫)·장(蔵)이라는 글자를 각각 사용하게 된다. 특히 720년 완성된 『니혼쇼키(日本書紀)』에서는 과거로 소급해서 '椋'자를 사용하지 않았다.

일찍이 '椋'자는 일본 학계에서는 일본의 '국자(國字)'로 생각해 왔지만, 앞서 서술한 것처럼 그 유래는 고구려에서 창고를 의미하던 '부경(桴京)'에 해당하며, 이를 합친 글자로서 '椋'이 되어, 백제·신라 등 한반도 여러 나라에서 쓰이고 있었다. 그러나 고대 일본에서는 상술한 것처럼 8세기에 이르면 율령제 하에서 '椋'자는 폐기되고, 창·장·고로 엄말하게 구분하여 쓰이게 되었다.

또한, 백제의 왕도에서 발견된 목간에 보이는 자음(字音)과 서체에 관하여 주목할 만한 것으로 6세기 중반에 사용되다 폐기되었다고 추정되는 능산리 출토 목간의 예가 있다.

□城下部對德疏加鹵

즉, 백제의 5부(하부) 소속으로서 11위 관등(대덕)을 소지하고 있던 백제인 '소가로(疏加鹵)'의 표기는, '加'·'鹵'를 인명의 자음 표기에 사용했다는 점에서 일본 사이타마(埼玉)현 이나리야마(稲荷山) 고분 출토 철검명에 새겨진 와카타케루(獲加多支鹵) 대왕의 표기와도 일치한다. 아울러 '鹵'의 자체(字體)도 흡사하다. 이나리야마 철검이 5세기 후반의 것임을 감안하면 양자의 연대는 확실히 근접하여, 백제에서 왜국으로 한자의 전파와 수용을 생각하는 데 중요한 사료가 된다.

백제의 지방 목간과 일본 목간

백제의 지방 목간은 2008년 전라남도 나주 복암리에서 16점 발견되었다. 해당 유적에서 나온 것들 중에는 '경오년'이 기록된 목간이 포함되어 있는데, 공반 유물 등으로 보아 610년으로 추정하고 있다. 목간과 함께 출토된 토기에는 '관내용(官內用)'이나 '두힐사(豆肹舍)'가 적혀 있으며, '두힐(豆肹)'은 고려시대 회진(會津)현으로서, 출토지는 지방 관아로 추정된다. 출토된 목간에서는 이 지방 인근의 지명인 반나(半那), 군나(郡那), 모라(毛羅) 등이 검출되었다. 다만, 그 중에는,

·□三月中監数肆人

·出背者得捉得安城

이라는 내용의 목간이 있는데, 말미의 '득안성(得安城)'은 출토지에서 직선 거리로 130㎞ 떨어진 곳으로서, '出背者(도망자)'를 잡은 기록으로 추정된다. 관아에 어울리는, 인근 주민을 동원한 기록부로 추정되는 목간이 몇 점 있다.

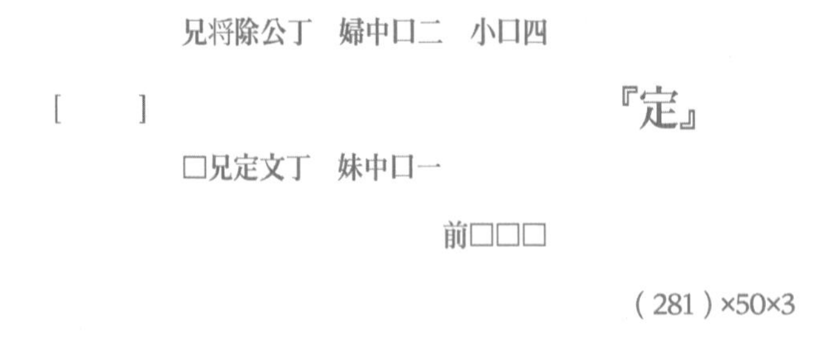
兄将除公丁　婦中口二　小口四
[　　]　『定』
□兄定文丁　妹中口一
前□□□
(281) ×50×3

2행에 걸쳐 기록된 부분에는 '제공정(除公丁)', '중구(中口)', '소구(小口)'라는 연령 구분이 주목된다. '제공'에 관해서는 쇼쇼인(正倉院) 소장 <신라촌락문서>(695년)의 연령 구분으로서, 남자의 경우 '정(丁)-조자(助子)-추자(追子)-소자(小子)-제공(除公)-노공(老公)' 등 여섯 개의 구분이 있는데, 그 중에 '제공'이 포함된다. 이 촌락문서의 연령 구분은 고대 일본의 '정정(正丁)-차정(次丁)-소정(少丁)-소정(小丁)-녹아(緑児)-기로(老耆)' 중 '차정'(노정)에 비교해야 함이 제기된 바 있다. 이에 따르면, '제공정'은 '중구' 위에 위치해 있으므로, '제공정-중구-소구'의 순서가 되며, '제공정'의 동렬 왼쪽에 기록된 '□형정문정(□兄定文丁)'을 '정'으로 볼 경우, 이 목간에서는 '정-제공정-중구-소구'의 연령 구분이 검출된 것이 된다.

'중구'에는 각각 '부(婦)'와 '매(妹)'가 붙어 있어, '부'와 '매'가 어떤 구분을 의미하는지 문제가 된다. 6세기 신라 <울주 천전리서석명>의 '기미년 추명'(539년)에는 친족 호칭으로서 '부'와 '매'가 적혀 있는데, '부'가 '을사년 원명'(525년)에는 '처(妻)'로 되어 있어, 6세기 신라의 사례이긴 하지만, 친족 호칭으로서 '부'와 '매'는 구별되고 있었던 것이 된다. 다음으로 '중구'에 '부'와 '매'가 부기된 것과 관련하여 주의할 만한 것은, 다음의 부여 궁남지 목간이다.

·西□ ア夷

·西部後巷巳達巳斯丁依□□丁

婦人 中口四 小口二 邁羅城法利源水田五形

앞의 복암리 목간 사례를 참조하면, 이 목간 또한 '달이사정(達巳斯丁)'·'依□□丁(의□□정)'이라는 두 사람의 '정'에서 '부인(婦人) 중구(中

口)'·'소구(小口)' 순으로 기록되고 있어, 앞의 '제공정'·'부중구'·'소구' 표기에 대응한다.

그들은 왕경인 지역(서부 후항)에서 '매라성 법리원'으로 동원된 자들로서, 복암리 목간과 마찬가지로 일정 연령 구분을 가진 자들을 국가가 동원할 때 작성한 장부로 보인다.

백제의 문서목간은 아직 사례가 적은데, 다음의 복암리 목간은 문서 형식이나 문체를 아는 데 있어 중요하다.

·「郡佐□□□　　　　　　　　　　　　□文」

·「受米之及八月八日高嵯支□記遺□之好□□□又及告日□□

　賣之□□　　　　　　　　□□□□　八月六日　　　」

608×52×10

지금까지 한국에서 발견된 목간 중 가장 크며, 완형이다. 단, 보존 상태가 나빠서 석독에는 어려움이 있다. 앞면의 '군좌(郡佐)'는 문헌에는 보이지 않는 것으로, 군(郡)의 장관인 군장(郡將)의 보좌가 아닐까 추정된다.

한편, 뒷면 말미에 기록된 '8월 6일(八月六日)'은 문서를 보낸 날짜로 보이며, 그 위에 서명이 있었던 것으로 추측된다. 문서의 내용에 대해서는 첫머리의 '수미(受米)'에 대한 절차를 '8월 8일'까지 '賣之하라(가져오라)'고 명하는 명령서와 같은 성격을 가졌다고 추정하고 있다. 목간의 정형이나 형상, 문체, 서체, 문서 형식 등이 모두 8세기 일본 목간과 흡사하며, 6·7세기 신라의 문서목간과 비교하면 상당히 차이가 있었음이 엿보인다.

그런데 이 목간의 형태는 부여에서 발견된 백제 단책형 목간의 두 배에 달하는 크기나, 앞면에 기록된 '군좌'라는 글자를 볼 때, 고대 일본의 '군부목간(郡符木簡)'을 연상케 한다. 군부목간은 60㎝ 전후의 길이로서, 2척의 크기에 맞추어졌음을 나타낸다고 여겨진다. 군부목간은 하달문서로서 군(郡)으로부터 그 지배 하의 책임자에게 보내진 것인데, 그 크기는 재지 사회에 있어서 권위의 상징으로 가시화하는 의미가 있었던 것이 아닐까 하는 지적이 있다.

다시 앞의 부여 궁남지 목간과 유사한 것으로 주목되는 것이 다음의 목간이다.

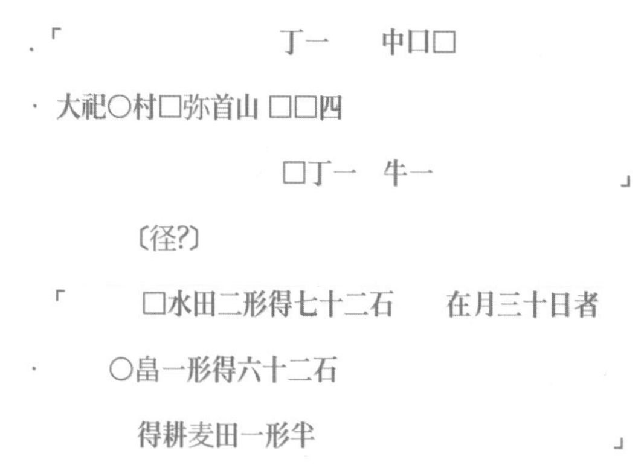
·「　　　　丁一　中口□
· 大祀○村□弥首山 □□四
　　　　□丁一　牛一　　　」

〔徑?〕
「　□水田二形得七十二石　在月三十日者
·　○畠一形得六十二石
　　得耕麦田一形半　　　　」

185×27×6

완형이며, 상부의 구멍은 문자를 쓰고 나서 뚫은 것으로 추정된다. 앞면은 중앙에 '대사촌□미수산(大祀村□弥首山)'이라고 쓰고, 그 아래는 세 줄로 나누어 연령 등급을 나타내는 '정(丁)', '중구(中口)' 등을 적었으며, 3행의 말미에는 소의 수가 보인다.

뒷면에는 '水田二形'·'畠一形'·'麥田一形半' 등 논·밭 각각의 면적이 기록되어 있다. 이전까지 확실히 밝혀지지 않았던 앞의 부여 궁남지 목간에 나오는 '형(形)'자는, 이 목간에 의해서 토지 면적을 나타내는 것으로 판명되었다. '水田'과 '畠'에서는 수확을 행했고, '麥田'은 '水田'과 '畠'에서 수확한 뒤에 이작(그루갈이)한다고 생각되며, '在三十日者'는 그러한 수확과 경작에 필요한 날짜수로 보인다.

경작지로 기록된 '水田'·'畠'·'麥田' 중 '畠'은 기존에 일본의 국자(國字)로 여겨지던 것이었으나, 백제에서 유래하였음이 분명해졌다. 한편, 신라에서는 '水田'이라는 두 글자를 합쳐서 '畓'이라는 글자를 조자(造字)하였다. 예컨대 신라 <진흥왕 창령비>(561년)에는 '畓'에 상대되는 '畠'이 '白田'이라는 두 글자로 기록되어 있어, 신라와 백제에서 '밭'과 '논'의 한자 표기가 달랐음을 보여준다.

이상의 사실은 고대 일본의 한자 문화가 백제를 경유한 것임을 강력히 보여주는데, 복암리 목간은 전형적인 육조(六朝) 서풍(書風)을 가지고 있으며, 자형·가공 방법·형태·기재 방법 등이 모두 8세기 초 고대 일본의 목간과 흡사하다. 또한 정보 전달 시스템으로서 목간의 이용에 관해서도, 백제 멸망 후 다수의 도래인에 의해 이루어진 바가 컸다는 지적이 있다.

지금까지 신라·백제 목간에 보이는 자체·자음·조자·문체 등 구체적 특징에 유의하면서 중국·일본과 비교하는 시점에서 논해 보았다. 신라·백제의 목간 연구를 통해 엿볼 수 있는 신라사·백제사 상의 역사적 사실 자체는 그리 많지 않다. 그러나 동아시아 지역의 시점에서 보면, 이러한 신라·백제 목간의 구체적 사실이 가져다 줄 역사적 의미는 결코 작지 않음을 마지막으로 언급하고자 한다.

1990년대까지 일본 목간과 한국 출토 목간의 관련성을 묻는 일은 없었다. 일부에서는 전혀 관계가 없다고 보는 견해까지 있었다. 그러나 이미 모두에서 언급한 것처럼, 현재는 일본열도에서 출토되는 다종다양한 용도의 목간 중 거의 모든 종류가 한국에서도 출토되었다. 또, 그것들이 7세기 후반 이후 일본 목간의 선행 형태임이 인정되고 있다. 특히 복암리 목간의 발견에 의해, 일본 헤이죠쿄(平城京) 목간의 원류가 백제에 있었음이 지적되었다. 한·일에 있어서 출토 목간의 비교 연구를 통해서 일본의 한자 문화가 신라나 백제를 매개로 하여 수용되었음을 강조하게 되었다.

그런데, 한국 목간 연구의 성과는 한자 문화·목간 문화의 전파와 수용뿐 아니라, 고대 일본의 율령국가체제에 대한 사고 방식을 근본적으로 바꾸지 않을 수 없게 하고 있다. 예컨대, 지금까지 일본 고대국가 형성의 도달점이라고 말해지는 다이호 율령(大宝律令) 편찬(701년) 이전의 역사에 대해서는, 7세기 수·당과의 통교에 의한 중국 고대 제도의 수용에 관해서만 논의가 이루어져 왔다. 그러나 이와 같은 역사적 이해는 일면적인 것으로, 중국보다는 오히려 신라나 백제가 동 시대 중국 왕조들로부터 수용한 제도들이 채용되고 있었다는 사실의 중요성이 한국 목간 연구의 성과를 이용하여 강조되고 있다. 또한 7세기 말의 후지와라큐(藤原宮) 목간과 6·7세기 한국 목간의 비교를 통해서, 한반도로부터 많은 문물을 배워 옴으로써 일본 고대국가의 골격이 형성되었다는 지적이 나왔다. 근년의 목간 연구는 한국 목간이라는 새로운 사료의 획득에 의해 고대 일본사와 한국사만이 아니라, 동아시아 규모의 역사 연구에 있어 중요한 열쇠를 쥔 주목해야 할 연구 분야가 된 것이다.

번역 : 이재환(중앙대)

참고문헌

李成市, 2005,「古代朝鮮の文字文化—見えてきた文字の架け橋」,『古代日本　文字の来た道』, 大修館書店.

李成市, 2010,「東アジアの木簡文化」,『木簡から古代がみえる』, 木簡学会 編, 岩波書店.

李成市, 2012,「羅州伏岩里百済木簡の基礎的研究」,『日本古代の王権と東アジア』, 鈴木靖民 篇, 吉川弘文館.

李成市, 2014,「韓国出土木簡と東アジア世界論」,『東アジア木簡学のために』, 角谷常子 編, 汲古書院.

李成市, 2015,「日韓古代木簡から東アジア史に吹く風」,『史学雑誌』124-7.

工藤元男·李成市 編, 2009,『東アジア古代出土文字資料の研究(アジア研究機構叢書人文学篇第1巻)』, 雄山閣.

國立昌原文化財研究所, 2006,『개정판 韓國의 古代木簡』.

国立歴史民俗博物館·平川南 編, 2014,『歴博国際シンポジウム　古代日本と古代朝鮮の文字文化交流』, 大修館書店.

瀬間正之, 2015,『記紀の表記と文字表現』, おうふう.

馬場基, 2018,「木簡の作法と100年の理由」,『日本古代木簡論』, 吉川弘文館.

早稲田大学朝鮮文化研究所 編,『日韓共同研究資料集　咸安城山山城木簡(アジア研究機構叢書人文学篇第 3 巻)』, 朝鮮文化研究所·国立加耶文化財研究所 編, 雄山閣.

渡辺晃宏, 2010,「日本古代の都城木簡と羅州木簡」,『6~7世紀栄山江流域と百済』, 国立羅州文化財研究所開所五周年紀年国際学術大会.
国立慶州文化財研究所·漢城百済博物館, 2019,『漢城で出会う新羅月城』, 文化財庁国立慶州文化財研究所.

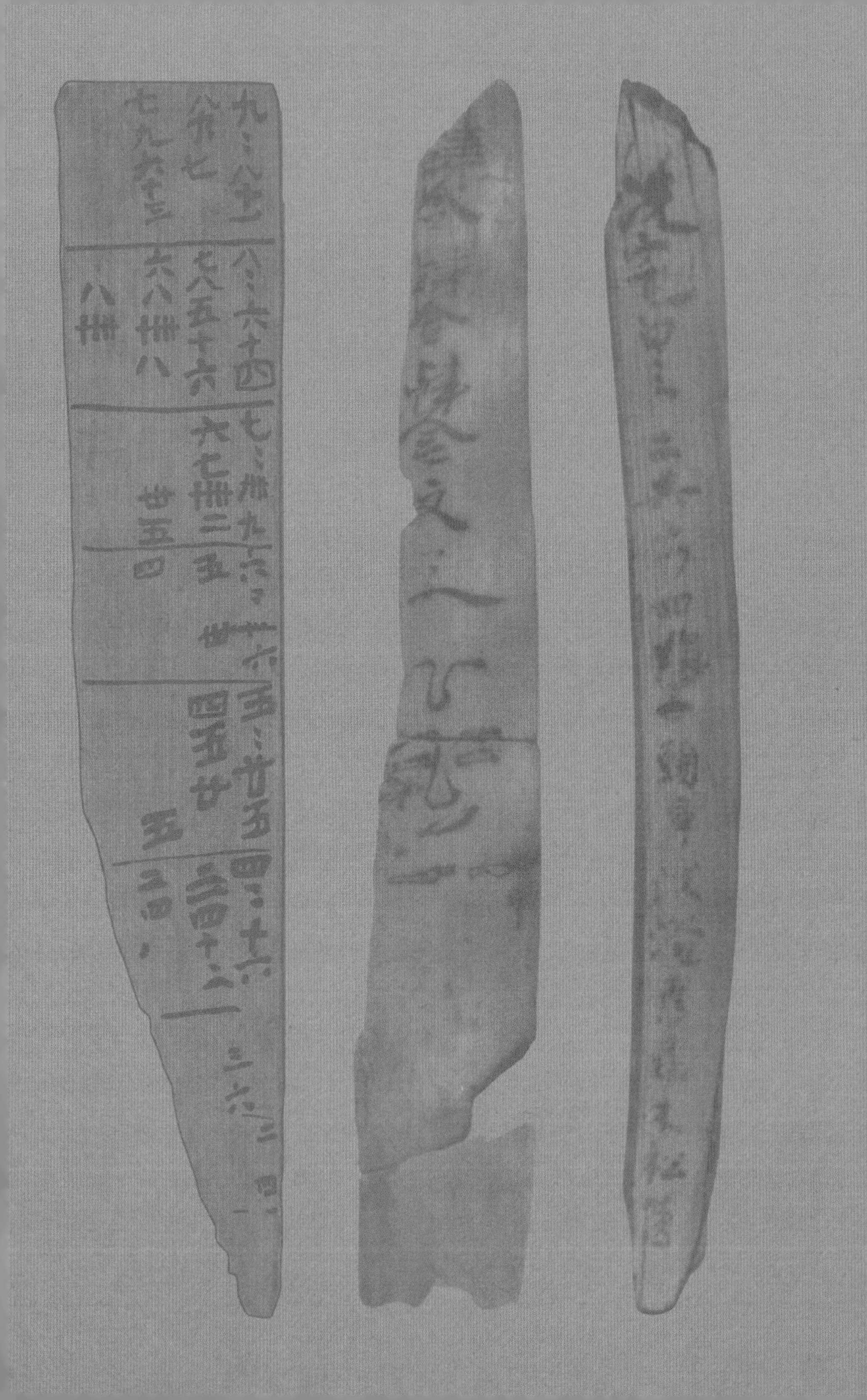

신라의 집사성첩과 일본

전덕재
단국대학교

집사성첩의 해석과 내용

고문서(古文書) 자료는 연대기 자료에서 보기 어려운 세밀한 사실들이나 일상적인 일들을 보여주는 중요한 자료이다. 한국고대사 연구에서 가장 중요한 사서(史書)가 바로 『삼국사기(三國史記)』인데, 이것은 고려시대에 편찬되었기 때문에 종종 사료의 신빙성에 대해 의문이 제기되기도 한다. 이에 반해 고문서는 고대인들이 직접 작성한 것이기 때문에 일차 사료로서 역사적 가치가 높다고 평가받는다.

현재까지 고구려와 백제의 고문서는 하나도 남아 있지 않고, 통일신라의 고문서가 몇 개 남아 전한다. 통일신라의 고문서로서 가장 대표적인 것이 일본 나라시 동대사(東大寺)의 정창원(正倉院)에서 발견된 촌락문서

(村落文書)와 좌파리가반부속문서(佐波理加盤附屬文書)이다. 이밖에 신라모전부전(新羅毛氈附箋), 신라화엄경사경발문(新羅華嚴經寫經跋文) 등이 있다. 전자는 752년(경덕왕 11)에 신라 내성(內省)의 왜전(倭典)에서 대일교역품인 모전(毛氈: 모직깔개)에 부착하였던 꼬리표(상품 라벨)로서 모전생산자(또는 모전제출자), 모전 명칭, 수량과 더불어 '염물득추우(念物得追亐: 원하는 물품 얻으오)'라는 상용구가 기록되어 있다. 후자는 755년(경덕왕 14)에 사경된 『화엄경』의 발문(跋文)으로 국보 199호이며, 사경발원자와 작업과정, 참여 인물 등이 기재되어 있다.

그런데 비록 원본은 전하지 않지만, 일본 고대의 역사서에서 신라에서 일본에 첩식문서(牒式文書)를 보냈다는 기록을 여럿 발견할 수 있다. 『속일본기(續日本紀)』에 764년(경덕왕 25)에 신라에서 일본의 대재부(大宰府)에 집사첩(執事牒)을 보냈다는 기록이 전한다. 또한 『속일본후기(續日本後紀)』에 836년(흥덕왕 11)에 신라에서 일본의 태정관(太政官)에 보낸 집사성첩(執事省牒), 842년(문성왕 4)에 장보고의 반란을 진압한 무진주(武珍州) 별가(別駕) 염장(閻長)이 축전국(筑前國)에 보낸 첩(牒), 845년(문성왕 7)에 강주(康州: 경남 진주)에서 대재부(大宰府)에 보낸 강주첩(康州牒)에 관한 기록이 전하고, 이밖에 『일본삼대실록(日本三代實錄)』에 870년(경문왕 10)에 축후국(筑後國)의 관리가 일본 조정에 올린 신라국첩(新羅國牒), 885년(헌강왕 11)에 신라국사(新羅國使) 서선행(徐善行) 등이 일본으로 가져간 집사성첩에 관한 내용이 전하고 있다. 이 가운데 첩식문서의 전문(全文)을 거의 완벽하게 옮겨 전한 것이 바로 836년에 신라에서 일본의 태정관에 보낸 집사성첩이다. 집사상첩의 원문과 해석을 제시하면 다음과 같다.

【집사성첩 원문】

新羅國執事省 牒日本國太政官

紀三津詐稱朝聘兼有贄賚及撿公牒假僞非實者

牒. 得三津等狀稱 奉本王命 專來通好 及開函覽牒 但云修聘巨唐 脫有使船漂着彼界 則扶之送過 無俾滯遏者 主司再發星使 設問丁寧 口與牒乖 虛實莫辨 旣非交憐之使 必匪由衷之賂 事無摭實 豈合虛受 且太政官印 篆跡分明 小野篁船帆飛已遠 未必重遣三津聘于唐國 不知嶋嶼之人 東西窺利 偸學官印 假造公牒 用備斥候之難 自逞白水之遊 然兩國相通 必無詭詐 使非專對不足爲憑 所司再三請以正形章用阻姦類 主司務存大體 舍過責功 恕小人荒迫之罪 申大國寬弘之理 方今時屬大和 海不揚波 若求尋舊好 彼此何妨 況貞觀中 高表仁到彼之後 惟我是賴 唇齒相須 其來久矣 事湏牒太政官 並牒菁州量事支給過海程粮 放還本國 請處分者 奉判 准狀 牒太政官 請垂詳悉者.

【신라집사성첩 해석】

신라 집사성에서 일본국 태정관에 첩을 보냅니다.

기삼진(紀三津)이 조빙사(朝聘使)이며, 겸하여 공진(貢進) 예물(禮物)을 가지고 있다고 사칭(詐稱)하오나, 공첩(公牒)을 열람해보니 허위(虛僞)이고 사실이 아닌 일입니다.

첩합니다. 삼진 등의 장(狀)을 받아 보았는데, (거기에서) 이르기를, '본(국)의 왕명을 받들어 오로지 서로 통하여 우호를 맺기 위하여 왔습니다.'라고 하였습니다. 그런데 함(函)을 열어 첩(牒)을 열람하니, '(첩에서는) 다만 당나라에 빙례(聘禮)를 갖추어 행하기 위해 가는 도중에 혹시 사신(使臣)이 탄 배가 그 쪽(신라)의 경계에 표류하다가 정박하면, 즉시 도와서 (당으로) 보내주시고 가로막아 지체시키지 말아 주십시오.'라고만 이르렀을 뿐입니다. 주관하는 관청(主司)에서 두 번이나 사자(使者)를 보내 간곡하게 물어

보았으나, (여전히) 말과 첩의 내용이 서로 어긋나서 진위(眞僞) 여부를 판별할 수가 없었습니다. 본디 (기삼진 등이) 교린(交隣)의 사절이 아니라면, 반드시 충심(衷心)에서 우러나와 바치는 선물은 결코 아닐 것입니다. 게다가 일은 실제에 의거하지도 않았으니, 어찌 허심탄회하게 받을 수가 있겠습니까! 또한 태정관인(太政官印)의 전적(篆跡)은 분명하지만, 소야황(小野篁: 일본에서 당에 파견한 사신)이 탄 배는 돛을 올리고 항해하여 이미 멀리 갔는데, 하필 거듭해서 삼진을 당국(唐國)에 조빙(朝聘)하러 보내지 않았을 것으로 보여집니다. 섬사람들이 이리 저리 이익을 엿보기 위해 관인(官印)을 모조하는 법을 배워 공첩(公牒)을 위조하여 정찰병(偵察兵)의 (단속의) 곤란함(검문검색)에 대비함으로써 자신들이 뜻하는 대로 백수(白水: 서해 바다)를 돌아다니려 한 것인지도 모르겠습니다. 그런데 양국(兩國)이 서로 교통함에 있어서 반드시 간사스러움으로 상대방을 교묘하게 속이지 말아야 합니다. 사신을 대면(對面)하여 응대하지 않은 것은 족히 신뢰할 수 없었기 때문입니다. 담당 관청(所司)에서 형법(刑法)을 바르게 써서(형법에 따라 처벌함으로써) 간악한 무리들을 저지할 것을 재삼 간청하였으나, 주관하는 관청에서, 힘써 대체(大體)를 보존하여 잘못을 용서하고 공을 세우도록 격려하라고 하였으니, 소인이 거칠고 궁색하여 지은 죄를 용서해주어 대국(大國)의 너그러운 아량을 베풀자고 하였습니다. 바야흐로 지금은 시대가 태평하고 바다에서 큰 파란이 일어나지 않았으므로, 만약에 옛날의 우호를 회복하고자 한다면 피차 어떤 것이 방해가 되겠습니까? 하물며 정관(貞觀) 연간에 (당나라 사신) 고표인(高表仁)이 그대의 나라에 도달한 이후, (중국과 교통함에) 오직 우리에게 의지하면서 입술과 이처럼 서로 돈독하게 지낸 지가 오래되었습니다. 이 일을 모름지기 태정관에 첩하며, 아울러 청주(菁州)에 첩하여 일을 헤아려 바다를 건너가는 일정에 맞추어 양식을 지급하고 본국으로 송환(送還)하도록 하였습니다. (국왕의) 처분을 청하옵니다. (국왕의) 판(判: 결재)을 받들어 장(狀)에 준하여 태정관에 첩하오니, 자세하게 살피기를 청하옵니다.

집사성첩은 『속일본후기』 권5 인명천황(仁明天皇) 승화(承和) 3년(836, 흥덕왕 11) 12월 기록에 전한다. 이 기록 말미에서 '집사성첩을 모두 베껴서 첨부하였다.'고 언급하였는데, 위의 기록에 집사성첩을 작성한 연·월·일이 전하지 않기 때문에 집사성첩의 전문(全文)이라고 보기 어렵지만, 그러나 일부 표현을 제외하고 나머지는 그대로 전사(轉寫)하였을 가능성이 높다고 보인다. 따라서 위의 기록에 전하는 집사성첩은 신라의 첩식문서로서 거의 원형을 그대로 전하는 매우 귀중한 자료라고 이해할 수 있다.

일본조정에서 기삼진(紀三津)을 신라로 파견하는 사신으로 임명한 것은 836년 윤5월 13일이었다. 『속일본후기』에서는 일본에서 당나라에 파견한 사신, 즉 견당사(遣唐使)가 탄 배가 바람과 파도 때문에 신라 영토 내에 표류하다가 정박할지 몰라 태정관(太政官)에서 구례(舊例)에 준하여 그 나라의 집사성(執事省)에 첩을 보내, 만약 사신의 배가 그 쪽 땅에 표류하다가 정박하면 즉시 도와서 (당으로) 보내주시고 가로막아 지체시키지 말아 달라고 부탁한 다음, 기삼진을 신라 사신으로 삼아 태정관첩을 가지고 가도록 했다고 언급하였다. 그런데 일본에서 견당사가 탄 배 4척이 5월 14일에 출발하였다가 5월 18일에 해상에서 폭풍우를 만나 되돌아 왔다. 일본조정에서는 견당사가 탄 배가 되돌아온 후에 비로소 기삼진을 신라에 파견하는 사신으로 임명하였다고 볼 수 있다.

이해 7월에 견당사가 탄 배가 일본을 출발하였지만, 또 다시 폭풍우를 만나 되돌아왔다. 제2차 견당사 파견이 실패한 후인 이해 8월 25일에 기삼진이 일본을 출발하여 신라로 향하였다. 일본조정은 두 차례에 걸친 견당사 파견이 실패한 후, 만약에 견당사가 탄 배가 당나라로 향하다가 중간에 폭풍우를 만나 신라 땅에 표착(漂着)하면, 신라에서 오랫동안 지체시켜 잡아두지 말고 즉시 당으로 보내달라고 부탁하는 내용의 태정관첩을 기삼진을 신라에 파견하여 전달하려 한 것으로 이해된다. 참고로 일본은 837년 7월에도 견당사를 파견하려다가 실패하였고, 그 다음해 6월에 다시 견당사를 파견하여 마침내 성공하였다. 이것이 일본에서 당나라에 파견한 마지막 견당사로 알려졌다. 한편 집사성첩에 나오는 고표인(高表仁)은 630년에 당나라에서 일본에 파견한 사신인데, 이후 일본이 당나라에 사신을 파견할 때에 신라의 도움을 받은 바 있다.

기삼진이 일본을 떠나 청주(菁州: 경남 진주)에 이르자, 청주의 관리들이 기삼진이 신라에 온 이유를 조사하였을 것으로 보인다. 기삼진은 국왕에게 올리는 장(狀)과 더불어 태정관첩을 청주에 바쳤고, 청주에서는 이것들과 함께 기삼진이 청주에 도착하였다는 사실 및 그들에 대한 처분을 묻는 내용의 문서를 중앙정부에 보냈던 것으로 이해된다. 집사성첩에는 주관하는 관청, 즉 주사(主司)와 담당 관청, 즉 소사(所司)가 보이는데, 주사는 외국의 사신을 접대하는 업무를 당담한 영객부(領客府), 소사는 외교의례 등을 담당한 예부(禮部)를 가리키는 것으로 보인다.

기삼진은 신라 국왕에게 올린 장(狀)에서 '본국의 왕명을 받들어 오로지 통하여 우호를 맺기 위하여 왔다.'고 언급하였다. 734년 이후에 신라와 일본은 한동안 외교 형식 문제를 둘러싸고 갈등하였고, 9세기 들어 두 나라의 관계는 소원해진 바 있었다. 기삼진이 올린 장에 따르면, 이때 일본이 마치 신라와의 외교관계를 회복하기 위해 사신을 파견한 것처럼 이해할 수 있다. 아마도 기삼진은 신라와의 외교교섭을 원활하게 하여 견당사가 신라 땅을 지나가거나 표착할 때에 신라의 협조를 얻어내려고 의도하지 않았을까 한다. 그런데 신라조정은 기삼진의 장과 태정관첩의 내용을 비교해본 다음, 둘 사이에 약간의 차이가 있음을 알고, 주사(主司), 즉 영객부에서 두 번에 걸쳐 청주에 있는 기삼진에게 사람을 보내 사행(使行)의 목적을 물어보았으나, 기삼진은 조빙(朝聘)하러 왔다고 주장하였을 뿐만 아니라 자신이 가지고 간 태정관첩에 견당사가 신라에 표착하게 되면 빨리 당에 보내주도록 요구한 사실을 근거로 하여 자신을 견당사라고까지 변명하였던 것으로 보인다.

기삼진이 신라에 도착하였을 때, 신라 정부에서는 일본에서 당에 사신으로 파견한 소야황(小野篁)이 탄 배가 닻을 올리고 멀리 당나라로 향하여 갔다는 정보를 갖고 있었다. 물론 소야황이 탄 배는 다시 일본으로 되돌아갔기 때문에 신라 정부가 입수한 정보는 잘못된 것이었다고 말할 수 있다. 아무튼 기삼진이 견당사라고 주장하자, 신라 정부는 소야황이 견당사로서 파견되었는데, 기삼진이 견당사일 리가 없다고 판단하고, 그가 신라 또는 중국과 사적으로 교역하기 위하여 위조한 태정관인을 가지고 태정관첩을 만들어서 일본 사절인 것처럼 사칭(詐稱)하였다고 의심하였다. 이에 대해 소사(所司), 즉 예부에서는 형법을 바르게 써서 간사한 무리들을 처벌할 것을 두 세 차례에 걸쳐 간청하였고, 주사, 즉 영객부에서는 기삼진의 죄를 용서하여 대국(大國)의 관대함을 보여주자고 건의하였다. 신라 정부에서는 예부와 영객부의 주장 가운데 후자의 주장을 수용하고, 집사성에서 태정관에 첩을 보내, 사절을 사칭한 혐의가 있는 기삼진을 처벌할 것을 요구하였으며, 아울러 청주에 첩을 보내 기삼진 일행을 일본으로 송환하면서 그들이 일본으로 갈 때에 필요한 식량을 지급하도록 지시하였음을 집사성첩을 통해 살필 수 있다.

집사성첩의 발급과정과 문서행정

집사성첩은 신라의 집사성이 발급한 독립된 하나의 관문서로 중요한 가치를 지니고 있고, 집사성첩에는 이 문서가 발급되기까지의 과정이 자세하게 기록되어 있을 뿐만 아니라 거기에서 신라의 정책결정과정과 그에 수반된 여러 문서의 수발절차도 엿볼 수 있다. 관문서 가운데 하나인 첩(牒)은 고대뿐만 아니라 조선시대까지 장(狀)과 함께 공사(公私)에 널리 사용된 문서이다. 당에서 장(狀)은 황제(또는 그 근신<近臣>)에게 올리는 상달문서(上達文書)인데, 개인이나 관부에서 직접 황제에게 올리는 것이 일반적이었다. 반면에 첩(牒)은 상달·하달문서뿐만 아니라 통속관계가 없는 관부 사이에서 업무 연락용 문서로 널리 사용되었다고 한다. 신라에서도 마찬가지였을 것으로 보인다.

『속일본후기』 권15 인명천황(仁明天皇) 승화(承和) 12년(845, 문성왕 7) 12월 기록에 대재부(大宰府)에서 역마(驛馬)를 달려 말하기를, '신라인이 강주(康州)의 첩(牒) 2통을 가지고 본국(일본)의 표류인(漂流人) 50여 명을 압송하여 왔습니다.'라고 전한다. 집사성첩에서 집사성에서 청주에 첩을 보내, 기삼진 일행을 일본에 송환하도록 조치한 사실을 살필 수 있다. 신라는 경덕왕대에 한식(漢式)으로 지명을 개칭할 때에 청주(菁州: 경남 진주)를 강주(康州)로 고친 바 있다. 두 자료는 일본에서 신라로 돌아오거나 신라에서 일본으로 향하는 관문항(關門港)이 청주(강주)에 존재하였고, 신라와 일본과의 교류에서 청주가 중요한 역할을 수행하였음을 알려준다. 청주에 위치한 관문항으로서 대표적인 것이 바로 경남 하동에 위치한 다사진(多沙津)이었다.

기삼진 일행이 입국 수속을 마친 후에, 청주의 관리가 그들이 신라에

온 이유를 물어보았을 것이고, 이에 대해 기삼진은 자신이 신라와의 우호를 맺기 위해 일본에서 파견된 사신이라는 내용을 담은 장(狀)과 앞에서 언급한 태정관첩이 들어있는 함(函)을 청주에 제출하였으며, 청주에서는 일본 사신을 어떻게 처리할 것인지를 묻는 내용의 문서를 기삼진의 장 및 태정관첩이 담긴 함과 함께 중앙 정부에 보냈을 것으로 보인다. 청주에서 보낸 문서는 외국 사신을 접대하는 업무를 담당한 영객부에 전달되었을 것인데, 영객부에서는 태정관첩이 담긴 함을 개봉하여 첩문을 보고, 기삼진이 올린 장의 내용과 괴리가 있음을 알고, 두 번에 걸쳐 사람을 보내 기삼진을 심문하였음을 집사성첩에서 확인할 수 있다.

영객부에서 사람을 보내 기삼진을 심문한 결과, 기삼진이 태정관인을 위조하여 일본 사절이라고 사칭한 혐의가 짙자, 외교의례를 담당한 예부에서는 두 세 차례에 걸쳐, 국왕, 즉 흥덕왕에게 형법을 엄격하게 적용하여 기삼진 일행을 처벌할 것을 요구하였다고 보이는데, 이때 예부에서는 주청장(奏請狀)이란 문서를 통해 기삼진 등의 처벌을 요구하였을 것으로 짐작된다. 마찬가지로 영객부에서도 주청장을 통해 기삼진 등을 용서해 주어 일본에 송환할 것을 간청하였을 것이다. 신라 정부에서는 예부와 영객부에서 올린 주청장을 검토한 다음, 최종적으로 영객부의 의견을 수용하였다고 볼 수 있다.

집사성첩의 말미에 '請處分者 奉判 准狀 牒太政官'이란 표현이 보인다. '請處分者'는 집사성에서 만든 첩 시행안의 내용에 대한 '국왕의 처분을 청하옵니다.'라고 해석되고 있다. 그리고 '奉判'은 '국왕이 문서를 검토하고, 그 문서의 내용을 수용하여 결재한 것을 받들다.'라는 뜻으로 이해된다. 집사성첩 말미에 보이는 표현을 통해서 집사성첩의 발급과정을 다음과 같이 정리할 수 있다. 첫 번째, 집사성에서 국왕에게 기삼진 등의 처분을 청하는 문서(得三津等狀稱 ---- 請處分者)를 올렸다. 두 번째, 국왕은 집사성에서 올린 문서를 검토하여 윤허(允許)의 판(判)을 그 문서에 결재하여 다시 집사성에 내려 보냈다. 세 번째, 집사성은 국왕의 판(判)을 받들어 기삼진 등의 처분을 청하는 문서를 태정관에 보낼 집사성첩에 그대로 옮겨 기재하여, 앞에서 소개한 집사성첩과 같은 형식으로 만들어 태정관에 보냈다. 결국 집사성첩은 청주에서 기삼진 등을 어떻게 처분할 것인가를 묻는 문서에 대한 신라 정부의 최종적인 답변이라고 볼 수 있는 것이다.

집사성에서는 집사성첩에 기삼진 등의 처분에 관한 내용을 기재한 다음, 그것을 청주에 보내면서 동시에 부가적으로 기삼진 일행을 송환할 것과 그들이 일본으로 갈 때에 필요한 양식을 제공할 것을 지시하는 내용을 기재한 첩을 별도로 발급하여 청주에 보냈다. 집사성첩의 발급과정을 통해, 9세기 전반에 신라에서 국왕이 문서를 통해 그의 의지를 하달하였음을 살필 수 있다. 또한 집사성에서 중앙정부에서 결정한 사안을 문서를 통해 지방 관청에 전달하였음을 엿볼 수 있다. 결국 9세기 전반에 신라에서 정책결정과 더불어 정책의 집행 등이 문서를 매개로 하여 관철되었다고 정리할 수 있다.

비록 명칭은 다르지만, 당과 발해는 3성 6부제를 시행하였다. 당의 문하성(門下省)과 발해의 선조성(宣詔省)은 세론(世論)을 대표하여 신료(臣僚)들의 의견을 황제(국왕)에게 알리며, 때로는 황제(국왕)의 조칙(詔勅)을 반박하는 역할을 수행하였다. 당의 중서성(中書省)과 발해의 중대성(中臺省)은 황제(국왕)의 명령을 하달하거나 또는 조칙(詔勅)의 입안(立案), 기초(起草)를 담당하였다. 그리고 당의 상서성(尙書省)과 발해의 정당성(政堂省)은 예하에 6부를 통솔하며 일반 행정을 처리하였다. 반면에 고대 일본에서는 태정관(太政官)이 당나라의 중서성(中書省), 문하성(門下省), 상서성(尙書

省)의 기능을 모두 수행한 것으로 확인된다. 태정관에서 첩을 발급하고, 그것을 기삼진에게 신라에 가지고 가도록 한 것으로 보아 외교문서를 태정관에서 발급하였음을 엿볼 수 있다. 한편 『삼국사기』 신라본기제10 애장왕 9년(808) 2월 기록에 당에서 김준옹(金俊邕: 소성왕)을 신라왕(新羅王)으로, 그의 어머니 신씨(申氏)를 대비(大妃)로, 그의 처 숙씨(叔氏)를 왕비(王妃)로 책봉한다는 조서가 중서성에 있다는 내용이 전한다. 그리고 발해에서 일본의 태정관에 중대성첩(中臺省牒)을 보냈다고 알려졌다. 당의 중서성, 발해의 중대성이 외교문서를 작성하고 전달하는 역할을 수행하였음을 알려준다.

신라에서는 진덕여왕 5년(651)에 품주(稟主)를 집사부(執事部)로 개칭하였고, 흥덕왕 4년(829)에 집사성으로 다시 고쳤다. 그런데 860년(헌안왕 4)에 건립된 「보림사보조선사탑비」에 선교성(宣教省)이 보이고, 872년(경문왕 12)에 작성된 「황룡사9층목탑사리함기」에 중서성(中書省)이 나온다. 신라 하대에 이르러 집사성과 선교성, 중서성이 존재하였음을 알 수 있다. 그런데 선교성과 중서성은 국왕을 가까이에서 보좌한 근시기구에 해당하였기 때문에 그들을 당·발해의 문하성·선조성 및 중서성·중대성과 같은 위상을 지닌 관서로 이해하기는 곤란하다. 선교성은 명칭상으로 유추하건대, 국왕의 교서를 반포하는 역할을 수행한 것으로 이해되고, 경덕왕대에 세택(洗宅)을 중서성(中書省)으로 개칭한 바 있다. 물론 이후 다시 세택으로 복구하였다가 872년 이전에 다시 중서성으로 개칭하였음이 확인된다. 일반적으로 세택은 국왕의 시종·문필·비서업무를 담당한 것으로 이해되고 있다. 따라서 신라의 세택, 즉 중서성이 당의 중서성 및 발해의 중대성과 마찬가지로 외교문서를 작성하여 전달하는 기능을 수행하였다고 보기 어려울 것이다. 일본측의 사서에서 집사부(집사성)에서 일본에 첩을 보냈다는 기록이 여럿 발견되는 바, 신라에서 당의 중서성 및 발해의 중대성, 일본의 태정관과 마찬가지로 국왕의 의지를 반영하는 외교문서를 작성하여 전달하는 역할을 수행한 행정관서는 집사성이었다고 이해할 수 있다. 더구나 집사성에서 청주(강주)에 첩을 보내 기삼진 등을 일본에 송환하도록 조치한 것으로 보아, 집사성이 중앙정부와 9주를 비롯한 지방 관부의 일부 행정업무에도 관여할 수 있었음을 살필 수 있다. 물론 지방 관부는 단지 집사성의 지시를 받은 것은 아니었고, 업무 내용에 따라 중앙 각 행정관서의 지휘와 감독을 받았을 것으로 짐작된다.

집사성첩에서 기삼진의 처분을 둘러싸고 주사(主司), 즉 영객부와 소사(所司), 즉 예부 사이에 견해 차이가 있었음을 알 수 있었다. 그렇다면, 영객부와 예부 사이의 의견대립을 조정할 수 있는 제도적 장치는 무엇이었을까? 『신당서(新唐書)』 신라전(新羅傳)에 '(국가에) 일이 있으면, 반드시 여러 사람과 함께 의논하였는데, 이를 화백(和白)이라고 부른다. 한 사람의 반대가 있어도 (회의를) 중지하였다.'고 전한다. 통일신라시대의 여러 자료에 상재상(上宰相)이 집정자(執政者)였다고 전하고 있다. 집정자란 국정운영을 주도한 사람이라는 뜻으로 이해되는데, 통일신라에서 상대등이 아니라 상재상이 국정운영에서 중요한 역할을 수행하였음을 이를 통해서 알 수 있다. 상재상은 대재상(大宰相)이라고도 부르고, 줄여서 상재(上宰), 대재(大宰)라고도 불렀는데, 그것은 재상 가운데 가장 서열이 높은 재상이라는 뜻이다. 따라서 화백회의에 참여하여 국가의 중대사를 의논하던 사람들은 바로 재상이라고 봄이 자연스럽다고 하겠다. 이에 따르면, 재상회의에서 기삼진의 처분을 둘러싼 영객부와 예부의 견해 차이를 조정하였을 가능성이 높다고 보이며, 결과적으로 재상회의에서 영객부의 의견을 수용하는 쪽으로 의결하였고, 그것을 상재상이 국왕에게 보고하여 재가를 받은 것으로 이해된다. 국왕의 재가를 받은 사항을 집사성에서 첩식문서로 작성하여 태정관에 보냈음은 앞에서 자세하게 언급한 바와 같다.

신라의 목간에서 '典大等教賜(전대등이 교시하신 일)'라는 표현을 발견할 수 있다. 전대등은 집사부의 차관에 해당하는 관직이다. 목간을 통해 집사부는 국왕이 재가한 사항, 즉 국왕의 명령을 전달받아, 그것을 각 행정관서에 분배하여 배당하였음을 추정해볼 수 있다. 집사부(집사성)에서 국왕의 재가를 받은 첩식문서와 같은 다양한 문서를 작성하여 해당 관부에 전달하는 역할을 수행하였음을 알려주는 836년의 집사성첩은 이와 같은 집사성의 기능을 가장 명료하게 보여주는 구체적인 증거자료로서 주목된다고 하겠다.

집사성첩에 반영된 대일관계

집사성첩은 신라에서 일본에 보낸 첩식문서이므로 여기에 9세기 전반 신라의 대일인식이 일정하게 반영되어 있다고 보지 않을 수 없다. 집사성첩에서 살필 수 있는 신라의 대일인식과 관련하여 주관하는 관청에서 '소인이 거칠고 궁색하여 지은 죄를 용서해주어 대국(大國)의 너그러운 아량을 베풀자.'고 건의하였다는 구절이 가장 먼저 눈길을 끈다. 836년 무렵에 신라인 스스로가 일본과 비교하여 자국을 대국이라고 인식하고 있었음을 알려주기 때문이다. 한편 집사성첩에 주관하는 관청에서 기삼진을 심문하기 위하여 '성사(星使)'를 파견하였다고 전한다. 성사(星使)는 천자가 파견하는 칙사(勅使)를 가리키는 표현이다. 기삼진을 심문하기 위해 보낸 사신을 '성사(星使)'라고 표현한 것을 통해서, 신라가 일본에 대비하여 신라를 대국으로 인식하였음을 다시금 상기할 수 있음은 물론이다.

신라인의 대국인식에 대해 일본조정의 반응은 어떠하였을까? 기삼진은 836년 10월에 대재부(大宰府)에 도착하였고, 12월 초에 나라로 가서 일본 조정에 귀국 인사를 하고 집사성첩을 바쳤다. 『속일본후기』에서 기삼진이 사신으로 간 취지를 잃어버려 신라에서 무고(誣告)를 당하고 쫓겨 돌아왔다고 기록하였을 뿐이고, 그를 문책하였다는 기록을 찾을 수 없다. 오히려 신라정부에서 기삼진을 견당사였다고 주장한 것은 변명에 불과하고, 기삼진의 말과 태정관첩의 내용이 서로 다른 것을 구실로 삼아, 기삼진을 일본의 공식 사절로 인정하지 않고 쫓아버린 사실을 비난하고 있음을 확인할 수 있다. 여기서 우리의 눈길을 끄는 대목은 기삼진이 우리(일본) 조정의 취지를 망각하고, 오로지 우호를 통하기 위하여 왔다고만 말하고 두려워 아첨하는 듯한 말을 사사로이 하였다고 언급한 구절이다. 그러면 일본 조정에서는 구체적으로 기삼진의 언급 가운데 어떤 내용이 아첨하는 듯한 말로 인식되었을까가 궁금하다.

집사성첩에서 기삼진이 조빙사(朝聘使)라고 사칭하고, 또한 공진예물〔贄賷〕을 가지고 있다고 언급하였다. 조빙(朝聘)은 제후(諸侯)가 천자(天子)를 알현하여 물건을 헌상하면서 문후(問候: 웃어른에게 안부를 여쭙는 것)하는 것을 가리킨다. 『삼국사기』에 600년(진평왕 22)에 고승 원광(圓光)이 조빙사(朝聘使) 나마(奈麻) 제문(諸文)과 대사(大舍) 횡천(橫川)을 따라 돌아왔다고 전하고, 또한 756년(경덕왕 15)에 당나라 현종이 안사의 난을 피하여 촉(蜀) 지방으로 가 있을 때, 신라는 천리 길을 멀다 하지 않고 황제가 있는 곳〔行在所〕까지 조빙(朝聘)하였다고 전한다. 한편 일본 양로령(養老令)에서는 신라에서 일본에 사신을 파견하는 행위를 '조빙(朝聘)'이라고 표현하였다. 양로령을 반포한 718년 무렵에 일본에서는 신라는 번국(蕃國)으로 규정하였다. 이상의 여러 사례를 통해서, 조빙이란 용어는 제후국에서 천자국에 사신을 파견하여 천자를 알현하는 외교의례를 가리킨다는 사실을 알 수 있다. 기삼진이 조빙사(朝聘使)라고 스스로 칭하였는데, 이것은 기삼진이 대일관계에서 신라 우위의 외교를 인정하였다는 의미로 받아들일 수 있다

기삼진은 공진예물을 '지신(贄賮)'이라고 표현하였다. '신(賮)'은 예물(禮物)을 가리키고, '지(贄)'는 조공물을 지칭한다. 일본측의 사서에서 백제, 가야, 신라가 일본에 제공한 공물을 '지(贄)'라고 표현하였다. 일본측의 사서에서는 백제 등이 일본에 조공을 바쳤다고 기록하면서, 그 조공물을 '지(贄)'라고 기록한 것이다. 『문선(文選)』에 실린 좌사(左思)의 「위도부(魏都賦)」에서 사방의 오랑캐, 즉 사이(四夷)가 위나라에 가져간 공물을 '지신(贄賮)'이라고 표현하였음을 발견할 수 있다. 결국 기삼진은 조공사(朝貢使)로서 공물(貢物)을 가지고 신라왕을 알현하기 위해 왔다고 말하였다고 볼 수 있는 것이다.

일본은 701년에 대보령(大寶令)을 반포하였다. 대보령에서는 당은 인국(隣國), 신라는 번국(蕃國)이라고 규정하였다. 대보령 반포 이후에 일본은 신라 사신을 번국의 사신으로 대우하였다. 일본이 요구하는 조공국(朝貢國)으로서의 외교형식을 갖추는 것을 흔히 빈례(賓禮)를 받는다고 표현하는데, 빈례는 입경(入境)의 허락을 받은 다음, 일본 궁궐의 조당(朝堂)에서 개최하는 원일조하(元日朝賀)의 의례 등에 참여하여 방물(方物: 특산물)을 헌상하고, 이어 연회에 참석하여 관위와 선물을 수여받으며, 국서(國書: 편지)와 천황이 내리는 선물 등을 수령하는 절차로 구성되었다. 만약에 빈례를 받아들이지 않으면, 일본에서는 신라 사신을 대재부(大宰府)에

서 돌려보내는데, 일본측 사서에서는 이것을 '반각(返却)', '방환(放還)', '방각(放却)', '각회(却會)' 등으로 표현하였다.

690년부터 732년까지 원명천황(元明天皇)의 사망으로 김건안(金乾安) 등의 신라 사신이 축자(筑紫)에서 방환(放還)된 721년(성덕왕 20)의 경우를 제외하고 모두 신라의 사신들이 빈례를 수용하였음이 확인된다. 이것은 대보령 반포 이후에 일본에서 신라 사신을 번국의 사신으로 접대한 것에 대해 신라에서 크게 이의를 제기하지 않았음을 반영한다. 신라는 나당전쟁 이후 당과의 관계가 완전히 회복되지 않은 상태였기 때문에 일본과의 외교적 마찰이 빚어져 군사적 충돌로 번지는 것을 피하기 위해서 일본의 요구를 수용한 것으로 이해된다.

그러나 비록 일본이 신라 사신을 번국의 사신으로 접대하였다고 하여서, 신라가 일본을 당과 같은 종주국(宗主國)으로서 예우하였던 것은 결코 아니었다. 『속일본기』에서 일본 천황이 신라왕에게 관작을 수여하였다거나 또는 새로운 왕이 즉위하였을 때에 당의 경우처럼 천황이 신왕(新王)을 책봉하는 조치를 취하였다는 기록을 찾을 수 없다. 한편 번국의 왕이 중국에 나아가 직접 조공(朝貢)하는 경우, 표문(表文)을 올리지 않고, 구두(口頭)로 상주(上奏)하며, 사신을 파견하는 경우는 국왕이 작성한 표문을 중국 천자에게 올리는 것이 관례였다. 그런데 『속일본기』에 752년 6월에 효겸천황(孝謙天皇)이 신라 사신에게, '지금 이후로는 국왕이 직접 아뢰도록 하고, 만약 다른 사람을 보내 입조(入朝)할 때에는 표문을 가지고 오도록 하라.'고 요구하였다는 기록이 보인다. 이것은 이전에 신라 사신이 국왕이 작성한 표문을 가지고 오지 않고, 단지 일본에서 천황에게 구두로 상주하였음을 시사해주는 자료이다. 『속일본기』 권33 광인천황(光仁天皇) 보구(寶龜) 5년(774) 3월 기록에 일본 조정에서 신라가 일본을 항례(亢禮)

의 인국(隣國)으로 대우하였다고 전한다. 항례는 항례(抗禮)라고 표기하기도 하는데, 한쪽으로 치우치지 않게 똑같은 예로 대접하거나 또는 그렇게 대접하는 예를 가리키는 용어이다. 위의 『속일본기』 기록은 신라가 일본을 종주국이 아니라 교린(交隣)의 대상으로 인식하였음을 알려주는 증거인 셈이다.

일본은 대보령 반포 이후에 신라를 번국으로 규정하였지만, 그러나 신라는 일본을 결코 종주국으로 인정하지 않고, 줄곧 교린의 대상으로 인식하였을 뿐이다. 물론 신라가 한동안 일본이 신라 사신을 번국의 사신으로 접대하는 것에 대하여 이의를 제기하지 않아 표면적으로 일본 중심의 세계질서와 천하관에 부응하는 듯한 태도를 취하긴 했지만, 그러나 이러한 신라의 태도는 일본과의 평화교린을 유지하기 위한 외교적 제스처(Gesture), 그 이상도 그 이하도 아니었다고 규정할 수 있다. 그런데 신라의 일본에 대한 태도는 734년 이후에 크게 변화하였다. 두 나라 사이에 외교적 마찰이 빚어진 빌미를 제공한 자료가 다음에 제시한 기록이다.

> 중납언(中納言) 정3위(正三位) 다치비진인현수(多治比眞人縣守)를 병부조사(兵部曹司)에 보내 신라 사신이 입조(入朝)한 이유를 묻게 하였다. 그런데 신라국이 갑자기 본호(本號: 신라국호)를 고쳐 왕성국(王城國)이라고 불렀으므로, 이로 인하여 그 사신을 되돌려 보냈다〔『속일본기』 권12 성무천황(聖武天皇) 천평(天平) 7년 2월 계축(癸丑)〕.

천평 7년은 735년(성덕왕 34)에 해당한다. 신라 사신 김상정(金相貞) 등이 734년 12월에 대재부(大宰府)에 도착하였고, 다음해 2월에 서울(나라)로 들어왔다. 일본 조정은 김상정 등이 신라국을 왕성국이라고 고쳐 부르자,

이에 반발하여 신라 사신을 받아들이지 않고 곧바로 돌려보냈던 것이다.

천평(天平) 8년(736)에 일본에서 아배조신계마려(阿倍朝臣繼麻呂) 등을 신라에 파견하였다. 일본 사신단은 737년 1월경에 귀국하였는데, 정사(正使) 아배조신계마려는 신라에서 천연두에 걸려 귀국 도중 대마도에서 사망하였고, 부사(副使) 대반숙예삼중(大伴宿禰三中)은 천연두로 인해 한동안 서울에 들어가지 못하다가 2월에 입조(入朝)하여, '신라국이 상례(常禮)을 잃고 사신의 뜻을 받아들이지 않았습니다.'라고 아뢰었다. 이에 성무천황이 5위 이상과 6위 이하의 관인(官人) 총 45인을 궁궐 안(內裏)으로 불러 의견을 개진하게 하였고, 후에 제사(諸司)에서 혹은 사신을 파견하여 그 까닭을 물어야 한다거나, 혹은 군대를 보내 정벌해야 한다고 하였다고 『속일본기』에 전한다. 신라국이 상례를 잃었다고 언급한 것을 통해, 736년에 신라가 일본 사신을 접대하는 예우가 이전과 크게 달라졌음을 짐작해볼 수 있다. 구체적인 내용은 기록에 전하지 않지만, 일본 사신이 가져온 국서(國書 또는 조칙<詔勅>)를 관등이 낮은 관리에게 수령하게 하였다거나, 고압적인 내용을 담은 일본 국서를 신라가 수령을 거부하였거나 또는 일본 사신의 격이 낮다고 핑계 삼아 신라왕이 일본 사신의 접견을 거부하였을 가능성 등을 예상해볼 수 있다.

신라 사신이 신라의 국호를 왕성국이라고 고쳐 부른 것과 신라에서 일본 사신에 대한 예우를 변경한 것은 상호 연관성을 지녔을 것으로 짐작된다. 상고시대(上古時代) 중국인의 동심원적인 세계관에 따르면, 왕성(王城)이 천하의 중심 소재지이고, 왕성 밖의 천하는 크게 3대권역으로 구분된다고 하는데, 첫 번째 권역이 바로 전복(甸服), 즉 왕기(王畿)이고, 두 번째 권역이 후복(侯服)과 수복(綏服), 즉 대·소제후가 소재(所在)하는 곳으로서 중국의 범위에 해당하며, 세 번째 권역이 만이요복(蠻夷要服)과 융적

황복(戎狄荒服), 즉 이른바 오랑캐가 거주하는 곳이라고 한다. 신라 사신이 일본에 가서 자신들의 나라 이름을 고쳐 왕성국이라고 자칭하였음을 염두에 두건대, 734년 무렵에 신라인들이 중국인의 동심원적인 세계관을 차용하여 신라가 천하의 중심인 왕성의 위상을 지닌 국가라고 인식하였다고 볼 수 있을 것이다. 신라는 상고시대 중국과 마찬가지로 자신들의 천하를 9주(州)로 구분하여 통치하였다. 따라서 9주의 영역은 후복과 수복에 비견되고, 일본은 9주의 바깥에 존재하므로, 세 번째 권역인 만이요복과 융적황복에 비견될 수 있다. 따라서 734년에 신라가 일본에 가서 본국의 국호를 왕성국이라고 고쳐 불렀던 것은 당시에 신라인이 자신의 국가를 왕성의 위상을 지닌 국가로, 반면에 일본을 이적국(夷狄國)으로 인식하였음을 반영한다고 이해할 수 있다. 신라인들이 자국을 왕성(王城)의 위상을 지닌 국가로 인식한 것은 자국을 중국과 대등한 유교문화를 발전시킨 군자국(君子國)이라고 자부한 것과 관련이 깊다.

734년에 신라가 일본을 이적국으로 규정하면서 일본 사신을 접대하는 예를 대폭 변경하였을 뿐만 아니라 일본이 자신들을 번국의 예로서 대우하는 것에 대하여 강력하게 반발하였고, 이에 대해 일본의 관리 가운데 일부가 신라를 정벌하자는 의견을 개진하기까지에 이른 것으로 이해된다. 신라가 대일외교의 전환을 모색한 배경과 관련하여 732년에 당과 발해가 전쟁할 때에 신라가 당을 도와 발해를 공격하였고, 이를 계기로 733년에 신라와 당과의 사이가 나당전쟁 이전의 관계로 완전히 회복되었음을 주목할 필요가 있다. 733년 당과의 긴장관계가 완전히 해소됨에 따라, 외교적인 측면에서 일본의 전략적 가치가 크게 떨어졌을 것이다. 이에 따라 신라는 문화적으로 낙후된 이적국으로 인식한 일본과 번국의 예를 수용하여 교류하는 이른바 저자세의 외교정책을 전면 수정하였을 것이고, 김상정 등의 신라 사신이 일본에 대해 고압적인 태도를 취한 것은 대일외교의 근간이 바뀌었음을 알려주는 시그널로 해석할 수 있다.

이후 신라와 일본 사이에 외교 마찰이 잦았고, 급기야 일본은 759년부터 신라정토계획을 세워 신라를 군사적으로 압박하기도 하였다. 일본의 신라정토계획은 실현에 옮기기 못하였지만, 이후에도 두 나라의 관계는 호전되지 않았고, 하대에 신라를 번국으로 인식한 일본과 일본을 교린의 대상으로 인식한 신라 사이의 괴리는 두 나라 사이의 우호관계를 가로막는 중요한 장애요인으로 작용하였다. 이처럼 일본은 신라를 번국으로 인식하고 있던 상황에서 836년에 기삼진이 신라에 가서 조빙사라고 말한 것에 대해 일본 조정은 상당히 당혹스러워 했을 것이고, 이에 기삼진의 언급은 '두려워 아첨하는 듯한 말을 사사로이 한 것'에 불과하다고 깎아내린 것으로 이해된다.

신라는 기삼진의 언급이 태정관첩을 통해 일본 조정의 공식적인 입장이 아니었다고 인식한 것으로 보인다. 『속일본후기』 권5 인명천황(仁明天皇) 승화(承和) 3년(836) 윤5월 기록에 일본에서 신라에 보낸 태정관첩(太政官牒)에 '그(신라) 나라의 집사성에 첩을 보내 고유(告喩)하기를(牒彼國執事省 先告喩之曰)'이라는 표현이 나온다. 여기서 '고유(告喩)'는 '고유(告諭)'와 마찬가지로 외교적인 표현인데, 흔히 상대국가를 가르친다는 의미로 사용되었다. 일본 조정에서 신라를 번국으로 인식한 상황에서, 신라의 협조를 요청하는 태정관첩에 '고유(告喩)'라는 말을 사용한 것에 대해 신라 정부는 상당히 불쾌감을 느꼈을 것으로 짐작된다. 신라 정부는 태정관첩에 전하는 내용과 기삼진의 언급이 다른 것에 대해, 결과적으로 기삼진이 조빙사를 사칭하였다는 결론을 내렸다. 기삼진을 일본에 송환하면서 신라는 항례(抗禮)에 기초한 외교관계를 복원하기를 바라며, 그러기 위해서는 신뢰할 수 있는 사신을 파견해달라고 일본 조정에 요청하는 내용을 집사성첩에 기술하였음을 확인할 수 있는데, 결론적으로 일본측은 신라의 요구를 받아들이지 않았다. 이것은 836년 이후 한동안 두 나라 사이에 사신의 교환이 이루어지지 않은 사실을 통해서 증명할 수 있다.

종래에 신라 정부가 일본과의 관계 개선에 관심을 기울인 배경과 관련하여 장보고의 활동을 주목하기도 하였다. 장보고는 828년(흥덕왕 3)에 설치한 청해진(淸海鎭)을 거점으로 대규모 선단을 꾸려 당과 일본, 신라를 연결하는 무역을 활발하게 추진하였다. 특히 장보고는 일본에 회역사(廻易使)라고 불리는 무역사절을 파견하였다고 알려졌다. 또한『속일본후기』에는 840년(문성왕 2) 12월에 신라의 신하 장보고가 사신을 파견하여 토산물을 바치려고 하였다가 일본의 대재부에서 신하된 자로서 외국과 교류할 수 없다고 하면서 거절당하였다고 전하기도 한다. 여기서 장보고에 대한 더 이상의 자세한 언급은 할 수 없지만, 836년 무렵에 장보고가 대일무역을 주도하였던 사실만은 부정할 수 없다. 이러한 상황에서 신라 정부는 일본과의 국가간 공식적인 외교채널을 복원하여 장보고를 견제하려고 하였다는 주장은 나름 일리가 있다고 여겨진다. 향후 집사성첩에 반영된 신라정부의 대일인식과 장보고의 활동과의 연계성에 대한 심층적인 연구가 이루어진다면, 836년에 발생한 기삼진 사건에 대한 전말(顚末)에 한발 더 가까이 다가갈 수 있는 계기가 마련될 것으로 기대된다.

참고문헌

윤선태, 2002, 「신라의 문서행정과 목간-첩식문서를 중심으로-」, 『강좌 한국고대사. 제5권(문자생활과 역사서의 편찬)』, 가락국사적개발연구원.

김은숙, 2006, 「일본 최후의 견당사 파견과 장보고 세력」, 『한국고대사연구』42.

김은숙, 1991, 「8세기 신라와 일본과의 관계」, 『국사관논총』29, 국사편찬위원회.

박수정, 2017, 「신라 집사성의 성격과 위상에 대한 재론」, 『신라사학보』40.

전덕재, 2015, 「8세기 신라의 대일외교와 동아시아 인식」, 『일본학연구』44, 단국대학교 일본연구소.

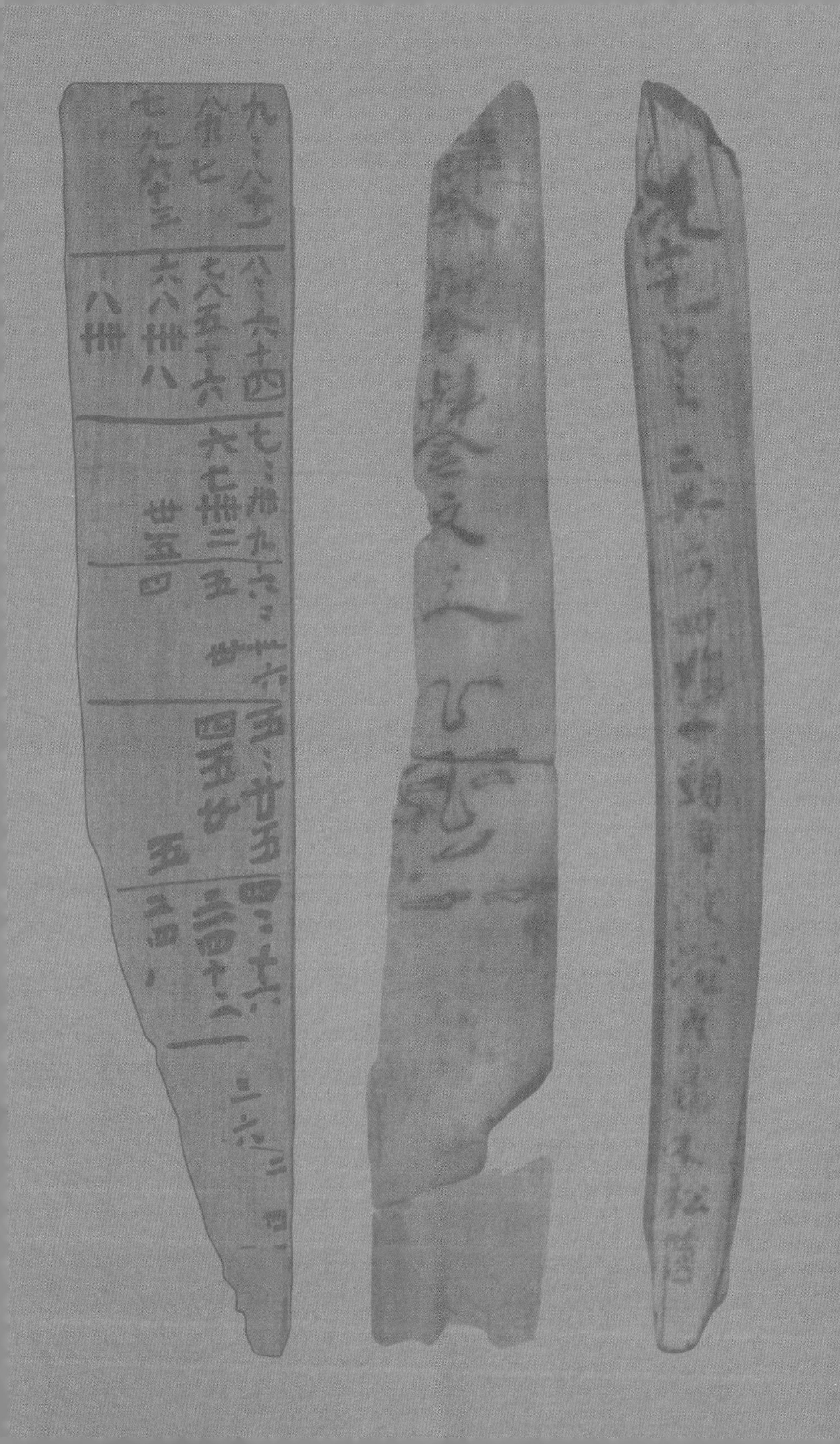

발해의 대일 외교활동과 중대성첩

권은주

동북아역사재단

외교문서란 넓게 보자면 외교와 관련한 법령, 토의문서, 회의록, 편지, 메모 등 교섭 과정에서 생산된 문서 일체를 말한다. 그 가운데 직접적으로 외교 관계와 현안을 살펴볼 수 있는 문서는 대상국 사이에 주고받았던 공식 외교문서이다.

동아시아 여러 나라들은 고대부터 정치·군사·경제·문화 등 여러 방면에서 교류를 전개하였다. 교류가 빈번해질수록 외교 의례인 빈례(賓禮)의 형식과 절차가 중요해졌고, 외교문서의 중요성은 커져갔다. 외교문서의 비중이 커지면서 외교문서는 때때로 심각한 분쟁을 야기하기도 하고, 어려운 외교 문제를 해결하기도 했다. 그리고 외교문서는 문서 생산국이 지향했던 국제적 위상과 대상국과의 우열을 보여주기도 해, 당시의 국제 관계를 살펴보는데 중요한 사료(史料)가 된다.

발해는 당, 신라, 일본, 돌궐, 회흘, 거란, 말갈 등과 외교관계를 맺었다. 이들과 주고받은 외교문서는 상당했을 것이나, 안타깝게도 대부분 소실되었다. 그나마 남아 있는 것 중에서 외교문서의 형식과 현안을 가장 잘 보여주는 것은 일본과 주고받은 문서이다.

대일 외교문서의 종류와 성격

발해의 대일외교는 발해가 727년 처음으로 일본에 사신을 파견하면서 시작되었다. 이때부터 발해는 일본에 34회에 걸쳐, 일본은 발해에 13회에 걸쳐 사신을 파견한 기록이 있다. 이때 주고받은 외교문서 가운데 48편이 남아 있다.

발해 국왕의 명의로 일본 천황에게 보낸 국서(國書)는 서(書)·계(啓)·계장(啓狀) 14편, 고상계(告喪啓: 상을 알림) 1편, 별장(別狀) 1편이 있다. 일본 천황 명의의 국서로 발해 국왕에게 보낸 것은 새서(璽書)·칙서(勅書)가 19편이 있고, 별도로 발해 사신에게 준 조(詔) 1편, 고신칙서(告身勅書) 2편이 있다. 그리고 발해의 중대성(中臺省)과 일본의 태정관(太政官) 사이에 주고받은 실무적인 성격의 외교문서인 중대성첩(牒) 7편과 태정관첩 6편이 남아 있다.

이를 통해 발해의 외교문서는 발해 국왕이 보내는 '국서'와 실무문서인 '중대성첩'을 기본으로 하였고, 필요시 '별장' 등을 추가로 발송한 것을 알 수 있다.

외교문서의 내용과 형식은 사신 파견 목적에 따라 달라졌다. 발해에서 일본에 파견한 사절 중 약 30% 정도는 신년을 축하하는 정기적인 사절이었고, 나머지는 비정기적인 사절이다. 비정기적인 사절로는 일본천황의 국상을 조문하고 즉위를 축하했던 조문사·축하사와 발해왕과 왕비의 국상과 새왕의 즉위를 알리는 진고사(陳告使)가 있다. 그밖에 일본사신을 배웅하거나 당나라에 가있는 일본 사신의 표문(表文)이나 유학승의 표물(表物)을 대신 전달해 주기위해, 그리고 당의 사절을 일본으로 안내하기위해 보낸 사절 등 다양하다.

외교문서의 전달 과정은 먼저 외교문서를 소지한 발해사신이 일본의 관문에 도착하여, 해당 지방관청에 방문 목적을 문서로 신고한다. 그러면 그 지방 관청에서 문서를 접수함과 동시에 사신이 가지고 온 국서와 실무외교문서 등의 목록이나 사본을 작성하여 일본 중앙에 보낸다. 중앙에서 심의하여 입경(入京: 수도로 들어오는 것)을 허락하면, 그제야 발해사신은 중앙으로 들어갈 수 있다. 중앙에 들어간 사신은 빈례를 통해 공식적으로 외교문서를 전달한다. 반대로 일본사신이 발해에 왔을 때도 동일한 절차를 거친다.

외교문서는 국가 간의 위계질서를 반영하였다. 그리고 외교문서의 전달은 국왕과 그 나라의 권위를 보이는 중요한 국가의례인 빈례의 일부분이었다. 그래서 외국사신이 외교문서를 휴대하지 않았거나 외교문서가 대상국이 원하는 격식에 맞지 않았을 때는 심각한 분쟁을 야기하기도 했다. 때문에 발해의 대일외교에서도 외교문서는 발해와 일본의 힘겨루기에 중요한 명분이 되었다.

중대성첩이 상달(上達) 문서라고?

8세기 이후 동아시아 외교문서에서 공통적으로 보이는 특징은, 실무 문서인 첩식(牒式) 문서를 교환한 것이다. 이러한 첩식 문서는 당나라의 영향을 받았다.

당의 공문서 규정에는 9품(品) 이상의 관인이 위로 상달하는 첩과 중앙 관청에서 지방으로 하달하는 첩이 있다. 그리고 왕언(王言)에 의해 작성된 칙첩(勅牒)이 있다. 외교문서인 첩은 국왕의 명령에 의해 작성된 '칙첩'과 외교담당 기관 사이에 주고받은 첩이 있다. 발해의 외교문서인 중대성첩은 일본의 태정관에 보내는 첩이지만, 칙첩의 성격도 가지고 있었다. 중대성첩의 본문 시작어는 '처분을 받들어 첩을 보냅니다(牒, 奉處分)'로 시작된다. 이 '처분'이 발해왕의 명령을 의미한다.

당나라에서 왕언은 모두 중서성에서 황명을 받아 서명하고 문하성에서 복주하게 하여 상서성에서 시행하도록 규정하고 있다. 중대성첩의 작성과 발급도 비슷한 과정을 거쳤을 것이다.

그런데 과거 일본 학계에서 중대성첩을 일본에 상달하는 외교문서로 보고, 발해와 일본의 외교에서 일본을 우위에 두어 설명하는 경향이 있어 논란이 되었다. 특히 중대성첩에 쓰인 '첩상(牒上: 첩을 올립니다)'과 '근첩(謹牒: 삼가 첩합니다)' 등의 표현이, 상달 문서의 표현이라고 보았다.

그럼 중대성첩은 정말 상달 문서였을까? 사본이 남아 있는 841년의 중대성첩을 통해 살펴보자. 중대성첩은 크게 ① 첩을 보내는 주체와 수신자 및 안부인사가 적힌 두사(頭辭) 부분, ② 사절단과 수행인원 명단이 적힌 부분, ③ 사절단의 핵심용건 및 사행대표, 수령관청, 첩문 전달용어 등을 기록한 본문 부분, ④ 작성 날짜와 ⑤ 문서작성주체를 밝힌 부분 등으로 구성되어 있다.

그런데 『속일본기(續日本紀)』, 『속일본후기(續日本後紀)』 등 일본 사료에 전해지는 중대성첩은 대체로 명단과 문서의 작성 날짜, 작성주체를 기록한 부분이 모두 삭제되어 있다. 사료를 정리하면서 불필요한 부분은 삭제하고, 표현의 일부도 임의로 조정한 것이 확인된다. 따라서 841년 사본의 경우도 변조 가능성을 생각해 볼 수 있다.

공교롭게도 사료에는 두사 부분의 '첩상'이 모두 '상'자 없이 '첩'으로만 되어 있다. <841년 중대성첩> 사본의 '상'자는 다른 글씨와 크기가 차이가 있어 의도적으로 덧붙인 것이 아닌지 의심되기도 한다. 중대성첩 본문의 결속문에 나오는 '첩상'도 추가되었을 가능성이 있다. <표 1>과 같이 다른 나라의 첩식 외교문서와 비교했을 때 더욱 그러한 의심이 든다. 신라나 고려에서 일본에 보낸 첩에는 '첩상'의 표현이 나오지 않고, 고려에서 송나라에 보낸 첩에서는 두사에서만 확인되기 때문이다.

<표 1> 외교문서 '첩' 양식 비교

	발해중대성→ 일본태정관	신라집사성→ 일본태정관	일본태정관→ 발해중대성	당중서문하→ 관서 및 개인	고려예빈성→ 남송경원부	고려예빈성→ 일본대재부
두사	某, 牒上某	某, 牒某	某, 牒某	某, 牒某	某, 牒上某	某, 牒某
본문 시작문	牒, 奉處分	(某事)牒	(某事)~中 臺省牒稱	牒, 奉勅	當省准	當省伏奉 聖旨
본문 결속문	准狀. 牒上 某者, 謹錄 牒上. 謹牒.	(奉判)准 狀. 牒某, 請垂詳悉 者.	牒至准狀. 故牒.	牒至准勅. 故牒.	如前事, 須 牒某照會施 行. 謹牒.	謹牒.
연월일	年月日牒.	미상	미상	年月日牒.	年月日謹牒.	年月日牒.
문서 작성자	관직성명	미상	미상	관직성명	관직성명	관직성명

그리고 '근첩'의 경우 9세기 전반까지 당에서도 '고첩(故牒: 고로 첩합니다)'과 '근첩'을 혼용해서 사용하고 있었다. 고려 예빈성이 1079년(고려 문종 33)에 일본 대재부에 보낸 첩과 1259년(고려 고종46)에 송 경원부에 보낸 첩에서는 본문 결속문에 '근첩'을 모두 사용하였고, 연월일에서는 경원부에 보낸 첩에서만 '근첩'을 사용했다. 이를 통해 일본에 보낸 첩에서 '근첩'이라는 표현이, 관청의 상하 관계를 반드시 보여주는 것은 아니라는 것을 알 수 있다.

종합하자면, 중대성첩은 일본에 보내는 상달 외교문서가 아니다. 중대성첩은 841년 사본에 보이는 양식을 기본으로 하지만, 신라나 일본·당 등의 첩과 같이 '누가 누구에게 첩을 보냅니다(某 牒某)'로 두사를 시작하고, '누구에게 첩을 보냅니다(牒某)'나 '고로 첩합니다(故牒)'로 끝맺었을 가능성이 높다. 만약 '첩상', '근첩'의 표현을 사용했다고 해도, 겸양·존중의 표현으로 이해해야 한다.

중대성첩의 출현과 발급과정

발해는 698년 대조영이 고구려유민과 말갈인을 거느리고 동모산(東牟山)에 터를 잡고 건국한 이후, 빠르게 국력을 신장시켜 나갔다. 제3대 문왕대에는 3성 6부를 중심으로 한 중앙집권적인 통치제도를 정비했다. 이 때에 율령체제에 기반한 문서행정체제도 갖추었다. 3성은 모든 관서의 최정점에 있으면서, 동시에 가장 중요한 행정문서와 외교문서의 작성에도 관여하였다.

중대성첩은 바로 3성 가운데 하나인 중대성에서 발급한 문서이다. 중대성은 국왕의 명령인 조칙(詔勅)을 만드는 일을 담당했다. 외교문서로 작성된 중대성첩은 759년 일본에 파견된 발해사신이 '중대첩'을 가져가면서 처음으로 기록에 등장한다.

외교문서인 중대성첩은 칙첩의 성격을 가지고 있어, 당나라의 칙첩과 같이 중대성 외에 나머지 2성도 문서의 발급에 관여하였을 가능성이 높다. 선조성(宣詔省)은 그 이름이 황제의 명령을 선포한다는 의미를 담고 있어 '칙첩' 작성에 관여하였을 것이다. 그러나 현재 남아있는 중대성첩으로는 선조성의 역할을 알 수 없다.

다만 <841년 중대성첩> 사본을 통해, 정당성(政堂省)이 관여한 것은 확인된다. 정당성은 당의 상서성에 해당하는데, 상서성은 정무를 시행하는 행정기구로 첩식 문서들을 많이 발급하였다. 그 아래 6부 가운데 예부(禮部)에서 주로 외교문서 작성을 담당하였는데, 이 예부에 해당하는 것이 정당성 아래의 춘부(春部)이다.

아래의 중대성첩 사본을 보면, 마지막에 하수겸과 대건황 2인의 직명과 이름이 보인다. 이들은 해당 문서의 작성자이자 책임자였다. 첫 번째로 서명한 하수겸은 832년 당에 사신으로 파견된 적이 있는 인물이다. 당시 하수겸은 외교를 전담하는 사빈시(司賓寺)의 장관인 사빈경(司賓卿)이었다. 841년에는 정당성 춘부경으로 승진하여 외교 전반을 총괄하는 주관서의 책임자로서 중대성첩에 서명하였다. 두 번째 대건황은 대이진 왕의 동생이며, 다음 제12대 왕이 된 인물이다. 그는 중대성의 장관인 중대친공과 정당성의 장관인 대내상을 겸하면서, 중대성첩에 서명하였다. 이들의 서명을 통해 외교문서인 중대성첩의 발급에 적어도 중대성과 정당성이 함께 관여하였음을 알 수 있다.

그런데 중대성첩은 759년 처음 나타난 이후 828년 재등장하기까지

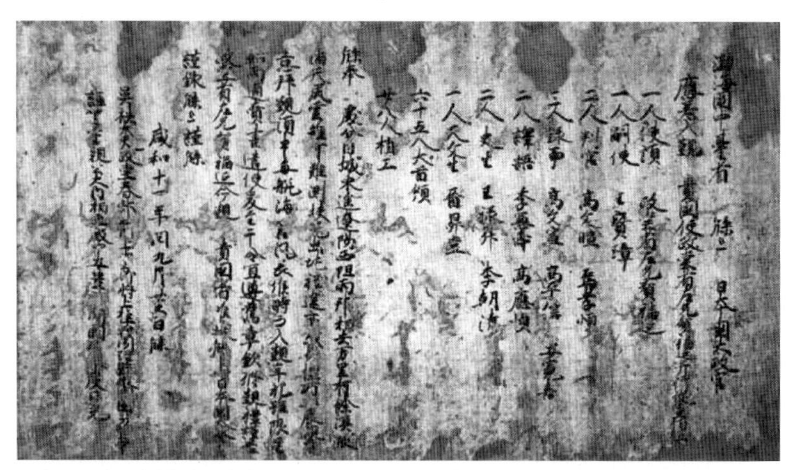

그림 1. 841년 중대성첩 사본 사진

한동안 기록에서 사라진다. 그 사이에 문서체계의 변화가 있었을 것으로 보기도 하지만, 중대성첩과 같은 실무 외교 문서가 확인되지 않는 것은 의문이다. 기본적으로 외교문서는 국왕 명의의 국서와 외교 주관서에서 발급하는 실무 문서가 세트를 이루기 때문이다.

외교문서의 중요성은 정치적 성격과 명분론적인 외교의례에 있어, 실무 문서보다는 국서가 당연히 높았다. 중대성첩이 처음 등장한 8세기 중반부터 재등장하는 820년대까지 발해와 일본 사이에는 국서의 위례(違例: 상례에 어긋남)와 무례(無禮: 예의에 어긋남)가 중요한 외교 분쟁이 되었다는 것을 주목할 필요가 있다.

국서 자체가 논란이 되는 상황에서 중대성첩은 그다지 중요하게 여겨지지 않았을 것이다. 이것이 국서 논쟁이 가장 치열했던 기간에 중대성첩의 기록이 누락된 원인이 아닐까 한다. 그렇다면 중대성첩이 다시 기록에 등장하는 것은 뭔가 발해와 일본의 외교 관계에서의 변화가 일어난 것을 의미할 것이다.

<표 2> 841년 중대성첩 사본 내용

渤海國中臺省　　牒上　　日本國太政官

　　應差入覲　貴國使政堂省左允賀福延幷行從壹伯伍人

一人使頭　　　政堂省左允賀福延

二人嗣使　　　王寶璋

二人判官　　　高文暄　烏孝順

三人錄事　　　高文宣　高平信　安寬喜

二人譯語　　　季憲壽　高應順

二人史生　　　王祿昇　李朝淸

一人天文生　　　晉昇堂

六十五人大首領

廿八人梢工

牒奉處分日城東遙遼陽西阻兩方相去万里有餘溟漲

滔天風雲難可難測扶光出地程途亦或易標所以展新舊

意拜覲須申航海以占風長候時而入覲年祀雖限星

軺尙通賚書遣使爰至干令宜遵舊章欽修覲禮謹差

政堂省左允賀福延命覲貴國者准狀牒上日本國太政官者

謹錄牒上謹牒

　　咸和十一年閏九月廿五日牒

吳秩大夫政堂春部卿上中郎將上柱將聞理縣擬開國男賀守

謙中臺親公大內相兼殿中安豊縣開國公大虔晃

발해국중대성이 일본국태정관에게 첩을 보냅니다.

이번에 귀국에 사신으로 정당성좌윤 하복연과 105인을 함께 보냅니다.

1인 사두 정당성좌윤 하복연

1인 부사 왕보장

2인 판관 고문훤, 오효순

3인 록사 고문선, 고평신, 안관희

2인 역어 이헌수, 고응순

2인 사생 왕록승, 이조청

1인 천문생 진승당

65인 대수령

28인 초공

첩을 처분을 받들어 보냅니다. 일역(일본)은 동쪽으로 멀리 있고, 요양(발해)은 서쪽으로 막혀 있으니, 양국이 서로 떨어져 있는 거리가 만 리나 되고도 남음이 있습니다. 남쪽의 큰 바닷물은 하늘에 넘칠 정도라서 바람과 구름을 예측하기 어렵다 하더라도, 태양이 동쪽에서 떠서 비추면 항해의 길이 혹시나 쉽게 드러날 수가 있습니다. 그런 까닭으로 과거와 같이 귀국과의 절친함을 두터이 하고자 하려는 뜻을 삼가 알현하여 마땅히 아뢰고자 합니다. 항해할 때마다 미리 바람을 점치고 오랜 시간을 기다려 알현하였습니다. 비록 사신 파견의 연한이 12년으로 정해져 있지만 그동안 사신의 행차는 여전히 통하여, 편지를 주어 사신을 파견하는 것이 지금까지에 이르렀습니다. 마땅히 옛 원칙을 지켜서 삼가 알현의 예를 닦고자 합니다. 이에 삼가 정당성 좌윤 하복연을 보내어 귀국에 가서 배알하도록 할 것입니다. 그리고 규칙에 따라 일본국 태정관에 첩을 올립니다. 삼가 기록하여 첩을 올립니다. 삼가 첩을 보냅니다.

함화 11년(841) 윤9월 25일에 첩을 보냅니다.

오질대부, 정당성 춘부경, 상중랑장, 상주장, 문리현의개국남 하수겸.

중대친공, 대내상 겸 전중, 안풍현개국공 대건황.

발해와 일본의 힘겨루기, '국서' 논쟁

발해는 727년 군사 원조 또는 제휴를 목적으로 대일외교를 시작하였다. 그보다 앞서 719년 즉위한 발해 제2대 무왕은 영토 확장 정책을 적극적으로 펼쳤다. 이에 압박을 느낀 흑수말갈은 발해에 알리지 않고 당과의 교섭을 시도하였고, 당은 발해를 견제하기 위해 흑수에 주(州)와 도독부(都督府)를 설치했다. 당과 흑수가 밀착하자, 발해를 공격하기 위한 것으로 의심한 무왕은 726년 흑수토벌을 감행한다.

당시 발해의 심상치 않은 움직임은 신라에도 영향을 주었다. 신라는 발해를 대비하기 위해 변경에 성을 쌓고 당과의 친선을 도모했다. 발해는 이러한 신라를 견제하기 위해 727년 일본에 사신을 파견한 것이다. 발해와 일본 사이에는 신라를 견제하려는 공통의 이해가 있어서, 한동안 별다른 외교마찰은 일으키지 않았다.

그러나 이후 발해와 당의 긴장이 완화되고 신라 견제의 필요성이 점차 약화되면서, 750년대부터 발해와 일본 사이에 외교문서의 형식이 중요한 현안으로 떠오르며 힘겨루기가 시작된다.

한편 중대성첩과 마찬가지로, 발해의 국서도 상달문서라고 본 견해가 있다. 일본 천황이 발해로 보낸 국서는 황제의 문서인 새서(璽書), 칙서(勅書) 등인데, 발해왕이 보낸 국서는 상달문서 형식인 '계(啓)'로 시작되는 문서이기 때문이다. 이를 두고 발해가 대일외교에서 얻는 상당한 경제적 이득을 위해, 일본이 요구한 외교문서의 형식을 갖추어 일본측의 명분을 살려주는 실리 외교를 한 것으로 보기도 한다.

하지만 '계'의 형식이 처음 보이는 무왕의 국서에서부터, 발해는 일본에 대해 이웃사이의 좋은 관계인 "린호(隣好)"를 표방하였다. 발해의 대일외교는 대등한 국가 간의 교린(交隣)을 염두에 두고 시작된 것이다. 린호는 이후 발해 국서에서 자주 보인다.

또한 무왕의 국서에는 일본왕을 천황이라고 하지 않고, 대왕이라고 하였다. 대왕은 고구려, 신라 등 삼국에서 사용하던 왕의 존호였고, 발해왕의 존호로도 사용되었다. 발해가 일본왕을 대왕으로 호칭한 것은 대등한 상대국의 왕으로 보았기 때문이다. 828년 발해 승려 정소(貞素)가 작성한 글에도 일본 대왕이라는 호칭이 사용된 것을 보면, 무왕의 국서 이후에도 발해의 국서에 대왕이라고 표기되었을 군주호가 일본측의 사료편찬시 고쳐졌을 가능성이 있다. 발해가 대왕 대신 천황을 사용했다고 해도, 국서의 형식이 황제에게 바치는 표문으로 바뀌지 않은 것을 보면, 일본의 공식적인 왕호를 존중하기위해 사용했을 가능성이 높다. 따라서 발해의 국서는 중대성첩처럼 상달문서로 볼 수 없다.

그런데 무왕의 국서를 보면, 처음부터 외교적 마찰을 내포하고 있었다. 무왕은 국서에서 "여러 나라를 주관하고 여러 번국(蕃國)을 아울러서, 고구려의 옛 터전을 회복하고 부여의 유속을 이었다"라고 하였다. 이것은 과거 대국이었던 고구려를 계승하고 번국을 거느린 나라라는 인식, 즉 발해 자체의 천하관을 보여준다. 이러한 인식은 발해의 성장에 따라 강화될 수밖에 없다. 대일 외교에서 발해의 천하관이 표방되고 그에 상응하는 외교 의례를 일본에 요구하게 될 때, 외교적 마찰을 빚을 수밖에 없는 것이다.

일본 역시 8세기에 들어 천황을 중심으로 한 중앙집권적 율령국가를 이룩하였고, 소중화의식으로 발해와 신라를 번국으로 인식하려 하였다. 따라서 발해와 신라 모두에게 상국과 번국의 관계에 맞는 외교문서 형식을 요구하였다. 이 문제는 발해와 일본의 관계가 대신라견제라는 공통 목표가 있을 때는 수면 아래로 가라 앉아 있었지만, 그 목표가 사라지게 되면서 수면 위로 떠올랐다.

바로 일본이 753년 발해에 보낸 조서에서, 발해 국서에 "신(臣)이라 칭하지 않고", 표를 올리라고 했는데도 표문(表文)을 올리지 않는다고 질책하면서, 이 문제가 본격적으로 다뤄진다. 발해와 일본의 천하관이 충돌하며 벌어진 '국서' 논쟁과 갈등은 주로 일본측이 문제를 제기하고 발해가 대응하는 가운데 전개되었다. 753년 이후 일본은 계속해서 발해에 칭신과 표문을 요구하였는데, 이를 피하기 위해 발해는 아예 국서를 소지하지 않거나 국서를 대신해서 실무 차원에서 대일 관계를 이어나가기 위해 759년 처음으로 중대성첩을 발송하였다. 하지만 일본이 국서를 소지하지 않을 경우 사절단의 입경 자체를 금지하거나 빈객으로 접대할 수 없다는 입장을 보이자 발해는 다시 국서를 보내게 된다.

그런데 흥미롭게도 770년대에 가면 국서 논쟁은 새로운 국면으로 들어가게 된다. 771년 일본에 보낸 발해 국서가 기존 형식을 고치고, 도리어 발해가 우위에 놓이는 모습을 보여주며 일본의 반발을 산 것이다. 이때부터 일본은 '칭신'이 아닌 과거의 국서 형식과 달라진 점을 문제 삼게 된다. 발해는 762년 문왕이 당으로부터 발해군왕에서 국왕으로 인정받았고, 770년대에 들어 황상(皇上)을 칭하며 황제국 체제를 갖추었다. 이러한 위상 변화에 맞춰, 대일 외교문서의 형식도 달라지며 빚어진 분쟁이었다.

더욱이 771년 국서에서 발해왕은 일본왕과의 사이에서 자신을 동세대인 형제보다 한세대 높여 구생(舅甥: 장인과 사위 또는 삼촌과 조카) 관계로 언급하였고, 천손(天孫)으로 왕권의 자부심을 과시하였다. 발해를 번국으로 설정하려던 일본의 입장에서는, 이를 무례로 여길 수밖에 없었다. 하지만 현실 외교에서 일본은 발해에 대한 우위를 확보하기 어려웠다. 그래서 일본은 칭신 요구에서 한발 물러나 구례(舊例: 예전의 상례)라도 유지하려는 모습을 보이게 된다.

발해 제7대 정왕대인 811년에는 발해 국서의 형식이 계에서 장(狀)으로 바뀌자, 발해에서 귀국한 일본 사신이 발해의 국서가 옛 규범에 어긋나 가져오지 않았다고 조정에 보고하였다. 당나라의 문서 규정으로 보면 계이든 장이든 문서의 위계에 큰 차이가 없다. 그런데도 이를 문제 삼은 것은 발해가 더 이상 일본이 요구하는 표 형식을 받아들일 가능성이 없자, 대등성을 보여주는 구례의 양식만이라도 지키려 한 것이다.

그리고 수십년 동안 벌어진 국서 논쟁에도 불구하고 자신의 입장을 발해에 관철시킬 수 없었던 일본은 경제제재 조치인 빙기(聘期) 제한이라는 카드를 내밀게 된다.

일본의 '빙기' 제한, 무엇을 의도했나?

8세기 말 발해의 대일외교에서 새롭게 제기된 문제는 발해 사신의 파견 간격인 빙기 문제였다. 이 문제는 제6대 강왕대인 796년 일본 사신이 귀국할 때에 가져간 발해 국서에서 처음 거론된다. 이 국서에서 발해는 사신의 숫자를 20여명 이내로 줄이겠다고 하고, 빙기 결정은 일본측에 맡겼다. 일본에서 먼저 발해 사신의 수와 빙기에 대해 문제를 제기하자, 이러한 답서를 보낸 것이다. 그에 대해 일본은 사신의 숫자는 제한하지 않으나 바다를 건너는 일이 위험하다며, 6년에 한 번씩 사신을 파견하도록 회신한다. 이것이 제1차 빙기 제한이다.

사실 발·일 관계에서 빙기가 문제가 된 것은 771년 발해가 삼백명이 넘는 대규모 사절단을 보내면서부터이다. 사신의 체제 기간은 대개 5~6개월이었고, 길면 1년 이상이었다. 그동안의 숙식과 외교의례에서 진행되는 각종 의식과 회사품(回賜品: 선물), 사신 왕래에 필요한 도로정비와 선박 축조 및 수리 등이 모두 일본의 부담이었다. 발해사의 잦은 왕래와 대규모 사절은 현실적으로 일본 조정에 큰 부담을 주었기에, 빙기 조정은 매우 절실했다. 그러나 발해의 요구로 일본의 제1차 빙기 제한 시도는 곧바로 철회된다.

이후 빙기가 다시 거론되었던 것은 820년대이다. 그것은 제1차 빙기 제한 철회 이후 발해 사신으로 인한 경제적 손실이, 공무역과 사무역에서도 계속되었기 때문이다. 두 나라 모두 사회발전에 따라 지배층의 소비욕구가 컸고, 이는 사신 왕래와 그를 통한 교역에 중요한 원동력이 되었다. 발해와 일본 사이에 오간 물품을 보면 발해는 담비·표범·곰 등 모피류, 인삼·꿀 등의 약재와 수산물 등이 주를 이루었고, 일본은 견·면·사 등 섬유류, 황금, 수은, 칠, 부채 등이었다. 이들 물품은 왕실과 귀족들의 일상생활에 사용되는 고가의 사치품이었다. 그런데 발해 교역품의 경우 1차 생산물이 위주였기 때문에 경제적 가치만을 놓고 보자면 발해가 더 이득이었다.

그리고 발해의 대일외교의 성격 자체가 8세기 후반부터 정치·군사적 외교에서 경제·문화적 외교로 전환되어 있었다. 9세기에 들어 발해는 '해동성국(海東盛國)'으로 불릴 만큼 발전하며, 대내외적으로 매우 안정된 상황에서 대외관계를 유지해 갔다. 이런 상황에서 발해의 대일외교의 경제적 성격은 더욱 심화되었다. 그로인해 등원서사(藤原緒嗣)는 825년 발해사신이 일본에 도착하자 "발해 손님들은 … 실상은 상려(商旅: 상인)이고 인객(隣客: 사신)으로는 부족하다"고 비난하였다.

이렇듯 8세기 중반부터 일본이 제기한 국서 분쟁에도 불구하고, 발해가 빈번히 대규모로 일본에 사신단을 보내어 교역에 치중해서 경제적 이익을 취하는 모습은 '빈객'이 아닌 '상려'라는 인식을 형성하게 했다. 게다가 820년대에 들어 일본 국내에서 흉년이 계속되고 역병이 돌았다. 그리고 발해 사신이 도착한 시기는 농번기여서, 입경을 정지시키고 되돌려 보내자는 논의가 일어났다. 이때 제기된 것이, 12년에 한번 사신을 파견하라는 빙기 제한이다. 826년의 제2차 빙기 제한은 이후 철회되지 않았고, 더 나아가 828년에는 사사로이 교역하는 것을 엄격히 금지하는 조치가 내려진다.

일본의 제2차 빙기 제한과 사무역 금지로 인해, 828년부터 841년까지 발해와 일본의 교섭이 중단된다. 일본의 경제 제재는 막대한 경제적 손실을 만회하기 위한 것으로 이해할 수 있다. 그런데 1차 빙기 제한 시도 때에도 일본은 경제적 부담이 컸지만, 결국 발해의 요구로 철회하였었다. 그렇다면 일본은 왜 두 나라의 외교 자체가 단절될 정도의 강경책을 썼을까.

그 이면에는 바로 정치적인 이유가 있었다. 발해와 일본 사이에 그동안 벌어졌던 국서 분쟁은 실제 빈례 상의 문제였다. 빈례는 동아시아 국가 간의 지위를 서열화하는 형식을 담고 있었는데, 발해와 일본은 스스로의 국격을 빈례를 통해 관철하고자 하였다. 특히 황제국을 표방하는 나라에서 매년 정월에 시행하는 하정례(賀正禮)에 외국 사신이 모여 황제에게 국서를 바치는 행위는, 그 나라의 천하 질서에 포섭되었다는 상징적 의미를 가진다. 그리고 그것을 실체화하는 것이 국서의 형식이었다.

하정례에서 번국의 표문 상납은 중요한 절차였고 그 형식과 내용이 공개되었기 때문에 정치적으로 상징성이 매우 컸다. 그렇기 때문에 8세기 내내 국서의 형식을 놓고 갈등한 것이다. 8세기 발해사신은 대체로 9·10월에 일본에 도착하여 12월경에 입경하고 이듬해 2월 이후 출발하는 경우가 대부분이었다. 12월경에 입경했던 발해사신은 다음해 정월 일본 천황의 하정례에 참가하게 되었다. 이는 일본이 발해를 조공국으로 간주하려는 현실적인 근거가 되었다. 그런데 823년경부터 발해 사신의 도착 시점은 11월에서 1월 사이로 두 달 정도 늦추어진다. 그에 따라 입경 시기도 4·5월로 늦춰졌다. 그 결과 발해사신은 일본의 하정례에 자연스럽게 불참함으로서 일본이 의도한 군신관계에서 벗어날 수 있었다.

이렇듯 국서의 형식 문제가 해결되지 않는 상황에서 하정례마저 발해가 피하게 되자, 그동안 막대한 경제적 손실에도 정치적 목적을 위해 발해와의 외교를 유지했던 일본은 제2차 빙기 제한과 사무역 금지라는 강경책을 쓴 것이다. 그러자 공사무역에서의 경제적 이득을 취할 수 없게 된 발해는 한동안 대일 외교를 중단하게 된다.

갈등과 타협, '중대성첩'의 부상

일본의 대발해 교섭은 정치적 목적 외에도 일본 지배층의 외래 물품에 대한 소비 욕구가 중요했다. 그런데도 과거와는 달리 제2차 빙기 제한에 이어 828년 사무역 금지조치까지 취할 수 있었던 것은 왜일까? 그것은 발해를 대신할 외래물품의 공급처가 생겼기 때문이다. 바로 828년에 신라에서 장보고가 청해진대사로 임명되는데, 일본의 대발해 정책 전환은 이와 무관하지 않다.

장보고가 청해진대사가 된 이후 830년대는 장보고상단이 대당·대일 교역을 주도하고 해상교역권을 장악하였다. 이때 민간인을 대상으로 한 신라의 대일 교역이 크게 확대되었는데, 일본인들이 가산을 탕진할 정도였다고 전해진다. 이 시기 발해를 대신해 장보고상단이 교역을 도맡음으로 해서, 일본은 발해 사신 접대와 공·사교역에 들어가는 공적 비용을 절감할 수 있었고, 지배층의 외래 물품에 대한 욕구를 어느 정도 해소할 수 있었다. 그런데 이러한 상황은 불과 10년 만에 깨지게 된다.

841년 12월에 약 12년 만에 발해 사신이 일본에 도착한다. 이때 발해에 회신한 일본의 태정관첩을 보면, 발해 국서를 담은 상자가 구례를 따르지 않았으나 거론하지 않기로 상의했다고 밝히고 있다. 교류가 단절되기 전 구례라도 지키려 했던 모습과는 사뭇 비교된다. 그리고 당시 입경한 발해 대사 하복연을 비롯해 20여명에게 관위(官位)와 물품을 주고 융숭하게 대접하였다. 이런 일본의 태도 변화는 발해와의 관계를 새롭게 형성할 필요가 생겼기 때문이다. 마침 사신단이 입경하기 전에 장보고의 사망 소식이 일본에 전달되었던 것이 원인이다. 이 소식은 일본측이 발해와의 관계를 다시 살피는 계기가 되었다.

<표 3> 중대성첩 기록

<table>
<tr><th rowspan="2">연도</th><th colspan="3">발해 → 일본</th><th colspan="3">일본 → 발해</th></tr>
<tr><th>발해왕</th><th>국서</th><th>중대성첩</th><th>일본왕</th><th>국서</th><th>태정관첩</th></tr>
<tr><td>759</td><td>문왕</td><td>王言(o)</td><td>첩1(o)</td><td>순인</td><td>서1(o)</td><td></td></tr>
<tr><td>826</td><td rowspan="2">선왕</td><td></td><td></td><td rowspan="2">순화</td><td>서1(o)</td><td></td></tr>
<tr><td>828</td><td>계1(x)</td><td>첩1(x)</td><td></td><td></td></tr>
<tr><td>841</td><td rowspan="4">대이진</td><td>계1·별장1(o)</td><td>첩1(o)</td><td rowspan="4">인명</td><td></td><td></td></tr>
<tr><td>842</td><td></td><td></td><td>서1(o)</td><td>첩1(o)</td></tr>
<tr><td>848</td><td>계1(o)</td><td>첩1(o)</td><td></td><td></td></tr>
<tr><td>849</td><td></td><td></td><td>칙서1(o)</td><td>첩1(o)</td></tr>
<tr><td>858</td><td rowspan="3">대건황</td><td>계1(o)</td><td>첩1(o)</td><td rowspan="5">청화</td><td></td><td></td></tr>
<tr><td>859</td><td></td><td></td><td>칙서1(o)</td><td>첩1(o)</td></tr>
<tr><td>861</td><td>계1(x)</td><td>첩1(x)</td><td></td><td>첩1(x)</td></tr>
<tr><td>871</td><td rowspan="7">대현석</td><td>계1(o)</td><td>첩1(o)</td><td></td><td></td></tr>
<tr><td>872</td><td></td><td></td><td>칙서1(o)</td><td>첩1(o)</td></tr>
<tr><td>876</td><td>계1(o)</td><td>첩1(o)</td><td rowspan="4">양성</td><td></td><td></td></tr>
<tr><td>877</td><td></td><td></td><td></td><td>첩1(o)</td></tr>
<tr><td>882</td><td>계1(x)</td><td></td><td></td><td></td></tr>
<tr><td>883</td><td></td><td></td><td>칙서1(x3)</td><td>첩1(x)</td></tr>
<tr><td>891</td><td></td><td>첩1(△)</td><td></td><td></td><td></td></tr>
<tr><td>892</td><td></td><td></td><td>우다</td><td>칙서(x)</td><td>첩2(1o/1x)</td></tr>
<tr><td>908</td><td></td><td></td><td></td><td></td><td>칙서1(x)</td><td>첩1(x)</td></tr>
<tr><td>919</td><td></td><td>계1(x)</td><td>첩(x)</td><td></td><td></td><td></td></tr>
<tr><td>920</td><td>대인선</td><td></td><td></td><td>제호</td><td>서1(x)</td><td>첩1(x)</td></tr>
</table>

* 괄호 표시: (내용 유o, 무x, 복원가능△) **왕언(王言): 구두 전달

이때부터 발해와 일본은 외교 방식에 있어서 그 동안의 갈등을 해소하기 위해 나름의 타협을 본다. 발해는 먼저 사신단의 규모를 105인으로 고정시켰다. 이 규모는 빙기 제한 문제를 야기했던 예측 불가능한 대규모의 사신단으로 일본에 부담을 주었던 것을 해소시키면서, 동시에 발해가 원하는 교역 수익을 얻을 수 있는 최소한의 규모였던 것으로 보인다. 그리고 상호 경제 교역의 필요성을 인정한 채 사신 파견 시기도 하정례를 피하고, 국서도 일방적인 우위를 드러내는 언사를 배제하며 대등한 입장에서 상대를 존중하는 형식으로 고정되었다.

그리고 이때부터 발해와 일본 사이에 중대성첩과 태정관첩이 교환된 사실이 자세히 기록된다. 이것은 그만큼 양국 관계에서 실무적 외교문서의 중요성이 높아졌기 때문이다. 중대성첩은 일본에 파견되는 사신의 이름과 직명, 규모를 태정관에게 알리는 것이 주기능이었다. 태정관은 중대성첩을 참고하여 발해사신에게 부여할 관위와 물건의 수량 등을 결정하였다. 그리고 식법(食法) 규정에 따라 서열에 준하여 인원수대로 식량을 지급하였다.

이런 변화에 따라 9세기 중엽 이후 국서의 위례를 들어 발해 사신이 귀국조치 당하거나 하는 문제는 거의 발생하지 않았다. 861년 이거정(李居正)은 빙기를 어기고 위례가 많은데도, 그의 관위가 높고 고령이며 재주가 뛰어나 특별히 입경을 허락하였다는 기록이 있다. 빙기 연한을 위반하는 사례는 빈번하게 발생하였으나, 876년 사신단의 경우 외에는 귀국 조치를 당하지 않았다.

사교역도 다시 활발하게 전개되었다. 일본은 859년 발해사와 왕경인 간의 교역을 허락하고 왕경의 동서에 개설된 시장에서 사무역을 승인하였다. 일본 조정에서는 관전(官錢) 40만냥을 발해사에게 주어 시전의 사람들을 불러 모아 교역하도록 하였다. 일본 관서에서 필요로 하는 물품을 발해사에게서 구입한 이후 사적인 교역을 허락하였다.

지금까지 살펴보았듯 발해와 일본은 상호인식의 차이와 외교적 마찰에도 불구하고 장기간 교류를 지속하였다. 그것은 서로의 필요에 의한 내인(內因)과 국제적 환경이 중요하게 작용한 결과였다. 일본의 입장에서는 신라와의 공적관계가 단절되고, 견당사(遣唐使: 당에 보내는 사신)가 종료되는 9세기 이후가 되면 발해가 유일한 통교국이자 문물수입처였다. 일시적으로 장보고상단이 발해와의 교역을 대체했지만, 장보고의 사망 이후 다시 발해와의 교역이 중요해졌다. 발해의 입장에서도 대일 교역은 상당한 경제적 이득을 가져왔기 때문에, 지속적인 관계를 원했다.

그 결과 오랜 갈등의 타협으로 9세기 중반 이후에는 발해와 일본의 외교는 경제가 주목적이 되는 특수한 관계가 수립된다. 이러한 상황에서 실무적 교섭과 그 내용을 담고 있던 '중대성첩'은 과거와 달리 그 중요성이 올라갔다. 반대로 국서의 비중은 이전보다는 상대적으로 낮아지며, 9세기 말부터는 기록에서 누락되는 경우가 발생하여 비교된다.

참고문헌

권은주, 2018,「발·일 '國書' 분쟁과 '中臺省牒'」,『대구사학』130.

김육불 편저·발해사연구회 옮김, 2008,「문징」,『신편 발해국지장편(하)』.

김종복, 2008,「8~9세기 渤海와 日本의 외교적 갈등과 해소」,『韓國史學報』33.

송기호, 1995,「渤·日 國書를 중심으로 본 9세기의 사회 변화」,『渤海政治史硏究』, 일조각.

연민수, 2012,「渤海 · 日本의 교류와 相互認識-國書의 형식과 年期問題를 중심으로-」,『한일관계사연구』41.

中村裕一, 1979,「渤海國咸和一一年中臺省牒に就いて-古代東アジア國際文書の一形式-」,『隋唐帝國と東アジア世界』, 汲古書院.

酒寄雅志, 1985,「渤海國中臺省牒位署」,『日本歷史』451.

王承禮, 1988,「記唐代渤海國咸和十一年中臺省致日本太政官牒」,『北方文物』3.

박진숙, 1999,「渤海 大彝震代의 對日本外交」,『韓國古代史硏究』15.

황위주, 2007,「渤海 外交文書의 實狀과 그 文體的 特徵」,『대동한문학』26.

조이옥, 2013,「발해와 일본의 상호인식과 교섭-8세기를 중심으로-」,『신라문화』42.

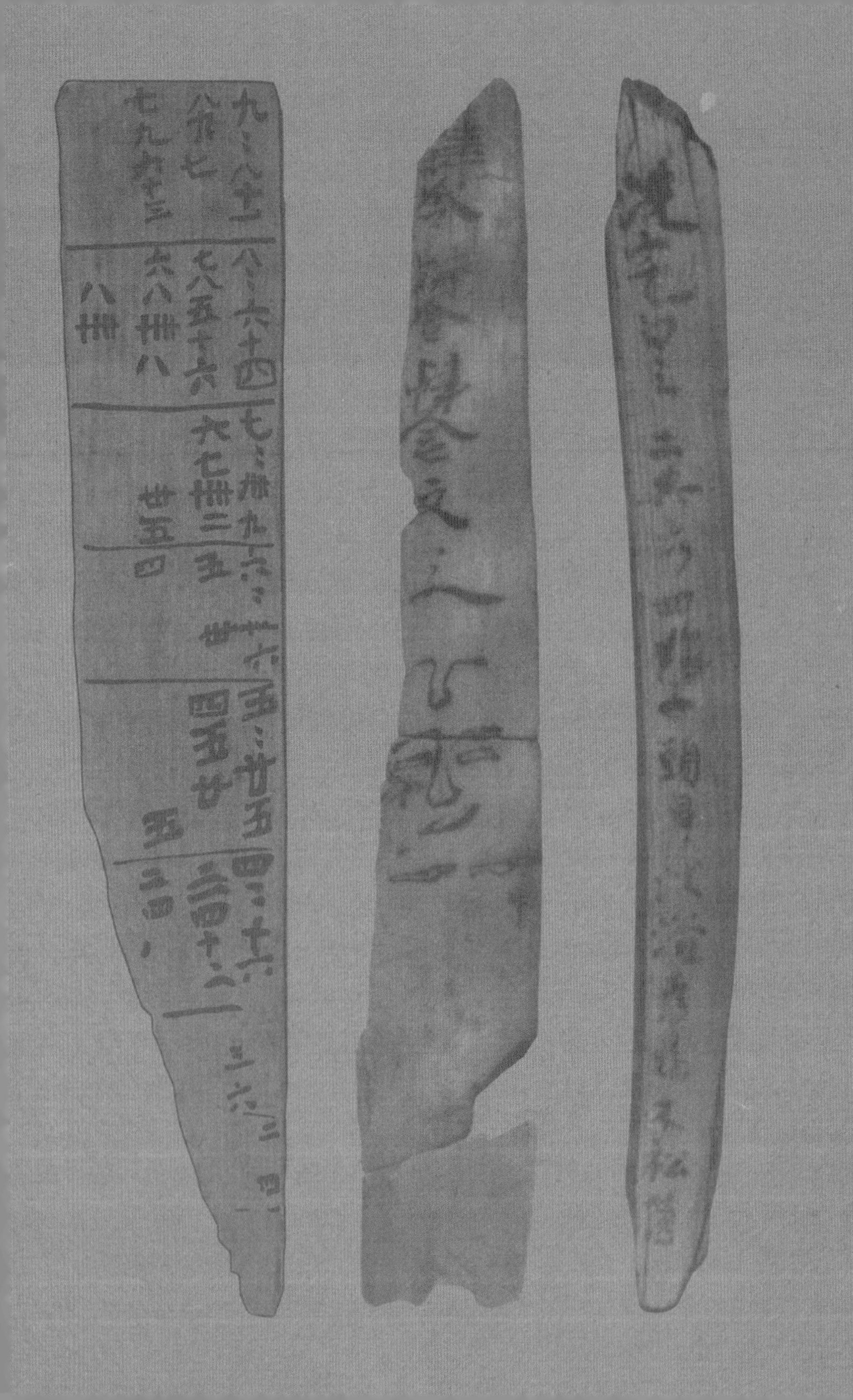

고대 탐라와 일본

小宮秀陵
獨協大學校

탐라는 제주도를 통치하며 고대 동아시아 세계의 한·중·일 각국과 교류했던 국가이다. 그런데 지금까지 한국사 속에서 탐라의 자주성에 주목한 경우에도 한국사를 구성하는 문제의식으로부터는 벗어나 있었다. 삼국통일이나 남북국이라는 문제야말로 한국인의 주된 역사적 관심사였기 때문이다. 하지만 고대 동아시아 지역 차원에서 탐라는 한반도 각국뿐 아니라 중국이나 일본에서도 주목을 받고 있다. 한반도 각국이 동중국해에서 활약할 때 탐라가 지리적으로 중요한 거점지로 기능하였기 때문이다. 이처럼 탐라의 지정학(地政學)적 중요성은 그 역사를 살피는 데 있어 중요한 시각이라 할 수 있을 것이다.

다만 탐라의 독자사료는 거의 흔적을 찾을 수 없으므로 인접하는 각국의 사료를 바탕으로 서술할 수밖에 없다. 한국 사료로는 『삼국사기』와

『삼국유사』를 들 수 있지만, 단편적 기록에 불과하다. 중국사료 역시 『북사』·『위서』·『수서』와 같은 정사에서 몇 건 확인할 수 있을 뿐으로, 탐라의 국제관계사를 구성하는 데는 부족한 부분이 적지 않다. 한편 일본의 정사(正史)인 『일본서기(日本書紀)』에서 한국과 중국의 사료에 비해 탐라의 동향을 어느 정도 알려준다. 일본에서는 고대 장부(帳簿)인 정세장(正稅帳)을 통해서도 탐라인의 동향이 확인된다. 특히 일본의 수도인 헤이죠큐(平城宮)에서 '탐라의 전복(耽羅鰒)'이 기록된 목간이 출토되면서 주의를 끌고 있다. 이러한 사례는 동아시아 속 탐라의 국제관계를 살펴볼 때 일본과의 관련성이 중요함을 의미한다. 이 글에서는 고대 탐라국의 국제관계를 복원하면서, 고대 탐라와 일본 관계의 전개를 정리해 볼 것이다. 그 과정에서 탐라의 국제적인 위상과 더불어 고대 일본 조정과 탐라복의 관계도 밝혀 보고자 한다.

5~6세기 동아시아 속의 탐라

탐라의 외교를 기록한 가장 오래된 사료는 『삼국사기』 백제본기 476년조에 보이는 조공 기록이다. 여름 4월에 탐라의 사신이 백제에게 공물을 바치자, 백제 문주왕(文周王)이 그 보답으로 은솔(恩率)의 위계를 주었다고 한다. 탐라는 지리적으로 가장 가까운 백제와 관계를 맺으면서 국제무대에 나타나기 시작한 것이다.

498년, 백제 동성왕은 탐라가 공물을 바치지 않았다는 이유로 무진주(武珍州)까지 진군하였는데, 탐라가 이 소식을 듣고 사죄하자 진군을 멈추었다. 동성왕의 진군 기록은 웅진천도에 따른 남쪽 지역의 개발이라는 국내적인 목적도 있었겠지만, 국제적인 요인을 중시해야 할 것이다. 480년대 동성왕은 북위에 대항하기 위하여 남제에 조공하기 시작하였고, 490년대에는 신라와 혼인동맹을 맺어 고구려에 대항하였다. 이처럼 동성왕은 동아시아 국제질서의 변동 속에서 인접국과 교류 혹은 분쟁을 지속적으로 전개하면서 국제적인 지위를 마련해 나갔던 것이다. 탐라가 국제무대에 나타나게 된 계기 역시 동아시아 국제정세의 변화에서 찾을 수 있다.

이후 동아시아에서 탐라에 관한 기록은 일단 사라진다. 지금까지 탐라에 관한 기록은 6세기 초 백제와 고구려의 대립이라는 맥락 속에서 설명해 왔다. 고구려는 북위 세종(世宗)에게 사신 예실불(芮悉弗)을 보내 백제와 탐라에 대한 침공의 정당성을 주장하였다. 이 때 "황금은 부여에서 산출되고, 가(珂)는 섭라(涉羅)에서 산출되는 바입니다. 지금 부여는 물길(勿吉)에게 쫓기고, 섭라(涉羅)는 백제에 병합되었습니다."라고 언급하였다. 여기에 보이는 '섭라'를 탐라로 보았던 것이다. 그러나 섭라가 등장하는 역사적인 상황을 고려하면 섭라를 신라로 보는 견해가 유력하다. 가(珂)는 마노(瑪瑙)로 이해하는 견해도 있지만, 제주에서 마노가 나온다는 기록은 다른 자료에서 확인되지 않는다.

적어도 이 기록을 통해 탐라의 상향을 엿보는 것은 어려울 것이다.

아울러 생각해야 할 것은 탐라의 자주성이다. 涉羅爲百濟所幷"라는 문구를 가지고 백제의 탐라 병합을 주장하는 견해도 있었다. 그러나 위의 이해에 따르면 병합의 사실 여부 또한 회의적으로 볼 수밖에 없다. 사실 『수서』나 『북사』에는 탐라가 백제에 '부용(附庸)'된 국가라는 내용이 나오는데, '부용(附庸)'은 신속(臣屬)된 것을 의미하므로 마치 백제가 탐라를 지배하였던 것처럼 보인다. 그러나 『양직공도』 백제국사조에서 신라나 가야 제국이 백제에 '부(附)'하였다고 한 것으로 보아, '부용(附庸)'이라는 표현 또한 사료상 일반적으로 지배의 실제성 여부와는 무관하다. 아마도 기술적인 협력 상태 등을 가지고 중국에 대해 '부(附)'로 표현하였을 뿐일 것이다. 따라서 탐라를 백제의 한 지방이나 영토로 보기는 어려우며, 국가적인 성격은 유지되었던 것으로 보인다.

단, 한 가지 유의해야 할 것은 탐라의 제도적인 영향은 백제에 있었다는 점이다. 탐라의 사신이 왜 조정에 백제의 관위를 띤 것을 표명하였던 데서 이를 엿볼 수 있다. 백제가 탐라에 큰 영향을 미치고 있었음은 염두에 두어야 할 것이다.

6세기말 탐라는 수(隋)와 진(陳)의 전쟁 중 수의 전함이 표착한 땅으로 나타난다. 『수서』는 탐라에 표착한 전함이 백제를 통해 수로 돌아갔음을 전한다. 즉, 탐라가 백제-중국 교류의 중개 지역으로 기능하였던 것이다.

6세기 동아시아에 알려진 탐라는 백제의 영향을 크게 받으면서도 자주적인 국가로 기능하였다. 아직 국제정치 무대에서 그 자주적 입장을 뚜렷하게 보여주지 못하고 한반도-중국의 지리적인 중계지로 나타났을 뿐이라고 할 수 있다. 탐라가 국제관계 속에서 그 자주적 입장을 표명하게 되는 것은 7세기 후반의 백촌강 전투로, 신라·당 통일 전쟁 중에서였다.

백촌강 전투와 탐라의 대왜 외교

642년 신라의 김춘추가 당 태종과 동맹을 맺음으로써 신라·당과 백제, 고구려의 대립은 첨예해졌다. 친백제적 입장에 서 있던 탐라와 일본 역시 이러한 국제관계의 변화에 휘말리게 되었다. 660년 백제가 멸망하자, 당시 일본에 있던 의자왕의 아들인 풍장(豊璋)을 돌려보내 백제를 부흥하려는 시도가 이루어졌다. 일본의 백제 지원 방침이 뚜렷해짐에 따라 탐라국은 일본과 가까워지게 되었다.

『일본서기』에 따르면 661년 5월 처음으로 탐라 왕자 아파기(阿波伎) 등이 왜의 사이메이(齊明) 대왕에게 공헌하였다고 한다. 이 기록은 당시 탐라와 왜의 외교를 단적으로 보여주는 것이다. 탐라 왕자가 파견된 배경으로 659년에 왜에서 당으로 파견한 사신들의 활동을 들 수 있다. 왜 사신 이키노무라지 하카토코(伊吉連博德) 등은 당이 백제를 공격하기 직전인 659년에 당에 파견되었다가, 장안에 유폐되어 당의 백제 침공이 끝난 후에야 귀국할 수 있었다. 그들이 귀국 도중에 제주도에 표류하였는데, 그 때 탐라 왕자 아파기 등이 함께 왜로 향하였던 것이다.

660년대에 접어들어 처음으로 탐라가 왜에 사신을 파견한 까닭은 당의 백제 침공과 백제의 멸망에 있었을 것이다. 탐라 왕자 아파기의 파견 기사는 『일본서기』 본문에 나타나는데, 그 분주(分註)에서는 견당사 이키노무라지 하카토코의 보고서를 인용하여 왜 사신들의 표류 과정을 자세히 설명하였다. 이키노무라지 하카토코의 보고서는 『일본서기』를 편찬할 때 齊明(사이메이) 시기 기록의 신뢰성을 높이기 위해 인용한 것이다. 때문에 탐라의 사신 파견 기사에는 『일본서기』 편찬과정에서 미화된 측면이 있다. 이키노무라지 하카토코의 보고서에 따르면 왜 사신들이 제주도에 표착한 결과 탐라와의 외교가 시작된 것으로, 당과 일본열도 사이의 요충지라는 요인만을 전하고 있지만, 친(親)백제 방침을 취했던 탐라도 백제의 멸망으로 큰 타격을 입었을 것이므로, 그 큰 문제를 해결하기 위해 왜와 외교 관계를 맺는 것이 나쁘지 않으리라고 생각했을 수 있다.

이처럼 탐라의 대왜 외교 개통은 동아시아 국제관계 속에서 탐라의

서력	내용	비고
665년 8월	탐라가 왜에 사신을 보내 입조하였다.	
666년 1월	탐라가 왕자 姑如 등을 보내 공물을 바쳤다.	
667년 7월	탐라가 佐平 椽磨 등을 보내 공물을 바쳤다.	윤11월에 錦 14필, 纈 19필, 緋 24필, 紺布 24端, 桃染布 58端, 斧26, 釤 64, 칼 62개를 줌.
669년 3월	탐라가 왕자 久麻伎등을 보내 공물을 바쳤다.	일주일 후에 오곡의 씨앗을 주었고 久麻伎등은 귀국하였다.

중요도가 높아졌음을 의미한다. 『삼국사기』는 662년 2월 탐라국주(耽羅國主) 도동음률(徒冬音律)이 신라에게 투항하여 복속되었다고 기록하였다. 그러나 이듬해의 백촌강 전투에서 탐라는 백제 편에 있었으므로 복속의 실태에 대해서는 의문이 남는다. 663년 백제 부흥군에 왜가 원군을 보내, 신라·당 연합군과 백촌강에서 싸웠는데, 『구당서(舊唐書)』 유인궤(劉仁軌) 열전에 따르면 '탐라국사(耽羅國使)'가 백제 왕자 부여충승(扶餘忠勝)·충지(忠志) 및 왜 사람들과 함께 항복하였다고 한다. 따라서 탐라는 663년 백촌강 전투에서 왜와 더불어 백제를 지원하였다고 보아야 할 것이다.

백촌강 전투에서 대패한 탐라와 왜 사이에는 665년부터 669년까지 거의 매년 교류가 있었음을 기록에서 확인할 수 있다(<표 1>). 구체적으로 665년에 탐라가 사신을 파견한 이후, 고여(姑如)나 구마기(久麻伎)와 같은 왕자들이나, 좌평(佐平)이라는 백제의 관직을 띤 연마(椽磨)라는 인물을 보냈음을 알 수 있다. 여기서 눈에 띄는 것은 사신 파견 주체가 모두 탐라였고, 그들이 백제의 관직을 띠고 있었다는 점이다. 백촌강 전투 결과 당에 항복하였지만 그들은 여전히 독자적으로 활동하고 있었다. 또한 탐라 왕자가 파견되었다는 사실은 왜 정부와의 정치적 교류를 의미한다. 탐라는 백촌강 전투에서의 패배를 통해 다른 국가와 긴밀한 관계를 유지하여 훗날의 전투 등에 대비하는 일의 중요성을 느꼈을 것이다. 탐라 왕자의 파견은 왜 정부에 있어서도 국가의 구심력을 유지하는 데 도움을 주었을 수 있다.

이처럼 7세기 후반에 들어 탐라는 이전보다 왜에 친선적인 자세를 명확히 보여주게 되었다. 이러한 양상은 백제나 고구려 부흥 세력도 마찬가지이었다. 백제는 660년의 멸망과 663년의 백촌강 전투 패배 이후에도 왜로 사신을 파견하였고, 고구려 역시 668년에 멸망한 이후 몇 차례 왜에 사신을 보냈다. 이는 백제나 고구려의 부흥을 노리고 사신을 파견한 것으로서, 왜는 이러한 사신들에게 답례품이나 관작을 주어 대우하였다. 한편 신라도 670년부터 당과 전쟁을 시작하면서 왜와 가까워졌다. 670년대 이후로 탐라뿐 아니라 한반도 각국의 사신들이 왜 조정에 사신을 보내게 된 것이다. 이러한 상황은 왜 정부에 있어 국내 구심력을 증대시키고 국가권력을 고양시키는 데 효과적이었을 것이다.

왜 왕권의 강화와 탐라복

탐라는 660년대에 이어 670년대에도 왜와 활발한 교류를 전개하게 된다. 이러한 사례를 정리하면 <표 2>와 같다.

표에서 확인되듯이 670년대부터 탐라와 왜의 사신 교류는 활발해지며, 특히 탐라측에서 왜로 자주 왕자 등을 파견하였다. 왜는 이들을 지금의 규슈(九州)인 츠쿠시(筑紫)만에서 대접하기도 하였고, 때로는 현재의 나라(奈良)현에 위치한 중앙정부에서 맞이한 경우도 있다. 이러한 차이는 아

서력	내용	비고
673년 윤6월	탐라 왕자 久麻藝, 都羅, 宇麻 등이 왜 조정으로 입조하고 공물을 바쳤다.	673년 8월 탐라 사신은 정월을 축하하는 사신이 아니었으므로 입조시키지 않고 국왕 및 왕자 久麻藝들에게 大乙上의 위계를 수여하고 귀국시켰다.
675년 8월	탐라가 조(調)를 보낸 사신으로 王子久麻伎등을 파견하였다. 그들은 쓰쿠시(筑紫)에 이르렀다.	676년 2월 텐무천황은 탐라의 손님들에게 배 1척을 주었다. 같은 해 7월에 손님들은 귀국하였다.
675년 9월	탐라왕 姑如가 난바(難波)에 이르렀다.	
677년 8월	탐라 왕자 都羅가 입조하여 공물을 바쳤다.	
678년 1월	탐라인이 京(경)으로 향하였다.	
679년 9월	탐라로 보낸 왜국사신이 귀국하였다.	
684년 10월	왜는 대사(大使) 아가타노 이누카이 다스키(縣犬養手繦)나 소사(小使) 가와하라노 가네(川原加尼)를 탐라로 보냈다.	
685년 8월	탐라로 보낸 왜 사신들이 귀국하였다.	
688년 8월	탐라의 사신 佐平 加羅가 왜에 방물을 바쳤다.	같은 해 9월에 왜는 쓰쿠시(筑紫)에서 대접하고 녹(祿)을 주었다.
693년 11월	왜는 탐라의 왕자 및 좌평 모(某) 등에게 녹을 주었다.	

마 신라의 대왜 사신과 관련이 있을 것이다. 679년 2월 신라 문무왕이 탐라로 사신을 파견하여 경략한 것을 보면, 적어도 당시 신라가 탐라와 대립적이었음을 상정할 수 있다. 673년 탐라 사신의 활동은 텐무(天武) 천황의 즉위와 같은 시기였다. 당시 신라도 사신을 보냈는데, 이 때 탐라를 입조시키지 않았던 것은 탐라와 신라의 관계를 고려했기 때문이라고 생각된다.

또한 중요한 점은 왜에서 탐라로 파견한 사례도 나타나기 시작한다는 점이다. 대사(大使) 아가타노이누카이 다스키(縣犬養手繦)나 소사(小使) 가와하라노 가네(川原加尼)를 탐라로 보낸 사례에 보이는 아가타노이누카이(縣犬養)씨는 후대 외교관이나 유학생으로 활약하는 일족으로서, 이들은 대외적으로 중요한 사신이었을 것이다. 왜에서 700년대부터 대당 외교를 새롭게 구성해 보내기 시작함을 고려할 때, 이들 사신은 동아시아 국제정세를 탐색하는 데 역할이 있었을 것이다. 이처럼 백촌강 전투 무렵부터 활발해지기 시작한 탐라와 왜의 관계는 670년대부터 680년대에 가장 번성했다고 하겠다.

이에 반해 8세기 탐라의 활동을 보여주는 사료는 거의 찾을 수 없다. 『삼국사기』나 중국 사료는 거의 확인되지 않기 때문이다. 일본과의 교류 또한 마찬가지이다. 7세기에 활발한 교류를 전개했던 일본 측의 정사인 『속일본기』에서도도 표류 기록을 확인할 수 있을 뿐, 탐라국의 정황은 알 수가 없다.

그런데 일본의 출토자료 가운데 탐라의 전복을 헌상한 기록이 있다. 현재의 나라(奈良)현 헤이죠큐(平城宮) 유적에서 출토된 목간에서 다음의 내용이 확인된다.

戸主大伴部國萬呂戸口同部得嶋御調

'志摩國英虞郡名錐鄉

耽羅鰒六斤

天平十七年九□'

이 목간을 통해 745년에 현재의 미에(三重)현 아고(英虞)만 주변에서

당시 중앙 정부로 바친 세공(稅貢)으로서 탐라의 전복이 헌상되었음을 알 수 있다. 그곳에서 탐라의 전복이 헌상되었다는 것은 어떤 의미일까? 전복이 탐라로부터 미에현까지 이동하였다가 다시 나라현으로 헌상되었다고 생각하기는 어려울 것이다.

현재 남아 있는 탐라복에 관한 주요 기록은 네 종류이다. 첫째는 일본 율령의 세칙에 해당하는 『연희식(延喜式)』에 보이는 탐라복이다. 이 책에는 현재의 구마모토(熊本)현이나 오이타(大分)현 지역에서 중앙으로 헌상하는 물품 중 탐라복이 포함되어 있다. 둘째로 현재 야마구치(山口)현의 장부에 해당하는 『주방국정세장(周防國正稅帳 : 스오우노쿠니쇼제쵸)』의 738년 기록에서 '耽羅方脯'라는 단어를 찾을 수 있는데, 이를 탐라복으로 보는 견해가 주류이다. 셋째가 위에서 설명한 헤이죠큐 목간의 기록이다.

이들 사료들을 통해 탐라복이 일본열도의 서쪽의 각국, 특히 규슈(九州)나 세토나이카이(瀨戶內海) 연안 지역의 헌상품이라는 점을 확인할 수 있다. 이에 근거하여 탐라복이 탐라와의 민간교류를 통해 일본으로 수입되어 온 것이라는 견해가 나왔다. 그러나 이렇게 볼 경우, 헤이죠큐 목간에 보이는 것처럼 탐라와 일본 중앙정부 간의 교류 루트에서 완전히 멀리 떨어진 미에(三重)현과 같은 지역에서 탐라복을 헌상한 까닭을 설명하기 어렵다.

그와 달리 탐라복을 중앙 정부로 보내는 이동 과정을 생각할 때 전복을 가공해야 보존이 가능하였을 것이며, '탐라방포'의 '방포(方脯)'라는 용어를 보아도 가공품으로 여겨지므로, 탐라복은 탐라 식으로 가공된 전복이라고 보는 견해도 있다. 이러한 견해에서는 제주도에서 생산되어 보존 처리까지 한 뒤 일본으로 보냈을 가능성도 남겨둔다. 결국 현재로서 가공 기술과 제주도산 제품의 두 가지 가능성이 있다고 하겠다.

이러한 탐라복은 언제쯤 일본으로 전달되어 사용되기 시작한 것일까? 위에서 제시한 헤이죠큐 목간 및 『연희식』이나 『주방국정세장』에 보이는 탐라복이 중앙으로 헌상하는 물품이었다는 점이 주목된다. 탐라복은 고대 일본조정이 징수한 세공 중 조(調)에 해당하는데, 조(調)는 주로 물품을 공납하는 것이었다. 후대의 사료이지만 『지유기궁의식장(止由氣宮儀式帳 : 토유게구우기시키쵸)』라는 의례서에서 이세(伊勢)신궁 외궁(外宮)의 의식에 헌상되는 조(調)로서 탐라복을 확인할 수 있다. 그렇다면 탐라복은 신궁엔 바치는 신성성을 띤 진품(珍品)이었다고 이해된다.

이와 관련하여 692년 신라가 조(調)로서 일본에 보낸 물품을 이세(伊勢)신궁이나 스미요시(住吉)신사 등 다섯 개 신사에 봉납하였다는 기록이 눈에 띈다. 신라 조정에서 받은 물품을 이러한 신사에 바친 것 또한 진귀한 물품이라는 성격이 있었기 때문일 것이다. 마찬가지로 탐라복은 역시 처음에는 귀중한 진품으로 탐라에서 온 물품이었을 수 있다. 실제 탐라는 675년 8월에 왕자 구마기(久麻伎)를 보내 조(調)를 바쳤는데, 어쩌면 탐라복도 이들 조(調) 가운데 포함되어 있었을 지도 모른다.

670년대부터 690년대까지는 일본은 '대왕'에서 '천황'으로 왕의 호칭을 변경하고, '왜'에서 '일본'으로 국명을 바꾸는 등 8세기 이후 고대 일본 사회의 기틀이 마련되는 시기였다. 율령과 그에 수반하는 의례 등도 정비되었으며, 신사에 대한 의례 역시 예외가 아니었을 것이다. 이때 외국에서 받은 물품은 자신들이 외국으로부터 인정받았다는 상징으로 기능하였을 것이다. 신라의 조(調)나 탐라복도 이러한 기능을 하였던 것이 아닐까 한다.

5세기말 백제와의 관계 속에서 국제무대에 등장하기 시작한 탐라는 6세기에 동아시아 국제관계의 변동에 휘말리게 되었다. 7세기에 백제가 멸망하면서 왜와도 교류를 시작하였으며, 7세기 후반 특히 텐무(天武)·지토(持統) 조정 때 교류가 가장 빈번해졌다. 그러나 8세기 이후 탐라와 일본의 정식적 교류는 단절되고, '탐라복'이라는 흔적만 남게 되었다.단지 제주도에 표류하였다는 기록이 남아 있을 뿐이었다. 탐라복은 8세기 일본 조정과의 교류 가능성을 보여주는 유일한 흔적이지만, 이는 7세기부터 왜의 왕권강화 정책과 관련하여 중요시된 물품이었을 것이므로 7세기 동아시아 속에서 탐라와 왜의 활발한 교류를 보여주는 증거로도 볼 수 있겠다.

그 후 938년 탐라는 고려에 입조하여 고려의 번국이 되었고, 1105년에는 고려의 지방행정구획인 1개의 군(郡)으로 재편되면서 탐라의 독립적인 지위는 사라진 것으로 보인다. 일본이 제주도를 다시 의식하게 된 사건은 몽골의 침공이었다. 삼별초의 몽골에 대한 저항이 실패하면서 몽골의 일본 침공이 본격화한 것을 보아도, 역사 속에서 탐라와 일본의 관계가 동아시아 세계 동쪽 끝의 국제관계를 구성하는 데 중요한 기능을 하였음을 엿보게 해준다.

참고문헌

김일우, 2000, 『高麗時代 耽羅史研究』, 신서원.

森公章, 1998, 『古代日本の對外認識と通交』, 吉川弘文館.

筧敏生, 2002, 『古代王權と律令國家』, 校倉書房.

이근우, 2006, 「탐라국 역사 소고」, 『부대사학』30.

양기석, 2013, 『백제의 국제관계』, 서경문화사.

장창은, 2018, 「古代 耽羅國 연구의 쟁점과 이해방향」, 『耽羅文化』57.

* 목간 화상 및 사료 출전 : 木簡庫DB

https://mokkanko.nabunken.go.jp/ja/6AABUS480764

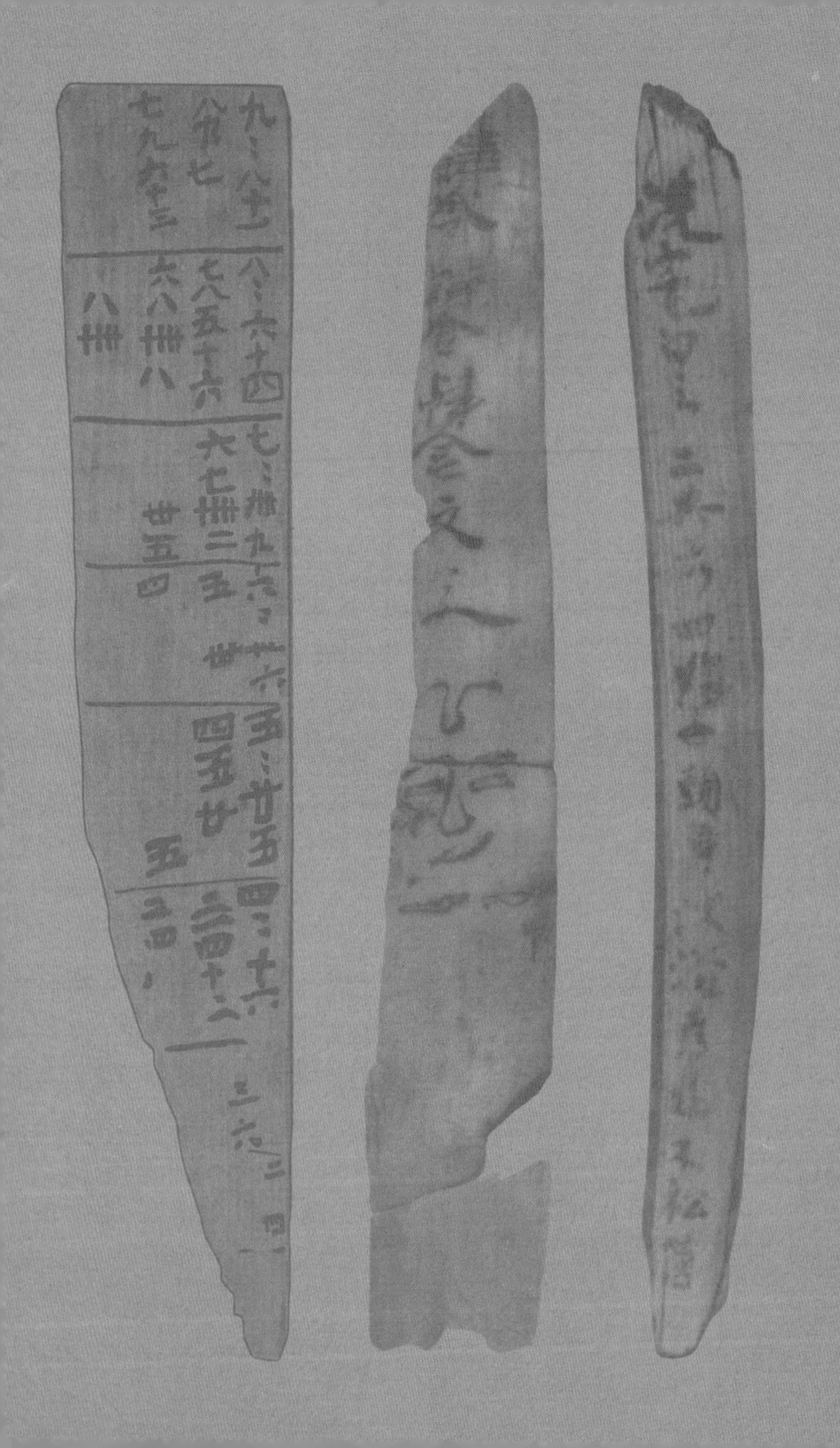

고대(古代)의 역인(譯人)

정승혜

수원여자대학교

언어와 문화·역사가 서로 다른 국가와 민족 간에 정치·경제·문화를 교류하는 장면에서 빼 놓을 수 없는 인물이 바로 역관(譯官)이다. 역관은 일반적으로 역인(譯人), 역자(譯者), 역어자(譯語者), 설인(舌人), 역설(譯舌), 통사(通事)라는 명칭으로 불렸다. 이러한 역관을 양성하고 공급하는 학문을 역학(譯學)이라 한다. 우리나라는 고려 말로부터 조선시대까지 사역원(司譯院)이라는 관청을 두고, 국가에서 외국어의 통역과 번역에 관한 일을 관장하고 역관을 양성하였다. 삼국시대와 고려시대에도 대외 관계가 활발하게 이루어졌으므로 역학과 그 교육도 성행했을 것으로 추측되나 기록이 많이 남아 있지 않다. 따라서 역학 관련 제도의 변화와 관직명 등을 통해 그 단편적인 모습을 추측할 뿐이다.

우리가 고대의 역사적 사실을 알아내는 방법은 문헌의 기록을 통해서도 가능하지만, 문헌이 아닌 자료를 통해서도 가능하다. 이 글은 고대의 통역에 관계한 역인(譯人)에 대하여 살펴보는 것을 목적으로 한다.

문헌자료에 나타난 고대의 통번역

고대에도 중국이나 일본 등과 조공사행(朝貢使行)의 왕래라든가 문물교류를 위하여 역관의 양성과 공급이 필요하였을 것이다. 삼국시대에도 역학 관련 기관이 있었음을 알 수 있는 자료가 있다.

(1) 영객부를 영객전으로 고치다 - 『삼국사기』 권38 잡지(雜志) 7 직관(職官) 상(上)
영객부(領客府)는 본래 이름이 왜전(倭典)이었는데, 진평왕(眞平王) 43년(621)에 영객전(領客典) -뒤에 또 왜전(倭典)을 따로 두었다-으로 고쳤다.

(2) 신라의 내성(內省)에 왜전(倭典) 설치 - 『삼국사기』 권39 잡지(雜志)8 직관(職官) 왜전(倭典) 이하 14곳은 관원수(官員數)가 비어있다.

(3) 신라 성덕왕 13년(714)에 한어(漢語)를 관장하던 상문사(詳文師(司))를 통문박사(通文博士)로 개칭하고 서표사(書表事)를 담당하게 함 - 『삼국사기』 신라본기(新羅本紀)8 성덕왕((聖德王) 13년 2월
2월에 상문사를 통문박사로 고쳐 표문 쓰는 일을 관장하게 하였다.

(4) 소내학생 - 『삼국사기』 권39 잡지(雜志) 제8 직관(職官)

소내학생은 성덕왕(聖德王) 20년에 두었다.

신라시대에는 일본과의 교류를 위하여 왜전(倭典)이 이미 설치되어 있었으며, (2)의 왜전은 영객전(領客典)에서 복활(復活)·별치(別置)된 이른바 후기왜전(後期倭典)이다. 영객전이 당(唐)의 사신을 응대한 반면, 후기왜전은 왜사(倭使)를 접대하는 업무를 맡은 것으로 보인다. 후기왜전이 내성에 설치된 것은 신라가 일본사신을 조공사로 응대한 것으로 보는 견해도 있다. 『삼국사기』 권10 신라본기 애장왕(哀莊王) 7년(806) 3월 기사와 권11 신라본기 헌강왕(憲康王) 4년(878) 8월 기사에 왕이 일본국사(日本國使)를 조원전(朝元殿)에서 인견(引見)하였다고 나온다. 이때 일본사신을 영접한 임무는 이 왜전에서 맡았을 것이다.

신라는 외교문서의 번역을 위해 한어[중국어]의 문서를 관장하는 상문사(詳文師(司))를 두었다. 상문사는 신라 때 외교문서[表] 업무를 담당한 관직인데, 714년(성덕왕 13) 통문박사(通文博士)로 고쳤다가 경덕왕 때에 다시 한림(翰林)으로 고쳤다. 이 관직은 771년(혜공왕 7) 12월에 만들어진 성덕대왕신종의 명문에 보이는 한림대(翰林臺)에 소속되었을 것으로 보고 있다.

소내학생(所內學生)은 내정內廷) 소속의 학생으로, 상문사(詳文師)에 부속된 학생이라 할 수 있는데. 성덕왕(聖德王) 20년(721)에 설치하였다. 소내(小內)는 『삼국사기』 권6 신라본기 문무왕(文武王) 9년(669) 기록에 '頒馬阹凡一百七十四所 屬所內二十二 官十四 庾信太大角干六 仁問大角干五…'라 한 기사에 의할 때, 내정(內廷)이라 할 수 있다. 따라서 신라의 상문사(=한림대(翰林臺))는 서표(書表)의 제작 외에 학생들에게 서표에 대한 교육도 담당한 것으로 추론해 볼 수 있다.

⑸ 태봉(泰封)의 사대(史臺)에서 제역어(諸譯語) 학습 - 『삼국사기』 권50 열전(列傳) 제10 궁예(弓裔) / 여러 관서를 설치하다(904년(음))

비로소 광평성(廣評省)을 설치하고, 관원을 두었는데 광치나(匡治奈)-지금[고려]의 시중, 서사(徐事)-지금의 시랑, 외서(外書)-지금의 원외랑였다. 또 병부, 대룡부(大龍部)-지금[고려]의 창부(倉部), 수춘부(壽春部)-지금의 예부(禮部), 봉빈부(奉賓部)-지금의 예빈성(禮賓省), 의형대(義刑臺)-지금의 형부(刑部), 납화부(納貨府)-지금의 대부시(大府寺), 조위부(調位府)-지금의 삼사(三司), 내봉성(內奉省)-지금의 도성(都省), 금서성(禁書省)-지금의 비서성(秘書省), 남상단(南廂壇)-지금의 장작감(將作監), 수단(水壇)-지금의 수부(水部), 원봉성(元鳳省)-지금의 한림원(翰林院), 비룡성(飛龍省)-지금의 태복시(太僕寺), 물장성(物藏省)-지금의 소부감(小府監)을 두었다.
또 사대(史臺)-여러 언어 통역의 학습을 맡았다. 식화부(植貨府)-과일나무를 심고 기르는 일을 맡았다. 장선부(障繕部)-성과 해자의 수리를 맡았다. 주도성(珠淘省)-그릇을 만드는 일을 맡았다.-을 설치하였다.

(밑줄은 필자, 이하 같음)

⑹ 『삼국사기』 권40 잡지(雜志) 第9 외관(外官)

광평성(廣評省) · 광치나(匡治奈)-지금은 시중(侍中) · 서사(徐事)-지금은 시랑(侍郎) · 외서(外書)-지금의 원외랑(員外郎). 병부(兵部) · 대룡부(大龍部)-창부(倉部)를 뜻한다. · 수춘부(壽春部)-지금의 예부(禮部) · 봉빈부(奉賓部)-지금의 예빈성(禮賓省) · 의형대(義刑臺)-지금의 형부(刑部) · 납화부(納貨部)-지금의 대부시(大府寺) · 조위부(調位部)-지금의 삼사(三司) · 내봉성(內奉省)-지금의 도성(都省) · 금서성(禁書省)-지금의 비서성(秘書

省)·남상단(南廂壇)-지금의 장작감(將作監)·수단(水壇)-지금의 수부(水部)·원봉성(元鳳省)-지금의 한림원(翰林院)·비룡성(飛龍省)-지금의 태복시(太僕寺)·물장성(物藏省)-지금의 소부감(少府監)·사대(史臺)-여러 언어 통역의 학습을 맡음·식화부(植貨府)-과수(果樹) 심는 일을 관장(掌)함·장선부(障繕府)-성황당(城隍堂)의 수리를 관장(掌)함·주도성(珠淘省)-기물조성(器物造成)을 관장(掌)함. 정광(正匡)·원보(元輔)·대상(大相)·원윤(元尹)·좌윤(佐尹)·정조(正朝)·보윤(甫尹)·군윤(軍尹)·중윤(中尹). 이상은 궁예(弓裔)가 만든 관직과 관서의 이름이다.

태봉의 사대(史臺)에서도 제 언어의 통역을 학습했던 것으로 보아, 고대사회에서도 외국어 학습이 중시되었음을 알 수 있다.『삼국사기』잡지(雜志) 직관조(職官條)에는 궁예가 마련하였던 관직으로 광평성(廣評省)·내봉성(內奉省)·금서성(禁書省)·식화부(植貨府)·사대(史臺) 등 18개의 관부가 있었음을 기록하고 있으며,『삼국사기』열전(列傳) 궁예조에도 궁예가 나라를 건국하고 관제를 정비하면서 광평성·사대 등을 설치한 내용이 기록되어 있다.

(7)『三國志』卷30「東夷傳」夫餘條

음식을 먹고 마심에 모두 俎豆를 사용하고, 會合을 할 때에는 술잔을 주고[拜爵] 술잔을 닦는[洗爵] 禮가 있으며, 出入시에는 [主客 사이에] 揖讓하는 禮가 있다. 殷曆 正月에 지내는 祭天行事는 國中大會로 날마다 마시고 먹고 노래하고 춤추는데, 그 이름을 '迎鼓'라 하였다. 이 때에는 刑獄을 중단하고 죄수를 풀어 주었다. 國內에 있을 때의 의복은 흰색을 숭상하여, 흰 베로 만든 큰 소매달린 도포와 바지를 입고 가죽신을 신는다. 外國에 나갈 때에는 비단옷 · 繡 놓은 옷 · 모직옷을 즐겨 입고, 大人은 그 위에다 여우 · 살쾡이 · 원숭이 · 희거나 검은 담비 가죽으로 만든 갖옷을 입으며, 또 금·은으로 모자를 장식하였다. 역인이 이야기를 전할 때에는 모두 꿇어앉아서 손으로 땅을 짚고 가만가만 이야기한다.

중국측 기록에도 우리나라의 역인[통역관]에 관한 기사가 보이는데 『삼국지』 권30 「동이전」 부여조에 보인다. 이에 따르면 부여에도 통역인이 있었고, 통역을 할 때는 꿇어앉아 땅을 짚고 가만히 이야기하였음을 알 수 있다.

비문헌자료에 나타난 고대의 통역

고대의 통역이나 역인에 대한 문헌자료가 매우 적으므로 고대의 비문이나 벽화 등에서 이와 관련한 자료를 찾을 수밖에 없다. 묘지명이나 벽화 속의 그림에도 역인에 대한 기록이 남아있다.

① 천남산(泉男産) 묘지명

고구려 말 연개소문의 사후, 그의 아들인 남산(男産)이 중국으로 가서 상서(象胥)를 지낸 기록이 전한다. 연개소문과 그의 자손들에 대한 이야기는 『삼국사기』 등 국내의 사서와 『신당서』 등을 통해 알려졌지만 당시 제작된 묘지(墓誌) 자료의 출토를 통해 사서에 전하지 않는 내용을 확인할 수 있다. 아래의 묘지명(墓誌銘)을 통해 고구려 유민이 중국에 가서 역관으로 활동하였음을 알 수 있다.

옛날에 위만(衛滿)이 연(燕)을 좇아 비로소 외신의 요를 얻어 마침내 漢과 통함을 이루었으나 다만 겸백(縑帛)의 영예만이 들렸을 뿐이다. 군은 홀로 고가(藁街)에서 옥소리 울리고 극서(棘署)에서 금을 차고, 아침이면 북궐에 나아가 황제 곁에서 일을 받들고, 저녁에는 남린(南隣)에 머물면서 (황제) 곁에서 생가(笙歌)를 어울려 펼치니 상서(象胥)의 명부에 당시 이보다 앞선 이가 없었다.

위의 천남산의 묘지명에 나타나는 내용으로 보아, 그가 황제의 지근에서 통역관의 역할을 하였으며, 상서[통역관]의 명부에 최초로 올랐음을 알 수 있다. 이와 같이 당시 고구려 유민들이 중국으로 가서 살면서 통역의 일을 했음을 짐작할 수 있다.

② 덕흥리벽화고분 태수래조도(太守來朝圖)에 보이는 통사리(通事吏)

고구려의 덕흥리 벽화고분 속에서도 역관의 존재를 확인할 수 있다. 그것도 남성 역관뿐만 아니라 여성 역관도 존재한다. 근대 이전의 여성(통)역관에 대한 기록은 어디에서도 찾아볼 수 없을 뿐만 아니라 세계적으로도 매우 드문 경우라 할 수 있다.

덕흥리 벽화고분은 1976년 평안남도 남포(南浦)시 강서구역 덕흥동 무학산 서쪽의 옥녀봉 남단 구릉에서 발견되었다. 고구려 시기에 만들어진 대표적인 석실봉토벽화분으로, 광개토왕대인 408년경에 조영된 것으로 보인다. 이 고분은 묘주의 공적인 영역[前室]과 사적인 영역[玄室]을 표현한 벽화들이 비교적 잘 남아있으며, 벽화와 관련하여 56군데에 약 600여 자의 명문이 발견되었다(판독 가능한 글자는 560여 자). 그동안 이 고분은 벽화 구성과 내용보다는 무덤 주인공의 묵서 묘지명 해석을 둘러싼 논의가 주가 되어 왔다. 주로 묘주인 진(鎭)의 출신지 및 주변 인물의 관직[爵]에 대한 연구가 활발하게 이루어졌고, 미술사나 복식사 분야에서도 고구려의 복식과 관련하여 꽤 많은 연구가 이루어졌다. 대체로 묘주인 진(鎭)이 유주자사(幽州刺史)를 지냈고, 이 무덤이 고구려의 무덤이라는 것은 공통된 의견을 보이는 듯하다.

그림 1에 보이듯이 덕흥리 고분의 전실 서벽에는 유주자사 진에게 배례하러온 유주(幽州)의 계현현령(薊縣縣令) 및 13군 태수를 묘사하였고, 이 그림의 제일 우측에는 이들을 안내하며 묘주 앞에 무릎을 꿇고 있는 '통사리(通事吏)'가 상·하단에 각각 1인씩 그려져 있다. 두 사람의 '통사리'들과 계현현령, 13군 태수 곁에는 소속과 지위를 밝히는 묵서가 쓰여 있다. 또 각 인물들의 우측에는 노란색 바탕의 네모칸을 세로로 그려놓고, 그 위에 검은 묵서로 인물의 직위와 더불어 "來朝賀時", "來論州時", "來朝時"와 같은 표현이 기록되었다. 각 태수의 직위를 알리는 상단과 하단의 글자들은 비교적 상태가 좋은 편이지만, 현재 자형만으로는 구체적인 지명이 확인되지 않는 경우들도 있다.

이를 통해 판독하고 추독한 부분들을 정리하면 아래와 같다.

일반적으로 '通事'는 '(通)譯官'을 일컫는 명칭이다. 과거에 역관은 '역인(譯人), 역자(譯者), 역어(譯語), 설인(舌人), 역설(譯舌), 상서(象胥)' 등으로 불렸으며, '吏'는 '고대에 관원을 통칭하던 말(古代對官員的通稱)'이다. 따라서 여기 보이는 '통사리'는 통역을 맡은 관원을 뜻한다.

태수래조도에는 상단과 하단에 각각 한 사람씩 '통사리'가 있다. 상단은 관을 쓴 남성이 무릎을 꿇고 있는 모습이고, 하단은 올림머리를 한 여성이 무릎을 꿇고 있는 모습이다.

이 두 사람은 각각 그림 옆에 묵서로 '六郡太守來朝時通事吏'(상단),

그림 1. 덕흥리벽화고분 전실 서벽의 태수래조도

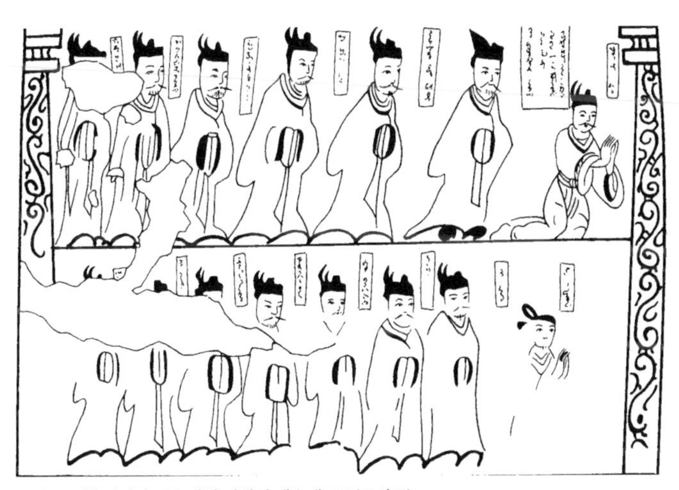

그림 2. 덕흥리벽화고분 전실 서벽의 태수래조도(모사도)

上端	下端
• 六郡太守來朝時通事吏 • 此十三郡屬幽州部縣七十五 州治廣薊今治燕國去洛陽二千三百 里都尉一 部幷十三郡[12] • 奮威將軍燕郡太守來朝時 • 范陽內史來朝論州時 • 魚陽太守來論州時 • 上谷太守來朝賀時 • 廣寧太守來朝賀時 • 代郡內史來朝□□□	• 諸郡太守通事吏 • [北平]太守來朝賀時 • 遼西太[守][來]朝賀時 • 昌黎太守來論州時 • 遼東太守來朝賀時 • 玄兎太守來朝□□ • 濼浪太守來□□□ • [帶方太守]□□□□

<표 1> 판독문 (□은 보이지 않는 글자. '[ ]'은 글자가 보이지 않으나 추독한 부분)

上端	下端
• 육군태수가 찾아뵀을 때의 통사리 • 이 13군은 유주에 속하며 부현은 75군데이다. 주의 치소는 광계(광양군 계현)였는데, 지금은 치소가 연국이며, 낙양으로부터의 거리가 2300리이다. 도위 1부가 13군을 아우른다. • 분위장군인 연군태수가 찾아뵀을 때 • 범양내사가 찾아뵙고 주에 논의하였을 때 • 어양태수가 와서 주에 논의하였을 때 • 상곡태수가 찾아뵙고 하례하였을 때 • 광녕태수가 찾아뵙고 하례하였을 때 • 대군내사가 찾아뵙고 □□□	• 제군태수의 통사리 • [북평]태수가 찾아뵙고 하례하였을 때 • 요서태[수]가 찾아뵙고 하례하였을 때 • 창려태수가 와서 州에 논의하였을 때 • 요동태수가 찾아뵙고 하례하였을 때 • 현토태수가 찾아뵙고 □□ • 낙랑태수가 來□□□ • [대방태수]가 □□□□

<표 2> (번역문 □은 보이지 않는 글자. '[ ]'은 글자가 보이지 않으나 추독한 부분)

그림 3. 상단 通事吏(남성)

그림 4. 하단 通事吏(여성)

'諸郡太守通事吏'(하단)라고 적혀 있으므로 '통사리'라는 관직을 가졌음을 알 수 있다.

그런데 그림 4는 여관(女官)으로 보인다. 통상적으로 통역관은 남성이 맡았을 것이라는 편견을 사라지게 하는 그림이다. 뿐만 아니라, 비록 하급직이지만 왕족이나 귀족이 아닌 여관이 고대 벽화에 보이는 것도 드문 일이다. 기존의 연구에서는 이 그림을 시녀나 시종 정도로 보고 넘어간 것이 대부분이다. 이는 그동안 '통사리'에 대한 이해가 없었기 때문이라 생각한다. 지금까지 남겨진 문헌기록을 살펴보건대, 근대 이전까지 여성이 역관을 담당했던 사례는 없다. 따라서 고구려 벽화에서 여성 통사가 존재한다는 사실 자체가 여성사에 있어서도 의미가 있는 일이다. 신라와 백제와는 달리, 고구려는 관직에도 여성을 둘 만큼 여성의 지위가 상대적으로 높았던 것으로 보인다. 이 여성 통사가 원래 고구려인이었는지는 확실하지 않다. 외국으로부터 망명해 온 유민일 가능성도 배제할 수 없다. 다만, 고구려에서는 여성이 외국어의 통역을 위해 관직으로 임용되었다는 사실이 놀라운 것이다. 이는 고구려의 특수한 경우라고도 할 수 있겠으나, 현대에도 많은 여성들이 통역의 업무에 종사하고 있으므로 전혀 생소한 일은 아니라고 생각한다.

벽화 하단에 있는 통사리가 여성이라는 증거는 복식만 보아도 확연히 알 수 있다. 김연수(2015)에 의하면, 이 벽화의 머리는 가체를 이용한 고계(高髻, 높은 상투머리)를 하고 있다. 즉, 여자의 머리숱을 많아 보이게 하려고 다른 사람의 머리카락을 이용해 덧넣어 땋은 머리를 일컫는 가체와 다리를 덧대어 높게 튼 상투를 지칭하는 고계를 결합한 것이다. 잘 보이지는 않으나 고계를 두 개 정도 얹은 것과 같은 형상이다. 이 그림에 보이는 머리모양은 '가체를 이용한 고계'에 속한다. '고계(高髻)'는 고구려 고분벽화에 자주 나타나는 표현으로, 모든 여성이 할 수 있는 것이 아니었던 것으로 보인다.

덕흥리 고분벽화에는 3가지 여성의 머리형태가 등장하는데 전실 천장의 직녀(織女)와 옥녀(玉女), 묘주 옆에 배치된 주악녀(奏樂女, 악기를 연주하는 여인)만이 고계(高髻) 형식의 머리모양을 취하고 있다. 그림 5는 전실 입구 북벽의 악기를 연주하는 주악녀이고 그림 6은 전실 남벽 천장의 직녀, 그림 7은 전실 서벽 천장의 옥녀이다. 그림 8~그림 9는 모두 시녀이다. 시녀들은 모두 상투를 하나로 틀어 올린 머리 형식을 하고 있다. 고구려 고분 가운데는 안악 3호분의 묘주 부인 그림 10이 고계의 머리 모양을 하고 있다. 이로 보아, 통사리(그림 11)는 일반 시녀와는 다른 신분이었음을 알 수 있다.

그림 5. 주악녀(전실 묘주옆)

그림 6. 직녀(전실남벽 천장)

그림 7. 옥녀(전실서벽 천장)

그림 8. 시녀(사잇길동벽 상단)

그림 9. 시녀(널방 북벽)

그림 10. 안악3호분 묘주 부인

그림 11. 역관(통사리)

통사리는 중국계 망명인이라 추정되는 진(鎭)이 유주자사 시절 태수들을 데리고 정사를 보는 장면에 등장한다. 마치 조선시대의 어전통사(御前通事)처럼 진(鎭)의 의사소통을 위해 부리던 통사들로 보인다. 그림에는 맨 앞에 통사리가 무릎을 꿇고 앉아 있고, 그 뒤로 각 군의 태수들이 줄지어 서 있다. 전술한 부여의 역인의 모습과 닮은 형상이다.

그렇다면 여기 등장하는 통사리들은 과연 어떤 언어를 구사하였을까. 묵서의 내용으로 보아 상단의 통사리는 '분위(奮威), 범양(范陽), 어양(魚陽), 상곡(上谷), 광녕(廣寧), 대군(代郡)'에서 온 사람들의 통역을 담당하였을 것이고, 하단의 통사리는 '북평(北平), 요서(遼西), 창려(昌黎), 요동(遼東), 현토(玄兎), 낙랑(樂浪), 대방(帶方)'에서 온 사람들의 통역을 담당한 것으로 보인다. 통사리까지 두고 정사를 보았다면 이들이 묘주 진과 다른 언어를 사용했음을 추정할 수 있다. 그들의 언어는 얼마나 달랐을지 궁금하다. 묘주인 진이 중국인이었다면 한어(漢語, 중국어)를 구사하였을 것이며, 내조한 태수들은 각 군의 방언을 구사하였을 것이다. 반대로 묘주 진이 고구려인이었다고 해도 내조한 태수들과는 자유롭게 의사소통을 할 수 없었을 것이다.

선행 연구에서 '육군태수'와 '제군태수'의 구분은 유주와의 지역적인 거리 차이에 따라 이루어진 것으로 본다. '육군', '제군'에 소속된 지역을 찾아보면 '六郡'에 해당하는 군들은 모두 만리장성 안쪽에 위치하고 있고, '諸郡'은 대개 장성의 바깥에 위치한다. 물론 그 가운데 遼西와 北平이 장성 안쪽에 위치하지만 '六郡'에 비해 그 거리가 다소 멀어 변방으로 취급되었을 터이다. 김근식(2012)에서 육군은 진이 실제 다스렸던 유주를 나타내며, 제군은 자신의 위상을 과시하기 위한 허상으로 그렸던 것으로 보고 진의 국적을 6군이 일치하고 있는 후연으로 보았다. 그러나 통사리를 굳이 따로 두고 구분을 했다는 것은 두 통사리가 구사할 수 있는 언어가 서로 달랐기 때문이라고 볼 수 있다. 조선시대의 역관 제도를 살펴보아도 한(漢)·몽(蒙)·청(淸)·왜(倭)의 역관이 따로 있었듯이 그 시대에도 구사할 수 있는 언어에 따라 통사리를 따로 두었을 가능성이 있다. 또한 지금도 중국에서 각 지방의 방언을 서로 잘 알아듣지 못하듯이, 당시에도 큰 중국 대륙의 여러 곳에서 온 태수들과 의사소통을 위해서는 별도로 통역이 필요했을 것으로 보인다. 다만, 이들의 언어가 얼마나 달랐는지, 어느 계통에 속했는지에 대한 문제는 좀 더 천착해야할 것으로 보인다.

이상의 논의에서 『삼국사기』 등의 문헌 자료 기록과 묘지명, 고분 벽화의 묵서명 등 비문헌자료를 통해 대외 통역에 관계한 역인(譯人)에 대하여 살펴보았다. 통역과 번역의 오랜 역사에도 불구하고 고대의 기록은 많이 남아 있지 않다. 『삼국사기』에는 주로 역학관련 기관의 설치에 관한 기록이 남아 있어서 영객전과 왜전, 상문사 등에서 외교에 관한 업무와 교육을 했음을 알 수 있고, 중국 소재의 묘지명을 통해 고구려 유민이 중국으로 건너가 역관의 일을 담당했던 사실을 알 수 있었다. 특히 평안남도 남포 소재 고구려 덕흥리 고분의 묵서에서는 이미 5세기 초에도 고구려에서는 통사리라는 관직을 따로 두고 통역을 했으며, 특히 여성에게도 공적인 신분으로 통역의 일을 맡겼다는 사실을 알게 되었다. 고대의 역인이나 통번역에 대한 기록은 거의 남아있지 않다. 그러나 문헌자료에만 의지하지 않고 다양한 시각으로 찾아간다면 또 다른 역사적 사실을 발견할 수 있지 않을까 기대해 본다.

[참고문헌]

고구려연구재단, 2005, 『평양일대 고구려 유적 -남북공동유적조사보고서-(증보판)』, 고구려연구재단.

김근식, 2012, 「德興里 壁畵古墳의 墨書와 圖像검토를 통해 본 鎭의 國籍」, 『동국사학』52.

김연수, 2015, 「고구려 고분벽화의 성별분류와 여성두식 연구」, 『고구려발해연구』53.

이병도, 1996, 『역주 삼국사기 상』, 을유문화사.

정구복 외, 1997, 『역주 삼국사기 3·4 (주석편 상·하)』, 한국정신문화연구원.

정승혜, 2017, 「고대의 역인」, 『목간과 문자』19, 한국목간학회.

한국역사연구회 고대사분과 엮음, 2003, 『고대로부터의 통신』, 푸른역사.

한국목간학회 연구총서 04

주보돈교수 정년기념논총

문자와 고대 한국

2 교류와 생활

4부 문자와 함께 살다

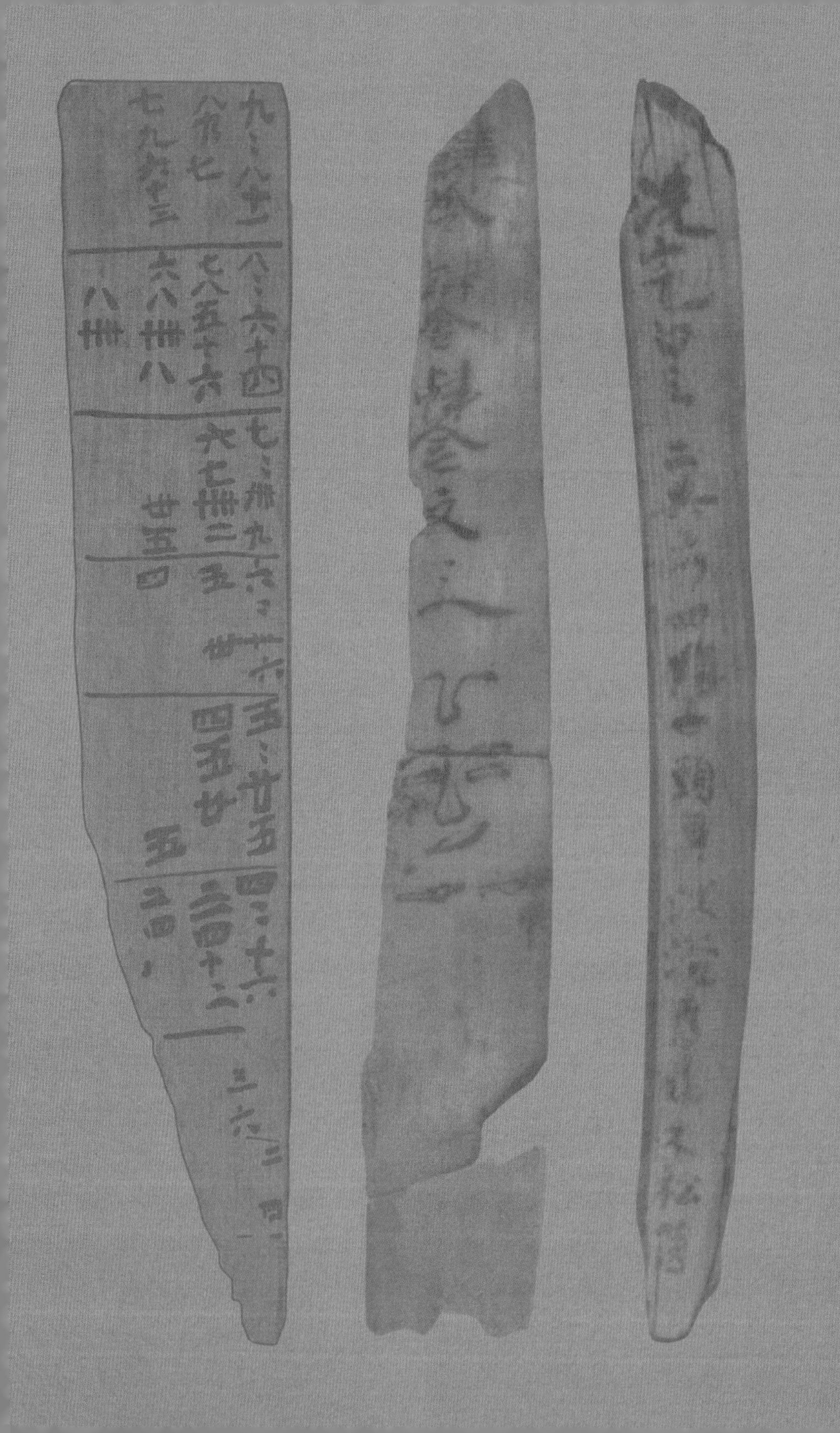

목간에 기록된 신라 왕경 생활

이용현

국립경주박물관

1972년 경주 신라 때 왕경 태자의 궁인 동궁(東宮)에서 국내에서 처음으로 목간이 발견되었지만, 맨 손 맨 눈으로 얻어낼 수 있었던 정보는 그리 많지 않았다. 발굴은 윤근일 선생님(당시 왕경발굴조사단 조사원), 판독과 연구는 한국고대사학자 이기동 선생님(당시 경북대 교수)에 의해 이뤄졌다. 이 연구는 국내 목간 연구의 초석이 되었다. 당시로서는 최대한의 노력이 경주되었지만, 인간의 눈으로 목간을 읽어내는 데는 보존 상태로 인한 한계가 있었다.

목간에 적외선 사진 촬영이 최초로 적용되기 시작한 것은 내 기억으로는 아마도 부여 궁남지 백제 목간이었지 싶다. 1992년, 실로 목간 발굴 20년 후의 일이었다. 장비와 여건의 미비에도 불구하고 최맹식 선생님(당시 부여문화재연구소 소장)의 집념에 의해 질 좋은 적외선 사진을 얻어낼 수 있었다. 이것이 모태가 돼서 국내에도 최신 적외선 카메라가 국립기관을 중심으로 보급되게 되었고, 실무진의 촬영 경험이 축적되면서 장비를 다루는 수준이 향상되었다. 이로 인해 동궁의 안압지(월지)와 월성의 해자에서 출토된 목간의 묵흔을 상당히 선명하게 판독할 수 있게 되었다. 이 글에서는 이러한 학계 선배들의 다양한 경험과 노력의 축적을 밑천 삼아 목간이 말해주는 신라 왕경 사람들의 삶의 현장을 어깨 너머로 엿보려 한다.

안압지(월지) 목간 연구의 촉발

1972년 경주 관광개발의 일환으로 국가에 의해 경주 일원의 대대적 정비 복원을 위한 발굴조사가 추진되었고, 안압지 발굴도 그 일환이었다. 안압지 연못 안에서 대거 2만여점(보고서에 보고된 유물 점수. 실제는 이보다 더 많았다.)의 유물이 세상에 모습을 드러내게 되었는데, 그 가운데는 목간 20여 점도 있었다. 해당 유물의 발굴 및 조사정리 담당자였던 윤근일은 컴퓨터처럼 정밀한 유물카드를 작성하였다. 목간은 땅 속에서 드러나 햇빛을 보는 순간, 노란 나무색이 얼마 되지 않아 순식간에 시커멓게 변해버린다. 산화(酸化)가 돼버리기 때문인데, 업계에서는 이를 흑화(黑化) 현상이라고 한다. 목재 보존 과학이 아직 진전될 수 없었던 당시로서는 불가피한 상황이었다. 윤근일은 정교한 유물카드는 이래서 더 소중했다. 이기동은 이 윤근일의 유물카드에 의존하여 판독과 연구를 진행하였다.

이기동은 목간에 보이는 세택(洗宅)이 삼국사기에 보이는 동궁(東宮) 관아였던 것을 찾아내었고, 시대를 알 수 있는 간지(干支)와 중국 연호(年

號)를 계산하여 그 시기를 통일신라시대로 특정하였다. 아울러 기본 판독을 통해 전모를 스케치하였다. 이 연구는 한국 목간 연구의 커다란 첫 걸음이었다. 마치 닐 암스트롱이 달에 착륙하여 내딛은 첫 걸음에 비견될 정도로.

이후 안압지 목간은 일부 상태가 좋은 목간을 중심으로 간헐적 연구가 진전되었는데, 결정적으로 2003년 국립경주박물관의 적외선 사진 촬영에 의해 새로운 전기를 맞이하게 된다. 마치 과학에서 코페르니쿠스의 전환과도 같이. 해당 목간은 안압지의 다른 유물과 함께 문화재관리국에서 국립경주박물관(이후 '경주박'으로 약칭)으로 관리가 이관되었다. 모든 유물이 국립경주박물관에 이관되었고 새롭게 안압지관(雁鴨池館)이 개설되어 일반에 상시 전시되게 되었다. 그러던 중 함순섭(당시 경주박 연구관)에 의해 안압지 목간에 대한 적외선 촬영이 시도되었다. 국립박물관 연구자, 한국목간학회, 히라카와 미나미(平川 南) 선생을 중심으로 한 일본 측 연구자 등 세 그룹에 의해 각각의 판독이 이뤄지게 되었다. 이를 통해 기존 판독이 대폭 보완되게 되었으며, 이를 바탕으로 획기적인 새로운 정보를 얻는 기폭제가 되었다.

신라 궁중의 염장요리와 식재료 관리

안압지 목간 연구의 가장 큰 수확은 궁중의 젓갈 음식에 대한 정보였다. 목간 가운데 '해(醢)' 즉 염장음식(鹽藏)을 읽어내었는데, 목간의 기록 중 '조사(助史)'가 '젓'에 대한 순 우리말 표기였다는 점에서 착안한 것이었다. 즉 '조사(助)'는 초성(初聲)·중성(中聲)이고, '사(史)'의 'ㅅ'이 종성(終

聲)을 표기한 것이라는 것의 발견이다. 이는 하시모토 시게루(橋本繁, 당시 와세다대 강사)가 처음 착안했고 바로 이용현에 의해서 계승되었다. 대부분 꼬리표 목간들에서 다양한 식재료들이 염장 보존식으로 혹은 염장 요리되고 있었음을 알게 되었다. '젓'은 오늘날도 '젓' 혹은 '젓갈(깔)'이란 이름으로 남아 있는데, 강경의 새우젓 등이 유명하다. 건강을 위해 저염(低鹽)식품이 대세인 오늘날, 많이 퇴조하긴 했지만 불과 십수년전만 해도, 새우젓·황새기젓·명란젓 등 해산물의 젓갈류는 재래시장에서 흔히 볼 수 있는 음식이자 반찬이었다. 냉장고가 없었던 전근대에 염장은 음식을 오래 보존하는 중요한 보편적 방식 중 하나였다. 그 점에서 신라에서 염장이 발견된 것은 그다지 놀랄만한 것이라고는 할 수 없다. 오히려 중요한 것은 목간을 통해서 신라사회에서는 어류(魚類) 즉 생선뿐만 아니라 돼지, 사슴 혹 노루와 같은 육류(肉類)까지도 광범하게 염장이 활용되고 있었다는 점, 또 이를 가리키는 '젓(젓갈)'이라는 단어가 신라시대까지 소급된다는 점을 확인할 수 있게 된 것은 큰 수확이라 할 수 있다.

한편 안압지는 바다를 연상케하는 인공섬과 굽이진 해안과 같은 원지(園池)가 조성되어 있었다. 이것은 아마도 부여 궁남지나 익산 왕궁리에 보이는 백제의 정원 혹 인공연못 조성 기술이 통일 후 신라에 수용되어 발전된 것으로 보인다. 이곳 안압지에서는 실제 노루와 개, 돼지 등의 뼈가 출토되고 있어서, 목간에 보이는 젓갈 혹 식재료 품목과도 같아서 안압지에서 관상용으로 기르던 가축들이 때로는 식용으로 활용되기도 했었을 가능성을 시사해준다.

안압지는 조선시대부터의 이름이었고, 신라 때는 월지로 불리었다. 이 때문에 90년대부터는 원래 이름인 월지로 많이 부르고 있다. 안압지 혹 월지는 통일신라시대 차기 왕위계승권자인 태자의 궁인 동궁이 있었으며, 여기서는 국왕의 연회정치나 국외사신 접대 등이 이뤄지고 있었다. 즉 이곳에서 준비된 음식은 국왕을 비롯한 신라 귀족들을 대상으로 하는 최고의 음식이자 요리였다. 꼬리표 목간들을 보면 동궁의 식재료는 항아리들에 담겨져 각기 내용물의 내용과 제조시기를 표시한 꼬리표가 붙여져 있었다. 간장 등 조미료나 국물로 여겨지는 액체 '즙(汁)'도 포함된 이들 항아리는 '몇 행의 몇 열'과 같이 정연하게 배치되어 있었고 하나 하나 그 수량이 관리되었다. 이러한 요리의 준비와 식재료의 관리는 동궁 산하 포전(庖典)에 의해 총괄되었을 것으로 추정된다. 포전은 신라의 쟁쟁한 셰프들이 신라의 진미를 준비했던 것으로 보인다. 한편 동궁의 세택(洗宅) 즉 중사성(中事省)은 국왕들을 모시는 근시(近侍) 기구로 여겨져 왔는데, 목간에 보이는 궁(宮)과 당(堂)의 열쇠 관리나 궁문 경비나 번(番) 관련 기록이 세택의 업무였다는 의견도 근년 제시되고 있다.

월성해자 목간은 왕경 문서의 보물창고

반달처럼 보여서 반월성이라고도 불리우는 월성(月城)은 신라 왕이 거주하던 왕성(王城)이었다. 당시 사람들은 이곳을 "재성(在城)" 즉 임금이 계신 성이라고 부르기도 했다. 왜 월성으로 불리었는가는 잘 알 수 없는데, 신라의 토템이 닭[鷄]이기도 했는데 월(月), 즉 달은 이 닭과 같은 발음이기도 해서 신라 6부의 중심인 탁(喙)을 비롯해 상호 관련성이 운위되기도 한다. 나아가 이것이 고구려가 신라에 설치했던 군영 조직 당(幢)에서 유래했을 것이라는 추정도 있다. 아무튼 이 월성 주변에는 북쪽과 동쪽은 방어시설인 인공 해자(垓子)가, 남쪽은 문천(蚊川), 일명 남천(南川)이 흘렀다. 동북쪽의 지세가 높았던 경주 시내에서, 큰 강 알천(閼川) 일명 북천(北川)에서 이곳으로 물이 공급되었다. 해자 동북쪽으로 물이 유입되었고, 그것은 다시 해자 동쪽에서 서쪽으로 흘러 배수되었다. 일찍이 이곳에서 26점의 목간이 출토되었고, 근년 발굴에서 다시 8점의 목간이 더 나와, 현재 글자가 확인되는 목간은 모두 34점이다. 여기에는 문서임이 확실한 목간이 다수 보여 신라 문서의 보고라 할 수 있다. 다종 다양한 문서가 있어 신라 왕경 문서행정의 실제를 엿볼 수 있다. 기관과 기관, 관등체계 속에서 업무의 진행은 철저한 문서주의에 입각하여 진행되고 있었음을 알 수 있다.

왕경 내 기관 사이에 오고간 문서

표기는 전형적인 중국문장에서 한걸음 물러난 신라식 문체가 구사되고 있었다. 대오지랑(大烏知郞)에게 보고하는 목간은 이두 즉 신라식 문체가 들어 있는 불경(佛經)에 쓸 종이 구입과 관련된 업무사항 결과를 보고하는 문서로 이해되고 있다. 다만 근년 이를 이두가 아니라 전형적인 한문 문체라는 참신한 견해가 제기되고 있다. 하부기관에서 상부기관에게 보고하는 문서 즉 이른바 전백(前白) 문서도 보인다. 17관등 경위 가운데 제16등인 소오(小烏)가 제13등인 소사(小舍)에게 보고한 문서는 경백(敬白) 즉 삼가 아뢴다는 표현이 "敬呼白遣"과 같이 이두식으로 표기되어 있다. 사전(寺典)의 대궁사(大宮士)등이 원전(苑典)에 "경백(敬白)", 즉 보고하는 문서도 있다. 한편 '동사 + 在之' 문투의 이두 역시 두드러진다.

한편 동급기간 간, 혹 상급기관에서 하급기관으로의 연락문서도 있는 듯하다. 고(告)란 중국 고대 문서에서는 동급기관 사이의 연락에 사용되는 경우가 많다. 신라에서도 같은 용법으로 쓰였다고 한다면, 이는 동급기간 간의 연락문서의 부류에 넣을 수 있다. 전중대등(典中大等)이 사탁(沙喙)의 급벌참전(及伐斬典)에게 연락하는 문서가 그것이다. 전대등(典大等)이 국왕의 명령 즉 교사(教事)를 받아내리는 문서도 있다. 전대등은 565(진흥왕 26년)에 집사부(執事部)의 전신인 품주(稟主)의 장관직으로 설치되었다. 651(진덕왕 5년)에 품주가 집사부로 확대 개편 될 때, 중시(中侍) 아래 차관직으로 조정되었다. 즉 신라 최고 기관인 집사부의 1등관 혹은 2등관이다. 이는 7세기 중엽 내지 8세기 중엽 사이에 시랑(侍郞)으로 명칭이 바뀐다. 전중대등은 이 전대등과 같을 가능성이 커보인다. 급벌참전은 진흥왕 순수비 마운령비에 보인다. 종래 급벌참전을 국왕을 수행하는 근시(近侍) 조직으로 추정했었는데, 문서 내용에 산(山)이나 배[舟], 또 흙으로 막았다[陻]는 내용이 나오고 있어 기관 이름인 벌참(伐斬) 즉 베다는 것과 연관지어 생각하면 부교(浮橋)를 포함하여 길을 내거나 하는 일에 관련되는 토목공사 관련 기관일 가능성이 높다. 이 문서는 하급 기관으로 외위 10등 중 가장 아래인 제10위인 아척(阿尺)의 보고를 근거로 하고 있는데, 이와 같이 보고 혹 연락문서에서 다른 기관 혹 하급기관의 보고를 그 근거로 삼는 것은 6세기 말 함안 성산산성 목간에서도 보이고 있어, 신라 문서에서 기본 양식이었던 것으로 보인다.

모탁(牟喙)부 등 왕경에 대한 세금 수취 관련 문서도 있다. 부 아래는 리(里)를 중심으로 편제되어 있었던 왕경의 모습을 기록하고 있다. 또 마치 종이문서를 연상케 할 정도 두께 2mm의 얇은 문서 조각에는 탁(喙)의 부담[負] 내용과 사탁(沙喙)관련 기록도 있다. 안두(安豆) 즉 곡물과 칼[大刀,中刀]의 수량을 기재한 것도 있다. 수취와 세금, 창고관리가 국가 재정의 근간이었고 그와 관련된 기록과 장부가 국정운영과 문서행정의 핵심이었음을 새삼 보여준다.

지방 행정 관련 문서

새로 추가된 목간에는 간지(干支)기년이 나와 월성해자 목간의 연대를 가늠하는 데 중요하다. 종래는 목간의 내용과 월성 축조 시기를 바탕으로 6세기 후반에서 통일신라시기에 걸치는 것으로 추정하는 데 그쳤었다. 새로 출토된 촌(村) 관련 문서 목간에는 병오년(丙午年) 등 간지가 분명하게 나온다. 해당 목간과 그 내용의 시기를 특정할 수 있게 된 점에서 중요하다. 해당 지방 촌의 공물과 사람에 대한 관리 수치와 함께, 아마도 촌주의 관등 수여 및 승진을 기록하였다.

> …受一伐, 戊戌年位留, 丙午年 干支受
>
> (언제) 일벌이라는 외위 8등을 받았고, 무술년에 관위는 그대로 이전과 같았으며, 병오년에 간지라는 외위 7등을 받았다.

해당 인물은 외위 8위인 일벌을 받았고, 무술년에는 그 관등이 상승하지 못하고 그대로 머물렀다가, 그로부터 8년 뒤인 병오년에 하나 위인 7등이 되었다. 병오년은 526년 혹 586년이 지목되고 있는데, 586년 쪽이 아닌가 한다. 지방의 어느 촌으로 여겨지는 사미마촌(舍尸麻村)에서 닭(鷄), 꿩(鳩)과 모종의 동물 扌 을 공납한 문서도 있다. 6세기대 혹 6세기 말 단계에서 국가에 의해 지방은 촌(村) 단위로 공납과 함께 촌주의 관등이 관리되고 있었던 것이다. 왕경은 중앙은 물론 지방 행정과 수취 관련 문서가 집적되는 결점점이자 종착역이었다. 즉 왕경은 전국 문서와 그 행정의 중심이었다.

왕경 사람들의 이모저모

한편 이들 자료를 통해 왕경 사람들의 삶을 엿볼 수 있다. 월성해자 목간에는 대나마(大奈麻)가 불경을 사경하는 내용이 보이기도 하고, 집사부의 전대등 문서를 작성한 문인으로 경위 14등의 길사(吉士)가 자신의 이름을 중국 고대 유교정치의 중심사상가였던 '주공(周公)'이라고 자칭한 사실도 확인된다. 왕경에서는 불교와 유교와 관련하여 그 문화가 상당히 왕경인의 생활에 스며들어 있었다. 천웅(天雄) 등 약재에 관련된 처방 내용이 있어, 국왕을 비롯 왕경 고위층의 의료 상황도 엿볼 수 있다. 왕경 특히 월성해자를 중심으로 한 그 근방 아마도 북쪽 혹 동쪽에 문서와 관련된 기관들이 자리잡고 있었고, 이들 기관에 근무하던 문서행정 실무 관리들은 문서 작성과 수수, 관리에 분주했다. 이들이 거대한 국가조직 운영을 지탱하고 있었다. 얼굴모양과 중국연호를 반복해서 쓴 안압지 목간에도 보이지만 이들은 가끔 낙서나 글씨 연습을 통해 망중한(忙中閑)을 달래기도 했다. 이처럼 왕경에서 출토된 월성해자 목간과 안압지 목간은 그야말로 중고기에서 통일신라에 걸쳐 왕경 사람들의 삶과 생각, 문화의 단면을 보여준다고 하겠다.

참고문헌

문화재관리국, 1972, 『(유적발굴조사보고서)안압지』.

한국고대사학회, 2000, 『한국고대사연구』19(함안성산산성목간 특집).

윤선태, 2005, 「월성해자 출토 신라 문서목간」, 『역사와 현실』56, 한국역사연구회.

이용현, 2006, 『한국목간기초연구』, 신서원.

국립경주문화재연구소, 2006, 『(학술연구총서41)월성해자 발굴조사보고서2(고찰)』.

국립경주박물관, 2007, 『신라문물연구』 창간호.

이경섭, 2013, 『신라 목간의 세계』, 경인문화사.

橋本繁, 2014, 『韓国古代木簡の研究』, 吉川弘文館.

국립경주문화재연구소, 2017, 『동아시아 고대 도성의 축조 의례와 월성해자 목간』.

윤선태, 2018, 「월성 해자 목간의 연구 성과와 신 출토 목간의 판독」, 『목간과 문자』20, 한국목간학회.

이재환, 2018, 「新羅의 宦官 官府에 대한 試論 -洗宅(중사성)의 성격에 대한 재검토-」, 『목간과 문자』21, 한국목간학회.

金秉俊, 2018, 「再讀新羅月城垓子字2號木簡」, 『簡帛研究』2018秋冬號.

국립경주문화재연구소·한성백제박물관, 2019, 『(전시도록)한성에서 만나는 신라월성』.

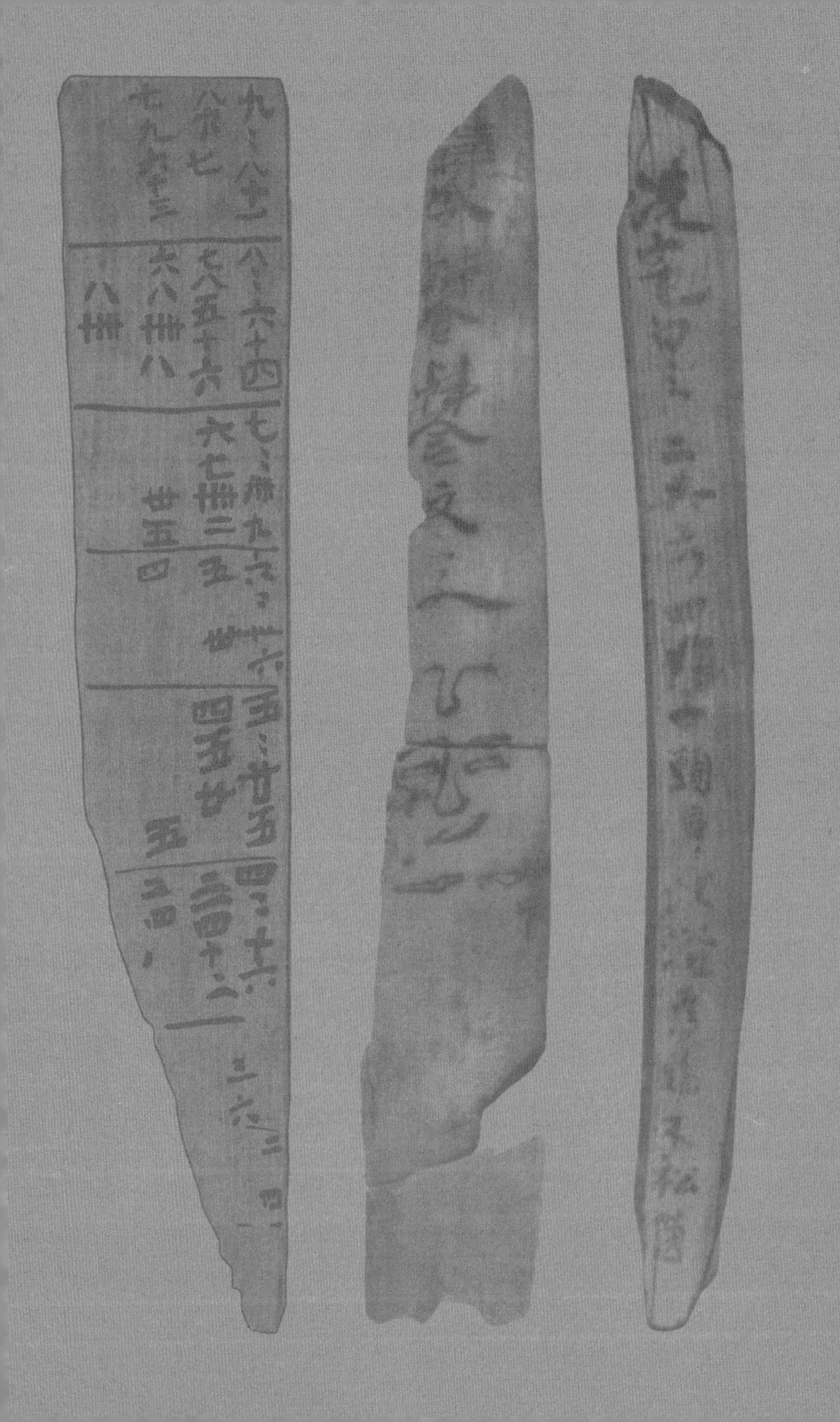

신라 왕도(王都)와 문자자료

박성현

계명대학교

동아시아 전통 시대의 정치 중심지를 일반적으로 도성(都城)이라고 한다. 한반도에서도 고대 국가의 등장과 함께 도성이 나타났는데, 최초의 도성은 고조선의 왕험성(王險城)으로 알려져 있지만 그 실체가 불분명하며, 고구려, 백제, 신라의 삼국 단계에야 본격적인 도성의 발전 모습을 확인할 수 있다.

삼국의 도성에 대한 문헌 사료는 아주 없지는 않지만 그 구체적인 모습을 알기에는 많이 부족한 편이다. 오히려 고도(古都)에 대한 발굴조사를 통해 새로운 사실들이 많이 밝혀지고 있는데, 출토된 유물 중에는 문자자료가 적지 않게 포함되어 있다. 문자자료는 유적의 성격을 더욱 분명하게 해주고, 나아가 도성의 모습을 복원하는 중요한 토대를 제공한다.

본고에서 다루고자 하는 것도 결국 이러한 문자자료를 통해 고대 도성의 모습을 어떻게 좀 더 생생하게 복원할 수 있는가 하는 문제일 것이다. 일단 신라의 도성으로 주제를 한정했는데, 다양한 사례들을 소개하기보다 자료들을 좀 더 체계적으로 제시하고 싶었기 때문이다. 어쨌든 이로 인해 고구려, 백제의 도성에 대한 중요한 문자자료들을 다루지 못하게 된 점은 다소 아쉬운 부분이다.

신라 도성의 이름에 대해서는 약간의 논란이 있는데, 본고에서는 왕도(王都)라는 호칭을 사용하도록 하겠다. 이와 관련해서 왕도의 개념과 구조에 대해서 간략하게 소개하고, 여기에서 출토된 문자자료를 일별한 뒤, 문자자료를 통해 왕궁(王宮)과 그 주변의 모습, 6부(部)와 리(里)에 대해서 알 수 있는 것들에 대해서 논의해 보도록 하겠다.

왕도라는 공간

신라의 도성은 변함없이 현재의 경주였다. 경순왕이 고려에 항복하자 그 나라(수도)를 경주로 삼았다고 한다. 신라 때 도성을 부른 명칭으로는 『삼국사기』에 경성(京城), 경도(京都), 경사(京師), 경(京), 왕경(王京), 도(都), 왕도(王都), 도성(都城) 등 여러 가지가 나타나는데, 고유한 명칭이라기보다는 수도에 대한 일반적인 지칭이라고 할 수 있다. 현재 연구자들은 왕경 또는 왕도라는 명칭을 많이 사용한다. 가장 많이 쓰는 용어는 왕경이지만, 그렇다고 이것이 『삼국사기』나 다른 자료에 많이 보이는 용어는 아니다. 한편 왕도는 『삼국사기』 지리지에 나오는 명칭이다.

왕도는 길이가 3천 75보, 너비가 3천 18보이며, 35리(里), 6부(部)로 되어 있었다.

이처럼 왕도의 범위와 행정구역을 명시하였는데, 이것은 특정한 시기, 대체로 중대(中代)의 양상을 보여주는 자료로 이해되고 있다. 이 시기 왕도라는 명칭을 썼고 그 범위가 제한되어 있었으며, 35리, 6부의 행정구역이 있었다는 사실을 알 수 있다. 또 여기에는 보이지 않지만 대성군(大城郡) 및 상성군(商城郡)이 그 주변을 둘러싸고 있었으며, 거기에는 6기정(畿停)이 포함되어 있었던 것으로 되어 있다. 이것이 신라 왕도에 대한 가장 분명한 기록이라고 할 수 있다.

그렇지만 이것은 특정 시점의 자료이며 시기에 따른 변화는 별도로 파악해야 한다. 왕도의 성립과 변천을 이해할 때 가장 중요하게 고려해야 할 것은 바로 6부이다. 왕도, 왕경이 6부로 되어 있었다는 사실은 지리지뿐만 아니라 직관지의 전읍서(典邑署), 6부소감전(六部少監典) 등의 조직을 통해서도 알 수 있다. 6부는 신라 시조 설화에서는 6촌 혹은 6부가 이미 건국 전부터 있었던 것처럼 되어 있으며, 신라가 멸망했을 때 6부는 경주 6부로 편제되었다.

이밖에 왕도 6부의 성립을 분명하게 보여주는 자료로 『양서(梁書)』 신라전(新羅傳)이 있다. 여기에 기록된 정보는 보통(普通) 2년(521)년 신라에서 파견한 사신에게 들은 것으로 알려져 있다.

그 풍속은 성(城)을 '건모라'라 부르고, 그 읍은 안에 있는 것을 '탁평', 밖에 있는 것을 '읍륵'이라 부르는데 또한 중국의 말 군현과 같은 것이다. 나라에 6탁평, 52읍륵이 있다.

즉 당시 신라에서는 왕성을 건모라라고 불렀으며, 그 안에 있는 읍을 탁평이라 했는데 6개의 탁평이 있었다는 것이다. 여기에서 6탁평은 바로 6부로 볼 수 있다. 왕도가 6부로 이루어져 있었음을 알 수 있다.

6부의 범위에 대해서 알 수 있는 것은 건국 신화에 나오는 6촌, 6부의 전승이다. 특히 『삼국유사』에는 고려 경주 6부 소속의 촌명들이 나타나 있는데, 이를 적용하면 고려 경주 6부의 범위가 대체로 현재의 '통합 경주시'에 해당한다는 것을 알 수 있다. 문제는 그것이 『삼국사기』 지리지에 나오는 왕도의 범위와 차이를 보인다는 점이다. 지리지의 왕도 범위는 동서, 남북 각 5km 정도이며 대체로 현재의 '경주 시내'에 해당하는 것이다. 이처럼 6부의 범위와 중대 왕도의 범위가 차이를 보이는 이유에 대해서는 몇 가지 다른 견해가 제시되어 있다. 먼저 왕경=왕도=6부의 입장에서 통일기에 들어 왕도=6부의 범위를 축소, 조정하고 왕도 밖 기존 6부 지역을 대성군, 상성군 등으로 편제했다는 견해가 있는데, 여기에서는 하대에 걸쳐 왕도의 범위가 다시 확대되었고 신라 말 고려 초에 상대(上代)의 그것으로 환원되었다고 하였다. 한편 6부의 범위에는 변화가 없고 그 내부에, 6부 영역에 적절히 걸쳐 왕도가 형성된 것으로 보는 견해도 있다.

처음 신라 6부의 범위는 대체로 진한 소국의 하나인 사로국에 해당하는 것으로 이해되고 있다. 신라는 사로국이 주변 지역을 복속시키면서 형성된 나라이다. 그 결과 사로국은 왕경 혹은 왕도로, 복속된 지역은 지방으로 편제되었는데, 이와 같은 내외의 구별이 『양서』 신라전에 나타난 것이라고 할 수 있다. 삼국 통일 이후에는 대체로 '시가지'를 중심으로 왕도를 재설정하면서 그 외곽 지역에는 군현을 설치하였다. 이러한 시가지, 즉 도시로서의 왕도는 이미 중고기 초에 나타났으며, 중대를 거쳐 하대에 이르기까지 확대되는 경향이 있었던 것 같다. 이처럼 왕경, 왕도라고 하면 '6부'를 의미하기도 하며 시가지, 즉 '도시'를 의미하기도 했다. 이와 관련 다나타 도시아키[田中俊明]는 전자를 '6부 왕경', 후자를 '조방제(條坊制) 왕경'이라고 불렀다. 본고에서는 후자를 '도시로서의 왕도'로 지칭하도록 하겠다.

도시로서 왕도의 구조를 규정하는 것은 성곽과 가로(街路)이다. 성곽은 성과 곽의 합성어인데, 성은 내성(內城), 즉 지배자의 공간을 둘러싼 것, 곽은 외곽(外郭), 즉 민들의 거주지까지 둘러싼 것이었다. 중국의 성곽 발달사를 보면 먼저 성이 발달하는데 대체로 궁궐과 관아 구역, 일부 지배층의 거주지를 둘러싼 형태로 이해할 수 있다. 즉 이때 성은 궁궐만을 둘러싼 궁장(宮牆)과는 구별되지만, 궁궐을 제외한 부분이 그다지 넓지 않아서 사람들이 거주할 수 있는 충분히 되지 않는다. 따라서 민들의 거주지, 즉 민거(民居)는 성 밖으로도 분포하게 된다. 이러한 민거에 대해서 도로를 구획해서 정비하고 또 그것을 둘러싼 외곽을 축조하게 되면서, 성과 곽의 구조가 갖추어지게 된 것이다.

신라 왕도의 구체적인 성에 대하여 『삼국사기』 지리지에는 다음과 같이 정리되어 있다.

> 처음 혁거세 21년에 궁성을 쌓아 이름을 금성(金城)이라 하였다. 파사왕 22년(101)에 금성 동남쪽에 성을 쌓아 월성(月城) 혹은 재성(在城)이라고 불렀는데, 둘레가 1천 23보였다. 신월성(新月城) 북쪽에 만월성(滿月城)이 있는데 둘레가 1천 8백 38보였다. 또 신월성 동쪽에 명활성(明活城)이 있는데 둘레가 1천 9백 6보였다. 또 신월성 남쪽에 남산성(南山城)이 있는데 둘레가 2천 8백 4보였다. 시조 이래로 금성에 거처하다가, 후세에 이르러서는 두 월성에 많이 거쳐하였다.

즉 처음에는 '궁성'으로 금성을 쌓아 활용하다가 그 동남쪽에 월성을 쌓아 거처하였다는 것이다. 여기에서 금성은 월성 서북쪽에 있는 것으로 되어 있지만, 그 실체가 확인되지 않고 있다. 월성의 실체는 분명한 편이지만, 신월성과 만월성이 무엇을 지칭하는지에 대해서는 논란이 남아 있다. 신월성이 현재 남아 있는 반월성에 해당하는 것이라면, 만월성은 그 북쪽으로 확장된 관아 구역을 둘러싼 성으로 보는 것이 일반적이다. 그렇지만 구체적인 성벽의 존재는 확인되지 않았다. 명활성은 한 때 왕이 거주하는 성, 즉 궁성으로 사용된 적이 있지만, 기본적으로 도성 동편에 치우쳐 있다는 점에서 본격적인 궁성으로 보기는 어렵다. 남산성, 그리고 여기에는 나와 있지 않지만 서형산성과 함께 도성 외곽을 방어하는 성으로 기능했을 가능성이 크다.

왕궁과 관아 구역 밖으로는 민들의 거주 구역과 묘역이 위치해 있다. 묘역은 일반적인 도성제에서는 '경외매장(京外埋葬)'이라 하여 도시 구역 밖에 두어지게 되지만, 신라 왕도의 경우에는 처음에는 핵심 구역 가까이에 두어졌다가 도시의 형성과 함께 점차 외곽 지역으로 밀려나게 되었다. 즉 마립간기, 대체로 6세기 초까지의 묘역은 현재의 시내 대릉원, 쪽샘 지구에 위치해 있었지만, 그 이후에는 도시 외곽 지역에 묘지가 조성되었다. 어쨌든 기존의 묘역을 제외한 지역은 점차 가로를 중심으로 토지가 구획되고, 사찰과 지배층의 거주 구역, 그리고 소규모 공방과 민들의 거주 구역 등으로 활용되었을 것이다.

조선 시대의 기록이나 지적원도, 항공사진을 보면 경주 시내의 많은 부분이 격자형으로 구획되어 있었음을 알 수 있는데, 이처럼 직교하는 가로에 의해 만들어진 구역을 방(坊)이라고 불렀다. 『삼국유사』에 의하면 신라 전성기에 모두 1,360방이 있었다고 한다. 이러한 구획은 신라가 중국

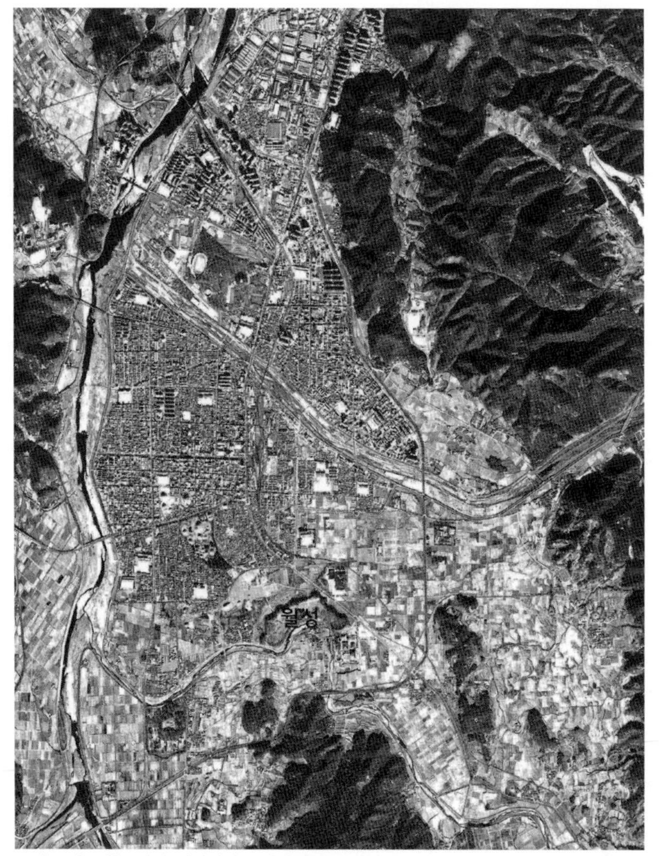

그림 1. 경주 항공사진, 시가지와 농지가 잘 구획되어 있는데 바로 고대 도시 계획의 흔적이다.

과 교류를 하면서 그들의 도성을 보고 받아들인 것이라고 할 수 있다.

이러한 구획은 한 번에 이루어진 것이 아니라 시기에 따라 단계적으로 이루어진 것으로 파악된다. 신라가 불교를 받아들인 6세기 초부터 사찰을 조영하기 시작하는데, 사찰의 조영과 함께 토지 개발이 이루어진 것으로 알려져 있다. 예컨대 황룡사를 조영할 때 용이 나타났다고 한 것은 이곳이 습지였음을 말해준다. 습지를 개발하여 사찰을 조영함과 동시에 주변 지역에 대해서도 구획을 할 수 있었을 것이다. 이러한 '신도시'는 시기에 따라 확대되고, 새로운 도시의 경관을 형성하게 되었을 것이다.

이러한 도시 구역을 외곽, 즉 나성(羅城)이 둘러싸는 것이 그 다음 차례가 되겠지만, 신라 왕도에는 나성이 축조되지 않았다. 그 대신에 앞에서 언급한 명활성, 남산성 등 주변의 산성이 그 기능을 대신한 것으로 보고 있다.

이상 왕도의 개념과 구조에 대해서 개관해 보았다. 본 장에서는 대체로 사료를 통해서 알 수 있는 것들을 중심으로 서술하였다. 이러한 왕도는 고려, 조선 시대를 거치면서 그 화려한 모습을 잃고 하나의 지방 도시로 남게 되었다.

왕도의 문자자료

신라 왕도에서 발견된 문자자료는 다양하여 체계적으로 제시하는 것이 쉽지 않다. 우선 문자가 쓰인 재료에 따라 돌, 와전·토기, 금속, 나무, 종이 등으로 분류할 수 있지만, 같은 재료라 하더라도 비(碑), 성돌, 불상 등과 같이 성격이 다른 물건일 수 있다. 여기에서는 기존 분류를 참고하여 비문, 묘지(墓誌)나 탑지(塔誌), 석각(石刻), 성돌에 새긴 글, 와전(瓦塼)에 새기거나 찍은 글, 불상, 종 등의 기물에 직접 새긴 것, 토기에 새기거나 찍거나 쓴 글, 목간(木簡) 등으로 제시하도록 하겠다.

① 비문

비나 지석은 글을 남기는 것을 목적으로 하며, 특히 비는 여러 사람이 볼 수 있도록 한 것이다. 신라 때 만들어진 비들은 시간의 흐름에 따라 점차 유실되었을 것이다. 그렇지만 이러한 자료 중에는 이미 고려 시대에 활용된 것들도 있다. 예컨대 아도화상비(我道和尙碑)는 『삼국사기』와 『삼국유사』를 편찬할 때 참고되었다. 이것은 상당수의 비석이 어느 정도 보존되고 있었음을 보여준다. 이러한 비들은 조선 후기에 금석학이 유행하면서 다시 주목되어 탁본이 이루어지고 자료의 집성도 이루어졌다. 그렇지만 많은 비들은 일제 시대에 재발견되었으며, 최근까지 새로운 발견이 이루어지고 있다. 신라 왕도의 대표적 비들을 시대 순으로 나열하면 아래와 같을 것이다.

중고기

(명칭 / 제작 연대 / 발견 연대)

명활산성비 / 551년 / 1988년 발견

cf. 안압지(월지) 출토 명활산성비편: 안압지 발굴조사(1975~1976) 때 발견

임신서기석 / 552년 또는 612년 / 1934년 발견

남산신성비 제1~10비 / 591년 / 1934~2000년 발견

중대

무열왕릉비 이수 제액, 비편 / 661년 이후(무렵) / 비편은 1935년 발견

문무왕릉비 / 682년 / 1796년 발견, 『해동금석원(海東金石苑)』 수록

사천왕사지 비편 / 692년? / 비편 1은 일제 시대 초, 비편 2는 1976년 발견

김인문비 / 701년? / 1931년 재발견

성덕왕릉비편 / 737년 이후(무렵) / 1966년 발견

황복사 비편 / 중대 말 하대 초 /

하대

무장사 아미타여래 조상비 / 800년 이후(무렵) / 1760년 발견

고선사 서당화상비 / 애장왕대(800~809년) / 1915년 발견

백률사 석당기 / 817년 또는 818년 / 백률사지에 보존

흥덕왕릉비편 / 836년 이후(무렵) / 1937년, 1957년 발견

숭복사비 / 896년 / 『사산비명(四山碑銘)』에 사본으로 전함. 15개 비편 발견

이들 중 임신서기석을 제외하면 대체로 공적인 기록이라고 할 수 있다. 이를 제외한 중고기의 비는 모두 축성비이다. 중대에는 왕이나 왕족(김인문), 사찰에 대한 비가 건립되었다. 하대에는 이밖에 불상 조상비와 불교사적으로 중요한 인물(이차돈)이나 승려(원효)에 대한 비가 만들어졌다.

② 묘지·탑지

묘지나 탑지 역시 기록을 위한 것이지만, 무덤이나 탑 속에 두어 공개하지 않은 것이다. 현재 경주 지역의 신라 묘지는 남아 있는 것이 없고, 몇 개의 탑지가 알려져 있다.

창림사 무구정광탑지 / 855년 / 1824년 발견

선방사 탑지 / 879년 / 일제 시대 발견

③ 석각

돌에 새긴 것은 다 석각이라고 할 수 있겠지만, 움직일 수 없는 큰 돌에 새긴 것을 따로 분류하는 것이 좋을 것 같다. 이를테면 아래와 같은 것들이다.

천전리서석 / 525년부터 / 1970년 발견

단석산 신선사 조상명기 / 삼국 말 /

④ 문자가 있는 성돌

석각이 자연물에 새긴 것이라면, 다음으로 건축 자재에 새긴 문자를 따로 분류할 수 있을 것이다. 대표적인 것으로 관문성(대점성) 석각이 있는데, 문자가 있는 성돌이 10개 발견되었다. 축성에 참여한 집단의 담당 구간을 표시한 것으로 연대는 7세기 후반기로 추정된다.

⑤ 와전

문자가 있는 건축 자재로 대표적인 것이 바로 기와와 전돌이다. 전돌 중에는 '조로(調露) 2년(680) 한지벌부(漢只伐部) 군약(君若) 소사(小舍)'라는 명문이 있는 것이 유명하다. 문자 기와도 다수 발견되었는데, 그 중에는 6부명, 사찰명, '재성(在城)'이나 '남궁지인(南宮之印)'과 같은 궁궐명이 있는 것들이 포함되어 있다. 이러한 장소 중에는 기와의 제작처와 관련된 것도 있지만, 사찰명 같은 경우에는 사용처로 볼 수 있기 때문에, 사찰의 위치를 확정하는 데에 큰 도움을 준다.

⑥ 불상이나 종에 직접 새긴 것

다음으로 불상이나 종(鐘)에 명문을 직접 새긴 것들을 따로 분류할 수 있을 것이다. 감산사 미륵보살상(719년), 아미타여래상(720년)의 광배에 새긴 조상기, 성덕대왕신종 명문(771년) 등이 여기에 해당한다. 사리함에 직접 명문을 새긴 것도 있는데 황복사 금동사리함명(706년), 황룡사 9층 목탑 사리함기(872년) 등이 대표적이다.

⑦ 기타 문자가 있는 기물

이 밖에 다양한 기물에 문자를 새기거나 먹으로 쓴 것들이 있다. 청동기에 새기거나 토기에 새기거나 먹으로 쓴 것들인데, 특히 월지에서 많은 문자 유물이 출토된 바 있다.

⑧ 목간

목간은 대체로 세장(細長)한 나무 판에 주로 먹으로 글씨를 쓴 것을 말하는데, 경주 지역에서 목간이 출토된 유적은 아래와 같다.

안압지 목간은 1975~1976년 안압지에 대한 발굴조사 과정에서 출토되었지만, 당시 인식의 부족으로 충분히 보고, 연구되지 못하다가, 2004년 『한국의 고대목간』이 발간되면서 본격적인 연구가 이루어지기 시작했다. 목간의 상당수는 목간 상단 양쪽에 파임이 있거나 중앙에 구멍이 있어 끈을 달아 물건에 부착할 수 있는 꼬리표로 사용된 것으로 보인다. 꼬리표는 물품의 이동, 보관과 관련된 것으로 알려져 있다. 그 밖에 문서로 볼 수 있는 것, 의약 처방이나 궁문 수위에 대한 목간 등도 포함되어 있는 것으로 알려져 있다. 목간의 연대는 8세기 중·후엽의 것으로 추정되고 있다.

월성 해자 목간은 1985~86년 '다'구역의 1호 해자에 대한 조사에서 출토되었으며, 이 중 묵흔이 있는 것은 25점이다. 2016~17년 같은 지점에 대한 추가 조사에서도 다시 50여 점의 목간이 출토되었으며 이 중 묵흔이 있는 것은 7점으로 알려졌다. 이들의 연대는 6세기 후반기에서 7세기 전반기로 추정된다.

이 밖에 황남동 376번지에서는 창고를 의미하는 '경(椋)'과 관련된 목간이 출토되었고, 박물관 부지와 전인용사지에서 출토된 목간에는 '용왕

<표 1> 경주 지역의 목간 출토 현황

유적명	출토 연도	총수/묵서有	연대	비고
안압지	1975~1976	97/61	8세기 중·후엽	
월성 해자	1985~1986	104/25	6세기 후반기 ~ 7세기 전반기	
	2016~2017	50여/7		'병오년(586)'
황남동 376번지	1994	3/3	8세기	
박물관 부지	1998	2/2	통일 신라	주술목간
전인용사지	2002	1/1	통일 신라	주술목간
박물관 남측 부지	2011~2012	3/3	통일 신라	

(龍王)'으로 읽을 수 있는 묵서가 있어 기우제와 관련된 것으로 추정되기도 했다.

문자자료를 통해 본 왕도

왕도에 대해서, 문자자료를 통해 알 수 있는 것은 무엇보다 그것이 발견된 장소 또는 문자가 있는 사물에 대한 정확한 정보일 것이다. 즉 무덤의 피장자가 누구인지, 폐사지의 이름이 무엇이었는지 말해 준다. 경주에는 많은 무덤이 있지만 주인공을 알 수 있는 것은 드물다. 『삼국사기』나 『삼국유사』에 왕릉의 위치가 기록되어 있지만 현재 남아 있는 왕릉급 무덤에 정확하게 비정하는 것은 여전히 쉽지 않은 일이다. 그렇지만 무열왕릉비를 통해 무열왕의 무덤을 확정할 수 있었으며, 흥덕왕릉의 경우에도 마찬가지이다. 아울러 무열왕을 장사지냈다고 하는 영경사(永敬寺)의 위치도 대강 알 수 있게 되어, 그와 연동되어 있는 진지왕릉도 무열왕릉 뒤편 서악동고분군 중 하나로 추정할 수 있게 되었다. 사찰의 경우 문자 기와를 통해서 흥륜사(興輪寺)와 영묘사(靈廟寺)의 위치를 각각 현 경주공업고등학교와 현 흥륜사 자리로 확정할 수 있었다.

월성에서 출토된 '재성(在城)'명 와당을 통해 『삼국사기』 지리지와 같이 월성을 재성이라고 불렀다는 사실과 현 월성이 문헌에 나오는 월성이라는 것을 다시 한 번 확인할 수 있었다. 월지에서 출토된 '동궁(東宮)'명 문자자료는 월지 주변의 전각이 동궁에 속한다는 것을 말해준다. '남궁(지인)'명 기와가 출토됨으로써 사료에 뚜렷하게 나타나 있지 않은 남궁의 존재에 대해서도 생각할 수 있게 되었다. 목간에는 종종 관서(官署)의 명칭이 등장하는데, 다만 목간은 이동할 수 있는 것이기 때문에 그것을 통해 관서의 위치를 파악할 때에는 여러 가지를 고려해야 한다.

또 문자자료 중에는 왕도의 행정구역 이름이 나오기도 한다. 신라 왕도의 행정구역으로는 6부와 리(里), 방(坊) 등이 있었다. 다만 기와에 찍혀 있는 부명은 기와의 최종 사용처보다는 제작지와 관련된 것으로 알려져 있다.

이제부터 주로 목간 자료를 중심으로 왕궁과 행정구역에 대해서 알 수 있는 것에 대해서 논의해 보도록 하겠다.

왕궁(王宮)과 그 주변

신라의 왕궁은 궁성인 월성에 있었다. 월성은 파사이사금 22년(101)에 축조되었으며 소지마립간 9년(487)에 그것을 수리[葺]했다고 한다. 그렇지만 월성에 대한 고고학적 조사를 통해서 좀 더 많은 사실을 알 수 있게 되었다.

최근의 월성 성벽(서벽)에 대한 조사 결과를 보면, 성벽을 거의 평지에서부터 쌓아올렸으며, 기저부에서 황남대총 단계의 토기가 출토되어 그보다 약간 늦은 시기에 축조되었다는 것을 알 수 있다. 이것은 기존의 일반적 이해와는 다소 차이가 있는 것이다. 『삼국사기』의 축조 연대를 그대로 받아들이지 않더라도 월성이 늦어도 4세기 초에는 조영되었을 것이라고 생각해 왔다. 그런데 성벽에 대한 조사 결과 그것이 5세기 이후에야 축조된 것으로 드러난 것이다. 이것은 오히려 소지마립간 9년(487)의 월성 수즙 기사와 부합한다고 할 수 있을 정도이다.

이러한 성벽의 축조와 함께 하천을 끼고 있지 않은 북쪽으로 해자가 굴착되었는데, 삼국 시대까지는 연못 몇 개가 연결된 형태의 해자가 존재하다가 삼국 통일을 전후한 시기에 석축 호안을 가진 해자로 개축된 것으로 파악되었다. 이처럼 월성 및 그 해자는 5세기 정도에 축조되어 사용되다가 통일기에 들어 한 차례 정비되었음을 알 수 있다.

월성 해자에서 출토된 목간은 '연못식 해자 단계'에 폐기된 것으로, 월성 내부가 아니라 해자 북편에서 사용되고 버려진 것으로 보인다. 월성 해자 북편의 건물지 역시 통일기의 초석 건물지와 삼국 시대의 건물지로 구분되는데, 삼국 시대에는 창고 같은 고상(高床) 건물이 다수 들어서 있었던 것으로 추정되었다. 목간은 이러한 창고 및 그것을 관리한 관서에서 사용된 행정 문서로 이해할 수 있다.

그렇다면 월성 북편에서는 어떤 관서들이 있었고 어떤 행정이 이루어졌을까? 이와 관련해서 우선 목간 중에 전태등(典太等), 전중대등(典中大等)이 등장하는 부분이 주목된다.

12호 목간(이하 월성 해자 목간 번호는 보고서 기준)

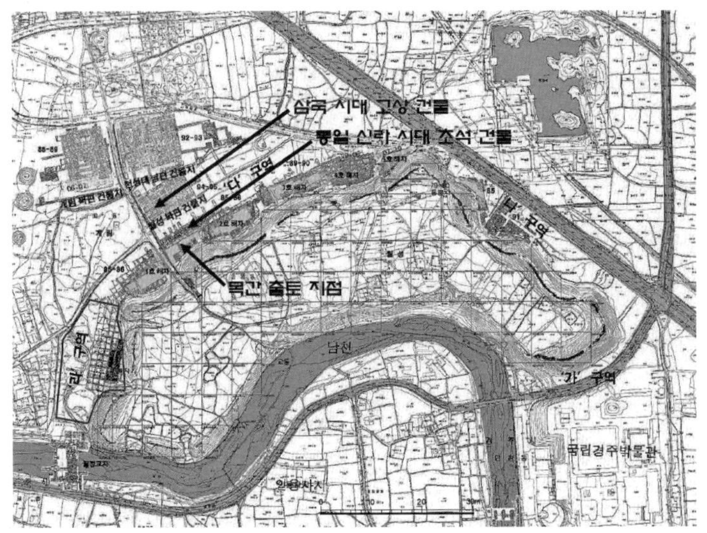

그림 2. 월성과 그 주변, 목간은 주로 1호 해자 동반부의 북안에서 출토되었다.

(1면)「四月一日典太等教事」

(2면)「勺舌白故爲□教事□□」

(3면)「□□□□□□□□□」

신발견 '周公智' 목간

(1면)「典中大等赴告沙喙及伐漸典前」

(2면)「阿尺山□舟□至□慎白□□」

(3면)「急陻爲在之」

(4면)「文人周公智吉士・」

12호 목간은 1행 날짜 뒤에 '전태등이 교(教)하신 일'이라고 되어 있어 2행 이하에 아마도 그 내용이 들어있었을 것이다. 여기에서 전태등은 전대등(典大等)과 같은 실체로, 『삼국사기』 직관지에 의하면 전대등(2인)은 진흥왕 26년(565)에 설치했으며, 진덕여왕 5년(651) 품주(稟主)를 집사부(執事部)로 고칠 때 장관으로 중시(中侍) 1인을 두면서 차관이 되었다. 품주는 다양한 관부로 분화된 만큼 다양한 기능이 있었을 것인데, 주로 창름(倉廩)에 관한 일, 즉 국가의 재정을 관장하는 기능을 했고, 또 국왕의 가신적인 전통을 이은 존재로서 왕정의 기밀에 참여했을 것으로 추정되고 있다. 그렇다면 월성 해자 북편의 창고들은 전대등이 관리하는 국가적인 창고로 볼 수 있을까? 그렇게 볼 수도 있겠지만 다른 가능성도 생각할 수 있다. 전대등의 교를 담은 목간은 행정적인 이유로 어느 곳이든지 전달되어 그곳에서 폐기될 수 있기 때문이다.

새로 발견된 '전중대등' 목간은 역시 전대등과 같은 것으로 볼 수 있는 전중대등이 발신자로 되어 있으면서 동시에 수신자가 같이 드러나 있다는 점에서 중요하다. 1행의 '~ 전(前)'은 '~ 앞'이란 뜻으로 수신자 뒤에 붙는, 문서의 양식과 관련된 용어로 추정되고 있는데, 따라서 '사탁(沙喙) 급벌점전(及伐漸典)'은 수신자가 되고 '부고(赴告)', 즉 '알린다'의 주체 '전중대등'은 발신자가 된다. 급벌점전과 관련해서는 마운령 진흥왕 순수비(이하 마운령비) 뒷면에 보이는, 왕을 수행한 수가인(隨駕人) 직명(職名) 중 '급벌참전(及伐斬典)'이 주목된다. 수가인은 크게 다섯 유형으로 나뉘는데, 그 가운데 C집단, 즉 사문도인(沙門道人)과 대등(大等) 다음에 나오는, 다양한 직명을 띠고 있으면서 비교적 낮은 관등을 보유한 일군의 신료들은 대체로 근시직(近侍職)으로서 후대 내성(內省) 예하 관직의 전신이 되는 것으로 알려져 있다. 내성은 왕실의 업무를 담당한 곳으로, 관련 기록을 보면 진평왕 7년(585)에는 대궁(大宮), 양궁(梁宮), 사량궁(沙梁宮)에 각각 사신(私臣)을 두었으며, 동왕 44년(622)에는 이찬 용수를 내성사신으로 삼아 3궁의 일을 겸하여 관장하게 했다고 한다.

이처럼 해자 북편의 창고, 관서는 대체로 품주 혹은 3궁 내지 내성과 관련된 것으로 볼 수 있을 것이다. 3궁에 사신이 설치되기 전에는 품주가 왕실의 업무까지 겸직했을 가능성도 있다. 해자 북편 창고의 기능과 관련해서 주목되는 자료들이 몇 가지 더 있는데, 약물(藥物) 이름이 보이는 11, 23호 목간, 사경(寫經)에 쓸 종이를 구입하는 내용의 문서로 추정되는 2호 목간 등이 그것이다. 약물과 관련된 관직, 관서로는 마운령비문의 '약사(藥師)', 내성 혹은 어룡성 산하의 약전(藥典), 공봉의사(供奉醫師) 등이 주목된다. 대체로 근시직, 혹은 내성과 관련된 것으로 간주할 수 있겠다. 내성 예하 관서 중에 사경과 관련된 곳은 뚜렷하게 나타나 있지 않지만, 그 역시 내성과 관련이 있다고 판단된다. 신라 촌락 문서의 4개 촌은 내성이 관리한 왕실 직속촌으로 추정되고 있는데, 그에 대한 장부가 경(經)의 질(帙), 즉 포장지로 재활용되고 있기 때문이다. 중요한 사경 업무는 역시 왕실의 주도 하에 내성에서 이루어졌을 가능성이 크다.

문제는 내성, 혹은 그 전신인 대궁, 양궁, 사량궁의 공간적 위치를 고려할 때 그것이 월성을 비롯한 각 궁의 내부에 있었던 것이 아닐까 생각된다는 점이다. 내성의 중요한 관서나 관리들은 역시 궁 내부에 있었을 가능성이 크다고 할 수 있을 것이다. 그렇지만 해자 주위에서 발견된, 삼국 시대의 건물들은 적심 건물이 아니라 굴립주의 고상 건물이었다. 이들은 3궁 혹은 내성 소속의 근시 기구에서 관리한 창고일 가능성이 크다고 생각된다. 이 창고에서는 왕궁에 소용되는 물자를 관리했을 것이며, 일부 하급 관리들이 근무하고 있었을 것이다. 월성 해자에서 출토된 목간은 바로 이러한 시설, 관리들과 관계가 있다고 할 수 있을 것이다.

앞에서 삼국 통일을 전후한 시기에 월성 해자를 석축으로 고쳐 쌓았다고 했는데, 이 무렵 『삼국사기』에는 궁 안에 연못을 파고 산을 만들었으며, 동궁(東宮)을 짓고 궁궐 안팎 여러 문의 이름을 정했다고 되어 있다. '궁 안에 판 연못'은 사료에 보이는 '월지(月池)'로 추정되며, 조선 시대에는 이것을 '안압지(雁鴨池)'라고 불렀다. 동궁은 바로 이 월지 주변에 두어진 것으로 파악할 수 있다.

월지에서 출토된 문자자료는 통일기 동궁의 모습을 잘 보여주고 있다. 월지 출토 문자자료는 문자가 있는 기물과 목간으로 구분된다. 문자가 있는 기물 중에는 '동궁아일(東宮衙鎰)', '사정당북□(思正堂北□)', '합령천일(合零闈鎰)' 등의 문자가 있는 철제 자물쇠, '신심용왕(辛審龍王)'명 용기, '세택(洗宅)'이라는 묵서가 있는 토기 등이 포함되어 있다. 동궁아, 용왕, 세택 등은 『삼국사기』 직관지(중)에 보이는 동궁관(東宮官) 소속 관서들과 연결되어, 그곳이 동궁이었다는 것을 더욱 분명하게 해주고 있다.

안압지 목간은 앞에서 언급한 대로 대부분 물품의 꼬리표로 분류된다. 몇 가지 예를 들어보도록 하겠다.

207호 목간(이하 안압지 목간 번호는 『한국의 고대목간』 기준)

(앞면) × □坪捧犭百卄一品上 ×

九月五□□□知□□

(뒷면) × 辛 ×

185호 목간

(앞면) 「∨□遣急使□高城醢缶」

(뒷면) 「∨辛番洗宅□□瓮一品仲上」

207호 목간은 상하가 파손되었는데 진하게 표시한 글자는 칼로 새기고 먹으로 쓴 것이다. 반면 작은 글씨는 추가로 기입한 것으로 보인다. 이 목간은 역시 꼬리표로 '□평(坪)'에서 바친 무엇인가의 121개 묶음에 부착되어 있었던 것으로 보인다. 뒷면 '신(辛)'의 의미는 아직 분명하게 밝혀지지 않았다. 추기한 것은 그것을 접수, 입고한 날짜를 기록한 것으로 이해되고 있다.

185호 목간은 가장 많은 논의가 이루어진 것 가운데 하나였지만, 정확한 판독이 나오면서 '고성(高城)의 젓갈[醢]을 담은 장군[缶]'에 부착되어 있었던 꼬리표로 추정되었다. 이처럼 전국 각지에서 모여든 물품들이 동궁에서 소비되었을 것이고, 기능을 다한 꼬리표의 일부가 결국 월지에 폐기된 것으로 이해할 수 있다.

그런데 185호 목간에서는 '세택(洗宅)'이라는 관서명이 확인되고 있다. 또 다른 목간에는 세택에서 무엇인가를 사뢰는 내용이 포함되어 있다. 세택은 내성과 동궁관에 소속된 관서로 중사성(中事省)이라고도 하였다. 이것을 기존에는 문한(文翰) 기구로 이해하기도 했으나, 목간에 보이는 세택은 젓갈과 같은 물품을 다룬다든지, 무엇인가를 '목욕'시키는 일을 한다든지 해서, 궁중의 허드렛일과 관련되어 있었음을 알 수 있다. 안압지 목간에는 이 외에 약재에 대한 것도 포함되어 있는데, 이 역시 궁중 관련 업무라고 할 수 있다.

186호 목간은 동궁의 경비와 관련된 것으로 알려져 있다.

186호 목간(윤선태 판독안)

向□(파손) 元方在

(앞면)「隅宮北門迚 閤宮西門迚 」

才者在　　　　馬叱下在

三毛在　　　　小巴乞在

(뒷면)「大門迠　　　　開義門迠　　　　」

才者在　　　　金老在

이 목간에는 우궁, 각궁과 같은 궁, 또 그 북문, 서문 및 대문, 개의문과 같은 문이 나타나 있다. 그리고 그것을 수, 즉 지킨다는 것이 표현되어 있다. 그 옆에 기록된 것은 그것을 담당한 인명일 것이며, '재(在)'라는 것은 그들이 '있다'는 것을 표시한 것으로 보인다. 이것을 '문호 목간(門號木簡)'이라고 지칭하기도 하는데, 이를 통해 동궁에 여러 문이 있었고, 문을 지키는 제도가 마련되어 있었다는 것을 알 수 있다.

통일기에 들어 궁역의 확대는 남쪽과 북쪽 방향으로도 이루어진 것으로 보인다. 앞서 언급한 대로 경주박물관 부지에서는 '남궁'명 기와가 출토되었으며, 사료에는 '북궁'이 나타나 있다. 동궁이나 남궁이 월성에 인접해 있는 형태의 것이라면, 북궁 또한 월성 바로 북쪽에서 찾는 것이 자연스럽다. 월성 해자가 석축으로 고쳐졌을 때 그 북쪽에는 본격적으로 초석 건물이 들어서게 되었다. 그 가운데 계림 북편 건물지는 중심 건물 남쪽 양측으로 건물들이 나란히 배치되어 있어 의례와 관련된 시설이었음을 알 수 있다. 이처럼 확대된 궁역을 둘러싼 시설물이 있었을 가능성이 큰데, 현재 실물로 확인되지는 않았지만 그것이 사료에 보이는 만월성이 아니었을까 생각된다.

이상과 같이 월성 해자 목간을 통해서는 6세기 후반에서 7세기 전반 월성과 그 해자 북편의 모습을, 안압지 목간을 통해서는 통일기 동궁과 그 주변의 모습을 좀 더 구체적으로 파악할 수 있다.

6부(部)와 리(里)

신라 왕도는 6부로 되어 있었다. 중고기까지 대부분 관인은 소속 부명을 관칭(冠稱)했기 때문에 문자자료에서 부명을 찾는 것은 그리 어려운 일이 아니다. 문제는 행정구역으로서 6부의 범위나 『삼국사기』 지리지에 나오는 6부와 35리의 관계를 정확하게 파악할 수 있는가 하는 것이다. 몇몇 문자자료는 이에 대해 일정한 단서를 제공하고 있다.

첫 번째는 남산신성비 제3비이다.

辛亥年二月卄六日 南山新城作節 如法 以作後三年崩破者罪教事 爲聞教 令誓事之
喙部主刀里受作卄一步一寸
部監 □□□次 大舍
　仇生次 大舍
文尺 仇□□ 小舍
里作上人 只冬 大舍
　　□文知 小舍
文尺 久匠 吉士
面石捉上人 □□□ □□
　　□□□ 大烏
□石捉人 □下次 大烏
小石捉上人 □□ 小烏

1행은 신해년, 즉 591년 남산신성을 축조하면서 3년 이내에 무너지면 그것이 죄라는 것을 듣고 맹세한 내용이며, 2행 이하에는 담당 집단과 구간이 나타나 있다. 제3비는 탁부(喙部) 주도리(主刀里)가 남산신성 성벽 중 21보 1촌의 구간을 맡아 공사를 진행하면서 세운 것인데, 탁부 하위에 주도리가 편제되어 있었음을 알 수 있으며, 부의 행정은 『삼국사기』 직관지에도 보이는 부감(部監)이 담당했음을 확인할 수 있다.

두 번째는 월성 해자 출토 9호 목간이다.

受 受 不 不
(a) ■習比部上里今 山南置上里今 阿今里 岸上里

受 受 □ 受 受 受 受 □□ 不有
(b) □□ □上 尤祝 除[井] 開[池] 赤里 □□ □□ □里 □□

受 受 受 不有 □伐土不有
(c) □下南川 □□禺 [ ]北 多比刀 [ ]

不 受 受 受 受 受 受 受
(d) [ ]里 伐[品里] 赤居伐 麻支 ■| 牟喙 仲里 新里 上里 下里

여기에는 '습비부(習比部)'와 '모탁(牟喙)'이 나오고 소속 지명이 열거되어 있으며, 지명의 오른쪽 아래 '(今)受'나 '不'을 적어 어떠한 것의 여부를 표시하고 있다. 습비부, 모탁부(모량부)의 2부에 대한 기록으로 보는 것이 일반적이었지만, (b)를 시작면으로 보아 미상의 1부와 습비부, 모량부의 3부에 대한 기록으로 보는 견해도 제시되었다.

지명 중 상당수는 부의 하위 단위로 알려진 '리(里)'로 끝나고 있지만, '리(里)'가 붙지 않은 지명도 다수 포함되어 있다. 단순히 생략되었을 가능성도 완전히 배재할 수 없지만, 이 시기(중고기)에 부가 리가 아닌 단위들도 관할하고 있었던 것을 보여주는 자료로 이해할 수 있을 것이다.

『삼국사기』 지리지에 의하면, 중대에 왕도는 사방 5km 정도, 35리로 되어 있었다고 할 수 있다. 이들과 6부의 관계에 대해서 논란이 있는 것인데, 6부가 그 내부에 국한되어 있었는지, 내외에 걸쳐 있었는지, 아니면 외부에 있었는지 하는 것이다. 그런데 9호 목간에서 중고기 6부 예하에 리와 리가 아닌 지명이 동시에 있었다는 것이 확인되었다. 그렇다면 중대에도 각 부의 영역 중에 리로 편제된 구역과 그렇지 않은 구역이 동시에 존재할 수 있지 않았을까? 즉 6부가 왕도 내외에 걸쳐 있었을 가능성이 크다는 것이다.

어떤 구역이 리로 편제되었다고 할 때 그것은 왕도로 편입되었다는 것을 의미하며, 일종의 도시 구역이 되었다고 이해할 수 있을 것이다. 예컨대 모탁부 소속의 리는 상리, 중리, 하리, 신리로 되어 있어 단순히 기존의 취락을 개편한 것이 아니라 새로운 공간을 조영한 것으로 파악할 수 있다. 이처럼 리를 새로운 도시 구역으로 볼 수 있다면, 중고기에 이미 6부 안에 도시 구역과 비 도시 구역, 리로 편제된 지역과 그렇지 않은 지역이 구분되기 시작했다고 할 수 있다. 그리고 중대 경덕왕 무렵에는 리의 숫자가 35개가 되고, 또 『삼국유사』의 기록과 같이 하대에는 55개까지 늘어날 수 있었을 것이다.

9호 목간은 6~7세기의 어느 시점에 6부에 소속된 리와 리로 편제되지 않는 취락들을 같이 보여주고 있는 것으로 생각된다. 아마도 통일기에 들어 리로 편제된 부분이 대체로 왕도로 규정되고 나머지 지역에는 대성군과 상성군이 설치되었다고 이해할 수 있을 것이다.

이처럼 금석문과 목간 자료를 통해 왕도의 행정구역에 대해서도 좀 더 구체적으로 논의할 수 있는 것이다.

신라 왕도는 6부의 공간이면서 그 내부에 형성된 시가지라고 할 수 있다. 여기에서 많은 문자자료가 생산되고 활용되었겠지만, 시간의 흐름에 따라 대부분 사라지고 일부만 남게 되었다.

본고에서는 특히 월성 해자와 월지(안압지)에서 출토된 문자자료를 중심으로 왕궁과 그 주변의 모습, 그리고 6부의 하위 행정구역인 리(里)에 대해서 좀 더 구체적인 모습을 제시해 보고자 했다. 월성 해자 목간을 통해서는 삼국 시대 월성 북편에 연못식 해자와 전대등(典大等) 혹은 3궁(宮)에서 관할하는 창고 건물들이 들어서 있었다는 것, 또 월지 출토 목간을 통해서는 통일 신라 시대 왕궁의 범위가 확대되고 동궁을 중심으로 다양한 궁중 업무가 이루어졌다는 것을 제시하였다. 또 월성 해자 출토 9호 목간을 통해서 6부 아래에 리와 리가 아닌 단위가 같이 소속되어 있었으며, 리로 편제된 곳은 『삼국사기』 지리지에 '왕도'로 규정된, 도시 구역이었을 것으로 추정해 보았다.

그렇지만 문자자료를 통해 신라 왕도의 면모가 좀 더 분명하게 드러났다고 말하기는 어려울 것 같다. 필자의 역량 문제도 있겠지만 아직 자료가 많이 부족한 형편이다. 현재까지 나와 있는 문헌과 유적, 유물에 대한 정리가 좀 더 정교하게 이루어질 필요도 있겠지만, 앞으로 왕도에 대한 새로운 문자자료의 출현을 기대해 본다.

참고문헌

한국고대사회연구소 편, 1992, 『역주 한국고대금석문 2·3』, 가락국사적개발연구원

국립창원문화재연구소, 2004, 『한국의 고대목간』.

국립경주문화재연구소, 2006, 『월성해자 발굴조사보고서 Ⅱ -고찰-』.

전덕재, 2009, 『신라 왕경의 역사』, 새문사.

국립경주문화재연구소·한국목간학회, 2017, 『동아시아 고대 도성의 축조의례와 월성해자 목간』(한국목간학회 창립 10주년 기념 국제학술회의 발표자료집).

尹善泰, 2000, 「新羅 統一期 王室의 村落支配 -新羅 古文書와 木簡의 分析을 中心으로-」, 서울大學校 國史學科 博士學位論文.

윤선태, 2005, 「월성해자 출토 신라 문서목간」, 『역사와 현실』 56.

윤선태, 2006, 「雁鴨池 出土 '門號木簡'과 新羅 東宮의 警備」, 『한국고대사연구』 44.

이용현, 2007, 「안압지 목간과 동궁(東宮) 주변」, 『역사와 현실』 65.

李京燮, 2008, 「新羅 月城垓子 木簡의 출토상황과 月城 周邊의 景觀 변화」, 『한국고대사연구』 49.

차순철, 2009, 「경주지역 명문자료에 대한 소고」, 『목간과 문자』 3.

李文基, 2012, 「안압지 출토 木簡으로 본 新羅의 洗宅」, 『한국고대사연구』 65.

홍기승, 2013, 「경주 월성해자·안압지 출토 신라목간의 연구 동향」, 『목간과 문자』 10.

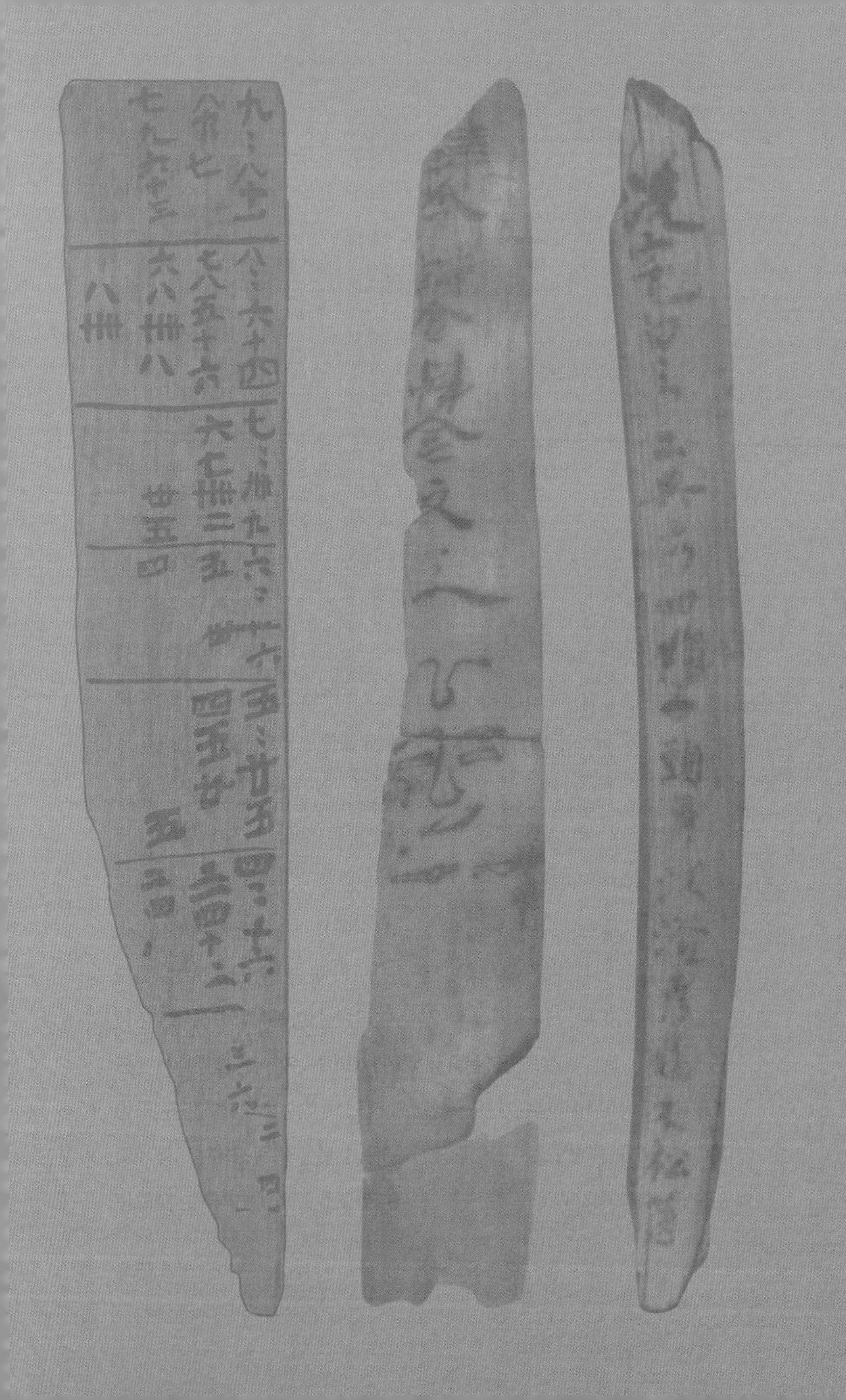

한국 고대 의약 관련 출토자료

윤선태
동국대학교

한국 고대 지식인들의 학문과 사상은 유학이나 불교에만 머물러있지 않았다. 『주서(周書)』 백제전에 잘 표현되어 있지만, 당시 백제 지배층들은 음양오행, 역법(曆法), 의약(醫藥), 점술 등 술수학(數術學)의 여러 분야에 큰 관심을 갖고 있었다. 백제 멸망 이후 일본 열도로 망명해간 백제 지배층들이 유학은 물론 병법, 법률, 의학, 음양술 등 다양한 분야에서 그들이 가진 학문적 능력으로 발탁되고 두각을 나타내었던 점도 마찬가지 사례라 할 수 있다.

'술수'는 권모와 책략 등의 의미로도 사용되지만, 우주·자연·인체 등에 나타나는 법칙성을 탐구하는 학문들을 총칭한 말이다. 특히 의약은 '무병장수'라는 인간의 근원적인 욕망과 염원을 담아 오랜 세월 발전해온 학문분야이다. 권력을 독점한 군주들은 자기 휘하에 최고의 의약 전문가들을 거느렸고, 자신의 치병을 위해서라면 멀리까지도 사절을 보내 의사(醫師)와 약재(藥材)를 구한 사실들을 역사에서 쉽게 찾아볼 수 있다. 한편 최근 고대의 의약처방전이나 약초의 생산 및 공급과 관련된 목간을 비롯해 주술치료용 인형 편 등 당시의 의약체계와 수준을 검토할 수 있는 자료들이 다수 출토되고 있다. 그간 자료 부족으로 불모지나 다름없었던 한국 고대의 의약 분야도 이제 연구가 서서히 개척되어가고 있다.

한국 고대의 의약체계

문헌자료에 의하면, 백제에는 의약 분야만을 전담하는 '약부(藥部)'라는 관청이 있었다. 그 하에는 의박사(醫博士), 채약사(採藥師), 주금박사(呪噤博士) 등의 의약 전문가가 존재하였다. 우선 주목되는 것은 의학과 약학이 분화되어 있었다는 점이다. 백제 본초학의 발달은 해외에도 알려질 정도로 유명하였다. 또 주금, 즉 주술적 치료법도 널리 받아들여져 왕실 외에도 사찰이나 귀족가에서도 주금사, 주사(呪師) 등의 활동이 확인된다. 신라 선덕여왕대 승려 밀본(密本)은 약사경과 주문을 통한 치료로 저명했고, 고대 일본의 의약서인 『의심방(醫心方)』에도 신라 승려들이 치병 의식에 사용하였던 주문(呪文)의 일례로 「신라법사방(新羅法師方)」이 전하고 있다. 『의심방』에 전하는 백제와 신라의 처방전을 보면 당시에는 환약과 탕제의 처방에만 그쳤던 것이 아니라, 그와 함께 반드시 마음을 다스리는 주문이 환약과 탕제의 복용 때 치료의 하나로 병행되었음을 알 수 있다.

한편 백제 의자왕이 당태종에게 황실의 위장병 전문의였던 의관(醫官) 장원창(張元昌)을 특별히 요청하였던 사실이 당시의 외교문서를 통해 밝혀졌다. 이는 백제 왕실이 중국 황실의 의약정보까지도 상세히 수집할 정도로, 의약 부문에 매우 큰 관심을 기울이고 있었음을 말해준다. 백제의 약부 역시 내관(內官), 즉 왕실기구의 하나로 설치 운영되었다. 이는 왕권이 의약 지식을 독점적으로 장악하고 이를 귀족, 관료, 그리고 인민에게 시혜(施惠)의 차원에서 베푸는 권력 장치로 활용하였기 때문이다.

이는 신라에서도 마찬가지였다. 6세기 중반 진흥왕의 「순수비」에는 당시 왕을 수행했던 '약사(藥師)'의 존재가 확인된다. 통일 이후에도 왕실의 내성(內省) 기구 내에 의학(醫學)을 설치하고 박사를 두어 전공 학생을 양성하였다. 그 외 약전(藥典), 공봉의사(供奉醫師), 공봉복사(供奉卜師) 등 의약 관련 기구나 전문가들을 모두 내성에서 관할하였다. 이처럼 한국 고대의 의약 기술은 왕실 예하에 설치된 약부나 약전, 의학 기구 등이 주도하고 있었다. 각국의 왕실이 의약 관련 박사와 후진을 양성하고, 학문적 발전을 독려하였다.

물론 왕실 외에도 앞서 살펴보았지만 밀본이나 관륵(觀勒) 등의 사례처럼 불교계에도 의승(醫僧)과 주사(呪師)가 존재하였으며, 또 길대상(吉大尙), 기파랑(耆波郎)의 예처럼 귀족가에서도 의학에 큰 관심을 가져, 의약이 독립된 가학(家學)으로도 계승 발전하였다. 이로 인해 왕실 예하의 의약 관련 관청을 비롯해 사찰과 귀족가 등에서는 중국의 의학을 수용하고 발전시켜나갔고, 우리의 풍토에 맞는 독자적인 처방전도 개발하였다. 고대 일본의 의약서인 『대동유취방(大同類聚方)』에 전하는 고구려, 백제, 신라, 가야 관련 처방전들은 이점을 잘 보여준다. 더욱이 최근 고고발굴을 통해 신라 왕궁이었던 경북 경주 월성의 해자와 월지(안압지) 등에서 의약 처방전을 적은 목간들도 출토되었다.

월성해자 및 월지(안압지) 출토 신라목간의 특징

국립문화재연구소 경주고적발굴조사단(현재의 경주문화재연구소)이 1980년에 월성의 동문지를 발굴하면서 그 외곽에 해자 유구 일부를 확인하였고, 이후 1984~85년에 걸쳐 월성대공원 조성계획으로 인해 해자를 포함한 성벽 바깥쪽에 대한 대대적인 발굴조사가 이루어졌다. 최근까지도 이어진 이러한 발굴을 통해 월성의 해자에서 30점 가까운 목간이 출토되었다.

월성은 신라의 정치, 행정, 사상, 문화의 핵심인 왕궁이었다. 특히 해자에서 출토된 목간에는 왕의 비서였던 전대등(典大等), 왕실 재정을 담당했던 대궁, 사량궁 등의 관청, 늠전(廩典) 등 왕실 관련 사무를 전담했던 후일의 내성 예하 관청의 이름들이 주로 확인되고 있어, 월성 왕궁의 궐내각사에 왕실 관련 업무를 담당했던 관청들이 많이 존재하였음을 알 수 있다. 이처럼 월성해자목간은 거의 대부분 왕실 관련 자료들이라는 점에서, 그 내용 속에는 신라 왕실이나 중심문화의 일상사가 고스란히 담겨있다고 할 수 있다.

한편 월성해자목간은 '수혈식 해자'에서 출토되었는데, 해자의 발굴을 통해 이 수혈식 해자를 폐쇄하고 다시 '석축 해자'가 만들어졌음을 확인하게 되었다. 또한 수혈식 해자의 폐쇄와 석축 해자의 축조과정이 왕궁의 후원인 월지(안압지)의 건설과정과도 직접적으로 맞물려 있다는 사실이 밝혀졌다. 이를 통해 월성해자목간의 제작연대는 월지가 건설되기 전인 6세기 후반~7세기 전반이며, 월지(안압지)목간은 7세기 후반 이후인 통일신라기에 제작되었음을 알 수 있게 되었다.

의약처방전을 기록한 목간들은 형태가 독특하다. 단면(斷面)이 삼각이나 사각인 다면목간(多面木簡)에 기록되었다. 일반적으로 목간은 납작하고 길죽한 형태로 제작하여 주로 그 앞뒤에만 글씨를 썼는데, 다면목간은 하나의 목간에 글씨를 많이 쓰기 위해 다각형의 긴 막대 형태로 만들어 서사(書寫)할 면을 늘린 것을 말한다. 사각막대 형태가 일반적이지만, 오각이나 둥근 나뭇가지의 원형을 그대로 활용하여 6행을 기록한 원주형(圓柱形) 다면목간도 있다. 의약처방전은 여러 개의 많은 약재 이름과 그 각각에 중량(重量)까지 기록되었기 때문에 서사할 내용이 많아 다면목간에 기록되었던 것으로 추정된다.

이러한 다면목간은 삼국시대에 많이 사용되다가 통일신라기에 들어서면 출토 사례가 현격히 줄어든다. 아마도 종이가 일반화되면서 다면목간을 이용한 문서행정과 의약처방전 기록이 종이 서사재료로 점차 대체되어 갔기 때문이라고 생각된다. 한편 중국과 일본에서는 목간 출토 점수가 매우 많음에도 불구하고 다면목간은 희귀하다. 한국 고대 사회가 중국 한대(漢代) 죽간 등의 편철간(編綴簡)부터 종이를 사용했던 시대까지를 모두 경험했다면, 일본에는 한반도에서 목간

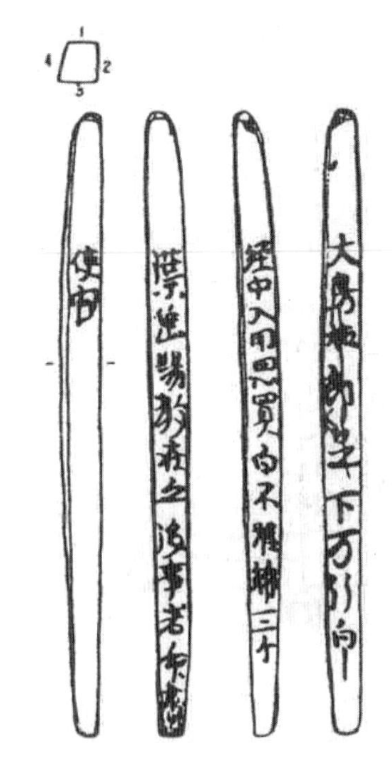

그림1. 다면목간의 형태

과 종이가 병용(併用)되던 7세기 이후의 목간사용법이 전파되어 갔다. 한국고대의 다면목간은 편철간과 지목병용(紙木併用)의 중간적 특징을 지닌 유물이 아닌가 생각된다. 다면목간은 동아시아 간독문화(簡牘文化)에서 한반도가 차지하였던 역사적 위상을 잘 보여준다.

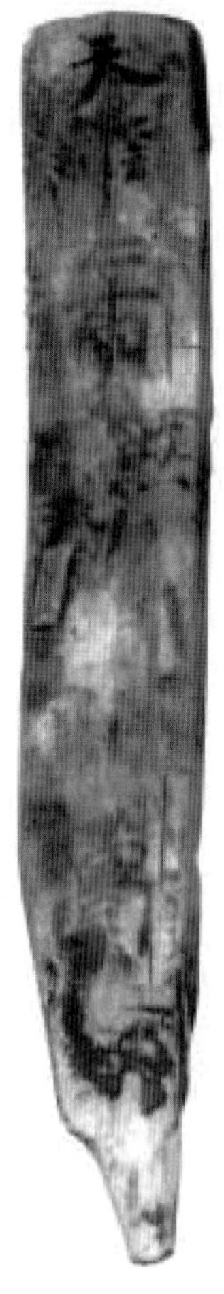

그림2. 월성해자목간23호의 1면.

월성해자 출토 의약처방전 목간

월성해자 출토 의약처방전은 발굴 측에서 23호로 명명한 목간인데, 단면(斷面) 사각형인 다면목간에 기록되었다. 이 목간은 상단부만 남아있고, 불행히도 하단부는 파손된 상태로 발굴되었지만, 남은 부분의 묵서 내용만으로도 이 목간이 의약처방전임을 분명히 알 수 있다.

월성해자목간 23호. 4면목간. 하단파손. (15.2)×2.4×1.35cm.

1면「天雄 二兩[煞]　　萵×

2면「□□子赤 □□□×

3면「□□二兩 □□□×

4면「(묵흔 판독 불능) ×

위 목간 1면에 기록된 '天雄'은 그 아래 '二兩'이라는 중량이 기록되어 있는 것으로 볼 때, 약재

(藥材)의 이름이 분명하다. 천웅은 약재인 부자(附子)의 일종으로 부자보다 세장(細長)한 것, 또는 5년산 부자(附子)을 가리키는 독성(毒性)이 강한 약재의 이름이다. 그런데 목간을 보면 천웅과 이어 그 중량 '二兩'을 쓴 다음에 협주(夾註)의 형식으로 '煞'이 쓰여 있어 주목된다. '煞'은 살(殺)과 같은 뜻으로, 천웅이 독성이 매우 강한 약재여서 그 중량에 주의를 환기하는 협주로 '煞'자를 부가해 썼던 것이 아닌가 생각된다. 이 목간에는 각면의 묵서가 일정한 어휘 단위로 띄어쓰기 한 의도적인 공격(空隔)이 있고, 목간의 3면에도 '二兩'으로 판독되는 묵서가 확인된다는 점에서, 이 목간의 내용은 대체로 약재 이름과 그 중량을 나열하여 적었던 의약처방전이라고 생각된다. 이러한 추론에 의거하면, 이 목간 2면의 '□□子赤' 역시 "□□씨앗(약재)은 붉은 것"으로 사용하라는 지시어로 의약서에서 일반적으로 자주 사용되었던 어휘로 해석해볼 수 있다. 또 이 목간의 1면 천웅에 이어지는 '萵(와)'는 아래 부분이 파손되었지만, 이 글자에 대한 필자의 판독이 틀리지 않았다면 역시 약재인 '와거(萵苣)'일 가능성이 크다. 즉 파손으로 '苣'이하 묵서 부분이 훼손된 셈이다.

이 목간이 완형이 아니고, 또 남은 묵서의 판독도 완벽하지 않아, 무리한 추측인지는 모르겠지만, 이 목간 기록된 '천웅(天雄)'과 '와거(萵苣?)'의 기록에 주목한다면, 이 목간의 기록은 전한말(前漢末) 유향(劉向)이 찬하였다고 전해지는 『열선전(列仙傳)』에 보이는 남군인(南郡人) 계보(谿父)가 '육계(肉桂)', '부자(附子)', '지실(芷實)' 등의 약재를 섞어 복용했다는 사실을 떠올리게 한다. 이중 부자는 천웅, 지실은 와거와 같은 약재의 이칭이다. 따라서 월성해자목간 23호는 혹 도교(道教) 계열의 선약처방(仙藥處方)을 기록한 것이 아닌가 잠정적으로 추론해본다.

월지(안압지) 출토 의약처방전 목간

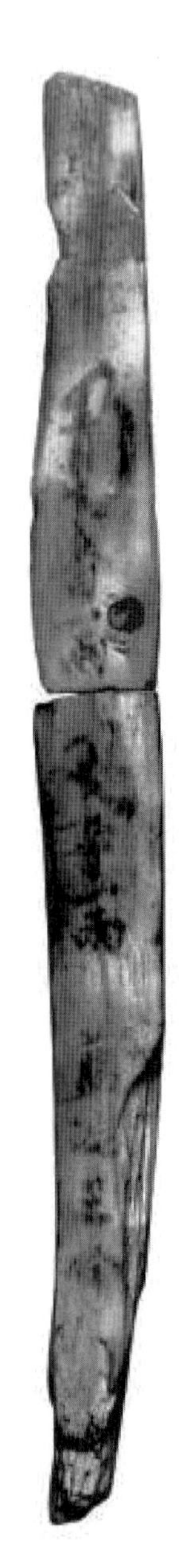

그림3. 월지 의약처 방전 목간의 2면.

월지(안압지) 출토 의약처방전 목간은 단면 삼각형의 다면목간에 기록되었다. 삼면에 모두 기록하지 않고 두면에만 묵서가 있다. 묵서가 없는 나머지 한면도 폭이 넓지만 기록되지 않았다. 목간의 하단이 칼로 깎아 정돈되었다는 점에서 완형의 목간이다. 의약처방의 내용이 두면에 써도 충분했기 때문에 나머지 1면에는 기록이 이어지지 않았다고 생각된다.

월지(안압지)목간 198호. 3면목간. 완형. 30.8×3.9×2.6cm.

1면 「大黃一兩[九]分 黃連一兩 皂角一兩 青袋一兩 升麻一兩
甘草一兩 胡同律一兩 朴消一兩 □□□一兩」

2면「□□□□ 青木香一兩 支子一兩 藍淀三分」

이 목간의 기재양식을 보면 약재의 이름을 열거하고, 각 약재의 아래에 1량(兩), 3분(分) 등 그 중량을 기록하였다. 몇 곳을 제외하고 대부분의 약물 이름 우측에 'ㄋ'와 같은 형태로 체크표시를 하였다. 약재의 가짓수가 많아 애초 한면에 2행으로 쓰다가 다음 행에 이르러 1행으로 줄어들어 마침내 3면까지 이어지지 않았다고 생각된다는 점에서 2행으로 쓴 면이 첫 번째 서사한 1면이라고 생각된다. 적외선 사진촬영 덕분에 종래 해독이 어려웠던 약재 이름들이 새롭게 판독되어 많은 약재 이름을 확인할 수 있게 되었다.

한편 약물 이름 우측에 'ㄋ'와 같은 형태로 체크표시를 하였다는 점에서 목간의 약재 기록을 재차 확인하는 추기(追記)가 있었던 것으로 추론된다. 이 부호는 크게 보아 기록자와 추기자가 동일인일 경우와 서로 다른 사람이었을 경우가 있을 수 있겠다. 전자라면 목간기록자가 기록내용을 숙지하는 행위일 수 있고, 후자라면 처방전의 수발(受發)을 고려할 필요가 있다고 생각된다. 후자의 경우와 관련하여 일본 쇼소인(正倉院) 북창(北倉)에 소장되어 있는 「잡물출입계문(雜物出入繼文)」 중 781년(天應元年) 8월 16일(第6紙)에 조토다이지시(造東大寺司)가 계심(桂心), 인삼(人蔘) 등 도합 7종의 약재를 청구한 고대일본의 문서가 주목된다. 이 문서에도 각 약재 이름에는 그 상단과 우측을 감싸는 'ㄋ'와 같은 월지(안압지) 의약처방전 목간과 동일한 형식의 체크표시가 확인된다(그림4 참조). 이 문서의 추기 부호는 조토다이지시의 약재 청구에 대해 약재 지급자가 그것을 재차 확인한 행위였다.

이러한 고대 일본의 부호 사용방식에 유념하면서, 위 안압지목간의 기록과정을 추론해본다면, 우선 의사가 처방전을 목간에 기록하고, 이에 기록된 약재를 청구와 그 수수과정이나 약사가 조제하는 과정에서 확인의 체크표시를 추기하였을 가능성이 예상된다. 따라서 이 월지(안압지) 출토 198호 목간은 의서(醫書)를 학습할 때 관련 처방을 발췌한 학습용 습서목간(習書木簡)이던지, 아니면 의사의 처방전을 약사나 약방이 접수한 후 그에 따라 약재의 청구 및 수수과정이나 약의 조제과정에서 확인을 위해 체크표시가 된 목간이라고 추론해볼 수 있다. 어떤 경우라고 하더라도 월

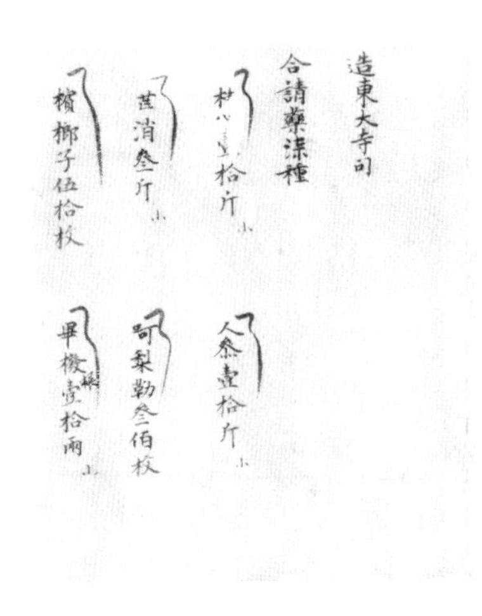
造東大寺司
合請藥漆種
桂心[illegible]拾斤
芒消參斤
檳榔子伍拾枚
人參壹拾斤
呵梨勒參佰枚
畢撥壹拾兩

그림4. 造東大寺司請藥注文

지(안압지) 198호 목간의 묵서는 의약처방과 관련된 기록이라는 점은 변함이 없다. 대체로 약재 이름과 그 중량의 리스트가 기록되어 있다는 점에서 특정한 처방전에 입각하여 약물을 어딘가에 청구하고, 그것의 수수(收受) 여부를 확인하면서 체크 표시를 한 것이 아닌가 생각된다.

이 월지 출토 의약처방전은 어떤 병에 대한 것일까? 이와 관련하여 737년 일본 전약료(典藥寮)의 완두창(천연두) 치료법에 대황(大黃), 청목향(靑木香), 황련(黃連) 등의 약재 이름이 거론되고 있어, 월지(안압지) 출토 목간의 처방전과 유사하여 흥미롭다. 신라 측은 천연두 만연에 대한 자료가 남아있지 않지만, 8세기 전반 일본에서는 신라로부터 천연두가 전래되어 왔다는 풍문이 돌았고, 당에서도 그 이전 천연두가 창궐하였다. 따라서 8세기 전반 신라에도 당을 거쳐 천연두가 들어왔고, 다시 일본으로도 전해져 당시 동아시아에 천연두가 만연되었던 것으로 짐작된다. 『니혼쇼기(日本書紀)』에는 일본에서 신라에 좋은 의사를 청한 사실 등도 있고, 의약서에는 「신라법사방」 등 신라의 처방전이 전하기도 한다는 점에서, 월지(안압지)목간의 처방전 약재가 고대 일본의 천연두 치료 약재와 공통되는 것이 많다는 점에서 볼 때, 월지 출토 목간의 의약처방전은 천연두에 대한 처방이 아닌가 생각된다.

한편 월지 의약처방전 목간에 기록된 약재 이름들이 당시 이웃한 중국과 일본에서도 공히 사용되었던 명칭이라는 점에서 신라 지식인들도 중국에서 기원한 의약서들에 기초하여 의약 지식을 학습하였던 것으로 짐작된다. 앞서 검토한 월성해자 출토 의약처방전 목간을 함께 고려한다면 신라에서는 6~7세기 단계에 이미 중국의서(中國醫書)를 학습하고 있었거나, 그 약재효용과 조제량을 숙지한 의약처방이 시행되고 있었다고 할 수 있다. 6세기 중반에 건립된 진흥왕순수비(568)의 '약사(藥師)'라는 관직을 보더라도 이러한 추론은 무리한 것이 아니라고 생각된다. 물론 이 처방은 왕실과 귀족 등 일부에만 국한된 것이었겠지만, 보편적 의약체계(醫藥體系)에 접근해가고 있던 신라 의약계(醫藥界)의 상황을 구체적으로 알려주는 매우 중요한 목간이라고 생각된다. 앞으로 이러한 처방전의 연원(淵源)이 된 중국의서에 대한 탐색이 있어야 될 것으로 생각된다.

한편 목간에 기록된 약재들은 어떻게 생산되고 지급되었던 것일까? 이와 관련하여 충남 부여 능산리에서 출토된 백제의 '지약아식미기(支藥兒食米記)' 목간이 주목된다. 이 목간에는 당시 백제의 약재 생산과 지급 등을 추론할 수 있는 내용이 확인된다.

백제 '지약아식미기(支藥兒食米記)' 목간의 출토상황

'지약아식미기' 목간은 부여 능산리 유적에 대한 발굴과정에서 출토된 목간들 중의 하나이다. 이 유적은 사비나성(泗沘羅城)과 능산리 고분군 사이의 계단식 전답으로 조성된 산정골에 위치해 있다. 산정골의 정면인 남쪽은 국도 4호선과 이어지며, 서쪽으로는 동나성(東羅城)의 동문지, 동쪽으로는 능산리 고분군의 능선이 자연 경계를 이룬다. 1985년 능산리 고분군 서편 일대에 백제고분 모형관을 짓기 위한 배수로 공사가 이루어지던 도중 여러 점의 연화문 와당이 신고되면서 백제시대 건물유적의 존재 가능성이 알려지게 되었다. 이에 1992년부터 2009년까지 11차례 조사가 이루어졌다.

1993년 2차 조사를 통해 공방지 I 에서 유명한 '용봉금동대향로'(국보 제287호)가 출토되었고, 1995년 4차 조사 중에는 목탑지 심초석 상면에서 567년에 제작된 '창왕명석조사리감'(국보 제288호)이 출토되어 많은 관심을 받은 바 있다. 이 유적은 능산리 고분군으로부터 불과 100m 떨어진 지점에 위치해 있다는 점에서, 왕릉을 수호하고 그곳에 묻힌 백제왕들의 명복을 기원하는 왕실의 원찰인 능사(陵寺)였을 것이라는 추정된다.

필자는 목간들이 출토된 장소가 도성의 입구로써 '경계(境界)' 지점이라는 점에 주목하였다. 도조신(道祖神) 제사와 관련된 남근형 목간이나 '水'자(字)를 연서(連書)한 대불(大祓)의 세정의식(洗淨儀式)에 사용되었던 목간 등에 의거하여 이곳이 비일상적인 의례가 열린 공간이었음을 강조하였다. 실제로 목간들과 공반 출토된 유물들은 우물·연못 등 수변제사(水邊祭祀)의 흔적으로 자주 확인되는 것들이며, 우물이나 연못 등 수변공간은 땅과 물이 만나는 곳으로서, 교차로나 시장의 경우와 더불어 '경계'로 인식되는 대표적인 공간이다. 결국 능산리 유적은 사비 도성과 외부의 경계인 동시에 땅과 물의 경계로서, 경계 제사의 제장(祭場)이 되기에 충분한 조건을 갖추고 있다고 할 수 있다. 나성(羅城)과 왕실 고분군이 능산리 유적에 인접하여 있는 것 또한, 이들이 모두 사비도성의 경계에 위치해야할 시설임을 감안하면 자연스러운 현상이라 하겠다. 목간의 내용 및 함께 출토된 유물의 성격을 감안할 때, 능산리사지 유적의 초기시설은 경계 제사의 제장(祭場)이었을 가능성이 높으며, 567년 이후 이곳에 사원이 건립되면서, 이러한 경계제사의 기능 중 일부는 사원의 승려들이 담당하였을 것으로 추정된다.

백제의 '지약아(支藥兒)'와 약재 공급체계

'지약아식미기' 목간도 능사와 관련된 것이라고 하여도, 목간의 내용과 성격은 목간 출토지가 도성의 '경계' 지점에 위치한 비일상적 의례의 공간이었다는 점에 여전히 유념하면서 풀어나가야 한다고 생각된다. '지약아식미기' 목간(그림5 참조)의 묵서를 소개하면 다음과 같다.

'지약아식미기'목간. 4면목간. (44)×2×2cm.

(1면) 支藥兒食米記 初日食四斗　二日食米四斗小升一　三日食米四斗 ×

(2면) 五日食米三斗大升 六日食三斗大二 七日食三斗大升二 九日食米四斗大×

(3면) [食]□道使□次如逢[小]吏猪耳其身者如黑也 道使復後　彈耶方 牟氏/牟□ □耶×

(4면) ×又十二石又十二石又十二石十二石又十二石又十二石又十二石

이 목간은 내용상 '제1~2면', '제3면', '제4면'으로 각각 나누어지며, 이 중 '제1~2면'은 「지약아식미기(支藥兒食米記)」이며, '제3면'은 이와는 성격을 달리하는 또 다른 기록이라고 생각된다. '제3면'이 '지약아식미기'보다 먼저 기록되었을 가능성도 있으나 두 기록 사이의 순서는 확정하기 어렵다. 그러나 두 기록이 한 사람에 의해 작성된 것은 분명하다. 한편 '제4면'은 나머지 1~3면과 서사방향이 반대로 되어 있고, '又十二石'이라는 간

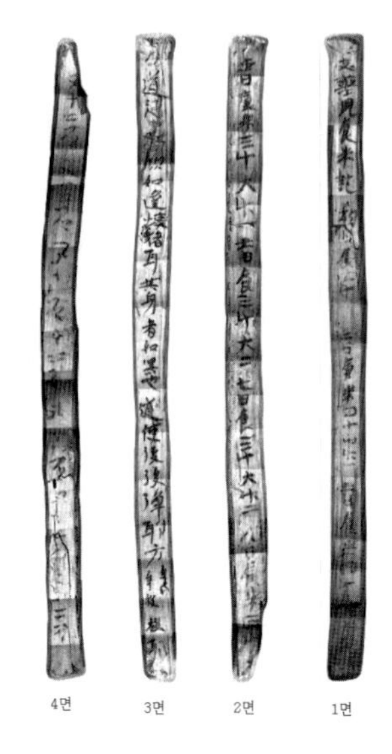

그림5. '支藥兒食米記' 다면목간

단한 문구가 계속적으로 반복되고 있다는 점에서, 이 목간을 폐기하기 전에 적은 습서(習書)라고 생각된다.

이 목간에는 기존의 문헌자료에서는 전혀 찾아볼 수 없었던, '지약아(支藥兒)'나, 대승(大升), 소승(小升)의 도량형제 등 매우 독특한 내용들이 기록되어 있기 때문에, 지금까지 많은 주목을 받았다. 필자는 '支藥兒食米記'를 '지약아의 식미 기록'이라고 해석하였고, 이 백제의 '지약아'를 고대일본의 『엔기시키(延喜式)』에 '嘗藥小兒', '客作兒', '造酒兒' 등 접미어로 '兒'가 붙는 국가의 여러 잡무를 수행했던, 최말단의 사역인들과 유사한 국역자(國役者)에 해당된다고 보았다. 고대 일본의 이 사역인들은 율령의 직원령(職員令)에 포함되어 있지 않다는 점에서 정식의 관인이라고 할 수 없다. 백제의 '지약아' 역시 그 이름으로 볼 때, '약재를 지급하는 일을 담당했던 사역인'이라고 추정되며, 이 '지약아'들은 도성 바깥의 '약원(藥園)'에서 약재를 공급하는 일을 담당하였던 것이 아닌가 짐작하였다. 물론 현재 이와 관련된 백제측 자료는 남아있지 않지만, 백제의 '의박사(醫博士)'나 '채약사(採藥師)'를 왜국(倭國)이 요청하였고, 백제 망명 지식인들이나 그 후예들이 일본의 주금박사(呪噤博士)의 관직을 이어갔다는 점에서, 백제의 약부(藥部) 구성체계가 고대일본의 전약료(典藥寮) 구성체계에 큰 영향력을 끼쳤다고 생각된다.

이러한 점에서 지약아의 역할을 이해하기 위해 고대일본의 약재공급

시스템을 비교 활용하는 것도 무의미한 것은 아니라고 생각된다. 고대일본의 경우, 아스카(飛鳥)의 원지(苑池) 유구에서 약재 관련 목간이 출토되었는데, 이는 7세기 후반 궁전에 부속되었던 원지에서 약재를 재배하고 있었음을 알려준다고 한다. 또한 후지와라쿄(藤原宮) 유적에서는 지방에서 중앙으로 약재를 공납할 때 사용했던 꼬리표목간도 많이 발견되었다. 백제에서도 도성 바깥 인근의 약전(藥田)에서 재배된 약재가 채약, 건조되어 도성으로 공급되었거나, 아니면 아예 지방에서 중앙으로 약재가 공납되었을 가능성이 있다. 백제 역시 도성 인근의 약전과 수요처를 연결하여 약재 공급을 담당했던 사역인이 있었고, 이들이 바로 '지약아'가 아닌가 생각된다.

그런데 최근 이 '支藥兒食米記'를 '藥兒에게 食米를 支給한 기록'으로 해석하고, 백제의 약아(藥兒)를 당(唐)의 상약국(尙藥局)의 '약동(藥童)'이나 고대 일본의 내약사(內藥司)의 '약생(藥生)'과 같은 관인으로 이해하는 견해가 제기되었다. 이들은 약재를 일정한 크기로 자르거나 빻고 채질해서 조제(調劑)할 준비를 했던 의약전문 관인이었다. 백제의 (支)藥兒를 전문관인으로 볼 수 없는 것은 그 인원이 매우 많다는 데 있다. 당의 약동은 30인, 고대일본의 약생은 10인이었다. 그런데 약부 소속도 아니고 능사 건립이전의 초기시설이나 능사 예하의 (支)藥兒임이 분명한데, 지급된 식미(食米)의 양으로 보면 지약아의 인원은 22명이 넘는다. 이는 당의 '약동'이나 고대일본의 '약생'의 규모와 비교할 때 과도한 것이 틀림없다.

오히려 (支)藥兒는 그 인원의 규모로 볼 때 고대일본의 전약료(典藥寮) 하에 예속되어 있었던 '약호(藥戶)'들과 비교되는 존재라고 생각된다. 전약료에는 약호 75호가 예속되어 있었는데, 1년마다 47丁이 번역(番役)을 섰다. 이 경우 사역인들이었던 '客作兒'나 '嘗藥小兒'들의 명명법처럼 백제 역시 '支藥兒'가 공식명칭이었을 가능성도 충분하다. 「佐官貸食記」("佐官의 貸食 기록")이라는 또 다른 백제의 문서명칭과 비교하더라도 '支'를 구태여 동사로 해석할 이유가 없으며 "지약아의 식미 기록"이라 해석할 때, 오히려 「佐官貸食記」의 장부 명명법과도 서로 통한다고 할 수 있다.

한편 지약아 목간에는 도사(道使), 소리(小吏)를 한 그룹으로 묶고 이들의 신체가 검다는 설명이 부가되어 있고, 이어 또 도사와 탄야방의 지방인을 묶어서 뭐라고 기술한 3면이 있다. 이에 대해 이들은 능사 건립을 위해 동원되었고, 지약아라는 관청에서 이들에게 매일의 식미를 지급하였는데, 수령한 사람들을 잘 알지 못해 신체적 특징을 적어놓았다고 본 견해가 있다. 그러나 각각 이름이 있는데 신체적 특징을 적는 것도 문제이지만, 이들이 그룹으로 묶여져 있다는 점에 주목해야 한다. 개별화되어 있다면 단순한 신체적 특징이라고 말할 수 있지만, 이는 위의 지약아와 연관지어 볼 때 병증(病症)일 가능성이 크다.

'지약아식미기' 목간의 출토지는 지방에서 도성(都城)으로 들어오는 입구, 도성의 경계지점에 해당된다. 함께 출토된 '남근형(男根形)' 목간이나 수(水)자가 여러 개 연서된 대불(大祓)의 세정의식용 목간 등으로 볼 때, 이곳은 주기적으로 재액(災厄)을 막기 위해 제사가 벌어졌던 비일상적(非日常的) 공간이었다. 이곳에 능사가 완공된 이후에는 사찰이 그러한 의식들을 주관하였을 것으로 짐작된다. 이 <사면목간>을 작성한 주체는 '지약아'들에게 식미를 지급한 자이고, 동시에 지방관과 지방인의 병증을 기록한 자들이다. 이들은 도성 바깥의 약전(藥田)과 약재의 공급까지도 관할하고 있었다고 말할 수 있다. 이 경우 고대일본의 '시약원(施藥院)'이나, 고려시대에 대중의 치료를 위해 설치된 상설기구였던 '동서대비원(東西大

悲院)'이 주목된다.

고대일본의 경우 후지와라 가문이 고후쿠지(興福寺)를 나라(奈良)로 옮길 때 미리 시약원부터 설치하여 대중들을 치료하는 사업을 전개하였다. 이 시약원에는 후지와라 가문의 수세지에서 올라오는 세금이 할당되었고, 이것으로 약재를 구입했다. 능사를 건립하는 과정에서 백제 왕권 역시 시혜를 과시하기 위해 시약원과 같은 성격의 건물을 먼저 세우고, 이에 국가의 약원(藥園) 일부가 할당되고, 이를 재배하는 약호(藥戶)나 약재(藥材)를 능사로 운반하는 지약아(支藥兒)와 같은 말단의 사역인들이 예속되어 있었던 것은 아닐까. 만약 능사가 완공되기 전부터 도성의 왕경인이나 도사(道使), 탄야방(彈耶方)의 지방인들과 같은 도성을 출입하는 이들에 대해 대자대비의 뜻을 담아 치료가 이루어졌다면, 이는 왕릉과 백제를 수호하는 능사가 애초 그 성립과정에서부터 도성의 경계 지점이라는 비일상적 공간을 활용해 도성을 출입하는 관인과 인민에게 시혜를 베푸는 권력분식(權力粉飾)의 장치로 기능하였음을 의미한다.

지금까지 백제의 '지약아식미기' 목간에 의거해 지약아의 성격과 백제의 약재 공급체계를 검토하여 보았다. 백제는 본초학이 발달하였고, 의학과 약학이 분화되어 의박사와 채약사의 관직이 나누어져 있었다. 이들은 주로 중국의 의약서 학습에 기초하여 치료하였다. 그런데 백제에는 주금박사, 주금사 등 주술적 치료 전문가도 존재하였다. 이와 관련하여 부여 관북리 유적의 연지(蓮池)에서 당시의 주술적 치료법을 유추할 수 있는 주금용 인형의 부속품이 출토되어 학계의 큰 주목을 받고 있다.

백제의 주금용(呪禁用) 인형

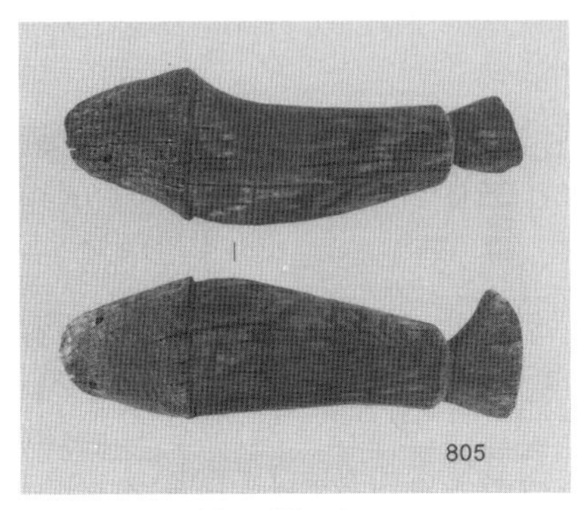

그림6. 관북리 연지 출토 인형 부속품

부여 관북리 유적은 사비시대 왕궁지로 추정되고 있는 곳이다. 1982년부터 1992년까지 7차에 걸쳐 충남대학교 박물관에 의해 발굴조사가 이루어졌다. 이 유적에서는 백제시대의 정면 7칸, 측면 4칸의 대규모 건물지를 비롯해, 연지(蓮池), 도로시설, 하수도, 축대, 그리고 공방(工房) 시설, 창고시설 등 다양한 유구가 확인되었다. 이러한 유구들은 이 유적이 왕궁의 부속시설이 있었던 지역이었음을 말해준다.

이 관북리 유적 중 정교한 호안석축을 갖춘 '연지'에서 목재의 인형다리가 출토되었다. 이에 대해서는 이를 우물 연못 제사에 사용된 공헌물로 본 견해가 이미 제기되어 있다. <그림6>의 유물이 바로 그것이다. 그런데 발굴측에서는 이 둘을 모두 인형다리라고 보고하였지만, 이를 자세히 살펴보면 모두 다리라기보다는 위의 것은 팔이고, 아래의 것만 다리라고 생각된다. 또 팔과 다리의 어깨와 고관절 부위에 연결용 구멍이 두 개 있어 팔과 다리가 움직일 수 있도록 조립해서 완성하는 정교한 나무인형의 부속품으로 추정된다. 이 목제의 팔과 다리는 일본에서 소위 '마리오네트(marionette)식 인형'으로 부르는 '저주(詛呪)'는 물론 '주금(呪禁)'이라는 치료용으로도 사용했던 인형의 부속품일 가능성이 있다.

백제에는 사찰에 주금사(呪禁師)가 존재했고, 국가의 약부(藥部) 하에는 주금박사가 있어 주금법을 학생들에게 가르쳤다. 이에 관한 최초 기록은 577년에 백제의 율사(律師)·선사(禪師)·비구니(比丘尼)·주금사(呪禁師)·조불공(造佛工)·조사공(造寺工) 6인을 일본 나니와(難波)의 대별왕사(大別王寺)에 안주시켰다는 『니혼쇼기(日本書紀)』의 기사에서 확인된다. 이들 6인은 대부분 승려와 사원 건립에 필요한 공인(工人)들로 불교와 직접적으로 관련된 인물들인데 그 중에 '주금사'가 포함되어 있었다. 이는 당시 백제 사찰에 주금법으로 사람들을 치료했던 주금사가 존재하고 있었음을 잘 말해주고 있다. 또 691년에는 의박사(醫博士) 덕자진(德自珍)과 나란히 주금박사(呪禁博士) 목소정무(木素丁武), 사택만수(沙宅萬首) 등에게 각기 은(銀) 20량(兩)을 하사했다는 기록이 있다. 의박사인 덕자진은 백제 유민이었고, 사택(沙宅)씨는 백제 귀족인 대성팔족의 씨였기 때문에 주금박사 사택만수도 백제 유민임이 틀림없다. 목소정무 역시 백제 유민으로 추정되고 있다.

'주금'이란 무엇인가? '주(呪)'에는 신(神)에게 기원하는 대로 이루어지기를 바라는 기원의 의미와 누군가를 상해하고자 하는 저주(詛呪)의 의미가 모두 있다. 한편 '금(禁)'은 주술(呪術)로서 대상(對象)을 제어하는 염승(壓勝)을 의미한다. 주금과 같은 의미로 禁術, 禁法, 禁戒, 禁呪등의 용어가 있다.

중국이나 고려시대의 자료를 보면 주금을 행하는 인물들은 무술(巫術), 즉 샤머니즘과도 밀접한 관련성이 있다. 『당육전(唐六典)』 태의서(太醫署)에서 주금사의 직무는 "주금으로 사악한 기(氣)와 요괴(妖怪)에 의한 악질(惡疾)을 뽑아버리는 것"이라 했는데, 그 주석(註釋)에 "산에서 사는 방사(方士)에서 유래한 '도금(道禁)'이 있고, 불교에서 유래한 '주금(呪禁)'도 있다."고 되어 있다.

주금사의 역할은 고대 일본 전약료(典藥寮)의 주금생(呪禁生)들이 배웠던 내용에서 유추할 수 있다. 『양노령(養老令)』의 「의질령(醫疾令)」에 보면 주금생들은 "주금으로 해오(解忤)와 지금(持禁)을 배운다."고 하였다. 해오(解忤)란 주금술로 사악함과 놀람, 그리고 잘못된 것을 풀어주는 것이며, 지금(持禁)이란 몽둥이나 칼을 들고 주문을 읽으면서 맹수, 독충, 정매(精魅), 도적, 五兵(다섯 가지의 무기)의 침해를 막고 또 신체를 견고하게 하여 뜨거운 물, 불, 칼날에도 상하지 않게 하는 것이다.

한편 주금사는 인형을 사용해 사람을 치료했다. 고대 일본의 후지와라쿄(藤原京)에서 703년 전약료(典藥寮)에서 사용하였던 목간과 함께 목제인형이 출토되었는데, 이 목제인형 가운데는 눈 부위를 붓으로 검게 칠한 것이 있다. 이처럼 눈 부위에 검은 칠을 한 것은 주금사가 이 목제인형을 사용하여 주금술로써 안질(眼疾)을 치료하고자 한 것으로 보인다. 1984년에 헤이죠쿄(平城京)에서도 유사한 목제인형을 발굴하였다. 크기가 11㎝인 목제인형에 "左目病作今日"이란 붓글씨가 남아 있었다. "오늘 왼쪽 눈에 안질이 생겼다"는 뜻으로 이 목제인형도 주금사가 안질치료용으로 사용했던 것으로 보인다.

한편 헤이안쿄(平安京) 유적 우경(右京) 육조(六條) 삼방(三坊) 육정(六町)에 위치한 우물 속에서는 <그림7>과 같이 손을 묶어 결박하는 의식을 치른 남녀의 나무인형 한 쌍이 출토되었다. 남녀 인형의 가슴에 각각 그 이름을 묵서하였는데, 여자 인형의 팔은 분리된 채 사라져버려 발굴되지 않았다. 평성궁(平城宮) 동남 모퉁이의 기간 배수로에서도 8세기 후반의 것으로 추정되는 주술용 인형이 발굴되었는데, 이 인형은 <그림8>처럼 팔뿐만이 아니라 다리까지도 별도로 만들어 몸체에 조립하는 형식으로 제작되었다. 이처럼 주금의식에 사용했던 인형들 중 일부는 팔과 다리를 별도로 제작하여 몸체에 조립하는 소위 '마리오네트'식으로 만들어졌는데, 그 이유는 무엇 때문일까? 이와 관련하여 고려시대의 사례지만 주금의 생생한 의식을 전하는 기록이 남아 있어 주목된다.

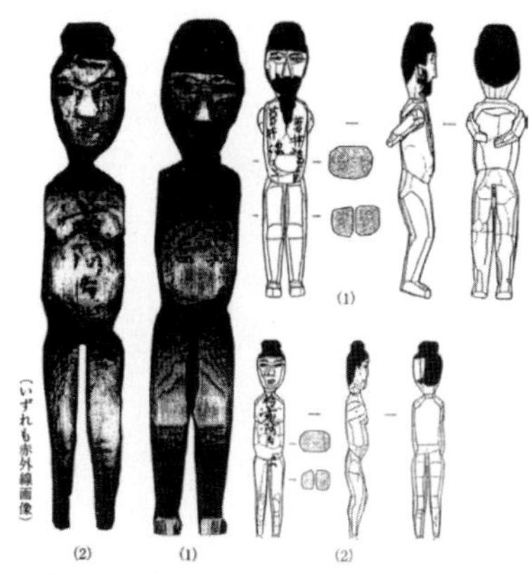

그림 7. 일본 平安京 출토 결박용 인형

> 홍복원이 은밀히 무당을 시켜서 나무를 깎아 인형을 만들어 그 손을 결박하고 머리에 못을 박아서 땅 속에 묻거나 혹은 우물 속에 빠트려서 저주의 주문을 했다. 李綢가 일찍이 원나라로 도망하였는데 王綧 (말)에 의거하여 (홍복원이 나무 인형을 만들어 저주하는 것을) 황제에게 보고했다. 황제는 사자를 보내 이를 조사하게 하였다. 복원이 말하길, "아이가 학질로 병들어 고로 악귀를 진압하였을 따름이고 다른 뜻은 없었다."고 하였다. (『高麗史』 홍복원전)

홍복원은 주금법으로 자신의 아들을 치료함에 있어, 인형을 사용했는데 인형의 손을 결박하고 그 머리에 못을 박는 의식을 행하였다. 그런데 병을 치료하기 위한 주금법과 다른 이를 상해하기 위한 저주가 비슷해 오해가 발생하였다. 이때 인형을 결박하는 의식이 병을 禁(치료)하는 가장 핵심적인 사안이었음을 알 수 있다. '결박'이라는 의식을 주술적으로 확실히 표현하기 위해서는 손이 사람의 손처럼 움직일 수 있어야 모방주술

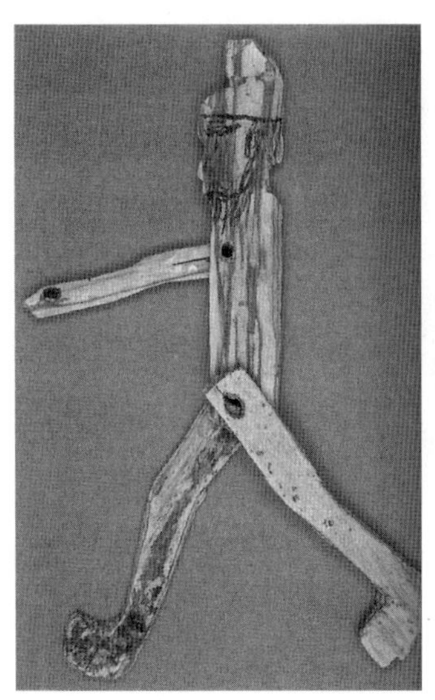

그림8. 平城宮 출토 마리오네트식 인형

의 힘이 강해진다고 믿었고, 이로 인해 손을 별도로 만들어 몸체에 조립하는 인형이 만들어졌던 것이다.

결국 주금용 인형에는 고대일본이나 고려의 사례로 볼 때, 손과 발을 결박하는 의식이 행해졌고, 이때 모방주술의 힘을 강하게 하기 위해 비록 인형이지만 실제의 손과 발처럼 움직일 수 있도록 조립식으로 인형을 제작하였던 것이다. 부여 관북리 연지에서 출토된 나무로 만든 팔과 다리는 어깨와 고관절 부위에 연결용 구멍이 두 개 있는 나무인형의 부속품이라는 점에서, 일본에서 소위 '마리오네트(marionette)식 인형'으로 부르는 '저주'는 물론 '주금'의 치료용으로도 사용했던 <그림8>의 인형의 팔 다리 부속품과 흡사한 면이 있다. 고대일본의 경우 앞서 언급하였지만 발굴사례로 보면 결박된 팔이 빠진 채로 발견된 인형도 있어서 관북리 연지의 팔과 다리는 그러한 인형에서 분리된 채 발굴된 부속품일 가능성이 크다고 생각된다.

참고문헌

김두종, 1981, 『한국의학사』, 탐구당.

장인성, 2001, 『백제의 종교와 사회』, 서경.

이상준, 1997, 「경주 월성의 변천과정에 대한 소고」, 『영남고고학』21.

이현숙, 2003, 「신라 통일기 전염병의 유행과 대응책」, 『한국고대사연구』31.

윤선태, 2005, 「월성해자 출토 신라 문서목간」, 『역사와 현실』56.

길기태, 2006, 「주금사와 약사신앙」, 『백제 사비시대의 불교신앙연구』, 서경.

三上喜孝, 2007, 「慶州・雁鴨池出土の薬物名木簡について」, 『韓國出土木簡の世界』, 雄山閣.

이현숙, 2007, 「백제의 의학과 복서」, 『백제문화사대계』11.

장인성, 2010, 「백제의 의약과 도교문화」, 『백제연구』52.

이재환, 2011 「傳仁容寺址 출토 '龍王' 목간과 우물·연못에서의 제사의식」, 『목간과 문자』7.

박준형·서영교, 2014, 「『文館詞林』에 보이는 蔣元昌과 蔣氏家門 醫官」, 『역사학보』222.

박준형·여인석, 2015, 「『大同類聚方』 典藥寮本과 고대 한반도 관련 처방」, 『목간과 문자』15.

윤선태, 2016, 「백제의 '구구단'목간과 術數學」, 『목간과 문자』17.

윤선태, 2018, 「월성 해자 목간의 연구 성과와 신 출토 목간의 판독」, 『목간과 문자』20.

이현숙, 2019, 「치유 공간으로서의 한국고대 사찰」, 『신라사학보』46.

Column

고대 중국의 의학 목간

김병준(서울대학교)

고대인이나 현대인이나 삶에 대한 희구는 동일하다. 따라서 사람을 죽음으로 몰아가는 질병에 대한 관심 역시 고대인이나 현대인이나 똑같이 크다. 고대 문자자료에서는 이런 질병을 예방하고 치료하는 의학 지식이 담긴 기록을 어렵지 않게 찾아볼 수 있다.

의학 서적이라고 부를 수 있는 것으로 현재 전하고 있는 것은 1세기초에 만들어졌다고 하는 『神農本草經』『素問』, 2세기 전후의 『靈樞』, 3세기 전반의 『傷寒論』『金匱要略』, 3세기 중반의 『明堂』이 있다. 『신농본초경』은 기초 약학서이고, 『소문』『영추』에는 병리 및 진단의 기초 의학, 그리고 鍼灸 치료에 대해서도 논술하고 있다. 『상한론』『금궤요략』은 약물 치료서이고, 전자는 급성병, 후자는 만성병의 진단과 의학처방을 서술하고 있다. 『명당』은 孔穴의 전문서이다. 후한시대에서 삼국시대에 이르는 시기에 의학의 여러 분야에 걸쳐 체계화된 내용이 정리되어 있다.

비록 이들 서적 속에 기원전 시기의 의학 지식이 포함되어 있는 것은 사실이지만, 앞뒤 것이 혼재되어 있어 그 이전 단계를 구분해 내기 어렵다. 『사기』의 편작열전과 창공열전을 통해 기원전 2세기에서 1세기에 행해졌던 의료의 모습을 추측할 수 있지만, 훨씬 구체적인 모습은 간독자료를 통해서 확인할 수 있다. 이하 최근까지 발견된 의학 관련 간독 자료를 일별해 보기로 한다.

호남성 마왕퇴 전한 초기 무덤에서는 의학 자료 25종이 발견되었다.(馬王堆漢

墓帛書整理小組編, 『馬王堆漢墓帛書』(肆), 文物出版社, 1985) 제1백서는 秦漢之祭 시기에 베껴 쓰여진 것으로서 (1) 『足臂十一脉灸經』, (2) 『陰陽十一脉灸經』 甲本, (3) 『脈法』 甲本, (4) 『陰陽脈死候』 甲本, (5) 五十一病方로 구성되어 있다. 제2백서는 황제의 이름을 避諱하고 있기 때문에 秦代에 초사되었을 것이라고 생각되는데 (6) 『却穀食氣』, (7) 『陰陽十一脈』 乙本, (8) 『導引圖』로 이루어져 있다. 제3백서는 避諱와 書體로부터 기원전 180년 이전 秦漢之祭 시기에 베껴 쓰여진 것으로서 (9) 『養生方』, (10) 『雜療方』, (11) 『胎產書』로 구성되어 있다. 그밖에 簡牘으로서 (12) 『十問』과 (13) 『合陰陽』, (14) 『雜禁方』과 죽간 (15) 『天下至道談』이 있다.

호북성 장가산 247호 한묘에서는 『引書』 · 『脈書』가 출토되었다. 『인서』는 마왕퇴 출토 (8) 『導引圖』의 설명이다. 『맥서』는 『病候』 · 『六痛』 · 『陰陽事宜脉灸經』 丙本 · 『陰陽脉死候』 乙本 · 『脈法』乙本로 나뉜다.

기원전 179-141년경에 매장되었던 사천성 綿陽市 한묘에서는 黑漆한 목제 인형이 출되었다. 키는 28.1cm, 경맥을 표현한 붉은 칠선이 좌우 대칭으로 각각 9줄, 등쪽 정중앙에 1선이 상하 방향으로 그려져 있다.

기원전 166년경 안휘성 부양 한묘로부터 전한 초기에 초사된 『萬物』이 출토되었다. 광물의 효과와 용도가 기록되어 있으며, 병증에 대한 효과도 있기 때문에 本草를 겸한 박물서라고도 할 수 있다. 다만 『神農本草經』처럼 체계적이지 않고 약명이 많으며 어법도 다르다.

기원전 112년에 매장된 하북성 만성현 中山靖王 劉勝의 한묘로부터 金針과 銀針 및 "醫工"이라고 새겨진 煎藥器, 그리고 남자 성기를 모방한 方中 기구가 출토되었다.

1세기 전반에 매장된 『武威漢代醫簡』이 감숙성 武威縣에서 출토되었다. 침법과 禁灸論이 있는 醫方書로서 병명과 약명은 『傷寒論』 · 『금궤요략』 · 『신농본초경』과 유사하다. 처방의 대부분은 散劑다.

鍼灸를 그린 2세기 전반기 경의 한대 화상석이 산동성 微山縣의 兩城山에서 출토되었다. 같은 곳에서는 기원전 2세기 후반의 화성석이 발견되었는데, 상반신은 사람이고 하반신은 새인 針醫가 두발을 내려뜨린 병자를 진맥하고, 또 한편의 손으로는 석침을 병자에게 시술하고 있다.

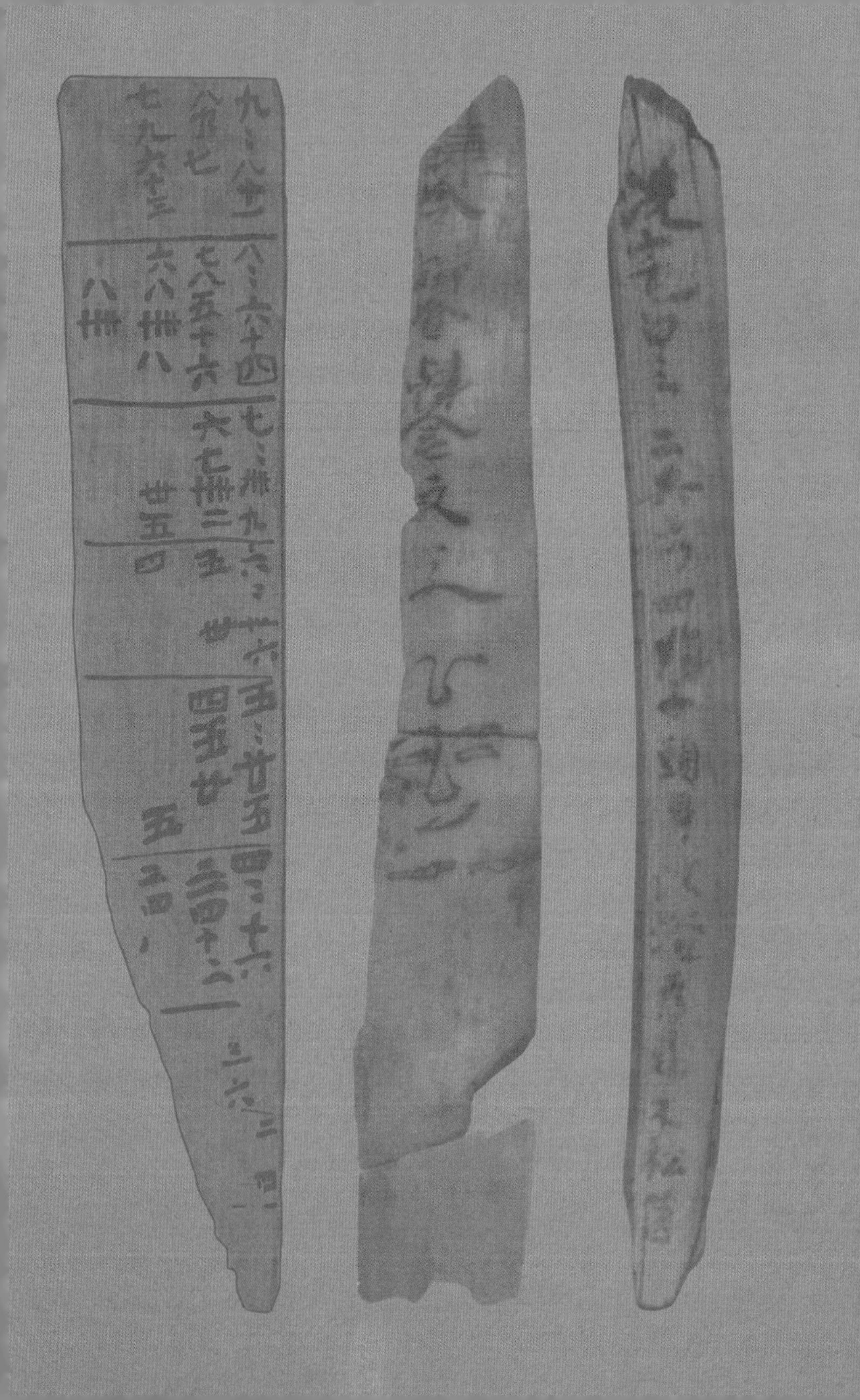

한국 고대의학과 『대동유취방』

박준형
해군사관학교

한국 고대 의학사 연구와 사료

해방 이후 한국 고대사 연구는 정치·경제·사회·문화 등 다양한 분야에서 활발하게 진행되었다. 분야사 연구가 이처럼 다변화될 수 있었던 것은 기본적으로 연구자의 수가 많이 늘어난 것에 기인한 바가 크다. 그리고 연구자들이 '마른 행주를 쥐어짜는' 각고의 노력으로 연구방법론을 개발하려는 노력이 있었기 때문에 연구 수준의 질적 향상도 이루어졌다.

한국 고대사의 한 분야로서 의학사 연구는 일제시기 미키 사카에(三木榮)로부터 비롯되었다고 해도 과언은 아니다. 해방 이후 그의 연구 성과는 『朝鮮醫學史及疾病史』(1962)로 나왔다. 그는 고조선에서부터 시작되는 한국의학사를 체계화하는 과정에서 처음으로 고대 의학사를 정리하였다. 한국인 연구자로서는 김두종이 『韓國醫學史(上·中世編)』(1955)을 저술함으로써 한국 고대 의학사의 체계를 다시 세우게 되었다. 이러한 선구적인 성과를 바탕으로 2002년 이현숙이 「신라의학사연구」로 박사학위를 받게 되었다. 그에 의해 한국 고대 의학사 연구가 본격적으로 이루어지게 되었다. 김두종의 『한국의학사』 출간 이후 그 동안 학계의 연구성과를 종합하여 새롭게 『한국의학사』(여인석·이현숙 외, 2012)가 나오게 되었다. 그에 의해 수년간 홀로 진행된 고대 의학사 연구 성과가 이 책의 고대 부분에 그대로 반영되었다고 볼 수 있다.

이처럼 한국 고대 의학사 연구는 다른 분야보다 연구가 더디게 진행되었다. 연구자의 수도 손꼽을 정도로 적은 것도 문제이만 사료의 부족이라는 절대적인 한계를 뛰어넘을 만한 새로운 연구방법론이 개발되지 않았기 때문이다. 연구자의 부족, 사료의 한계, 연구방법론의 빈약이라는 3요소가 악순환되고 있는 것이 고대 의학사 연구의 현실이다.

이런 점에서 새로운 사료의 발굴은 연구 흐름을 크게 변화시키기도 했다. 무령왕릉지석, 냉수리비, 봉평비, 중원고구려비, 집안고구려비와 같은 금석문의 발견뿐만 아니라 근래에 낙랑군호구부 목간을 비롯하여 한반도 중남부에서 출토된 많은 목간 자료는 이러한 변화에 중요한 계기가 되었다. 새롭게 출토된 문자자료 중에 고대 의학의 모습을 엿볼 수 있는 것도 있다. 월성해자 167번 목간에 기록된 天雄과 萵苣라는 약재를 통해 도교계열의 仙藥처방이 신라에서 활용되었을 것으로 보거나, 부여 능산리사지 출토 사면목간에서 日別로 나누어 藥部 소속의 말단인 '支藥兒'에게 '食米'를 지급했던 사실을 알 수 있게 되었다. 물론 이러한 출토 자료를 통해서 고대 의료 행위의 단면을 엿볼 수 있으나 한국 고대 의학의 체계를 세우는 데에는 역부족이었다.

한국측에 남아 있는 의학 관련 사료로는 『삼국사기』·『삼국유사』에 의료제도와 각종 치료 행위에 대한 단편적인 것들이 대부분이며, 여기에 최근 발굴된 목간의 묵서가 약간 있을 정도이다. 후대의 자료이기는 하나 『동의보감』에 膃肭臍[물개의 陰囊], 茄子[가지], 白附子가 신라산 약재로 소개되어 있다.

중국측에는 좀더 구체적인 자료가 많이 남아 있다. 『肘後備急方』(권8, 治百病備急丸散膏諸要方 第69 崔氏海上方)에는 威靈仙의 효능을 설명하면서 신라승려가 치료했던 일화가 남아 있다. 이 일화는 『향약구급방』(下卷, 中風)에도 수록되어 있다. 『新修本草』·『證類本草』에는 金屑, 銀屑, 昆布, 人參, 菟絲子, 細辛, 五味子, 款冬, 藺茹, 白附子, 蕪荑, 丹雄鷄, 蜈蚣, 馬陸, 威靈仙 등 삼국산 약재에 대한 구체적인 설명이 있다. 또한 『止觀輔行傳弘決』에는 고구려 辨師가 혹을 치료하는 일화가 수록되어 있다. 『外臺秘要方』에는 각기병으로 죽어가는 사람을 구했다고 하는 高麗老師方이 소개되어 있다. 『酉陽雜俎』에는 魏나라 때 1촌 되는 머리카락을 10여 토막으로 끊어 이를 침으로 꿰어 연결시켰는데 머리카락 가운데가 비어 있었다는 고구려 사람에 대한 일화가 있다. 이처럼 삼국산 약재가 중국에서 유명하였고 신라·고구려 의술의 단면을 볼 수 있지만 이를 통해서 한국 고대 의학 의학 본연의 모습을 찾기는 어렵다.

한국 고대 의학과 관련된 기록은 일본에도 남아있다. 삼국에서 일본에 의사를 파견하거나 약재 교역과 같은 상호교류가 잦았기 때문에 중국측보다 상대적으로 자료가 많이 남아 있으며 그 내용도 좀더 구체적이다. 984년 丹波康賴(911~995)가 저술한 『醫心方』에는 新羅法師方, 新羅法師流觀秘密要術方, 新羅法師秘密方 등 밀교의 영향을 받은 신라법사의 처방이 아주 자세히 기록되어 있으며 백제 의서인 『百濟新集方』에 수록된

治肺癰方, 治丁腫毒氣已入心欲困死方이 소개되어 있다.

이처럼 한국 고대 의학 관련 자료는 한중일 3국에 남아 있다. 중국·일본의 의서에 수록된 일화를 보면 삼국의 의학 수준이 상당했으며 『백제신집방』과 같은 의서도 편찬된 것을 알 수 있다. 그러나 중국처럼 漢代 이후 수많은 의서가 현존하거나 일본처럼 고대에 자체적으로 편찬된 의서가 남아 있지 않는 상황에서 삼국 의학의 본질에 접근하기는 쉽지 않은 것이 현실이다.

고대 의학사 연구의 새로운 활기, 『대동유취방』의 재발견

한국 고대 의학사 연구는 연구자의 절대적 부족, 새로운 방법론의 부재 등으로 연구의 활력을 얻지 못하고 있다. 이러한 상황에서 필자는 2015년에 그 동안 僞書로만 알려졌던 헤이안시대 『大同類聚方』(808) 진본의 재발견을 학계에 소개하였다. 이 의서에는 고구려, 백제, 신라, 가야 계통의 처방이 상당히 많이 수록되어 있다. 이를 통해 한국 고대 의학의 구체적인 모습을 엿볼 수 있는 계기를 마련하고자 했다.

일본학계에서는 『대동유취방』 유포본을 위서라고 보는 것이 통설이다(일본학계에서는 에도시대에 필사·출판된 『대동유취방』을 일반적으로 '유포본(流布本)'이라고 부른다. 본고에서도 이 용어를 그대로 사용하고자 한다). 『奇魂』(1831)을 통해 에도시대 유포본을 위서로 정리했던 사토 호죠(佐藤方定)는 아이러니하게도 말년에 진본인 典藥寮本을 발견하고 주석을 달아 『勅撰眞本大同類聚方』(1852~1864)을 간행하였다. 그러나 한 번 위서 논란이 정리된 이후 일본학계는 더 이상 『대동유취방』에 관심을 기울이지 않았고 전약료본의 발견에도 크게 주목하지 않았다. 이후 일본의학사 연구의 대가였던 후지가와 유(富士川游)는 『日本醫學史』(1904)에서 사토 호죠의 위서론을 그대로 받아들여 『대동유취방』 유포본을 위서로 보았다. 이와 달리 그의 제자였던 미키 사카에는 『대동유취방』이 후인의 위작이라 가치가 낮지만 당시 일본에서 사용되었을 처방의 양상을 어느 정도 유추할 수는 있을 것이라고 보았다. 그런 점에서 그는 전약료본과 豊後本에 수록된 삼국 관련 처방 13건을 소개하였다. 이후 1996년부터 고토 시로(後藤志郎)는 전약료본이 진본임을 주장하였다. 그러나 의학사 전공자가 아니었던 그의 주장에 학계는 귀를 기울이지 않았다.

한편 이현숙은 『대동유취방』에서 允恭天皇의 妃인 衣通郎女를 치료할 때 쓰였던 '之良支藥[しらき(시라기)藥 : 신라약]'을 남긴 신라 鎭明을, 414년 일본에 파견되어 윤공천황의 다리병을 치료한 김무와 동일인으로 보았다(「5세기 초 신라의사 金武와 의학의 발전」, 『한국사상과 문화』14, 한국사상문화학회, 2001). 그러나 그는 에도시대 이래 위서론을 극복하지 못한 상태에서 『대동유취방』 중 신라 처방 1건만 조심스럽게 이용할 수밖에 없었다.

필자는 이현숙의 논문을 읽고 "과연 『대동유취방』에 신라 처방 1건만 수록되어 있겠는가?"라는 의문을 품었다. 곧바로 유포본을 번역한 『全譯精解大同類聚方(上·下)』(平凡社, 1985)을 확인하였다. 이 책은 저자인 마키 사치코(槇佐知子)가 현존 일본 最古의 의서인 『醫心方』의 번역 경험을 바탕으로 당시까지 유포본을 집대성한 『校注大同類聚方』(大神神社史料編修委員會, 平凡社, 1979)을 번역한 것이다. 먼저 색인에서 신라·백제·韓國 등 한반도 관련 색인어를 확인하고 본문과 대조한 결과 한국 관련 처방을 약

57건이나 확인했다.

간단한 검토를 마친 필자는 "과연 유포본이 정말로 위서일까", "위서라면 왜 굳이 한반도 관련 처방을 많이 수록하였을까", "위서본이라도 어느 정도 당시 현실을 반영하는 것이라면 사료로서 가치가 있지 않을까" 등의 의문이 들었다. 이 많은 한국 관련 처방을 버리기가 너무 아까웠다. 만약 이것이 사실이라면 한국 고대의학뿐만 아니라 고대사학계에서 매우 중요한 사료 발굴이기 때문이었다. 그러나 당장 필자의 얕은 지식으로 약 200년 전부터 이미 일본에서 정립된 위서론을 극복할 수는 없었다.

곧 바로 일본학계에서 이루어진 고대의학사 연구 성과를 검토하였다. 그 과정에서 1996년부터 2007년 사이에 『日本醫學史雜誌』에 실린 고토 시로(後藤志郞)의 짧은 글들을 확인하였다. 이 글들은 정식 논문이라기보다는 발표 요약문의 성격이 강했다. 아마도 일본 학계에서 통설과 달리 전약료본을 진본이라고 주장하는 글을 정식 논문으로 받아주지 않은 것으로 보인다. 필자는 고토 시로의 짧은 글만으로 『칙찬진본대동유취방』(전약료본)의 진위 여부를 판단할 수 없었다. 다행히 그는 전약료본의 소장처를 밝혀 놓았기에 필자는 研醫會圖書館과 豊橋市中央圖書館을 통해서 『칙찬진본대동유취방』 전체의 이미지 파일을 얻을 수 있었다.

필자는 『칙찬진본대동유취방』을 검토한 결과, 사토 호쵸가 위서론에서 제기했던 8가지 근거가 전약료본에는 적용되지 않는다는 점을 확인했다. 또한 전약료본에는 延喜 12년(912) 정월에 시작하여 연희 13년(913) 5월 초에 필사와 교열을 마쳤다고 하는 당시 大醫博士였던 후카네노 스케히토(深根輔仁[深江朝臣輔仁])의 서명이 있고 제1집 권1 목록, 권1의 始卷 첫머리와 말미 등 3곳에 '典藥寮印'이 날인되어 있는 점으로 보아 이 판본이 전약료에서 공식화한 필사본임을 알 수 있게 되었다. 그래서 2015년

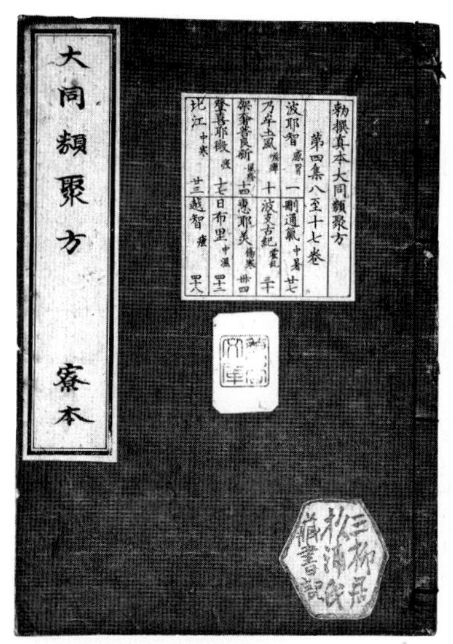

그림 1. 『대동유취방』 제4집 표지

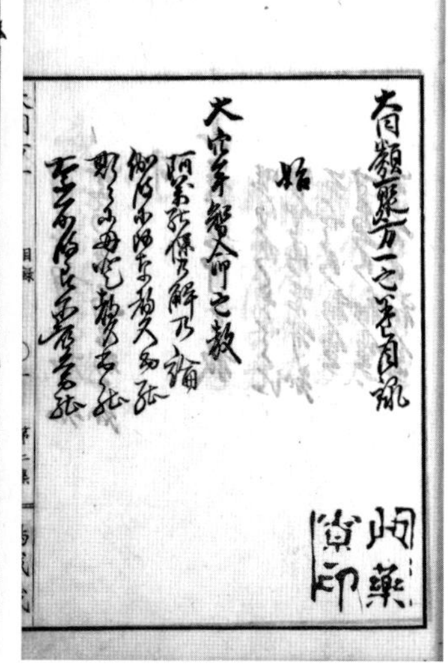
그림 2. 『대동유취방』 제2집 '典藥寮印'

12월에 「『대동유취방』 전약료본과 고대 한반도 관련 처방」(『목간과 문자』 15, 한국목간학회)이란 논문을 통해 유포본은 위서이지만 전약료본은 진본임을 밝히고 『대동유취방』에 수록된 고대 한국 관련 처방 37건의 전문을 번역·소개하였다.

이후 필자는 『칙찬진본대동유취방』 전체 내용를 이해하지 못한 상태에서는 한국 관련 처방의 성격을 제대로 파악할 수 없다고 보았다. 그래서 804건 처방 전체를 초벌 번역하였다. 원문 번역은 매우 지난한 작업이었다. 원문의 표기가 일본식 이두인 고대 만요가나로 되어 있었기 때문이다. 만요가나의 번역은 먼저 만요가나로 표기된 것을 고대 일본어로 풀은 다음에 그것을 다시 현대 일본어로 고쳐야 한다. 마지막으로 그것을 한국어로 번역하는 4단계의 과정을 거쳐야 한다. 번역 과정에서 마키 사치고의 『全譯精解大同類聚方』을 많이 참고하였다. 그러나 같은 이름의 처방이라도 구체적인 서술 내용에 차이가 심하고 유포본에 없는 처방이 많아서 번역하기가 쉽지는 않았다. 그러나 이 과정에서 전약료본의 성격을 좀 더 깊이 있게 이해할 수 있었다.

『대동유취방』 편찬과 전약료본의 발견 · 출판

『대동유취방』은 平城天皇 大同 3년(808)에 아베노 마나오(安倍眞直)와 이즈모노 히로사다(出雲廣貞) 등이 찬술하여 바친 의서이다. 당시 중국의학에 경도되어 古傳이 유실되는 것을 염려하여 國造·縣主·稻置·別·首와 諸國의 神社, 민간의 各族·舊家 등에 전해 내려오는 약방을 모아 올리도록 하고 그것을 선별하고 질병별로 모아서 『대동유취방』 100권을 찬술하도록 한 것이다.

이후 헤이안시대에 일본은 본격적으로 唐 의학을 수용하였다. 당시 大寶醫疾令에 의하면 醫生이 강습해야 하는 것은 甲乙經·脈經·本草·素問·黃帝針經·明堂·小品方·集驗方 등과 이후 隋唐代 의서가 주요한 교재였다. 특히 984년 단바노 야스요리(丹波康頼)가 수당대 方書들 가운데서 요점을 추려 모은 『醫心方』을 저술하게 되면서 일본 고유의 처방을 수집한 『대동유취방』에 대한 관심은 멀어져갔다. 다만 가마쿠라시대인 建治 3년~永仁 2년(1277~1294)에 작성된 『本朝書籍目錄』 「醫書」에 '大同類聚方(百卷)'이 수록된 점으로 보아 13세기까지는 여전히 그 존재가 알려졌던 것으로 보인다. 그러나 이후 『대동유취방』의 원본은 유실된 것으로 보인다.

『대동유취방』이 일본에서 다시 주목받기 시작한 것은 에도시대이다. 당시에 國風文化에 대한 관심이 고조되면서 『대동유취방』이 일본 最古의 和方書로 진귀하게 여겨졌다. 그러나 애석하게도 당시 유통되었던 것은 진본(전약료본)이 아니라 필사본이거나 이를 출판한 10여종의 유포본들이었다.

사토 호죠는 『기혼』(1831)을 통해 위서론을 제기하였지만 그는 1848년에 『대동유취방』의 진본[전약료본]으로 여겨지는 판본을 찾았다. 하나노이 아리토시(花野井有年)는 『醫方正傳(上卷)』(1852)에서 "근래에 에도에 있는 사토 호죠가 延喜·延長의 古寫本을 구했다고 하는데 축하할 일이다"라고 한 것으로 보아 1852년 이전에 사토 호죠가 진본을 찾았다는 사실이 세상에 알려졌던 것을 알 수 있다. 사토 호죠도 1858년에 출간한 『(奇魂附錄)備急蓬萊八藥新論(卷1)』「總論」에서 "다만 流布印本이 僞書라는 것은 『기혼』에서 밝혔고 正本에 의한다"고 하여 진본의 존재를 확실히 드러냈다. 사토 호죠는 새로 발견한 진본을 『칙찬진본대동유취방』(100권)이란 이름으로 1856년부터 1864년에 걸쳐서 13집으로 나누어 발행하였다.

『대동유취방』 전약료본의 구성

『칙찬진본대동유취방』의 제1집과 제2집은 분량이 적어 한 권으로 묶어서 출판되었고, 제3집(권2~권7)은 아직 발견되지 않았다. 1936년에 출간된 사토 시노부마로(佐藤神符満=佐藤方定)의 『奇魂附錄備急八藥新論翼』「依毘須可羅美餘言」에서 '勅撰眞本大同類聚方 卷6 木部'를 언급한 것을 보면 출간된 것이 확실하며 권2~권7이 유포본의 用藥部[약재 부분으로

本草에 해당됨]에 해당된다는 사실을 알 수 있다. 제4~13집까지는 질병별 처방이 수록되어 있다. 그리고 제13집 마지막에는 「(大同)醫式」이 수록되어 있다.

『칙찬진본대동유취방』의 구성

集數	제1집	제2집	제3집	제4집	제5집	제6집
권수		1	2-7	8-17	18-28	29-39
내용	上大同類聚方表	目錄, 教	用藥部(미발견)	處方部		

集數	제7집	제8집	제9집	제10집	제11집	제12집	제13집
권수	40-51	52-60	61-69	70-77	78-88	89-95	96-100
내용	處方部						大同醫式

표지에는 '大同類聚方 寮本'이라는 題簽이 있다. 진본의 책 속에 '典藥寮印'이 날인되어 있어서 전약료본이라는 사실을 알 수 있고 이를 줄여서 '寮本'이라고 한 것이다. 제첨의 오른쪽에는 이 책을 '칙찬진본대동유취방'이라고 제목을 쓰고 책의 내용을 기록한 目錄題簽이 첨부되어 있다. 본문에서 인용한 만요가나식 병명을 나열했으며 작은 글씨로 이에 해당하는 한문식 병명을 병기하여 쉽게 이해할 수 있도록 하였다(사진1).

제1집에는 다른 유포본에는 없는 '上大同類聚方表'만 단독으로 수록되어 있다. 권8부터의 본문이 宣命體로 쓰여진 것에 비해 이 표는 순한문으로 기록되어 있다. 이러한 체제는 『만엽집』도 마찬가지이다. 또한 제13집 말미에는 醫官의 자세를 설명하는 '(大同)醫式'이 한문으로 수록되어 있다. 이 점도 유포본과 다른 전약료본만의 특징이다.

제2집은 目錄과 함께 오호아나모쯔미코토(大穴牟智命), 스쿠나히코나노미코토(少彦名命), 타케우치노스쿠네(武內宿禰)의 教가 수록되어 있다.

앞의 둘은 일본신화에 등장하는 신의 이름이며, 마지막은 신공황후가 신라로 진출할 때 영혼의 매개자적 구실을 한 전설적인 인물이다. 이뿐만 아니라 『대동유취방』에는 다른 여러 신들이 전해주었다고 전하는 처방이 많이 수록되어 있다.

제2집에서 주목할 만한 것은 목록, 권1의 권수와 권말 등 3곳에 '典藥寮印'이 날인되어 있다는 점이다(사진2). 율령에 의해 설치된 전약료는 宮內省에 속해 醫療·調藥을 담당했던 기관이었다. 이 날인이 있다는 것은 전약료본의 『대동유취방』이 당시에 전약료에서 공인·사용되었다는 것을 보여준다. 이 판본을 전약료본이라고 부르는 이유도 여기에 있다.

본문에 해당하는 권8~권100은 질병을 크게 傷寒, 風病, 부인병, 이비인후병, 소아병, 피부병 등으로 크게 분류되어 있다. 세부적으로는 感冒, 惡寒, 咽喉風, 暑病, 疝症, 下痢, 産後症 등 93개로 분류되어 있으며 병명은 115개로 좀 더 세분되어 있다. 총 처방수는 804개이다.

처방문은 ① 약명과 약의 출처 및 流傳, ② 증상, ③ 약재, ④ 조제·복용법 등 4개의 요소로 이루어져 있다. 이중 ①은 아주 간단한 한문에 만요가나가 섞여 있는 和漢混交의 宣命體로 되어 있고, ②·③·④는 순수한 선명체로 되어 있다. 선명체는 명사·동사·형용사 등의 어근을 한자로 쓰고 조사·조동사·활용어미 등을 만요가나로 쓰는 독특한 표기방법으로 주로 천황의 교서 등에 사용되었다. 이중 조사나 어미를 작은 글씨로 써서 구분하는 것을 선명체 小書라고 하고 어근과 어미를 모두 같은 크기의 글씨로 쓰는 것을 선명체 大書라고 한다. 유포본은 대부분 소서로 쓰여졌으나 전약료본은 대서로 표기되었다. 예를 들어 '얼굴빛이 파래지다'를 소서에서는 '面色青九'로 쓰지만 대서에서는 '面色青九'로 쓰는 것이다.

만요가나는 한자의 음과 훈을 이용해서 고대 일본어를 표기하는 방식

이다. 이중 같은 발음으로 읽히는 다양한 한자가 사용되기 마련이다. 예를 들어 모(も)의 발음에 해당되는 글자는 毛·母·勿 등이, 노(の)는 乃·奴·野·能 등이, 니(に)는 二·仁·耳·爾 등이 주로 쓰인다. 이것들을 조합해서 단어를 만들어 보면 毛奴는 모노(もの)로 읽고 뜻은 '~者'(~하는 자)의 의미를 갖는다. 여기에 '~에게'에 해당되는 조사 니(に: 二·仁)를 붙이면 '~하는 자에게'라는 의미로 毛奴二·毛奴仁·毛乃仁로 쓰게 되는 것이다. 물론 이렇게도 쓰지만 한자의 훈을 이용하여 者二·者仁으로 표현하기도 한다.

처방의 한 예로 권12 登喜耶微, 移興陪藥을 들어 보자.

移興陪藥. 伊余部連馬養乃, 家之, 方.

頭伊太无, 毛能仁, 用宇流, 久須利.

與路比久佐五分, 久路久須三分, 於保良良岐五分, 美久喇七分

먼저 권12는 登喜耶微편인데 登喜耶微는 ときやみ(도끼야미)로 읽는다. ときは 時의 訓이고, やみ[やまい]는 病의 훈이다. 그래서 권12 登喜耶微는 時病이라고 해석된다. 약명인 移興陪(いよべ(이요베))는 伊余部(いよべ)에서 유래한 것이다. "伊余部連馬養乃, 家之, 方"은 "伊余部連馬養의 집안의 처방"으로 해석된다. 증상과 관련된 서술 중에서 伊太无는 痛(いた)む로, 毛能仁는 者に로, 用宇流는 用(もち)うる로, 久須利는 藥(くすり) 등 각기 현대 일본어로 바꿀 수 있다. 이를 다시 한국어로 번역하면 "머리가 아픈 자[경우]에 쓰는 약"이 된다. 약재는 거의 대부분이 和名으로 되어 있어서 음으로 읽으면 된다. 與路比久佐는 よろひくさ(요로히쿠사)로 읽으며 白芷이란 약재이고, 久路久須는 くろくす(쿠로쿠스)로 읽고 漏蘆

이며, 於保良良岐는 おほららき(오호라라키)로 읽으며 辛夷이고, 美久唎는 みくり(미쿠리)로 읽고 三稜이다.

이를 정리하여 번역 하면 다음과 같다.

권12 時病

伊余部(이요부)藥. 伊余部連馬養의 집안의 처방

머리가 아픈 자[경우]에 쓰는 약

白芷 5푼[分] 漏蘆 3푼 辛夷 5푼 三稜 7푼

이요부약처럼 약재만 기록되어 있는 경우도 있지만 구체적인 조제·복용법을 명시한 처방도 있다. 예를 들어 권15 惠耶美[傷寒], 淸志藥[冷藥]에는 耶麻志寶[山鹽] 7푼, 區離伽波[栗皮] 3푼, 鞍滿倚[甘草] 3푼을 "가루로 만들되 열이 심한 경우에는 酢 약간을 白湯에 섞어서 복용한다(粉二而, 熱甚, 者, 酢少, 白湯二, 和而, 用宇)"고 하여 복용법을 명시하고 있다. 이것은 약효가 제대로 반응하여 치료효과를 높이기 위해 별도로 복용법을 명시한 것이다. 이처럼 조제·복용법을 명시한 처방은 전체 804건 중 283건이며 나머지 521건은 특별히 기록하지 않았다. 이런 경우에는 대부분 다려서 복용한 것으로 보인다.

『대동유취방』 처방의 출처

『대동유취방』의 권2~7은 用藥部로 중국 의서의 本草에 해당된다. 전약료본의 제3집에 해당되는 이 부분은 발견되지 않았다. 다만, 유포본을 통해 대략적으로 그 내용을 짐작할 수 있을 뿐이다. 진본이 발견되지 않은 이상 더 이상의 접근을 하지 않겠다.

권8~100은 處方部에 해당되며 권마다 개개의 질병에 대한 처방을 수록하고 있는데 모두 804건이다. 각 권의 처방은 개개 질병의 양상에 따라 그 수에 있어서 차이가 있다. 亂瘡病·癩病편인 권95 微大可左耶民에는 가장 적은 4개의 처방이 수록되어 있으며 傷寒편인 권15 惠耶美과 雜病편인 권100 雜雜乃病에는 가장 많은 24개의 처방이 수록되어 있다. 그러다 보니 각권 분량에 있어서도 차이가 많이 나게 되어 적은 권은 분량이 2~3장 정도밖에 되지 않는 경우도 있다. 이것은 일반적인 서적의 製冊 상황과 부합되지 않는다.

이처럼 각권 분량의 편차가 일정하지 않은 점이 위서론의 근거로 제시되기도 했다. 그러나 이것은 각 처방을 실제로 수집했던 결과에 따른 것이라는 현실적인 이유가 있었다고 본다. 책의 적정한 분량을 위해 인위적으로 처방을 배치하는 것이 아니라 실제로 수집된 처방을 질병에 따라 분류하다 보니 자연스럽게 편차가 생길 수밖에 없었고 생각된다. 오히려 이러한 체재는 당시 의학적 현실을 그대로 반영하는 것으로 보인다.

이 부분에서 한 가지 짚고 넘어가고 싶은 것이 전약료본과 유포본의 처방 내용의 차이이다. 처방명과 내용이 일치하는 경우는 대략 460건이 넘는다. 아마도 좀더 정밀하게 분석한다면 약 60% 정도는 넘을 것으로 보인다. 나머지는 약 340여 건은 전약료본에서만 확인된다. 그러나 처방명이 같더라도 증상에 대한 구체적인 서술에 있어서는 차이가 있다. 또한 약재의 구성이 일치하는 경우도 있지만 다른 경우도 상당히 많다.

개개의 처방은 ① 처방명과 처방의 출처 및 流傳, ② 증상, ③ 약재, ④ 조제·복용법 등 4개의 요소로 이루어져 있다. 이중 처방의 출처 부분은

'○○國 □□郡 ◇◇◇◇家의 처방', '○○國 □□郡 △△△가 바친 처방', '○○國 □□郡 ◇◇神社의 처방'의 형식으로 처방 제공처를 분명히 밝히고 있다.

804건을 분석한 결과, 星川藥(大倭國 星川朝臣香麻呂家: 권8)·美佐波藥(出雲國 仁多郡 三澤川勢長季家: 권9)처럼 특정 집안에서 사용되었던 처방이 413건으로 51.4%에 해당한다. 이와 비슷하지만 登富津藥(新羅國 林元武: 권9)·加都羅藥(和氣朝臣淸麿: 권11)처럼 개인이 올린 처방도 210건으로 26.1%에 해당된다. 다음으로 阿波治藥(淡路國 伊佐伎神社: 권14)·和我藥(陸奧國 和我神社: 권18)처럼 신사에서 전해오는 처방이 139건으로 17.3%에 해당되며, 旭乃知藥(旬奴智神: 권88)처럼 신의 이름으로 전해오는 처방도 4건 있다. 이외에 當木原藥(伊勢國 瀧原宮: 권27)처럼 궁궐에 전하는 것이 5건, 都賀藥(下毛國 都賀郡 里人: 권58)처럼 지역의 마을사람이 올린 처방도 9건이나 된다. 鄙羅忌藥(新羅 海部: 권95)처럼 외국이지만 그 나라의 관부에서 기원한 처방도 있다. 그리고 아예 출처가 없는 처방도 24건이 있다.

『대동유취방』의 처방은 출처를 기준으로 했을 때 처방의 제공자(처)가 자체적으로 갖고 있던 것과 타인에게서 받은 것으로 원출처를 밝힌 것으로 나눌 수 있다. 후자의 경우에 '원래는 ▽▽▽의 처방'이라고 분명히 밝히고 있다. 이들의 국적을 분석하면 일본 자체의 처방, 고대 한국과 그 유민에서 유래된 처방, 중국 유민에 의한 처방으로 구분할 수 있다. 이중 일본 자체의 처방은 734건으로 전체 91.3%를 차지한다. 한국계 처방은 모두 50건으로 6.2%를 차지한다. 중국계 처방은 모두 21건으로 2.8%를 차지한다. 한국 관련 처방에 비해 상대적으로 중국계 처방이 적다. 아마도 일본이 중국의학을 본격적으로 받아들이기 전에 토착의학을 형성하는 데에 중국보다 백제를 중심으로 하는 삼국의학의 영향을 좀 더 많이 받았기 때문에 그 처방 수가 상대적으로 적게 나타나는 것으로 보인다.

『대동유취방』에 수록된 고대 한국 관련 처방

『대동유취방』에 수록된 고대 한반도 처방은 모두 50건으로 전체 804건 중에 6.2%에 해당된다. 필자는 이전 논문에서 37건을 보고하였으나 그중 신라에 파견되었던 波多朝臣廣足의 鞍波遲藥(권25 記波堂病[황달]) 1건을 제외하고, 더 찾은 14건을 합하여 50건을 아래 표로 정리하였으며 새롭게 찾은 것은 비고란에 '추가'로 표시하였다. 이중에 신라 처방이 5건(1·2·4·12·47), 고구려계가 4건(11·17·34·44), 가야계가 2건(25·33)이고 나머지가 40건이 백제 왕인과 백제계 유민의 처방이다. 여기에는 黃文連備·田邊史百枝가 공동으로 올린 大不野藥(44)이 중복 계산하였다. 이중 백제계 처방이 전체의 80%를 차지한다. 삼국 중에 일본에 가장 영향을 많이 끼친 나라가 단연 백제였고 멸망 이후 일본으로 건너간 유민이 많았을 뿐만 아니라 그들 중에 典藥頭를 비롯하여 일본 의료계에서 활동을 많이 했던 吉田連·麻田連 집안이 있었기 때문에 상대적으로 백제계 처방이 많이 수록되었던 것으로 보인다.

<표 1>『대동유취방』 전약료본에 수록된 고대 한국 관련 처방 목록

번호	권수	편 명	질 병	약 명	처방 제공자(原출처)	국적(原국적)	비고
1	9	乃无土加世病	咽喉風邪病	志路木藥	新羅國 鎭明	신라	
2				登富津藥	新羅國 林元武	신라	
3	11	登喜耶微	時病	古知陪藥	己知部安宗(少彦名命)	백제계(일본)	추가
4	13	那通氣耶民	中暑	新欒久邇藥	新羅國人 楊公明	신라	
5	15	惠耶美	傷寒	清志藥	吉田連宜	백제계	
6	18	阿之茂乭安當利	傷食	蜂田藥	蜂田藥師和雄(少彦名命)	백제계(吳·일본)	추가
7	19	佐伽莵伽俐病	酲[酒毒病]	空擴藥	上毛野公大川·韓國連源	백제계·일본	수정
8	30	乃无度加反里病	膈[咽喉返病]	石上藥	吉田連斐太麻呂(迦具夜姬命)	백제계(일본)	
9	35	波羅不區里病	鼓脹	雄波里藥	吉田連古麻呂(淺井神社)	백제계(일본)	
10	36	迦波介病	消渴[糖尿病]	見得紀藥	百濟王敬福	백제계	
11	37	阿囊簸邏楊莽必	陰瘡	故末久須里	高麗若光王(劉夏林)	고구려계(미상)	
12				大寓羅藥	安陪朝臣男成(新羅 林敬明)	일본(신라)	
13				安多波良藥	百濟國 王仁	백제	
14	38	辰太須久免野瀰	痛風	屋鬪牟漏藥	吉田連古麻呂	백제계	
15	42	能津伽理耶麻飛	勞	佐耶萬藥	清原眞人國彦	백제계	추가
16				같은 집안 처방			추가
17	46	烏渡屠流美病	遺精·夢精	三面谷藥	臺忌寸八島·黃書連本實(標屋檝麻呂)	後漢·고구려계(일본)	
18				伊楚可牟藥	吉田連古麻呂	백제계	
19	48	久楚布世病	大便閉[便秘症]	衣迦保藥	伊加保神社	일본	
					(船連秦勝)	백제계	
20	53	布度利目病	眸子散大	壽意解藥	麻田連狎賦	백제계	
21				烏豆木目乃洗藥	吉田連古麻呂	백제계	
22	54	布左目	미상(안과질환)	布佐目乃可介藥	白猪史阿麻呂	백제계	추가
23	57	波乃智也美	衄血[鼻血病]	伊差波藥	麻田連狎賦	백제계	
24	58	智皤衢	吐血	鞍佐他藥	麻田連狎賦(天津日子根命)	백제계(일본)	
25	59	之波伊婆利病	痳[淋病]	志智乃返藥	韓人稻邨	가야계	
26				亞遐龍藥	吉田連古麻呂	백제계	
27	60	禰伊婆唎耶美	寢尿病·夜尿症	錦部藥	錦部連道麻呂	백제계	추가

28	68	知乃保世味坐	瘂	智能保世藥	百濟 王仁	백제	
29				阿刀宇加美乃藥	百濟王仁貞	백제계	
30	69	毛路毛路乃血乃病	諸血	江志駄藥	吉田連古麻呂	백제계	
31	70	須久毛堂江病	小兒病	臼井藥	吉田連古麻呂	백제계	
32	72	惠務師邪魔悲	蚘蟲[蛔蟲]	余新太藥	吉田連斐太麻呂	백제계	
33	74	加多加異耶美	癖	埜田河藥	韓人以奈邨	가야계	
34	76	伊裳加左	痘	野口藥	豊原 曩久鎭	고구려계	
35	77	加于陪加差	禿瘡	嶺黑藥	吉田連芳麻呂	백제계	
36				같은 처방 附屬藥			추가
37				於佐可弊藥	刑部眞積	백제계	추가
38	78	世南牟寸加左	癰	古武太耳藥	吉田連斐太麻呂	백제계	
39	83	牟娜軻瑳病	肺痿·心癰	鞍須迦藥	吉田連古麻呂	백제계	
40				肥漏都藥	廣津麻呂		추가
41				같은 집안 처방			추가
42	84	能无土不世病	喉痺	伊太浦女藥	吉宜	백제계	
43	92	可丹然瘡	便毒	根怒吉藥	百濟王遠寶	백제계	
44		摩爐玹瘥	疳	大不野藥	黃文連備, 田邊史百枝	고구려·백제계	
45	94	諸乃班病	班病	班乃伊耶之藥	麻田連狎賦	백제계	
46				又方 同方			추가
47	95	微大[illegible] 可左耶民	癩病	鄙羅忌藥	新羅 海部	신라	
48	95			足山藥	韓國連源, 上毛野公大川	일본·백제계	추가
49	95			亂瘡乃掛藥			추가
50	98	波布務新能倭邪	虫災	瑣陀藥	沙田首常雄(少彦名命)	백제계(일본)	추가

신라 처방 5건(1·2·4·12·47)은 그 출처를 신라라고 분명히 밝혀 놓았기 때문에 쉽게 찾을 수 있다. 志路木藥(1), 新樂久邇藥(4), 鄙羅忌藥(47)은 각기 시로기[しろき]약, 시라쿠니[しらくに]약, 시라기[しろき]약으로 읽히며 이들은 모두 신라의 和名 표기이다. 登富津藥(2)에서 登富津(2)은 とほつ[遠津]여며 登富津藥은 遠津藥이다. 이 약이 신라국 林元武가 올린 점으로 볼 때 登富津藥[遠津藥]을 신라약으로 볼 수 있다.

志路木藥(1)은 인후병 처방이다. 처방자인 鎭明은 신라에서 파견한 의사 金武이다. 登富津藥(2) 역시 인후병 처방으로 志路木藥에 바로 이어서 수록되어 있다. 이 처방은 新羅國 林元武가 전해준 처방으로 筑前國 那珂郡 筥崎宮에 전해오던 것이다. 登富津藥은 목과 턱에 붉은 종기가 생겨 욱신거리면서 몸이 달아오르는 咽喉風을 치료하는 약이다. 임원무가 누구인지는 아직까지 다른 기록에서 확인되지 않는다. 新樂久邇藥(4)은 中暑[暑病]로 여름철에 더위 먹었을 때 생긴 병에 대한 楊公明의 처방이다. 양공명은 다른 기록에서는 확인되지 않는다. 大寓羅藥(12)은 疝症[陰瘡]에 대한 林敬明의 처방인데 역시 다른 기록에서 확인되지 않는다.

鄙羅忌藥(47)은 다른 처방이 개인인 것과 달리 '新羅 海部'라는 관부의 처방이다. 현존하는 『삼국사기』 직관지에는 海部가 없고 이와 비슷한 船府가 보인다. 선부가 배를 만들고 수리하는 부서라고 한다면 해부는 그 의미상으로 볼 때 그보다 넓은 개념인 바다와 관련된 업무를 주관하는 부서일 가능성이 높다.

고구려계 처방은 故末久須里(11), 三面谷藥(17), 野口藥(34), 大不野藥(44) 등 4건으로 각기 疝痛, 夢精, 痘瘡, 陰瘡에 대한 처방이다. 이중 故末久須里는 高麗若光王이 전해 준 처방인데 故末은 고마[こま: 狛·貊], 즉 고구려이고, 久須里는 藥으로, 고려약을 말한다. 고려약광왕은 보장왕의 아들로 일본에 사신으로 파견되었다가 고구려가 멸망함에 따라 귀국을 하지 못하고 일본에 남게 되었다. 『속일본기』에 의하면 703년에 종5위하 高麗若光에 王姓을 주었다고 되어 있다. 이 처방은 원래 劉夏林의 것이라고 되어 있는데 다른 기록에서 찾을 수 없다. 三面谷藥(17)·大不野藥(44)은 그 처방 제공자가 黃文連 혹은 黃書連인데 고구려계 유민이다.

野口藥(34)은 豊原 曩久鎭 집안의 처방이다. 『속일본기』(권23 淳仁天皇 天平寶字 5년(761) 3월 경자조)에는 "上部 王虫麻呂에게 豊原連을, 前部 高文信에게 福當連을 … 上部 王彌夜大理 等 18인에게 豊原造를 내렸다"고 되어 있다. 豊原連[혹은 豊原造]가 고구려의 上部·前部 등 고구려의 方位部를 갖고 있던 고구려계 유민인 것을 알 수 있다.

가야계 처방으로는 志智乃返藥(25), 埜田河藥(33) 2건이 있는데 각각 淋病, 癖에 해당되는 약이다. 모두 攝津國 豊島郡 韓人稻村이 올린 것이다. 『속일본기』(권36, 光仁天皇, 寶龜 11년(780) 5월조)에는 攝津國 豊嶋郡人 韓人稻村 등 18인에게 豊津造라는 성을 내리는 기사가 있다. 『신찬성씨록』의 攝津國 任那 豊津造에는 "出自任那國人左李金[亦名 佐利己牟]也"라고 하여 豊津造가 任那國人 左李金을 出自로 한다고 되어 있다. 여기에서 韓人稻村은 임나가야의 유민인 것을 알 수 있다.

백제계 처방은 새로 찾은 14건을 추가하여 모두 40건이다. 이들 처방은 백제 의자왕의 후손인 百濟王氏의 처방, 의사집안의 처방, 非의사 처방으로 구분이 가능하다.

百濟王氏의 처방에는 百濟王敬福(10)·百濟王仁貞(29)·百濟王遠寶(43)의 것이 있다. 百濟王氏는 백제 멸망기에 일본에 건너간 의자왕의 아들인 禪廣[善光]을 시조로 한다. 그는 持統朝에 百濟王氏를 하사받았다. 그는 扶餘隆의 동생인 扶餘勇으로 추정된다. 百濟王善光에게는 아들 昌成

이 있고 昌成에게는 郎[良]虞·南典·遠寶의 세 아들이 있다. 이중 郎虞에게는 孝忠·全福·敬福의 세 아들이 있다. 그중 全福의 아들이 仁貞이다.

百濟王敬福(697~766)의 見得紀藥은 迦波介病, 즉 消渴[당뇨병]에 대한 처방이다. 百濟王敬福의 관위는 從3位 刑部卿까지 이르렀다. 百濟王仁貞(?~791)은 百濟王敬福의 둘째 형인 全福의 아들이다. 그의 처방은 瘞症에 대한 것으로, 산후에 수족이 붓고 목이 건조해진 자에게 쓰는 약이다. 그는 從5位上 備前守를 역임했으면 左中弁 從4位下까지 올라갔다. 百濟王遠寶(?~734)의 根怒吉藥은 便毒에 대한 처방이다. 그는 文武天皇 4年(700)에 常陸守를 역임했으며 和銅 원년(708)에 左衛士督을 거쳐 화동 6년(713)에 從4位下에 이르렀다.

의자왕의 아들인 선광의 후손은 일본에서 백제왕족의 후예로서 백제왕씨라는 성을 하사받았고, 일본의 율령국가 성립과정에 일조하면서 서서히 관료화되어 갔다. 대체로 이들은 백제가 멸망한 지 100년 이내에 활동했던 인물들이다. 이들이 의사가 아닌 이상, 그 처방들은 그들이 이전부터 갖고 있던 것일 가능성이 높다. 이들은 백제 의자왕의 후손들이다. 왕족이 별도로 의학을 공부했을 가능성도 낮다고 본다. 백제 멸망기에는 일본의 군사원조를 받기 위해 백제에서 일본에 왕족과 기술집단을 보냈다. 백제 왕족이 일본으로 갈 때 그들만이 간 것이 아니라 그들을 보필하는 近侍집단도 동행했다. 이중에는 왕족의 건강을 책임지는 의사도 함께 따라 갔을 것이다. 이런 점에서 백제왕씨 집안에서 나온 처방은 그들이 독자적으로 갖고 있었던 것이라기보다는 선광을 따라 일본으로 갔던 백제 왕실 의사의 처방이었을 가능성이 높다고 본다. 여기에서 '백제 왕실 의학'이란 개념을 도출해 낼 수 있지 않을까 한다.

의사 집안으로는 단연 吉宜[吉田連宜] 집안의 처방이 15건으로 가장 비중이 높다. 여기에는 吉田連宜(5·42), 吉田連斐太麻呂(8·32·38), 吉田連古麻呂(9·14·18·21·26·30·31·39), 吉田連芳麻呂(35·36) 등이 있다. 吉宜는 나라시대 의료계의 최고직인 典藥頭를 지냈다. 그는 일본으로 귀화한 달솔 吉大尙의 아들이다. 달솔은 백제 제2관등이다. 吉田連古麻呂는 吉田連宜의 아들로 그 역시 전약두를 지냈다. 吉田連 집안이 대대로 의술을 업으로 삼았던 것을 알 수 있다.

백제계 의사 집안의 처방으로 麻田連狎[畋]賦의 처방 5건(20·23·24·45·46)이 있다. 麻田連狎賦의 선조인 答本陽春이 724년에 麻田連이란 성을 받았다. 『일본서기』에는 達率 答㶱[本]春初이 665년에 長門國에 성을 쌓았다는 기록이 있다. 백제 관등을 사용한 答㶱 집안은 백제 멸망기에 일본으로 건너간 것으로 보인다. 『신찬성씨록』에는 이들이 백제국 조선 준왕의 후손으로 나온다. 麻田連狎[畋]賦는 백제계 유민으로서 吉田連宜에 이어 典藥頭에 올랐다.

의관 집안으로 주목할 만한 처방은 蜂田藥(6)이다. 이 처방은 和泉國 大島郡 蜂田藥師 和雄이 바친 것이다. 蜂田藥師 집안은 3세기 후반경에 백제로 망명했다가 6세기경에 일본으로 건너간 것으로 보인다.

백제계 중 의사 집안 외의 처방으로는 대표적으로 王仁의 처방 2건(13·28)이 있다. 安多波良藥(13)은 疝症약으로 배가 부풀어 오르면서 통증이 斷續的으로 나타날 때 쓰는 것이며, 智能保世藥(28)은 자식을 낳은 후 氣가 위로 솟구치는 痓症에 대한 처방이다. 『대동유취방』의 백제계 처방이 대부분 백제 멸망 이후 유민과 관련된 것에 비해 이 처방은 멸망 이전에 일본으로 건너간 박사의 처방이라는 점에서 그 의미가 다르다고 할 수 있다.

이 외에 백제계 처방으로 古知陪藥(3)을 들 수 있다. 이 약은 己知部安

宗의 집안에 전해 오는 처방이다. 『일본서기』에 의하면 己知部는 540년 일본으로 귀화하였다. 이 외에 虛勞약인 佐耶萬藥(15)은 淸原眞人의 것인데 『신찬성씨록』에 百濟親王의 후손이라고 되어 있다. 안과 질환에 쓰이는 布佐目乃可介藥(22)은 白猪史阿麻呂의 처방이다. 『신찬성씨록』에 의하면 白猪史는 葛井連으로 改姓했는데 菅野朝臣과 조상이 같으며 『속일본기』에는 葛井連[白猪史]이 船連·津連과 더불어 백제 辰孫王의 후손이라고 되어 있다. 야뇨증약인 錦部藥(27)은 錦部連道麻呂의 처방이다. 『신찬성씨록』에 의하면 錦部連은 백제 速古大王의 후손이라고 되어 있다. 禿瘡약인 於佐可弊藥(37)은 刑部眞積의 처방이다. 『신찬성씨록』에 의하면 刑部는 백제 酒王의 후손으로 되어 있다. 肺痿약인 肥漏都藥(40)은 廣津麻呂의 처방이다. 『신찬성씨록』에 의하면 廣津連은 백제 近貴首王의 후손으로 되어 있다.

물론 『신찬성씨록』에 수록된 각 성씨의 기원을 그대로 믿기는 어렵다. 도래인들이 자기 조상을 粉飾하려고 했던 것도 사실이기 때문이다. 그러나 일본이 나라시대에 '韓人部'를 두어 도래인을 관리하였던 점을 고려한다면 설사 그들이 실제 '○○王의 후손'은 아닐지라도 출신 국적까지 바꾸기는 어려웠을 것이라고 본다. 따라서 이들 처방을 백제계 유민의 처방으로 볼 수 있을 것이다.

지금까지 한국 고대 의학사 연구에 새로운 활기를 줄 수 있는 『대동유취방』 전약료본과 여기에 수록된 고대 한국 관련 처방에 대해 살펴보았다. 신라·백제·가야·고구려계 처방이 모두 50건이다. 이제까지 알려진 고대 한국 관련 처방보다 훨씬 많다. 기존에는 『백제신집방』의 처방 중에 肺癰과 관련된 처방이 나온 것을 근거로 백제에는 폐옹과 같은 외과적 질환의 치료에 탁월한 의술이 있었다는 식의 해석이 있었다. 물론 구체적인 처방이 소수만 전해지는 사료적 조건에서 충분히 나올 수 있는 해석이다. 그러나 『대동유취방』에 수록된 고대 한국 관련 처방을 살펴보면 어느 특정 분야에만 의술이 뛰어났다고 보기는 어렵다. 삼국의 의술이 전반적으로 발전하는 가운데 그것이 일본에 전해졌고 그 중의 일부가 『대동유취방』에 수록된 것으로 보아야 할 것이다.

한편 문화교류로 인해 고대 한국이 일본에 끼친 영향이 매우 컸다고 보는 것이 일반적이다. 그러나 구체적으로 어떤 측면에서 어떻게 영향을 끼쳤는지에 대해 실증적으로 접근한 연구는 별로 없었다. 『대동유취방』에 수록된 고대 한국 관련 처방에 대한 접근이 그 하나의 사례가 되지 않을까 한다. 앞으로 『대동유취방』에 대한 연구가 좀더 활발히 이루어지기를 기대한다.

참고문헌

富士川游, 1904, 『日本醫學史』; 朴炅·李相權 共譯, 2006, 『日本醫學史』, 법인문화사.

김두종, 1955, 『韓國醫學史(上·中世編)』.

三木榮, 1963, 『朝鮮醫學史及疾病史』.

槇佐知子, 1985, 『全譯精解大同類聚方(上·下)』, 平凡社.

後藤志朗, 1997, 「『勅撰真本大同類聚方』について」, 『日本醫史學雜誌』43-1.

이현숙, 2001, 「5세기 초 신라의사 金武와 의학의 발전」, 『한국사상과 문화』14.

박준형·여인석, 2015, 「『大同類聚方』 典藥寮本과 고대 한반도 관련 처방」, 『목간과 문자』15.

윤선태, 2016, 「한국고대 목간의 연구현황과 과제」, 『신라사학보』38.

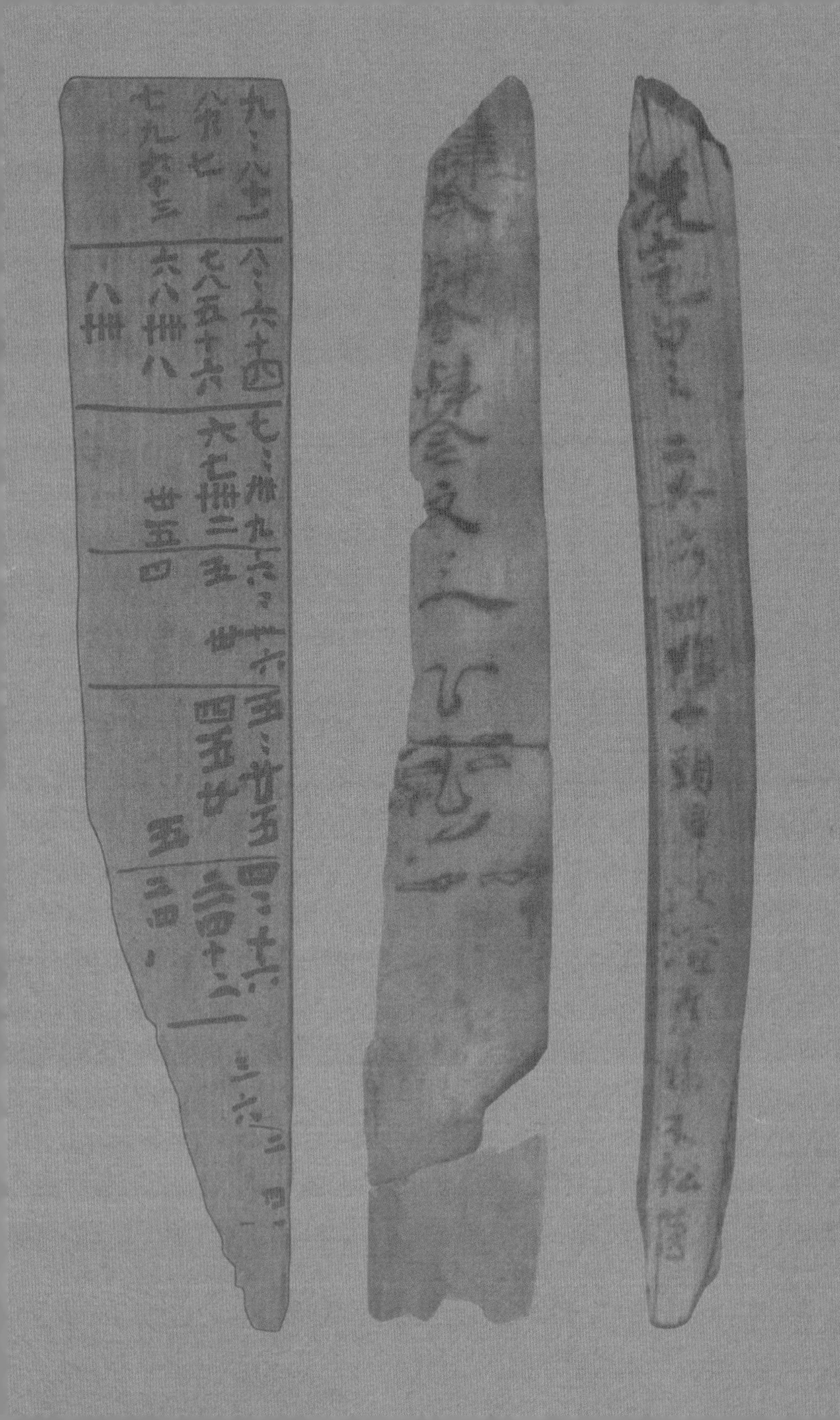

고대의 경계제사와 주술

이재환

중앙대학교

2011년 7월 23일, 영국의 팝 가수 에이미 와인하우스가 사망했다. 사인은 급성 알콜 중독, 사망 당시 나이는 27세였다. 전 세계의 음악 팬들은 또 한 명의 재능 넘치는 음악인이 27세의 나이로 요절하였다는 사실에 놀랐다. 유독 블루스, 록 음악계에서는 27세에 사망한 천재들이 많았다. 지미 핸드릭스, 짐 모리슨, 제니스 조플린, 브라이언 존스, 그리고 커트 코베인에 이르기까지, 팝 음악의 역사를 이야기하는 데 빼놓을 수 없는 굵직굵직한 음악인들이 사인(死因)은 다양하지만 모두 27세의 젊은 나이로 생을 마쳤다. 이들을 가리키는 '27세 클럽(The 27 Club)'이라는 용어가 만들어질 정도이다.

'27세 클럽'의 원조라고 할 수 있을 만한 인물은 1930년대에 활동한 전설적 블루스 기타리스트 로버트 존슨이다. 사망 원인에 관해서는 여러 가지 설들이 있어 확실하지 않지만, 갑작스런 그의 죽음은 많은 사람들에게 악마와의 계약에 관한 소문을 떠올리게 만들었다. 그가 교차로에서 만난 악마에게 영혼을 팔아 뛰어난 기타 실력을 얻었다는 것이다. 이와 같은 소문은 그가 살아있을 때부터 널리 퍼져 있었지만, 시대를 뛰어넘는 탁월함 때문에 생겨난 이미지로서 기분 좋게 여겨서인지, 로버트 존슨 본인도 이를 딱히 부정하려 하지 않았던 듯하다. 오히려 'Me and The Devil Blues', 'Cross Road Blues' 등 이런 이미지에 어울리는 노래를 만들기까지 하였다. "나는 교차로에 가서 무릎을 꿇고 빌었지(I went to the cross road, fell down on my knees).", "오늘 아침 일찍, 당신이 문을 두들기자 나는 말했지, '안녕, 사탄. 갈 때가 된 줄 알았어.'라고(Early this mornin' when you knocked upon my door. And I said, 'Hello, Satan, I believe it's time to go.')." 등의 가사는 교차로에서 만난 악마와의 계약을 연상시킨다.

눈길을 끄는 점은 로버트 존슨이 악마를 만났다고 하는 장소가 '교차로'였다는 사실이다. 당시 사람들 사이에는 한밤중의 교차로에서 악마를 만나면 영혼을 파는 계약을 맺고 소원을 빌 수 있다는 도시 전설이 퍼져 있었다. 왜 하필 '교차로'에서 악마를 만날 수 있다고 생각했을까 ? 사람들은 교차로의 어떤 측면에서 악마와의 소통 공간으로서의 상징성을 상상해 낸 것이었을까?

경계가 주는 상상

교차로에서 인간 이외의 '다른 존재'들을 만날 수 있다는 인식이 서구에만 존재했던 것이 아니라 멀리 떨어진 동양 문화권에도 있었다는 사실

그림 1. 일본 오키나와 한 교차로의 '석감당' ©이재환

은 더욱 흥미를 불러일으킨다. 일본의 오키나와, 큐슈 남부 등지의 교차로에는 '石敢當'이라는 문자를 쓴 비석을 세우거나, 해당 문자를 벽에 새겨 놓은 경우를 종종 볼 수 있다. 이는 본래 중국에서 유래한 풍습으로, '泰山 石敢當'이나 '石將軍'이라고도 쓰는데, 본래 力士의 이름으로서 귀신이나 요괴를 쫓는 힘을 지녔다고 믿는다. 이것이 주로 삼거리나 막다른 골목, 도로에 인접한 집의 문 가, 다리 옆 등에 설치되는 것은 이런 곳들에

귀신과 요괴가 잘 나타난다고 여겼기 때문이다. 이러한 장소들의 공통점은 '경계'로서의 성격을 가진다는 데서 찾을 수 있다.

교차로는 길과 길이 만나는 곳이다. 도로의 교차점은 이 길에 속하는 동시에 저 길에 속하며, 다르게 보면 이 길에도 저 길에도 속하지 않는 어중간하게 '걸쳐 있는' 공간이라고 할 수 있다. 이렇게 '걸쳐 있다'는 경계 공간의 특징은, 이곳에도 저곳에도 속하지 않거나 혹은 동시에 속한다는 상징성을 통해, 다양한 문화권의 사람들에게 '다른 세계'와 통하는 공간이라는 상상을 공통적으로 불러일으켰다.

우리나라에도 이른 새벽에 교차로 길가에 나가 처음 지나가는 사람의 말을 엿듣고 앞날을 예측하는 점법(占法)이 존재했다. 밤과 낮이라는 시간의 구분 사이에 걸쳐 있는 경계의 시간대에, 이 세상과 저 세상에 걸쳐 있는 경계 공간에는 인간이 아닌 '다른 존재'들이 지나다니고 있을 수도 있다고 생각했던 것이다.

경계 공간이라는 개념이 길과 길이 만나는 교차로에만 그치는 것은 아니다. 사람들은 다양한 '걸쳐 있는' 공간들에서 '경계성'을 상상해 냈다. '石敢當'이 만들어지는 다리(橋), 집의 門 등도 此岸과 彼案, 집 안과 밖 사이에 '걸쳐 있는' 경계 공간으로서의 특징을 가진다. 경계에는 '다른 존재'들이 나타날 수 있으므로 두려운 공간이다. 때문에 그에 대한 대처법이나 금기(taboo)가 만들어지기도 한다.

방 안과 밖 사이에 '걸쳐 있는' 문지방 또한 경계에 해당한다. 유럽에서는 '문지방의 악마'를 두려워했다. 결혼식을 마치고 신랑이 신부를 안아 올리는 풍습도, 본래 신부가 문지방을 밟지 않게 하려는 금기에서 기원했다고 한다. "문지방을 밟으면 재수 없다"는 인식은 우리나라에도 널리 퍼져 있다. 걸려 넘어지기 쉽다는 문지방의 위험성이 이러한 금기에 실제적 의미를 부여했겠지만, 경계 공간이 주는 상징적 의미의 보편성이 엿보이는 부분이다.

마을이나 도시의 안(內)이 끝나고 밖(外)이 시작되는 마을 어귀·도시 경계는, 말 그대로 '境界'를 대표할 수 있는 공간이다. 그곳은 마을과 다른 마을 사이에 '걸쳐 있는' 또 다른 경계 공간인 도로, 길이 본격적으로 시작되는 장소이기도 하다. 일본 헤이안(平安)시대(時代) 도성의 남쪽 대문(大門) 이었던 라쇼몬(羅生門)은 시체가 널려 있고 온갖 요괴가 출몰한다는 공포의 대상이었다. 우리나라의 마을 어귀에는 서낭당이나 장승이 있었다. 여기에서 마을 밖에서 나쁜 존재들이 마을 안으로 들어오는 것을 막고, 마을 밖으로 나가는 사람들이 해를 입지 않도록 해 주기를 기원하였다.

다른 세계와 이어져 있고, 다른 존재들이 출몰하는 경계 공간은 위험하고 꺼려지는 곳이다. 그러나 반대로 다른 세계의 존재와 소통하기를 원한다면 그만큼 좋은 장소가 없을 것이다. 로버트 존슨 이후로, 블루스와 록 음악계에는 '교차로(crossroad)'를 제목으로 하는 곡과 앨범이 많이 만들어졌다. 그 중에는 로버트 존슨처럼 영혼을 담보로 뛰어난 음악 실력을 얻고 싶은 마음에, 한밤중의 교차로를 찾아 악마와 마주치기를 기다린 이들이 있었을지 모른다. 경계 공간은 다른 세계의 다른 존재들과 소통하는 다양한 의식과 제사, '주술'적 행위가 벌어지는 '제장(祭場)'이었다.

능산리사지 출토 목간과 백제의 경계제사

본격적으로 고대 한반도로 눈길을 돌려보자. 백제인들에게 '경계'는 어떤 공간이었을까? 백제의 마지막 도읍지였던 사비성, 지금의 충청남도

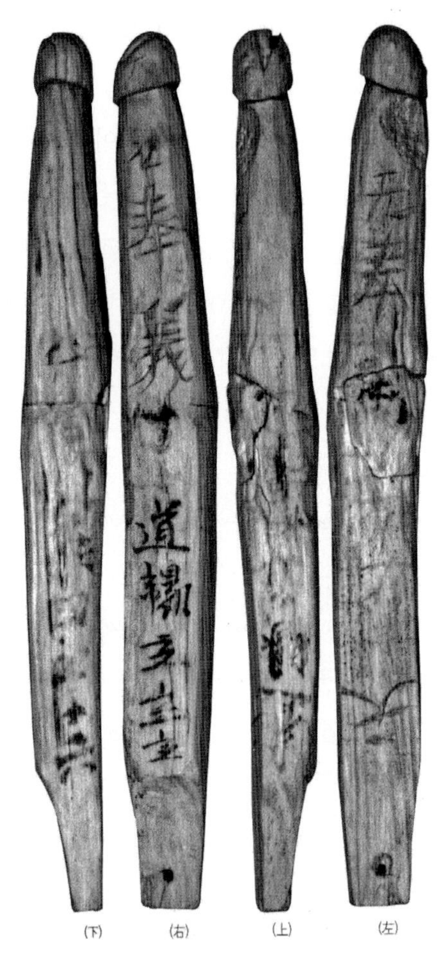

그림 2. 능사 6차 목간 1의 적외선 사진(국립부여박물관·국립창원문화재연구소, 2009, 『나무 속 암호 목간』, p.16)

부여군에는 백제 사람들이 경계 공간에서 행했던 활동의 흔적이 남아 있다. 사비 도성의 외곽 한 편을 구획짓던 나성(羅城) 바로 옆, 동문지(東門址) 근처 능산리의 백제 시절 절터가 그곳이다. 그 동쪽에는 능산리 고분군이 위치해 있어서, 왕릉을 수호하고 그곳에 묻힌 백제왕들의 복을 빌기 위한 '능사(陵寺)'였을 것이라는 추측이 제기되었다. 1993년에 공방지 I에서 금동대향로(국보 제288호)가, 1995년에는 목탑지 심초석 상면에서 창왕명석조사리감(국보 제288호)이 출토되면서 많은 관심을 받은 바 있다.

특히 2000년부터 2002년에 걸친 6차~8차 발굴조사를 통해 다량의 목간이 출토되면서, 이들에 대한 해석과 유적의 성격에 대한 논의가 심화되었다. 그 중에서도 사람들의 눈길을 끈 것은 능사 6차 목간 1(『한국의 고대목간』 295호 목간)이다. 노골적으로 남근(男根)을 묘사한 형상은 연구자들의 '주술적' 상상력을 자극하였다. 목간의 판독과 해석을 제시하면 다음과 같다.

<판독>

좌면: 「『大』『无奉義』▨ 道緣立立立 ◎」

하면: 「 ▨□ □[四]▨▨六 」

우면: 「 『无奉』▨ 『天』◎」

상면: 「 道緣 」

※『 』는 刻書. 좌우·상하의 구분은 발굴보고서에 따름.

<해석>

좌면: 크다! 받들 뜻이 없다. 길 가, 서라! 서라! 서라!

하면: ……

우면: 받들지 말라. … (하늘)

상면: 길 가

형태상 특이성 외에도, 각서(刻書)와 묵서(墨書)가 공존하고 있는 점, 면에 따라 서사 방향이 위·아래로 뒤집어진 점 등 일상적인 용도라기보다는 주술이나 제사에 관련되었을 것으로 판단하게 해 주는 요소가 많다. 남근 형태는 그 생식력, 생명력, 양기(陽氣)의 이미지와 때문에 주술이나 제사 의례에서 널리 사용되어 왔다. '서라, 서라, 서라!'라는 남근이 가지는 상징성을 자극적으로 연상시킨다.

그렇다면 이 남근형 목간은 구체적으로 어떤 주술 혹은 제사 의례에 사용된 것이었을까? '도면(道緣)', 즉 '길 가'라는 문구가 반복되고 있어,

길과 관련된 제의 행위의 가능성을 제시해 준다. 그와 관련하여 주목되는 것이 일본의 道祖神이다. 道祖神은 마을에 나쁜 존재가 들어오는 것을 막고, 길을 통행하는 사람들의 안전을 기원하기 위해 마을 입구나 언덕, 길가에 세우는 신앙 대상으로서, 대표적인 '경계의 신(神)'이라고 할 수 있다. 한국의 장승과 비슷한 존재라고 할 수 있다. 실제로 사람 형태를 하는 道祖神은 장승처럼 남녀 한 쌍으로 만들어지는 경우도 많다. 그런데 인간형 외에 많은 道祖神이 취하고 있는 모습이 바로 남근 형태이다. 남근이 가지는 상징적 힘에서 벽사(辟邪)의 기능을 찾은 것으로 보인다.

능산리사지 유적의 위치 또한 이 목간이 '길의 신(神)'과 관련된 경계 제사에 사용을 것이라는 추측을 뒷받침해준다 이곳은 자연 지형상 사비도성으로 들어가는 두 개의 입구 중 하나에 해당한다. 지금도 강을 건너지 않고 부여에 진입하기 위해서는 그 길을 이용해야 한다. 사비의 안쪽 공간이 끝나고 길이 시작되는 경계 공간으로서, '길의 신(神)'에 대한 제사에 적합한 장소라고 할 수 있다. 남근형 목간 이외에도 이곳에서는 주술 혹은 제사와 관련되었다고 추정되는 유물들이 다수 발견되었다. 해당 목간의 출토지는 중문지 남쪽 초기 자연배수로의 제2·제3목책렬 동쪽 끝부분으로서, 초기 자연배수로의 폐기 연대가 6세기 중엽부터 567년 전후로 추정되기 때문에 이곳에 발견된 유물들은 초기 시설 및 이후에 건립된 사원과의 관련성이 모두 상정된다. 이곳은 사찰이 세워지기 이전부터 제장(祭場)으로서 기능하고 있었고, 사찰이 건립되면서 그 기능을 흡수하게 된 것으로 보인다.

그런데 능산리사지 유적은 도시의 끝, 길의 시작이라는 의미 외에, 또 다른 경계 공간으로서의 성격을 지니고 있었다. 나무로 만든 물건들은 공기 중이나 흙 속에서는 쉽게 썩어버리므로 오래 보존되기 어렵다. 나무가

장기간 보존될 수 있는 조건은 물이다. 물 속, 뻘 속에 묻힌 나무들이 지금까지 남을 수 있었던 것이다. 목간을 비롯한 백제 시대의 목기가 다량 출토된 사실은, 원래부터 이곳이 저습지였음을 보여준다. 수로나 우물·연못 등의 저습지는 육지 속의 물로서, 물과 땅에 '걸쳐 있는' 공간이다. 물의 세계와 땅의 세계 사이에 위치한 경계 공간에서는 다양한 수변제사(水邊祭祀)와 주술 의식이 거행되었다.

일본의 大祓儀禮 등 인간의 액(厄)을 대체물에 옮겨서 물에 흘려보내는 의식에서는 '흐르는 물'이 의미를 갖기도 하지만, 우물과 연못 같은 '고인 물'도 다른 세상·다른 존재와의 소통 공간이라는 상징성은 동일하다. '경계성'은 흘러가는 움직임에서 나오는 것이라기보다는, 두 세계 사이에 '걸쳐 있음'에서 나오기 때문이다.

남근형 목간 외에도 중문지 동남쪽 초기 자연배수로에서 출토된 능사 7차 목간 5(299호)에서도 물과 관련된 주술적 상징성이 엿보인다. 앞면은 여러 단으로 나누어 인명으로 추정되는 문자들을 나열하였다. 이들이 산 사람인지 죽은 사람인지, 혹은 사람이 아닌 다른 존재의 이름인지는 알 수 없다. 至丈·至久·大貴·今毋 등의 인명 아래에 점이 찍혀 있어, 무언가를 체크하였음은 짐작된다. 역역 동원이나 세금 수취와 관련하여 인명을 나열한 것일 가능성도 남아 있지만, 뒷면에 의미를 알 수 없는 '巛'과 같은 형태가 반복적으로 서사된 점이 눈길을 끈다. 비일상적인 용도를 암시하는 것으로 보이는 이 부분을, 물을 의미하는 '水'字의 연서(連書)로 해석하기도 한다. 상단부를 뾰족하게 다듬은 '규두'형은 일본의 수변제사(水邊祭祀)에서 많이 확인되는 齋串(이구시)를 연상하게 한다. 역시 물과 관련된 주술·제사 의식에 사용되었을 가능성이 높다고 하겠다.

목간 이외에도 능산리사지 유적에서 출토된 새모양 목기, 목제 빗, 복숭아·가래 등의 과일 씨앗, 원반형 토·석제품, 철제 칼(刀子), 철제 화살촉, 철정, 짚신·나막신, 벼루편, 인면토제품 등이 주목된다. 이들은 舊백제 지역뿐 아니라 한반도 전역의 제사나 주술적 행위가 이루어진 것으로 추정되는 우물·연못에서 공통적으로 자주 발견되는 유물들이다. 우물이나 연못과 같은 물가의 경계 공간에서는 어떠한 의식이 벌어졌으며, 이러한 유물들은 어떤 의미를 가지고 그와 같은 의식 가운데 활용된 것일까?

능산리사지 유적 외에도 남근(男根)을 사실적으로 모방한 목제품이 출토된 우물·연못이 많다. 자루형 목제품이나 목제 방망이도 남근과의 형태적·상징적 유사성이 엿보인다. 그 외에 방울이나 새 모양 목제품, 복숭아로 대표되는 씨앗류, 머리빗이나 동곳을 비롯한 모발 관련 용품 등도 빈번하게 발견되는데, 이들은 우물·연못뿐 아니라 다양한 유형의 제의나 주술에서 널리 사용되었던 물건들이다.

복숭아는 열매·과일로서는 신선(神仙)이나 불로불사(不老不死)와 연결되며, 나무로서는 귀신이나 악령을 쫓는 벽사(辟邪)의 상징성을 가진다. 다만 현재 남아있는 것은 씨앗뿐으로, 복숭아 외에 살구·가래 씨앗 등, 열매나 나무로서의 의미가 복숭아와 연결되지는 않지만 씨앗의 형태로서는 유사한 것들이 단독으로 혹은 복숭아 씨앗과 함께 출토된 사례들도 있어, 복숭아의 의미보다 씨앗이 가지고 있는 상징성, 또는 씨앗의 특정한 형태에 의미가 부여되었을 가능성도 있다.

머리카락을 빗고 정리하는 데 사용하였던 동곳이나 비녀, 빗 등은 머리카락이 가지는 생장력 혹은 머리카락에 생명력이 깃들어 있다는 믿음 때문에 주술적 힘을 가진다고 믿어졌던 듯하다. 빗 중에는 한쪽 면에만 빗살을 묘사하여, 실제로는 사용할 수 없는 모형이 발견되는 경우도 있다. 빗으로서의 실용성이 아니라 그 상징적 의미만이 의식되고 있었음을 보여준다.

'상징성'은 주술(呪術)이 가지고 있는 대표적인 특징이라고 하겠다. 원한을 품은 사람을 주먹으로 직접 공격한다면, 우리는 그러한 행위를 '주술'이라고 부르지는 않을 것이다. 원한의 대상을 상징하는 대체물을 사용하거나, 위해(危害) 행위를 상징화하는 데서 주술의 특징적 면모를 찾을 수 있다. 때문에 주술에는 다양한 상징물, 대체품 등이 사용된다. 앞서 살펴본 남근형 목기 또한 실제 남근의 형태를 모방한 상징물이다.

우물·연못에서 자주 발견되는 이러한 물건들을 기존에는 '생활 용품'으로 해석하기도 했다. 우물은 일상 생활에 있어서도 중요한 공간이므로, 생활의 흔적들이 빠져서 남는 일도 물론 많을 수 있다. 그러나 두레박이나 우물의 구조물과 같이 우물에서의 사용을 쉽게 연상할 수 있는 물건들 외에, 유독 우물·연못에서 반복적으로 발견되는 유물들은 그 상징적 의미와 관련하여 의도적으로 투기되었다고 보는 편이 더 자연스럽다.

우물 · 연못에서의 주술 · 제사 의식과 용왕(龍王)

우물·연못은 생활에 필요한 물을 얻는 일상적 공간인 동시에, 물과 땅 사이에 걸친 경계로서, 다른 세상과의 소통 공간으로서 여겨져 왔다. 교차로나 길 가, 마을 어귀, 문(門)이나 다리 등과 마찬가지로 초월적인 존재들에게 원하는 바를 기원하고자 하는 많은 사람들이 그곳을 찾아 의식을 벌였다.

우물이나 연못을 찾은 이들이 기원의 대상으로 삼은 대표적인 신격

(神格)은 용(龍)이다. 우물·연못은 '용의 세계'와 연결되는 통로이거나, 나아가 우물이 곧 용의 거주지로 간주되기도 하였다. 물과 관련된 제사·주술 의식의 흔적이 많이 발견된 신라 동궁(안압지)에는 '용왕전(龍王典)'이라는 관서가 설치되어 있었고, 실제로 '용왕(龍王)'에 관련된 유물들이 많이 출토되었다. 창녕 화왕산성 연지 출토 인형 목간과 전인용사지 우물 출토 목간에 보이는 '龍王'이라는 묵서 또한 우물·연못 제사의 대상이 용(龍) 혹은 그것을 의인화한 용왕(龍王)이었음을 보여준다.

사람들이 용(龍)에게 빌었던 소원은 무엇이었을까? 용(龍)의 기본 성격이 수신(水神)이므로, 용왕을 대상으로 한 제사나 주술 의식에서의 기원 내용은 물에 관계된 것이 많았을 것임을 짐작할 수 있다. 비를 내리게 해 달라거나, 그치게 해 달라는 것이 주(主)를 이루며, 우물에 맑은 물이 끊임없이 흘러나오기를 기원하기도 하였다. 바다에 거주하는 용왕에게는 풍어(豊漁)와 해상 안전을 빈다. 용왕이 권능을 가진 神格으로 널리 받아들여지면서, 祈子나 治病을 기원하는 경우도 있었다.

주술적 사유에서는 대상이 원하는 것, 좋아하는 것을 '공헌'함으로써 기원하는 것뿐 아니라, 계약이나 유인, 위협 등 다양한 방법으로 원하는 것을 얻어낸다. 용왕에게서 원하는 바를 받아내기 위해서도 제물을 바치고 정중하게 기원하는 기본적인 제사 방식 이외에 용을 그리거나 만들어서 형상화하는 상룡(像龍), 용과 비슷하다고 여겨지는 특정 생물체를 선택하여 용을 대신하는 대룡(代龍), 용이 거한다고 생각하는 연못·개울·강·바다 등에서 수중의 잠룡(潛龍)을 자극하는 방법 등의 '용부림'법이 존재했다.

잠룡기우(潛龍祈雨)는 용의 거주 공간에 용이 싫어하거나 두려워하는 것을 던져 넣는 방식의 '용부림'이다. 자신이 꺼리는 것들이 계속해서 투기되면, 용은 자신의 거처를 정화(淨化)하기 위해 비를 내리지 않을 수 없을 것이다. 그런데 우물·연못에 이와 같은 이물질을 많이 투기할 경우, 물이 오염되어 인간이 사용하기에도 어려워지는 것은 아닐까? 아마도 일반적인 경우에는 제사·주술 의식 이후 이물질을 다시 치워내는 행위가 이루어졌을 것이다. 식수원으로서 꾸준히 기능을 유지해 온 우물·연못이라면 유물들이 많이 남기 어렵다. 현재 남아 있는 유물들은 우물·연못이 폐기에 이르기 전 최종 단계에 이루어진 주술·제사의 흔적이라고 하겠다. 국립경주박물관 부지 우물 등 주술·제사 의식 이후에 우물이 메워진 것으로 확인되는 사례도 있다. 우물을 메우는 과정에서 용의 분노를 달래기 위한 제의가 이루어졌거나, 극심한 가뭄과 같은 상황에서 용에 대한 가장 강력한 위협이나 저항으로서 우물을 메워버렸을 가능성을 생각해 볼 수 있다.

'용부림'과 관련하여 주목되는 것은 우물·연못에서 유독 많이 발견되는 날카롭고 뾰족한 철제품들이다. 후대의 민속 사례에서 칼이나 못 등 뾰족한 철기들은 용이 두려워하는 대상으로 '용부림'에 활용된다. 칼·못 외에도 철제 화살촉, 낫, 따비, 도끼날, 괭이 등 다양한 유물들이 동일한 의미를 가지고 우물·연못에 투기된 것으로 보인다. 충주산성, 창녕 화왕산성 연지, 경주 신라 동궁의 월지(안압지) 등에서는 철제 가위가 발견되었는데, 이 또한 날카롭고 뾰족한 철기의 투기 사례로 주술적인 의미를 띤 것으로 보인다. 월지에서는 철이 아니라 아연으로 만든 가위, 칼 등도 아연 원판과 함께 출토된 바 있다. 이것들은 재질이 너무 물러 실제로 무언가를 자르는 데 사용하기에는 적합하지 않다. '상징성'에 의미가 있는 것이다.

한편, 부여 부소산성, 여수 고락산성, 포천 반월산성, 하남 이성산성,

서울 아차산성과 호암산성 등 산성의 우물·연못과 부여 논치 구상유구, 부여 궁남지, 국립경주박물관부지 우물 등에서는 숫돌이 발견된 사례도 많다. 이들은 우물·연못가에서 칼날을 갈던 생활의 흔적일 수도 있지만, '용부림'과 연결지어 해석한다면, 용이 싫어하는 뾰족한 철제품을 갈아서 더 날카롭게 만드는 도구라는 의미를 가지고 용을 자극하기 위해 투기되었을 가능성도 있다.

용이 두려워하지는 않으나 싫어하고 꺼려할 만한 것을 던져넣기도 한다. 돼지나 돼지의 피는 민속 사례에서 용이 싫어하는 대표적인 물품으로 상정된다. 개(犬)도 부정적으로 해석되는 것이 일반적이다. 말은 뒤에서 살펴볼 것처럼 본래는 용이 좋아하는 공헌품으로 간주되는 경우가 보편적이지만, 일부 지역에는 말의 피를 싫어한다는 전승이 남아 있기도 하다. 호랑이도 일종의 '라이벌'로 간주되기 때문인지, 용을 자극하기 위한 용도로 기우제에 사용된 민속 사례들을 확인할 수 있다. 실제로 창녕 화왕산성의 통일신라 시대 연지에서 호랑이의 상·하악골이 출토된 바 있다.

공주 공산성 지당, 부여 궁남지, 부여 관북리 가-2지구 E구역 연못, 부여 부소산성 가지구 인공수로, 부여 부소산성 나지구 원형저수조, 대구 시지지구 우물, 청원 양성산성 원지, 국립경주박물관부지 우물, 하남 이성산성 저수지, 아차산성 A지구 성내 트렌치, 경주 동궁 월지 등 벼루편이 출토된 경우도 많다. 이 또한 일상 생활에 사용하던 것이 우연히 빠진 것으로 간주하기도 하지만, 완형보다 일부나 다리 등 파편이 출토된 경우가 더 많은 것을 보아, 의도적인 투기로 보는 편이 자연스럽다. 벼루는 먹을 가는 도구이므로, 벼루의 투기는 우물·연못에 먹을 푸는 행위를 상징적으로 연상시킨다. 우물에 사는 용은 자신이 사는 물에 먹이 풀어져 검게 변하는 것을 보고만 있기 어려웠을 것이다. 이 연장선에서, 나막신·짚신 등 신발류가 발견되는 것 또한 실제로 신던 신발을 빠뜨린 경우도 있었겠지만, 신발의 '더러움'과 연결하여 해석해 볼 수 있다. 창녕 화왕산성의 통일신라시대 연못에서는 짚신 자체가 아닌 짚신틀이 발견되었다.

물론 용에 대한 제사·주술 의식 오염이나 위협의 방향성만 가지는 것은 아니다. 우물·연못에서의 제사·주술 의식에 사용되었던 것으로 보이는 유물들 중에는 용이 좋아할 만한 것으로서 바쳐져 원하는 바를 얻어내고자 했던, '공헌품'으로 해석되는 경우도 많다. 돼지, 개 등 용이 싫어한다고 여겨지던 일부 동물을 제외한, 말과 소, 사슴 및 닭을 비롯한 조류 등 다양한 '동물 희생'의 흔적들이 대표적이다.

용에게 바치는 공헌품으로서 가장 널리 활용된 것은 말(馬)이다. 백제 멸망기에 백강(白江)을 지키던 용(水神)을 백마(白馬)를 미끼로 삼아 낚았다는 전승도 말을 좋아하는 용의 이미지를 반영한다고 하겠다. 기우(祈雨)에 관련된 제의가 이루어졌던 것으로 추정되는 풍납토성 경당지구 9호 유구에서는 10마리 분의 동물 머리가 출토되었는데, 대부분 말뼈이다. 몸통과 사지골이 확인되지 않은 채 상악골과 하악골이 출토된 점에서 유구 외부에서 참수한 뒤 머리만 수혈 내에 투기하였음을 알 수 있다. 일본의 경우 수신(水神)에 관련된 제사에 백마(白馬)와 흑마(黑馬)를 사용한다는 기록이 있으며, 고고학적으로도 수변제사 유적에서 말의 머리가 발견된 사례가 많다. 부여 궁남지와 하남 이성산성 A지구 2차 저수지, 경주 안압지에서는 희생으로 쓰였다고 판단되는 말뼈가 다량 확인되었다.

언제나 실제 동물이 희생되었던 것은 아니다. 주술적 사유는 '상징성'을 특징으로 하기 때문에, 대상을 상징화하는 다른 물품으로 대체하는 것 또한 가능하다. 말을 대신하여 마구(馬具)를 투기한 경우도 보인다. 여

수 고락산성 집수정1, 충주 충주산성 동문 남측 저수지, 경주 안압지, 창녕 화왕산성 연지에서는 나온 철제 재갈, 여수 고락산성 집수정1, 경주 안압지에서 출토된 철제 행엽, 창녕 화왕산성 연지와 경주 안압지에서 나온 철제 등자 등이 그 예이다. 남근형(男根形)의 경우와 마찬가지로 모조품을 제작해서 대신 공헌(供獻)한 경우도 있다. 함안 성산산성 저수지에서 출토된 목제품 중 일본의 마형대(馬形代)와 흡사한 것이 있는데, 이는 실제 말을 대신하여 공헌(供獻)된 의기라고 생각된다. 포천 반월산성 애기당지에서는 말 머리와 유사한 도제 동물상 및 철제 말이 다량 출토되었다. 여수 고락산성 집수정1 남쪽 건물지에서도 마형(馬形)과 유사한 철제품이 발굴된 바 있다.

실제 물건을 형상화한 모형으로서 배(船)를 묘사했다고 여겨지는 유물들도 존재한다. 우물·연못은 물과 땅의 경계 공간으로서, 이곳을 거쳐 다른 세상, 용의 세계로 가기 위해서는 물을 건너야 한다. 배의 모형은 용에게 바치는 공헌품을 싣고 물을 건너간다는 상징적 의미를 담고 있는 것이 아닐까?

이 밖에 또 다른 모형(形代)로 주목되는 것이 바로 인형(人形)이다. 인형은 인간을 대신하는 용도로서 다양한 주술이나 제사 의식에서 사용될 수 있다. 경주 동궁 월지에서는 2개의 인형이 발굴된 바 있다. 이것들은 크기는 작지만 후대의 장승과도 비슷한 모습을 하고 있어, 경계의 신격(神格)과 연결지어 해석될 가능성을 보여준다. 부여 관북리 가-2지구 E구역 연못에서는 인형 전체는 아니지만, 목제인형의 팔과 다리가 발견되어 팔·다리를 별도로 만들어 붙인 인형이 존재하였음을 알려준다. 이 유적에서는 바닥에 사람 얼굴이 그려진 묵서인면문토기 또한 출토되었다. 인간 희생의 대체물을 담아 용왕에게 헌납하는 데 사용된 토기일 가능성이

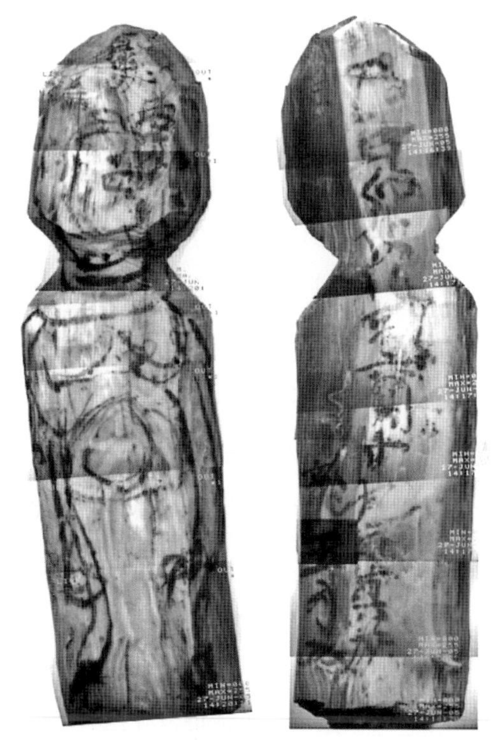

그림 3. 화왕산성 목간4의 적외선 사진(『木簡과 文字』第4號 화보)

있다. 하남 이성산성 A지 2차 저수지에는 목제인면 조각품이 발견되었다. 출토 당시 얼굴이 바닥 모래층을 향하고 3조각으로 파손된 상태였는데, 실제 가면으로 사용하기엔 크기가 작아 의례용으로 파악해 왔다. 이 또한 인간을 대신한 주술 용구였을 가능성이 있다.

우물·연못에서 발견된 인형 중 가장 눈길을 끄는 것은 창녕 화왕산성 연지에서 발견된 인형 목간이다. 이 인형에는 나이 든 여성의 나체를 그린 뒤 눈과 가슴 등 신체 주요 부위에 못을 박았다. 못이 박힌 인형이 발견된 사례는 이것이 처음이 아니었다. 하남 이성산성 A지구 2차 저수지에서도 정수리에 못이 박힌 인형이 발견된 바 있다. 인형에 못을 박는 행위는 대상을 상징화하여 저주하는 주술을 떠올리게 한다. 이와 같은 주술은 현대에도 다양한 문화권에 존재한다. 부여 관북리 가-2지구 E구역 연못에서 발견된 인형의 팔·다리 또한 저주와 관련한 주술 의식에 사용되었을 것이라는 추정이 제기된 바 있다. 경계의 주술·제사 의식을 통해 이루고자 했던 기원 내용에는 자신에게 좋은 무언가를 얻고자 하는 것뿐 아니라, 남을 해하려는 사악한 의도가 포함되어 있기도 했던 것이다.

단, 인형에 못을 박는 등 위해를 가하는 행위를 했다고 해서 저주의 의미로만 해석할 수 있는 것은 아니라는 반론도 존재한다. 일본의 경우 물과 관련된 제사에 쓰인 인형(人形)의 출토 사례가 매우 많은데, 大祓儀式에서 인간의 죄(罪)나 더러움을 실어 보내는 용도로 사용되었다고 보는 것이 일반적이다. 사람의 액(厄)을 대속(代贖)하는 인형으로는 제웅과 같은 민속 사례도 있다. 한편, 병든 사람을 인형이나 그림으로 상징화한 뒤, 아픈 부위를 날카로운 것으로 찌르거나 때려서 그 부위에 깃들어 있던 나쁜 존재를 쫓아내고자 하는 자상법(刺傷法)이라는 치유 방법의 예를 들어, 창녕 화왕산성 인형 목간의 용도를 치병(治病)으로 파악하는 해석 또한 제기된 바 있다.

다른 세계와 소통이 가능하다고 믿어진 경계 공간은 저주나 祓, 치유 등 다양한 주술적 행위가 이루어진 제장(祭場)이었다. 우물·연못에서 발견된 인형들 중에는 그와 같은 의미를 가지고 투기된 것들도 있었을 것이다. 그러나 우물·연못에서의 '용왕'을 대상으로 한 주술과 제사를 상정할 때, 소·말 등 동물의 모형(形代)가 동물 희생을 대신한 것처럼, 인형들 중 일부는 인간 희생의 대체물로서 용왕에게 바쳐졌을 가능성이 있다.

그와 관련해서 주목되는 것이 경주의 전인용사지 우물에서 출토된 목간이다. 일부 논란의 여지가 남아 있지만, 해당 목간의 판독과 해석을 제시하면 다음과 같다.

<판독>

전면 : 大龍王中白主民渙次心阿多乎去亦在

후면 逆방향 : [名]者所貴公歲卅金[候]公歲卅五

正방향 : 是二人者歲中人亦在如□与□□右□

<해석>

전면 : 大龍王님께 사룁니다. 主·民이 갈라져 마음에 많은 것이 사라집니다.

후면 역방향 : 이름은 所貴公, 나이 서른. 金(候)公, 나이 서른 다섯.

후면 정방향 : 이 두 사람은 나이가 적당합니다. (먹어) 주시기를 (빕니다).

외형적으로 느껴지는 가장 특이한 점은 칼 모양(刀形)으로 가공되었다는 점 이외에, 전면과 후면의 행수가 다르며, 후면은 각 행이 서로 반대로 서사되었다는 데 있다. 동일 면의 상하를 뒤집어 서사한 것은 문서와 같은 일상적인 상황의 서사 방식으로 보기 어렵다. 상부나 하부를 칼처럼 뾰족하게 다듬는 것이 주술적인 의미를 담을 수 있음은 앞서 언급한 바와 같다. 같은 우물에서 출토된 원반형토제품과 동물의 뼈, 복숭아씨, 동곳 등의 유물들 또한 우물·연못에서의 주술·제사 의식와과 깊은 관련을 맺고 있다. 결국 이 목간은 우물에서 행해진 모종의 주술·제사 의식에 사용된 것으로서, 그 대상은 '대용왕(大龍王)'이었다고 하겠다.

앞서 제시한 판독과 해석을 따른다면, 두 사람의 인명을 거론하면서

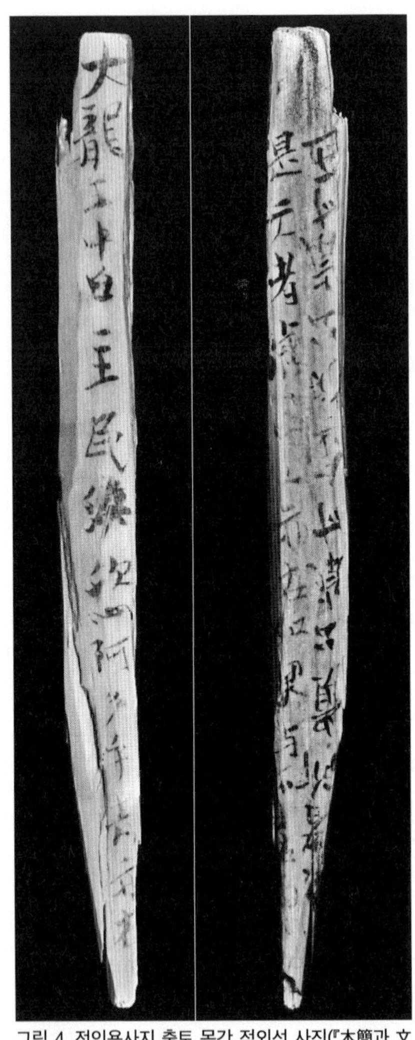

그림 4. 전인용사지 출토 목간 적외선 사진(『木簡과 文字』第6號 화보)

'먹어 주기를' 부탁하고 있는 것이다. '상징적'인 희생물이므로, 여기에 등장하는 두 사람이 반드시 실존 인물일 필요는 없다. 다만 이 목간을 통해 인간 희생과 용왕에 대한 주술·제사의 연관성을 짐작할 수 있다. 앞서 언급한 창녕 화왕산성 연지 출토 인형목간 또한 뒷면의 묵서 중 "龍王開祭"로 판독되는 부분이 있어, 제사의 대상이 용왕이었음을 알 수 있다.

용왕을 대상으로 하는 의식에서 사용된 것으로 보이는 목간은 또 있다. 국립경주박물관부지에서는 두 개의 우물이 발굴되었는데, 이 중 미술관부지 우물에서 출토된 목간의 내용 중에서도 '龍王'이 확인된다. 목간의 내용은 아직 명확히 해석되지 않았지만, 원반형 토제품, 동곳, 목제 뒤꽂이, 쇠스랑·철못·철촉·철도자·철제 갈고리 등 철제품, 벼루다리 등의 출토 유물을 보아 '용부림'의 의미를 담은 주술·제사 의식이 이루어졌음을 짐작할 수 있다.

국립경주박물관부지의 연결통로부지에서 발견된 또 다른 우물에서도 방추차, 목제 빗, 용도미상 청동제품, 어망추, 숫돌, 목제 자루, 소뼈 1/4마리분 등 용왕에 대한 주술·제사 관련 유물들이 다량 출토되었다. 이 우물에서는 여러 마리 분의 고양이 뼈도 발견되었다. 고양이가 단체로 우물에 빠져 죽은 것이 아니라면, 이 또한 의도적으로 넣은 것으로 보는 쪽이 자연스럽다. 상징물·대체품을 사용하는 주술적 사유를 감안한다면, 이것은 '용부림'에 사용되는 호랑이를 대체하는 의미로 투기된 것이 아닐까?

구하기 힘든 호랑이보다는 비슷하게 생긴 고양이를 사용하는 것이 손쉬운 방법이다. 그러나 대체품을 사용하는 것보다는 실제 호랑이를 사용하는 편이 더 극적인 효과를 가져올 것으로 기대되었을 것이다. 인간 희생을 대체하는 인형에 대해서도 비슷한 생각을 가졌을 수 있다. 실제 인간을 희생시키는 것은 쉽게 택할 수 있는 방법이 아니다. 하지만 인간이 원하는 바를 얻고자 하는 강한 의지는 때로 상상하기 어려운 일을 벌이기도 한다. 이 우물에서는 여덟 살 짜리 어린 아이의 뼈 한 개체분이 발견되었다.

경계와 희생

국립경주박물관의 우물에 관한 특별전시회에서는 이 아이의 인골에 대해서, 귀족이나 왕족의 아이가 실수로 우물에 빠져 죽은 뒤 건져내어 제사를 지내고 다시 우물에 넣고 상석을 넣어 폐기했을 가능성과, 서민층의 어린 아이를 국가적 제사의 과정에서 인신공양물로서 넣었을 가능성을 모두 제시하였다. 우물에 빠져 죽은 아이를 건졌다가 다시 우물에 넣어 장례지냈을 것이라는 발상은 관련된 사례 제시가 필요한, 매우 독특하면서도 의아한 해석이다. 이는 어린 아이가 희생되었을 것으로 단정짓고 싶지 않은 심리를 보여준다고 하겠다.

사실 마을 신앙이나 민속극 등에는 종종 사람을 잡아먹는 용이 등장하며, 우리는 익숙한 『심청전』을 통해서도 용왕에 대한 인신공양의 모티프를 이미 접하고 있다. 그럼에도 불구하고 '착하고 마음 약한' 현대인들은 과거에 대한 잔인하고 공포스러운 해석을 기피하려는 경향을 보이는 듯하다. 살해 후 암매장에 이어진 우물 폐기와 같은 또 다른 소름끼치는 해석을 제외한다면, 우물에서 발견된 이 아이는 희생물로서 바쳐졌다고 해석하는 편이 자연스럽다. 무덤의 부장품이라기보다는 우물·연못에서의 주술·제사 의식과 관련된 유물들이 함께 출토된 점도 인간 희생의 해석을 뒷받침한다.

상징물·대체품을 넘어 진짜 인간 희생을 사용할 만큼의 절박함은 어디에서 왔을까? 우물·연못의 주술·제사에서 용왕이 대상이 되는 경우가 많았음을 생각해 보면, 장기간에 걸친 가뭄이라는 극단적인 상황을 해결하기 위한 조치였을 가능성이 높아 보인다. 비가 끝내 오지 않는다면, 모두가 죽는다. 집단이 붕괴할 수도 있는 위기 상황에서, 한 사람을, 소수를 희생시켜 집단 전체를 유지할 수 있다면, 그 편이 낫지 않겠는가? 희생의 대상을 찾기 시작한 사람들의 마음은 이런 생각에서 출발했을 것이다.

건물이나 다리(橋)의 안전한 건립을 위해 인간 희생을 사용하는 인주(人柱)나 공동체를 위협하는 존재에 바치는 공헌품으로서의 인간 희생에 관한 이야기는 전세계에 퍼져 있다. 일상 생활을 함께 하던, 집단 내부의 사람을 갑자기 대상화하여 희생으로 바치는 것은 심적으로 쉽지 않은 결정일 것이다. 때문에 희생과 관련된 이야기에서는 외부(外部)의 타자(他者), 즉 떠돌이, 나그네 혹은 다른 지역에서 사 오거나 유인·납치해 온 이들이 희생으로서 바쳐지는 경우가 많다. 그러나 경우에 따라서는 '밖'의 사람이 아닌, 내부(內部)의 타자(他者)가 희생양으로 선택되기도 한다.

국립경주박물관 연결통로부지 우물에서 발견된 희생은 어린 아이였다. 『심청전』에서 용왕에게 바쳐진 심청은 가난한 맹인의 딸이었다. 빈자(貧者), 장애인, 어린 아이, 여성 등은 '내부의 타자'가 되는 희생양의 조건을 보여준다. 이들은 집단 내부의 약자 혹은 소수자에 해당한다. 집단의 다수, 주류가 되지 못하는 이들은 '안'에 있지만 '타자화(他者化)'될 수 있는 존재들이다. 집단의 '안'과 '밖'에 걸쳐 있는, 경계의 인간이라고도 할 수 있다.

여기와 저기에 '걸쳐 있다'고 하는 경계 공간의 특징은, 사람들에게 다양한 상상을 불러 일으켰다. 그러한 상상에 기반하여 사람들은 '경계'에서 다양한 제사·주술 의식을 벌였다. 그들이 그같은 행위를 통해 빌었던 소원 중에는 자신의 안위를 지키고 질병을 치료하는 등 순수하고 아름답고 것도 있었을 테지만, 남을 저주하여 해치고자 하는 소름끼치는 바람도 있었다. 자신만을 위한 것이 아닌, '모두'를 위한 간절한 기원이라고 해도, 때로는 인간을 희생으로 바치는 극단적인 방향으로 나아가기까지 하였다. 어쩌면 진정 무서운 것은 인간의 상상력일지도 모른다.

참고문헌

르네 지라르 著/김진식 譯, 1998.『희생양』, 민음사.

국립경주박물관, 2011,『우물에 빠진 통일신라 동물들』.

윤선태, 2007,『목간이 들려주는 백제 이야기(백제문화개발연구원 역사문고 28)』, 주류성.

赤坂憲雄, 1987,『境界の発生』, 砂子屋書房.

이재환, 2011,「傳仁容寺址 출토 '龍王' 목간과 우물·연못에서의 제사의식」,『木簡과 文字』第7號.

이재환, 2013,「한국 고대 '呪術木簡'의 연구 동향과 展望 -'呪術木簡'을 찾아서-」『木簡과 文字』第10號.

최종성, 1999,「용부림과 용부림꾼 : 용과 기우제」,『민속학연구』6.

平川南, 2008,「道祖神 신앙의 원류 - 고대 길의 제사와 양물형 목제품」,『木簡과 文字』第2號.

Column

중국 고대의 길 제사, 조도(祖道)

김병준(서울대학교)

지금도 어디론가 길을 떠난다고 하면, 마음 속은 늘 설레임 반 걱정 반이다. 음식을 잘 못 먹어 혹시 탈이라도 날까, 낯선 곳에서 길을 잃어버리지는 않을까, 강도를 만나지는 않을까 등등 막연한 불안감을 떨쳐 버리기가 쉽지 않다. 그래서 나름대로 조그마한 부적을 만들어 갖고 다니기도 한다. 외국 호텔 방에 성경을 비치해 두는 것도 이와 무관하지는 않을 듯싶다. 단기간 여행이 아니라 장기간 떠나게 되면, 주변 어르신들이 종종 보태 쓰라고 노자돈을 찔러 주기도 한다. 지금은 도로가 잘 정비되어 있고, 교통수단도 빠르고 안전하다. 외국에 가더라도 얼마든지 신용카드를 쓸 수 있으니 경비 걱정도 그리 절박한 것은 아니다.

반면, 주지하듯 고대사회에는 이러한 교통 인프라가 잘 갖추어지지 못했다. 중국에서는 일찌감치 전국시대 이래 도로와 교량의 정비를 중시해 왔고, 진 제국이 성립되면서는 치도(馳道)의 정비와 같은 전국적 도로망이 만들어지기도 했다. 그러나 자주 도로가 끊기는 일이 생겨 상시적으로 요역을 동원해 이를 해결해야 했다. 교통수단 역시 여의치 않았다. 긴급한 공무에만 역마(驛馬)나 우인(郵人)을 이용할 수 있었다. 대부분은 도보로 이동했어야 했다. 더 중요한 것은 사람이 거주하는 마을과 마을 사이의 치안이 확보되기 힘들었다. 진한시대 국가는 제민지배의 효율성을 위해 백성들을 향성(鄉城) 혹은 현성(縣城) 주변에 집주(集住)시킴으로써 거주 공간에 대한 치안을 확보하려고 했다. 이렇게 사람들이 거주하는 공간을 향부

(鄕部)라 불렀고 향색부(鄕嗇夫)가 이곳을 관리했다. 그 바깥에는 사람들이 경작하는 농지의 공간이 있었고 이를 전부(田部)라고 불렀으며 전색부(田嗇夫)가 관리했다. 향부와 전부는 모두 일상적 생활공간에 속한다. 이러한 생활공간을 넘어선 공간은 산천 사이로 도로가 있을 뿐 사람이 사는 일상 공간은 아니었다. 이곳은 국가의 통제로부터 벗어난 자들, 즉 무뢰배와 도망자 그리고 도적이 출몰하는 공간이었다. 그래서 이곳을 지나가는 사람들의 안전을 위해 정(亭)이 설치되어, 이곳의 치안 및 숙소의 기능을 담당하게 되었다. 하지만 드문드문 설치된 파출소 규모의 인력으로 이 넓은 공간의 치안 공백을 메꿀 수는 없었다. 본인이 거주하고 있던 공간을 떠난다는 것은 이러한 치안 공백 지역을 지나간다는 것이라면, 그로 인한 공포도 적지 않았을 것이다.

그래서 고대인들이 문을 나서 먼 길을 떠나기 전에는 먼저 도로와 산천의 신에게 제사를 드려 여정이 평안하기를 기원했다. 이것을 당시에 조도(祖道)라고 불렀다. 문헌 자료에서도 이와 관련한 기록을 어렵지 않게 찾을 수 있다. 춘추시대 말기 월왕(越王) 구천(句踐)이 오(吳)로 입신(入臣)하러 떠날 때 전송을 하면서 조도(祖道) 제사를 거행하였고(『오월춘추』 句踐入臣外傳), 전국시대에 들어와서도 제(齊)의 장군 전궤(田瞶)가 전투에 나갈 때 교외에서 조도 제사를 지냈고(『說苑』 尊賢), 전국시대 말기에 형가(荊軻)가 秦王을 암살하러 떠날 때에도 연(燕)의 태자(太子) 단(丹)은 역수(易水) 물가에서 조도(祖道) 제사를 거행하고 형가를 전송했다(『풍속통의』 聲音). 한대에는 더 많은 사례를 찾을 수 있다. 동곽선생(東郭先生)이 이천석(二千石)에 배수되어 성문을 떠날 때 문 바깥에서 조도 제사를 드리거나(『사기』 滑稽列傳), 이사장군(貳師將軍) 이광리(李廣利)가 흉노를 공격하러 떠날 때(『한서』 《公孫劉田王楊蔡陳鄭傳), 소광(疏廣)이 관직에서 물러나 고향으로 돌아가려고 할 때(『한서』 雋疏于薛平彭傳), 엄우(嚴詡)가 발탁되어 중앙으로 떠날 때(『한서』 蓋諸葛劉鄭孫毌將何傳) 등 모두 많은 사람이 모여 조도 제사를 드리며 전송했다.

사서(史書)에 등장하는 조도 제사는 사료의 성격상 높은 관직에 있는 자들이 본래 있던 곳을 떠나 이직을 하는 경우나 전쟁에 나가는 경우에 집중되어 있다. 하지만 길을 떠날 때 지내는 조도 제사는 결코 이러한 고위 인물에 국한되지 않는다. 고위 관직의 조도 제사 기록은 일반 민간 사회에서 널리 유행하고 있었던 조도 제사 중 규모가 컸던 것이었을 뿐이다.

중국 호북성 운몽현(雲夢縣) 수호지(睡虎地)에서 출토된 진대(秦代)의 일서(日書) 간독에는 민간에서 길을 떠날 때 피해야 할 금기사항이 기록되어 있다. 그 중에서 <사행(祠行)> <행사(行祠)>와 같은 것들은 당시 조도 제사의 의례를 이해하는 데 큰 도움이 된다.

祠行良日, 庚申是天昌, 不出三歲必有大得.

祠行日, 甲申, 丙申, 戊申, 壬申, 乙亥, 吉. 龍, 戊、己.

凡行者毋犯其大忌, 西□□□巳, 北毋以□□□□戊寅, 南毋以辰、申. ●行龍戊、己, 行忌.

凡行, 祠常行道右, 左行祠 :

祠常行, 甲辰、甲申、庚申、壬辰、壬申, 吉. ●毋以丙、丁、戊、壬

行祠, 東行南<南行>, 祠道左; 西北行, 祠道右. 其號日大常行, 合三土皇, 耐爲四席. 席餟其後, 亦席三餟. 其祝日 :「無王事, 唯福是司, 勉飲食, 多投福.」

이상의 기록을 보면 조도 제사를 지내는 날짜에 주의를 기울이고 있다. 이는 당시 사람들이 길을 떠날 때 길일(吉日)을 선택하고 기일(忌日)을 피하고 있다는 것을 알 수 있다. 제사의 위치에 대해서도 세세히 규정하고 있다. 사서에는 조도 제사를 거행한 장소가 기본적으로 성곽의 문 바깥으로만 표현되었지만, 일서(日書)에 의하면 길 떠나는 방향에 따라 제사를 지내는 위치도 달라진다. 동남방향으로 출행할 때에는 도로의 왼쪽에서 제사를 드리고, 서북방으로 출행하면 도로의 우측에서 제사를 지낸다.

제사를 드리는 신의 이름은 일정하지 않았다. 때로는 공공(共工)의 아들인 수(修)가 조도신(祖道神)이 되기도 하고, 때로는 황제(黃帝)의 아들인 누조(累祖)가 되기도 했다. 수호지진간 일서에는 상행(常行)과 삼토황(三土皇) 두 신을 합제하고 각각 자리(席)를 만들었다. 아마도 오랫동안 여러 지역에서 자생적으로 발생하여 거행되던 의례였기 때문에 다양한 신의 이름이 남게 되었을 것이다. 제사를 지낼 때에는 먼저 흙을 쌓아 단을 만들어 신을 모시는 자리를 만들고, 그 위에 제사용품을 올려놓은 뒤, 신에게 여행길에 아무 일 없이 건강히 다녀올 수 있도록 기도하였다. 제사가 끝난 뒤에는 참가한 사람들이 연회를 베풀었다. 이 때 멀리 떠나가는 자를 위해 노래를 지어 읊기도 했다.

한편 중국 감숙성에서 출토된 거연한간(居延漢簡)에는 다음과 같은 간독이 있다.

候史褒予萬歲候長祖道錢 出錢十付第十七候長祖道錢
　　　　　　　　〼道錢 出錢十付第廿三候長祖道錢
　　　　　　　　〼道錢 出錢十
　　　　　　　　　　出錢〼

(合104. 9, 145. 14)

간독의 일부가 잔결되어 일부 불명확한 부분이 있기는 하지만, 1행의 앞 부분에는 후사(候史)인 포(褒)가 만세후장(萬歲候長)을 위해 조도전(祖道錢)을 지급한 내용, 뒷 부분에는 제십칠후장(第十七候長)에게 조도전을 지급한 내용이 기록되어 있다. 여기에서 보이는 조도전은 여행 경비로 직접 전달되었을 가능성이 있는가 하면, 이들을 전송하며 거행한 조도 제사에 쓰일 제사용품 및 기타 비용이었을 가능성도 있다.

참고문헌

김병준, 2006, 「漢代 墓葬分布의 變化 : 縣城으로부터의 距離 分析」, 『中國古中世史研究』 15.

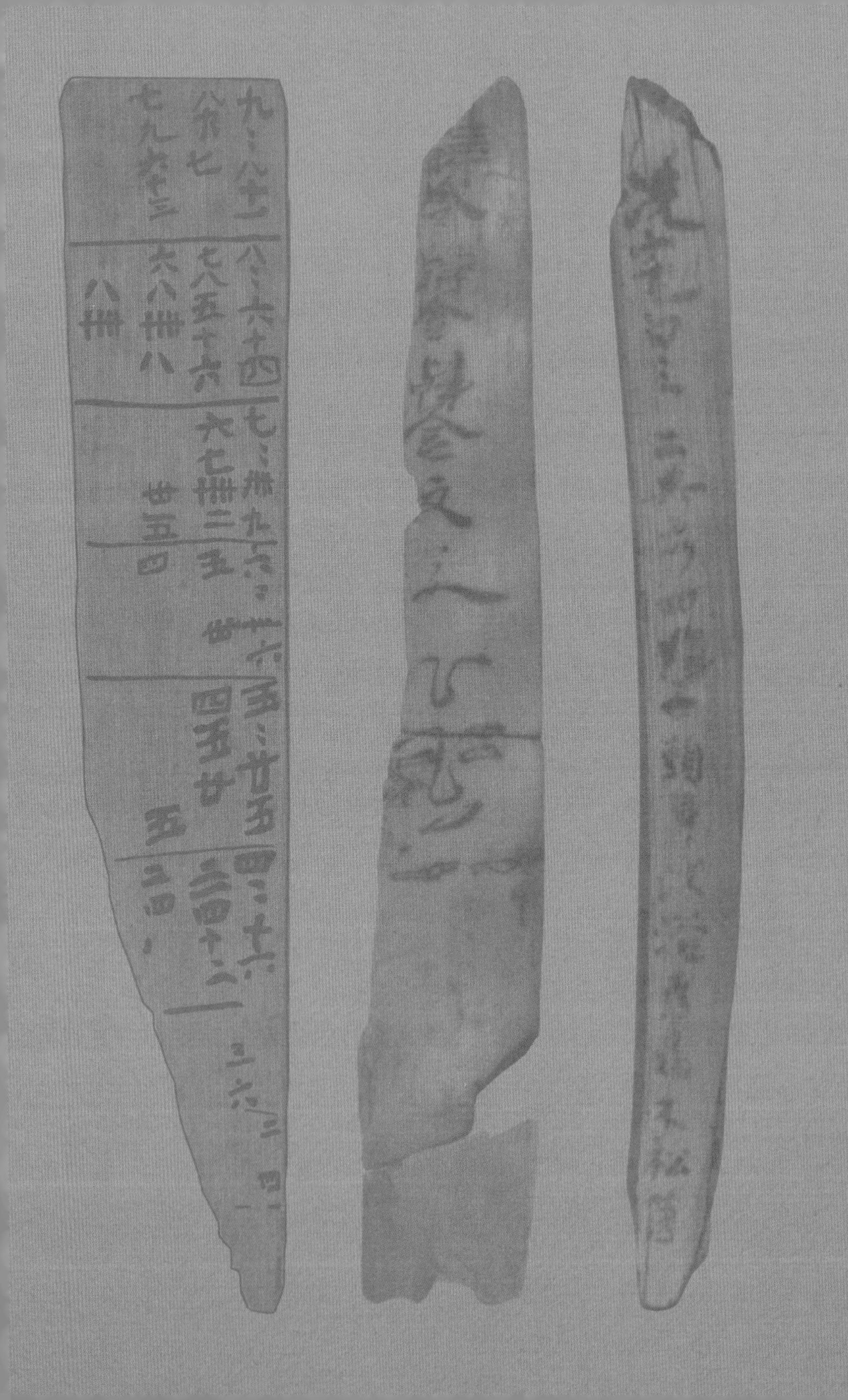

무령왕과 왕비의 장례식

이재환

중앙대학교

1971년 어느 여름날의 일이었다. 웅진 도읍 시기 백제의 고분들이 모여 있는 공주의 송산리 고분군에서는, 개방된 송산리 6호분이 장마철 침수로 인해 훼손될 것에 대한 우려의 목소리가 이어졌다. 결국 고분군의 관리를 맡고 있던 김영배는 7월 5일부터 6호분 아래로 배수로를 파는 작업을 시작하였다. 작업 도중 덜컥, 작업자의 삽에 무언가가 부딪쳤다. 주변의 흙을 파내자, 6호분과 유사한 벽돌무덤의 존재를 확인할 수 있었다. 존재조차 알려지지 않았던, 최종적 매장이 완료된 이후로는 누구의 손도 닿지 않은 무덤이었다. 한국 고고학사상 가장 유명한 발견 중 하나가 시작되는 순간이었다.

소식은 서울로 전해졌고, 당시 국립중앙박물관장 김원용을 단장으로 한 발굴단이 꾸려졌다. 7월 8일 이른 아침, 현장에 도착한 조사단은 본격적인 발굴을 시작하였다. 벽돌을 쌓아 폐쇄한 입구가 전부 노출된 것은 오후 3시에 이르러서였다. 북어 세 마리와 수박 한 통에 막걸리로 조촐한 위령제를 지낸 뒤, 입구를 막고 있던 벽돌을 제거하기 시작하였다. 역사적인 순간 속에서, 발굴자들은 다소 흥분된 상태였다. 벽돌을 빼내자 오색 무지개가 피어올랐다거나, 내부의 유물들이 순식간에 폭 주저앉았다거나 하는 전설 같은 이야기가 전해질 정도이다.

입구를 막은 벽돌이 어느 정도 치워져 출입이 가능해지자, 김원용과 김영배 두 사람이 무덤 안으로 들어갔다. 나무 뿌리와 덤불로 가득한 무덤 속, 돌로 만든 짐승 하나가 두 사람을 지켜보고 있었다. 놀란 가슴을 진정시킨 뒤, 돌짐승 앞에 두 개의 석판이 놓여있음을 확인할 수 있었다. 천년이 넘는 세월에도 석판에 새겨진 글씨는 선명했다. 조심스레 불을 비춰 왼편 석판의 앞 부분을 읽어 나갔다. "영동대장군 백제 사마왕(寧東大將軍百濟斯麻王)"으로 시작하는 문구였다. 두 사람은 충격과 희열에 휩싸였다. 사마, 바로 백제 제25대 무령왕의 이름이었다.

그림 1. 제1석과 제2석의 발견 당시 모습
(『무령왕릉 발굴조사보고서』 도판 15)

무령왕과 왕비의 묘지(墓誌)

수많은 '한국 고대'의 고분들 가운데, 피장자가 누구인지를 정확하게 알 수 있는 경우는 거의 없다. 신라의 왕경이었던 경주의 고분들 중 '왕릉'의 타이틀을 가지고 있는 것들도 대부분 앞에 '傳'字가 붙는다. 전승이나 이런저런 자료를 통해 해당 왕의 무덤으로 추정되어 왔다는 정도의 의미이다. 사실 무덤의 형식이나 남아 있는 유물만을 통해서 피장자의 신원을 확정짓는 것은 매우 어려운 일이다. 무덤의 비석조차 묻힌 사람을 둘러싼 논란을 명확히 해결해 주지 못하는 않는 경우도 있다. <광개토왕릉비>가 우뚝 서 있음에도 광개토왕릉의 비정은 여전히 논의가 진행 중이다.

특히 백제의 경우, 많은 무덤들이 일제시대에 발굴 혹은 도굴되어 유물조차 남아있지 않은 경우가 대부분이었다. 무령왕릉이 이러한 손길을 피할 수 있었던 것은 기적적인 일이라 하겠다. 이는 그 시기 백제 지역 고분의 발굴, 도굴에 깊이 관여했던 가루베 지온(輕部慈恩)의 어설픈 풍수지리 덕분이었다. 송산리 고분군을 조사할 때 그는 왕릉으로 볼 만한 규모를 갖추고 있던 6호분에 주목하여, 이를 무령왕릉으로 간주하였다. 뒤편의 구릉은 인지하였지만, 풍수지리 상 6호분을 감싸는 형국을 만들기 위해 현무에 해당하는 주산(主山)으로서 인공적으로 조성된 것이라고 보았다. 결국 무령왕릉은 파헤쳐지지 않고 온전히 보존될 수 있었다.

무령왕릉에서 발견된 유물은 그 질과 양에 있어 모두 엄청난 수준이었다. 왕·왕비의 금제관식(金製冠飾), 금동제식리(金銅制飾履), 동경(銅鏡), 용봉문환두대도, 각종 금·은제 장식, 중국 도자기, 곡옥(曲玉), 유리옥 등 모두 4,600여 점에 이르는 유물들이 출토되었다. 그 중에서도 이 무덤이 무령왕의 능임을 알려준 가장 결정적인 자료는 출입구 앞, 연도부 중앙에 놓여 있던 두 개의 석판에 새겨진 문자였다. 이 두 석판은 무령왕과 왕비의 삶, 그리고 죽음과 장례에 관한 소중한 정보를 제공해 주었다.

청회색 섬록암으로 만들어진 두 석판은 처음 무덤 안으로 들어갔던 두 사람을 놀라게 했던 짐승, '진묘수(鎭墓獸)' 앞에 남쪽을 향해 바라보아 읽을 수 있는 방향으로 동·서로 나란히 놓여 있었다. 『무령왕릉 발굴조사 보고서』에 따라 동쪽의 것을 제1석, 서쪽의 것을 제2석으로 부르고, 발견 당시 노출면을 앞면, 반대편을 뒷면으로 지칭하도록 하겠다. 제1석의 앞면은 상·하단에 음각 횡선을 긋고, 음각 종선으로 7행을 만들어 53자의 명문을 새겼다. 명문의 판독과 해석은 다음과 같다.

> 영동대장군 백제 사마왕이 나이 62세인 계묘년(523) 5월 병술삭 7일 임진에 돌아가셨다. 을사년(525) 8월 계유삭 12일 갑신에 이르러 안장하여 대묘로 등관하였다. 묘지를 세움이 이상과 같다.

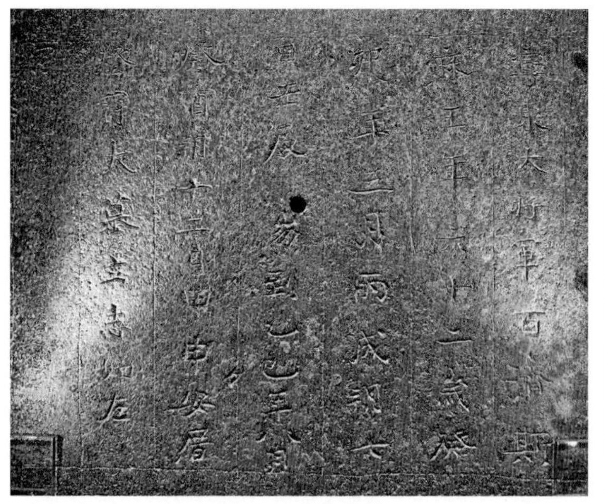

7 6 5 4 3 2 1
寧東大將軍百濟斯
麻王年六十二歲癸
卯年五月丙戌朔七
日壬辰●崩到乙巳年八月
癸酉朔十二日甲申安厝
登冠大墓立志如左

형식과 내용을 볼 때, 이것은 무령왕의 묘지(墓誌)에 해당한다. 무덤에 묻힌 사람에 대한 정보를 적어 무덤 속에 넣은 것을 묘지라고 한다. 원래 중국에서는 한(漢)나라 때부터 무덤 밖에 비석을 세우는 것이 유행하였다. 유교가 중요시되면서 효(孝)와 충(忠)을 내세우기 위하여 점점 더 커다란 비석을 세우게 되었다. 그러다가 후한 말, 사치와 낭비를 우려한 조조(曹操)가 후장(厚葬) 금지의 일환으로 금비령(禁碑令)을 내렸다. 더 이상 땅 위에 비를 세울 수 없게 되자, 대신 이 때부터 무덤 속에 비석의 형태를 한 묘지비(墓誌碑)가 나타나기 시작한다.

이후 북위(北魏) 대에 '묘지명(墓誌銘)'이라는 명칭이 정착되고, 유행은 확대되어 수·당 대에 최전성기를 이루게 된다. 한유(韓愈) 단계에 이르러 나타나는 가장 완성된 형식은 사망한 이의 이름(諱), 자(字), 성씨(姓氏), 고향(鄕邑), 집안 내력(族出), 성품과 재능(行治), 이력(履歷), 사망일(卒日), 나이(壽年), 처(妻), 자(子), 매장일(葬日), 매장지(葬地) 등 13항목을 기본 요소로 한다. '묘지명'이라는 명칭에서 보이듯이 원래 본문에 해당하는 것은 운문인 '명(銘)'이고, 그 앞에 명을 쓰게 된 이유를 적은 머릿글은 '서(序)'라고 불리운다. 무령왕의 묘지는 명이 없고, 내용도 매우 간략한 편이다. 그러나 피장자의 호칭과 이름, 나이, 사망일, 매장일 등이 기록되어 있으므로 묘지라고 부르기에는 충분하다. 아울러 본문 마지막에서 "묘지를 세움이 이상과 같다(立志如左)"라고 하여, 앞의 내용을 지(志, 誌)로 인식하고 있었음을 보여준다.

묘지의 내용은 "영동대장군 백제 사마왕"으로 시작한다. '무령왕'이라는 시호(諡號)는 적혀 있지 않다. 사망 후 2년 3개월 정도가 지난 뒤의 정식 매장 때 만들어진 왕의 묘지뿐 아니라, 그보다 4년 더 뒤에 만들어진 왕비의 묘지에도 '무령왕'이라는 칭호가 보이지 않는 것으로 보아, 이 때까지 백제에서 아직 시호제도를 시행하지 않았을 가능성도 있다. 『삼국사기』 백제본기에는 무령왕의 전왕(前王)에게 부여된 '동성왕(東城王)'이 최초의 시호로 기록되어 있는데, 묘지의 정황을 참조할 때, 동성왕과 무령왕에 대한 시호 부여는 그들의 상·장례 기간 동안이 아니라, 이후의 어느 시기에 이루어진 것으로 추정된다.

시호를 대신해 묘지의 첫 머리를 장식한 칭호는 '영동대장군'이다. 이것은 무령왕이 재위 21년(521)에 중국 남조 양(梁)나라로부터 받은 '사지절 도독백제제군사 영동대장군(使持節 都督百濟諸軍事 寧東大將軍)'이라는 작호를 간략히 한 것이다. 무령왕의 치세에 앞서 백제는 큰 국가적 위기를 겪었다. 30여년 전 개로왕은 고구려 장수왕의 공격을 받아 도읍이었던 한성을 함락당하고 목숨까지 잃었다. 문주왕은 지금의 공주인 웅진으로 도읍을 옮기고 상황의 수습을 도모하였지만, 재위 4년 만에 병관좌평 해구(解仇)에게 살해당하고 말았다. 뒤를 이은 삼근왕은 즉위 당시 13세의 어린 나이였고, 재위 3년을 넘기지 못하고 짧은 삶을 마감하였다. 동성왕대에 들어서야 어느 정도 상황이 안정되어, 중국 남제(南齊)에 사신을 보내 '행도독백제제군사 진동대장군(行都督百濟諸軍事 鎭東大將軍)'의 작호를 수여받기도 하였다. 그러나 동성왕 또한 위사좌평 백가에게 시해당하면서, 백제는 다시 혼란에 빠졌다.

이때 왕위에 오른 이가 바로 무령왕이었다. 그는 백가의 반란을 진압하고, 말갈, 고구려와의 싸움을 성공적으로 치러냈다. 국력을 다시 회복했다는 자부심은 그가 양나라에 보낸 표문(表文) 가운데, 백제가 "다시 강한 나라가 되었다."는 표현을 통해서 확인할 수 있다. 이때 양나라의 무제(武帝)가 무령왕에게 수여한 작호가 바로 '사지절 도독백제제군사 영동대장군'이다. 무령왕, 그리고 백제인들에게 이 칭호는 큰 위기를 극복한 백제의 부흥을 상징하는 것이었을 수 있겠다.

'영동대장군'에 이어 묘지에 기록된 무령왕의 이름은 '사마(斯麻)'이다. 『삼국사기』에는 무령왕의 이름이 '사마(斯摩)', 혹은 '융(隆)'으로 남아 있다. 일본측 자료인 『일본서기(日本書紀)』에는 묘지와 일치하는 '斯麻'라는 표기가 보여 눈길을 끈다. 사실 무령왕의 계보와 가족 관계에 대해서는 사료마다 기록이 달라 혼란을 주어 왔다. 『삼국사기』와 『삼국유사』에 따르면 그는 전왕(前王)인 동성왕의 둘째 아들이며, 개로왕의 증손자가 된다. 그런데 『일본서기』에는 이와 전혀 다른 계보와 출생담이 보인다. 개로왕이 동생인 곤지를 일본에 보내면서 임신한 왕의 부인을 그에게 주어 함께 가도록 하였는데, 도착 직전 츠쿠시(築紫)의 가카라시마(各羅嶋)라는 섬에서 아이를 출산하자 부인과 함께 백제로 돌려보냈으며, 이로 인해 '섬의 임금'이라는 뜻인 '시마노키미(嶋君)'라고 부르게 되었다는 이야기가 그것이다. 이 아이가 곧 무령왕으로서, 묘지에 기록된 왕의 이름 사마(斯摩)의 당시 한자음는 '시마'로서, '섬'을 의미하여 이야기 속의 '시마노키미'와 일치한다. 이에 따르면 무령왕은 개로왕의 아들이며, 곤지의 아들이라고 하는 동성왕과는 사촌 혹은 배다른 형제의 관계에 해당한다.

어느 쪽 기록이 정확한 것인지를 확정짓기는 어렵다. 다만, 무령왕의 묘지에 기반하여 사망 당시 62세였던 무령왕의 출생 연도를 추정해 보면, 신축년(461)에 곤지와 함께 왜로 건너가던 개로왕의 부인이 무령왕을 낳았다는 『일본서기』의 기록과 일치한다. 아울러 개로왕 즉위 이전인 461년에 이미 무령왕이 출생하였으므로, 개로왕의 증손자이자 곤지의 손자, 동성왕의 아들이라고 보기에는 어려움이 있다. '斯麻'라는 묘지의 표기가 『일본서기』와 일치한다는 점 또한 『일본서기』 측의 무령왕 계보·출생에 대한 전승이 어느 정도 신빙성을 가지고 있을 가능성을 높여준다고 하겠다. 무령왕의 묘지가 『일본서기』의 전승만을 뒷받침해 주는 것은 아니다. 묘지에 기록된 무령왕의 사망일은 계묘년 5월 7일로서, 재위 23년(523) 여름 5월에 사망하였다는 『삼국사기』의 기록과 정확히 일치한다.

그런데 묘지를 통해 알 수 있는 무령왕의 장례 과정에서 주목되는 점은 왕이 사망한 계묘년 5월 7일부터 시신이 최종적으로 대묘(大墓)에 매장된 것으로 보이는 을사년 8월 12일 사이에 약 27개월이 조금 넘는 시차가 존재한다는 사실이다. 이 기간 동안 왕의 시신은 무령왕릉으로 판단되는 대묘가 아닌 별도의 장소에 안치되어 있었던 것이다. 이러한 사정은 또 하나의 석판에 기록된 왕비의 묘지에 보이는 정황과도 유사하다. 왕비의 묘지에 해당하는 제2석 앞면의 내용은 다음과 같다.

> 병오년(526) 11월, 백제국 왕태비가 수명을 다하셨다. 거상(居喪)은 유지(酉地)에 있었다. 기유년(529) 2월 계미삭 20일 갑오에 다시 장례하여 대묘로 돌려보냈다. 묘지를 세움이 이상과 같다.

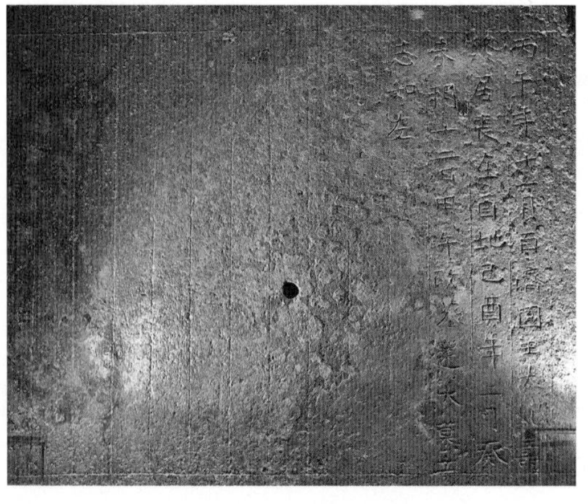

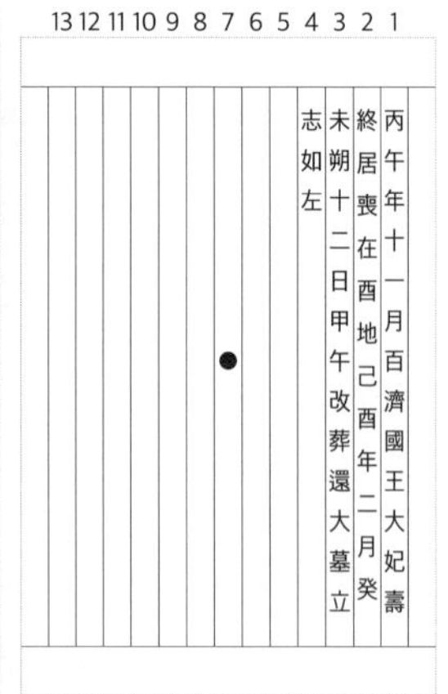

왕비의 묘지는 제2석의 앞면으로서, 발견 당시 왕의 묘지와 동·서로 나란히 놓여 있었지만, 그것이 새겨진 것은 왕의 장례가 끝나고도 몇 년이 지난 뒤, 왕비의 장례를 치르면서였다. 처음에는 뒤에 살펴볼 반대편의 매지권(買地券)까지만 새긴 상태로 이 면은 비워 놓았다가, 왕비의 장례식 과정에서 추가로 묘지를 새겨넣은 것이다. 왕비의 묘지가 새겨질 행간(行間)은 13행으로 미리 만들어 두었던 것으로 보이는데, 그 중 4행에 걸쳐서 간략하게 왕비의 묘지가 기록되고 남은 9행이 비워져 있는 점이 눈에 띈다. 많은 내용이 새겨질 수도 있다고 생각해서 미리 여러 행을 만들어 두었지만, 정작 왕비 묘지의 작성을 맡게 된 이는 쓸 말이 그리 많지 않았던 듯하다. 왕비의 사망 연월, '거상(居喪)'의 위치, 개장(改葬) 연월일만이 간략하게 기록되었다. 왕비가 사망한 시점으로는 날짜도 없이 병오년 11월이라고만 적고 있는데, 왕의 경우와 마찬가지로 최종적으로 현재의 무덤에 안치되기까지 27개월이 조금 넘는 기간 동안 별도의 장소에 안치되어 있었음이 확인된다. 왕비 묘지에서는 이를 '거상'이라고 표현하였고, 왕 묘지와 달리 그 장소를 '유지(酉地)', 곧 정서쪽으로 밝혀 두었다.

27개월이라는 기간은 유교의 상례인 3년상을 연상시킨다. 3년상이란 부모가 돌아가셨을 때, 3년 동안 복상(服喪)하는 것을 말하는데, 그 기간에 대해서는 만 3년(36개월)을 채운다고 보기보다는 25개월이라는 설과 27개월이라는 설이 논쟁되어 왔다. 『주서(周書)』 백제전에는 부모나 남편이 사망했을 경우 3년간 치복(治服)하며, 나머지 친척의 경우는 장례를 마치면 상복을 벗는다는 백제의 장례 풍습 기록이 남아 있다. 그렇다면 무령왕과 왕비의 상·장례는 유교의 3년상 원칙에 따라 치러졌던 것일까?

하지만 여기서의 27개월은 유교의 3년상과는 약간 성격을 달리한다. '3년'의 상(喪)이란 시신을 무덤에 매장하는 장례(葬禮) 절차가 25개월 혹은 27개월에 이루어짐을 의미하는 것이 아니라, 시신의 본 매장을 마친 뒤 상복을 입는 복상 기간이 그때까지임을 가리키는 것이기 때문이다. 오히려 이것은 『수서(隋書)』에 기록된 고구려의 상례를 연상케 한다. 그에 따르면 고구려에서는 사람이 죽으면 집안에서 빈(殯)을 치르고, 3년이 지나면 길일(吉日)을 택하여 매장한다고 하였다. '빈'은 시신을 무덤에 매장하기에 앞서 일시적으로 집안에 빈소를 차려 모셔두는 것을 의미한다. 단, 중국의 경우 빈의 기간은 일주일에서 몇 달 정도에 그칠 뿐, 27개월의 장기간에 걸친 빈은 잘 확인되지 않는다.

백제에서 본 매장에 앞서 이처럼 장기간에 걸쳐 시신을 별도의 장소에 안치했던 까닭은 무엇일까? 왕릉을 축조하거나 부장품으로 넣을 중국제 물품들을 구하는 데 시간이 걸렸을 것이라는 추정도 있지만, 이미 무덤이 완성되고 한 차례 매장이 이루어진 뒤 추가로 매장된 왕비의 시신도 27개월 이상 별도의 장소에 안치되었음을 감안할 때, 다른 이유를 찾아야 할 것이다. 근래까지 한반도 서남부 섬 지역에 남아있던 초분(草墳)과 같은 이중장(二重葬)에 보이는, 살이 남은 상태로 땅에 묻히면 좋지 않다는 관념과 유사한 생각이 백제인들 사이에 존재했을 가능성이 있다. 그렇다면 27개월은 충분한 육탈(肉脫)이 이루어지기를 기다리는 기간이라고 볼 수 있다. 육탈 후 재매장의 장례 형식은 동옥저에서도 확인되며, 백제의 경우 개로왕 21년에 "노지(露地)에 임시로 모아두었던" 선왕(先王)의 유골을 욱리하에서 가져온 큰 돌을 이용해서 곽(槨)을 만들어 매장한 일이 기록되어 있다. 백제의 상·장례는 중국과는 다른 독특한 면모를 지니고 있었던 것이다.

매지권과 불멸의 영혼관

무령왕과 왕비의 묘지를 통해 백제 상·장례의 독특한 면모를 확인하였지만, 묘지를 만들어 무덤에 넣는다는 발상 자체는 중국 남북조 시대의 유행을 받아들인 것임이 분명하다. 백제와 중국 남조가 밀접하게 교류하고 있었음은 기록을 통해서도 이미 알려진 사실이나, 무령왕릉과 그 속에서 발견된 유물들은 그같은 문화 교류의 생생한 흔적이라는 점에서 또한 중요한 의미를 가진다.

먼저 왕릉의 축조 방식 자체가 이전 시기의 백제 왕릉들과 전혀 다르다. 벽돌을 쌓아서 무덤을 만드는 방식은 같은 시기 중국 남조에서 유행하던 것이었다. 진묘수를 무덤에 넣는 풍습 역시 중국에서의 유래하였다. 처음 진묘수가 등장하는 것은 전국시대 초나라부터이며, 후한대부터 본격적으로 유행이 퍼져나갔다. 지역에 따라 형태를 조금씩 달리하는데, 북위의 동물 모양 진묘수 중에는 무령왕릉의 진묘수와 유사한 것들을 확인할 수 있다. 진묘수의 기능은 기본적으로 외부로부터의 침입으로부터 무덤을 지키는 것으로 여겨진다. 실제로 처음 무령왕릉에 들어갔던 이들은 한동안 진묘수가 꿈에 등장할 정도로 깜짝 놀랐다고 한다. 뿐만 아니라 발굴단장 김원용에게는 이후 차 사고와 파산이라는 좋지 못한 일들이 이어지면서, 투탕카멘 왕의 저주 이야기처럼 무령왕릉을 건드린 데서 원인을 찾는 사람들도 나왔다. 진묘수가 무덤에 침입한 발굴단에게 저주를 내린 것이었을까? 아니면 북어 세 마리와 수박 한 통, 막걸리만으로 지낸 위령제가 부족했던 탓이었을까? 어쩌면 이런 으스스하고 찜찜한 기분을 만들어 냈다는 것만으로도 진묘수는 나름의 역할을 해냈다고 볼 수 있겠다.

단, 진묘수의 역할을 다르게 해석하기도 한다. 외부로부터의 침입이 아니라, 내부의 망자가 살아있는 사람들의 세계로 나오지 못하게 막는 것이었다거나, 뿔과 날개의 형상을 갖춘 진묘수는 죽은 이의 영혼을 태우고 불사(不死)의 세계로 오르게 하는 승선(昇仙)의 기능을 함께 가지고 있었다고 보는 견해도 제기된 바 있다. 어떤 해석을 따르던 진묘수를 무덤에 넣는 행위의 배경에는 죽은 사람과 관련된 영혼불멸의 관념, 불사(不死)의 세계에 대한 인식이 자리하고 있었던 것이다.

이러한 사상은 제2석의 뒷면에 작성된 매지권(買地券)에도 반영되었다. 매지권은 무덤에 묻힌 이가 묘지(墓地)를 정당하게 구입하였다는 가상의 증명서로서, 후한대에 처음 등장하여 이후 형식을 조금씩 달리하며 지속적으로 유행하였다. 무령왕 매지권의 내용은 다음과 같다.

돈 1만 문, 다음의 1건.

을사년(525) 8월 12일에 영동대장군 백제 사마왕이 앞 건의 돈으로 토왕, 토백, 토부모, 지하의 이천 석 여러 관리들에 문의하여 신지(申地)를 사서

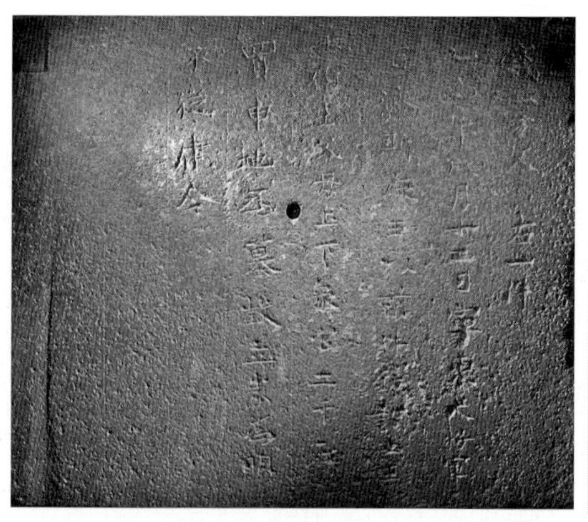

7	6	5	4	3	2	1
▨	登	癸	日	卯	麻	寧
	冠	酉	壬	年	王	東
	大	朔	辰	五	年	大
	墓	十	●	月	六	將
	立	二	崩	丙	十	軍
	志	日	到	戌	二	百
	如	甲	乙	朔	歲	濟
	左	申	巳	七	癸	斯
		安	年			
		厝	八			
			月			

묘를 만들었다. 그러므로 권을 세워 증명으로 삼으니, 따르지 않으면 율령에 의거하여 처분하라.

1만 문은 무덤을 만들기 위한 토지를 구입한 대금에 해당한다. 발굴 당시 두 석판 중간쯤에는 실제로 오수전(五銖錢)이라는 동전이 놓여 있었다. 그런데 발견된 오수전의 개수는 90여 개 정도로서, 적혀 있는 금액에 턱없이 부족하다. 그래서 매지권에 자주 등장하는, 계약 때 매매자 쌍방이 술을 사서 함께 마셨다는 '고주(沽酒)' 대금의 절반에 해당하는 것이라는 해석도 나왔다. 하지만 정작 이 매지권의 내용 속에서는 '고주'가 보이지 않는다. 사실 이 토지 매매 거래는 실제로 이루어진 것이 아니다. 신(神)적인 존재에게 값을 지불하고 매매가 이루어졌다고 가정한 상징적인 거래 문서이다. 가상의 거래에서 실제 돈으로 전체 금액이 모두 지불될 필요가 있었을까? 현재 중국의 상례나 제사에서는 돈을 태우는 의식이 흔히 행해지지만, 진짜로 아까운 돈을 태워버리는 것이 아니라, 가짜 돈을 구입하여 사용한다. 무령왕의 장례를 주관했던 이들도 금액을 지불했다는 '상징성'만 확보된다면 충분하다고 여겼을지 모른다.

실제 구매 행위가 있었던 것이 아님에도, 토지 매매 계약서를 모방하여 매지권을 만들어 넣은 데는 사후(死後)에도 묘지에 기반하여 경제 생활을 계속한다는 영혼불멸의 사상이 반영되어 있다. 도교적이라고도 할 이러한 관념은, 죽은 뒤의 세계에서도 여전히 돈 걱정이나 계약 걱정, 그와 관련된 송사(訟事)에 시달릴 걱정을 하고 있다는 점에서 한편으로 현실적이며 '관료적'이기까지 하다. 이에 현실에서 사용되던 토지 매매 계약서를 모방하여 매지권이 만들어졌고, 토왕·토백·토부모 등 지하세계의 관리들이 거래와 관련하여 소환된다. 매지권의 마지막 부분에 흔히 보이는 관용 어구 '급급여율령(急急如律令)' 또한, 원래 한대(漢代)의 공문서를 끝맺던 "빨리 율령에 입각해서 처리하라"는 문구가 주문(呪文)으로 굳어진 것이다.

단, 무령왕 매지권의 마지막은 "부종율령(不從律令)"으로 되어 있어, 이를 "율령에 따르지 않는다."로 해석할 경우 '급급여율령'과는 반대의 의미가 되어버린다. 이에 천제(天帝)의 율령(律令)이 이곳에는 미치지 못한다는 성역화(聖域化)의 의미라거나, 여기서의 율령을 '세속의 율령'으로 보아 세간의 법률을 초월한다고 보는 등의 해석이 나왔다. 나아가 무령왕대 백제에 율령에 대한 이해가 있었음을 보이는 증거로 간주하거나, 율령의 규정과 달리 이 매매내용은 절대로 물릴 수 없음을 말한다고 보는 견해도 있었다. 중국에서의 '급급여율령'과는 다른 백제적인 표현으로 보았던 것이다.

하지만 중국의 매지권을 들여오면서 이 부분만 정반대의 의미를 가지도록 바꾸었다고 이해하기는 어렵다. '급급여율령' 앞에 '계약을 어길 시에는' 등 위반의 부정적 조건이 붙는 경우가 자주 보이며, '여율령(如律令)'·'당율령(當律令)'을 '율령(律令)'으로 단순화시킨 용례들을 참고할 때, "부종(不從)"을 계약 위반 등의 조건으로 따로 떼어내서 "따르지 않으면"으로 해석하는 것이 무난할 듯하다. 중국 남조의 매지권 중에서도 '부종율령(不從律令)'으로 읽힐 수 있는 사례가 보인다는 주장도 나왔다.

한편, 매지권 첫 줄의 '우일건(右一件)'이라는 문구도 눈길을 끄는 부분이다. 한문의 서사 방향상 '우(右)'는 앞의 내용을 가리키는 것이 자연스러운데, 여기서는 첫머리에 등장하고 있어 '다음의 1건'으로 해석되기 때문이다. 방향이 역전되어 있는 것이다. 이러한 방향의 역전은 왕과 왕비의 묘지에서도 확인된다. 두 묘지 모두 '입지여좌(立志如左)'로 끝나고 있는데, 역시 한문의 일반적인 서사 방향에 따르면 '좌(左)'는 다음 내용을 가리키므로, 문장의 마지막에서는 다음을 찾을 수 없다. 때문에 이를 왕비 추가장 이전, 왕의 지석과 매지권이 나란히 놓여 있던 상황에서, 왼쪽에 놓인 매지권의 내용을 가리킨 것이라고 해석하기도 했다. 하지만 발굴 당시에는 북쪽에서 남쪽의 묘도를 향해서 읽을 수 있는 방향으로 동쪽에 제1석(왕의 묘지)이, 서쪽에 제2석이 놓여 있었다. 이 상태라면 제2석은 제1석(왕의 묘지)보다 오른쪽에 있는 것이 된다. 왕비의 묘지가 새겨지기 이전에는 반대로 배치되어 있었다면, 굳이 왕비의 묘지를 새긴 뒤에 두 지석의 위치를 바꾸어야 했던 이유가 설명되어야 할 것이다. 아울러 묘지와 매지권에 각각 '입지(立志)'와 '입권(立券)'이라는 용어가 사용되고 있음을 볼 때, 스스로를 지(誌)와 권(券)으로 지칭하고 있다고 이해하는 편이 자연스럽다. 결국 묘지의 '좌'는 앞의 묘지 내용 자체를 가리킨다고 보아야 할 것이다.

좌·우가 실제 글을 써나간 전후 관계와 반대의 방위를 가리키게 된 까닭은 무엇일까? 먼저 좌우나 상하의 반전에서 주술적인 상징성을 찾았을 수 있다. 용왕과 관련된 주술·제사 의식에서 사용된 신라의 <전인용사지 출토 목간>은 위·아래로 한 줄씩 방향을 뒤바꾸면서 문자가 서사되었다. 고려시대 세현 매지권이나 중국 <마이십사랑 매지권(馬二十四娘 買地券)> 등 매지권 중에도 위·아래를 한 줄씩 뒤집어 쓰는 회문(廻文)의 사례가 확인된다. 혹은 죽은 자, 혹은 신(神)의 경우 산 사람의 세계와 반대되는 방위를 적용시킨다는 관념이 작용했을 수 있다. 산 자와 죽은 자 사이의 방위 역전 인식은 뒷시기 제사 진설의 좌설/우설 논쟁을 연상시키기도 한다.

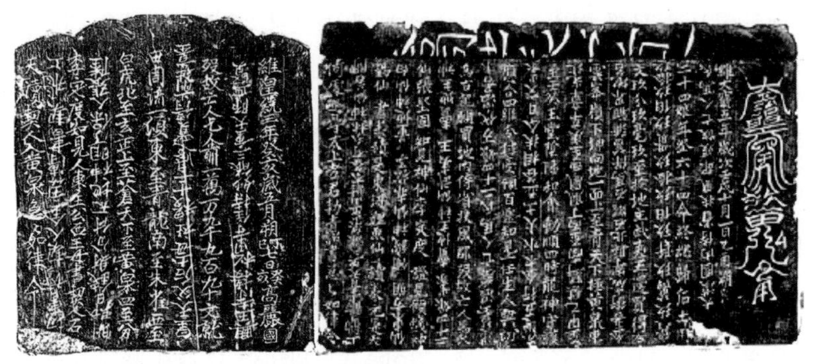

그림 2. 고려시대 세현 매지권(좌) 및 마이십사랑 매지권(우)

장인(匠人)들의 흔적

묘지나 매지권과 같이 무덤에 묻힌 사람과 관련된 정보를 직접적으로 보여주기 위해 만들어진 자료 외에, 무령왕릉에서는 왕과 왕비의 장례와 관련된 장인(匠人)들의 흔적이 담겨 있는 문자자료들도 발견되었다.

먼저 무덤을 만드는 데 사용된 벽돌들 중에 문자가 새겨진 것들이 있다. 음각으로 문자를 새긴 것과 글자가 튀어나오도록 찍어낸 것들로 구분할 수 있는데, "…사 임진년작(…士 壬辰年作)"명전(銘塼)은 전자에 해당한다. 무령왕릉이 만들어지기 이전 가장 가까운 임진년은 512년으로서, 이에 근거하여 무령왕 사망 13년 전에 이미 왕릉을 만들기 위한 벽돌이 제작되고 있었다고 보기도 한다. 하지만 이것이 무령왕릉의 축조를 위해 만들어진 것인지, 아니면 다른 용도로 만들어져 사용된 뒤 남은 것들이 보관되다가 무령왕릉 축조 때 입구를 폐쇄하는 데 사용된 것인지는 알 수 없다. '사(士)' 앞쪽은 파손되어 남아있지 않지만, 백제의 공인 중 하나인 '와박사(瓦博士)'일 것이라는 추정이 가능하다. 그렇다면 이 문장은 "(와박)

사가 임진년에 만들었다."고 해석할 수 있다.

글자가 튀어나오도록 압출된 벽돌들에서는 '중방(中方)', '대방(大方)', '급사(急使)', '중(中)', '장대(仗大)' 등의 문자가 확인된다. 이들이 의미하는 바는 무엇이었을까? 여기서의 '중방'을 백제 방·군·성 체제 중 5방의 하나인 중방(中方)으로 보고, 방제(方制)의 시원을 알려주는 자료로 활용한 견해도 있었지만, 지방 행정구역 중 하나의 명칭이 벽돌에 갑자기 등장하는 것은 이해하기 어렵다. 그보다는 특정한 문자가 찍힌 벽돌이 특정한 위치에서 발견된다는 점이 주목된다. '중방' 벽돌은 벽을 올리는 데, '급사' 벽돌은 천장 부위에, '대방' 벽돌은 바닥을 까는 데 사용되었다. 무령왕릉은 다양한 크기와 무늬, 모양을 가지는 28종의 벽돌을 적재적소에 배치하여 볼트 구조의 천장을 갖춘 아름다운 구조물을 완성한 것으로 유명하다. 벽돌을 쌓는 장인들은 어떤 형태의 벽돌이 어느 부위에 쓰일지 충분히 잘 파악하고 있어야 했을 것이다. 벽돌에 새겨진 이들 문자들은 해당 벽돌이 사용될 위치를 나타낸 설계 상의 기호였던 것으로 보인다. 중국 남조의 벽돌무덤에서도 '정방(正方)'·'대녕(大擰)'·'중녕(中擰)'·'대압(大鴨)'·'중압(中鴨)'·'급녕(急擰)'·'도신(倒臣)' 등의 문자가 특정 형태의 벽돌을 나타내는 부호로 사용되었다고 한다.

장인의 작업 흔적은 다른 곳에서도 확인된다. 왕비의 머리를 받쳤던 두침(頭枕)의 상면 양쪽에는 작은 구멍이 하나씩 있어 두 개의 목제 봉황 머리를 마주보도록 꽂게 하였는데, 1989년 보존 처리를 위한 정밀조사 중 적외선 사진을 찍어보니, 좌·우의 봉황 머리 아래에서 '갑(甲)'과 '을(乙)'이라는 묵서(墨書)가 나타났다. 이 묵서는 위에 얹어진 목제 봉황 머리와 관련된 것으로 보인다. 지금 우리가 보기에 봉황 머리 1쌍은 암·수를 구별할 만한 큰 특징 없이 크기에만 차이가 있다. 하지만 두침을 만든 장인은 암·수, 곧 봉(鳳)과 황(凰)을 구분해서 만들었을 것이다. 완성된 두침을 왕릉 안으로 옮겨 설치하는 과정에서 봉·황을 뒤바꿔 꽂는 것을 방지하기 위해 이와 같은 문자를 적어둔 것으로 추정하고 있다.

장례 의식과 관련된 것은 아니지만, 현실 내부, 왕비 쪽 관식(冠飾) 하단에서 북쪽으로 35cm 되는 위치에서 출토된 은팔찌에는 장인의 이름까지 새겨졌다. 오른팔 쪽에서는 금팔찌가, 왼팔 쪽에서는 은팔찌가 1쌍씩 겹쳐 나왔는데, 안쪽 면에는 17자의 명문이 새겨져 있다. 두 팔찌의 명문 내용은 동일한 것으로 보인다. 판독과 해석은 다음과 같다.

> 庚子年二月多利作大夫人分二百卅主耳
>
> 경자년(520) 2월에 다리가 대부인 몫으로 만들었으니 230주이다.

'대부인'이라는 표기는 왕비 묘지의 '왕대비(王大妃)'와 달리 무령왕 생존시 왕비의 호칭이 본래 '대부인'이었음을 짐작케 한다. 신라 황남대총 북분에서 출토된 은제 허리띠에 '부인대(夫人帶)'라는 명문이 있고, 울주 천전리 서석 등에도 '부인(夫人)'이 보이는 것을 보면, 백제나 신라에서 왕비(王妃)나 왕모(王母) 등 최상류층의 기혼 여성을 호칭하는데 '부인(夫人)'이 사용되었음을 알 수 있다. 『삼국사기』에는 침류왕의 어머니 아이부인(阿尒夫人)과 전지왕의 비(妃)이자 구이신왕의 어머니였던 팔수부인(八須夫人) 등 '부인'의 호칭이 보인다. 『일본서기』에서도 의자왕의 비(妃)를 '군대부인(君大夫人)'이라 기록한 바 있다.

일본 호류지(法隆寺)의 삼존불(三尊佛)을 제작한 도리(止利)나 무령왕 12년(512)에 가야에서 백제로 넘어갔다는 임나(任那) 4현 중 상다리(上哆利)·하다리(下哆利) 등 '리(利)'로 끝나는 고유명사들을 연상시키는 '다리

(多利)'는 은팔찌를 제작한 장인의 이름으로 보인다. 장인의 이름을 딴 요즘의 명품들처럼, 왕비가 찬 팔찌에는 제작자의 이름이 당당히 새겨졌던 것이다. 이 팔찌들은 지금의 우리에게 사라져 버릴 수 있었을 백제 장인의 이름 하나를 남겨 준 소중한 자료라고 할 수 있다.

230주의 '주(主)'는 '수(銖)'에 해당하는 무게의 단위로 추정하고 있다. 부여에서 '일근(一斤)'이라는 글자가 새겨진 거푸집이 2점 발견되어 1근의 무게가 261.25g~286.97g임이 확인되었는데, 1근은 384수(銖)이므로, 백제의 1수는 0.680~0.747g이 된다. 은팔찌의 실제 무게는 167.230g과 166.022g이므로 156.4~171.8g으로 추정되는 230수에 들어맞는다. 연(燕)나라에서 '수(銖)'를 '주(朱)'로도 표기하였으며, 주(主)와 주(朱)의 음이 같은 점 또한 주(主)가 수(銖)에 해당하는 무게 단위였음을 뒷받침해 준다.

풀리지 않은 수수께끼들

이처럼 무령왕릉에서 발견된 문자자료들은 무령왕과 왕비의 삶과 죽음, 장례 과정 등에 관한 소중한 정보들을 알려주었다. 그러나 반대로 이들이 새롭게 가져온 의문점들 또한 많다. 먼저 두 개의 석판에 뚫린 구멍의 용도가 무엇인가 하는 점이 있다. 이에 대해서는 중앙에 구멍을 끼워 천반(天盤)과 지반(地盤)을 포개어 회전시키며 점을 치는 식반(式盤)의 형태를 딴 것으로 보는 견해가 있다. 한(漢)나라 때 비수(碑首)에 뚫었던 '천(穿)'이라는 구멍에 상응하는 것으로 이해하기도 한다. '천'은 희생을 묶어 두거나, 하관 작업에 활용하기 위한 구멍에서 유래한 것으로, 양(梁)나라 때의 묘비에도 사용되었다. 묘지(墓誌)는 비가 아니지만 비의 형태에서 변

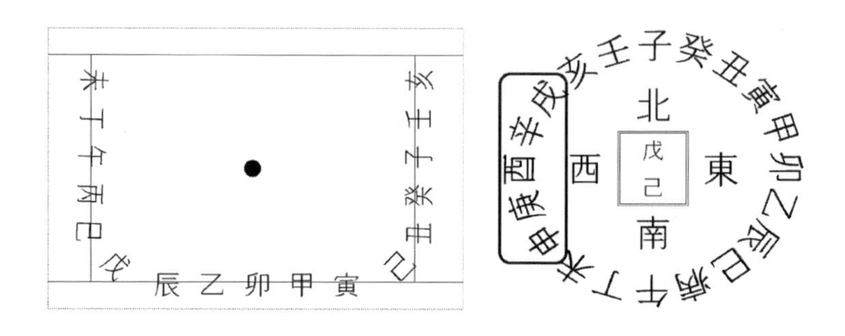

형되었으므로, 비천(碑穿)의 제도를 가져왔을 가능성이 있다는 것이다. 중국 난징(南京) 궈지아산(郭家山) 원자오(溫嶠)의 가족묘 중 12호분에서 윗부분에 원형의 투공(透孔)이 있는 규형(圭形)의 묘지가 발견된 사례도 이와 관련하여 주목된다. 묘지를 중심으로 본 이러한 해석들과 달리 매지권에 주목하여, 원래 오수전을 묶은 끈이 통과했던 구멍이었다는 해석도 나왔다.

그와 관련하여 제1석 뒷면의 간지도(干支圖)를 살펴볼 필요가 있다. 왕묘지의 반대편인 이 면에는 중심의 구멍을 위로 하여 동·남·북쪽 방위에 해당하는 세 변에 각각 '인갑묘을진(寅甲卯乙辰)'·'사병오정미(巳丙午丁未)'·'해임자계축(亥壬子癸丑)'의 간지들을 새겼고, 동남·동북에 해당하는 두 모서리에는 중앙을 나타내는 간지 '무(戊)'와 '기(己)'를 새겼다. 서쪽에 해당하는 '신경유신술(申庚酉辛戌)'이 빠져 있는 점이 특이하여 다양한 해석이 제기된 바 있다. 근래에는 서쪽에 해당하는 간지 부분이 결락한 것을 매지권과 연관지어 해석하는 경우가 많다. 무령왕릉의 위치가 공산성을 중심으로 보아 서쪽에 위치해 있으며, 매지권에서도 '신지(申地)'를 샀다고 밝히고 있으므로, 묘지에 해당하는 방위가 생략되었다는 것이다. 이는 계약을 증명하기 위한 '권(券)'이 가지는 특징 중, 가상의 '합동(合同)'을 전제로 한 '파권(破券)'을 나타낸 것으로서, 서쪽 방위 부분은 가상의 판매자인 신격(神格)이 잘라서 가지고 갔다고 상정하여 만들었다는 설도 나왔다.

현재로서는 간지도의 성격이나, 서쪽이 빠져있는 이유를 확실히 알기 어렵지만, 석판에 뚫린 구멍이 남북(子-午)과 동서(酉-卯)의 교차점에 정확히 위치하고 있다는 점은 주목된다. 양면의 구멍 크기를 감안할 때, 간지도가 왕의 묘지나 매지권보다도 먼저 새겨졌을 가능성도 있다. 그렇다면 이 석판들의 제작자는 간지도를 통해 가상의 방위를 설정하고, 그 중심점을 의식하여 구멍을 뚫었던 것이 된다. 의식에 앞서 공간의 신성성을 구획한다는 관념을 연상케 한다. 무령왕릉과 비슷한 시기, 비슷한 방식으로 만들어진 송산리 6호분에는 사방을 상징하는 청룡, 백호, 현무, 주작의 사신도가 그려져 있으나, 무령왕릉에는 없다. 이와 같은 방위 상징물을 통한 공간 구획의 상징 일부를 석판에 새겨진 방위 간지도가 대체하고 있는 것은 아닐까?

왕 묘지 마지막 글자의 정체 또한 수수께끼이다. 도무지 무슨 글자인지 판단하기가 어렵다. '혈(穴)', '총(冢)', '가(家)', '인(印)' 등 다양한 판독안이 제시되었지만, 딱 들어맞지 않는다. 이에 중국 육조 매지권에서 종종 보이는 도교적 부록(符籙)이거나, 토지 매매 계약시 문서를 나누어 가지고 있다고 입증을 위해 합쳐볼 때 접합의 증거로 삼기 위한 문자 혹은 기호였을 것이라는 해석도 나왔다. 하지만 이것이 부록(符籙)이나 합동(合同) 기호라면 매지권의 일부여야 하는데, 매지권이 아닌 왕의 묘지에 새겨져 있는 점이 설명되지 않는다. 결국 지금까지 제기된 판독안들은 이 글자를 명백하게 해명해주지 못하고 있다고 하겠다.

사실 상단의 '宀'은 자획이 분명하지만, 그 외의 획들은 자획임이 인정되더라도 다른 글자들의 자획에 비해 깊이가 매우 얕고 희미하다. 따라서 완전한 한 글자가 아니라 새기다가 그만 두었을 가능성도 배제할 수 없다. 왕의 묘지에 글씨를 쓰다마는 것이 가능했겠는가 하는 의문이 있을 수 있지만, 무령왕과 왕비의 묘지가 생각만큼 신중하게 제작되지 않았음이 지적된 바 있다. 전체적 글자의 배치를 고려하지 않고 서사되었고, 왕 묘지 3행의 '묘(卯)'와 '년(年)', '월(月)' 및 5행의 '갑(甲)'·'신(申)' 등 글자를 볼 때 새기기 전에 돌에 미리 써 두는 과정(刻稿)을 거치지 않고 직접 새겼을 가능성이 상정된다. 아울러 3행의 '묘(卯)'자 및 3행의 '년(年)'과 4행의 '팔(八)', 5행의 '조(厝)'자 등에서 원래의 자획과 조금씩 다른 자획의 흔적들이 확인되어, 새기던 과정에서 수정하였거나 미리 얕게 새긴 뒤에 정식으로 새긴 것이 아닌가 의심케 한다. 잘못 새긴 부분을 무성의하게 긁은 뒤 뒤집어서 반대쪽 면에 다시 새긴 채 매장한 고려시대 세현(世賢) 매지권의 사례도 있어, 당시인의 묘지에 대한 관념이 지금 우리가 생각하는 것과 같지 않았을 수도 있으리라는 가정이 필요할 듯하다.

매지권과 왕비의 묘지에 보이는 신지(申地)와 유지(酉地)에 관련된 문제 또한 아직 완전히 해결되지 않았다. 매지권에서는 무덤이 신지, 즉 남서쪽에서 살짝 서쪽으로 치우친 방향이라고 하였으며, 왕비 묘지는 이곳으로 옮겨지기 이전까지 왕비의 시신이 유지, 곧 정서쪽에 안치되어 있었다고 하였다. 이러한 방위의 기준점이 어디인지는 밝혀져 있지 않다. 그런데 1996년, 공주시 서북쪽의 정지산 유적에서 대규모 기와 건물지와 대벽건물지가 발견되고, 국가적인 제사와 관련된다고 여겨지는 유물들이 나오면서, 이곳이 무령왕비의 빈전(殯殿)이었을 가능성이 제시되었다. 공산성을 기준으로 무령왕릉을 신지로 놓고 보면, 정지산 유적은 유지에 해당한다는 것이다. 나아가 정지산 유적의 유구 중 일부를 빙고(氷庫)로 보고, 시신의 부패를 막기 위하여 빈전에서 얼음을 사용했을 것으로 추정하기도 하였다. 이러한 해석은 이후 널리 받아들여지게 되었다.

하지만 공산성이 과연 신지·유지의 방위 기점이었는지는 확실하지 않다. 묘지나 매지권에서 왕궁을 방위의 기점으로 삼은 사례는 잘 보이지 않는다. 더욱이 공산성을 기준으로 할 경우, 가장 북쪽 지점을 기준으로 하더라도 정지산 유적은 공산성의 약간 서북쪽에 위치하여, 정서방인 유지라고 보기는 어렵다. 공산성의 가장 북쪽 지점을 기준으로 한다면 무령왕릉은 서남쪽에 위치한다고 할 수 있으나, 간지도에서 서남향이 경(庚)·신(申)·미(未)·정(丁)으로 세분화되었음을 감안하면 신지와 일치하는 것은 아니다. 만약 무령왕릉을 신지로, 정지산 유적을 유지로 고정하고 그 방위의 중심점을 역추적할 경우, 방위 기점은 금강을 북쪽으로 건너가서 찾아야 할 것이다. 금강 북쪽에 방위의 기점이 될 만한 장소가 존재했던 것일까? 아니면 백제 당시의 방위는 지금과 달랐던 것일까? 정지산 유적이 왕비의 시신을 모셨던 '빈전'이었다고 확정짓기 위해서는 아직 해결해야 할 문제가 많다.

무령왕릉 출토 문자자료들이 말해 준 소중한 정보들 중 일부는 이렇게 우리가 풀어야 할 새로운 수수께끼를 안겨주기도 하였다. 그러나 수수께끼는 풀리지 않기 때문에 흥미로운 것이다. 무령왕과 왕비와 관련된 수수께끼 풀이는 아직 현재 진행 중이다.

참고문헌

권오영, 2005, 『고대 동아시아 문명 교류사의 빛, 무령왕릉』, 돌베개.

한국역사연구회 고대사 분과, 2004, 『고대로부터의 통신』, 푸른역사.

노중국 외, 2014, 『금석문으로 백제를 읽다 - 돌, 흙, 쇠에 새겨진 백제 이야기』, 학연문화사.

강진원 외, 2016, 『한국고대 문자자료연구 백제(상)』, 주류성출판사.

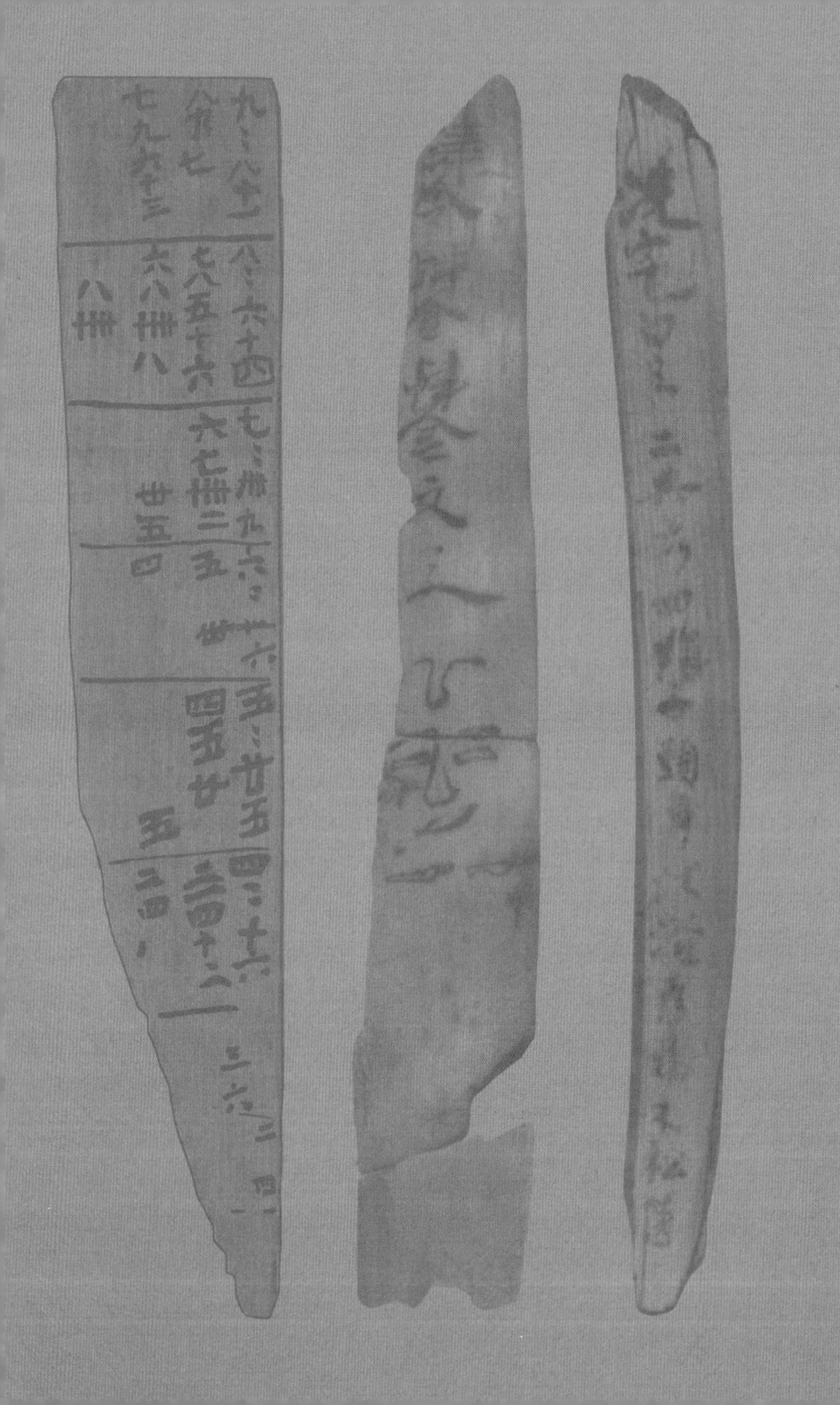

당으로 이주한 백제 유민들의 묘지명

김영관

충북대학교

660년 백제가 멸망한 후 의자왕을 비롯한 왕족과 지배층을 비롯하여 많은 백성들이 당으로 끌려갔다. 이들은 대부분 망국의 한을 품고 이국에서 고단한 삶을 이어갔다. 하지만, 의자왕의 후손들과 당의 침략과 지배에 직간접적으로 협력했던 일부 백제 귀족들은 권세를 유지하며 살아갔다. 당에 협력했던 왕족과 귀족들은 당의 관료나 무장으로서 출세하여 사서에 기록을 남겼고, 흔적을 남겼다. 그들이 남긴 흔적은 천 여 년이 넘는 장구한 세월이 흘러 훼손되어 지금은 거의 사라져 찾아볼 수 없게 되었다. 그러나 땅 속에 묻혔던 묘지명이 도굴이나 발굴을 통해 세상 밖으로 모습을 드러내면서 새로운 사실들을 알려주게 되었다.

지금까지 알려진 백제 유민의 묘지명은 모두 10개이다. 의자왕의 태자였던 부여융, 부여융의 증손녀인 태비 부여씨, 백제 멸망 당시 웅진성으로 피난했던 의자왕을 사로잡아 당군에게 바친 예씨 일족 즉 예식진과 예군 형제, 그리고 예식진의 아들과 손자인 예소사와 예인수, 백제 부흥 운동에 참여했던 흑치상지와 그의 아들 흑치준, 웅진도독부에서 활동한 진법자, 웅진도독부 지심주 자사 난무의 아들인 난원경 묘지명 등이다. 이들 묘지명 외에도 의자왕과 왕족 및 귀족과 그들의 후손 묘지명들이 분명 만들어져 무덤 속에 묻혀 있을 것이나, 아직 세상에 모습을 드러내지는 않았다.

의자왕의 후손 묘지명

의자왕의 아들로 마지막 백제 태자였던 부여융(615~682) 묘지명은 1919년 중국 하남성 낙양시 북망산에서 출토되었다. 정확한 출토 위치는 알려지지 않았지만, 대개 낙양시 동쪽 송장진 부근에서 출토된 것이라고 추정된다. 출토 당시 개석과 지석이 모두 갖춰진 상태였다. 이중 지석은 묘주에 대한 구체적인 내용이 기록된 핵심적인 유물이기에 당시 하남성의 성도였던 개봉의 도서관으로 옮겨져 보관되었고, 현재는 정주의 하남박물원이 소장하고 있다. 개석은 낙양 남쪽의 관우 무덤인 관림에 남겨졌다. 이후 관림 내에 있던 낙양고대예술관에 귀속되었는데, 부여융 묘지명의 개석임은 잊혀졌다. 2007년 당시 낙양고대예술관장이던 조진화가 부여융 묘지명 개석임을 확인하였고, 2013년 상반기에 낙양고대예술관이 문을 닫으면서 개석은 새로 지은 낙양박물관으로 이관되었다.

부여융 묘지명은 출토된 후 지금까지 지석과 개석이 분리되어 보관되고 있다. 하남박물원에 소장된 지석은 가로 57cm, 세로 56cm, 두께

10cm 정도의 판석형이며 청석으로 만들었다. 낙양박물관에 소장된 개석은 지석과 같은 크기이며 녹정형이며, 역시 청석으로 만들었다. 지석과 개석의 측면에는 선각으로 화훼절지문을 새겨 장식하였다. 묘지명이 만들어진 시기는 당 고종 영순 원년인 682년 12월이다.

개석은 녹정형 상부를 평평하게 다듬은 뒤에 가로와 세로 각 3행씩 구획을 한 뒤, 전서로 9자를 새겨 넣어 묘주를 표시했다. 지석은 가로 27행, 세로 27행으로 괘선을 그어 구획한 뒤에 그 안에 지문을 얕게 음각으로 새겨 넣었다. 그러나 맨 마지막 행은 비워두었고, 행 당 최소 17자부터 최대 27자까지를 새겨 넣었다. 다만 19행은 한 자를 더 추각해 28자를 새겨 넣었다. 전체 글자 수는 670자이다. 저수량의 글씨를 닮은 해서체로 씌어졌으나, 예서체의 기운도 남아있다.

지석의 내용은 먼저 묘주의 이름과 자, 출신지를 기록하였고, 선조인 무왕과 의자왕의 성품과 공적 및 당으로부터 받은 작위에 대해서도 기록했다. 이어 묘주의 성품과 비범한 재능에 대한 칭송을 실었다. 그리고 백제 멸망 당시의 행적과 이후 백제부흥운동 진압에 참여한 사실과 웅진독독부에서의 백제 유민들을 위무한 것, 당의 고구려 정벌시 직함 등에 대해서 기술하였다. 또한 신라와 회맹을 맺은 것과 당 고종을 따라 태산 봉선에 참여한 내용과 이민족 출신으로 황제를 섬김에 최선을 다하다가 병이 들어 세상을 떠났다는 내용을 담았다. 세상을 떠난 뒤에 추증된 벼슬과 시호를 내리면서 받은 시장 및 장례에 관한 사실도 기록했다. 여기서 그가 낙양 북망의 청선리에 묻혔다는 것을 알 수 있다. 말미에는 부여융을 찬양하는 명문도 4수가 있다. 지문의 맨 마지막에는 다른 묘지명들과는 다르게 지제를 기록하였다.

백제 의자왕의 증손녀이고 부여융의 손녀로 당 황실과 혼인한 태비 부여씨(690~738)의 묘지명도 있다. 2004년 봄 섬서성고고연구원에서 위남시 부평현 주촌진 여촌향에 있는 당 고조 헌릉의 도굴된 배장묘 중 하나를 발굴하다가 묘지명 한 쌍을 발견하였다. 발굴된 묘지명을 통해 사괵왕 이옹과 부여씨 부부의 합장묘라는 것을 알게 되었다. 묘지명은 현재 발굴 기관인 섬서성고고연구원 경위기지에 보관되어 있다.

태비 부여씨 묘지명은 당대 묘지명이 대개 청석으로 만들어진 것과는 달리 백옥으로 만들어졌다. 이는 황족의 위계에 걸 맞는 재질을 선택한 것이다. 묘지명은 개석과 지석을 모두 갖추고 있다. 개석은 녹정형이며, 가로 74cm, 세로 70cm, 두께 13cm이다. 지석은 판석형이며 가로 74cm, 세로 70cm, 두께 9cm로 표면을 연마하여 광택을 냈다. 개석의 경사면과 지석의 측면에는 음각으로 모란과 석류문을 새겨 장식하였다. 묘지명이 만들어진 시기는 현종 개원 26년 11월이다.

개석은 도굴의 피해를 입어 세로로 크게 쪼개졌다. 녹정형 상부에 평평한 면을 조성한 뒤에 가로와 세로 각 3행씩 구획을 하고 고박한 전서로 9자를 음각해 묘주를 표시했다. 지석 역시 도굴의 피해를 입어 3조각으로 파손되었다. 지석은 가로 30행, 세로 31행으로 괘선을 그어 구획한 뒤에 모두 831자를 음각하였다. 글씨는 날렵하고 깔끔한 해서 해서체로 씌어졌다. 묘지명은 부여씨의 아들인 이거와 절친한 관계였던 양섭이 지었다. 글씨는 위척이 쓴 것으로 추정된다.

지석의 내용은 먼저 제액과 찬자를 기록하고 서와 명, 묘지를 작성한 시기를 기록하였다. 구체적으로는 부여씨는 의자왕의 증손이고 부여융의 손녀이며, 덕장의 딸이며 백제 왕족의 후손임을 밝혔다. 이어 명문에서는 묘주인 부여씨의 용모와 사람됨에 대한 칭송을 하였다. 그리고 부군인 이옹이 당 고조의 증손이며 괵왕 이봉의 손자로 사괵왕이라는 것도 밝혔다.

또한 다섯 명의 아들을 두었고 738년 8월에 향년 49세를 일기로 세상을 떠나자 부군인 이옹과 합장하였다고 기록하였다. 말미에는 태비를 추모하는 명을 기록하였다.

예씨 가족 묘지명

나당연합군의 침공을 받은 의자왕은 사비성을 떠나 북방 웅진성으로 피난해 후일을 도모하려고 했다. 그러나 당시 웅진성을 지키고 있던 예씨 일족의 배신으로 뜻을 이루지 못하고 사비성으로 끌려가서 당군의 포로가 되었다. 당시 웅진방령이었던 예식과 그 형인 예군이 웅진성으로 피난 온 의자왕을 잡아 소정방에게 바친 것이다. 예씨 현제는 이후 당으로 소정방을 따라 당에 들어갔다가 백제 고토를 식민지배하기 위해 당이 새로 세운 웅진도독부의 관료가 되어 백제 땅으로 돌아왔다.

웅진도독부에서 부여융을 도와 예식진의 형인 예군(613~678)의 묘지명이 현재 서안박물원에 보관되어 있다. 청석으로 만들었는데, 개석과 지석이 모두 잘 남아있다. 개석은 녹정형이며, 가로 59cm, 세로 59cm, 두께 12cm이다. 지석은 판석형이며 가로 59cm, 세로 59cm, 두께 10cm이다. 개석의 경사면과 지석의 측면에는 화훼절지문을 선각하여 장식하였다. 묘지명이 만들어진 시기는 고종 의봉 3년(678) 10월이다. 개석은 녹정형 상면에 가로와 세로 각 4행씩 구획을 하고 전서로 16자를 음각해 묘주를 표시했다. 지석은 가로 31행, 세로 30행으로 괘선을 그어 구획한 뒤에 모두 884자를 음각하였다. 글씨는 단정한 해서체로 씌어졌으나 행서의 풍취도 곳곳에 보인다. 묘지명을 짓고 쓴 사람은 알 수 없다.

지석의 내용은 예군의 출신지와 선조, 백제 멸망 이후의 활동과 생애, 죽음과 장례에 대해 기록했다. 출신지는 웅진도독부의 우이현이라고 하였고, 선조가 서진 회제 영가(307~313) 말년에 백제로 피난을 왔다고 했다. 이는 멸망한 나라의 후예인 예씨 가문이 원래는 중국계임을 표방한 것으로 당에서의 원활한 활동을 위한 가탁이었을 것이다. 증조와 조, 부가 모두 백제에서 좌평을 역임했다고 하였다. 선조에 대한 기술을 비교할 때 예식진이 그의 동생이라는 것을 알 수 있다. 7명의 아들을 두었다고 하였으나, 구체적으로 거명하지 않아 알 수 없다. 궁성의 숙위를 담당하던 우무위에서 활동하였고, 일본과의 외교에도 관여했음을 기록했는데, 묘지명에 기록된 일본이라는 국호는 지금까지 알려진 금석문 기록 중 가장 오래된 것이다. 678년 2월 향년 66세로 장안성의 사제에서 세상을 떠났고, 그 해 10월 옹주 건봉현 고양리에 장사를 지냈다고 하였다. 장례는 홍문관 학사 왕행본이 주관하였다고 기록하였다. 그리고 말미에 3수의 명문으로 묘주의 일생을 찬양하고 있다.

예군의 동생 예식진(615~672)의 묘지명도 있다. 예식진은 660년 나당연합군의 공격시 웅진성으로 피난했던 의자왕을 잡아 당군에게 바친 예식과 같은 인물로 예군의 동생이다. 묘지명은 서안 고양원에서 도굴되어 낙양 시내 골동품점을 거쳐 2006년 낙양이공학원 도서관에서 수집하여 보관하고 있다.

청석으로 만들었으며, 개석과 지석이 모두 남아있다. 개석은 녹정형이며, 가로 57cm, 세로 57cm, 두께 15cm이다. 지석은 판석형이며 가로 58.5cm, 세로 58.5cm, 두께 13cm이다. 개석의 경사면에는 화훼절지문을 음각하였고, 지석의 측면에는 12지신상을 선각하여 장식하였다. 묘지명이 만들어진 시기는 고종 함형 3년(672) 11월이다. 개석은 녹정형 상면에 가로와 세로 각 4행씩 구획을 하고 졸박한 전서로 16자를 음각해 묘주를 표시했다. 지석은 가로 18행, 세로 18행으로 괘선을 그어 구획한 뒤에 모두 289자를 음각하였다. 글씨는 단정한 해서체로 씌어졌다. 묘지명을 짓고 쓴 사람은 알 수 없다.

지석의 내용은 출신지와 선조 및 성품 등에 대해 기록하였다. 그리고 활동과 죽음, 장례에 대해 기록하였다. 출신지는 백제 웅천이라 하여 백제인임을 밝혔고, 조부와 부친이 번관 즉 백제의 정1품이라 하여, 좌평이었음을 암시했다. 성품은 용맹하고 굳건하고 성실하고 관대하다고 하였으며 청구에 명성을 떨쳤다고 하였다. 또한 문무에 모두 능했으며 당 황제에게 투항하여 활약했음을 비유적으로 표현했다. 함형 3년(672) 5월 래주 황현에서 58세를 일기로 세상을 떴고, 11월에 고양원에게 장사를 지냈다고 기록했다. 말미에는 명을 지어 일생을 찬양했다.

예식진의 아들과 손자의 묘지명도 남아있다. 2010년 4월 서안시 문물보호고고연구소에서 서안시 장안구 곽두진 곽두남촌의 화상전매기지 건축 예정지에서 파괴된 고분을 발굴하던 도중 수습되었고 현재 서안박물원에 보관되어있다.

예식진의 아들인 예소사(?~708)의 묘지명은 청석으로 만들었으며, 개석과 지석이 모두 갖춰져 있다. 개석은 정방형으로 녹정형이며, 가로 60cm, 세로 60cm, 두께 13.3cm이다. 지석은 판석형이며 가로 60cm, 세로 60cm, 두께 15cm이다. 개석의 경사면과 지석의 측면에는 모두 만초문을 음각하였다. 묘지명이 만들어진 시기는 중종 경룡 2년(708) 11월이다. 개석은 녹정형 상면에 가로와 세로 각 3행씩 구획을 하고 전서로 9자를 음각해 묘주를 표시했다. 지석은 가로 30행, 세로 31행으로 괘선을 그어 구획한 뒤에 모두 923자를 음각하였다. 글씨는 단정한 해서체로 씌어졌다. 묘지명을 짓고 쓴 사람은 알 수 없다.

지석의 내용은 출신지와 선조에 대해 기록했다. 특히 7대조가 중국 산동 낭야에서 전란을 피해 백제로 이주했음을 밝히고 있다. 또한 증조부가 대방주자사를 지냈고, 조부는 수의 래주자사를 지냈다고 하였다. 백제로 피난을 왔다가 수대에 다시 중국으로 돌아가 산동의 래주자사가 되었다고 하는 것은 예씨 가문이 계속해서 중국과 연결되었다는 것을 상징적으로 표현한 것이기도 하다. 또한 수의 고구려 정벌시 명목상이나마 백제가 참전함에 따라 예소사의 조부가 수로부터 관작을 받았을 가능성이 있다. 부친인 예식진이 당에 입조하여 자사와 대장군이 되었다고 하였다. 그리고 부친의 음덕으로 여러 벼슬에 올라 주로 무장으로 활약한 내용을 실었다. 그리고 중종 경룡 2년 황제의 명을 받아 49주를 존무하다가 서주에서 병을 얻어 죽었고, 옹주 고양원에 장례를 지냈다고 하였다. 아들이 다섯 있었다는 것과 묘주를 찬양하는 명문 6수를 말미에 실었다.

예식진의 손자이자 예소사의 다섯 아들 중 장남인 예인수(675~727)와 부인 약간씨(679~739)의 합장 묘지명도 청석으로 만들었고, 개석과 지석을 모두 갖추고 있다. 개석은 녹정형으로 가로 52cm, 세로 52cm, 두께 6.5cm이다. 지석은 가로 52cm, 세로 52cm, 두께 16cm이다. 개석의 경사면과 지석의 측면에는 만초문을 음각으로 새겨 장식하였다. 개석은 녹정형 상면에 가로와 세로 각 3행씩 구획을 하고 해서로 9자를 음각해 묘주를 표시했다. 지석은 가로 23행, 세로 23행으로 괘선을 그어 구획하였으나, 마지막 2행은 공백으로 남겨두어, 결국 가로 21행에만 모두 434자를 음각하였다. 글씨는 해서체로 씌어졌다. 묘지명은 아들인 예적이 지은 것으로 추정되나, 글씨를 쓴 사람은 알 수 없다.

묘지명이 만들어진 시기는 현종 천보 9년(750) 5월이다. 이는 예인수와 부인 약간씨가 세상을 떠났을 때는 각기 따로 묻혔기 때문에 생긴 차이다. 예인수는 현종 개원 15년(727)감숙성 임조군의 관사에서 향년 53세로 세상을 떠났으나, 운구하여 장안 고양원에 장사를 지냈었다. 그러나 부인 약간씨는 서안 북쪽 빈주로 시집간 딸의 집에 가서 머무르다가 개원 27년(739) 11월에 세상을 떴는데, 합장을 하지 못하였다. 그러다, 750년 5월 부인의 유해를 장안성 남쪽의 고양원에 옮겨와 예인수와 합장할 때 묘지명을 새로 만들었기 때문에 세상을 떠난 연도와 차이가 있는 것이다.

지석의 내용은 선조와 그들의 활동, 묘주의 관력과 생애, 부인 약간씨의 행적, 장례 등에 대한 것이다. 증조인 예선이 수나라 말에 백제로 귀순한 것처럼 표현되어있어, 조부인 예식진 묘지명과 부친인 예소사 묘지명의 기록과 차이가 있다. 조부 예식진이 당에 귀의한 것과 당에서의 활동은 논어와 서경, 좌전 등의 경서를 들어 합리화하고 있다. 부친 예소사가 좌무위장군을 지냈고 묘주도 무장으로 활약하다가 지방이 관사에서 세상을 떠났다는 것을 기록했다. 부인인 약간씨가 1남 2녀를 키웠고, 빈주에서 생을 마감한 것과 나중에 합장하게 된 경위 등에 대해서도 기록했다. 마지막에 명문은 아들이 지었다.

흑치상지 부자 묘지명

흑치상지(630~689)는 백제 멸망 직후 풍달군장으로 임존성에서 백제 부흥운동을 이끌었던 것으로 유명하다. 흑치상지묘지명은 1929년 10월 중국 하남성 낙양시 북망산의 남쪽에서 아들인 흑치준의 묘지와 함께 출토되었다. 현재 묘지명은남경박물원에 보관되어 있다.

청석으로 만들었고 개석은 유실되어 지석만이 남아있다. 지석은 판석형으로 가로 73cm, 세로 70cm이다. 지석은 가로 41행, 세로 41행으로 괘선을 그어 구획한 뒤에 1604자를 음각하였다. 글씨는 단정한 해서체로 씌어졌으며, 측천무후자도 일부 있다. 묘지명을 짓고 쓴 사람은 알 수 없다. 묘지명은 흑치상지가 세상을 떠난 689년보다 10년 뒤인 측천무후 성력 2년(699) 2월에 이장을 할 때 만들었다.

흑치상지는 백제 사람으로는 유일하게『구당서』와『신당서』,『삼국사기』 열전에 기록이 남아있어 비교적 잘 알려졌었는데 묘지명의 발견으로 인해 더 많은 자료를 얻을 수 있게 되었다. 지석에는 흑치상지의 출신지와 선조 및 성품과 학식 등에 대한 내용과 입당 이후의 활동과 죽음, 장례에 대해서 기록하였다. 출신을 백제인이라고 하였고, 부여씨에서 갈라져 흑치에 봉해졌기 때문에 흑치씨를 성으로 삼았다고 하였다. 그리고 대대로 달솔을 역임하였다고 하였다. 이는 백제 왕족인 부여씨가 분지화된 사실을 알려주는 중요한 사료이다. 선조에 대해서는 증조와 조부, 부친의 이름과 관등을 기록했는데, 아들 흑치준 묘지명에는 백제식 이름을 기록한 것과는 달리 중국의 한자식 이름을 사용한 것으로 보인다. 어려서부터 춘추좌씨전과 한서, 사기 등을 읽었으며, 논어의 한 구절을 인용할 정도로 유학에도 조예가 있었다고 기록하였다. 20세가 안되어 가문의 신분을 세습하여 달솔이 되었다고 하여 백제 귀족가문의 신분이 세습되었음을 알려주었다. 660년 당군의 백제 정벌 당시 부여융과 함께 천자를 알현하였다고 하였고, 이후 웅진도독부에서 활약하였다고 하였다. 이런 기록은 그가 백제 멸망 직후 일어난 부흥운동에 적극적으로 참여하여 임존성을 근거지로 하였다는 문헌 기록과는 배치되는 것이다. 이는 대개 백제 유민 묘지명에서처럼 본국에서의 행적 특히 본인에게 불리한 행적은 기록하지 않는 관례에 따른 것이다.

토번과의 전쟁에 나가 공을 세워 좌응양위대장군 연연도부총관으로 승진하였고, 우무위대장군 신무도경략대사, 회원군경략대사 등으로 활약하였으나, 60세에 모함으로 하옥되어 옥사하였다고 기록하였다. 그러나 아들인 흑치준의 노력으로 698년에 신원이 되었고, 699년에 낙양의 망산으로 이장하였다고 기록하였다. 말미에는 아들인 흑치준의 부군에 대한 찬양문과 명문을 실었다.

흑치상지의 아들 흑치준(676~706)의 묘지명 역시 1929년 10월 낙양의 북망산에서 부친 흑치상지의 묘지명과 함께 출토되었다. 현재는 남경박물원에 소장되어있다.

개석은 유실되어 청석으로 만든 지석만이 남아있다. 지석은 판석형으로 가로 54cm, 세로 53cm이다. 가로 26행, 세로 26행으로 괘선을 그어 구획한 뒤에 642자를 음각하였다. 글씨는 단정한 해서체로 씌어졌다. 측천무후가 세상을 떠난지 2년 후인 중종 신룡 2년(706) 8월에 만들었다. 그래서인지 측천무후자는 찾아볼 수 없다. 묘지명을 짓고 쓴 사람은 알 수 없다.

지석에는 흑치준의 출신과 선조 및 성품과 재능, 활동 등에 대해 기록하였다. 후선 흑치상지의 아들임을 밝혔다. 그리고 선조는 백제 출신임도 밝혔다. 증조부는 가해, 조부는 사자라고 하였는데, 흑치상지 묘지명에 덕현, 사차라고 기록한 것과 차이가 난다. 이는 흑치상지 묘지명의 인명 표기가 중국식인데 비해 흑치준 묘지명은 백제식이기 때문이라고 보고 있다. 성품고 재능이 타고난 무인이었다고 하였고, 스무 살에 토번과의 전쟁에 출전하여 공을 세웠고, 유격장군, 우금오위익부중랑장 등으로 승진하였다고 기록하였다. 그러나 향년 31세에 낙양에서 병환으로 세상을 떠나 북망산에 장사를 지냈다고 하였다. 말미에는 명문을 기록하여 일생을 찬양하였다.

진법자 묘지명

진법자(615~680)는 중국계 백제인의 후손이다. 묘지명은 중국 섬서성 서안시에 있는 대당서시박물관에서 소장하고 있다. 2007년 낙양에서 도굴되어 떠돌던 것을 사들인 것이다. 출토시기와 장소는 알 수 없지만, 묘지명의 내용으로 보아 낙양의 북망산에서 도굴된 것이다.

청석으로 만들어졌으며, 개석과 지석을 모두 갖추고 있다. 개석은 녹정형이며, 가로 44cm, 세로 44cm, 두께 11cm이다. 지석은 판석형이며 가로 44.8cm, 세로 45cm, 두께 8.7~9.6cm이다. 개석의 경사면에는 주작과 현무, 청룡과 백호의 4신도를 음각으로 새겨 넣었고, 지석의 측면에는 12지신상을 음각으로 새겨 넣었다. 묘지명이 만들어진 시기는 측천무후 천수 2년(691) 3월이다. 개석은 녹정형이고, 상면에 가로와 세로 각 3행씩 구획을 하고 전서로 9자를 음각해 묘주를 표시했다. 지석은 가로 24행, 세로 25행으로 괘선을 그어 구획한 뒤에 모두 594자를 음각하였다. 글씨는 해서체로 씌어졌으나 9종 29자의 측천무후자가 포함되어 있다. 묘지명을 지은 사람은 분명하지 않다. 그러나 묘지명의 문장 내용으로 보아 아들인 진용영 또는 백제인이 지었을 것으로 보인다. 글씨를 쓴 사람은 알 수 없다.

지석의 내용은 진법자의 출신지와 선조, 백제 멸망 이전의 활동과 멸망 이후의 생애, 죽음과 장례에 대해 기록했다. 출신지는 웅진 서부라 도독부의 우이현이라고 하였고, 선조가 한나라 말년에 백제로 피난을 와 웅포에 정착했다고 했다. 진법자 가문도 예씨 가문처럼 중국계임을 표방한 것이다. 증조는 은솔로 태학 정을 지냈고, 조부는 달솔로 마련대군장을 지냈고, 부친은 덕솔로 마도군 참사군을 지냈다고 했다. 진법자의 기모군 좌관, 품달군장, 사군 등 지방관을 지냈으며, 은솔이라 했다. 이어 660년 당군이 백제를 공격하자 투항하였고, 낙양에 정착하였으며, 70세까지 지방관과 무장으로 활동했다고 기록했다. 측천무후 재초 원년(690) 2월에 낙양의 사제에서 향년 76세로 세상을 떠났고, 다음 해인 천수 2년(691) 3월 낙양 북망산에 장사를 지냈다고 기록했다. 그리고 마지막에 장자인 용영이 지은 4수의 명을 실었다.

난원경 묘지명

난원경(663~723)은 웅진도독부 지심주 장사를 지낸 난무의 아들로 백제 멸망 후 태어났다. 묘지명은 난원경과 부인 감씨의 합장묘지명으로 1960년 중국 하남성 노산현 장점향 장비구촌에서 출토되었고, 현재는 노산현 문화관에 소장되어 있다.

청석으로 만들었으며, 지석과 개석이 모두 발견되었으나 현재는 지석만 남아있다. 지석은 판석형이며 가로 56cm, 세로 56cm, 두께 9cm이다. 지석의 측면에는 화훼절지문을 선각으로 새겨 넣었다. 묘지명이 만들어진 시기는 현종 개원 22년(734) 11월이다. 지석은 가로 29행, 세로 30행으로 괘선을 그어 구획한 뒤에 모두 836자를 음각하였다. 글씨는 단정한 해서체로 씌어졌다. 묘지명을 지은 사람과 글씨를 쓴 사람은 알 수 없다.

지석의 내용은 난씨 가문의 출자와 성씨의 유래, 선조의 관력과 활동, 난원경의 생애와 활동, 죽음과 장례, 부인 감씨의 생애와 죽음, 난원경과 부인 감씨의 합장 등에 대해 기록했다. 가문의 출자는 중국 황제의 후손이며, 부여와 같은 족류라고 하여 먼 조상은 중국에 가탁했지만, 부여에서 나왔다는 것을 표방했다. 이는 백제가 부여의 별종이라는 당대의 기록과 일치하는 것이다. 일반적인 당시의 묘지명과 달리 증조부터 선조에 대해 언급하지 않고 고조부터 언급하고 있는 것은 매우 특이하다. 대개 증조-조부-부친 순인데 비해, 고조-부친-부친 순으로 기록한 것은 특별한 까닭이 있을 것이나 분명치 않다. 고조인 난조는 달솔이었고, 조부인 난한은 웅진주도독부 장사를 지냈고, 부친인 난무는 지심주제군사와 자사를 지냈고, 당의 무장으로 활약했다는 것을 기록했다. 남원경은 무신으로 주로 활약했지만, 문재도 뛰어났다고 하였으며, 삭방군 총관으로 구성철륵의 난을 진압해 자금어대의 관작을 수여받았던 사실을 특기했다. 그리고 현종 개원 11년(723) 6월 향년 61세에 낙양 남쪽의 여주 용흥현 사제에서 세상을 떴다고 하였다. 이는 난원경이 다른 백제 유민들과는 달리 장안이나 낙양에 살지 않고 지방에 거주한 사실을 알려주는 것이다. 부인은 단도현군의 관작을 받은 감씨로, 남원경이 세상을 떠난 지 11년 뒤인 개원 22년(734) 11월 춘추 67세에 여주 노산현의 사제에서 돌아갔다고 했다. 장례는 부인 감씨가 마지막으로 살았던 노산현 동북쪽의 언덕에 난원경과 합장하였다고 하였다. 말미에는 다른 묘지명에 비해 많은 10수의 명을 기록하였다.

백제유민 묘지명의 가치

지금까지 알려진 백제 유민들의 묘지명은 백제의 역사를 재구성하는데 중요한 단서를 제공해 준다. 가뜩이나 부족한 기록 때문에 연구에 어려움을 겪을 수밖에 없는 백제사의 공백을 채우는데 매우 중요한 사료인 것이다. 특히 멸망기 백제의 역사를 증언하는 생생한 기록으로 높은 가치를 인정받고 있다. 비록 알려진 것이 10개에 불과하고, 묘지명의 기록을 전적으로 수용하는데 한계가 있기는 하지만, 이제는 백제사 연구에 필수적인 자료로 자리매김하였다. 묘지명을 통해 얻은 주요 성과들은 다음과 같다.

부여융 묘지명은 백제가 고구려와 같이 하백의 자손이라는 관념을 가지고 있었고, 조부인 무왕과 부친인 의자왕의 성품과 공적에 대한 당의 긍정적인 평판을 알려주었다. 특히 의자왕에 대한 부정적인 평가는 당이 아닌 신라에 의해 만들어진 것이라는 것을 알 수 있게 되었다. 부여융의 부흥군 진압, 웅진도독부에서의 활동, 고구려 정벌 참여, 신라와의 회맹, 태산 봉선 등에 대해서도 알 수 있는 단서를 제공하였다.

태비 부여씨 묘지명을 통해서 의자왕 후손들의 가계를 복원할 수 있게 되었다. 의자왕의 아들인 부여융의 아들로 문사와 문선, 덕장이 있었고, 경이 문사의 아들일 가능성을 제시할 수 있게 되었다. 또한 백제 왕실이 당에 들어가 황족과 혼인할 정도로 일정한 지위를 유지했다는 것도 확인할 수 있었다.

2006년과 2010년에 낙양과 서안에서 발견된 祢寔進과 祢素士, 祢仁秀, 祢軍 등 百濟 祢氏 家族의 墓誌銘에 대해 연구한 것이다. 이들 묘지명의 기록을 통해 문헌기록에는 없는 새로운 역사적 사실들을 밝혀내어 백제사와 백제 멸망에 대한 기존의 통설을 수정하도록 하였다. 즉, 백제 멸망 당시 의자왕이 웅진성으로 달아났다가 무기력하게 나당연합군에게 항복함으로써 백제가 멸망하였다는 기존의 통설을 수정하도록 하였다는 점이다. 祢氏 가문은 660년 나당연합군의 백제 침공 때 웅진으로 피난 온 의자왕을 사로잡아 당군에 바치는데 주동적인 역할을 하였다는 점을 밝혔다. 다음으로 백제의 예씨는 5세기 전반기에 백제로 건너와 웅진에 자리 잡았고, 대대로 좌평을 역임할 정도로 유력한 귀족세력으로 성장하였다는 사실을 알게 되었다. 예씨 가문은 백제 멸망 이후 웅진도독부의 관료로 백제 고토 지배에 이용되었고, 다시 당에 들어가 산동지역의 지방관으로 활약하였고, 황제를 근시하는 무장으로 출세를 하였다는 사실도 확인함으로서, 멸망 후 당으로 들어간 백제 유민들의 활동을 이해하는 자료도 확보할 수 있게 되었다. 祢氏 가족 묘지명에 대한 연구로 백제멸망 당시의 정확한 역사적 사실과, 예씨 가족의 출계와 백제 정착과정과 활동, 당으로 들어간 이후의 활동상황 등 기존 문헌기록으로는 전혀 알 수 없었던 새로운 사실을 알 수 있었다.

흑치상지와 흑치준 부자 묘지명은 흑치씨가 왕성인 부여씨에서 갈라져 나왔고, 흑치지역에 분봉되었기에 지역명을 성씨로 삼았다는 것을 알려주었다. 흑치의 위치에 대해 구구한 논의가 있지만, 대개 지금의 충남 예산지역으로 보고 있다. 선조들의 이름을 흑치상지묘지명에는 중국식으로 흑치준 묘지명에는 백제식으로 달리 기록하고 있는 점은 백제인들의 고유한 이름과 한자화된 이름의 사용 실례를 비교할 수 있는 중요한 자료이다. 흑치상지 부자의 묘지명은 당에 들어간 백제 귀족들이 주로 무관으로 출세한 사실도 확인할 수 잇게 해 준다.

진법자 묘지명은 백제에 태학이 존재했다는 것을 확인시켜 주었고,

문헌 기록에서 찾을 수 없는 새로운 지방행정 또는 군사기구인 마련대군, 마도군, 기모군, 품달군 등 지방군의 존재를 알려주었다. 또한 마련대군이라는 명칭에서처럼 백제의 지방군은 일반 군과 대군으로 구분되었다는 것도 확인할 수 있었다. 또한 진법자의 선조와 본인이 역임한 관직 및 소지한 관등을 통해 군장의 관등이 실제 규정대로 적용되지 않았다는 점과 군장을 보좌하는 자리인 좌관과 참사군 등의 존재도 알려주었다. 백제에서의 활동을 기록한 것은 이례적인 것이다.

난원경 묘지명은 백제에서 달솔에 오른 난조의 후예로 조부가 백제 멸망 당시 당군에 투항하여 웅진도독부에서 활동하였고, 부친 난문 역시 웅진도독부의 지심주제군사와 자사를 지내는 등 주로 웅진도독부에서 활동한 이력을 갖는 집안이었다는 것을 알려주었다. 난원경은 백제에서 태어났는지 알 수 없지만, 당에서 유년기를 보낸 후 무장으로 활약했으며, 삭방군 총관에 오를 정도로 출세한 사실을 알 수 있다. 예씨나 흑치씨, 진씨 등 다른 가문처럼 당군의 백제 공격시 협조한 가문이었고, 이들 가문이 당에 들어가서는 주로 무장으로 활동하였다는 것을 확인시켜주었다.

예씨 가문이나 진법자 가문과 같이 중국에서 이주한 백제의 귀족 가문들에 대해서도 구체적인 사례를 확인할 수 있게 되었다. 또한 당으로 이주한 백제 유민들의 활동을 깊이 있게 살펴볼 수 있게 되었다. 진법자나 난원경 가문처럼 문헌 기록에서 전혀 찾아볼 수 없는 새로운 기록은 백제사 연구의 폭을 넓혀 주었다. 예씨나 진씨, 난씨 등은 문헌에 보이는 대성팔족에 포함되지는 않지만, 그에 비견될만한 중요한 세력이었다는 것을 알려줬다. 또한 여러 묘지명에 기록된 지명이나 관직 등은 문헌 기록을 확인해 주기도 하고 보충해 주었다.

국내에서 출토되는 다양한 목간자료와 함께 묘지명은 백제 당시의 상황을 증언해 주는 생생한 증거이다. 새로 출토되는 목간자료와 더불어 문헌기록으로는 메울 수 없는 백제사의 공백을 채울 수 있도록 연구에 적극 활용해야 한다. 고구려 유민 묘지명과의 비교 연구도 필요하다. 백제 유민 묘지명에서 선조나 출계 등이 고구려와 동일하다는 것을 표방하고 있고, 비슷한 시기에 멸망한 나라의 후예로서 당에서 어떤 대우를 받았고 어떤 활동을 하였으며, 어떻게 동화되어 갔는지에 대해서 비교 검토를 한다면 의미 있는 결과를 얻을 수 있을 것이다. 백제 유민으로서의 정체성이 유지되다가 허물어지는 과정도 선조에 대한 의식과 더불어 살펴본다면 백제사의 잔영을 찾아 볼 수 있을 것이다.

묘지명은 아니지만 흑치상지의 사위인 물부순이 남긴 천룡산 석굴 제15굴의 개착 공덕기, 낙양 용문석굴에 불상을 새긴 뒤 남긴 부여씨의 조상기, 부여융이 곡부의 공자묘에 가서 제사를 지낼 때 지은 건봉제문, 태비 부여씨의 증손자이자 당나라 황실 자제인 이제 묘지명 등도 백제사 연구의 외연을 확장하는데 긴요한 자료이다.

새로운 자료의 출현은 새로운 역사적 지식을 얻을 수 있는 계기이다. 다각적인 방면에서 활발하게 연구가 이루어져야 한다. 그러기 위해서는 정확한 판독과 번역이 전제되어야 할 것이다. 그리고 이를 바탕으로 관련 사료와 금석문 등을 비교하여 검토한다면 백제사 연구의 폭과 깊이가 더해질 것이다. 백제 유민 묘지명은 백제사와 백제유민사 연구에 더할 나위 없이 중요한 자료이다. 앞으로 낙양과 서안 등지에서 새로운 묘지명이 출현하길 고대한다.

참고문헌

권인한 외, 2015, 『한국고대문자자료연구백제(하)』, 주류성출판사.

김영관 외, 2016, 『중국 출토 백제인 묘지 집성』, 충청남도역사문화연구원.

李文基, 1991, 「百濟 黑齒常之 父子 墓誌銘의 檢討」, 『韓國學報』 64, 一志社.

梁起錫, 1997, 「百濟 扶餘隆 墓誌銘에 대한 檢討」, 『國史館論叢』62, 國史編纂委員會.

李文基, 2000, 「百濟遺民 難元慶 墓誌의 紹介」, 『慶北史學』23, 경북사학회.

정병준, 2007, 「당에서 활동한 백제 유민」, 『百濟 遺民들의 活動』, 충청남도 역사문화연구원.

金榮官, 2009, 「百濟 義慈王 曾孫女 太妃 扶餘氏 墓誌」, 『百濟學報』창간호, 백제학회

권덕영, 2012, 「백제 유민 禰氏 一族 묘지명에 대한 斷想」, 『史學研究』105, 韓國史學會.

金榮官, 2012, 「百濟 滅亡後 扶餘隆의 行蹟과 活動에 대한 再考察」, 『百濟學報』7, 百濟學會.

金榮官, 2012, 「中國 發見 百濟 遺民 祢氏 家族 墓誌銘 檢討」, 『新羅史學報』24, 新羅史學會.

金榮官, 2012, 「百濟 遺民들의 唐 移住와 活動」, 『韓國史研究』 158, 한국사연구회.

金榮官, 2014, 「百濟 遺民 陳法子 墓誌銘 研究」, 『百濟文化』 50, 公州大學校 百濟文化研究所.

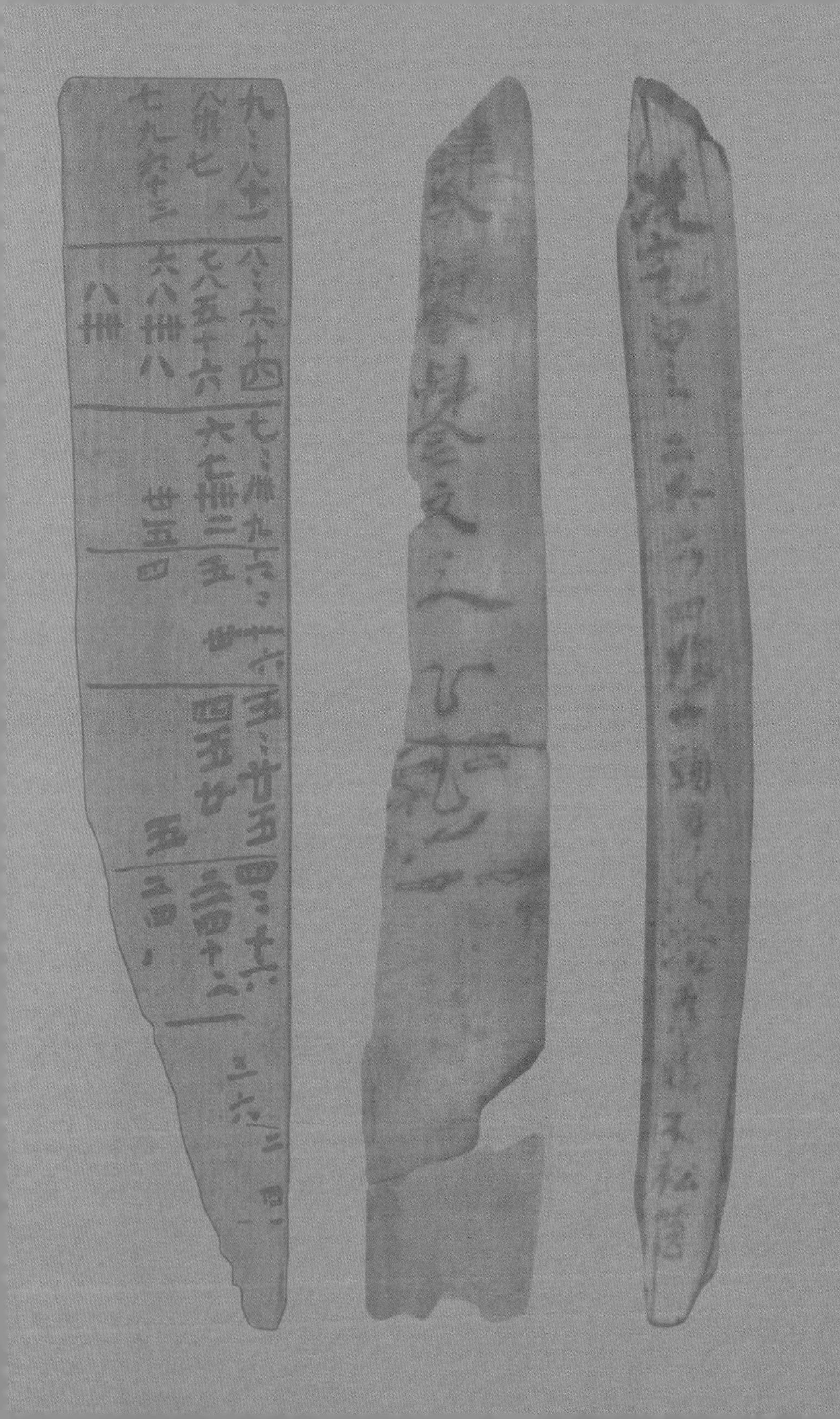

『무구정광대다라니경』의 유행

주경미

충남대학교

불교의 전래 과정에서 부처님의 말씀을 기록한 경전(經典)은 새로운 사상을 전하고 새로운 문화를 만들어내는 데에 매우 중요한 역할을 했다. 한반도에 전해진 초기 경전들은 대부분 중국에서 번역된 한역경전(漢譯經典)으로서, 한자로 기록된 책들이었다. 불교 경전은 일반적인 한자 문헌과는 달리, 인도와 중앙아시아 지역에서 발전한 불교 사상을 기록했으므로, 기존의 한자어와는 달리 서역(西域)의 말들을 번역하여 한자로 기록한 책들이다. 한자로 번역된 불교 경전은 기존의 한문 전적에 능통한 사람들이 읽는다고 해도 완전히 이해되지 않는 경우가 많다. 서역의 언어를 중국어로 바꾸고 문자로 기록하는 과정에서, 기존의 중국 문화에서 받아들이기 어렵거나 생소한 단어들은 서역 말의 소리를 빌려와서 한자어의 뜻과 상관없이 소리만을 이용하여 기록하는 음차(音借) 방식으로 기록된 것이 많기 때문이다.

특히 불교 의례에서 소리를 내어 암송하던 각종 경문(經文, sūtra)이나 다라니(陁羅尼, dhāraṇī), 게송(偈頌, gāthā)들은 뜻을 그대로 한자어로 번역하는 것이 어려웠기 때문에, 서역 말을 소리나는 그대로 한자어로 바꾸어 적은 경우가 많다. 불교 경전에는 이와 같이 서역계 외국어의 소리를 한자로 받아 적은 각종 음역어(音譯語)들이 상당히 많이 사용되었다. 한편, 경전을 번역하는 사람의 주관적 견해에 따라서, 인도의 원래 산스크리트어 경문에서는 같은 단어였어도, 한역과정에서는 음역어로 표기되거나 혹은 번역의 원칙을 따라서 단어의 뜻을 중요시한 의역어(意譯語)로 표기되어, 서로 다른 단어로 번역되는 경우도 많았다. 그중에서도 각종 불교 의례에서 널리 염송(念誦)되었던 다라니 관련 경전들에는 여러 종류의 의역어와 음역어가 혼재되어 있어서 읽기가 상당히 어렵다.

다라니는 산스크리트어를 그대로 음역한 단어로서, "다련니(陀憐尼)", 혹은 "다린니(陀隣尼)"로 음역되기도 했으며, 때로는 "총지(總指)", "능지(能指)", "능차(能遮)" 등으로 의역되기도 했다. 불교에서 다라니는 무량한 부처님의 법을 기억하여 잊어버리지 않게 하는 염혜력(念慧力)을 가진 구절을 뜻하는 것으로, 이것을 외우고 잊어버리지 않으면 일체제법(一切諸法)을 모두 잊지 않고 이해할 수 있으며, 모든 악법을 멀리할 수 있다고 한다. 다라니는 종종 진언(眞言)과 같은 것으로 이해되기도 하지만, 진언이라는 말은 원래 산스크리트어의 만트라(mantra)를 번역한 것으로서, 다라니보다 좀 더 짧은 구절이나 단어로 된 주문(呪文), 혹은 신주(神呪)를 가리킨다. 4-5세기 이후 중국에는 서역에서 불교를 포교하러 온 수많은 전법승(傳法僧)들이 각종 불교 경전들을 한역하는 과정에서, 매우 다양한 다라니와 진언들이 한역되어 불교 의례에서 널리 읽혀지고 염송되었다.

8세기 초반 중국 당나라에서 한역되어 신라로 전해진 『무구정광대다라니경(無垢淨光大陁羅尼經, 이하 '무구정경'으로 약칭)』은 다라니 관계 경전들 중에서도 상당히 독특한 법사리신앙(法舍利信仰)과 장엄(莊嚴)과 관계된 경전으로 주목된다. 이 경전은 중국에서 번역되었지만 당나라보다 신라에서 훨씬 널리 읽혀졌으며, 한국 불교의 독특한 의례와 문화를 이해하는 데에 매우 중요한 역할을 하였다. 여기에서는 먼저 무구정경의 내용과 번역 과정을 살펴본 후, 현존하는 신라의 무구정경 관련 유물들의 현황과 특징들을 살펴 보겠다.

무구정광대다라니경의 내용과 한역 과정

현존하는 불교 경전, 특히 한역 경전은 같은 경전이 다른 사람들에 의해서 여러 번 번역이 되기도 했고, 한 경전의 판각본(板刻本)이나 필사본(筆寫本)이 다수 남아 있기도 하다. 그러므로 경전의 연구에서는 경전 자체의 번역 연대와 책, 혹은 사본(寫本) 자체의 발간 연대를 별도로 살펴보아야 한다. 일반적으로 현대 불교계에서 경전 연구를 할 때에는 고려시대에 간행된 고려대장경이나 일제시대에 간행된 대정신수대장경(大正新修大藏經)에 수록된 경전의 내용을 기초 자료로 연구하지만, 실제 남아 있는 경전 사본은 그보다 훨씬 오래된 예들이 많다. 필사본의 경우에는 필사 연대나 필체 등을 통해서 남아있는 사본의 제작 연대를 파악할 수 있지만, 판각본의 경우에는 한번 판을 새긴 후에 여러 번 인쇄하여 재판(再版)을 발행하는 것이 가능하기 때문에 남아 있는 사본의 제작 연대를 판단하는 일이 상당히 어렵다.

무구정경은 1권으로 이루어진 짧은 경전으로서, 현재 고려대장경(K352)과 대정신수대장경(T1024)에 한역본이 전하고 있으며, 이를 바탕으로 한글대장경으로 번역되기도 했다. 국내에 전하는 무구정경의 사본 중에서 가장 오래된 것은 8세기 전반 경에 인쇄된 것으로 추정되는 불국사 삼층석탑 발견 무구정경의 목판인쇄본이지만, 이 사본의 제작연대와 제작 지역에 대해서는 여러 가지 논란이 많다. 여기에서는 먼저 무구정경의 내용과 한역 및 전래 과정을 살펴 본 후, 다음 장에서 현존하는 국내 발견 사본들의 특징에 대해서 고찰하겠다.

무구정경에 등장하는 주요 인물들은 석가모니 부처님과 각비라전다(刦比羅戰茶) 바라문, 그리고 제개장보살(除蓋障菩薩)과 집금강대야차주(執金剛大夜叉主)이다. 경전의 이야기는 부처님께서 설법을 하시고, 다른 인물들은 부처님께 질문을 하거나 공양을 올리면서 진행된다. 주요 내용은 석가모니 부처님께서 가비라성, 즉 인도의 카필라바스투에 계실 때에 그곳에 살던 각비라전다 바라문에 지옥의 고통을 벗어나게 하기 위해서 옛 불탑(佛塔)을 수리하는 의례와 여러 다라니들을 가르쳐줌으로써, 조탑공덕(造塔功德)을 쌓는 방법을 알려주는 것이다.

이 경전 안에는 탑을 세울 때에 행하는 여러 가지 작법(作法) 의례들과 그 의례 때에 외우거나 필사해야 하는 6종의 다라니들이 기록되어 있다. 먼저 경전의 앞부분에서는 제개장보살의 청으로 부처님께서 각비라전다 바라문에게 설하는 최승무구청정광명대단장법다라니(最勝無垢淸淨光明大檀場法陁羅尼)에 속하는 3종의 다라니가 나온다. 이들은 ①근본다라니(根本陁羅尼), ②상륜당중다라니(相輪樘中陁羅尼), ③수조불탑다라니(修造佛塔陁羅尼) 등이다. 다음은 제개장보살이 설하는 ④자심인다라니(自心印陁羅尼)가 나온다. 경전의 후반부에서는 집금강대야차주(執金剛大夜叉主)의 요청에 의해 부처님께서 설하는 ⑤대공덕취다라니(大功德聚陁羅尼)와 ⑥육바라밀다라니(六波羅蜜陁羅尼)가 나온다.

이상의 6종 다라니는 여러 번 외우는 염송(念誦), 여러 번 쓰는 서사(書寫), 탑돌이, 향(香) 공양, 소탑(小塔) 만들기와 소탑 안에 다라니 봉안, 작단(作壇) 등 다양한 작법 의례 속에서 사용되었다. 이 다라니들의 작법 의례는 다라니마다 조금씩 다르지만, 기본적으로 다라니를 77번, 혹은 99번 필사하여 각각 진흙 소탑에 넣어 오래된 탑을 중수하거나 새 탑을 쌓는 의례와 관련이 있다. 경전의 전반부에서 설법된 근본다라니, 상륜당중다라니, 수조불탑다라니 등 3종 다라니와 자심인다라니 등 4종의 다라니는 염송과 서사의 회수가 다르기는 하지만, 다라니를 쓰고 외운 후, 작은 소탑을 만들어서 탑 안에 그 다라니들을 법사리로서 봉안하는 법사리장엄 의례를 위한 것이다. 반면, 경전 후반부에 나오는 대공덕취다라니와 육바라밀다라니 등 2종 다라니는 의례를 행하는 단(壇)을 만드는 작단법(作壇法)에서 염송하는 다라니들로서, 이 다라니들의 작법에서는 전반부의 4종 다라니를 서사하도록 규정되어 있다. 무구정경에 나오는 6종 다라니 작법의 구체적인 예와 작법을 거행하여 얻을 수 있는 주요 공덕을 정리하면 다음의 <표 1>과 같다.

경전에서는 수행자가 무구정경의 6종 다라니 작법을 따라서 의례를 거행하면, 각 다라니 작법 별로 여러 가지 공덕을 얻을 수 있다고 기록해 놓았다. 그 공덕은 다라니마다 조금씩 차이가 있지만, 대부분 치병과 수명연장, 그리고 죄업 소멸과 내세에 극락에서 태어날 것이라는 개인적인 공덕들이다. 여러 다라니의 공덕 중에서도 특히 주목되는 것은 제 1다라니인 근본다라니의 공덕이다. 경전에서는 근본다라니 작법을 수행하여 탑을 세우면, 그 탑이 있는 국토에 나쁜 일이 일어날 경우에 탑이 스스로

<표 1> 무구정경의 다라니 작법

번호	다라니	공양방식									주요공덕
		날짜	탑돌이	염송	서사	향공양	소탑만들기	소탑내다라니공양	소탑공양위치	작단(作壇)	
1	근본다라니	8, 13, 14, 15	77	77	77	○	77	○	탑중	○	치병(治病), 수명연장, 도솔천궁에서 태어남. 국가 수호
2	상륜당중다라니	×	×	×	99	○	○	○	상륜당 4주	×	1탑을 만들면 9만9천탑을 만드는 공덕
3	수조불탑다라니	×	×	1008	○	×	○	○	탑중, 탑내, 상륜당	×	수명연장, 극락에서 태어남.
4	자심인다라니	8, 13, 14, 15	108	108-11000	99	○	○	○	탑중, 탑4주	×	죄업소멸, 소원성취
5	대공덕취다라니	×	×	28회	4종다라니 99번	○	99	○	상륜당, 탑4주	○	소원성취, 극락에서 태어남.
6	육바라밀다라니	×	×	7회	4종다라니 99번	○	99	○	단상(壇上)	○	육바라밀 성취

*표 출처 : 주경미(2004), p.174, <표 3>

신변(神變)하여 큰 불빛을 내어 도적과 원수들을 쫓아내고, 하늘의 선신(善神)들이 나라를 수호하여 각종 질병과 다툼이 없어져서 나라가 평안해질 것이라는 호국(護國)적 공덕을 서술하고 있다. 아마도 신라 왕실에서는 이러한 근본다라니의 호국적 공덕에 주목하여, 이 경전을 적극적으로 받아들였던 것으로 추정된다.

무구정경에서 설하는 77개, 혹은 99개의 소탑 제작과 다라니 서사 의례는 인도에서 시작된 독특한 불교 의례이다. 645년 인도를 순례하고 귀국한 중국의 구법승(求法僧) 현장(玄奘)은 인도 마가다국에서 향가루로 이긴 진흙 소탑을 여러 개 만들고, 그 안에 경전의 글귀를 써서 봉안하는 법사리 소탑 제작 풍습이 있었음을 전하고 있다. 또한 8세기에 인도를 순례하고 돌아온 의정(義淨)은 인도에서 흙으로 탑이나 소조상을 만들고 공양하면서, 탑 안에 신사리(身舍利)인 부처님의 뼈나 법사리인 연기법송(緣起法頌)을 봉안하는 의례가 있다고 했다. 실제로 인도에서는 7세기 후반부터 작은 소탑을 여러 개 만들거나, 연기법송이나 여러 가지 다라니를 기록한 진흙봉헌판 여러 개를 탑 안에 봉안하는 의례가 행해졌다.

무구정경은 이러한 인도의 독특한 법사리 소탑 제작 의례를 바탕으로 발전한 경전으로 생각된다. 무구정경의 원래 이름은 "라스미비말라-비쉬다-프라바나마 다라니(*Raśmivimala-viśuddha-prabhānāma-dhāraṇī*)"라고 하는데, 산스크리트어본 사본은 남아 있지 않고 시기가 조금 늦은 티베트어 번역본과 팔리어 번역본 등이 남아 있다.

무구정경은 700-704년경 중국 당나라의 수도 장안(長安)에서 한역되었다. 고려대장경과 대정신수대장경에 수록된 무구정경에는 한역을 담당한 승려가 중앙아시아의 토하라(Tokhara) 국에서 온 승려 미타산(彌陀山)이라고 전한다. 그러나 당나라 승려 지승(智昇)이 730년경 편찬한 『개원석교록(開元釋教錄)』에서는 이 경전의 번역에 미타산과 법장(法藏) 등 두 승려가 참여했다고 기록되어 있어서 주목된다. 법장은 당나라 화엄종의 유명한 승려인 현수법장(賢首法藏)으로서, 당시 유명한 화엄종의 대가 지엄(智儼)의 제자이자 신라 승려 의상(義湘)의 후배였던 승려이다. 즉, 이 경전은 8세기 초반 중국 당나라의 수도 장안에서 화엄종계 승려들에 의해서, 새로운 불교 의례를 위한 경전의 하나로서 번역된 것이다.

흥미롭게도 이 경전은 중국에서 한역되기는 했지만, 8세기 전반 중국

그림 1. 금동제 방형함 뚜껑 명문 탁본. 신라, 706년. 경주 전 황복사지 삼층석탑 출토 사리장엄구의 외함(그림 2) 세부. 국립중앙박물관 소장.

그림 2. 금동제 방형함. 신라, 706년. 경주 전 황복사지 삼층석탑 출토 사리장엄구의 외함. 국립중앙박물관 소장.

불교계에서는 그다지 유행하지 않았다. 오히려 번역 직후인 706년에 곧바로 신라 왕실로 전해져서, 8세기 이후 신라 불교계에서 널리 읽혀지고 경전의 다라니 작법이 실제로 거행되기 시작했다. 경주 구황동 전 황복사지 삼층석탑에서 발견된 사리장엄구는 무구정경의 다라니 작법 의례에 따라 제작된 동아시아에서 가장 오래된 법사리장엄구의 실례로서 중요하다. 외함(外函)인 금동제 방형함의 명문에 의해, 이 탑은 706년 신라 왕실에서 발원하여 옛 탑을 수리한 것으로, 탑 안에 무구정경 1권과 사리, 불상을 봉안했음이 확인되었다(그림 1). 또한 방형함의 표면에 새겨진 99개의 소탑은 당시 신라 왕실에서 경전의 내용에 따라 실제로 무구정경의 다라니 작법을 행했음을 알려준다(그림 2). 즉, 무구정경은 704년경 중국에서 한역된 지 2년 만에 신라 왕실로 전해졌고, 신라 왕실에서는 곧바로 경전의 내용을 따라서 99개의 소탑과 경전을 봉안하고 옛 탑을 수리하는 법사리장엄 의례를 행했던 것이다.

무구정경이 번역 직후 신라 왕실로 전해진 데에는 번역자 중 하나였던 법장의 역할이 중요했을 것이다. 법장은 661년 중국으로 건너가 불교를 공부한 유명한 신라 승려 의상(義湘)과 동문수학한 사이로서, 의상이 신라로 귀국한 이후에도 꾸준히 서신 왕래를 했던 친밀한 교우였다. 또한 그는 의상의 사후에도 의상의 제자들과 계속 교류하며 지냈다. 그러므로, 무구정경의 신라 전래는 당나라의 법장과 신라 승려들 사이의 교우 관계를 통해서 번역 직후 곧바로 이루어졌다고 추정된다. 다음으로는 신라시대 탑에서 발견된 무구정경의 주요 현존례들의 특징과 신라의 법사리장엄과의 관계를 살펴 보겠다.

신라시대 탑내 발견 무구정광대다라니경의 현존례

지금까지 현존하는 신라시대의 무구정경 사본은 목판인쇄본 1종과 필사본 2종 등 총 3종이 남아 있다. 이 3종의 사본은 모두 석탑 내부에서 사리장엄구로 봉안되었다가 20세기에 다시 발견된 것이다. 이 중에서 가장 완전한 형태로 가장 먼저 발견된 것은 1966년 경주 불국사 삼층석탑에서 발견된 목판인쇄본이다. 이후 1995년 구례 화엄사 서오층석탑의 보수 공사 도중에 무구정경의 다라니 필사본이 발견되었으며, 1998년에는 경주 나원리 오층석탑의 사리함 안에서도 무구정경의 다라니 필사본이 확인되었다. 현존하는 3종의 무구정경 사본 중에서, 경전 전체의 내용이 탑 안에 봉안된 것은 불국사 삼층석탑의 사례 뿐이며, 다른 두 필사본은 경전 중에서 다라니 부분만 반복하여 필사한 것이다.

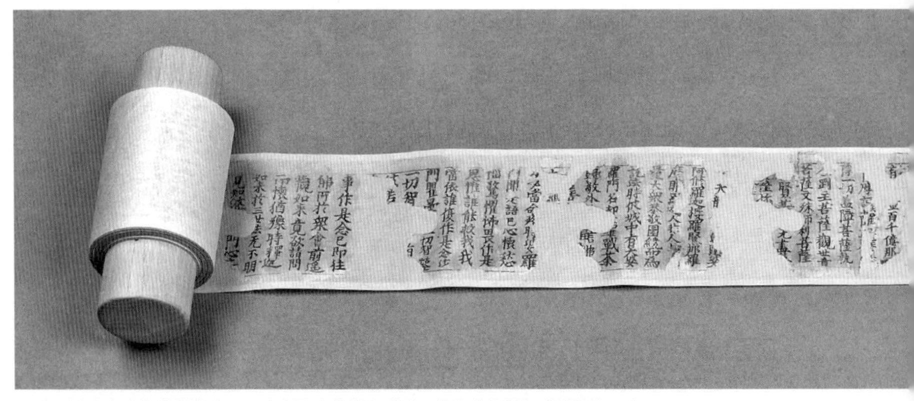

그림 3. 불국사 삼층석탑 발견 무구정경 목판인쇄본. 신라 8세기 전반. 불국사박물관 소장.

(1) 경주 불국사 삼층석탑 발견 무구정경 목판본

경주 불국사 삼층석탑은 1966년 9월 도굴꾼들에 의해서 훼손되어 10월부터 해체보수 공사가 진행되었다. 당시 공사 도중에 2층 탑신석 상면에서 사리공(舍利孔)이 확인되었으며, 그 안에서 무구정경을 비롯한 각종 문서와 다양한 사리장엄구가 발견되었다. 무구정경은 금동제 사리함의 안쪽에서 비단으로 여러 겹 싸고 실로 묶어 놓은 종이 뭉치 상태로 발견되었으며, 금동제 사리함의 바깥쪽 바닥 아래에서는 고려시대의 묵서지편(墨書紙片) 뭉치가 발견되었다. 당시 탑에서 발견된 여러 종이 뭉치들은 20여 년이 지난 1989년에 처음으로 보존처리가 시작되어, 2008년에야 보존처리가 완료되었다. 무구정경을 포함한 불국사 삼층석탑 출토 사리장엄구는 현재 국보 126호로 지정되어 있으며, 불국사박물관에 소장되어 있다.

불국사 삼층석탑 발견 무구정경은 현존 전체 길이 642cm, 높이 5.3-5.5cm 크기의 종이에 목판(木板)으로 인쇄한 두루마리 형태의 목판 권자

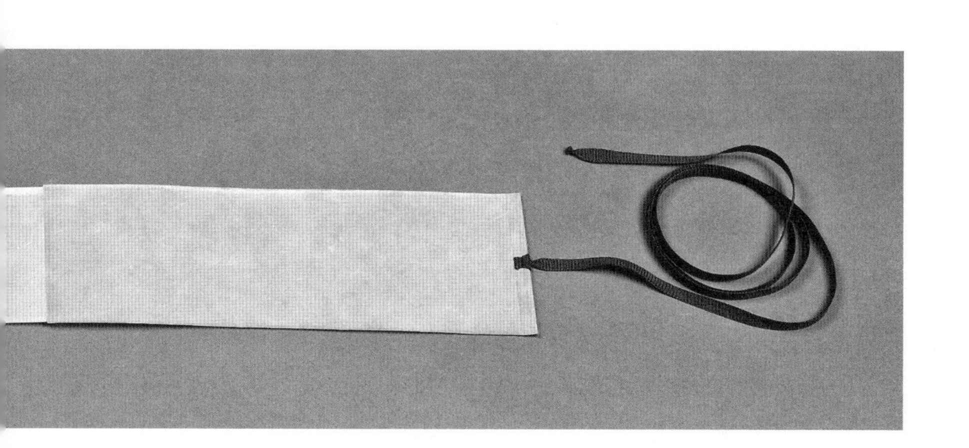

본(卷子本)이다(도 3). 양 끝에 목심(木心)의 권축(卷軸)이 달려 있다. 크기가 상당히 작은 소형 경전으로서, 12장의 인쇄한 종이를 이어 붙여서 만들었다. 이 두루마리에는 무구정경의 내용 전체가 수록되어 있지만, 현재 종이의 상태가 좋지 못하여 탈락한 부분이 많다. 각 장의 크기는 대략 53-55cm 길이로, 각 장마다 55-60행 정도씩 배열되어 전체 681행이다. 글자는 해서체(楷書體)인데, 글자의 크기는 조금씩 차이가 있으며 종이의 보존 상태가 나빠서 상당수의 글자가 없어졌다. 이 목판본에는 고려대장경이나 대정신수대장경의 판본과는 다른 글자들이나, 빠진 글자들이 종종 확인되는데, 이것은 이 목판본이 현존하는 가장 오래된 무구정경 사본 중 하나이기 때문에 나타나는 특징이다.

또한 불국사 삼층석탑의 무구정경 사본 안에는 중국 당나라의 여제(女帝) 측천무후(則天武后)가 689년 집권을 하면서 새로 창제한 측천무후자(則天武后字) 4종이 사용되어 있어서, 일찍부터 주목받았다. 측천무후자는 측천무후가 집권하던 690년부터 그녀가 사망한 704년경까지 사용되었던 17종의 독특한 글자들로서, 중국에서는 측천무후가 죽은 이후에는 거의 사용되지 않았다. 그러나, 한국에서는 불교 경전을 중심으로 측천무후자가 비교적 오래 사용되었다. 고려대장경의 무구정경에는 측천무후자의 사용이 확인되지 않지만, 다른 고려대장경 중에서는 13종 이상의 측천무후자가 사용되었음이 확인되었다. 불국사 삼층석탑의 무구정경에는 "證(증, 𨱚)", "地(지, 埊)", "授(수, 𥠢)", "初(초, 𡔈)"에 해당하는 4종의 측천무후자가 10회에 걸쳐 사용되었는데, "地"자의 경우에는 측천무후자와 일반 글자가 동시에 사용되고 있는 점이 특징이다. 아마도 이 경전의 측천무후자 사용은 중국에서 번역 직후에 가져온 저본(底本)이 되는 책에 씌여진 글자를 바꾸지 않고 그대로 판각하면서 나타난 현상으로 생각된다.

불국사 삼층석탑 발견 무구정경을 인쇄한 바탕 종이는 황색의 닥종이, 즉 저지(楮紙)이다. 이 종이는 밀도가 0.82g 정도로 높으며, 도침 가공을 잘해서 만든 상당히 질 좋은 종이이다. 닥종이는 신라 사경을 비롯한 신라시대 문서에 널리 사용되었던 종이이다. 같은 시기의 중국 당나라에서는 닥종이보다 마(麻) 섬유로 만든 황마지(黃麻紙)를 많이 썼다. 종이 재질로 볼 때, 불국사의 무구정경은 신라에서 제작된 것일 가능성이 크다.

한편, 불국사 삼층석탑 사리공 안에서 발견된 고려시대의 묵서지편은 총 네 종류로서, 모두 종이에 붓으로 쓴 필사본이다. 2009년 국립중앙박물관과 대한불교 조계종에서 공동으로 발간한 보고서에 의하면, 이들은 ①필사본 『일체여래심비밀전신보협인다라니경(一切如來心秘密全身寶篋印陁羅尼經, T1022, 이하 "보협인경"으로 약칭), ②1024년에 기록된 <불국사무구정광탑중수기(佛國寺無垢淨光塔重修記)>, ③1038년에 기록된 <불국사서석탑중수형지기(佛國寺西石塔重修形止記)>와 ④<불국사탑중수보시명공중승소명기(佛國寺塔重修布施名公衆僧小名記)> 등으로, 경전 1권과 3종의 중

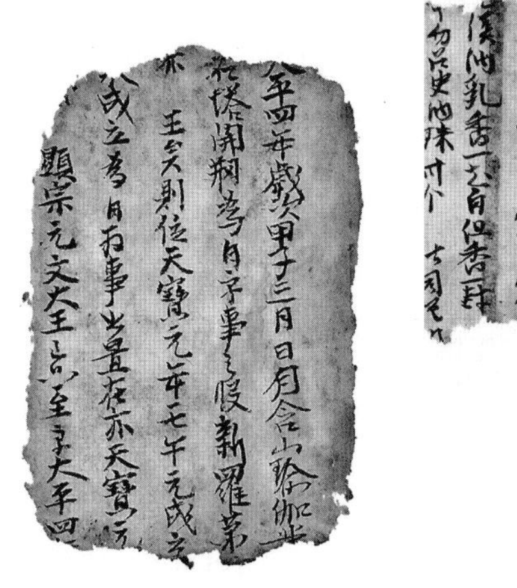

그림 4. <불국사무구정광탑중수기>의 지편 69.
고려, 1024년. 불국사박물관 소장.

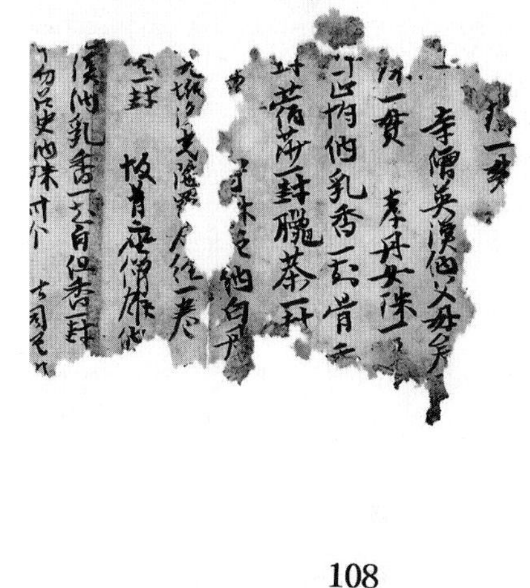

그림 5. <불국사서석탑중수형지기>의 지편 108.
고려, 1038년. 불국사박물관 소장.

수관련 기록이다.

고려시대 묵서지편에 대해서는 아직까지 여러 가지 논란이 있지만, 지금까지 밝혀진 내용 중에서 가장 중요한 것은 불국사의 창건연대에 대한 새로운 기록이다. <불국사무구정광탑중수기>에 의하면, 탑의 창건은 경덕왕이 즉위한 천보원년(天寶元年), 즉 서기 742년에 시작되었다고 한다(그림 4). 이것은 불국사의 창건을 751년으로 기록했던 『삼국유사(三國遺事)』의 기록보다 좀 더 이른 시기의 신빙성 있는 기록으로서, 불국사의 창건 연대가 지금까지 알려졌던 것보다 좀 더 빠른 경덕왕 즉위년임을 새롭게 알려준다.

무구정경에 대한 기록은 1024년의 <불국사무구정광탑중수기>와 1038년의 <불국사서석탑중수형지기>에 각 1차례씩 등장하는데, 두 기록의 상관관계에 대해서는 아직까지 여러 가지 논란이 많아서 해석이 다소 불분명하다. 1038년의 <불국사서석탑중수형지기>에 의하면, 현존하는 무구정경은 고려시대 11세기에 삼층석탑이 지진으로 무너졌다가 중수되는 과정에서 재봉안된 것으로 추정된다(그림 5).

함께 발견된 고려시대의 묵서지편에서 무구정경이 고려시대에 재봉안된 것으로 보이는 기록이 확인됨으로써, 현존하는 목판인쇄본 무구정경의 제작연대에 대해서는 여러 가지 논란이 있기는 하다. 그러나, 종이 재질이나 서체 등의 특징은 8세기 전반 신라 사경과의 관련성을 보여주며, 불교계에서 탑 안의 원래 유물들을 다시 탑 속에 재매납하는 풍습이 오랫동안 유지되어 왔던 것으로 볼 때, 현존하는 불국사의 무구정경 사본은 742년 불국사 삼층석탑이 창건될 때에 신라 지배계층의 후원 아래에서 판각되어 탑 안에 봉안되었다가 고려시대의 중수 과정에서 재봉안된 것으로 추정된다. 이 사본은 현존하는 세계에서 가장 오래된 목판인쇄본 경전으로서, 8세기 전반 이후 신라 왕실에서 주도해서 실천했던 법사리 장엄 의례를 이해하는 데에 매우 중요한 자료이다.

(2) 경주 나원리 오층석탑 발견 무구정경 필사본

경주시 현곡면 나원리에 소재한 나원리(羅原里) 오층석탑은 현재 국보 제 39호로 지정된 통일신라시대 8세기 전반경의 석탑으로, 1996년 3월 해체보수 공사가 진행되었다. 당시 탑의 3층 옥개석 윗면에서 발견된 사리공에서는 사천왕(四天王)을 새긴 금동제 방형사리함(方形舍利函)이 발견되었다. 발견 당시 방형사리함 안에서는 금동탑과 목탑편, 소형의 금동불입상(金銅佛立像) 등이 봉안되어 있었으며, 함 안쪽 벽면에는 글씨를 쓴 종이 조각들이 잔뜩 붙어 있었다(그림 6). 보존처리 결과 이 종이 조각들은

그림 6. 필사본 다라니 지편. 신라, 8세기 전반경. 경주 나원리 오층석탑 발견 방형사리함 내부. 국립중앙박물관 소장. 사진 출처 : 국립문화재연구소(1998), p. 76, 사진 59.

무구정경의 다라니를 붓으로 쓴 사경편(寫經片)임이 밝혀졌다.

필사본 사경편은 동쪽 내벽에서 10편, 서쪽 내벽에서 14편, 남쪽 내벽에서 8편, 그리고 내부 바닥면에서 75편 등 총 107편이 확인되었으며, 일부는 여러 겹으로 겹쳐진 상태로 발견되었다. 바탕 종이의 재질은 닥종이의 섬유질과 마지(麻紙)의 섬유질인 아마섬유가 혼합된 독특한 성분이었다.

이 사경편들은 매우 부식이 심해서, 대부분 글자를 알아보기 힘들다. 글자의 서체는 행서체에 가깝게 흘려 쓴 해서체, 혹은 해행체(楷行體)에 해당한다. 확인된 내용은 무구정경의 다라니 중에서 제 4번 자심인다라니와 제 5번 대공덕취다라니의 일부로서, 무구정경의 다라니 작법 의례에 따라 다라니들을 여러 번 필사하여 봉안한 것으로 추정된다. 다라니를 필사하는 방식은 한 종류의 다라니를 여러 번 반복해서 쓴 후, 다른 다라니를 쓴 것으로 추정된다. 또한 경전 상에서 염송용 다라니로 알려진 제 5 다라니가 필사되었던 것으로 보아, 경전의 내용과는 달리 신라의 실제 의례에서는 6종 다라니를 모두 필사했음을 알 수 있다.

나원리 오층석탑은 정확한 창건시기와 발원자 및 사찰 명을 알 수 없으나, 석탑과 사리함의 양식으로 볼 때 8세기 전반경에 창건된 것으로 추정된다. 여기에서 발견된 각종 소탑 및 소탑편, 무구정경의 다라니 필사본 사경편들은 무구정경이 신라에 전해진 8세기 전반경에 무구정경에서 설해진 다라니 작법에 따라 실제로 행해진 법사리장엄 의례의 결과물들이며, 이 사경편들은 현존하는 가장 이른 신라의 무구정경 다라니 필사본 실례로서 매우 중요하다.

(3) 구례 화엄사 서오층석탑 발견 무구정경 필사본

전남 구례군 지리산에 자리한 화엄사(華嚴寺)의 서오층석탑은 보물 제 133호로 지정되어 있는 9세기경의 석탑이다. 이 탑은 1995년 6월 21일부터 9월 18일까지 해체보수 공사가 진행되었는데, 당시 탑의 1층 탑신석 상면에 마련된 2개의 사리공에서 여러 가지 사리장엄구가 발견되었다. 이 탑은 일반적인 탑들과는 달리, 탑신 중앙에 지름 22cm의 원형 사리공을 마련하고 그 서쪽에 길이 33cm, 폭 10cm의 장방형 사리공을 마련해 놓았다. 원형 사리공 안에는 청자 사리호를 비롯한 각종 사리기들과 공양품들이 봉안되어 있었으며, 장방형 사리공에는 종이 뭉치가 발견되었는데, 이는 각각 신사리장엄구와 법사리장엄구를 별개로 봉안한 것이었다.

보존처리 결과에 의하면, 장방형 사리공에서 발견된 종이 뭉치는 무구정경의 다라니를 쓴 필사본(그림 7)과 삼층탑 모양의 도장을 찍은 탑인본(塔印本, 그림 8)이 함께 겹쳐서 말려져 있던 것으로 확인되었다. 종이의

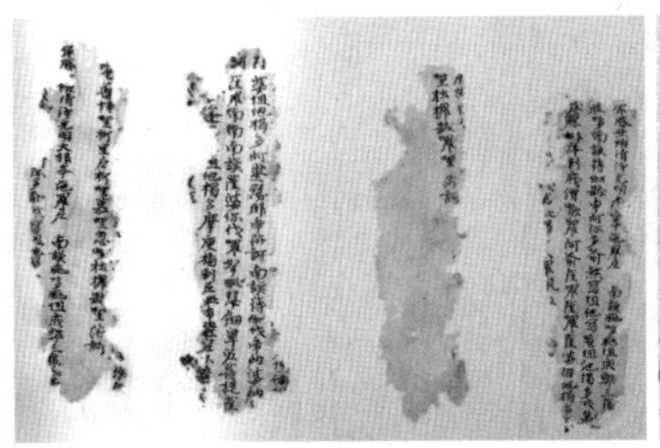

그림 7. 필사본 다라니 지편. 신라, 9세기. 화엄사 서오층석탑 발견. 화엄사 소장.

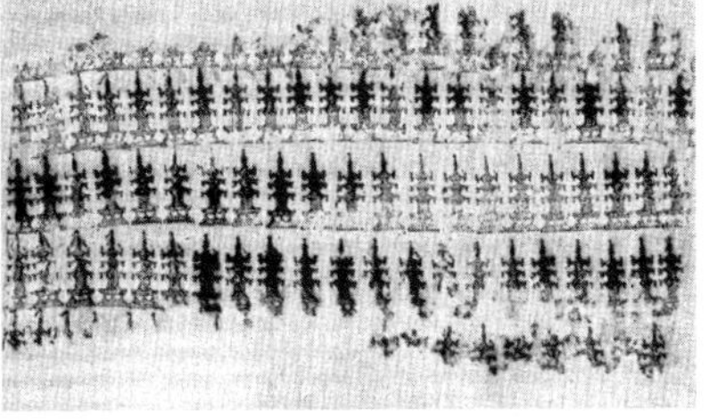

그림 8. 탑인본 지편. 신라, 9세기. 화엄사 서오층석탑 발견. 화엄사 소장.

재질은 닥종이이며, 탑인이 찍힌 종이 13장과 다라니를 필사한 종이 8장으로 분리되었다. 이중에서 탑인본은 무구정경에서 설해진 77기, 혹은 99기의 소탑을 만드는 다라니 작법 의례와 관련된 조형물로 추정된다.

화엄사의 다라니 필사본은 나원리 삼층석탑 발견품과 마찬가지로, 무구정경의 경전 내용 전체를 쓴 것이 아니라, 경전의 다라니 작법 의례를 위해서 6종 다라니 만을 반복하여 필사한 것이다. 화엄사의 필사본은 종이가 유실된 부분이 많기 때문에, 다라니를 정확하게 몇 번 필사했는지는 알 수 없으나 6종 다라니를 25회 이상 필사했던 것으로 추정된다. 필사방식은 다라니별로 반복 필사했던 나원리의 예와는 달리, 6종 다라니를 한 세트로 필사하고 그 세트를 여러 번 반복하여 쓰는 방식을 채택했다.

무구정경에서는 원래 제 1번부터 제 4번까지의 4종 다라니만을 반복 필사하고, 제 5번과 제 6번 다라니는 염송용으로 쓴다고 했으나, 나원리와 화엄사 발견품과 같은 신라시대의 필사본에서는 6종 다라니 모두를 필사하고 있는 점이 특징이다. 또한, 나원리와 화엄사 발견 다라니 필사본에서는 경전 안에서 다라니 암송을 위해서 표시해 놓았던 "일(一)", "이(二)" 등의 숫자와 "상성(上聲)", "거성(去聲)" 등과 같은 주음 표시용 글자들을 빼고 다라니 구절만 필사하였다. 이것은 두 탑에서 발견된 다라니들이 경전을 그대로 베껴서 필사한 것이 아니라, 무구정경의 다라니 작법 의례를 실제로 행하면서 다라니 구절을 필사했기 때문에 나타난 현상이다. 즉, 신라에서는 무구정경의 내용을 따르면서도, 다라니의 암송과 필사를 중심으로 하는 독특한 신라식 불교 의례를 창안하여 실제 탑 건립 의례에서 행했던 것이다.

화엄사의 다라니 필사본은 글씨의 필체로 볼 때, 최소한 7명 이상의 필사자가 쓴 것을 모은 것으로 추정된다. 여러 명이 함께 필사를 했기 때문인지, 종이 편마다 조금씩 필사자마다 다른 특징을 보여주기도 한다. 화엄사 다라니 중에는 측천무후자 중에서 "埊(지)"에 해당하는 글자가 확인되었는데, 불국사 삼층석탑 발견 사본의 경우와 마찬가지로, 측천무후자와 일반 글자를 혼용하고 있다. 또한 일부 지편에서는 필사 과정에서 발견한 오류를 교정하기 위해서, 여러 가지 부호를 함께 필사하였다. 이 필사본에서 확인되는 주요 부호는 글자를 삭제하는 표시인 삭제부(削除符) "卜"자, 글자의 순서를 바로잡기 위한 전도부(顚倒符) "√", 그리고 동일한 글자를 연속으로 쓸 때에 서사하는 반복부 "〻" 등이 있다. 이러한 부호는 모든 지편에서 확인되는 것이 아니라, 필사자 개인의 특징에 따라 지편마다 조금씩 다른 양상을 보여준다.

전반적으로 화엄사의 무구정경 다라니 필사본은 불국사 삼층석탑 발견 무구정경과 비슷하면서도 다소 차이가 있는 저본을 바탕으로 쓰여졌다고 추정된다. 이는 탑이 창건되었던 9세기 경의 신라 불교계에서 한역 경전의 교열이 이루어지고 있음을 보여주는 중요한 자료이다. 또한 화엄사의 다라니 필사본은 9세기 신라 불교계에서 무구정경에 의한 다라니 작법을 바탕으로 한 법사리장엄 의례가 실제로 행해졌던 상황을 구체적으로 보여주는 예로서, 신라 불교 문화를 이해하는 데에 매우 중요하다.

무구정광대다라니경과 신라의 법사리장엄

무구정경에서 설하고 있는 77기, 혹은 99기의 소탑 제작과 6종 다라니의 작법 의례는 7세기 이후 인도에서 행해진 다라니와 소탑 봉안 의례와 밀접한 관계가 있다. 그러나 이 경전이 한역된 8세기 전반의 중국 불교계에서는 무구정경에 의한 다라니 작법과 소탑 봉안 의례의 흔적을 찾아보기 어렵다. 동아시아에서 무구정경에 의한 법사리장엄 의례는 이 경전이 한역된 직후 전해진 신라 불교계에서 새롭게 창안하여 본격적으로 발전하기 시작했다.

신라 불교계에서 무구정경의 다라니 작법 의례를 받아들여 탑을 건립한 가장 이른 예는 앞에서 살펴 본 경주 구황동 전 황복사지 삼층석탑이다. 1942년 일본인 학자들은 이 석탑을 해체수리 하는 과정에서 사리장엄구를 발견하였다. 그중 외함인 금동제 방형사리함의 뚜껑에 새겨진 명문에 의하면(그림 1), 이 탑은 692년 신문왕을 위해서 신목태후와 효소왕이 처음 건립했다. 700년 신목태후가 세상을 떠나고 702년에 효소왕이 세상을 떠나자, 706년 성덕왕이 탑을 중수하면서, 불사리 4매, 전금아미타상 1구, 무구정광대다라니경 1권을 석탑 2층에 안치하여 그들의 명복을 빌었다고 한다. 현재, 탑 안에 봉안되었다고 하는 무구정경은 남아 있지 않으나, 방형사리함의 사방 표면에 99기의 소탑이 점열문으로 새겨져 있다(도 2). 이는 당시 신라 왕실에서 새로 전래된 무구정경의 내용을 따라서 왕실을 위한 오래된 탑을 중수하고, 경전 내용에 나오는 다라니작법을 창의적으로 해석해서 직접 실행했음을 알려준다.

8세기 전반 이후 신라 불교계에서는 무구정경의 다라니 작법에 의거한 법사리장엄 의례가 널리 행해졌다. 현존하는 신라시대의 사리장엄구

중에서 탑 안에 무구정경 사본이 직접 매납되거나, 혹은 매납되었다는 명문이 남아 있는 예들은 총 11건이 알려져 있다(<표 2> 참조).

<표 2> 신라시대의 무구정경 매납 석탑 사례

번호	출토지(혹은 명칭)	연대	무구 정경	소탑	사리구	기타
1	경주 구황동 전 황복사지 삼층석탑	692/706	△	○	○	명문(무구정경 1권) /점각소탑 99기
2	경주 나원리 오층석탑	8세기전반	○	○	○	다라니 필사본 /목제·금동제소탑
3	경주 불국사 삼층석탑	751	○	○	○	목판인쇄본/목제소탑
4	산청 석남사지 비로자나불대좌	766	△	×	○	명문/한지뭉치(소실)
5	경주 창림사지 석탑	855	△	×	×	명문(다라니경 1축)
6	봉화 축서사 삼층석탑	867	△	×	○	명문(무구정일단)
7	경주 황룡사 구층목탑 찰주본기	871	△	△	○	명문(상륜당에 석탑 99기와 4종 다라니) /은제연기법송판
8	경주 중화 3년명 사리기	883	△	△	○	명문 (무구정경 및 소탑 77기)
9	합천 해인사 길상탑지	895	△	○	×	명문(유리소탑 99기)
10	보령 성주사지 삼층석탑	9세기	△	×	×	명문(김입지찬 비문)
11	구례 화엄사 서오층석탑	9세기	○	○	○	다라니 필사본/탑인본

*표 출처 : 주경미(2004), p.170, <표 17>

무구정경에 의거한 법사리장엄은 경전의 작법 의례를 따라 만든 77기, 혹은 99기의 소탑을 사리장엄구와 함께 봉안하는 것이 특징이다. 8-9세기 이후 신라 및 고려시대의 석탑에서는 무구정경의 사본이나 매납 관련 명문이 남아있지 않아도, 77기, 혹은 99기의 소탑을 봉안한 사례가 봉

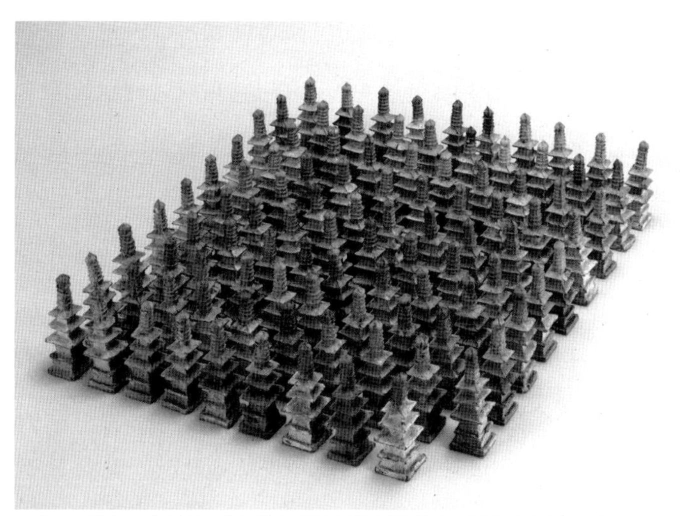

그림 9. 소석탑 99기. 신라, 9세기. 봉화 서동리 삼층석탑 발견. 국립경주박물관 소장.

화 서동리 삼층석탑을 비롯하여 무려 20여건 이상 확인되고 있다(그림 9). 이와 같이 다수의 소탑을 봉안하는 법사리장엄 의례는 신라 불교계에서 무구정경에 의한 다라니 작법 의례를 행하면서 발전한 것으로, 신라 불교 문화의 독특한 특징이었다.

신라 왕실의 주도로 발전된 독특한 무구정경에 의한 법사리장엄 의례는 이후 오랫동안 동아시아 불교계에 큰 영향을 미쳤다. 이러한 법사리장엄 의례는 무구정경보다 의례가 간소화된 보협인경이 전래되는 10세기 이후부터 서서히 변화되어 점차 사라진다.

일본에서 가장 오래된 목판 인쇄물로 알려진 백만탑 다라니는 쇼토쿠(稱德) 천황의 발원으로 770년 완성된 것이다. 이 다라니들은 당시 내란 수습을 위한 호국적 목적에서, 동대사(東大寺)를 비롯한 10대 사찰에 각각 10만개씩의 소탑을 봉안하기 위해서 만든 백만탑 제작 과정에서 만들어진 것이다. 백만개의 소탑에 봉안되었던 백만탑 다라니는 바로 무구정경의 제 1번부터 제 4번에 해당하는 4종 다라니의 다라니 구절을 판각하여 만든 것이다. 8세기 후반 일본 천황가에서 호국적 목적으로 백만개의 소탑과 백만탑 다라니를 제작했던 것은 8세기 전반 이후 신라 왕실에서 왕실의 추복을 위해서 행했던 무구정경에 의한 다라니 작법 의례의 영향을 받은 것으로 추정된다.

또한, 11세기 중국의 요나라에서도 왕실의 안녕과 호국을 위하여 탑을 세우면서, 무구정경의 다라니와 다수의 소탑을 탑 안에 봉안하는 의례를 거행했다. 이는 아마도 고려를 통해서 요나라로 전해진 신라 불교 전통의 영향일 것이다.

이상에서 간단하게 무구정경의 내용과 그 경전 안에 기록된 6종의 다라니 작법 의례 및 특징, 그리고 한역과정과 신라에서의 유행에 대해서 간단하게 살펴보았다. 원래 무구정경은 소리내서 외우던 염송용이자 동시에 수십번 필사하여 소탑 안에 봉안되는 목적을 가졌던 6종 다라니의 작법과 공덕을 서술한 의례 수행용 경전이다. 일반적으로 무구정경은 불국사 삼층석탑의 목판 인쇄본의 존재 때문에 인쇄술의 기원 문제와 관련된 경전으로만 알려져 있다. 그러나 실제로 이 경전은 인쇄술 자체를 위한 경전이라기보다는, 수십번의 경전 필사와 다수의 소탑 제작을 중심으로 하는 새로운 법사리장엄 의례를 위한 경전이었다. 아마도 77번, 혹은 99번이라는 숫자를 쉽게 채우기 위해서 목판 인쇄가 시작되었다고 볼 수도 있지만, 실제로 무구정경 안에서 강조하는 것은 다라니의 염송과 서사, 즉 외우고 글씨를 직접 쓰는 행위이다. 그러므로 현존하는 신라의 탑에서 발견된 무구정경 사본들은 대부분 경전에 기록된 6종의 다라니를 직접 손으로 여러 번 써서 봉안함으로써, 경전에 설해진 공덕을 쌓고자 했던 신라 불교도들의 수행 의지를 보여준다.

무구정경 안에 기록된 6종 다라니의 작법 의례는 8세기 초반 새로 한역된 경전을 받아들인 신라 왕실의 주도로 신라 불교계에서 실제 불교 의례로 거행되었다. 현존하는 신라 탑 속에 전래된 무구정경 관련 사본 및 소탑 등의 다양한 법사리장엄구는 경전의 내용을 바탕으로 창안된 신라 불교계의 독창적인 불교 의례의 결과물들이다. 이 경전에 서술된 법사리 소탑의 제작 의례가 인도나 중앙아시아에서 실제로 언제부터 어떠한 방식으로 행해졌는지는 자세하지 않으며, 중국 당나라에서는 이러한 의례가 거의 행해지지 않았다. 동아시아에서 무구정경의 다라니 작법에 따라 99개의 소탑을 만들고 경전과 함께 탑 안에 봉안한 가장 이른 현존례는 신라 왕실에서 706년에 발원하여 건립한 경주 구황동 전 황복사지 삼층석탑의 사리장엄구 일괄품이다. 이는 왕실의 선조들을 위한 호국적 공덕을 쌓기 위해서, 새로 전래된 경전을 바탕으로 독특한 실제 의례를 창안하여 행했던 신라 불교 문화의 독창성을 보여주는 것이다.

신라 탑에서 발견되는 무구정경 관련 사본들은 인쇄본, 필사본 등 여러 종류가 있고, 매 사례마다 사본의 내용이나 필체, 필사방식 등이 조금씩 다르다. 이러한 차이점들은 각 사본들이 봉안되었던 탑의 건립을 위해 행해졌던 의례들이 경전에서 서술된 의례를 창의적으로 해석하여 실제로 행하는 과정에서 나타났던 개별 의례 행위들의 흔적들을 반영한 것이기 때문에 나타난 현상이다. 신라 탑에서 발견된 경전 사본들의 서지학 및 물질문화적 특징들은 당시 불교와 역사의 숨겨진 이면을 이해하는 데에 매우 중요한 문화사적 자료들이다. 이에 대한 연구는 앞으로 각 사본별 치밀한 검토 및 국제적 관점에서의 비교 고찰 등을 통해서, 좀 더 심도 깊게 진전될 수 있을 것이다.

참고문헌

국립문화재연구소, 1998, 『경주 나원리 오층석탑 사리장엄』, 국립문화재연구소.

김성수, 2000, 『無垢淨光大陁羅尼經의 硏究』, 淸州: 淸州古印刷博物館.

박부자 · 정경재, 2016, 「화엄사 서오층석탑 발견 『무구정광다라니』의 서지적 연구」, 『서지학연구』 65.

박부자 · 정경재, 2016, 「화엄사 서오층석탑 발견 무구정광다라니의 필사 저본 재구와 그 가치」, 『목간과 문자』 16.

박지선, 1997, 「華嚴寺 西五層石塔 出土 紙類遺物 保存處理」, 『保存科學硏究』 18, 국립문화재연구소.

박지선, 1998, 「古代 종이 遺物의 保存修復」, 『서지학연구』 15.

불교문화재연구소, 2009, 『불국사 삼층석탑 묵서지편』, 재단법인 불교문화재연구소.

불교중앙박물관 · 국립중앙박물관, 2009, 『불국사석가탑유물보고서』 전 4권, 국립중앙박물관.

불교중앙박물관 · 불국사, 2010, 『불국사 석가탑 사리장엄구』, 불교중앙박물관 · 불국사.

불교중앙박물관, 2007, 『2007 상설전』, 불교중앙박물관.

이운허 외 옮김, 1999, 『無垢淨光大陁羅尼經 外』, 한글대장경, 동국역경원.

불국사박물관 편, 2018, 『불국사 佛國寺』, 경주 : 불국사

주경미, 2004, 「韓國 佛舍利莊嚴에 있어서 『無垢淨光大陁羅尼經』의 意義」, 『불교미술사학』 2.

주경미, 2011, 「8-11세기 동아시아 탑내 다라니 봉안의 변천」, 『미술사와 시각문화』 10.

주경미, 2018, 「불국사 삼층석탑 출토 사리장엄구 연구」, 『韓國史學報』 73.

천혜봉, 2013, 『신라 간행의 『무구정광대다라니경』과 고려 중수문서의 연구』, 범우.

최연식, 2008, 「불국사 서석탑 중수형지기의 재구성을 통한 불국사 석탑중수관련 내용의 재검토」, 『진단학보』 105.

Column

석가탑 출토 『무구정광대다라니경』의 국적과 연대

이재환(중앙대학교)

1966년 9월의 야심한 시각, 경주 불국사에 도굴꾼이 나타났다. 대담하게도 석가탑의 사리공에 보관되어 있을 보물들을 노린 도굴꾼들은 두 차례에 걸쳐 도굴을 시도하였으나, 다행히 성공하지는 못하였다. 하지만 그 과정에서 2·3층 탑신 세 군데가 깨져 떨어지는 등 석가탑 일부가 훼손되고 말았다. 결국 문화재위원회는 조사단을 꾸려서 훼손 현장을 조사하고 사리 장치의 안전 여부를 확인하기 위해 석가탑을 전면 해체하기로 결정하였다. 10월부터 시작된 해체 작업 도중, 2층 탑신석에서 사리를 안치한 사리공이 확인되었고, 그 중앙에서 금동 사리 외함이 발견되었다. 금동 사리 외함 속에는 장방형 금동 합(盒)이 있었는데, 그 위에 비단보자기에 싸인 종이가 얹혀져 있었다. 『무구정광대다라니경』이 세상에 다시 모습을 드러내는 순간이었다.

석가탑에서 출토된 『무구정광대다라니경』을 목판으로 인쇄된 것이어서 곧 세간의 관심이 집중되었다. 그때까지 불국사가 개창된 시점으로 알려진 것은 신라 경덕왕 10년에 해당하는 751년으로서, 이 다라니경은 그 이전에는 만들어져 석가탑에 봉안되었을 것으로 보았다. 당시 세계에서 가장 오래된 목판 인쇄물로 알려져 있던 것은 일본의 『백만탑다라니경』이었는데, 그 간행 연도는 770년 무렵이다. 그렇다면 석가탑에서 출토된 『무구정광대다라니경』은 그보다 20년 이상 오래되었으므로, 세계에서 가장 오래된 목판 인쇄물의 타이틀을 빼앗아 오게 된 것이다. 이후 석가탑 출토 『무구정광대다라니경』은 한국인의 큰 자랑거리가 되었다.

그런데 얼마 뒤 중국 학계에서 해당 다라니경이 신라의 것이 아니라 당나라, 정확히는 무주(武周)에서 간행된 것이라는 주장이 나오기 시작하면서 그 국적이 논란의 대상으로 떠올랐다. 그 가장 중요한 근거로 든 것은 다라니경에서 확인되는 측천문자(則天文字)였다. 측천문자는 여성으로서 황제로 즉위한 측천무후(則天武后)가 새로이 주(周) 왕조의 개창을 표방하면서 제정하여 사용하게 한 글자이다. 석가탑 출토 『무구정광대다라니경』에는 4종의 측천문자가 10회 사용되었다. 이는 이 다라니경이 측천무후 시대(690~704년)에 중국에서 만들어졌음을 보여주는 증거라는 것이다.

이러한 주장에 대해서 한국 학계는 즉각 반론을 제기하였다. 측천문자의 사용이 곧 중국 간행을 보장해주지는 않는다는 것이다. 실제로 8세기 중반의 『신라 백지묵서화엄경사경』이나 <사천신라비>, 신라말의 <봉암사 지증대사비> 등 신라에서 측천문자를 사용한 사례는 많이 남아 있다. 시기적으로도 측천무후 시대에 국한되지 않는다. 일본에서도 시기를 초월하여 측천문자의 사례를 확인할 수 있다고 한다.

해당 다라니경의 종이에 대한 분석은 한반도 제작설을 더 유력하게 만들었다. 밀도가 높은 닥종이(楮紙)에 '흘림뜨기(流漉法)'를 하는 등 한반도 특유의 종이 제조법을 사용해서 제작되었다는 것이다. 이러한 제조 방식은 『신라 백지묵서화엄경사경』에서도 확인되는 바이다. 결국 이 다라니경의 간행지는 한반도로 보는 것이 합리적이라 하겠다.

그런데 2000년대에 들어 석가탑 출토 『무구정광대다라니경』은 새로운 논란에 휩싸이게 된다. 2005년과 2007년 언론사에서 그것이 신라시대가 아니라 고려시대에 만들어졌을 가능성을 제기하면서부터였다. 그 근거로 든 것은 석가탑 2층 사리공에서 함께 발견된 '묵서지편'이었다. 금동 방형 사리함 위에 얹혀 있었던 『무구정광다라니경』 외에, 사리함 아래쪽에도 글씨가 씌여진 종이들이 발견되었다. 이 종이들은 한 덩어리처럼 서로 뭉쳐져 있어, 발견 당시 기술로는 분리가 불가능했다. 이에 '묵서지편'이라고 불리며 본격적인 연구가 진행되지 못하였다.

1990년대에 들어, 발전된 복원 기술로 이 '묵서지편'의 분리가 가능해졌다. 분리된 '묵서지편'에서는 고려시대에 만들어진 것임을 알려주는 구절들이 확인되었다. 그때까지 『무구정광대다라니경』의 간행 연대가 751년 이전이라고 간주했던 것은 불국사와 석가탑이 만들어질 때 납입된 채로 유지되다가 현대에 들어서야 발견되었다고 전제했기 때문이었다. 그런데 함께 발견된 문서들이 고려시대의 것이라니, 세계 최고(最古) 목판 인쇄물로서의 지위가 흔들릴 수 있는 위기가 찾아왔다.

이에 분리된 묵서지편이 전면적으로 공개되면서 그에 대한 연구가 본격적으로 진행되었다. 확인 결과, 묵서지편은 제일 위쪽의 『보협인다라니경』, 고려 현종 15년(1024)에 작성했던 것을 옮겨 적은 『불국사 무구정광탑 중수기』, 정종 4년(1038)에 만들어진 『불국사 서석탑 중수형지기』 및 『불국사탑 중수보시명공중승 소명기』로 구성되었다. 중수문서들에는 고려시대 지진으로 무너진 석탑을 해체한 뒤 재조립한 과정이 기록되어 있다. 『보협인다라니경』은 그러한 중수 과정에서 탑에 납입된 것이다.

그렇다면 『무구정광대다라니경』도 고려시대에 만들어져 중수 도중에 사리공에 공헌된 것으로 보아야 할까? 하지만 『무구정광대다라니경』은 『보협인다라니경』과 중수문서들과는 달리 원래 신라시대에 납입되었던 것이 해체·보수 과정에서 재납입된 것으로 보는 견해가 유력하다. 우선 고려시대 중수 당시에는 탑에 『보협인다라니경』을 납입하는 것이 유행이었으므로, 이전 시기에 유행하던 『무구정광대다라니경』을 굳이 넣었다고 보기 어렵다. 『무구정광대다라니경』의 경우 발견 위치 자체가 『보협인다라니경』을 비롯한 묵서지편들과 다르다는 점 또한 주목된다.

중수문서에는 이전에 사리공에 모셔져 있던 봉헌품들을 꺼내어 보관하다가 새로이 바친 물건들과 함께 다시 납입하는 정황이 묘사되어 있다. 단, 현종 15년(1024)의 『불국사 무구정광탑 중수기』에는 『무구정광대다라니경』을 꺼내었다가 재납입하는 과정이 기록된 데 반해, 정종 4년(1038) 『불국사 서석탑 중수형지기』에는 『무구정광대다라니경』을 납입하는 장면만 남아 있어, 해당 『무구정광대다라니경』이 원래 석가탑 안에 있던 것이었는지는 명확히 확인되지 않는다.

'불국사 서석탑'은 서쪽이라는 위치상 지금의 석가탑이 분명해 보인다. 그런데 '무구정광탑'은 석가탑을 가리키는지, 다보탑을 가리키는지에 대해 논란이 있다. 무구정광탑 또한 석가탑을 지칭하는 다른 명칭이었다고 본다면, 현종 15년에 한 번 해체 수리할 때 뺐다가 넣었던 『무구정광대다라니경』을 정종 4년에 또 다시 해체 수리하면서 재차 납입했다고 볼 수 있다. 그런데 『불국사 무구정광탑 중수기』에 묘사된 석탑 부재들은 석가탑보다는 다보탑에 더 걸맞는다고 파악한 견해가 나왔다. 그렇다면 무구정광탑은 다보탑으로서, 해체하면서 꺼냈다가 다시 납입되었음이 분명한 『무구정광대다라니경』은 다보탑에 들어 있다가 현재는 사라져 버린 것이 되며, 정종 4년 석가탑에 봉안된 『무구정광대다라니경』은 출처가 불분명해진다.

과연 무구정광탑은 석가탑일까, 다보탑일까? 실제로 석가탑에서 출토된 물품들은 『불국사 무구정광탑 중수기』의 물품 목록과도, 『불국사 서석탑 중수기』의 물품 목록과도 완벽히 일치하지 않는다. 이에 대해서 무구정광탑을 다보탑으로 인정하면서, 다보탑에 봉안되어 있던 물품들 중 일부가 현종 15년 해체·보수 과정에 석가탑으로 옮겨져 납입되었을 가능성 또한 제기된 바 있다. 그렇다면 석가탑에서 발견된 『무구정광대다라니경』은 원래 신라시대 불국사 창건 당시에는 다보탑에 봉안되었다가 옮겨진 것이 된다. 어떤 해석이 맞을지, 수수께끼는 아직 깔끔하게 풀리지 않았다. 다만, 현재로서는 어느 입장이든 발견된 『무구정광대다라니경』의 경우 신라시대 납입 가능성을 여전히 높게 보고 있다.

참고문헌

국립중앙박물관 · 대한불교조계종, 2009『불국사 석가탑 유물 1 - 경전』.

국립중앙박물관 · 대한불교조계종, 2009『불국사 석가탑 유물 2 - 중수문서』.

김성수, 2003,「『無垢淨光經』의 刊行에 관한 中國측 反論에 대한 批判」,『書誌學研究』第25輯.

崔鉛植, 2008,「<佛國寺西石塔重修形止記>의 재구성을 통한 불국사 석탑 중수 관련 내용의 재검토」,『震檀學報』105.

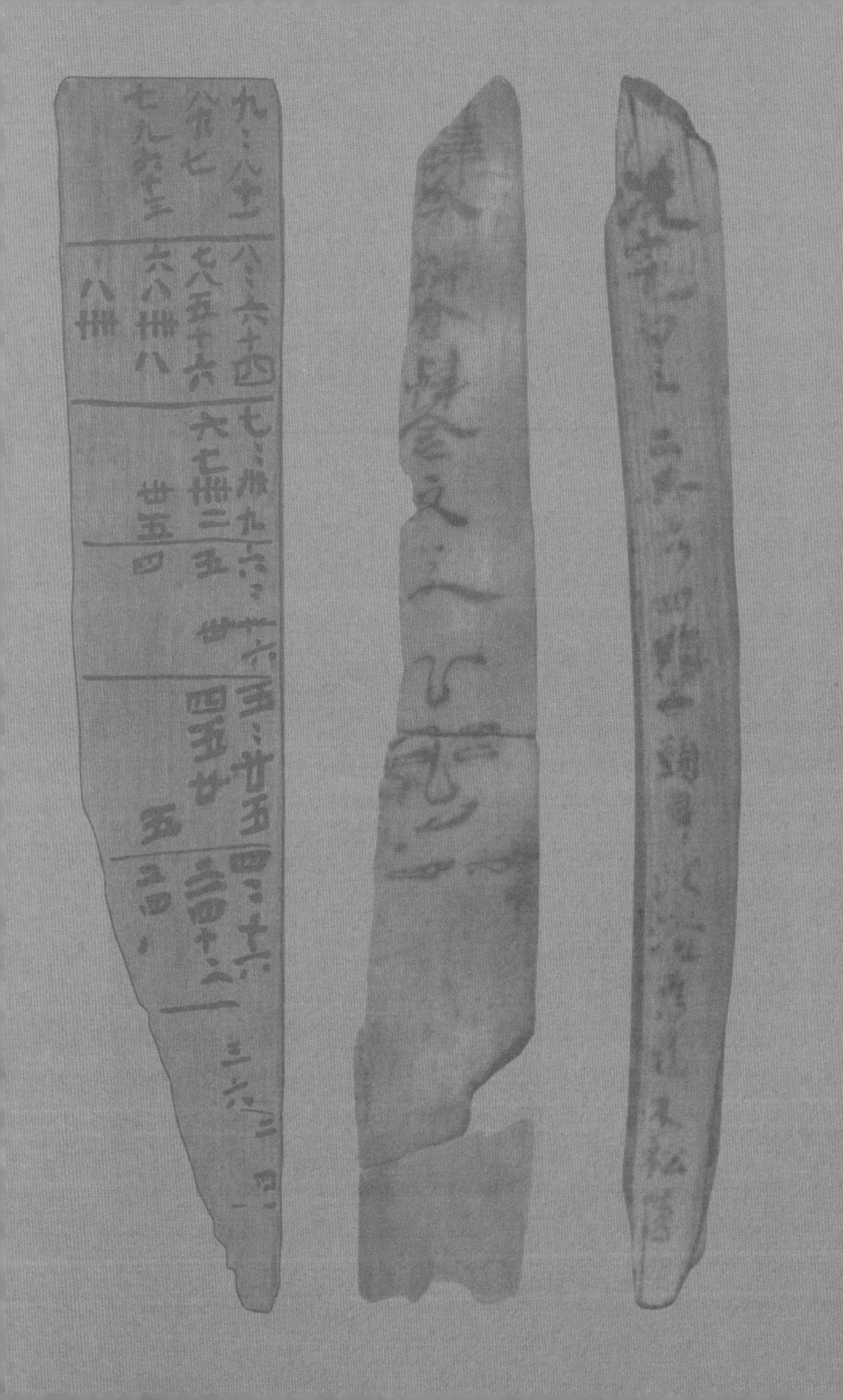

신라의 석경

조미영
원광대학교

신라 석경의 연원과 조성 배경

사경(寫經)은 성인의 말씀을 옮겨 적은 것을 말하고 한국의 사경은 불교사경이 주를 이루어 한국에서는 사경하면 불교의 경문을 적은 것을 말한다. 사경은 서사 재료나 장첩(粧帖), 발원자(發願者) 등에 따라 여러 가지로 나눌 수 있는데, 크게 살펴보면 일차사경과 이차사경으로 나눌 수 있다. 일차사경이란 종이나 비단을 비롯한 천에 직접 서사한 것이고 이차사경은 이런 일차사경을 바탕으로 제작한 고려대장경과 같은 판경(板經)을 비롯한 금경·와경·동경·옥경 등이 있다. 불경을 돌에 새긴 석경 또한 이차사경의 하나라 볼 수 있다.

사경이 가장 활발했던 때는 고려시대로 사경하면 주로 사경의 전성기인 고려시대의 사경인 금자경·은자경이나 팔만대장경을 떠올리게 되나 가장 이른 것은 삼국시대 백제의 유물로 이차사경 종류의 하나인 금판에 새겨진 <금강경판(金剛經板)>이다. 통일신라시대는 다양한 종류의 사경이 보이는데 목판인쇄경인 <무구정광대다라니경(無垢淨光大陀羅尼經)>과 지본묵서(紙本墨書)인 <백지묵서대방광불화엄경(白紙墨書大方廣佛華嚴經)> 그리고 석경인 <화엄석경(華嚴石經)>·<금강석경(金剛石經)>·<법화석경(法華石經)> 등으로 그 종류도 다양하다. <무구정광대다라니경>과 같은 목판인쇄경과 필사본인 <백지묵서대방광불화엄경>은 후대에도 많은 유물들을 찾아볼 수 있지만 석경은 신라시대의 유물만이 남아있어 그 희소성에서도 큰 가치를 지닌다.

석경의 연원은 중국에서 찾아볼 수 있는데 가장 오래된 석경은 <희평석경(熹平石經)>이다. 중국의 석경은 크게 유가 경전의 석경과 불가 경전의 석경으로 나눌 수 있고 발견된 석경 중 가장 오래된 유물인 <희평석경>으로부터 청대까지 많은 유가·불가경전의 석경들이 만들어진다. 그에 비해 현존하는 한국의 석경은 화엄사의 <화엄석경>, 창림사지의 <법화석경>, 남산 칠불암의 <금강석경> 뿐으로 모두 신라시대에 조성되었다.

신라는 불교를 통치이념으로 삼았고 그것을 사상적 바탕으로 하여 통일을 이루어냈다. 이러한 통일신라시대에 조성된 석경은 경전의 성격상 사찰에 조성되었지만 석경의 조성에 있어 일반적인 사경보다 훨씬 많은 비용, 인력, 시간을 필요로 하기 때문에 보다 더 중요시 되었을 것이며 국가나 왕실, 혹은 귀족의 지원이 없이는 불가능하였을 것으로 여겨진다. 주찰이 아닌 지방의 화엄사에 조성된 <화엄석경>과 같은 석경의 조성사업은 당시 통일신라의 불교가 얼마나 국토의 구석구석에까지 큰 영향을 미치고 있었는지를 말해주고 국가나 왕실 혹은 귀족의 지원이 있었을지라도 지방에 <화엄석경>을 조성할 만큼의 저력이 있었다는 것을 보여준다.

신라 초기의 불교는 왕권과 귀족세력의 조화 위에서 성장하여 귀족적·국가적 불교의 특성을 지닌다. 삼국시대에는 불교를 접할 수 있는 장소인 사원이 도성을 중심으로 자리잡고 있었고, 지방에는 통일 시기가 가까워질 무렵에야 소수의 사원이 건립되었다. 삼국을 통일한 신라는 불교 역시 백제와 고구려의 불교를 모두 통합하면서 불교관 역시 확대되는 현상을 보여 왕경중심의 귀족적 불교에서 지방으로 불교가 대중화되는 현상을 보인다. 이 불교의 대중화는 통일한 국토를 불교라는 동일한 주제를 내세워 끌어안으려는 국가적인 노력과 불법을 모든 사람들에게 전하고자 한 승려들의 노력에 의한 결과라고 볼 수 있다. 이런 불교의 대중화는 통일신라 석각문화의 발달과 함께 그 궤를 같이하고 있다.

신라의 석각문화는 통일 전에는 주로 율령 반포에 관한 것과 척경이나 왕의 순수에 관련된 것, 그리고 역역동원과 관련된 것 등의 세가지 유형으로 나누어 볼 수 있고, 통일을 전후해서는 <태종무열왕릉비(太宗武烈王陵碑)>·<문무왕릉비(文武王陵碑)>·<성덕왕릉비(聖德王陵碑)> 등의 능비문과 <황복사비(皇福寺碑)>·<사천왕사비(四天王寺碑)>·<무장사아미타여래조상비(鍪藏寺阿彌陀如來造像碑)> 등의 사찰과 관련된 사적비 등으로 나눌 수 있다. 통일신라기부터 불교와 석각문화의 관계는 매우 긴밀해져서 왕릉도 불교의 영향을 받아 주위에 석각조각물들이 조성되어 불교와 석각문화의 밀접한 관계를 알 수 있다. 특히 8세기의 불교미술은 정치적 안정과 경제적 풍요로움을 기반으로 크게 발전했고 왕경을 중심으로 점차적으로 지방으로 확산된다. 남아있는 유물을 보면 8세기의 석조물은 거의 경상북도가 중심이긴 하지만 4도 12군에 걸쳐 분포되고 있는데 이중에 눈에 뜨이는 것이 호남에서 발견되는 8세기 석조물인 화엄사 <사사자삼층석탑(四獅子三層石塔)>이다. 9세기에는 왕의 많은 불사활동 그리고 권력구조의 개편과 함께 지방으로 이동한 귀족들의 불사활동 등의 정치적인 여건과 개인적이고 실천적인 선종의 유행이 맞물려 불교가 더욱 지방으로 확산되어 대중화 된다. 더불어 석각문화도 전국적으로 확산되어 8도 60군에 걸쳐 석각유물이 나타나고 부도(浮屠)·선승비(禪僧碑) 등이 새로운 유형으로 등장한다. 따라서 8세기에 조성되었을 것으로 추정되는 석경은 불교가 대중화되고 있음을 보여주고 또한 더욱 대중화가 될 수 있는 촉매적 역할을 했다고 볼 수 있으며 이 시기의 석각문화의 발전 정도를 볼 수 있는 척도가 된다.

통일 전부터 활발히 이루어진 당과의 교류, 유학생과 구법승들의 왕래는 두 나라간의 문화 교류에 큰 역할을 했다. 특히 통일 전부터 활발한 왕래가 이루어지고 있던 유학승들은 일정기간의 수학을 마치고 중국 내의 유명한 불적지들을 유오(遊娛)하였고 신라 유학승들은 8·9세기에 접어들면서 그 행보가 중국전역으로 넓혀지고 있었다. 이러한 대당유학승들의 왕래를 통해 당시 크게 행해지고 있던 불교 경전 석경인 <방산석경> 등 중국의 대규모 석경사업의 영향도 받았겠지만 통일신라 석경의 조성 배경은 근본적으로 중국의 석경과는 상이하다.

우리나라와 중국의 석경조성의 배경에는 불경의 보존이라는 공통점도 있지만 근본적으로 커다란 차이가 있다. <방산석경>의 조성배경은 말법사상으로 동굴 벽에 새긴 불경이 남북조 때 '폐법멸불'이라는 커다란 두 차례의 재난을 피해 온전하게 보존될 수 있었다는 경험을 통해 불경을 영원히 보존하고 전해 주기 위하여 각경한 것이다. 신라의 석경 역시 중국 석경과 같이 불경을 오래도록 보존하고 전해지게 하기 위해 조성되었다는 공통배경을 가진다. 하지만 신라시대에는 중국과는 달리 폐불사건이나 말법사상이 팽배해 있지 않았다.

신라가 삼국을 통일하는 데는 정치·군사·경제·외교정책 등을 비롯하여 국민의 단결과 통일의식에 이르기까지 복합적 힘이 함께 작용한 결과였다. 그러나 여러 가지 통일의 요인 가운데에서도 불교가 차지하는 비중이 결코 작지 않았으며 특히 그 사상적 기여는 거의 절대적이라고 단정해도 좋을 것이다. 이런 삼국통일에의 이념형성에 크게 작용한 불교사상이 불국토사상(佛國土思想)이다. 불국토사상은 우리민족의 불교수용의 창의적이고 주체적인 면을 보여주는 것 중 하나인데 삼국 중 특히 신라불교에서 두드러지게 나타나 신라불교사상의 특징이라 할 수 있다. 불국토사상은 통일 이전에는 전불유연설(前佛有緣說) 즉, 석가모니불 전생에 신라가 본래 불국토였다는 말로서 신라가 과거세 이래 오랜동안 불교와 인연이 있는 땅이라는 인식이다.

이러한 사상은 주로 왕경을 중심으로 발전하였는데 통일 이후에는 이 불국토사상이 지방으로 확산되었고 그 내용도 과거불인연설 중심에서 현재 신라가 부처가 상주하는 곳이라는 진신상주설(眞身常住說)의 불국토사상으로 더욱 확대·심화된다. 이렇게 법난보다는 삼국을 통일하는데 큰 역할을 담당했던 불교의 위상과 말법사상보다는 불국토설을 믿고 있는 신라인들의 불교관이 당시 중국에서 유행하던 석경조성과 맞물려 우리나라 통일신라시대에 석경을 조성하는 배경이 되었다고 볼 수 있다. 중국이 거의 모든 시기에 석경이 조성이 되는 것에 비해 우리나라는 통일신라시대 이후의 석경유물이 거의 발견되지 않고 통일신라시대에서 가장 석경이 유행하였으나 중국에 비해 수적으로 매우 적은 세 종류의 석경만이 발견되는 이유이기도 하다.

법난과 말법사상으로 인한 불안감이 아닌 불국토사상이 팽배해 있던 통일신라와 이 통일신라의 불교를 계승한 고려의 불교에서는 법멸을 대비하여 없어지지 않고 영속적으로 보존 유지를 원하는 석경의 근본가치와 의의는 적어질 수밖에 없다. 그래서 통일신라의 석경이 중국 불가 석경의 다수를 차지하는 마애각경이나 판각경보다는 전殿의 내부를 장엄하는 형태를 띠고 있는 것은 어찌 보면 당연하다고 할 수 있다. 또한 이런 불국토사상은 고려시대에 석경보다는 염색지에 금과 은으로 장엄을 한 금은자대장경을 수차례 조성하고 또 몽고와 거란의 침입으로 전쟁 중 불에 타버릴 수도 있는 시기에도 국난을 극복하기위해 목판대장경의 조성이 이루어지게 할 수 있었던 원동력이 되었다고 볼 수 있다. 즉, 통일신라시대에 석경을 조성할 수 있었던 배경과 저력이 고려시대에 수차례에 걸친 금은자대장경과 두 차례에 걸쳐 목판대장경을 조성하는 힘이 되었던 것이다.

통일신라시대의 석경은 법사리신앙의 단면이라 할 수 있다. 통일신라의 많은 석탑들에서 나온 다라니와 같이 부처님의 진신사리와 같은 법사리의 신앙위에서 불전의 내부를 경전으로 장엄하기위해 내벽에 석경을 조성하였고 이는 고려시대에 불경의 장엄으로 금은자사경에 그 자리를 넘겨주었으며 경전의 유포면에서는 목판대장경에 그 의미를 계승해주었다.

변상도와 서풍으로 본 〈화엄석경〉

화엄사(華嚴寺)의 <화엄석경>은 불타발타라(佛駄跋陀羅) 역(譯)의 『대방광불화엄경(大方廣佛華嚴經)』을 돌에 새긴 것으로 현재 보물 1040호로

그림 1. <화엄석경>의 편들

지정되어있다. 이 석경은 화엄사 각황전(覺皇殿)의 전신(前身)인 장육전(丈六殿) 내부를 장엄한 것으로 추정된다.

화엄사는 선조(宣祖) 26년(1593) 대소 500여 칸의 당우(堂宇)와 실물(室物)들이 왜군들에 의해 병화(兵火)를 입게 되었고, 이 때 장육전은 물론 장육전을 두르고 있던 <화엄석경>도 방화로 인해 산산조각이 난 채 일제시대까지 장육전 터에 새로 건립된 각황전 주변에 방치되었다.(그림 1) 일제 말 각황전 해체수리의 일환으로 (榧本社人氏)가 중심이 되어 석경을 정리했고, 그 후 분류 포장되어 있던 석경편이 6·25동란 전후의 피해로 상자가 훼손되고 현품(現品)이 노출되어 쌓여 있어 그 일부가 없어지는 일도 생겼다. 그리하여 화엄사 보수공사의 일환으로 각황전의 <화엄석경>을 1961년 9월 8일부터 10월 6일까지 조사하고 재정리 포장하였다. 이

때 정리된 것은 모두 163상자며 글자 수를 기준으로 대·중·소로 나누고, 문자가 없거나 문양인 편들은 기타로 분류하였는데 대 176, 중 5,240, 소 8,647, 기타 143편으로 모두 14,242편이었다. 그 후 화엄사에서는 <화엄석경> 복원을 위해 탁본사업을 시작으로 2002년 학술심포지엄을 개최했고, 그 탁본을 바탕으로 고려대장경연구소에 '<화엄석경>복원프로젝트'를 의뢰했다.(2003) 이 학술심포지엄은 학계에 <화엄석경>에 대한 관심과 논의가 확대되는 계기가 되어 <화엄석경>에 관한 연구 논문들이 발표되기 시작했다. 그 결과들을 가지고 <화엄석경>에 대해 살펴보자.

〈화엄석경〉의 서사체재

<화엄석경>은 천지선과 계선이 있고 권수제(卷首題)와 경명(經名)없이 품명(品名)과 품수(品數)만을 쓴 품수제(品首題)로 각 품을 나누고 있다. 장

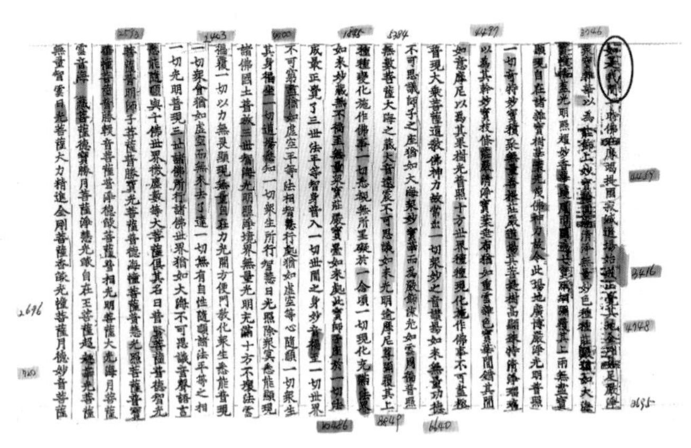

그림 2. 世間淨眼品第一의 시작 부분

그림 3. 3746편

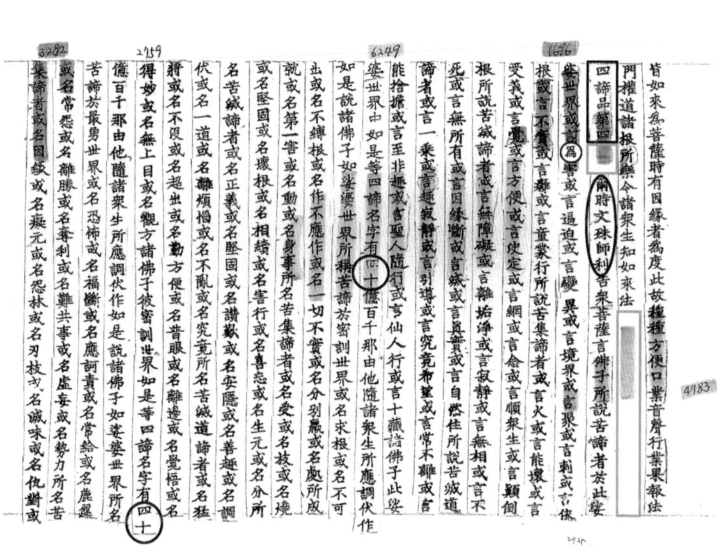

皆如來為菩薩時有因緣者為度此故種種方便口業音聲行業果報法
門權道諸根所樂令諸衆生知如來法
四諦品第四
爾時文殊師利告衆菩薩言佛子所說苦諦者於此娑
婆世界或言爲害或言逼迫或言變異或言境界或言聚或言刺或言依
根或言不實或言癰或言童蒙行所說苦集諦者或言火或言能壞或言
受義或言覺或言方便或言使定或言網或言念或言順衆生或言顛倒
根所說苦滅諦者或言無障礙或言離垢淨或言寂靜或言無相或言不
死或言無所有或言因緣斷或言滅或言真實或言自然住所說苦滅道
諦者或言一乘或言趣寂靜或言引導或言究竟希望或言常不離或言
能捨擔或言至非趣或言聖人隨行或言仙人行或言十藏諸佛子此娑
婆世界中如是等四諦名字有四十億百千那由他隨諸衆生所應調伏作
如是說諸佛子如娑婆世界所稱苦諦於密訓世界或名求根或名不可
出或名不縛根或名作不應作或名一切不實或名分別義或名處所成
就或名第一害或名動或名身事所名苦集諦者或名受或名技或名燒
或名堅固或名壞根或名相續或名害行或名喜忘或名生元或名分所
名苦滅諦者或名正義或名堅固或名讚歎或名安隱或名善趣或名調
伏或名一道或名離煩惱或名不亂或名究竟所名苦滅道諦者或名猛
將或名不退或名超出或名勤方便或名普眼或名離邊或名覺悟或名
得妙或名無上目或名觀方諸佛子彼密訓世界如是等四諦名字有四十
億百千那由他隨諸衆生所應調伏作如是說諸佛子如娑婆世界所名
苦諦於最勇世界或名恐怖或名福斷或名應訶責或名常給或名[illegible]
或名常怨或名離勝或名奪利或名難共事或名虛妄或名勢力所名苦
集諦者或名因緣或名癡元或名怨林或名刃枝或名滅味或名仇對或

그림 4. 四諦品第四의 시작 부분

행長行 1행 28자를 기본으로 하고, 7언 게송의 경우 한 행에 4구를 배치했고 구와 구 사이에 한 자 정도의 공간을 비웠다. 1행에 5언 게송은 6구, 4언 게송은 7구를 배열했고, 구와 구 사이의 구분을 위해 게송 사이에 약간의 공간을 비우고 있다. 특징이 나타나는 몇 곳의 석경 복원 그림과 그것에 해당되는 실제 편들을 살펴보며 확인해보자.

그림 3의 3746편 첫 행은 '如是我聞'으로 <화엄석경> 경문의 가장 첫 부분이다. 이 '如是我聞'이 새로운 행의 첫 칸에 쓰여 있기 때문에 이 '如是我聞'의 오른쪽에 「세간정안품제일」이라는 품명이 있어야 하는데 비어 있어 품명이 어떻게 쓰였는지 확인할 수 없다. 그림 2에서 장행의 경우 1행에 28자가 규칙적으로 쓰였음을 볼 수 있다.

그림 4는 「사제품(四諦品)」의 시작 부분이다. 1696편의 '第四'로 이 품의 품수제인 '四諦品第四'의 부분임을 확인할 수 있다. 표 1의 1696편은 '婆'자가 맨 위에 있어 '四諦品第四'의 품명을 쓴 후 두 칸 정도 띄우고 본문을 시작했다는 것을 알 수 있다. 1696편의 '婆世界或言爲'는 고려재조대장경 60권본 『화엄경』에서 '婆世界或言害'로 나타난다. <화엄석경>을 각할 때에 본이 되었던 『화엄경』은 '世界或言爲害'로서 '害'가 아닌 '爲害'라고 되어 있었고, <화엄석경>의 이 부분은 1행 28자였음을 알 수 있다. 6249편을 보면 그림 4 ○안의 '四十'은 <화엄석경>에서는 '卌'으로 썼다는 것을 알 수 있다.

「사제품」에서는 새로운 품이 시작될 때 행을 바꾸어 '四諦品第四'라고 품수제를 서사하고 2자 정도의 공간을 비운 뒤 경문을 시작했다. 1행 28자의 체재가 유지되고 있으며 '四十'은 '卌'이라고 서사했다.

그림 5는 「불승수미정품(佛昇須彌頂品)」의 끝부분이며 「보살운집묘승전상설게품(菩薩雲集妙勝殿上說偈品)」이 시작되는 곳으로 3264편은 품수

표 1. 四諦品第四 시작 부분의 편들

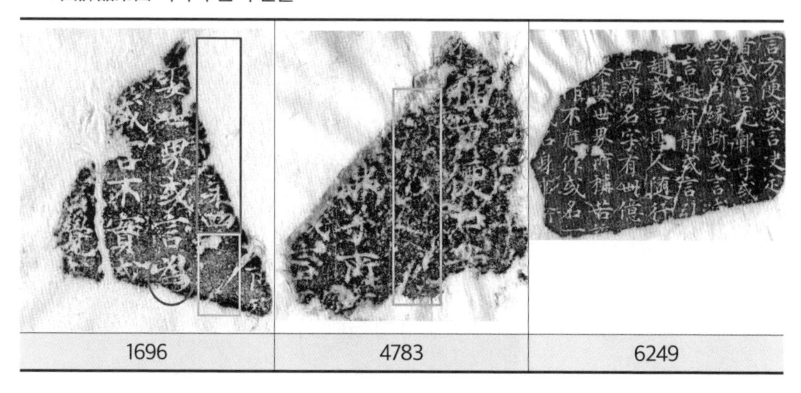

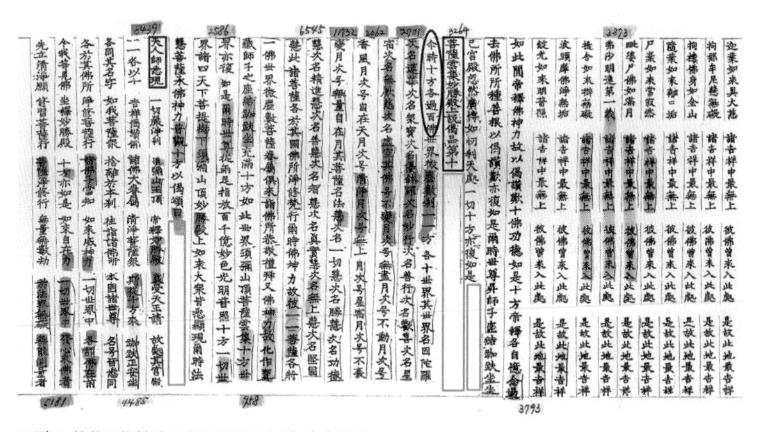

그림 5. 菩薩雲集妙勝殿上說偈品第十의 시작 부분

제가 나타난다. 3264편은 전의 품을 끝내고 새로 행을 바꿔 '菩薩雲集妙勝殿上說偈品第十'의 품수제를 썼으며, 다시 행을 바꾸어 경문을 시작하고 있다는 것을 보여준다.(표 2) 게송 부분도 '偈頌日' 뒤에 행을 바꾸어 시작하고 있다. 3873편에서는 7언 게송이 1행 4구, 5181편에서는 5언 게송이 1행 6구로 배열되고 구와 구 사이에 공간을 띄워 쓴 것을 확인할 수 있다.

표 2. 菩薩雲集妙勝殿上說偈品第十 시작 부분의 편들

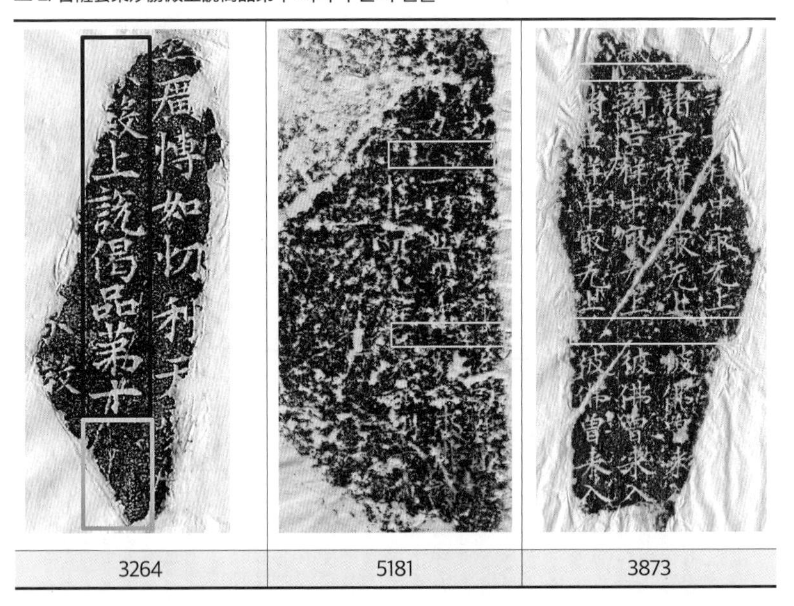

3264	5181	3873

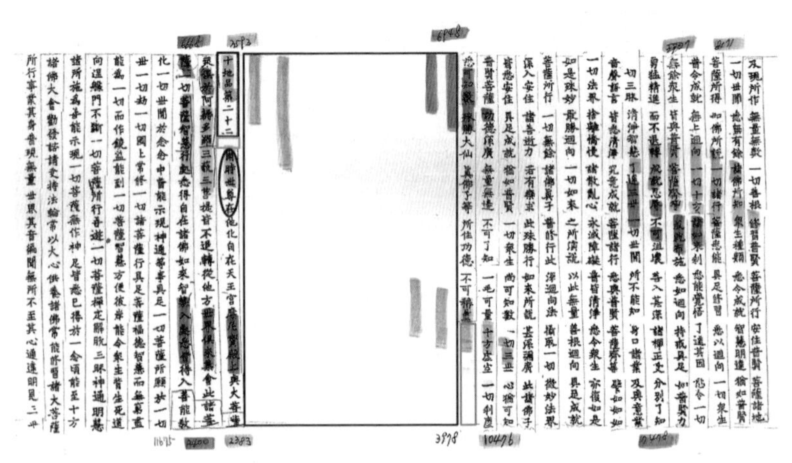

그림 6. 十地品第二十二의 시작 부분

표 3. 十地品第二十二 시작 부분의 편들

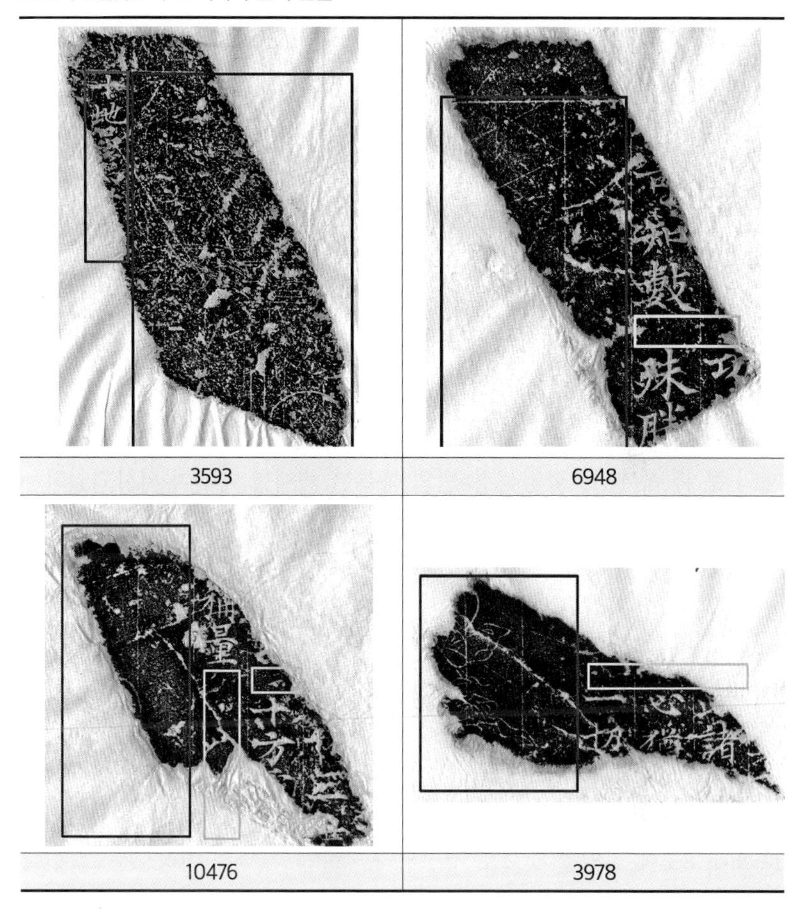

그림 6은 「금강당보살십회향품(金剛幢菩薩十迴向品)」이 끝나고 「십지품(十地品)」이 시작되는 부분이다. 6948·3978·3593·10476편을 통해 「십지품」이 시작되기 전에 변상도가 있었음을 확인할 수 있다. 표 3의 3593편에서는 전각(殿閣)과 두광(頭光)이 나타나고 3978편에서는 보살상이 나타남을 통해 변상도에는 전각과 보살상이 그려져 있었음을 알 수 있

다.(표 3) 6668·2383·2400·11675편으로 이 품의 품수제도 '十地品第卄二'라 쓰고 행을 바꾸지 않고 공간을 비우고 경문을 바로 서사하고 있다는 것을 알 수 있다. 게송은 1행에 4언 게송 7구를 배치하고 구와 구 사이에 띄어쓰기를 하고 있다.

지금까지 살펴본 바와 같이 <화엄석경>은 권을 구분하지 않고 품으로 구분했고 품의 시작에는 품수제를 서사했으며, 품의 서두에는 변상도가 있는 경우도 있다. 장행 부분은 1행 28자가 일정하게 지켜졌으며 4언 게송은 1행 7구, 5언 게송은 1행 6구, 7언 게송은 1행 4구로 배치했고 구와 구 사이에는 띄어쓰기가 되어 있다. 이로써 <화엄석경>은 사경 서사 체재의 큰 틀 속에서 <화엄석경>만의 독특한 체재를 이루며 서사되었다는 것을 알 수 있다.

〈화엄석경〉의 변상도

<화엄석경> 변상도의 위치는 1품 시작 전과 설법장소가 바뀌는 곳으로 모두 8곳에 있었을 것으로 추정된다. <화엄석경>의 변상도는 그 편이 지극히 적지만 다른 석경에서는 보이지 않는 중요한 사료로, <백지묵서대방광불화엄경>의 변상도와 함께 신라 회화사에 중요한 자료며 가장 오래된 우리나라의 사경 변상도다.

<화엄석경>에서 변상이 그려진 편들은 대부분 음각인 선각(線刻)인데 양각(陽刻)의 편들도 확인된다. 10,000여 편 중에 양각의 편은 3편, 양각과 선각이 함께 새겨진 것은 1편이다. 이 중 양각의 세 편은 조각의 문양과 흐름, 그리고 석질을 보았을 때 동일한 석경판에서 쪼개진 것으로 보

표 4. <화엄석경> 3601편과 <대방광불화엄경>·<대보적경> 표지화의 비교

<화엄석경> 3601편	<백지묵서대방광불화엄경> (755)	<대보적경>(1006)

표 5. 불보살상으로 추정되는 편들

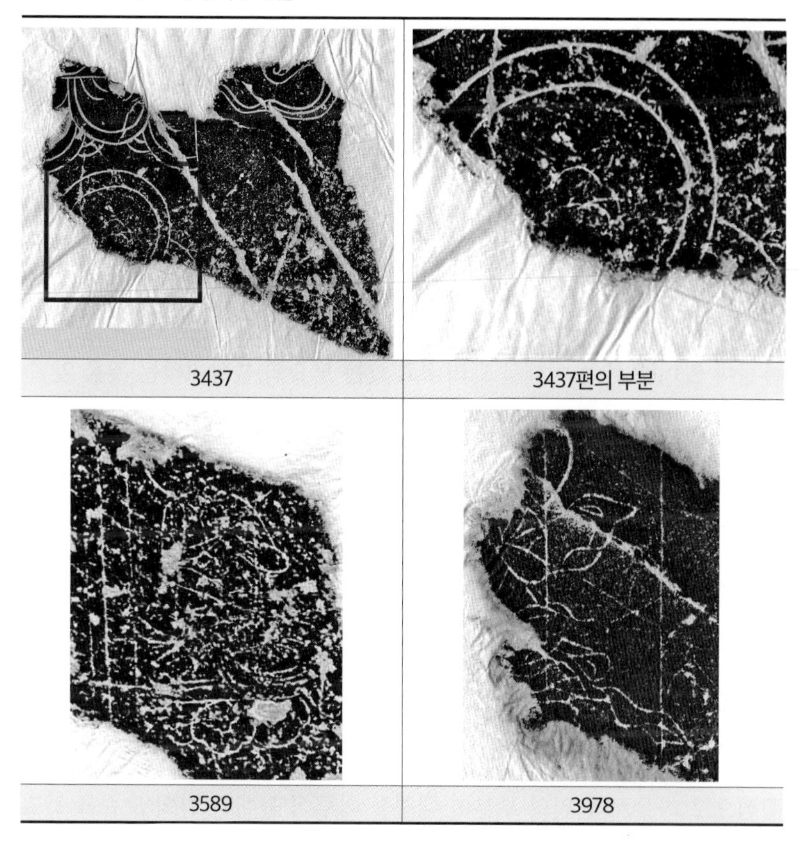

3437	3437편의 부분
3589	3978

인다. <화엄석경> 3601편은 양각으로 다른 사경의 표지들에 나타난 보상화문양과 매우 비슷하다. 특히 <대보적경>보다는 <백지묵서대방광불화엄경>의 보상화와 더욱 비슷한데 이 두 사경 모두 보상화문이 5개의 화판(花瓣)으로 이루어져 있고 당초잎과 함께 그 형태가 유사하다는 것을 확인할 수 있다.(표 4)

이 양각의 편들은 경을 시작하는 제일 첫 석경판에 표지를 장엄하는 것과 같이 보상화와 당초문을 사용해 장엄하고 다른 변상과는 다르게 양각으로 더욱 화려하게 장엄하여 그 안에 '大方廣佛華嚴經'의 경제목을 썼을 것으로 추정된다.

3437편은 천개 밑에 두광頭光을 나타내는 두 줄의 둥근 광배가 그려져 있는데 그 안에 불상의 머리 부분이 그려져 있다. 특히 부처님 정수리의 반달처럼 둥글게 올라온 육계(肉髻)를 확인할 수 있다. 3589편은 연화좌 위에 앉아 있는 불좌상(佛坐像)으로 완만한 어깨의 곡선을 볼 수 있고 어깨선 사이에 꽃문양의 선들이 있어 왼손으로 연꽃을 들고 있는 모습이다. 팔과 팔 사이에는 왼쪽 어깨에서 오른쪽 팔 사이로 내려오는 옷의 주름선이 있어 오른쪽 어깨를 드러내고 있는 모습의 불상이라는 것을 알 수 있다. 3978편은 왼쪽 어깨와 어깨의 옷선 팔꿈치 왼손을 올리고 있는 팔의 모습을 확인할 수 있다. 또한 광배와 휘날리는 천의자락이 그려져 있다.(표 5)

3871편의 천개는 일산(日傘)모양으로 우산살과 같은 부분을 두 줄로 처리하고 있고 가운데 중심축이 되는 부분과 살의 끝부분이 여의두문(如意頭紋)으로 처리되어 있다. 또한 천개 밑에 두 줄의 광배가 보인다. 3437편은 불상의 두광 위에 천개가 그려져 있다. 가운데 아래로 둥근 반원을 중심으로 좌우로 반원의 부분이 대칭을 이루어 늘어진 천의 모습을 하고

표 6. 천개로 추정되는 편들

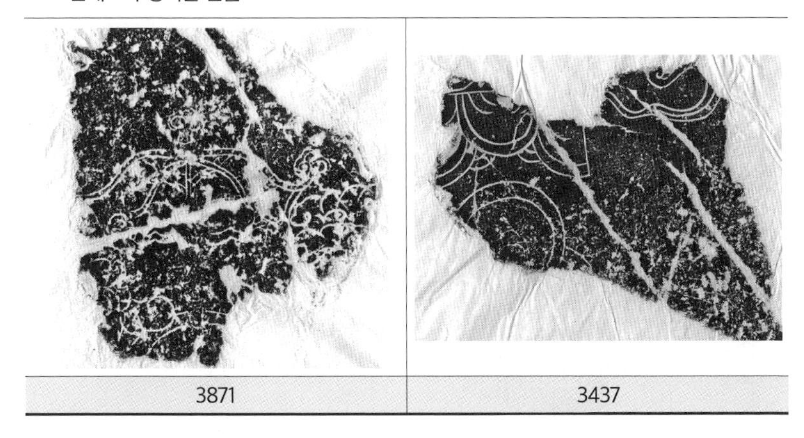

3871	3437

있다. 이렇게 천이 둥그렇게 늘어져 있는 것과 같은 모양의 천개는 고려 사경에서는 찾아보기 어려워 신라시대에 사용되었던 천개의 모양이라고 추측해 볼 수 있고 신라시대에 그려진 천개의 다양한 모습을 살펴볼 수 있다.

다음은 <화엄석경>에 나타나는 탑과 사자좌의 도상에 대해 살펴보자. 3606편은 위에 나타나는 끝이 살짝 올라가 있는 옥개석 밑에 3층의 계단석이 있다. 밑에 기단 위에 복련이 있고 그 위에 4층의 계단석이 있다. 탑은 전체 3층석탑으로 보이는데 그 중 기단부터 1층 옥개석까지의 길이가 약 10cm다. 본문이 1행 28자로 자경이 1.5-1.8cm인 글씨가 28자 새겨져 있어, 이 변상도가 그려진 공간의 높이는 대략 60cm정도였을 것이므로 전체적으로 꽤 큰 탑상이다. 734편과 3944편은 하나의 석경판에서 떨어져 나온 조각이다. 행간을 나누는 선들의 크기가 들어맞고 사자의 다리 4개가 모두 확실하게 나타나는 점과 사자 다리부분의 털을 나타내는 곱슬거리는 문양이 윗편과 아랫편에 똑같은 모양으로 조각되어 있어

표 7. 탑과 사자좌의 편들

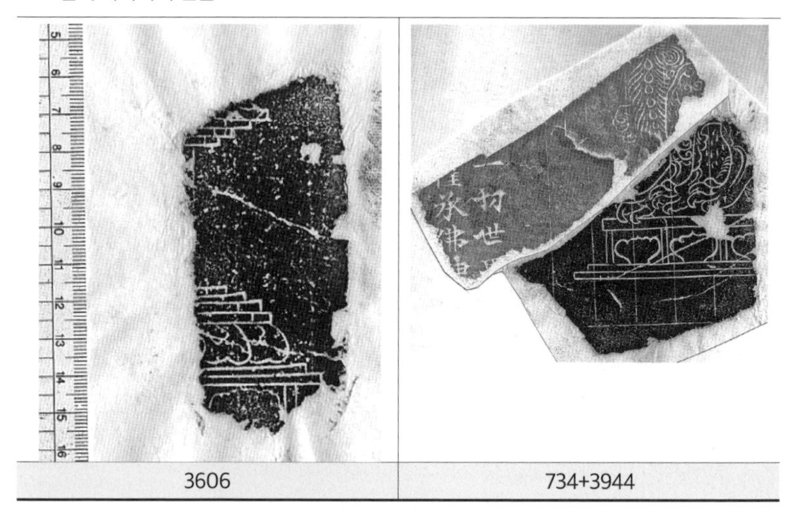

3606 | 734+3944

이것이 하나의 편이었음을 증명해 준다. 그림 속의 사자는 온전한 모습이 아님에도 한 다리를 올리고 있는 모습이 당장이라도 살아 움직일 것 같은 역동성을 느끼게 해준다.

<화엄석경> 편들 속의 보상화와 불보살상, 천개, 대좌의 사자 등은 비록 단편적으로 남아있을 뿐이라도 뛰어난 예술적 미감과 조형성을 천이백여 년의 시간을 넘어 현대에 전해주기에 부족하지 않다.

〈화엄석경〉의 서풍

<화엄석경>에서 장행 부분은 1행 28자고 7언 게송은 1행 28자로 3곳에서 띄어쓰고, 5언게송은 1행 30자로 4곳에서 띄어쓰며, 4언게송은 1행 28자 6곳에서 띄어쓰고 있어 한 행에 들어갈 글자수가 게송 부분이 장행

표 8. 결구의 특징

표 9. 필획의 특징

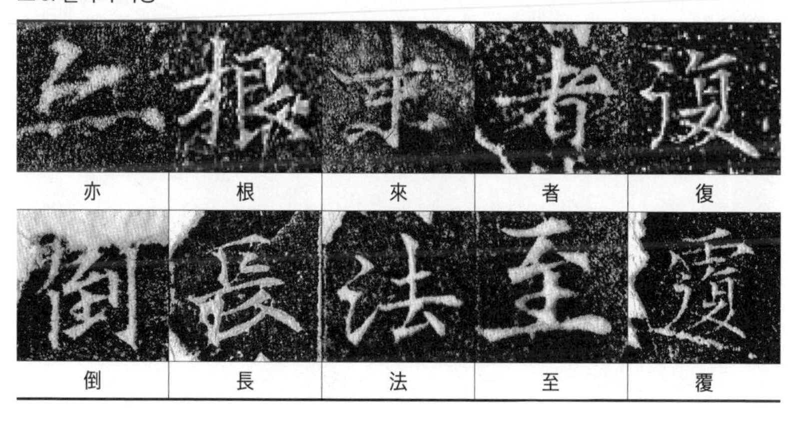

표 10. <화엄석경>의 이체자

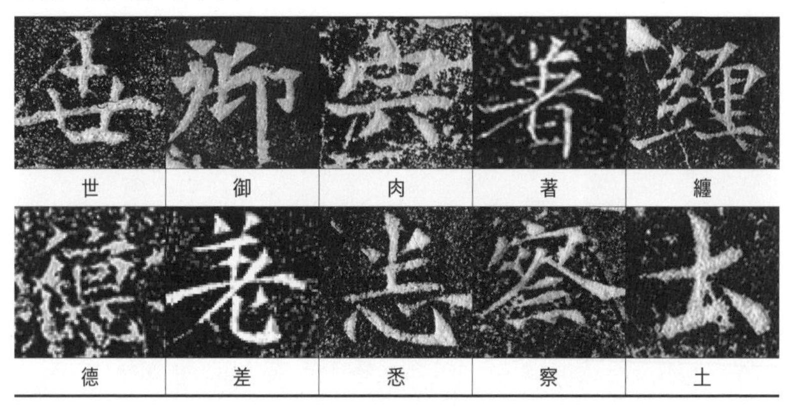

世	御	肉	著	纏
德	差	悉	察	土

표 11. 횡획과 수획에서 나타나는 특징

부분보다 많다. 따라서 글자의 자형(字形)은 장행 부분은 정방형이 주를 이루고 게송 부분은 대체로 편방형이 주를 이룬다.

표 8의 '十'자처럼 '一'이 수획(竪劃)이나 삐치는 획과 만날 경우 대부분 만나는 지점에서 좌측의 길이가 우측의 길이보다 훨씬 길다. 우상향의 기울기가 크기 때문에 수획을 한가운데 보다 오른쪽으로 이동시켜 균형을 잡고 있다. 또한 표 9와 같이 행서(行書) 또는 행기(行氣)가 있는 글자들도 많고 필선(筆線)이 이어지는 곳이 많아 서사시의 속도감을 느낄 수 있으며, 이는 <화엄석경>의 서사자들이 얼마나 달필(達筆)이었는지를 짐작케 한다. 필획에 변화를 주거나 점획 부분의 가감 등의 변화로 동형반복(同形反復)을 피하고자 했으며 다양한 이체자도 사용되고 있다.(표 10)

횡획(橫劃)의 경우 많이 휘어지는 획들을 볼 수 있는데, 횡획이 우상향右上向의 획들이 주를 이루고 기울기가 크게 올라가다가 2/3지점에서 방향을 바꿔 아래쪽으로 누르면서 수필(收筆)한 경우로, 획에 탄성의 필세와 곡선미를 주어 생동감이 느껴진다. 수획(竪劃)은 수필 부분을 철주(鐵柱)나 갈고리 형태로 마무리 하는 경우가 많은데 이는 각자(刻者)의 특징이라고도 보여진다.(표 11)

<화엄석경>의 서풍에 대해서는 지금까지 구양순풍이라는 언급이 가장 많으나, 표 12에서 보는 바와 같이 구양순풍과는 다른 부분이 많다. 앞에서 <화엄석경> 결구의 특징으로 횡획의 우상향의 기울기가 크기 때문에 수획이 오른쪽으로 이동해 균형을 잡고 있고, 횡획과 수획·별획이 만나는 부분에서 좌측이 우측에 비해 많이 길다는 점에 대해 살펴보았는데 표 12는 <구성궁예천명(九成宮醴泉銘)>이 이러한 <화엄석경>의 특징과는 다르다는 것을 보여준다. '十', '千', '下'의 경우 수획이 <구성궁예천명> 글씨보다 <화엄석경>이 오른쪽으로 치우쳐 있는 것을 볼 수 있다. 또

표 12. <화엄석경>과 <구성궁예천명> 동일자 비교

<화엄석경>

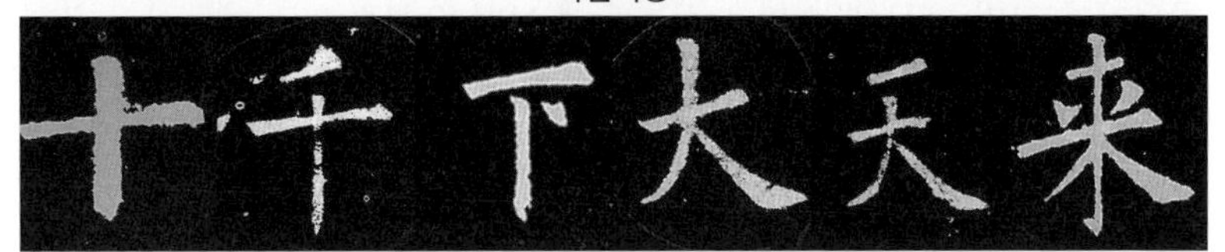

<구성궁예천명>

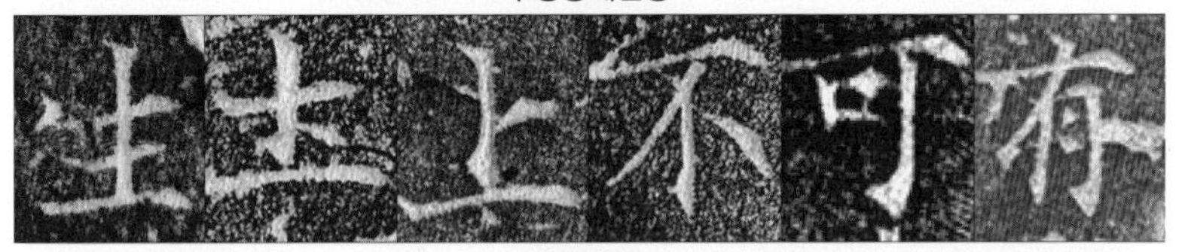

<화엄석경>

<구성궁예천명>

'大·天·來' 등의 경우도 <화엄석경>의 글씨가 구양순의 글씨보다 주된 횡획이 우측에 비해서 좌측이 많이 앞으로 길게 나와 있음을 알 수 있다. 또한 <화엄석경>은 해서(楷書)지만 <구성궁예천명> 글씨와 비교해 행기가 많다는 것을 알 수 있다. 이는 <구성궁예천명>이 왕명을 받아 나라에서 세우는 기념비적인 성격의 비(碑)에 쓰인 글씨인 것에 비해 <화엄석경>은 사경으로 많은 글씨를 속도감 있게 써내려갔다는 차이점을 느끼게 한다.

<화엄석경>의 서풍은 자형이나 결구가 사경 서풍과 유사하여 중국 사경 서풍을 바탕으로 하고 있으나 중국의 그것보다 더 영활(靈活)하고 준

표 13. <화엄석경>과 당 <법화경> 동일자 비교

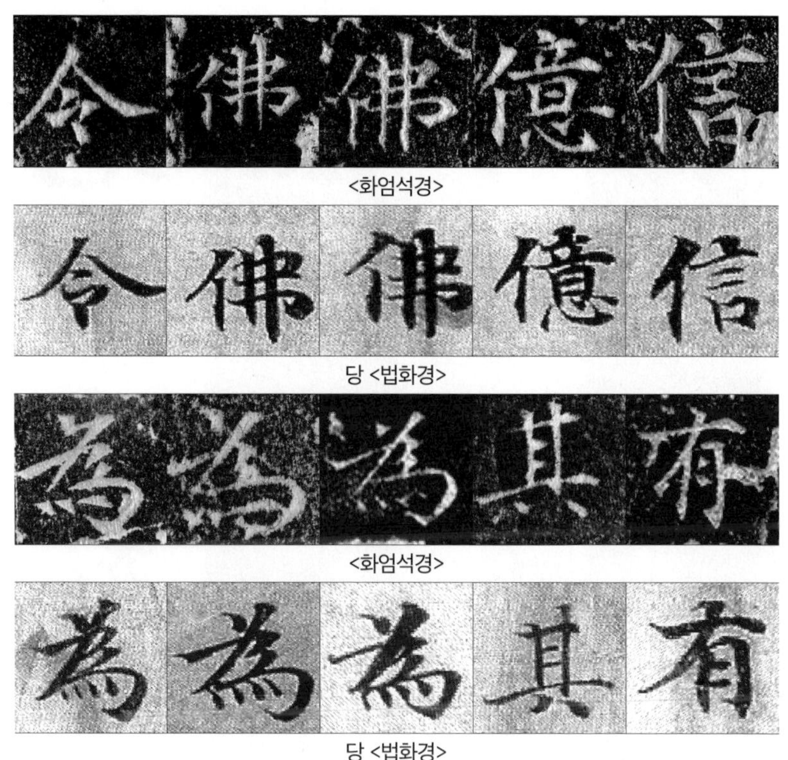

경(峻勁)하면서 수미(秀美)하다.(표 13) 이 석경의 서자는 북위 해서와 구양순풍, 예서와 행서를 모두 학습하였고 사경 서풍 또한 자유자재로 구사하여 자신만의 독특한 서풍을 창출했다.

또한 <화엄석경>은 <백지묵서대방광불화엄경>(755) 1축의 글씨와 유사한 점이 많다. <화엄석경> 결구(結構)의 특징은 횡획이 우상향이고 중심을 잡을 때 수획이 오른쪽으로 이동하고 있는 것이다. 표 14에서 이러한 <화엄석경>의 특징을 <백지묵서대방광불화엄경> 1축에서도 찾아볼 수 있다. 1축의 횡획은 우상향이고 중심의 수획은 오른쪽으로 치우쳐 있

표 14. <화엄석경>과 <백지묵서대방광불화엄경> 1축의 동일자 비교

어 횡획과 수획이 만나는 점에서부터 좌측이 우측에 비해서 긴 것이 <화엄석경>과 같다. '菩'자도 <화엄석경>과 1축의 경우 가운데 횡획이 우상향이고 중심으로부터 좌측의 길이가 우측에 비해 길다. 또한 '薩'자의 경우 '阝'과 '生'의 위치를 살펴보면 <화엄석경>과 1축은 그 위치가 비슷하다. '其'자에서는 횡획의 기울기가 1축과 유사다. 이것은 <화엄석경> 서풍의 특징인 긴 횡획의 경우 중심으로부터 좌측을 길게 하는 것과 같음을 알 수 있는데 <화엄석경>은 1축보다는 절제되어 있다. 또한 1축은 기필부분의 필획이 다양한데 이것도 <화엄석경>에서 나타나는 다양한 기필과도 같은 특징이다.

<화엄석경>의 '佛'에서 '亻'은 1축과 같이 '丿'과 '丨'의 길이가 같고 '丿'의 끝부분에서 '丨'을 시작하고 있다. '令'에서 '人'을 쓸 때 <화엄석경>과 1축은 별획(撇劃)이 날획(捺劃)보다 밑으로 내려와 있고, '諸'자의 경우 '言'의 횡획과 '者'의 횡획의 방향을 살펴보면 <화엄석경>과 1축은 모두 같이 우상향의 세(勢)를 취하고 있다. '悉'자의 경우도 <화엄석경>의 글씨가 1축의 글씨와 유사하다는 것을 알 수 있다. 지금까지 <화엄석경>과 <백지묵서대방광불화엄경>의 1축을 필획과 결구적 측면에서 비교하여 서풍이 유사하다는 것을 확인했다.

<화엄석경>의 서풍은 <화엄석경>이 사경의 한 종류로 사경의 서사 체재를 따른 것과 같이 서풍 또한 사경 서풍에서 나타나는 특징이 나타난다. 그래서 편방형 또는 정방형의 글자들이 주를 이루고 있고, 횡획의 좌측이 길고 부분적으로 행기가 나타나고 있지만 더 발전되어 중국의 사경보다 더 준경(峻勁)하면서도 수미(秀美)한 <화엄석경>만의 독특한 서풍을 이루고 있음을 알 수 있다. 지금까지 <화엄석경>을 살펴본 결과 사경의 서사 체재를 따르고 있고, 변상도도 있으며 서풍 또한 사경 서풍이라는

것을 확인할 수 있어, <화엄석경>은 사경이라는 큰 틀 속에서 조성되었다는 것을 알 수 있다. 이것은 중국의 <방산석경>에서도 보기 드문 형식으로 신라인들이 이 석경에 들인 정성과 섬세함을 엿볼 수 있다.

〈금강석경〉과 〈법화석경〉의 서풍

<금강석경>은 칠불암 출토 경석 조각들로 흑갈색 납석제다. 국립경주박물관 소장 3편과 1969년에 발견된 황수영 소장 1편에 1999년 1편이

그림 7. <금강석경>

표 15. <화엄석경>과 <금강석경>의 동일자 비교

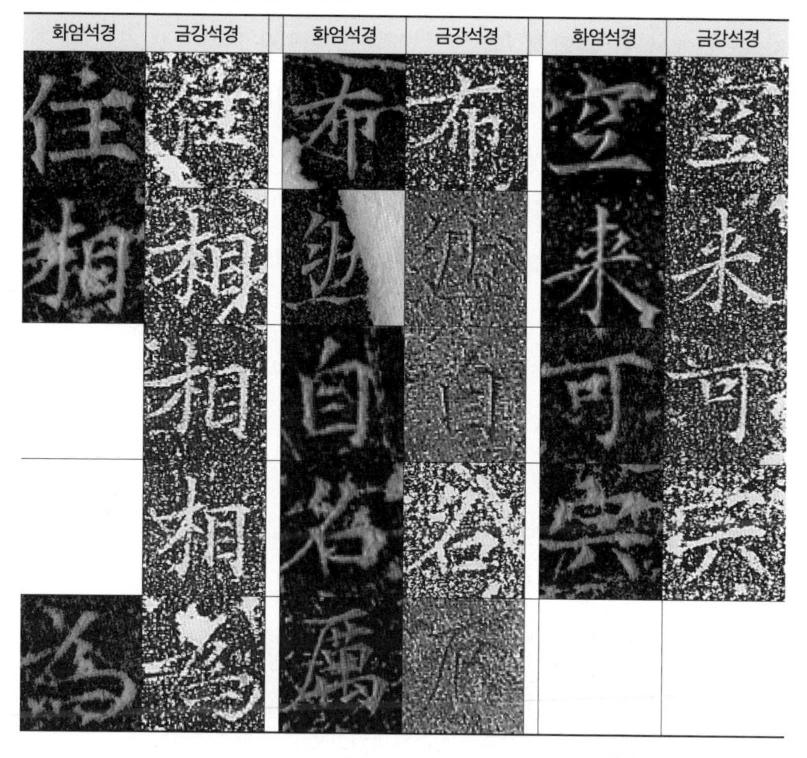

더 발견되어 국립경주박물관에 수장되었다. 황수영이 가장 큰 편을 『금강반야바라밀경(金剛般若波羅密經)』이라고 명시한 이후(1976) 칠불암 석경은 『금강경』으로 알려져 왔다. 다른 편들에 대해 장충식은 그 내용이 어느 경인지 불분명하다고 했는데 가장 큰 편이 금강경 제4분 묘행무주분(妙行無住分)부터 제6분 정신희유분正信希有分에 해당하는 부분이며 1행 36자라는 것을 밝혔다.(그림 7) 최근 박부자는 이 칠불암 석경이 큰 편은 『금강반야바라밀경』을 새긴 <금강석경>이고 작은 3편은 『약사유리광여래본원공덕경(藥師琉璃光如來本願功德經)』을 새긴 <약사석경>이라고 추정했다.

<금강석경>의 서풍을 살펴보기 위해 <화엄석경>의 서풍과 비교해보자. 표 15에서 '住'자의 '亻'과 '王', '布'자의 횡획을 좌측으로 길게 뺀 것, '相'자의 '木'에서 횡획을 길게 처리한 것과 구획(鉤劃) 등이 모두 흡사하다. 또한 '然'자에서 두 번째 획을 구획으로 처리한 것, '自'의 세 번째 획인 수획을 철주로 처리한 것, '厲'자와 '厄'자의 '厂'을 한 번에 이어서 서사한 형태, '名'의 결구(結構)와 전절(轉折) 등에서 두 석경의 서풍이 닮았음을 알 수 있다. '爲·空·可·來'의 글자는 점획과 결구 모두 한 손에서 나왔다고 할 정도로 비슷하다. 또한 '肉'자의 이체자가 똑같이 사용되고 있다는 것을 확인할 수 있다.

<법화석경>은 『묘법연화경(妙法蓮華經)』 전문을 새긴 것으로 현재까지 발견된 편은 총 24석이다. 이 외에도 한 두자의 글자를 지닌 몇몇 단편

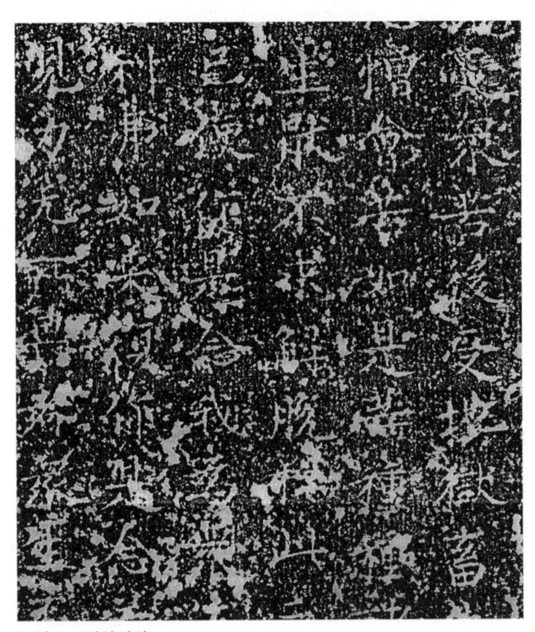

그림 8. <법화석경>

이 동국대 박물관에 소장되어 있으나 이들은 복원이 거의 불가능한 편석이다. 이 중 23편의 비교적 큰 경석은 1966년 3월 경부터 경주 남산 창림사지 부근인 경주시 내남면 배리에 위치한 금강지 제방훼손공사에서 수습된 것인데 이는 이웃한 창림사지로부터 반출되어 제방공사에 사용되었던 것으로 알려져 있다. 이들 경석은 국립경주박물관에 4편이 소장되어 있으며, 별개의 1석이 경주시 내남면 활천리 최씨 문중묘 정비공사 중 출토되어 조사되었다. 그리고 나머지 18편은 동국대박물관에 소장되어 있다. 석경의 제작 연대는 창림사 석탑에 대한 연구성과와 함께 주변 유적, 유물과의 연관관계에 따라 8세기로 추정된다.

기존의 연구에서 이 석경은 세로 150cm, 가로 100cm 크기의 한 판에 상중하 3단으로 되어 있고 각 판석은 42행, 1행 30자며, 게송은 4언절구와 5언절구 두 종류로 매행 7구씩 배치하고, 총 19매로 구성되었다고 주장하였다.(장충식, 2000) 그러나 필자가 다시 살펴본 바로는 한 판이 3단이 아닌 4단이고, 만약 각 판석이 42행이라면 총19매가 아닌 14매 정도로 추정된다. 이에 대해서는 후속 연구에서 자세히 밝히겠다.

<법화석경>은 오늘날 사용되는 전7권을 권차卷次없이 각 품을 위주로 한 것이 <화엄석경>과 같다. 전체적으로 계선이 없고 자간·행간이 정연하다. 석질 경도와의 상관성 여부는 분명치 않으나 각의 깊이가 얕고 획이 가늘다. 정방형보다는 편방형이 많은 편이며 기필이 약하고 전절도 방절方折이 아니다. 가로획의 수필은 휘어진 것이 많아 율동감이 있다. 파책의 각이 부드럽기도 하고 강하기도 하여 정연함 속에 변화미가 있다.

<법화석경>의 서풍을 <화엄석경>, <금강석경>의 서풍과 비교해 자세히 살펴보자.

표 16에서 <법화석경>의 횡획은 평세(平勢)가 주를 이룬다. 그에 비해

표 16. <화엄석경>과 <금강석경>·<법화석경>의 동일자 비교

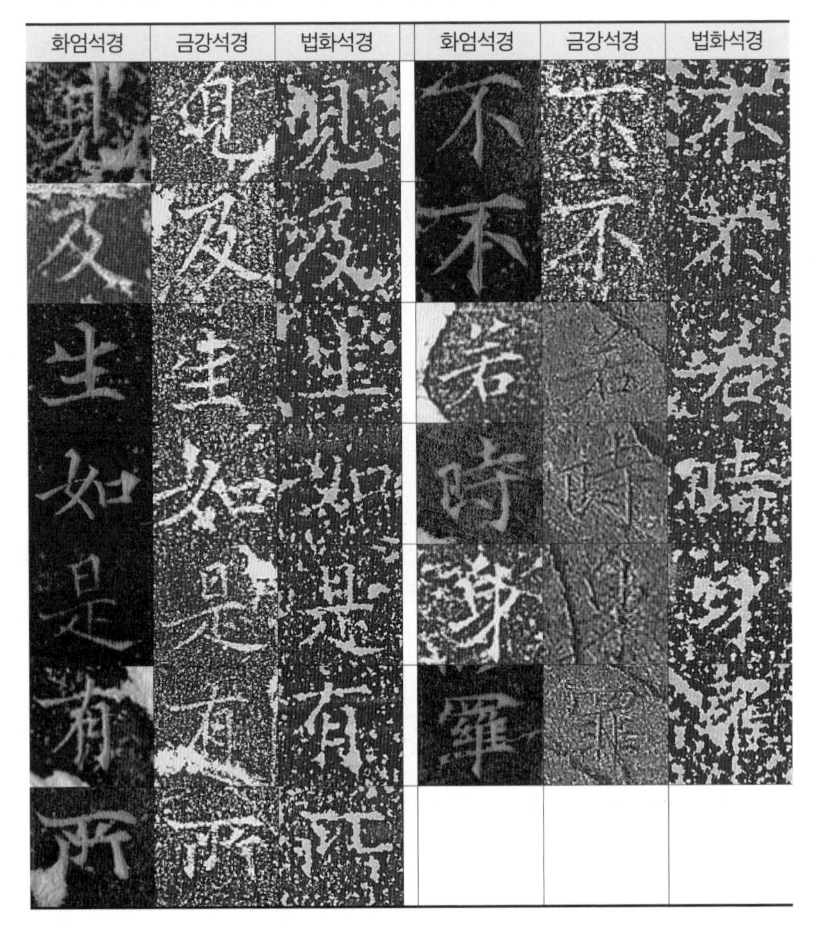

<화엄석경>과 <금강석경>의 횡획은 우상향이 주를 이룬다. <화엄석경>과 <금강석경>의 '生'자를 보면 세 횡획이 유사하다. '如'자의 '女'도 두 석경의 각도가 서로 유사하고 '所'자의 마지막 획을 똑바로 내려긋지 않고 약간 오른쪽으로 향하게 내려 그은 것 또한 유사하다. '是·有·所'에서 횡획의 좌측을 길게 내어 쓴 것 또한 두 석경이 비슷하고, <법화석경>은

이들과 다르다는 것을 확인할 수 있다. '有'자의 '月'의 가운데 두 점을 처리하는 방식 또한 <화엄석경>과 <금강석경>이 같다. 이처럼 <화엄석경>과 <금강석경>의 글자들은 마치 모두 한 손에서 나온 듯이 보인다. '不·若·時'자의 횡획도 <화엄석경>과 <금강석경>은 우상향을 이루고 있는데 <법화석경>은 평세를 취하고 있다. <화엄석경>의 '羅'자와 <금강석경>의 '罪'자에서 '罒'의 첫 획을 왼쪽으로 향하게 내려 그어 서사한 방식이 눈에 띈다.

신라의 세 석경 중에서 <화엄석경>, <금강석경>이 우상향의 기울기가 큰 반면 <법화석경>은 평세가 주를 이루어 서풍에 차이가 있다. 살펴본 것처럼 <금강석경>과 <화엄석경>의 서풍은 거의 같은 시기에 동일한 사람들에 의해 제작되었을 가능성이 크다.

신라 석경의 조성 시기

우리나라의 석경은 지금까지 살펴본 세 종류만이 전해지고 있다. 세 석경 모두 정확한 연대를 알 수 없지만 지금까지 <금강석경>의 경우 경주 남산 칠불암이 8세기 초에 건립된 것으로 추정되므로 가장 이른 것으로 여겨지고, <법화석경>은 창림사 유적, 유물과의 연관관계에 따라 8세기, <화엄석경>은 가장 늦은 8세기 말에서 9세기에 조성된 것으로 추정되어 왔다.

<화엄석경>의 기록으로는 『신증동국여지승람(新增東國輿地勝覽)』 권40 구례현 불우조佛宇條에 '화엄사는 지리산에 위치하고 있다. 연기스님이 창건하였는데 어느 시대 사람인지는 모르며 이절에 한 전각이 있는데

네 벽은 흙을 바르지 않고 모두 청벽을 사용하였다. 그 위에 『화엄경』을 새겼는데 세월이 오래되어 벽이 무너지고 글자가 지워져서 읽을 수가 없다'는 내용이 있다. 또 『화엄사사적(華嚴寺事蹟)』에서는 봉성지(鳳城誌)의 내용을 인용하여 '봉성지에서 말하기를 신라 문무왕때 의상이 왕명을 받들어 석판에 화엄경 80권을 각하여 화엄사에 두었는데 정유년에 석편이 불에 타 쌓여져 있다.'고 기록하고 있다. 이 기록을 근거로 <화엄석경>이 문무왕(文武王, 661-681)때 의상대사가 장육전을 건립하면서 조성한 것으로 보는 견해가 있으나 석경의 내용인 진본晋本 『화엄경』은 이보다 훨씬 후대에 번역되었고 또 『삼국유사』 문무왕조에 의상이 문무왕에게 큰 불사를 반대하는 기록으로 보아 이 시기로 보기는 어렵다.

또한 명필의 대두와 각자장의 양산이라는 관점과 우리나라 고대 석각의 전반적인 상황을 살펴봄으로서 <화엄석경>의 조성 연대를 문성왕대 이후 신라 하대로 보는 견해도 있고(김복순), 서풍의 비교를 통해 8세기 후반에서 9세기 대에 조성되었을 것으로 추정하여(리송재) 기존의 연구에서는 <화엄석경>을 8세기 말에서 9세기 초에 조성된 것으로 보았다.

그러나 <화엄석경>과 <백지묵서대방광불화엄경>(755)의 변상도와 서풍을 비교하면 대좌의 사자, 보상화 등이 유사하며, <화엄석경>과 1축의 서풍이 유사하다는 것을 알 수 있다. 또 신라 석경들의 서풍을 비교해본 결과 <금강석경>과 <화엄석경>의 서풍은 같은 시기 동일한 사람들에 의해 제작된 것으로 추정된다. 이것은 <화엄석경>의 조성연대를 8세기 전반으로 추정할 수 있는 근거가 된다. 이 밖에도 <화엄석경>은 장육전의 내부를 장엄했고 그 조성 규모로 보아 장육전이 건립될 때 같이 고려되어진 것으로 보인다. <백지묵서대방광불화엄경>이 화엄사의 법신사리로서 복장이나 내탑하기 위해 조성되었다면 <화엄석경>은 그 탑이 세워지기 전에 건축되었을 장육전의 건립에 맞추어 조성되었을 것으로 생각된다. 그렇다면 그 조성 시기는 <백지묵서대방광불화엄경>보다 앞선다고 할 수 있다. 또한 정치적, 불교적 상황을 고려했을 때 <화엄석경>은 나말의 혼란기인 9세기보다는 그 이전에 조성되었음이 타당하다. 따라서 신라의 석경은 모두 8세기에 조성되었을 것으로 추정되며 이 시기 불교의 상황과 석각문화의 발전 정도를 볼 수 있는 척도가 된다.

참고문헌

김복순, 2002, 「신라석경연구」, 『동국사학』 37, 동국사학회.

김창호, 2002, 「화엄사 화엄석경의 복원 방안」, 『화엄사·화엄석경』, 화엄사.

리송재, 2006, 「화엄사 <화엄석경>의 서풍과 조성시기」, 『불교미술사학』 4, 불교미술사학회.

文明大, 1979, 「新羅華嚴經 寫經과 그 變相圖의 研究」, 『韓國學報』 14.

_____, 1980, 「新羅四方佛의 展開와 七佛庵 佛像彫刻의 研究」, 『미술자료』 27, 국립중앙박물관.

박부자, 2012, 「칠불암 석경에 대한 연구」, 『서지학보』 40, 한국서지학회.

張忠植, 1976, 「佛國寺誌解題」, 『佛國寺誌』, 亞細亞文化社.

_____, 2000, 「新羅 法華經 石經의 復元」, 『佛教美術』 16, 동국대학교 박물관.

_____, 2000, 「신라석경과 그 복원」, 『한국 서예이천년 특강논문집』, 예술의 전당.

정현숙, 2013, 「통일신라 서예의 다양성과 서풍의 특징」, 『서예학연구』 22, 한국서예학회.

조미영, 2012, 「통일신라시대 <華嚴石經>에 나타난 變相圖 연구」, 『서예학연구』 20, 한국서예학회.

_____, 2013, 「<華嚴石經>의 서사체재 연구」, 『목간과 문자』 10, 한국목간학회.

_____, 2014, 「신라 <華嚴石經> 연구」, 원광대학교 박사학위논문.

_____, 2017, 「<華嚴石經>의 底本 문제에 관한 고찰」, 『서지학연구』 69, 한국서지학회.

_____, 2017, 「<華嚴石經> 조성시기 新考察」, 『목간과 문자』 18, 한국목간학회.

_____, 2018, 「<華嚴石經> 편들에 나타난 복원의 단서」, 『보조사상』52, 보조사상연구원

화엄사, 2002, 『화엄사·화엄석경』.

黃壽永 編著, 1976, 『韓國金石遺文』, 一志社.

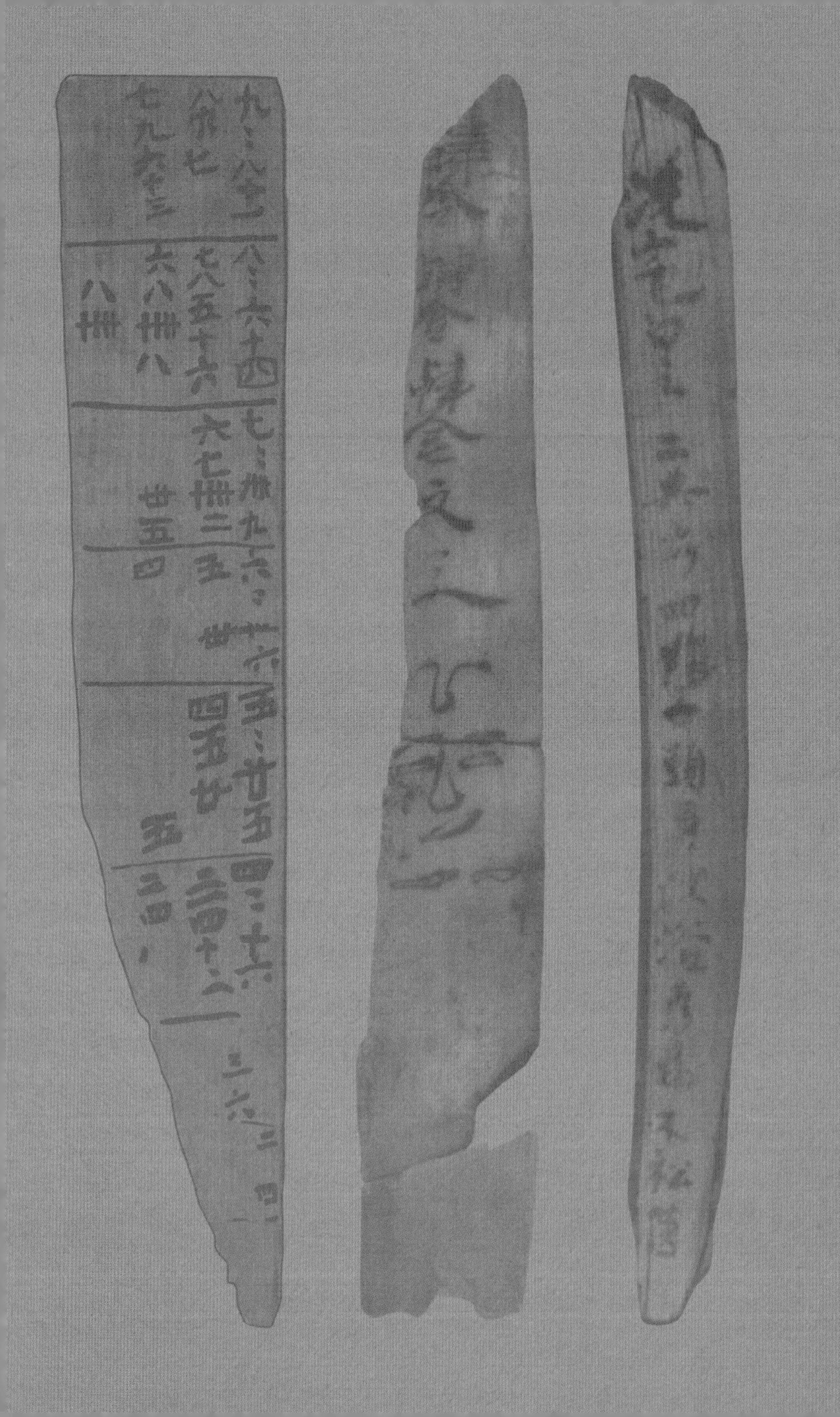

신라 '성전사원(成典寺院)' 연구와 문자자료

이영호

경북대학교

불교의 나라 신라에는 수많은 사찰이 존재하였다. 불교가 수용되고 공인되면서 불교 신자가 크게 늘어나고, 국왕과 귀족의 불사로 많은 사찰들이 건립되었던 것이다. 대략적인 통계만 살피더라도 경향 각처의 사찰들은 500개소를 헤아렸다고 한다. 더욱이 신라의 정치, 경제, 종교의 중심지 왕경에는 다수의 사찰들이 밀집 분포하였다,

남산에서 내려다보이는 신라 왕경의 모습은 크고 작은 사찰들로 일대 장관을 이루었다. 그리하여 『삼국유사』의 저자 일연은 "사사성장(寺寺星張) 탑탑안행(塔塔雁行)"이라고 이를 묘사하였다. 곧 "절과 절들이 별처럼 펼쳐져 있고, 탑과 탑들이 기러기 행렬인양 늘어섰다"라고 표현한 것이다.

신라에서 사찰이 창건되는 경위는 다양하다. 국왕과 왕비가 발원하여 창건한 사찰이 있는가 하면, 귀족이 재물을 희사하여 창건한 사찰도 있

고, 일반 백성들이 자신이 살던 집을 고쳐 불사로 삼은 곳도 있었다. 그러면 이들 사찰들은 모두 격이 같았을까? 그렇지는 않았을 것이다. 크기만 해도 매우 다양해서 황룡사와 같은 엄청난 규모의 대찰이 있었는가 하면, 초가집 한 채 정도의 작은 사찰도 있었을 것이기 때문이다. 더욱이 국왕의 명을 받아 국가의 관부에 의해 건립된 사원은 규모가 클 뿐만 아니라 정치사회적으로 보다 중시되었을 것임은 어렵지 않게 짐작할 수 있다. 유교적 합리주의 사관에 입각해 편찬된 『삼국사기』에 사원의 이름이 등장한다는 것만 해도 보통이 아닌데, 동 직관지에 주요 관부와 함께 등장한 신라 성전사원의 중요성은 더 말할 나위가 없다고 하겠다.

여기서는 문헌자료에 나타나는 성전사원 관련 기사를 살펴 성전사원의 존재양상을 살피고, 성전사원이 중국과 일본에서 찾을 수 있는 관사임을 밝히고자 한다. 또한 신라 당대 문자자료에서 확인된 성전사원을 문헌자료와 비교함으로써 그 실상을 보다 자세히 파악하려 한다. 나아가 성전사원은 지금까지 밝혀진 것 외에 더 추가될 수 있는지에 대해서도 아울러 살펴보고자 한다.

『삼국사기』와 성전사원

『삼국사기』는 고려 중기 김부식이 편찬한 현전하는 우리나라 최고의 역사서이다. 기전체로 쓰여진 정사이며, 고려 인종 23년(1145) 왕에게 진상되었다. 김부식이 『삼국사기』를 편찬한 이유는 그가 올린 「진삼국사표(進三國史表)」에 잘 나타나 있다. 지금의 학사, 대부 들은 5경과 제자(諸子)의 글 및 진한 이래의 역사에는 두루 통하여 상세히 말하는 자가 있어도 우리나라의 일에 대하여는 도리어 그 시말을 까마득히 알지 못하니 심히 한탄스러운 일이다고 한 것이 그것이다.

그런데 신라의 주요 행정기구를 열거한 『삼국사기』 권38, 직관지(상)(이하 직관지라 약함)에는 7곳의 사원 관련 관부가 실려 있어 주목된다. 이곳에는 상대등(上大等), 집사성(執事省), 병부(兵部), 조부(調府), 경성주작전(京城周作典)에 이어 사천왕사성전(四天王寺成典), 봉성사성전(奉聖寺成典), 감은사성전(感恩寺成典), 봉덕사성전(奉德寺成典), 봉은사성전(奉恩寺成典), 영묘사성전(靈廟寺成典), 영흥사성전(永興寺成典) 등 7곳의 사원 관계 관부가 열거되어 있다. 여기서 관부·관직의 명칭변경의 추이와 금하신-상당-적위-청위-사로 이루어진 성전의 관원구성을 확인할 수 있다.

이들 자료들은 관부로서의 '성전', 그리고 성전이 설치된 '사원'이라는 두 가지 측면에서 살필 수 있다. 성전의 장관인 금하신에는 대아찬(5등)에서 각간(1등)에 이르는 고관이 임명되었다. 이는 대아찬에서 이찬(2등)까지를 범위로 하는 집사부 중시(시중)보다 관등 상한이 높아 그 중요성을 엿볼 수 있다. 그러나 보다 근본적인 것은 성전이 설치된 사원의 성격일 것이다. 이들은 어떠한 사원이어서 직관지에 신라의 주요 관부와 함께 실린 것일까? 여러 해석이 있을 수 있겠으나, 여기서는 성전사원은 왕실의 원당(願堂)임에 그 이유가 있었다고 생각한다. 따라서 성전사원이 왕실의 원당이었으므로 중요시될 수밖에 없었다는 관점에서 성전과 성전사원 전반의 문제를 살펴보고자 한다.

직관지에 나타난 성전사원이 존속한 시간적 범위는, 경덕왕과 애장왕대의 관호개혁 사실을 확인할 수 있으므로, 우선 경덕왕 18년(754)에서 애장왕 6년(805) 무렵에 이르고 있음을 추측할 수 있다. 그러나 영흥사성전의 설치가 신문왕 4년(684)임이 밝혀져 그 상한은 이때까지 소급될 수 있을 것이다. 따라서 직관지의 기록은 대략 684년에서 805년 무렵까지 121년여 기간 동안의 성전사원 관련 자료라고 하겠다. 나아가 이는 본 자료의 작성 시기가 805년 직후의 어느 해임을 말한다고도 하겠다. 따라서 직관지의 자료는 805년 직후의 어느 해, 당시 성전사원이었던 사천왕사, 봉성사, 감은사, 봉덕사, 봉은사에다, 과거에 성전사원이었던 영묘사, 영흥사의 두 사원을 추가하여 작성되었으며, 신문왕 4년(684)에서 애장왕 6년(805) 사이의 일괄 자료임을 짐작케 한다

성전의 기능은 경덕왕대의 관부명의 변화에서 살필 수 있다. 사천왕사성전의 경우 감부(監府)로, 봉성사 등 5곳 성전의 경우 수영사원(修營使院)으로, 영흥사성전의 경우 감관(監館)으로 바뀌어 관부 명칭이 3가지 유형으로 구분되었다. 7곳의 성전사원 중 5곳이 사원 이름의 앞뒤에 수영(修營)과 사원(使院)을 붙여 개명된 것으로 보아 성전사원은 '수영모사사원(修營某寺使院)'으로 바뀌는 것이 일반적이었다고 하겠다. 이는 성전이 사원의 수영(修營)을 담당하는 관부임을 말하며, 사원의 영선은 물론, 그것을 유지 확장시켜 가는 경제적 관리까지 담당하였다고 추측할 수 있게 한다.

성전의 장관으로는 사천왕사, 봉성사, 감은사, 봉덕사, 봉은사 등 5곳의 사원에서 금하신(衿荷臣)이 임명되었다. 사천왕사의 금하신은 경덕왕 때 감령(監令)으로 바뀌었으나, 봉성사 등의 그것은 검교사(檢校使)로 바뀌었다. 사천왕사는 직관지의 배열순서나 관부·관직의 명칭 등에서 최고의 위치에 있었다. 영묘사·영흥사를 제외한 다섯 사원은 금하신·상당·적위 각 1명, 청위 1~2명, 사 2명 등 대략 6~7명으로 구성되었다. 봉덕사는 한때 최하급 실무자가 6명까지 임명되었지만, 이는 창건 시의 사정을 말하는 것으로 짐작된다.

성전사원이 왕실의 원당이었다면 누구의 원당이었는지 가능한 한 밝혀보기로 하겠다. 직관지에 가장 먼저 나타나는 사천왕사는 나당전쟁기 당나라 군대를 축출하기 위한 호국의 염원에서 창건되었다. 서해로 당의 대군이 침략해오자 문무왕은 각간 김천존의 천거로 승려 명랑(明朗)을 초청하였고, 그는 문두루비밀지법(文豆婁秘密之法)을 써서 이를 막아내었다. 이 때문에 종래에는 호국사원으로만 파악하여 왔다. 그러나 후술할 봉성사, 감은사 등 다른 성전사원의 예로 미루어 보면 사천왕사도 원당임이 분명하며, 사원의 격이 높았던 만큼 보다 특별한 의미가 있는 사원이 아니었을까 한다. 중대를 개창한 태종무열왕의 원당일 가능성이 있다.

봉성사는 신문왕이 신충(信忠)을 잘못 판결함으로써 원한을 사 등창이 나자, 이에 그를 위해 창건한 사찰이다. 이로써 봉성사가 신충의 원당이었음을 알 수 있다. 그러나 왕이 사원을 창건한 것은 신충의 원한을 풀어 자신의 등창을 낫게 함이 목적이었으므로, 뒤에 신문왕 자신의 원당으로 변화되었다고 하겠다.

감은사는 삼국통일을 완수한 문무왕에 의해 창건되었다. 왕은 그의 말년 불교식 화장으로 동해에 장사지낼 것을 유언하였으나 사원의 완성을 보지 못하고 승하하고 말았다. 이에 다음 왕으로 즉위한 신문왕이 아버지 문무왕을 위해 사원을 완성하였다. 이로 보아 문무왕의 원당임이 분명하다고 하겠다.

봉덕사는 성덕왕이 태종 무열왕을 위해 세웠다고도 하고, 효성왕이 선고(先考) 성덕왕의 복을 빌기 위해 세웠다고도 하여, 두 가지 설이 전하고 있다. 이는 어느 한 쪽의 잘못이 아니라 처음 창건 시와 완성 시의 목적이 달랐음을 뜻한다고 하겠다. 즉 처음 창건 시에는 태종 무열왕을 위한 사원이었으나, 완성될 때에는 성덕왕을 위한 사원으로 변경되었다는 것이다. 따라서 완성 후에는 성덕왕의 원당이었다고 하겠다.

봉은사는 중대 말인 혜공왕대에 창건되어 원성왕대에 완성된 사원으로 진지대왕(眞智大王)의 추복지소(追福之所)였으며, 처음 이름은 진지대왕사(眞智大王寺)였다고 추측된다. 따라서 진지왕의 원당임을 알 수 있다.

영묘사는 선덕여왕이 사원을 창건하고 소상(塑像)을 만들었다고 한다. '영묘(靈廟)'란 사원의 명칭으로 보아 원당임이 분명하며, 처음에는 창건자인 선덕여왕 자신의 원당이었을 것이다.

마지막으로 영흥사는 법흥왕의 왕비에 의해 창건되었고, 그녀는 이곳에 머물다가 일생을 마쳤다. 또한 진흥왕의 왕비도 이곳에 거주하였고, 영흥사 소불(塑佛)이 스스로 무너짐은 곧 그녀가 돌아갈 징조였다고도 한다. 이로 보아 영흥사는 왕비의 원당으로서 처음에는 법흥왕의 왕비 (또는 진흥왕의 왕비)의 원당이었을 것이다.

이상과 같이 이해한다면 직관지에 수록된 성전사원은 모두 왕실의 조상숭배를 위한 원당으로서 기능하였다고 할 수 있을 것이다. 『삼국사기』 직관지(중)에는 왕실의 사적 사원관계 기구로서 원당전(願堂典)이 있거니와, 이는 곧 성전사원을 배경으로 존재한 것이 아닌가 한다. 따라서 성전사원에는 왕의 진영(眞影)이나 소상(塑像)이 안치되고 절일(節日)마다 봉사(奉祀)가 행해졌음을 짐작할 수 있다.

한편, 황룡사는 사천왕사와 더불어 신라의 대표적 호국사원으로 알려져 있다. 그러나 황룡사도 원당의 기능을 고려하지 않고서는 후술할 황룡사성전의 등장을 이해하기 어렵다고 생각한다. 주지하듯이, 황룡사는 진흥왕이 신궁(新宮)을 지으려다 황룡(黃龍)이 나타나자 불사로 고쳐 완성한 사원으로, 신라 삼보(三寶) 중 장육상과 탑의 두 가지나 가진 통일 전 가장 비중 높은 사원이었다. 더욱이 황룡사 장육상은 눈물을 흘림으로써 진흥왕의 죽음을 예언하였다고도 한다. 따라서 중고시대를 개막한 법흥왕 또는 진흥왕 자신의 원당이었다고 생각된다.

이렇게 하여 창건된 성전사원은 신문왕대에 사천왕사, 봉성사, 감은사, 영묘사, 영흥사 등 5곳의 사원이 성립함으로써 완성되었다. 그리고 봉덕사, 봉은사가 창건됨으로써 이들 사원이 성전사원으로 추가되었으나, 기존 성전사원이었던 영묘사, 영흥사는 도리어 원당으로서의 기능을 상실해 간 것으로 보인다. 직관지에 영묘사·영흥사성전의 금하신에 대한 기록이 없고, 영묘사는 혜공왕대 관호복고 무렵까지, 영흥사는 경덕왕의 관호개혁 무렵까지 존재한 것으로 파악되는 것은 그 징표로 여겨지기 때문이다. 또한 직관지에서 하대인 애장왕대의 관호개혁을 남긴 성전사원은 사천왕사 등 5곳이었다는 점도 방증 자료로 생각된다. 따라서 성전사원은 대체로 다섯 사원씩 운영되었던 것으로 짐작된다.

이 같은 관점에 설 때 중대에 보이지 않던 황룡사성전이 하대에 등장하는 문제도 설명이 가능하다. 즉 황룡사는 중대에는 왕실의 원당으로서의 기능을 갖지 않음으로써 성전사원에서 제외되었으나, 왕의 재위 대수가 내려감에 따라 기존 사원이 탈락되고 새 사원이 원당으로 지정되는 과정에서 비로소 성전사원으로 성립되었다고 해석되기 때문이다.

성전사원은 5곳씩 운영되는 것이 원칙이라면 각 성전사원과 봉안된 인물을 연결시켜 그 운용을 검토하기로 하자. 신문왕 4년(684) 제도 성립기의 경우, 신충을 위해 창건하였고 이듬해 완성되는 봉성사를 일단 논외로 하면, 감은사는 아버지 문무왕을 위한, 사천왕사는 할아버지인 태종 무열왕을 위한 사원이 되고, 법흥·진흥왕의 왕비와 선덕여왕을 위한 영흥사·영묘사의 경우는, 이들 자신 혹은 태종·문무왕의 왕비의 원당이었을 가능성도 없지 않겠으나, 증조(문흥대왕 : 용춘)와 고조(진지왕)를 위한 사원으로 변화되지 않았을까 한다. 만약 이를 증조·고조의 원당으로 추정할 수 있다면, 고려시대의 진전사원과 같이 4대조를 위함이 밝혀진다고 하겠다. 또한 봉덕사가 완성된 효성왕대를 기준으로 하면, 봉덕사는 아버지인 성덕왕의, 봉성사는 할아버지인 신문왕의, 감은사는 증조인 문무왕의, 사천왕사는 고조인 태종 무열왕의 원당에 비정할 수 있어 4대조 숭배가 명백해진다고 하겠다. 다만 이때 영묘사는 중대 왕실의 시조인 진지왕의 원당이었을 가능성이 크며, 영흥사는 특히 경덕왕대에 이르러 왕실의 원당으로서의 기능을 상실하고 성전사원에서 점차 탈락되고 있었다고 추정된다.

또한 혜공왕대에는 중대왕실의 시조인 진지왕을 위해 봉은사가 창건되었으나, 직관지의 자료상 영흥사는 성전사원에서 완전히 탈락된 것으로 이해되며, 영묘사도 탈락 직전으로 이제 그 기능이 봉은사와 대치되게 된 것이 아닐까 한다. 단 이 경우, 효성·경덕왕을 위한 성전사원이 궁금해지나 일단 과제로 남기고자 한다. 이후 애장왕대의 성전사원은 사천왕사·봉성사·감은사·봉덕사·봉은사의 다섯 사원이었지만, 하대에 들어와 왕실의 계보가 바뀌었으므로 봉사대상에 변화가 있었을 가능성도 있고, 다시 황룡사가 추가되는 등의 변동도 있었다고 하겠다.

성전사원은 신라의 관사(官寺)

성전사원은 국가의 관부인 성전이 설치되었으므로 다른 일반 사원과는 차지하는 비중이 달랐다고 하겠다. 그러면 성전사원은 신라만의 특유한 제도로서 존재하였을까? 북위 이래 신라 불교에 많은 영향을 준 중국과 고대 문화에 있어서 신라와 밀접한 관련을 가진 일본에서는, 국가가 건립한 관립(官立) 사원은 일반 사원과는 달리 관사(官寺)로서의 특성을 가졌으며, 이는 국가 기구로서 제도화되었음을 살필 수 있다. 따라서 신라 성전사원의 제도사적 의미는 중국의 관사제도(官寺制度)와 이후에 나타난 일본의 그것에서 시사 받을 수 있다고 생각된다.

중국의 경우 관립 사원은 일찍부터 나타나지만, 관사제도로서의 시행은 수·당에 이르러서였다. 수의 문제(581~604)는 남북조를 통일하자 이를 기념하기 위하여 수도 장안에 대흥국사(大興國寺)를 창건하였다. 대흥국사는 불교에 관한 국가적 사업의 중심 사원으로, 전국 45주에 같은 이름의 사원을 창건하여 전국적인 통제망을 이루고, 국가 기일에는 일제히 추선법회를 열었다고 한다.

그러나 중국 관사제도의 절정은 당대였다. 고종을 이은 측천무후는 불교를 크게 일으켜 종전의 도교 우선 정책을 뒤바꾸어 놓았으며, 690년에는 자신의 집권을 합리화하기 위해 대운경사(大雲經寺)라는 『대운경(大雲經)』의 이름을 딴 사원을 일제히 설치하였다. 이어 중종 대인 705년에는 용흥사(龍興寺)를 설치하였으며, 현종 대인 738년에는 다시 개원사(開元寺)를 설치하였다. 특히 그 이듬해에는 제주(諸州) 용흥사(龍興寺)에서 행하던 국가의례를 둘로 나누어 용흥사에서는 국가 기일 추선법회를, 개원사관(開元寺觀)에서는 천추절과 삼원의 축수를 행하게 하였다. 741년에는 양경(兩京)과 제주(諸州)의 개원사관에 천자 진용(眞容)을 안치하게 하고, 천자등신(天子等身)의 금동천존(金銅天尊)과 불상 각 1구를 주조하여 보내도록 명령하기도 하였다.

이와 같이 중국에서의 관사제도의 발달은 수·당에서 현저하며, 이후 전국적인 제도로서 확립된 적은 없었다고 한다. 이는 관사제도가 수·당시대에 전형적으로 발달하였음을 말하는 것이라 하겠다. 또한 이들 관사에는 국가의 의례가 관의 주도로 행해졌지만, 한 왕 때에 관사였다고 하여 계속 그 기능을 수행한 것은 아니었다. 관사에서 명칭만 바뀌어 다시 관사로 지정되는 경우도 있었지만, 오히려 다음 왕이 재위할 때에는 국가의 지원이 중단됨으로써 관사에서 일반 사원으로 떨어지는 경우가 많았다고 한다.

중국에서 성립된 관사제도는 비슷한 시기에 일본에서도 나타났다. 나라시대(710~784)의 관대사(官大寺: 國大寺)의 제도와 국분사(國分寺)의 창건이 그것이다. 텐무천황 8년(680) 원흥사(元興寺), 대안사(大安寺) 등에서 발전된 관대사 제도는 동대사(東大寺), 흥복사(興福寺), 원흥사(元興寺), 대안사(大安寺), 약사사(藥師寺), 서대사(西大寺), 법륭사(法隆寺) 등 7곳의 사원이 성립되어 소위 남도칠대사(南都七大寺)로서 그 전성을 누리게 되었다. 관대사는 시대의 흐름에 따라 점차 수가 증가하였으며, 모두 국가의 관부인 조사사(造寺司)가 설치되었다. 관대사의 칠당가람식(七堂伽藍式)의 장대한 당사(堂舍), 막대한 봉호(封戶)와 전지(田地)는 모두 조사사에 의해 운영되었다.

관대사가 나라(平城京)에 집중되어 있는 데 비해 지방에서 관대사적 역할을 한 것이 국분사였다. 국분사는 쇼무천황 천평 13년(741) 제국(諸國)에 국분승·니사(國分僧·尼寺) 한 곳씩을 창건하게 함으로써 제도화된 관사로, 국가의 안녕과 태평을 기원하였다. 이들 사원에서는 『대반야경』, 『최승왕경』, 『법화경』 등을 독송하고 국왕의 병 회복을 기원하였으며, 49재, 주기법회(周忌法會) 등의 행사를 거행하였다. 따라서 국분사의 승려는 일반 사원의 경우와 달리 자격을 엄선하였고, 중앙의 제대사(諸大寺)의 승려 가운데서 임명하였다고 한다.

이상과 같이 중국과 일본에서는 왕실의 복을 기원하고, 중앙과 지방의 불교계 통제를 모두 관사제도에 의해 일정한 체제하에 두었다. 그러면 이와 비슷한 시기 신라에서는 관사제도가 존재하지 않았을까? 결론부터 말하면, 신라에서는 국가에서 성전이란 관부를 설치하고 관원을 배치한 성전사원이 다름 아닌 관사이며, 성전사원이 직관지에 등재된 사실은 신라에서 관사가 제도적으로 성립한 것임을 웅변한다고 생각한다. 종래 관사제도는 중국·일본의 관계에서만 일컬어져 왔으나, 이제 신라의 그것이 밝혀진 만큼 중국·한국·일본의 상호 관련 속에서 파악되어야 할 것이다. 수·당의 관사제도가 신라에 영향을 주었고, 신라의 관사제도가 다시 일본에 영향을 주었던 것으로 짐작되는 것이다.

학계 일부에서는 성전을 임시 관청으로 이해하기도 한다. 주종·건탑 등을 위해 일시적으로 설치되었다는 것이다. 그러나 관련 기사가 신라의 주요 관부를 기록한 직관지에 실려 있고, 적어도 121년 간이나 관부·관직명의 변천과정을 기록하고 있음을 상기하면 엄연한 상설 관청으로 이해해야 할 것이다.

여기서 성전사원의 특징을 정리하면 다음과 같다. 먼저 성전사원은 왕실의 원당이었던 만큼 사원의 창건 주체는 모두 왕실이었다. 영흥사는 왕비의 발원에 의해 창건되었으나, 사천왕사 등 모든 사찰은 국왕의 발원에 의해 창건되었다. 따라서 성전사원은 왕실사원의 범주를 벗어나지 않았다. 둘째, 성전사원의 창건 시기는 혜공왕까지로 선덕왕(宣德王) 이후의 하대에 처음 창건되지는 않았다. 이는 직관지가 684년에서 805년 무렵의 한정된 기록이기 때문일 수도 있지만, 직관지에서 빠졌고 신라 말의 금석문에서 확인된 황룡사가 진흥왕대에 창건된 사원이란 점에서 성전사원은 기존의 성전사원을 범주로 운영되었다. 셋째, 성전사원의 위치는 현재 경주시의 북천·서천·남천을 경계로 하여 낭산에 이르는 지역으로, 신라 왕경인 오늘날의 경주 중심부에 밀집 분포하였다. 단지 감은사가 동해변에 위치하였지만, 사원을 창건한 문무왕이 동해의 용이 되겠다고 한 것으로 보아 특별한 경우로 분류할 수 있다. 넷째, 성전사원의 성립 시기는 영흥사성전이 설치된 신문왕 4년(684)이다. 이는 이듬해인 685년이 중앙관제가 정비되고 9주 5소경을 비롯한 신라 문물제도의 완성기였다는 점과 맥을 같이 한다.

성전사원은 신라에서 가장 중요한 사원들이었던 만큼 국가의 비중 있는 불교의례가 개최되었다. 사천왕사는 문무왕이 당의 침략을 막아내기 위해 창건한 사원으로, 명랑법사는 이곳에서 문두루비밀지법을 씀으로서 국가적 위기를 극복하였다. 또한 경덕왕 19년(760) 4월 해가 둘이 나타나 열흘이나 없어지지 않자, 사천왕사의 승려 월명사는 조원전(朝元殿)에 설치된 단(壇)에 나아가 도솔가를 지어 부름으로써 재앙을 물리쳤다.

특히 국가의 발전을 비는 대표적 불교의례인 백좌강회(百座講會: 仁王會)와 간등(看燈)의 행사가 성전사원에서 열렸다는 것은 주목되지 않을 수 없다. 백좌강회와 간등은 종래 황룡사에서만 개최된 것으로 이해하여 왔으나, 이를 통시대적 사실로 일반화하기에는 의문이 있다. 백좌강회의 경우 황룡사에서 개최한 것은 중고와 하대의 일이고, 중대에는 오히려 봉덕사에서 개최한 사례를 찾을 수 있기 때문이다. 성덕왕은 태종대왕을 위하여 봉덕사를 창건하고 인왕도량(仁王道場)을 7일간 열고 크게 사면령을 내렸다. 그렇다면 중대에 와서는 황룡사의 기능에 변화가 있었음을 알 수 있다고 하겠다.

성전사원에는 국왕이 행행한 예도 흔히 나타나고 있다. 백좌강회와 간등 때에 국왕이 황룡사에 행차한 사실은 이미 잘 알려져 있다. 진평왕은 영흥사에 화재가 일어나 가옥 350 채가 불 타자 친히 임하여 구제하였다. 선덕여왕은 자신이 창건한 영묘사에 행차하여 행향(行香)했으며, 문무왕은 영묘사에 화재가 빈발하자 이곳에 행행하였고, 앞길에서 열병식을 거행하였다. 또한 신문왕은 문무왕의 원당인 감은사가 완성되자 그곳에 행행하여 호국룡(護國龍)으로부터 성대(聖帶)인 흑옥대(黑玉帶)를 받고, 신라 태평성대의 상징인 만파식적(萬波息笛)을 얻었다. 혜공왕은 재위 12년 1월에 경덕왕 이래 사용하던 당식(唐式) 관호를 복고한 후 감은사에 행차하여 망해(望海)하였으며, 하대의 경문왕 역시 감은사에서 망해하였다.

성전사원은 왕실의 조상숭배를 위한 원당인 만큼 노비, 사원전 등 경제적 기반도 상당한 수준이었다고 추측된다. 비록 구체적인 자료는 찾기 어렵지만, 문무왕은 재화(財貨)와 전지(田地)를 함부로 사원에 시납함을 금지하였고, 애장왕은 사원 창건을 금지하고, 수놓은 비단과 금은(金銀)으로 만든 그릇을 불교행사에 사용하는 것을 금하였다고 한다. 이는 통일기 사원의 경제적 융성을 반증하는 것으로, 성전사원의 경제적 번영도 미루어 짐작할 수 있다고 하겠다.

성전사원의 중요성은 신라 말 일련의 흉조가 이곳에서 연이어 나타난 사실을 통해서도 존재 의미를 살필 수 있다. 52대 효공왕대의 봉성사, 53대 신덕왕대의 영묘사, 54대 경명왕대의 사천왕사와 황룡사, 55대 경애왕대의 황룡사 등 여러 성전사원에서의 일련의 흉조는 곧 신라 멸망의 징조였다. 이로부터 오래지 않아 신라는 멸망하고 말았던 것이다. 신라 멸망의 징조가 성전사원에 나타났다는 것은 말기에 이르러 그 위상이 약화되었음을 말하는 것이지만, 한편에서는 왕실의 원당인 이들 사원이 신라 사회에서 차지하는 의미가 컸음을 뜻할 것이다. 황룡사는 물론이지만, 봉성사의 외문(外門)이 동서 21칸이었다거나, 영묘사 내의 행랑에 까치집이 34

곳, 까마귀집이 40곳이었다는 것에서 성전사원의 규모를 짐작할 수도 있겠다. 그러나 봉성사, 영묘사, 사천왕사, 황룡사 등의 성전사원에서 흉조가 나타났다는 것으로 보아, 영향력은 약화되었다 하더라도 성전사원 제도는 신라 말까지 존속되었으며, 대상 지역도 경주를 벗어나지는 않았다고 하겠다.

금석문에 나타난 성전사원

성전사원 관련 자료는 『삼국사기』뿐만 아니라, 당시의 문자자료에서도 확인되고 있다. 성전사원의 이름은 각종 비석이나 석각, 종명, 기와 명문 등에서 발견되지만, 성전임이 밝혀진 경우는 성덕대왕신종 명문, 황룡사 9층목탑 금동사리함기, 황복사비편 등이 있다. 이들 자료는 비록 한 시점의 자료를 담고 있으나 당시의 실상을 파악하는 데 매우 귀중한 정보를 제공한다. 황복사비편에 나타난 봉성사성전과 봉덕사성전에 대한 검토는 다음 장으로 미루고, 여기서는 성덕대왕신종 명문에 나타난 봉덕사성전과 봉은사성전을 살피고, 이어 황룡사 9층목탑 사리함기를 통해 『삼국사기』에서 빠진 황룡사성전의 실태를 파악하기로 하자.

가. 성덕대왕신종 명문

성덕대왕신종은 국립경주박물관 정원의 종각에 매달려 있는 현존하는 신라 최대의 종이다. 몸체 길이 2.91m, 종걸이[음관] 0.65m이고, 입지름 2.2m이다. 종신(鐘身)의 두께는 상하가 다른데, 아래 부분은 20cm, 위쪽은 10cm 정도로서 아래에서 위로 갈수록 얇아진다. 전체 부피 약 3㎥

그림 1. 성덕대왕신종 성전 부분

이고, 1997년 측정 결과 무게는 18.9톤으로 밝혀졌다. 제작 시기는 대력 6년(771: 혜공왕 7) 12월 14일이다. 신라시대에는 봉덕사에 걸려 있었고, 두 쌍의 비천상 사이에 주종 유래를 밝힌 글과 이 사업에 참여한 관원과 주종 기술자인 박사들의 명단을 열거한 글이 각각 새겨져 있다.

성덕대왕신종 제작에 참여한 관원은 검교사 2명, 부사 1명, 판관 3명, 녹사 3명으로, 직책과 성명은 다음과 같다.

檢校校兵部令兼殿中令司馭部令修城部令監四天王寺府令幷檢校眞智

大王寺使上相大角干臣金邕

檢校使肅政臺令兼修城府令檢校感恩寺使角干臣金良相

副使執事部侍郎阿湌金體信

判官右司祿館監級湌金△淂

判官　　　　級湌金忠封

判官　　　　大奈麻金如芿庾

錄事　　　　奈麻金一珎

錄事　　　　奈麻金張幹

錄事　　　　大舍金△△

大曆六年歲次辛亥 十二月 十四日 鑄鍾大博士 大奈麻 朴從鎰

次博士 奈麻 朴賓奈

奈麻 朴韓味

大舍 朴負缶

[해석]

검교사는 병부령으로 전중령·사어부령·수성부령·감사천왕사부령을 겸하고 아울러 검교진지대왕사사인 상상 대각간 신 김옹

검교사는 숙정대령으로 수성부령·검교감은사사를 겸한 각간 신 김양상

부사는 집사부의 시랑인 아찬 김체신

판관은 우사록관 감인 급찬 김□득

판관은 급찬인 김충봉

판관은 대나마인 김여잉유

녹사는 나마인 김일진

녹사는 나마인 김장간

녹사는 대사인 김□□

력 6년 세차 신해(771) 12월 14일 주종대박사는 대나마 박종일

차박사는 나마 박빈나

나마 박한미

대사 박부부

성덕대왕신종 명문은 혜공왕 7년(771) 12월 14일 주종사업 관여자들의 사정을 자세히 말해주고 있다. 비록 '성전'이란 말은 없지만, 구성원의 직명으로 보아 성전의 관원 조직임을 쉽게 알 수 있다. 이로써 직관지에 등장한 봉덕사성전과 그 구성원을 금석문에서 실제 확인하였다는 점에서 의미가 크다. 당시는 당식(唐式)으로의 관호개혁기로서(759-775), 김옹과 김양상 등 2명의 장관이 겸하고 있는 관부·관직명은 직관지의 그것과 정확히 일치한다. 검교사(금하신)-부사(상당)-판관(적위)-녹사(청위)-[전(사)]으로 이어지는 관원구성과, 검교사(檢校校), 병부령(兵部令), 전중령(殿中令), 사어부령(司馭部令), 수성부령(修城部令), 감사천왕사부령(監四天王寺府令), 숙정대령(肅政臺令), 수성부령(修城府令), 검교감은사사(檢校感恩寺使) 등의 관부·관직명을 확인할 수 있기 때문이다.

그러나 직관지의 자료와 비교하면 관원 수는 일정한 차이를 나타내고 있다. 우선 검교사가 2명이나 임명되어 이례적이다. 또한 부사 1명, 판관 3명, 녹사 3명이 임명되어, 직관지의 봉덕사성전뿐만 아니라 다른 사원의 성전 구성과도 일치하지 않는다. 아마 직관지의 관원 수 규정이 원칙이나, 성덕대왕신종 주조라는 국가의 대사를 맞이하여 일시적으로 관원이 증원되었다고 하겠다. 더욱이 2명의 장관이 동시에 재임한 것은 당

시만의 특수한 현상으로, 성덕대왕신종을 주조하려는 왕실세력의 의지가 봉덕사에 집중되었음을 나타낸다고 하겠다.

검교사인 김옹과 김양상은 다수 관부의 장관을 겸하였다. 성전사원 관계 관직만 하더라도 김옹은 봉덕사, 사천왕사, 진지대왕사의 성전 책임자를 겸하였고, 김양상은 봉덕사와 감은사 성전의 책임자를 겸하였다. 이는 성전의 장관이 겸직임을 말한다. 나아가 이들이 성덕대왕신종 주조와 무관한 사천왕사, 진지대왕사, 감은사의 성전 장관을 겸한 것을 보면, 성전은 상설 관청임이 분명하며, 성덕대왕신종 주조를 위한 임시 관청이었다고 이해할 수는 없을 것이다.

성덕대왕신종 명문의 중요성은 이에 그치지 않는다. 진지대왕사성전을 확인하였기 때문이다. 김옹이 겸대한 검교진지대왕사사(檢校眞智大王寺使)는 진지대왕사성전의 검교사를 말한다. 진지대왕사는 곧 직관지의 봉은사를 말하는데, 진지대왕사가 봉은사임은 「대숭복사비문」에서 확인할 수 있다. 최치원이 찬술한 사산비명은 『문창집』, 『계원유향』, 『해운비명주』, 『사산비명』, 『사갈』 등 20종 가까운 주해 필사본이 전한다. 이 중 『신라국사산비명』, 『고운집』 등 일부 판본에서 "중화을사(中和乙巳)···일의봉은고사(一依奉恩故事)"의 세주에서 봉은사는 열조대왕의 추복지소(追福之所)로서 건립되었다는 사실을 밝히고 있기 때문이다. 다행히도 숭복사비는 여러 개의 비편이 전해지고 있는바 관련 부분을 순서대로 연결하면 아래와 같이 필사본의 주해와 정확히 일치함을 알 수 있었다. 이로써 봉은사는 열조대왕(烈祖大王 : 聖祖大王) 즉 원성왕이 진지대왕의 추복지소로서 건립한 것임을 알게 되었고, 진지대왕사란 바로 봉은사의 처음 이름임이 증명되었다.

故事	奉恩寺乃烈祖大王奉爲 眞智大王追福所建故取爲則

<대숭복사비 필사본>

故事	奉△寺乃　聖△大王奉△ 眞△大王追福△△△△△△

<대숭복사 비편>

나. 황룡사 9층목탑 금동사리함기

이 자료는 경주시 구황동 황룡사 9층목탑지의 심초석에 시설된 사리공 안에서 발견되었다. 1964년 도굴꾼에게 탈취되었다가 1966년에 회수되었다. 현재는 국립경주박물관 미술관에 전시되어 있다. 목탑 초석의 중앙 심초석에 만들어진 사리공은 정사각형으로 한 변의 길이 30cm, 높이 27.5cm이다. 이 사리공 안에서 사리외함이 출토되었고, 다시 그 안에 내함이 있다. 사리내함은 가로 23.5cm, 세로 22.5cm이며, 1면은 내외에 신장상을 새기고, 3면은 내외에 명문을 새겼는데, 제작 연대는 경문왕 12년인 872년이다. 글자는 쌍구체로 음각되었으며, 찬자는 박거물(朴居勿)이고, 서자는 당시의 명필인 요극일(姚克一)이었다.

사리함기의 제목은 '황룡사찰주본기(皇龍寺刹柱本記)'로 되어 있는데, 전반부는 황룡사 9층탑의 창건 사실을 적고, 후반부는 경문왕대의 중수 사실을 적었다. 그리고 말미에 성전(成典)과 도감전(道監典), 속감전(俗監典)을 적었다. 황룡사에 성전이 설치되었다는 사실은 직관지에서 확인되지 않던 사실이었는데, 이 자료의 출현으로 황룡사성전의 존재가 밝혀졌다. 성전 관련 명문의 내용은 다음과 같다.

그림 2. 황룡사 9층목탑 사리함기 명문(복제)

成典

監脩成塔事守兵部令平事伊干臣金魏弘

上堂前兵部大監阿干臣金李臣

倉府卿一吉干臣金丹書

赤位大奈麻臣新金賢雄

青位奈麻臣新金平矜 奈麻臣金宗猷

奈麻臣金歆善 大舍臣金慎行

黃位大舍臣金兢會 大舍臣金勛幸

大舍臣金審卷 大舍臣金公立

[해석]

성전

감수성탑사는 수병부령 평장사 이간 신 김위홍

상당은 전임 병부대감 아간 신 김이신

창부경 일길간 신 김단서

적위는 대나마 신 신김현웅

청위는 나마 신 신김평긍, 나마 신 김종유

나마 신 김흠선, 대사 신 김신행

황위는 대사 신 김긍회, 대사 신 김훈행

대사 신 김심권, 대사 신 김공립

위 명문은 경문왕 12년(872) 황룡사성전의 존재를 말해주고 있다. 황룡사성전의 관원은 감수성탑사-상당-적위-청위-황위로 구성되어 있었다. 감수성탑사를 금하신에 비정할 수 있을까 하는 의문이 제기될 수 있다. 체제상 금하신으로 기록되어야 마땅하기 때문이다. 그러나 감수성탑사가 곧 금하신이었다고 생각된다. 9층탑 중수라는 대사를 맞이하여 감수성탑사를 칭하였다고 보기 때문이다. 황룡사성전은 1명씩의 금하신과 적위 외에 상당 2명, 청위 4명이 나타나고, 황위라는 관직에 4명의 관원이 재임하였다. 성덕대왕신종 주조 때와 같이 9층탑 중수와 관련하여 인원이 보강된 듯하다. 황위는 황룡사성전의 최하위 관원으로 사에 해당하지만, 성전에서 처음 나타난 직명으로 주목된다.

황룡사는 통일 전 중고시대에 가장 비중 높은 사원이었지만, 하대 후반기인 경문왕 12년(872)의 금석문에서 성전이 확인되었을 뿐 직관지에서는 성전이 실리지 않았다. 따라서 황룡사가 중대에도 성전사원이었는가 하는 것은 커다란 의문이라고 하겠다. 이에 대해서는 다음 두 가지의 가능성을 생각할 수 있다.

먼저 황룡사는 하대 경문왕대 뿐 아니라 중대에도 성전사원이었다는 가정이다. 따라서 직관지에 황룡사가 누락된 것은 『삼국사기』 편찬자의 실수였다는 설명이다. 이럴 경우 황룡사뿐 아니라 다른 여러 사원들이 성전사원으로 추가될 여지가 있다. 다음은 황룡사가 통일 전 신라 최고의 사원이라 하더라도 중대에는 성전사원이 아니었으며, 하대의 어느 시기에 이르러 성전사원이 되었다는 해석이다. 만약 『삼국사기』 편찬 시 찬자가 황룡사성전마저 빠뜨릴 정도였다면, 『삼국사기』의 사료적 가치란 크게 반감되며 정사 편찬상 납득키 어렵다고 하겠다. 그러나 후자의 해석을 따른다면, 성전사원의 중요성이 시기에 따라 달랐을 것이라는 점에서, 오히려 타당한 해석이라고 생각된다.

혜공왕은 재위 7년(771) 아버지 경덕왕이 시주한 황동 12만근으로 성덕대왕신종을 완성하였다. 이때 봉덕사성전에서 실무를 주관하고, 대박사(大博士), 차박사(次博士) 등의 국가 장인들이 종을 주조하였다. 그러나 경덕왕 13년(754) 약 50만근의 황룡사종을 주조할 때는 효정 이간과 삼모부인이 시주자였다. 주조한 기술자도 국가 장인이 아니라 금입택 가운데 하나인 이상택(里上宅) 하전(下典)이었다. 이는 성전사원과 비성전사원의 차이를 말해주며, 성전사원이 단순히 규모가 크다거나 불사한 재화의 양만으로 결정된 문제가 아니었음을 보여 보여준다. 따라서 황룡사는 직관지가 제시하는 신문왕 4년(684)에서 애장왕 6년(805)까지는 성전이 설치되지 않았고, 그 이후 어느 시기에 성전사원으로 지정되었다고 하겠다.

성전사원은 늘어날 수 있을까?

신라시대 문자자료에서 봉덕사성전과 사천왕사성전, 봉은사성전, 감은사성전, 황룡사성전, 봉성사성전이 확인되었다. 봉덕사, 사천왕사, 봉은사, 감은사, 봉성사성전은 직관지에 실린 것이고, 황룡사성전은 직관지에 기록되지 않았으나 새로이 발견된 것이다. 그러면 문자자료에서 이밖의 성전사원도 확인할 수 있을까? 여기서는 이를 살피기로 하자.

가. 황복사비편

경주 낭산 동쪽에 위치한 황복사(皇福寺) 터에서는 현재까지 10여 개의 비편이 수습되었다. 동국대박물관과 국립경주박물관에서 12개의 비편을 소장하고 있으며, 최근 이곳을 발굴조사 중인 성림문화재연구원에서도 약간의 잔편을 수습하였다. 이 가운데 성전과 관련하여 주목할 만한 비편은 다음 3편이다. 이들은 2개 비석의 비편으로, 편의상 제1비와 제2비로 구분하고자 한다.

그림 3. 황복사비편 탁본

<제1비-①>

1행 : [奉]聖神忠寺令伊[湌]

2행 : [令]伊湌臣金順

3행 : □撰

<제1비-②>

1행 : [韓][奈][麻]臣[亻]漢功

2행 : [韓]奈麻新金季

<제2비>

1행 : □□[府]令

2행 : [奉]德大宗寺[令]

3행 : □令

<제1비-①>에서 비편 양 끝의 남은 획으로 보아 제1행은 '[奉]聖神忠寺令伊[湌]'으로 읽어 '奉聖神忠寺의 令 伊湌 臣 某'로 파악하고, 신충봉성사는 신충을 봉성(奉聖)하는 사, 곧 신충을 성인으로 받드는 사원 정도로 풀이할 수 있다. 봉성신충사가 성전사원인 봉성사를 가리킨다는 데 대해서는 이론이 없다. 다만 성전의 영(令)이 아닌 사원의 영(令)이라 한 것이 다소 어색하다. 그렇지만 성덕대왕신종 명문에도 성전이란 말이 없이 바로 검교사가 등장하므로 문제될 것은 없다. 오히려 성전사원인 봉성사가 관부로 인식되었다는 유력한 증거가 될 수 있다고 생각한다. 한편에서는 비편을 근거로 신충(信忠)보다는 신충(神忠)이 보다 정확한 이름이며, 『삼국유사』에 기록된 신충봉성사(信忠奉聖寺)는 봉성신충사(信忠奉聖寺)의

와전이라 이해하기도 한다. 그러나 신충(信忠)과 신충(神忠)은 통용되며, 봉성신충사 또한 신충봉성사와 혼용되었다고 파악된다. 제2행은 '[令]伊湌臣金順'으로 추독할 수 있다.

<제1비-①>의 '[奉]聖神忠寺令伊[湌][臣][某]'와 '[令]伊湌臣金順', <제1비-②>의 '[韓][奈][麻]臣[亻]漢功'과 '[韓]奈麻新金季'을 근거로 황복사성전의 존재를 상정하고, 시대를 성덕왕대로 파악한 한 견해가 있다. 성덕대왕신종 명문의 성전 관원 표기와 유사하며, 황복사지에서 비편이 발견되었기 때문이라는 것이다. 나아가 김순(金順)과 신김계(新金季)를 705년경 제작된 황복사금동사리함(皇福寺金銅舍利函) 명문에 보이는 소판김순원(蘇判金順元)과 한사 계력(韓舍季歷)과 같은 인물로도 파악할 여지도 있다고 한다. 두 명문에 잔존하는 이름이 일치하고, 관등 또한 동시기에 순차적으로 승차할 수 있는 위계이며, 당시 김순원이 왕실과 긴밀한 관계에 있었기 때문일 것이다.

그러나 비편으로 봉성사성전을 상정하는 것은 가능하나, 성덕왕대의 황복사성전 설은 따르기 어렵다. 성덕왕대 성전의 장관을 영(令)이라 한 것도 문제거니와, 성덕대왕신종 명문과는 달리 하위 관원인 '[韓][奈][麻]臣[亻]漢功'이 '신(臣)'자를 사용하고 있으며, '[韓]奈麻新金季'도 신김씨(新金氏)였다는 사실 때문이다. 신김씨의 칭성(稱姓) 시기에 대해서는 논란이 있으나, 하대였다고 보는 것이 일반적이다. 또한 '김순(金順)...'로 이어지는 이름도 김순(金順), 김순원(金順元), 김순정(金順貞) 등의 이름이 나타나고 있고, '계(季)...'가 '계력(季歷)'이란 두 글자 인명이라고 장담할 수도 없다. 더구나 황복사비 귀부와 왕희지체로 미루어 황복사비는 9세기 후반에 건립되었다는 견해가 참고된다. 따라서 황복사비를 성덕왕대 건립된 비석으로 이해하고, 등장 인물들이 황복사성전의 관원이었다고 한 것

은 지나친 해석이라고 생각한다. 더욱이 황복사가 성덕왕대 성전사원이었다면 『삼국사기』에 누락된 이유가 궁금하다고 하겠다.

다음 제2비 '德太宗寺'는 성덕왕이 태종대왕을 위해 봉덕사를 창건하였다는 기록과 비편 끝에 남은 획으로 보아 [奉]德太宗寺[令]으로 추독한다면, 奉德太宗寺의 令 관등 臣 某로 풀이할 수 있다. 이로써 봉덕사의 본래 이름은 봉덕태종사(奉德太宗寺)이며, 태종을 봉덕(奉德)하는 사원, 곧 태종을 덕으로 받드는(또는 태종의 덕을 받드는) 사찰임을 알게 되고, 나아가 봉덕사성전의 장관도 확인할 수 있게 되었다. 그러면 이 자료는 일부에서 제기하는 것처럼 <제1비>와는 다른 또 다른 시점의 황복사성전을 말하는 것일까? 그렇지는 않다고 생각한다. 무엇보다 적극적인 근거가 없기 때문이다. 여기서는 해당 인물이 봉덕사성전의 장관임을 말할 뿐이라고 생각한다. 다시 말해 봉덕사가 한 때 태종무열왕의 원찰이었다는, 사원의 유래를 밝혀주는 자료라고 생각하는 것이다.

나. 연지사종명(833)

청주 연지사종(蓮池寺鍾)은 오늘날의 진주의 어느 사찰에 있었던 것으로 짐작되는데, 현재는 일본 후구이현(福井縣) 쓰루가시(敦賀市) 죠구진자(常宮神社)의 창고에 수장되어 있다. 높이 111.5cm、입지름 66.7cm이며, 서체는 해서이다. 흥덕왕 8년(833)에 제작되었으며, 임진왜란 때 약탈되었다. 2016년 11월 12일에 경남국외문화재보존연구회에서 죠구진자를 방문하여 400년 만에 첫 타종을 실시하였다. 명문 가운데 성전화상(成典和上)이 있는바 이를 근거로 연지사성전 설이 제기되었다.

그러나 성전은 수영(修營)의 뜻을 가진 만큼 성전화상은 수영을 담당한 화상, 곧 주종을 담당한 화상으로 이해해야 할 것이다. 더구나 사원이 왕경 아닌 지방에 위치하였고, 직관지에서 볼 수 있는 성전 조직도 아닌 만큼, 성전사원으로 분류하기 힘들다고 하겠다.

太和七年三月日 菁州蓮池寺

鐘成內節 傳合入金 七百十三廷

古金 四百九十八廷 加入金百十廷.

成典和上惠門法師□惠法師

上坐則忠法師都乃法勝法師

卿村主三長及干朱雀大

作韓舍寶淸軍師龍年軍師

史六□三忠舍知行道舍知

成博士安海哀大舍哀忍大舍

節州統皇龍寺覺明和上

[해석]

태화 7년(833) 3월 일에 청주 연지사의 종이 이루어졌다. 전하건대 들어간 쇠가 합하여 713정이니, 원래의 쇠가 498정이고 더 들어간 쇠가 110정이다. 성전화상(成典和上)은 혜문법사와 □혜법사이며, 상좌는 칙충법사이며, 도(유)나는 법승법사이다. 경촌주는 삼장급찬과 주작대내마이며, 작한사는 보청군사와 용년군사이다. 사육□는 삼충사지와 행도사지이다. 종을 만든 박사는 안해애대사와 애인대사이다. 이때의 주통은 황룡사 각명화상이다.

다. 창림사 무구정탑원기(문성왕 17년, 855)

경주 남산 서쪽 기슭에 있던 창림사의 탑 안에 들어 있던 것으로, 조선 순조 24년(1824)에 한 석공이 탑을 깨뜨리고 그 안에 있던 다라니경의 사경문(寫經文)과 함께 발견한 동판(銅版)에 적혀 있다. 오랫동안 행방을 몰랐으나 경기도 이천시 영원사(靈源寺)에서 발견되어 지금은 화성시 용주사(龍珠寺) 효행박물관에 전시되어 있다. 내용은 신라 문성왕 경응(慶膺)이 현세와 내세에서의 공덕을 쌓기 위하여 무구정탑을 만들었다는 것이다. 조성에 참여한 사람 가운데 검교사(檢校使), 검교부사(檢校副使)가 있음을 근거로 창림사성전을 추정하기도 한다. 그러나 이는 직관지에 나타난 관원조직도 아닐뿐더러 인물의 위상도 현격하게 낮아 성전사원으로 파악할 수 없다.

奉教 宣修造塔使 從弟 舍知 行熊州 祁梁縣令 金銳

都監 修造大德 判政法事 啓玄

檢校 修造僧 前奉德寺 上座 清玄

專知 修造僧 康州 咸安郡統 教章

同 監修造使 從叔 行 武州長史 金繼宗

同 監修造使 從叔 新受康州 泗水縣令 金勳榮

檢校使 阿干 前執事侍郎 金元弼

檢校副使 守溟州別駕 金嶷寧

專知修造官 洗宅大奈末 行 西林郡太守 金梁博

勾當修造官 前倉府史 金奇言

勾當修造官 前倉府史 金 朴基昌林寺 無垢淨塔誌

[해석]

왕명을 받은 수조탑사는 (국왕의) 종제이며 사지로서 웅주 기량현령인 김예

도감 수조 대덕은 판정법사인 계현

검교 수조 승은 전임 봉덕사 상좌인 청현

전지 수조 승은 강주 함안군의 군통인 교장

동 감수조사는 (국왕의) 종숙이며 무주 장사인 김계종

동 감수조사는 (국왕의) 종숙이며 새로 강주 사수현령을 제수받은 김훈영

검교사는 아간으로서 전임 집사시랑인 김원필

검교부사는 명주 별가인 김억녕

전지 수조관은 세댁 대내말로서 서림군 태수인 김양박

구당 수조관은 전임 창부사인 김기언

구당 수조관은 전임 창부사인 김박기

라. 기타의 사찰

위에 언급한 사찰 밖에도 성전사원일 가능성이 있다고 하는 사원이 여럿 존재한다. 무장사 아미타상과 신장상, 미타전 건립을 주도한 유사(有司)와 같은 기구도 성전이라고 하며, 숭복사도 헌강왕대에 성전이 설치되었다고 한다. 또 분황사, 불국사, 망덕사, 삼랑사 등이 성전사원이었다는 주장도 있다. 그러나 현재로서는 근거를 찾기 힘들다. 우선 『삼국사기』에 등장하지 않은 사원은 가능성이 희박하다. 설사 『삼국사기』에 등장한다 하더라도 창건과 관련된 사실을 찾을 수 없거나 신라 왕실과 직접적인 관련이 없는 사원 또한 성전사원일 가능성이 낮아 보인다. 일부에서는 국왕의 복을 비는 사찰이면 성전사원으로 이해하는 경향도 있다. 그러나 사원치고 원당 아닌 곳이 어디 있으며, 국왕의 기복을 내세우지 않은 사원이

어떻게 존재할 수 있었을까?

성전사원은 애장왕 6년(805)이나 그 이후에 폐지되거나 격하되었을 것이라는 견해가 있다. 그러나 신라 하대의 성전사원을 이해하는 큰 기준은 황룡사 9층목탑 사리함기의 명문이다. 872년에도 성전의 조직은 5등 관제였고, 상당, 적위, 청위 등의 명칭이 그대로 사용되고 있었다. 금하신이 감수성탑사로 기록되었지만. 이는 당시의 9층탑 중수 때문이었을 것이다. 그리고 장관과 차관이 겸직인 것도 성덕대왕신종 명문에 보이는 봉덕사성전과 같았다. 이는 당시까지 성전사원이 잘 작동하고 있었었다는 증거로 생각된다. 시대의 흐름에 따른 변화를 상정해야 한다는 주장은 귀담아 들어야 한다. 그렇다고 무리하게 성전의 폐지, 축소 운운하거나 특정 사원을 성전사원이라 추정하는 것은 신중해야 한다고 생각한다. 문자자료에서 새로운 성전사원이 출현할 가능성은 현재 그리 높아 보이지 않는다.

참고문헌

박남수, 2012,「眞殿寺院 기원과 新羅 成典寺院의 성격」,『韓國思想史學』41.

尹善泰, 2000,「新羅의 寺院成典과 衿荷臣」,『韓國史研究』108.

尹善泰, 2002,「新羅 中代의 成典寺院과 國家儀禮 -大·中·小祀의 祭場과 관련하여-」,『新羅文化祭學術論文集』23.

윤선태, 2015,「新羅 中代 成典寺院과 密教 -중대 國家儀禮의 視覺化와 관련하여-」,『先史와 古代』44.

李泳鎬, 1983,「新羅中代 王室寺院의 官寺的 機能」,『韓國史研究』 43.

李泳鎬, 1993,「新羅 成典寺院의 成立」,『신라문화제학술발표회논문집』14; 2014,『신라 중대의 정치와 권력구조』, 지식산업사.

蔡尙植, 1984,「新羅統一期의 成典寺院의 구조와 기능」,『釜山史學』8.

黃壽永, 1973,「新羅 皇龍寺九層木塔 刹柱本記와 그 舍利具」,『東洋學』3; 1999,『黃壽永全集 4 -금석유문-』, 혜안.

浜田耕策, 1982,「新羅の寺院成典と皇龍寺の歴史」,『學習院大學文學部研究年報』28; 2002,『新羅國史の研究』, 吉川弘文館.

李成市, 1983,「新羅中代の國家と佛教」,『東洋史研究』42-3; 1998,『古代東アジアの民族と國家』, 岩波書店.

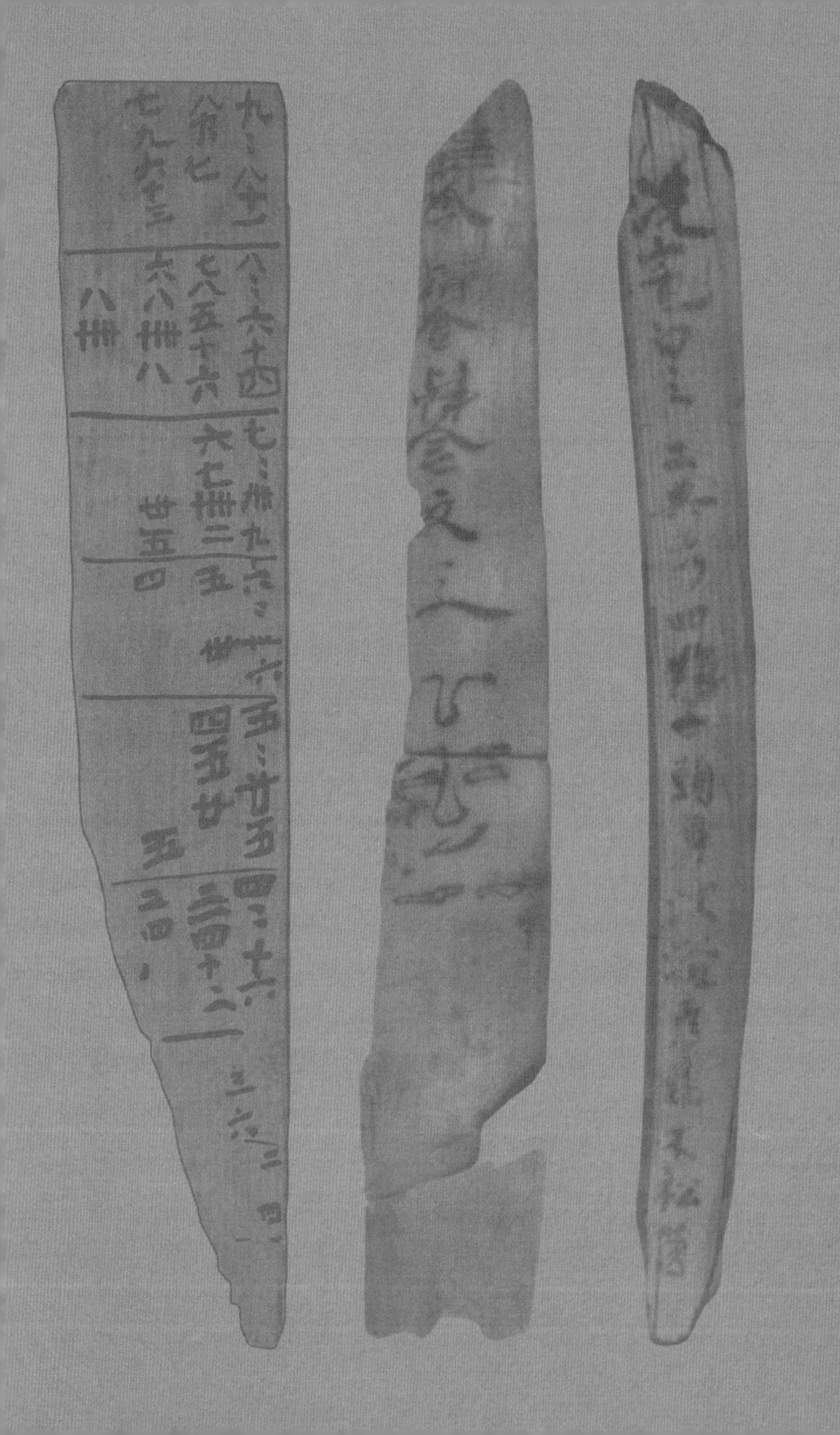

고대의 문자기와

이병호
국립중앙박물관

경주나 부여를 답사하다 보면 흙 속에 묻혀 있는 기와파편을 쉽게 발견할 수 있다. 우리는 그것을 보고 그 주변에 기와를 얹은 건물이 있었음을 짐작하게 된다. 기와는 기와 건물의 지붕에 사용한 중요한 건축 부재의 하나이기 때문이다. 하지만 고대사회에서 기와는 단순히 건축물을 구성하는 소재 이상의 의미를 가지고 있었다. 『구당서(舊唐書)』 고구려전에는 "오직 불사(佛寺)와 신묘(神廟), 왕궁(王宮), 관부(官府)에서만 기와를 사용했다"는 기록이 남아 있다. 고대사회에서 기와 건물이 왕궁이나 관청, 제사 시설, 사원 등 국가적인 시설에만 사용하는 특수한 것이었음을 잘 보여주는 기록이다.

그렇다면 기와를 연구해서 무엇을 얻을 수 있을까. 암키와나 수키와, 암막새나 수막새 등 기와를 분석해서 얻을 수 있는 역사 정보는 크게 ①

연대에 관한 정보, ②건물(사용시설)에 관한 정보, ③생산과 유통에 관한 정보 등이 있다. 연대에 관한 정보는 기와가 제작되어 사용되다가 폐기된 연대를 가리키며 연구자의 1차적인 관심이다. 건물에 관한 정보는 기와지붕에 관한 경관(景觀) 복원이나 건물의 격(格)에 관한 것이고, 생산과 유통은 기와 제작 조직이나 수요·공급에 관한 것을 가리킨다. 기와 연구자들이 수백·수천 점에 달하는 수막새의 문양 분류하고 제작기법을 분석하거나 암키와 내면의 와통 형태나 등문양과 타날판의 크기, 조합 관계 등을 분석하는 것은 이처럼 단순히 연대 파악 이상의 의미를 가지고 있다.

기와에 문자가 기재된 경우 역사자료로서의 비중이 늘어나게 된다. 기와에 문자를 기재하는 방법은 다양하다. [1]대칼과 같은 날카로운 도구를 이용해서 기재하는 경우[음각(陰刻)], [2]도장을 눌러서 날인하는 경우[날인(捺印)], [3]수막새나 암막새 등의 거푸집에 문양을 표현하는 경우[범(笵)], [4]타날판에 문자를 새겨서 두드리는 경우[형압(型押)], [5]먹이나 주칠 등 안료를 붓으로 쓴 경우[묵서(墨書)·주서(朱書)] 등 여러 가지 방법을 상정할 수 있는데 삼국시대부터 통일신라시대까지는 [1][2][4]가 대부분을 차지한다.

기와에 문자가 기재되는 방법은 기와의 생산 공정과 밀접하게 연관되어 있다. 기와의 제작은 크게 (1)점토의 준비(흙을 채취하고 반죽하는 것), (2)기와의 성형과 조정, (3)기와 건조, (4)기와 굽기 등 네 단계를 거치게 된다. 이 가운데 점토를 준비하거나 소성하는 (1)과 (4)단계에는 도장과 같은 도구를 이용하여 문자를 기재할 수 없다. 따라서 음각이나 날인, 형압에 의한 문자의 기재는 (2)나 (3)단계에 이루어지며 묵서의 경우 기와를 소성한 다음에야 이루어질 수 있다.

기와 제작 공정과 문자의 기재 방식은 그것을 기록한 주체나 문자의 의미를 파악하려고 할 때 중요한 의의를 갖는다. 예를 들어 기와를 성형·조정하는 (2)단계에 문자를 기재하는 주체는 특별한 경우를 제외하면 기와를 제작하는 와공이나 기와 공방과 관련될 것이다. 기와를 건조하는 (3)단계에는 와공 이외의 다른 사람들도 문자 기재에 관여할 여지가 있다. (4)단계의 기와 소성 이후에 묵서할 경우 기와 공인이나 공방과 무관하게 다양한 부류의 사람들이 문자를 기재할 수 있다. 따라서 문자기와를 분석하고자 할 때는 기재 도구나 기재 시점, 기재 위치, 기재하는 비율 등을 종합적으로 고려해야만 그것을 기록한 주체나 의도를 명확히 파악할 수 있다.

이 글은 지금까지 이루어진 고대의 문자기와 연구를 정리하여 문자기와에 관한 이해의 폭을 넓히고, 좀더 많은 사람들이 문자기와에 관심을 가지도록 유도하기 위해 작성하였다. 중국의 문자기와 출현 과정에서부터 고대 삼국에서 그것을 수용하고 변용하는 과정을 시대적인 변천에 따라 정리하였다.

중국의 문자기와

중국에서 기와가 사용된 가장 확실한 자료는 서주시대 조기(기원전 11세기 중엽에서 기원전 10세기 중엽) 유적인 봉추유적(鳳雛遺蹟)이나 부풍현(扶風縣) 소진유적(召陳遺蹟)에서 암키와나 수키와, 반원형와당 등이 출토된 것이 직접적인 증거로서 자주 거론되고 있다. 최근에는 은대 전기의 도읍인 하남성(河南城) 정주상성(鄭州商城)에서 암키와나 수키와 모양의 토제품이 출토되어 그 보다 이른 시기에 기와가 사용되었을 가능성이 높아졌다. 초기의 기와들은 점토띠를 쌓아올려 만들었는데 배수시설인 토관(土管)을 만드는 기술과 유사한 점이 많다. 암키와의 등면에는 새끼줄무늬가 남아 있고, 내면에는 점토띠를 쌓아올리면서 생긴 요철 흔적이 남아 있기 때문이다. 점토띠를 쌓아올린 원통형 점토를 종방향으로 4분할 또는 2분할 해서 암키와 4매나 수키와 2매를 만들게 된다.

문자기와는 전국시대 후기, 연나라의 도읍인 하북성(河北省) 연하도(燕下都)에서 처음 확인된다. 그림 1은 연하도 공방 주위에서 발견된 것으로 '좌궁전좌(左宮田左)' '우궁기(右宮旣)' 등의 도장이 수키와 등면에 찍혀 있다. 그 주변에서는 '도공오(匋攻午)' '우도공탕(右匋攻湯)' 등이 압인된 토기도 함께 발견되었다. 도장이 압인된 이러한 기와나 토기는 연나라 관영 공방 제품이라는 것을 드러내기 위한 것이다. 토기의 경우 '도공(匋攻)'을 '도공[陶攻(工)]'으로 볼 수 있기 때문에 토기를 전문으로 제작하는 공인의 이름을 찍은 것이며, 기와의 경우 '좌공'과 '우궁' 등 두 관청의 명칭이 보이기 때문에 좌·우궁에 소속된 인명을 찍은 것으로 볼 수 있다.

진한(秦漢) 시대가 되면 기와 제작에 커다란 변화가 나타난다. 암키와와 수키와의 제작에 모골(模骨)[기와를 좁게 잘라 만든 기와 제작틀]이라

그림 1. 중국 연하도의 문자기와(1.左宮田左, 2.右宮旣)

는 와통을 사용하기 시작하고, 수막새는 수키와를 2분할한 다음 여러 가지 문양이 있는 드림새를 접합하는 기술이 보급된다. 수막새의 문양에는 운문(雲文)·규문(葵文)·동물문(動物文) 등 다양하지만 한나라 초기에는 점차 운문이 다수를 점하게 된다. 한나라 때는 진을 답습하여 운문와당이 널리 사용되지만 길상구를 배치한 문자와당이 나타나기도 한다.

진의 함양궁이나 시황제릉 부근에서는 문자를 도장처럼 찍은 기와나 토기, 도용 등이 다량으로 출토된다. 그중 기와에 압날한 도장은 기재 방식이나 내용에 따라 크게 3종류로 구분할 수 있다. ①제작 관청과 공인 명칭을 기재한 것[좌사공(左司空), 좌사고와(左司高瓦), 우사공상(右司空相), 대장공쇄(大匠工刷) 등)], ②지명과 공인 이름을 조합시킨 것[안읍록(安邑祿), 의양공무(宜陽工武), 함양공애(咸陽工崖) 등], ③한 글자만 있는 것으로 공인 이름으로 생각되는 것[경(庚), 전(田), 주(周) 등] 등이다. 흥미로운 것은 도장을 통해 복원된 진나라의 관서들이 전한의 중도관(中都官) 26조옥(詔獄)이라는 관부로 이어지고 있는 점이다. 한나라 장안에는 조옥(詔獄)이라 불리는 특설 감옥이 설치되어 수만 명의 형도(刑徒)가 수감되어 있었다. 진한대의 관영수공업이나 조영 사업은 형도 노동에 크게 의존하고 있었던 것이다.

전한 초기의 기와는 문양을 뿐 아니라 문자 내용도 진과 공통점이 많다. 다만 '대장(大匠)'이나 '거실(居室)'처럼 조영 관부의 명칭 말고도 '대입오(大廿五)' '궁삽일(宮卅一)' '공입육(工廿六)'처럼 관명(官名)을 보여주는 대(大)나 궁(宮), 공(工)과 숫자가 조합된 경우가 많다(그림 2). 이때의 '대'는 대장(大匠)의 약칭이기 때문에 그 뒤에 있는 숫자는 가마 번호나 공방의 편호, 공방 집단의 편재와 관련될 가능성이 높다.

후한대에는 '관명(官名)+공인명'이 쇠퇴하고 새롭게 '장락미앙(長樂未

그림 2. 전한 장안성의 문자기와

央)' '장생무극(長生無極)' 등 길상구를 드림새에 새기는 문자와당이 유행한다. 이러한 와당들은 위진 이후에도 계승되어 '만세부귀(萬歲富貴)' 등 정형화된 길상구가 5세기 후반까지 사용되었다. 조영 관부의 명칭을 기록한 문자기와에도 변화가 나타난다. 한위 낙양성에서는 '리(吏)' '사(師)'를 인명에 관칭하는 문자기와가 출토된다(그림 3). 이때의 '리'는 기와 제작을 감독하는 하급관인, '사'는 실제로 제작을 담당한 공인을 가리킨다. 모든 기와에 도장을 찍지는 않았기 때문에 제작 공방이나 제품의 품질을

그림 3. 한위 낙양성의 문자기와

관리할 필요가 있었고, 그 때문에 제작자나 감독자를 드러내기 위해 이러한 도장을 찍었던 것으로 생각된다.

북위에서는 5세기 후반 평성(平城)에서 도장을 찍거나 음각한 문자기와가 출토된다. 북위 문자기와의 출현은 복판연화문과 수면문와당의 정착, 암막새의 장식화, 흑색마연 기술의 완성[(소위 청곤와(青棍瓦)]이라는 다양한 변화에 발맞추어 그 생산·관리체제에도 커다란 변혁이 있었음을 시사하고 있다. 이 시기의 문자기와는 조위(曹魏) 이전과 달리, 음각이나 도장이 시문되는 위치가 수키와 미구 끝부분이나 암키와 등면에 한정된다. 이 시기에 기와에 기재된 문자의 대부분은 '공인명'이다.

5세기 후반 평성에서 성립된 새로운 기와 제작기술은 효문제가 낙양으로 천도한 이후에도 계승된다. 북위 낙양성에서 출토된 문자기와에는 훨씬 풍부한 내용이 담겨 있다. 예를 들어 왕궁의 남쪽에 있는 동타가(銅駝街) 동쪽에서 발견된 1호 건물지에서 출토된 문자기와에는 기와를 제작한 일시를 기록한 것도 있지만, 기와 가마의 책임자[유?주(隤主)], 기와 제작 전반을 책임지는 기술자[(匠)], 점토 원통을 제작하는 공인[륜(輪)], 점토원통을 분할하거나 조정하는 공인[삭인(削人)], 기와 표면을 마연하거나 조정하는 공인[곤인(昆人)] 등이 기재되어 있다(그림 4). 이 문자들은 단

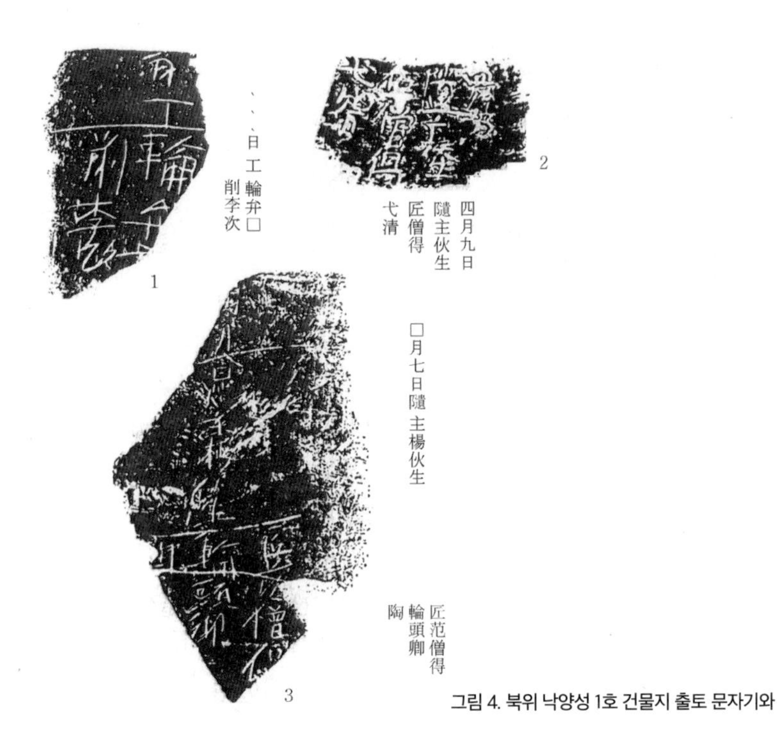

그림 4. 북위 낙양성 1호 건물지 출토 문자기와

순히 수량을 파악하기 위해서라기보다는 생산 책임을 명확히 하기 위한 것이었다. 즉 기와 제작의 각 공정마다 책임 소재를 명확히 하여 수량이나 품질을 엄격하게 관리하고 감독하기 위한 의도에서 찍은 것이다.

북위의 문자기와는 동위·북제로 계승된다. 업성(鄴城)에서 출토된 북조의 문자기와에는 '팔양대(八楊大)' '사황보(四皇甫)'처럼 숫자와 공인명으로 생각되는 문자가 조합된 사례가 자주 발견된다. 이 숫자에 대해 제작 연월이나 월일로 보는 견해도 있지만 공방이나 공인 집단의 편호로 생각할 수도 있다. 이처럼 공인의 이름을 찍은 기와는 당대 전반까지 사용되었다. 수대부터 초당까지 사용된 문자기와는 공장의 이름 앞에 '장(匠)' '관장(官匠)' '장작장(將作匠)'을 관칭하는 경우가 많다(그림 5). 도장을 찍은

匠楊士相

匠張四萬

匠雍興隆

匠李長卞

그림 5. 수당 낙양성 내부 기와 가마터 출토 문자기와

위치는 북위처럼 암키와 등면 끝부분이나 수키와 미구 등면에 찍었다.

남조의 문자기와는 지금까지 거의 보고된 자료가 없다. 다만 진강시(鎭江市) 철옹성(鐵甕城)에서 '관와(官瓦)'가 날인된 암키와가 발견되었고(그림 6), 그 밖에 '太平□' '官' '官瓦' '官窯' 등이 찍힌 기와가 채집되었다. '태평'은 258년부터 260년까지 사용된 오나라 연호이다. 이것을 제외한 '관' '관와' '관요'는 모두 관영공방과 관련된 내용들이다. 이것은 동시기 북조계 문자기와들과는 다른 특징이다. 다만 전축분에 사용된 벽돌 중에는 '장승세사(張承世師)'를 음각한 사례가 확인되는데, 이때의 '사'는 벽돌을 제작한 공인의 직급을 표기한 것으로 보는 견해가 있어 그림 3과 약간의 관련성도 엿보인다.

남조 문자기와에 관영공방과 관련된 내용이 기재된 것은 청자 등에 '대관(太官)'이나 '상부(上府)' '공봉(供奉)' 등이 찍힌 현상과도 관련이 있다. 태관은 황제의 음식과 연회를 담당한 관서였다. 도자기에 찍힌 문자

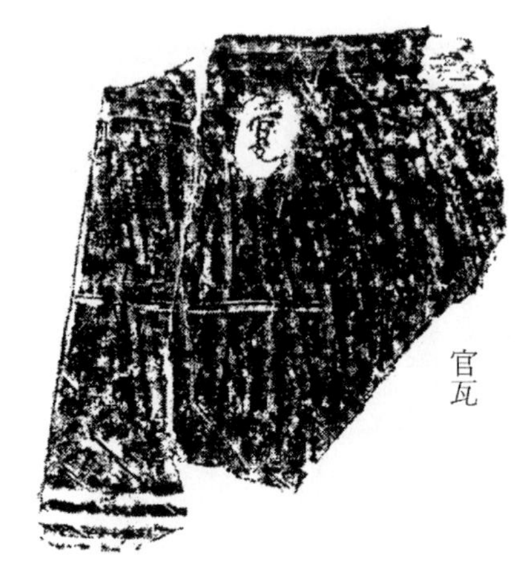

그림 6. 남조의 문자자료(1.철옹성의 문자기와, 2.남경 출토 명문전)

들은 왕실에 공급하기 위해 관요에서 생산한 공납 자기를 표기한 것이다. 기와나 벽돌의 생산은 남조에서도 북조와 마찬가지로 견관서(甄官署)라는 관서에서 담당했는데, 이 관청에서는 도자기나 도용, 소조상 등을 함께 생산했다. 이러한 관영수공업 시스템을 염두에 두면서 문자자료의 증가를 기다려 본다.

한반도의 고대 문자기와

한반도에서 문자기와의 출현은 낙랑에서 시작된다. 낙랑토성에서는 낙랑예관(樂浪禮官) 6종, 낙랑부귀(樂浪富貴) 4종, 천추만세(千秋萬歲) 5종, 대진원강(大晉元康), 만세(萬歲), 대길의관(大吉宜官) 등이 새겨진 와당이 출토되었다(그림 7). 그중 '낙랑예관'이나 '예관'에 보이는 예관(禮官)은 천자에 관계되는 의례나 제사, 음악, 공거(貢擧), 학문 등을 담당하는 관직이다.

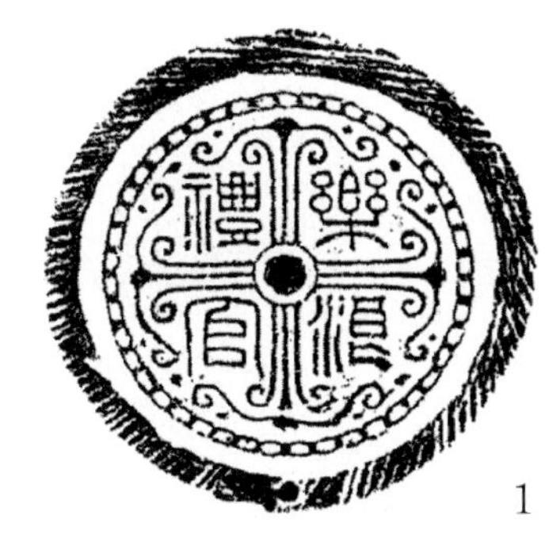

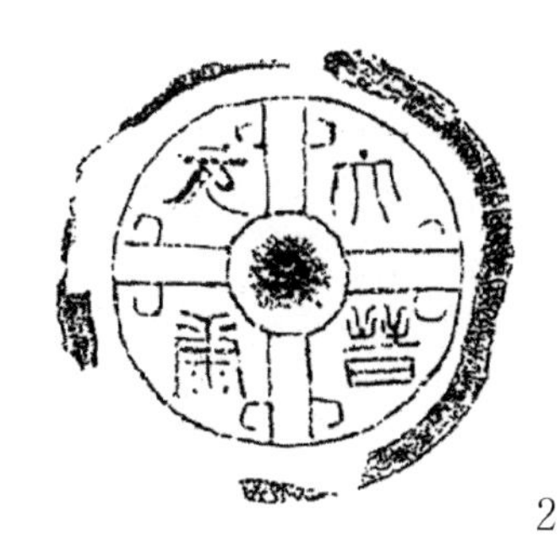

그림 7. 낙랑토성 출토 문자와당(1.樂浪禮官, 2.大晉元康)

예관이 낙랑군에 설치됐다는 문헌사료는 없지만 이 와당에 근거하여 이곳에도 예관이 존재한 것을 추정할 수 있었다.

고구려의 문자기와는 권운문와당의 드림새 부분에 문양 일부로 글자가 새겨진 경우와 암키와·수키와에 가느다란 도구로 음각한 경우로 나눌 수 있다. 집안의 환도산성과 국내성, 대형 적석총 부근에서 자주 출토되고 남한의 보루성에도 소수 출토되었다.

집안 지역에서 출토된 권운문와당의 명문은 11종이다. 그중 가장 빠른 것이 '태녕사년(太寧四年)'명으로 326년에 해당한다. 그밖에 '기축'명(329년), '무술'명(338년), '을묘'년(355년), '정사'명(357년)이 새겨진 와당이 있다. 기년을 표기하는 방법은 '세무술년조와고기(歲戊戌年造瓦故記)'나 '을묘년계유(乙卯年癸酉)'처럼 단순하게 제작 연대를 적은 경우도 있지만 길상구나 제작 집단을 함께 기록한 사례도 있다.

국내성 내부에서 발견된 '태녕사년태세재□윤월육일기사조길보자의손(太寧四年太歲在□閏月六日己巳造吉保子宜孫)'이라는 명문은 제작 연월일과 함께 자손의 길운을 기원하는 길상구가 함께 적혀 있다(그림 8-1). 이와

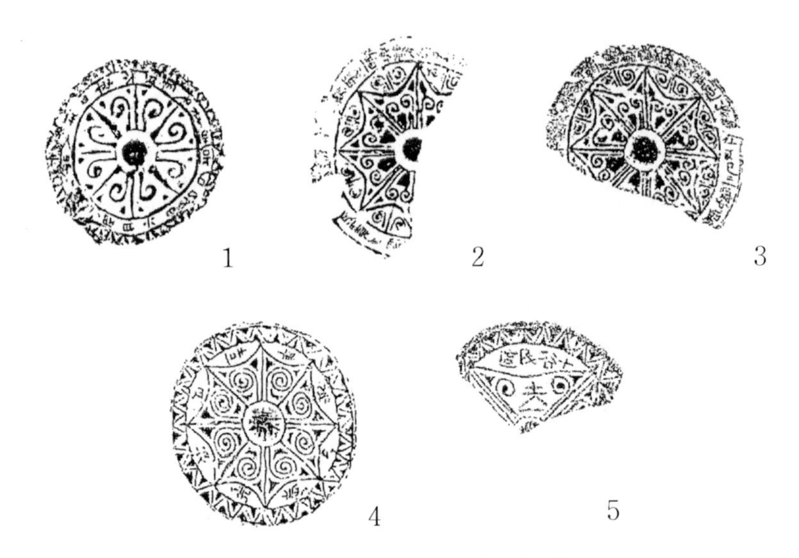

그림 8. 집안 지역 출토 문자와당(1. 태녕4년, 2·3. 정사명, 4. 무술명, 5. 십곡민조)

유사한 사례로 '대길(大吉)'이 쓰인 와당이나 마선구 2100호묘에서 출토된 '부귀자손(富貴子孫)'이 새겨진 철로 만든 거울이 있는데 자손의 번창을 기원하는 의미를 담은 길상구이다.

우산하 3319호 출토 두 점의 기와는 '태세재정사오월입일(太歲在丁巳五月廿日) 위중랑급부인조개묘와(爲中郎及夫人造盖墓瓦), 우작민사천체𩟍□용영시흥예(又作民四千餟𩟍□用盈時興詣), 득향만세(得向萬世)'로 추독할 수 있는 문자기와가 발견되었다(그림 8-2·3). 앞부분은 "정사년(357) 5월 20일, 중랑과 부인을 위해 무덤에 쓰는 기와를 만들어 덮었다" 정도로 해석할 수 있지만 뒷부분은 판독이나 해석에 이견이 많다. 그중 '중랑(中郎)'이 중국계 관직이라는 점에서 제작 주체가 중국계 망명객과 관련될 가능성이 거론되며, '조개묘와(造盖墓瓦)'는 기와지붕이 아닌 무덤에도 기와를 덮었음을 보여준다. '작민사천(作民四千)'의 경우 이수원자 남유적에서 출토된 '십곡민조(十谷民造)'(그림 8-5)와 더불어 기와 제작 집단을 가리키는 것으로 생각된다.

집안지역의 초대형 적석묘와 환도산성에서는 암키와나 수키와에 가느다란 침선으로 글씨나 부호, 그림을 새긴 기와들이 발견되었다. 그중 천추총에서는 '□랑조장군……□미임영락(□浪趙將軍……□未任永樂)'과 '□미……호장군……□(□未……胡將軍……□)'의 판독되는 수키와 두 점이 확인되었다(그림 9-1). 이때의 '영락(永樂)'을 광개토왕의 연호로 파악한 다음 '□미(□未)'를 광개토왕이 재위한 을미년(395)이나 정미년(407)년으로 비정하기도 한다. 또 '□랑조장군(□浪趙將軍)'을 고구려에 귀순했거나 포로로 잡힌 '낙랑(樂浪)의 조장군(趙將軍)'으로 추정하여 광개토왕릉비의 '무덤 위에 비석을 세웠다[묘상입비(墓上立碑)]'는 기록과 연관시켜 한나라 계통의 조아무개 장군이 능묘의 수리와 기와 제작을 담당했다는 견해가 있다. '호장군(胡將軍)'에 대해서도 낙랑 출신인지 선비 출신인지 알 수 없지만 망명객이나 전쟁 포로를 동원해서 기와를 제작했다고 이해한다. 이 명문에 대해서 지금까지 고구려에서 중국식 장군호를 사용했는지의 여부가 논란이 되었지만, 장군호로 생각되는 무관(武官)이 왕릉에 공급하는 기와 제작의 책임자나 생산을 통솔했다는 증거라는 점도 중요하다.

환도산성 궁전지에서 대량으로 발견된 '소형(小兄)'명 문자기와도 눈에 띈다(그림 9-2). '소형'에 대해서는 기와를 제작하는 와공이나 그 감독자를 가리키는 것으로 이해한다. 6세기 후반에 속하는 평양성 각석에는 공사의 책임자로 소형이라는 관등이 나오는데 이는 현장 작업의 실무를 담당한 하급관인이다. 환도산성에 발견된 기와 대부분은 평양 천도 이후로 편년되고 있다. 고구려는 평양 천도 이후에도 국가적인 차원에서 기와를 생산하고 관리하는 관영공방 체제로 운영되었음을 짐작할 수 있다.

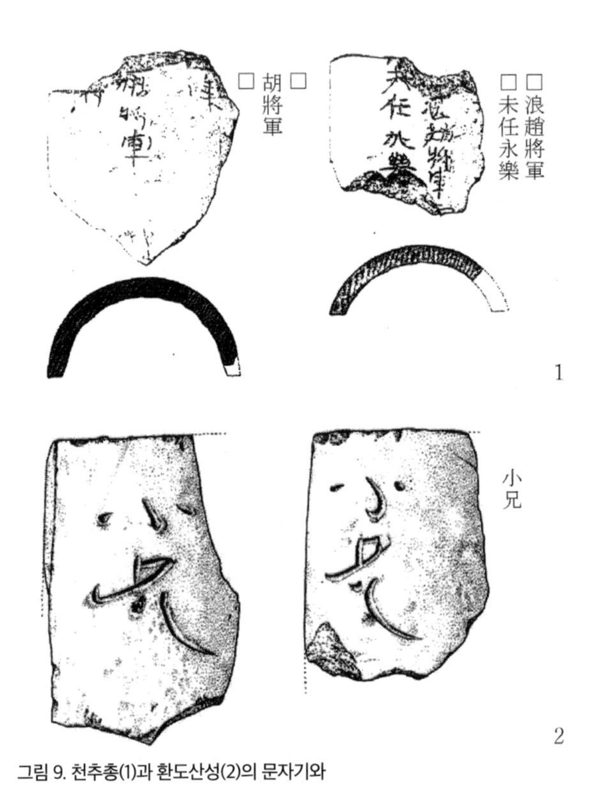

그림 9. 천추총(1)과 환도산성(2)의 문자기와

연천 호로고루에서는 '□소와칠백십대와□백팔십용대사백삽합천…(□小瓦七百十大瓦□百八十用大四百卅合千…)'이라는 명문이 있는 암키와가 발견되었다(그림 10). 이는 '□작은 기와 710매, 큰 기와 □백 80매, 큰 기와 430매를 사용하고, 남은 것의 합이 천여매이다'로 해석할 수 있다. 이 유적에서는 36cm 내외의 수키와, 46cm 내외의 암키와가 출토되어 '소와'는 수키와, '대와'는 암키와를 가리키는 것으로 보인다. 기와에 새겨진 글씨를 보면 깊이가 얕고 글씨를 쓰는 과정에서 흙이 밀려난 흔적이 보이지 않은 점에서 기와를 소성한 다음 추가로 기입한 것이다. 그 내용으로 볼 때 기와의 종류별 제작 수량과 남은 수량을 기록한 일종의 산판(算

그림 10. 연천 호로고루의 문자기와

板)이라 할 수 있다. 다만 문자를 쓴 사람은 기와 제작 공인일 수도 있지만 그것을 관리하는 하급관인일 가능성도 배제할 수 없다.

한편 발해의 도성에서도 다수의 문자기와가 출토되었다. 상경 용천부에서는 8세기 후반 이후에 속하는 다수의 문자기와가 출토되었는데 1~3자 정도의 글자가 도장처럼 찍힌 것과 대칼 등으로 기호나 문자가 음각된 것이 많다. 그 의미에 대해서는 다양한 견해가 제시되었지만 대부분 공인의 이름으로 생각된다. 도장이 찍힌 위치는 수키와의 경우 미구 끝부분의 등면, 암키와는 등면의 끝부분에 찍히는 등 수당대 기와 제작기법과 상통하는 점이 있다.

백제에서 가장 확실한 문자기와는 공주 반죽동 일대에서 발견된 '대통(大通)'이 새겨진 암키와 파편이다(그림 11). 이 문자기와는 작은 원 안에

그림 11. 공주 대통사지(아래)와 부여 부소산성(위)의 문자기와

'대통'이라는 두 글자가 돋을새김 돼 있다. 대통은 중국 남조 양나라 무제(武帝)[재위 502~549]의 연호로 527년부터 529년까지 사용되었다. 이 문자기와가 출토된 공주 반죽동 일대에는 백제 웅진기 연화문와당이 자주 발견되고, 통일신라시대의 석조와 당간지주가 남아 있다. 『삼국유사』에 '대통 원년에 양나라 무제를 위해 대통사(大通寺)를 세웠다는' 기록에 근거하여 이 일대에 '대통사'라는 사원이 있었음을 추정할 수 있다.

그런데 부여 시가지 북쪽에 위치한 부소산성에서도 이와 똑같은 글자가 새겨진 문자기와가 발견되었다(그림 11). 부소산성은 흙과 돌을 이용해서 성벽을 쌓은 사비기의 대표적인 방어시설이다. 이 문자기와는 부소산성 동문지의 흙더미 속에서 발견되었다. 이 작은 기와파편의 발견으로 538년 성왕이 부여로 천도하기 훨씬 전부터 부소산성이 축조된 것을 알 수 있게 되었다. 대통사지나 부소산성에서 출토된 '대통'은 기와 파편에 지나지 않지만 이에 근거하여 사원의 명칭이나 성벽의 축조시기를 추정할 수 있었다.

사비 천도 이후 백제 지역에서는 인장와(印章瓦)나 인각와(印刻瓦), 날인와(捺印瓦), 도장기와 등으로 불리는 특이한 형태의 문자기와가 자주 발견된다. 사비기 왕궁지로 추정되는 부여 관북리유적이나 부소산성, 익산 왕궁리유적을 비롯해서 정림사지나 미륵사지 등 주요 사원에서 주로 발견되는데 그 형태나 내용은 매우 다양하다. 이 문자기와들은 암키와나 수키와에 모두 찍히지만 암키와에 더 많다. 도장이 찍히는 위치는 기와 양 끝이 많은데 기왓등의 문양이 지워진 경우가 많다. 이는 기왓등을 타날판으로 두드린 다음 의도적으로 지웠기 때문이다. 사비기의 문자기와는 문양을 타날하고, 물손질을 한 다음부터 기와를 건조장으로 옮기기 이전의 어느 시점에 찍었음을 짐작할 수 있다.

기와에 찍힌 글자의 수는 한 글자만 찍힌 것, 두 글자가 찍힌 것, 두 글자 이상이 찍힌 것 등 다양하다. 그 내용을 보면 병(丙), 사(巳), 모(毛) 등을 비롯하여 사도(巳刀)·오지(午止)·미사(未斯), 연꽃이나 태극 문양, ß ·dB처

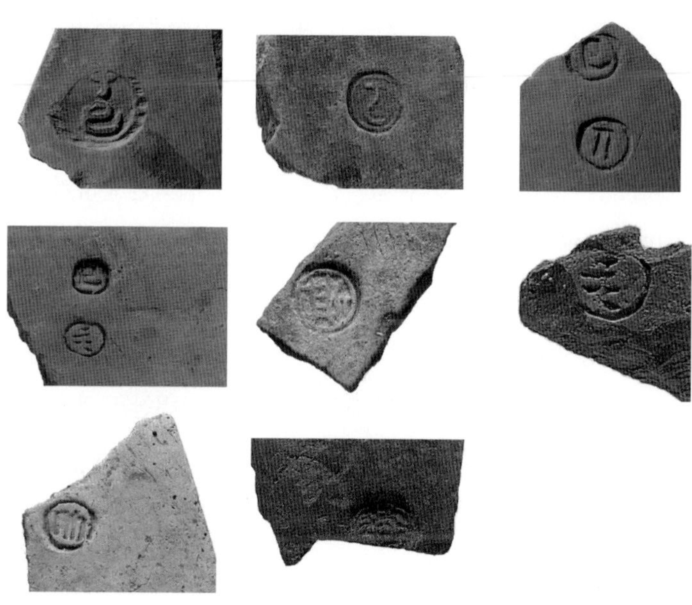

그림 12. 백제 사비기의 여러 가지 문자기와

그림 13. 백제 사비기의 부명 문자기와

럼 내용을 파악하기 어려운 것 등이 있다(그림 12). 하지만 정사(丁巳)나 정해(丁亥) 등 간지를 찍은 것이나 전부갑와(前 卩甲瓦)·중부을와(中 卩乙瓦)처럼 사비 도성의 편제와 관련된 5부의 명칭이 찍힌 것도 포함되어 있다(그림 13).

도장을 찍은 의미는 잘 알 수 없지만 부명(部名)이 찍힌 문자기와의 경우 도성의 5부에서 일정한 분량을 기증한 것을 표시하기 위한 검증인이라는 견해가 있다. 즉 백제 조정에서 국가적으로 중요한 사업을 수행하기 위해 왕도의 행정구역인 5부에 일정하게 기와 생산을 부담시키고, 각 부에서는 정해진 할당량을 기증한 것을 표시하기 위해 그러한 도장을 찍었다는 것이다. 5부명 문자기와만 놓고 보면 그 가능성을 완전 배제할 수 없다.

하지만 5부명 문자기와와 더불어 사도(巳刀)나 오지(午止)·미사(未斯), 부호 등 의미를 알 수 없는 문자기와들이 함께 발견되었기 때문에 이러한 문자기와들이 모두 동일한 공정에서 똑같은 의도로 찍혔을 지에 대해서도 검토가 필요하다. 특히 의미를 알 수 없는 부호나 문양이 찍힌 기와들은 제작자나 제작 공방, 혹은 공급처를 표시하기 위해 찍혔을 가능성도 배제할 수 없다.

사비기 문자기와의 성격을 추정할 때 가마터에서 출토된 자료들이 주목된다. 사비기의 대표적인 기와 가마터인 부여 정동리나 청양 왕진리 가마터에서는 똑같은 크기와 모양의 도장이 찍힌 문자기와들이 다수 발견되었다(그림 14). 이것은 기와를 생산하는 가마가 다르더라도 어떤 한 사람에 의해 도장이 찍혔다는 뜻이다. 생산지가 다르더라도 검수자인 한 통제관에 의해 수량이나 품질이 관리되고 있었다는 의미이다. 그리고 이때의 검수관이나 통제관은 문헌기록에 보이는 '와박사(瓦博士)'와 같은 기술계 관료였을 가능성이 있다.

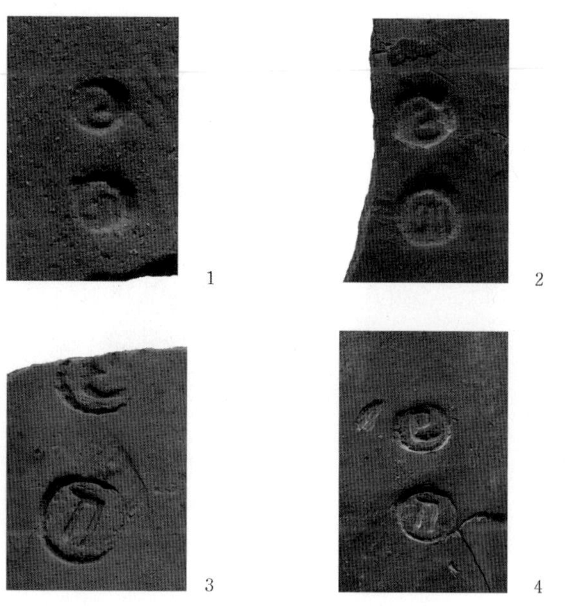

그림 14. 부여 정동리(1.3)와 청양 왕진리(2.4) 가마터의 문자기와

6세기 후반, 부여나 익산, 공주 지역에서는 기와 건물이 급격히 증가하고 그에 따라 기와의 생산도 대량화된다. 그러한 대량생산과 전업화에 대응하는 과정에서 백제 중앙에서는 도장기와로 불리는 특이한 형태를 문자기와를 발전시켰을 가능성이 있다.

백제의 문자기와는 7세기가 되면 지방의 거점 지역에서도 등장한다. 금산 백령산성이나 청주 부모산성, 고부 구읍성 등 지방의 산성이나 행정치소에서도 명문기와가 출토되었다. 백령산성에서는 '병진와율현현(丙辰瓦栗峴々)', '정사와이순신(丁巳瓦耳淳辛)', '이순신무오와(耳淳辛戊午瓦)' 등 간지와 지명으로 구성된 문자기와가 발견되었다(그림 15). 이곳에서 출토된 문자기와들은 부여나 익산 지역에서 자주 발견되는 원형이 아닌 사각형으로 도장의 형태가 다르다. 또 이때의 병진년을 596년으로 보는 연구자도 있지만 토기 등 함께 발견된 자료들을 종합적으로 고려하면 656년일 가능성이 더 높다.

금산 백령산성이 백제 당시에 어떻게 불렸는지는 알 수 없다. '율현현'

그림 15. 금산 백령산성 출토 각종 문자기와

이나 '이순신', '상부' 등 그 내부에서 발견된 문자기와의 지명 중 하나일 수도 있고 그 이외의 지명일 수도 있다. 하지만 백령산성에서 여러 개의 지명이 동시에 발견되고 있는 현상은 주목된다. 왜냐하면 이곳에서 출토된 여러 지명들로 보아 그것을 공급받는 소비지로 보기는 어렵기 때문이다. 이곳에서 출토된 문자기와는 소비지를 가리키는 것이 아니라 생산지나 생산에 관여한 집단을 의미한다. 이것은 백령산성에 있던 목곽고나 남문, 북문 등을 축조하는데 필요한 기와들을 중앙 행정구역인 '상부'를 비롯하여 율현현과 이순신, 나노성 등지에서 생산하여 공급받았음을 알려준다. 백제 지방 사회에서 기와 생산과 수급 체계를 이해할 수 있는 중요한 단서라 할 것이다.

이곳에서는 '[(상)수와(上)水瓦]'명 문자기와가 발견되어 기와의 명칭

□水瓦作五十九
夫瓦九十五
作□那魯城移文

그림 16. 금산 백령산성 출토 문자기와

을 이해하는데 도움을 준다. 산성 내부에 있는 목곽에서 발견된 무문의 암키와에는 모두 3행의 명문이 발견됐는데 특히 기왓등에 새겨진 세 줄의 명문이 주목된다(그림 16). '상수와작오십구(上水瓦作五十九), 부와구십오(夫瓦九十五), 작인나노성이문(作人那魯城移文)'으로 판독되며, "수와 59매, 부와 95매를 만들었다. 만든 사람은 나노성(那魯城)의 이문(移文)이다" 정도로 해석된다. '부와'는 『세종실록』이나 『화성성역의궤』 등에서 수키와를 가리키는 용어로 종종 등장한다. 같은 책에서 암키와는 '여와(女瓦)'로 나오지만 이 문자기와에서는 '수와'일 가능성이 크다. 연천 호로고루에서 수키와를 '소와', 암키와를 '대와'라고 표기한 것과는 다르다(그림 10 참조). 7세기대 일본의 관영공방인 아스카이케(飛鳥池) 유적에서 출토된 목간에는 암키와를 여와(女瓦), 수키와를 남와(男瓦)로 표기한 사례가 있다. 어쨌든 이 문자기와는 나노성(那魯城)이라는 곳에서 암키와 59매, 수키와 95매를 제작해서 백령산성에 받치면서 기록한 부찰목간과 같은 것으로, 기와 자체에 진상장(進上狀)과 같은 문장을 기록한 것으로 볼 수 있다.

신라 지역에서 언제부터 문자기와가 사용됐는지는 확실하지 않지만 대체로 통일기 이후부터 출현하고 있다(그림 17). 그중 가장 확실한 사례는 월지에서 출토된 '의봉사년개토(儀鳳四年開土)'명 암키와(679년)와 '조로이년(調露二年)'명 벽돌(680년)을 들 수 있다. 명문의 주요 내용을 보면 한지(漢只)나 한(漢), 습부(習部)처럼 경주의 행정구역 명칭인 6부의 이름을 적거나 약칭한 경우, 동요(東窯)나 옥간요(玉看窯)처럼 기와 가마의 이름을 적은 경우, 재성(在城)이나 영묘지사(靈廟之寺), 사천왕사(四天王寺)처럼 왕궁이나 사원의 이름을 적은 경우 등 다양한데, 사원의 이름을 적은 사례가 가장 많다. 문자를 새기는 방법은 백제와 유사하게 도장을 써서 명문을 새기고 있다.

1 2 3 4 5

그림 17. 경주 출토 여러 가지 문자기와

기와에 문자를 새기는 방법은 대체로 9세기를 거치면서 점차 타날판 자체에 명문을 새겨서 점토 원통의 성형과 함께 연속적으로 명문을 새기는 방법으로 변화한다. 평기와를 만드는 과정에서 그것을 제작하는데 사용한 제와 도구의 변화를 중시하는 것으로 고고학에서는 타날판의 길이를 중시하여 보통 '단판타날'에서 '장판타날'로 변한 것으로 설명한다.

부여 부소산성에서 출토된 문자기와는 장판 타날판의 출현 과정을 잘 보여준다. 부소산성은 통일신라 때 북서쪽 산정부에 테뫼식산성을 새로 쌓으면서 주변에 기와 건물을 새롭게 축조했다. 그 주변에서 출토된 문자기와의 명문은 '회창칠년정묘년말인(會昌七年丁卯年末印)'으로 복원된다(그림 18). 그런데 이곳에서 출토된 명문은 크게 장탄타날로 두드려 성형하면서 새겨진 경우와 점토원통으로 성형한 후에 방형인장으로 두드려 새겨진 경우 등 두 가지가 있었다. 문자의 형태로 보아 장판 타날판에 문

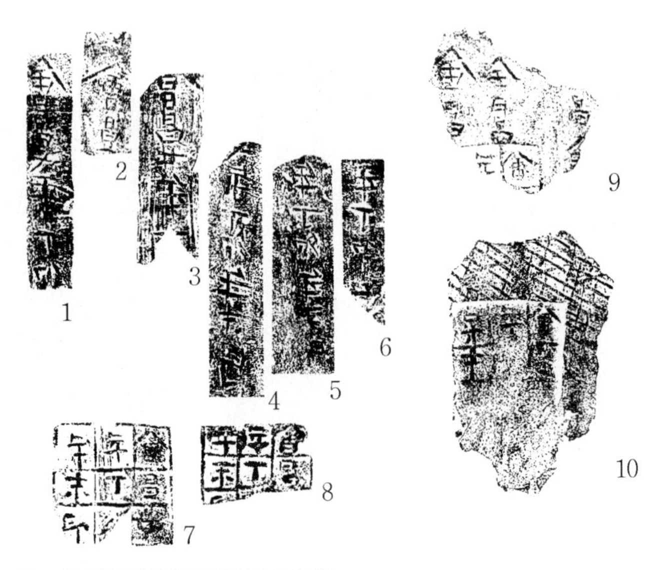

그림 18. 부여 부소산성 출토 통일신라 문자기와

자가 새겨진 타날판은 복수가 존재했음을 알 수 있다(그림 18-1~6). 이밖에 명문은 없고 장판 타날판으로 두드린 경우도 함께 발견된다. 방형인장은 대형과 소형 두 종류가 있었다(그림 18-7·8). 기와를 제작하는 와공들마다 각기 다른 타날판과 인장을 소지하고서 기와를 제작하고 도장을 찍는 공정을 상상할 수 있다. 이러한 모습은 고려시대 이후 일반화되는 장판 타날판의 출현 과정, 혹은 단판에서 장판으로의 이행 과정을 여실히 보여주는 것이다.

회창 7년은 847년에 해당한다. 지금까지는 이 연대에 착안해서 822년 웅천주 도독이던 김헌창의 반란과 연관시켜 신라 중앙에서 지방 세력의 동요를 진압한 후 그 지배의 일환으로 부소산성을 수리할 필요가 생겼다고 보았다. 즉 문자기와를 근거로 문헌사료에는 확인되지 않는 부여 지역의 지방세력을 추정한 것이다. 그런데 이곳에서 출토된 문자기와들이 경주 월성 주변에서 발견된 '재성(在城)'명 문자기와와 공통된다(그림 17-5). 경주 월성 일대에서도 장판 타날판과 단판 타날판으로 문자를 찍은 기와들이 공존하고 있었다. 이것은 부소산성의 문자기와들이 경주의 기와 제작 집단과 단순한 계보 관계를 갖는 것 이상의 의미를 갖는다. 부여 지역에서 경주의 와공 집단을 불러 기와 제작을 의뢰했을 가능성까지 제기될 수 있기 때문이다. 이러한 특징은 통일신라 말기의 지방 산성이나 사원의 기와 생산체제를 고려할 때 주목되는 점이다.

경기도 광주 선리에서 출토된 문자기와도 주목할 필요가 있다(그림 19). 1925년 7월 을축 대홍수 때 한강 하중도에 위치한 광주 선리 주변에서 다량의 문자기와가 채집되었다. 당시 채집된 기와들은 국립중앙박물관을 비롯하여 여러 기관에 흩어져 보관되어 있다. 이곳에서 출토된 문자기와 역시 도장으로 명문을 찍은 것과 장판 타날판으로 새기는 방법이 공존한다. 지금까지는 '지명+수국(受國)+해구(蟹口)+선가(船家)+초(草)'라는 형식으로 글자가 새겨진 것으로 보고 있다. 그런데 문자기와에 나오는 지명들은 천구군(泉口郡), 북한(北漢), 매소홀(買召忽), 송악(松岳), 고봉현(高峯縣), 수성(水城) 등 통일신라 9주의 하나인 한주(漢州)에 속하는 곳들이다. 오늘날 충청북도 북부에서 경기도 북부에까지 미치고 있다. 그 의미에 대해서는 광주 선리 주변에서 생산되거나 집적된 기와를 '한주'의 여러 지역으로 공급했다고 보는 견해와, 기와에 새겨진 지역들에서 만들어진 기와가 선리 주변에 설치된 국가적인 시설인 선가(船家)를 건립하기 위해 공급되었다는 견해로 나뉜다.

이 명문의 수국(受國)은 국가의 명령을 받아서 담당하다는 뜻이고, 해구(蟹口)는 기와가 발견된 곳의 지명, 선가(船家)는 배를 정박시키는 선착장 시설이나 배를 만드는 조선소와 같은 시설, 초(草)는 기와 자체를 가리

그림 19. 경기도 광주 선리 출토 문자기와

키는 것으로 풀이된다. 이 문자기와는 해구라는 국가적인 시설에 사용하기 위한 기와를 뜻한다. 즉 이 기와의 명문을 선리에서 생산한 것으로 볼 수는 없다. 오히려 선리 부근에 있던 국가적인 시설을 건립할 때 주변의 속현에서 일정량의 기와 제작을 분담해서 공급한 것이 더 자연스럽다.

부여나 경주 등 왕경 지역에서 새롭게 기와건물을 건립하거나 보수하고자 할 때는 왕경 주변에 있는 복수의 기와 가마에서 기와를 생산해서 수시로 그것을 필요로 하는 시설에 공급할 수 있었다. 하지만 그러한 기와 생산 공급 체제가 없었던 지방사회에서는 새로 기와건물을 지을 때 기존의 기와 가마에서 필요한 기와를 공급받거나 중앙의 공인을 데려와 기와를 생산했을 것이다. 그러한 단계를 지나 고려시대가 되면 점차 지역마다 안정적인 기와 생산 공급 체계가 성립되어 갔다. 광주 선리의 문자기와들은 '한주' 안에서 그러한 광역의 기와 생산 공급체제가 작동하고 있었음을 알려준다.

백제나 경주 주변의 인장을 쓴 문자기와의 명문은 제작 집단이나 연호를 표기한 사례가 많고, 기와 생산 수량이나 품질을 확인하는 검수의 의미를 갖는 경우가 많다. 이에 비해 고려시대 이후의 기와 명문은 장판 타날판에 문자를 새겨서 그것이 공급되는 산성이나 사원의 명칭, 와공 이름을 새긴 경우가 많다. 이처럼 문자를 새기는 방법과 내용의 차이는 기와를 제작한 생산자가 기와의 공급지나 제작시기를 표기해야 할 어떤 사정이 있었음을 알려준다. 기존의 연구를 통해 그러한 변화의 커다란 획기가 나말여초라는 것이 드러났지만 구체적인 변화 양상이나 변화의 요인에 대해서는 좀더 구체적인 천착이 뒤따라야 할 것이다.

일본에서는 백제 와박사에 의해 기와 생산이 시작된 아스카데라(飛鳥寺)에서부터 문자기와가 발견되지만 7세기 말 왕궁에 처음으로 기와를 사용한 후지와라궁(藤原宮)과 8세기 초 헤이조궁(平城宮)을 조영하면서 기와 사용이 급증한다. 그러한 기와 수요의 증대에 맞춰 기와를 생산하고 시스템도 점차 중앙관아에 소속된 기와공방(中央 官衙系), 사원에 소속된 기와공방(寺院系), 지방의 관아에 소속된 기와공방(國衙系) 등으로 분화된다. 각 기와공방들은 다양한 문양과 제작 기술을 주고받으면서 발전하는데, 그 과정에서 갖가지 모양과 내용을 기재한 문자기와가 출현한다. 9세기 이후 헤이안경(平安京)이 위치한 교토 분지 주변에는 왕궁을 비롯한 왕경에 필요한 기와를 항상적으로 공급할 수 있는 기와공방 시스템이 출현하고, 11세기 이후에는 서일본 각지에서 교토로 기와를 공급하는 새로운 기와 생산체제로 변화한다.

일본학계에서는 기와에 문자를 기록한 기재한 이유에 대해 기부를 알리기 위한 것, 지식물(智識物), 세(稅) 부담에 의한 공진물(貢進物)로 보는 등 여러 견해가 제기되었지만 최근에는 지식설(知識說)과 공진설(貢進說)로 양분된다. 즉 기와에 문자기와를 기재한 이유가 조세 부담과 관련된 '공(貢)'이라는 강제적인 행위와 관련되는지, 아니면 기부(의제적인 기부를 포함)라는 행위를 통한 반강제적인 행위로 보는지에 대해 논란이 있다. 지식설은 부담의 목적을 지식(知識)에 한정하여 사용하고 있는 점에서 공진설과는 차이가 있다. 다만 왕궁 등 중앙의 문자기와를 분석한 연구에서는 지식설이, 지방의 문자기와를 다룬 연구에서는 공진설이 강하다는 현상이 관찰된다. 백제나 통일신라의 중앙 및 지방의 문자기와를 연구할 때 참고할 부분이 많다.

삼국시대의 기와 연구는 문양을 중심으로 한 수막새 분석이 중심이 되었지만 최근에는 점차 암키와나 수키와에 관한 고고학적 분석이 증가하고 있다. 그 과정에서 기와 제작도구나 제작 공정에 대한 기술적인 복원이 가능해졌다. 이에 반해 문헌사학계의 문자자료에 관한 연구는 명문의 판독이나 문자의 해석에 매몰된 측면이 없지 않다. 하지만 기와라는 것이 고고학적 발굴 과정에서 드러난 자료라는 것을 상기하면, 마치 목간에 관한 연구가 그러하듯 고고학적 연구 성과에 크게 의존하지 않을 수 없다. 그런 점에서 문자기와 연구의 진전을 위해서는 반드시 명문을 새기기 위해 사용한 도구나 공정을 복원해서 그것이 기와 제작과정의 어느 단계에, 어떤 방법으로 새겨졌는지를 밝히고, 최종적으로 누가 어떤 목적으로 기와에 명문을 새겼는지를 함께 고민하지 않으면 안될 것이다.

나아가 지금까지의 문자기와에 관한 연구가 기와가 사용된 시설물의 명칭이나 기와 제작시기를 파악하는데 머물렀다면 이제는 좀더 거시적인 관점에서 기와의 수요 공급체계나 관영공방 시스템을 복원하는 방향으로 나아가야 할 것이다. 또 특정 시기나 지역에 얽매이지 말고 장기적인 관점의 변화상에 대한 이해와 더불어 세부적인 단계화에 대한 후속 연구도 이어져야 할 것이다. 나아가 기와와 함께 소성된 생산된 토기나 벽돌에 보이는 문자자료도 참고할 필요가 있을 것이다.

참고문헌

吉井秀夫, 2017, 「명문기와를 통해서 본 9~10세기 한일 평기와의 생산 공급체제」, 『고려 태조 진전사원 봉업사의 역사적 가치와 보존방안』, 한국고대학회.

上原眞人, 2016, 『瓦·木器·寺院』, すいれん舍.

여호규, 2010, 「1990년대 이후 고구려 문자자료의 출토현황과 연구동향」, 『한국고대사연구』57.

이병호, 2004, 「기와 조각에서 찾아낸 백제문화」, 『고대로부터의 통신』, 푸른역사.

이병호, 2013, 「금산 백령산성 출토 문자기와에 대하여」, 『백제문화』49.

이인숙, 2004, 「통일신라~조선전기 평기와 제작기법의 변천」, 『韓國考古學報』54.

向井佑介, 2012, 「中國における瓦の出現と傳播」, 『古代』129·130合集, 早稻田大學考古學會.

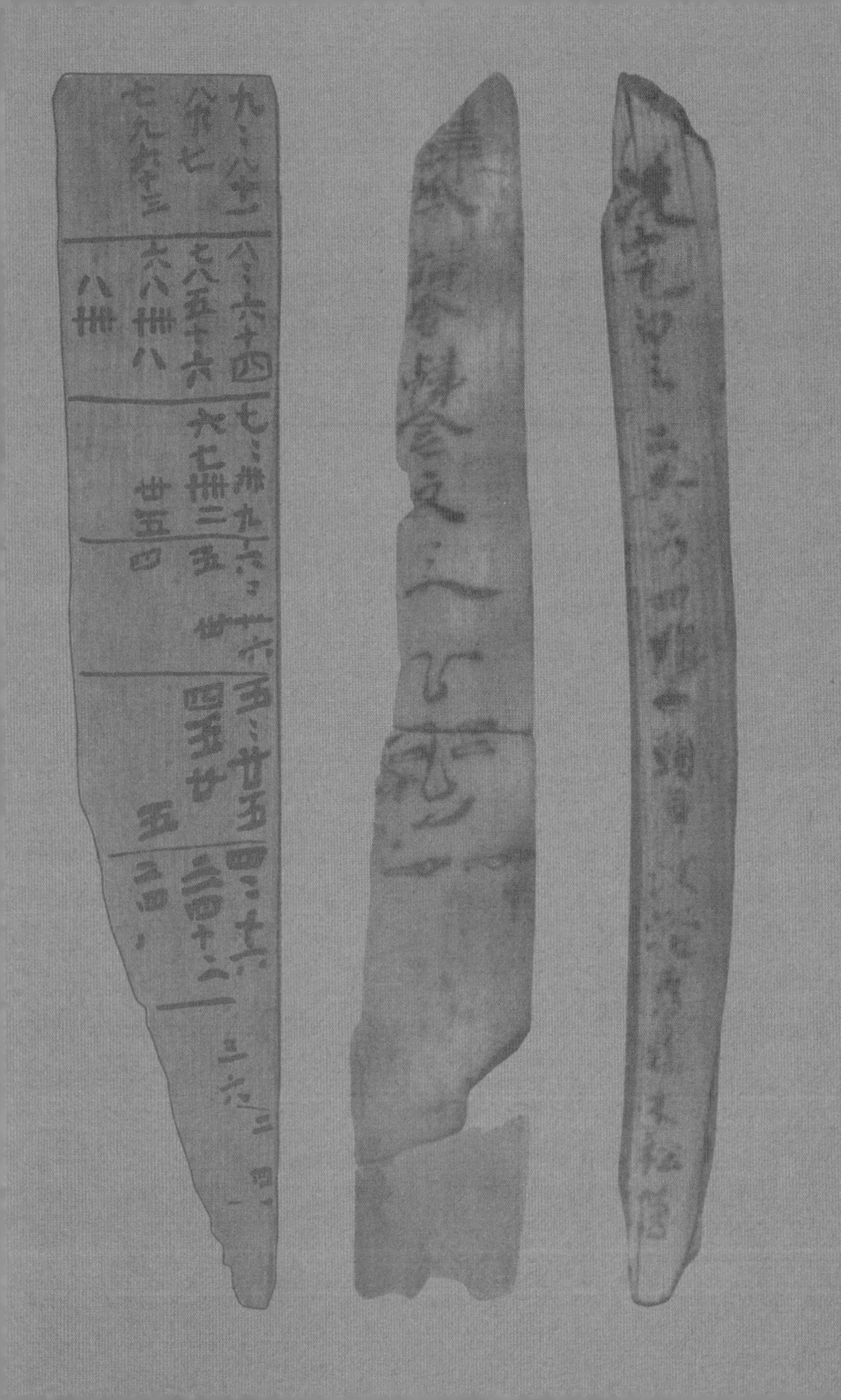

습서와 낙서, 그리고 부호

권인한

성균관대학교

이 글은 고대한국에서 한자문화가 정착된 이후에 나타난 일상화된 문자생활의 미시적 고찰의 일환으로 습서와 낙서, 그리고 각종 부호에 대하여 논의함을 목표로 한 것이다. 논의의 편의상 습서와 낙서를 함께 묶어서 살펴본 후, 각종 부호의 쓰임에 대한 고찰이 이어질 것이다. 습서·낙서론에서는 고대일본 사례들과의 비교를 중심으로 논의가 이루어지는 반면, 부호론에서는 고대중국 사례들과의 이동(異同) 확인 및 한국적 전개에 초점이 맞추어질 것인바, 이는 현재까지 필자가 확보한 자료의 양적인 차이에서 비롯된 것임을 밝혀둔다.

습서와 낙서의 정의

'습서'는 우리의 전통적인 사전류에 등재되어 있지 않은 용어이다. 국어사전들에 습자(習字; 글씨 쓰기를 배워 익힘. 특히 붓글씨를 연습하는 것을 이른다. <『표준국어대사전』>)라는 말은 있기는 하지만, 우리의 고찰 대상에 적확한 용어라 하기는 어렵다(단, 중국에서는 여전히 이 용어를 쓰는 경우도 볼 수 있다. 예) '습자간(習字簡)'). 따라서 다른 곳에서 정의를 빌려와야 할 형편이다.

> 습서
>
> 문자의 연습을 주된 목적으로 쓰여진 것. 동일한 글자가 반복해서 쓰여짐으로써 문장으로서는 무의미한 경우가 많다. 또한 중국의 전적이나 한시, 율령 조문 등의 문서나 가요(=和歌)의 단편이 기록된 것도 있어서 이를 통해 하급 관인의 지식과 관심을 엿볼 수 있다. 목간 이외에 토기 등에 작성된 사례도 있다(묵서토기).

위는 일본 목간 연구의 중심인 나라문화재연구소(奈良文化財研究所; 이하 '奈文研')의 "목간광장(木簡ひろば)" 사이트에서 제공하는 습서에 대한 설명문을 필자가 약간 수정한 것이다. 奈文研의 축적된 자료를 바탕으로 제공되는 것인 만큼 여기에는 습서의 정의, 종류 및 의의 등에 대하여 간략하면서도 요령있게 언급되고 있다. 이에 따르면 습서의 종류는 내용상 문자·문서·전적의 습서로, 재료상 목간·토기에서의 습서로 나누어볼 수 있을 것인바, 이밖에도 문헌에서의 습서도 추가될 수 있을 것이다.

이에 비하면 '낙서'는 일상어로 쓰이고 있을 뿐만 아니라, 국어사전류에서의 뜻풀이도 대체로 만족할 만한 수준을 보이고 있다.

낙서3(落書) 「명사」

① 글을 베낄 때에, 잘못하여 글자를 빠뜨리고 씀.

② 글자, 그림 따위를 장난으로 아무 데나 함부로 씀. 또는 그 글자나 그림. '장난 글씨'로 순화.

화장실 벽에 있는 낙서들/그는 지우개로 칠판의 낙서를 지웠다./그에게는 이곳의 작은 샛길과 담 모퉁이의 얼룩이며 낙서까지도 모두 낯익은 것들이었다.≪황석영, 무기의 그늘≫

③ 시사나 인물에 관하여 풍자적으로 쓴 글이나 그림. <『표준국어대사전』>

낙서는 한자의 구성상 어원적으로는 ①의 의미로 출발한 용어로 보아야 할 것이다. 그러나 이러한 용법의 예들은 『조선왕조실록』 등 사서들에 일부 남아 있을 뿐(아래 예시 참조) 현대에는 거의 쓰이지 않는 용어인 동시에 우리의 고찰 대상과도 거리가 있음이 분명하다.

의금부에서 아뢰기를, "승문원의 관리가 사은 방물표에 '근상표(謹上表)' 3자를 잘못하여 빠뜨렸으니, 저작랑 안초는 형률을 적용하면 장 70에 해당하고, 부교리 이한겸·부지사 김득례·판사 임효인은 장 60에 해당하고, 제조 이변·김청·허후는 태 50에 해당합니다." 하니, 임금이 명하여 안초 등에게는 각기 2등을 감하여 태형에 처하고, 이변과 김청은 관직을 파면시키고, 허후는 용서하게 하였다.(義禁府啓: "承文院官吏, 於謝恩方物表, 落書謹上表三字, 箸作郎安迢, 律當杖七十, 副校理李漢謙、副知事金得禮、判事任孝仁, 杖六十, 提調李邊、金聽、許詡, 笞五十。" 上命迢等, 各減二等笞之, 罷

邊聽職, 原詡。) <『문종실록』 3권, 즉위년 8월 25일 丙申 4번째 기사>

따라서 우리의 고찰 대상은 ②, ③의 용례들로 한정시킬 수 있다. 아래에서 고대한국의 자료들 속에 이들에 해당되는 사례들이 있는지, 있다면 타국의 사례들과의 차이는 무엇인지 등에 초점을 맞출 것이다.

습서 · 낙서의 분류

앞서 살핀 두 용어의 정의들로 보면, 자칫 습서와 낙서를 별개의 행위 내지 결과물로 이해되기 쉽다. 그러나 실제 자료에 있어서는 습서와 낙서 사이의 경계선을 긋기가 곤란한 경우도 많다. 따라서 이 방면의 전문가들 중에서는 양자간의 구별이 쉽지 않다는 견해를 제시하는 분들이 많다(奈文研의 와타나베 아키히로渡辺晃宏 부소장 등).

사진 1. 『천자문』 앞표지 뒷면의 습·낙서

예를 들어 [사진1]에 보인 (광주판)『천자문』(東京大 후쿠이 레이福井玲 교수 제공)의 사례에서는 가운데 큰 글씨로 힘차게 써내려간 「義」자나 그 위쪽에 작은 글씨로 쓰여진 "吾道一□.../吾道"라는 구절 등은 습서의 사례에 가까운 특징을 보이는 반면, 「義」자 주변에는 판독이 불가능할 정도의 낙서들로 가득함을 볼 수 있다. 이 예를 습서의 예로 볼 것인가, 아니면 낙서의 예로 볼 것인가?

이에 대한 답을 구하기가 상당히 어렵다는 점에 생각이 미친다면, 습서와 낙서에 대한 분류에 있어서도 양자간에 상호 밀접한 관련성이 있다는 점이 반영되어야 할 것이다. 즉 습서 중에서 낙서의 성격도 지니는 자료가 있을 수 있을 뿐만 아니라, 반대로 낙서 중에서도 습서의 성격을 지니는 자료도 있을 수 있음을 유념할 일이다.

이러한 점에서 사토 마코토佐藤信(1997: 423)에서 습서·낙서에 대한 내용 분류를 시도하면서 양자간의 관련성을 고려한 점이 주목된다. 그의 분류안을 소개해보면 다음과 같다.

Ⓐ記載의 形式面: (a)漢文-正格漢文·和化漢文·萬葉仮名
(b)文字-多字·一字
(c)그림(繪)

Ⓑ書寫의 內容面: (a)習書(的 性格) { Ⅰ 典籍의 習書 / Ⅱ 文書의 習書 / Ⅲ 文字의 習書(落書)
(b)落書(的 性格) { Ⅳ 難波津歌·九九段 등의 落書(習書) / Ⅴ 漢詩·和歌의 落書(習書) / Ⅵ 落書(戱書·戱畵)

사토 교수의 분류안에서 주목되는 점은 바로 "습서(낙서)" 또는 "낙서(습서)"라는 표현에 있다고 할 것인바, 이는 Ⅲ~Ⅴ에 해당되는 사례들 중에 위에서 설명한 바와 같이 양자간 성격을 공유하는 예들도 있음을 고려한 것으로 판단된다. 여기서 그는 습서냐 낙서냐의 구별 기준이 "학습적 의도의 유무"에 있음을 덧붙이고 있는 바 필자의 생각도 같다. 다만, 앞서 말한 바와 같이 ⓒ서사의 재료면에서 (a)목간, (b)토기·금석문, (c)문헌류의 분류안도 추가되어야 할 필요가 있는 것으로 생각된다.

습서 · 낙서의 실례와 그 의의

이제 앞서의 습서·낙서에 대한 분류안에 따라 고대한국의 실례들을 구체적으로 살펴볼 차례가 되었다. 논의의 편의상 위의 사토 교수의 분류안 중 서사의 내용면에서의 분류를 제1 기준으로 삼되, 여기에 기재의 형식 및 서사의 재료면에서의 특성들을 보태어 기술하는 방식으로 각 사례들을 검토한 후, 이들의 문자문화사적 의의를 보태고자 한다.

전적의 습서

전적의 습서 사례는 고대일본의 목간들에 풍부하다. 사토(1997: 434~445), 와타나베(2009: 95~99) 등의 논의를 통하여 『논어』, 『이아(爾雅)』, 『천자문』, 『문선』, 『왕발집(王勃集)』, 『성모신황집(聖母神皇集)』, 『악의론(樂毅論)』, 『위징시무책(魏徵時務策)』 등 전적의 명칭이나 내용의 일부가 정창원 문서를 비롯하여 목간, 토기 등에 폭넓게 습서되어 있음을 통해 이 사실을 확인할 수 있는데, 아래의 [사진2]는 여기에 해당되는 목간의 대표적인 사례들이다.

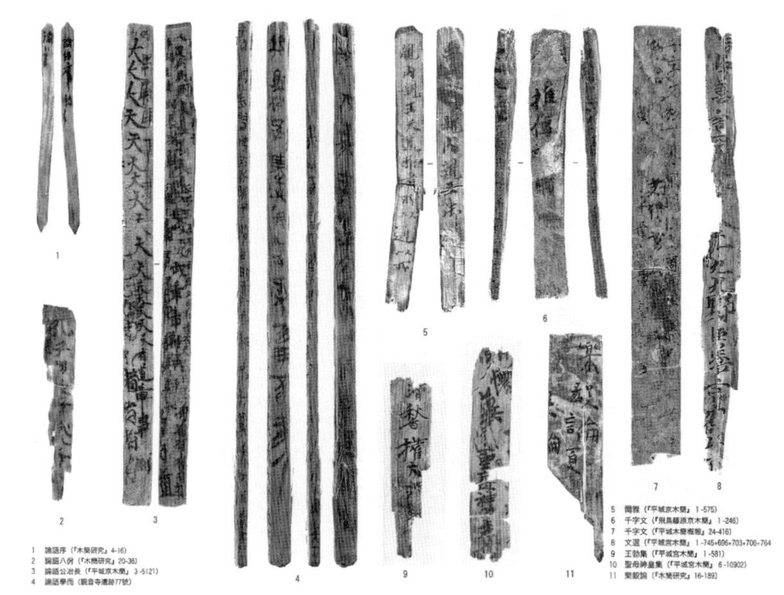

사진 2. 고대일본의 전적 습서목간 사례들<와타나베 2009: 97, 99 재인용>

<주요 석문>(奈文研 "木簡庫"(http://mokkanko.nabunken.go.jp/kr/) 등 참조)

①論語序論□/ 論□

②孔子謂季氏八□[佾?]

④子曰○学而習時不孤□乎□自朋遠方来亦時楽乎人不知亦不慍 (좌측면)/ 이하 생략

⑥□□□□□[蕫海鹹河淡?] /○推位□[讓?]国/ □□□□〈〉

⑦千字文勅員外散騎侍郎周興次嗣韻天地玄黄宇/ 惣合買得稲苅得藾五百九十六束四把八分/ ○天地黄黄稲平章欲章章九十○十九把一分

⑧言臣善言窃以□□[以道?]光九九野臣善言窃□□[以道?]

⑨滑稽權大滑稽□

⑪樂毅論 夏/ □□[毅論?]

이상에서 본 7세기 후반대 일본의 전적 습서목간들 중 『논어』·『천자문』의 사례들은 『고사기』 응신천황조에서의 백제 왕인에 의한 전래설이 말해주듯이 고대일본이 백제의 문자문화의 직접적인 영향을 받았다는 인식이 문자를 배우는 사람들 사이에 공유되고 있었음을 보여준다는 점에서 그 의미를 찾을 수 있다(미카미 요시타카三上喜孝 2008: 198~199).

한편, 우리의 고대목간들에서도 전적의 습서 사례들을 찾아볼 수 있다. 아래에서의 경전 학습에 관련된 목간들이 그것이다(권인한 2013: 19~23).

#1 부여 능산리사지 '능9호' 목간

사진 3. '능9호' 목간 전면(『백제 목간』, p.40)

부여의 능산리사지에서 출토된 목간들의 제작 시기는 공반 유물 및 목간의 묵서에 나타난 서체 등으로 미루어 백제의 사비(=부여) 천도(538년) 직후인 540년 경에서 위덕왕대 전반기까지 기간 즉, 6세기 중엽이었을 가능성이 높다. [사진3]의 '능9호'도 동시대의 목간으로서 백제의 습서 목간 중 가장 이른 시기의 사례에 속한다. 아래 [사진3']에서 보듯이 이 목간에는 '見', '公', '道', '德' 등의 글자들이 자유분방하게 서사되어 있다.

이 글자들은 경전류에 빈번하게 등장하는 것들이라는 점에서 '능9호' 목간의 묵서 내용은 경전류에 대한 교수/학습 과정에서의 습서일 가능성을 암시해준다. 이 점에서 『삼국사기』 권26의 백제 성왕 19년조(541)에 양나라로부터 『모시(毛詩)』 박사를 초빙하고, 『대반열반경(大般涅槃經)』 등 경전 해설서를 들여온 사실이 기록되어 있음이 주목된다. 이는 사비 천도와 더불어 국력 강화 정책의 하나로 국가적으로 경전류의 교수와 학습에 힘썼음을 알려주는 사실임에 틀림없을 것인 바, 이 목간은 백제에서 이미 6세기 중반에 이르러 특정하기 어려운 어떤 경전(『모시』, 『대반열반경』 등?)에 대한 학습이 활발하게 이루어졌을 가능성을 알려준다고 하겠다.

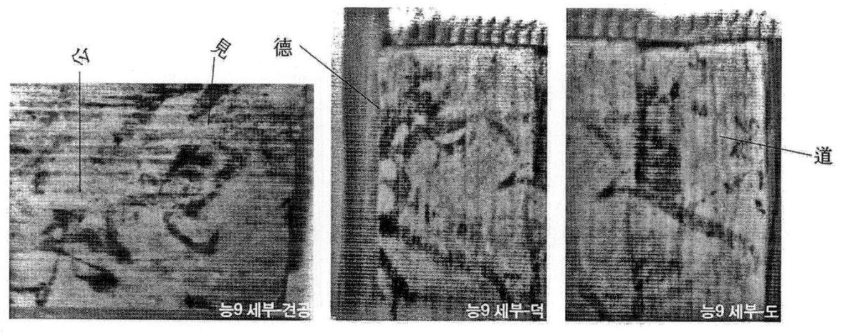

사진 3. '능9호' 목간 세부(『백제 목간』, p.41)

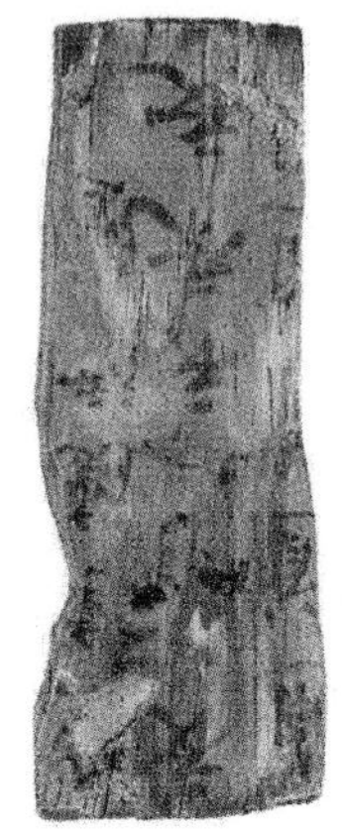
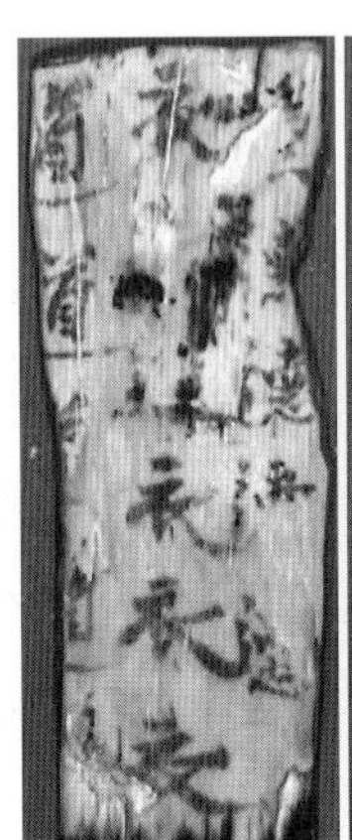
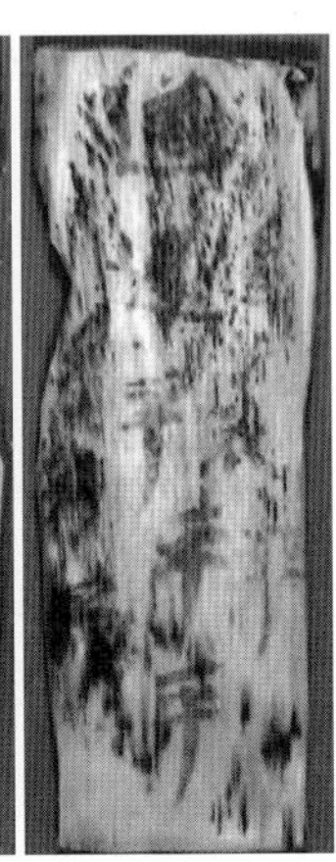

사진 4. '복13호' 목간(『나주 복암리 출토 목간』, p.6 / 『목간자전』, p. 688)

#2 나주 복암리 13호 목간

이러한 점에서 나주 복암리 13호 목간도 재조명되어야 할 필요성이 있다. 나주 복암리의 제철지 유적에서 출토된 목간의 제작 시기는 목간의 묵서 내용과 공반 유물의 종합적인 편년으로 보아 610년을 전후하는 7세기 초엽일 것으로 추정된다. 먼저 '복13호' 목간에 대한 필자의 판독안을 제시하면 다음과 같다.

	[德]德德[德][德]	□□[衣][平]□
앞	衣□□衣衣衣	뒤:□□平平平
	道道道道道	□□□□□

이 목간에 대한 기존의 판독안은 앞면에 대해서는 이견이 없으나, 뒷면에 대하여 "道 衣率(1行), 道道 率率率(2行), 率(3行)"으로 제시함으로써 당시의 문서 작성에 빈번하게 등장하였던 관등의 「率」자 등을 연습한 것

으로 본 바 있다(윤선태 2010: 177). 이것이 사실이라면, 백제 관명 '덕솔(德率)', '도사(道使)' 등을 습서한 것일 수도 있다.

그러나 이러한 설명은 뒷면의 「率」자로 판독한 글자가 『목간자전』에서의 판독안처럼 「平」자로 볼 만한 필치를 보이고 있다는 점에서 그대로 받아들이기 어려운 것으로 판단된다. [사진4]의 천연색 사진으로 판단하건대, 앞·뒷면의 제2행 즉, 「衣」, 「平」자가 반복된 부분과 나머지 부분은 착묵 상태나 글자 크기 등으로 보아 다른 사람이 쓴 이필로 보아야 할 것이라는 것이 필자의 판단이다. 이렇게 되면 앞·뒷면 2행의 묵서(아마도 '平衣'를 반복한 듯)와는 별도로, 앞면 1, 3행에 「道」와 「德」자가 반복 습서되어 있음이 주목되는데, 이는 앞서 살핀 능9호와 마찬가지로 복13호 목간도 경전류 다용자를 연습한 목간일 가능성을 생각할 수 있다. 이렇게 되면 복13호 목간은 백제에서 경전류에 대한 학습이 7세기 초엽에 이르러 지방에까지 확산되었음을 알려주는 자료로 볼 수 있지 않을까 한다.

#3 경주 안압지 187호 목간

사진 5. 안압지 187호 목간
(『개정판 한국의 고대목간』, p.154)

경전의 학습에 관련된 신라의 사례로는 8세기 중엽대의 경주 안압지 187호 목간도 주목된다. 이 목간에 대한 필자의 판독안은 다음과 같다.

[月] □ □□ □□

a. 是諸由 □ [箴]之[載]夕□ b. □ □ □ □ □ □

我飛風□者家宣宮處宮 月月□月□[飛][風]□□□

착묵 및 보존 상태가 양호하지 못한 관계로 이 목간에 대한 정확한 판독안을 세우기 어려우나, 필자의 판독안이 인정될 수 있다면, 앞면에 보이는 '잠지(箴之)'나 앞·뒷면에 보이는 '비풍(飛風)'이 주목된다. 왜냐하면 '잠지'는 『모시정의』에 자주 보이고, '비풍'은 『춘추좌전정의』 희공조에 보이는 구절이기 때문이다. 양자에 공통되는 문헌인 공영달(孔穎達)의 『오경정의』가 653년 3월에 반포되었을 뿐만 아니라, 신문왕 2년(682)에 설치된 국학에서 『주역』, 『상서』, 『모시』, 『예기』, 『춘추좌씨전』, 『문선』을 교수하였음을 감안하면, 187호 목간은 8세기 후반 국학(=태학감)에서 공부하던 학생의 습서 목간일 가능성이 높다고 할 수 있다(이용현 2007b: 277-278). 따라서 안압지 187호 목간은 통일신라의 고등 교육기관인 국학에서의 유교경전 학습의 구체적인 모습을 알려준다는 점에서 그 의의가 적잖은 것으로 보아야 할 것이다.

문서의 습서

문서의 습서 사례도 고대 한·일의 목간들에서 드물지 않게 찾아볼 수 있다.

일본에서는 [사진6]에서와 같이 목공료(木工寮)의 해문(解文; 하급관료

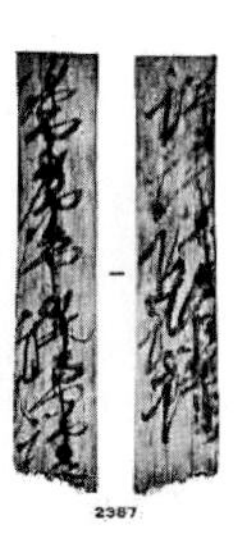

2097: ⊂ ⊃ 申請
木工寮解
2631: [表] 充宜充之
宜知此狀
[裏] 趣趣宜知
此狀宜趣旨
2387: 謹謹謹謹謹謹謹
謹謹謹謹謹謹

사진 6. 고대일본 문서 습서목간의 사례들
<『平城宮木簡』 2>

가 상신하는 문서 양식)을 연습한 사례(2097), 문서 중의 어휘들을 연습한 사례(2631), 문서에 다용되는 「謹」자를 반복 연습한 사례(2387) 등 평성궁(平城宮)의 하급관리에 의한 문서 관련 습서목간들과 함께 같은 궁에서 출토된 토기에도 "謹解申□□"의 문서를 연습한 묵서 등도 있음이 보고되어 있다(사토 1997: 446~447).

고대한국에도 이러한 문서 관련 습서목간들이 있다(권인한 2013: 23~25).

#1 부여 궁남지 '궁2호' 목간

7세기 초반으로 추정되는 궁2호 목간([사진7])에 대한 필자의 판독안은 다음과 같다.

a. □文 文 文 文文文文 文文

b. 書文書□文令 令文文也□也文也文

c. □文文文文文□□□□

d. □[進]文[書]也也也也也

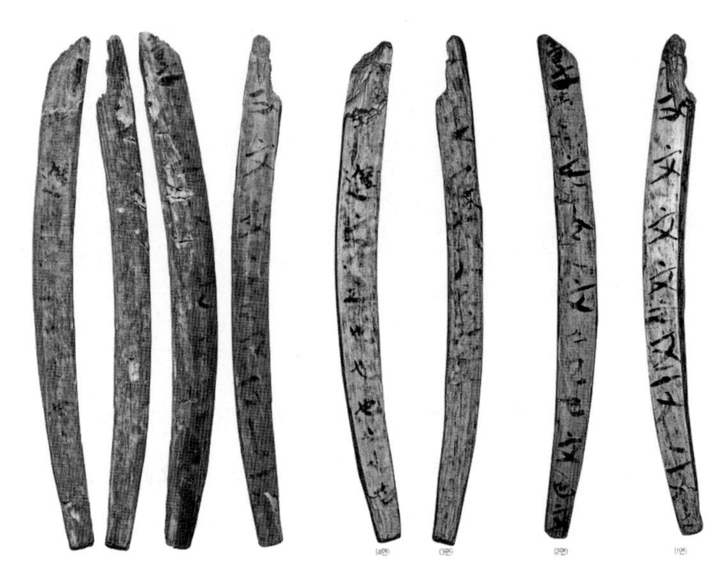

사진 7. '궁2호' 목간 1~4면(『나무 속 암호 목간』, pp.70-71)

위에서 보는 바와 같이 이 목간에는 「文」, 「㑹」, 「也」 등이 반복 습서 되어 있으면서 '문서(文書)'라는 단어가 2회나 등장하는 것으로 보아 7세기 초엽 백제의 문서 작성과 관련된 목간일 가능성이 높다고 할 수 있다. 특히 종결사 '也'를 여러 차례 반복한 것과 백제의 문서목간들에서 종결사 '也'의 사례를 드물지 않게 볼 수 있음이 평행된다는 점에서(부여 능산리사지 능2호_3면, 301호_뒷면), 그리고 문서에 자주 쓰이는 「㑹」, 「進」과 같은 글자들이 등장하는 점에서 이 목간이 백제에서 문서 작성을 위한 문형이나 어휘를 연습한 자료로서의 가치를 지니는 것으로 보아야 할 것이다.

#2 경주 안압지 182호 목간

안압지(=월지) 182호 목간은 '보응4년'(765)의 묵서가 있으므로 한국의 고대목간들에서 제작 연도를 정확하게 알 수 있는 몇 안 되는 목간 중

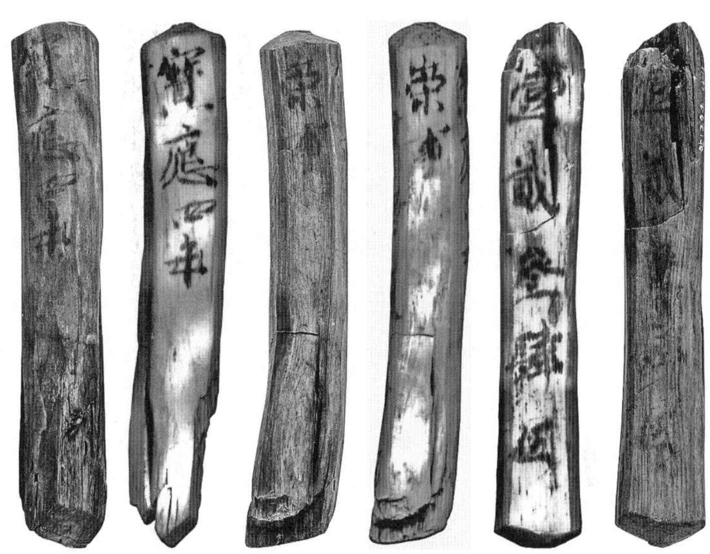

사진 8. 안압지 182호 목간<『개정판 한국의 고대목간』, pp.146-147>

寶應四年		
策事.	壹 …	
	貳 …	
	參 …	

의 하나다. 묵서 내용은 '寶應四年(1면), 策事(2면), 壹貳參肆伍(3면, ※상하 도치)'로 비교적 손쉽게 판독될 수 있다. 이것이 습서 목간임은 다른 면들과는 달리 3면을 거꾸로 돌려 서사한 점에 근거한다. 2면에 보이는 '책사(策事)'의 정체를 무엇으로 이해하느냐에 따라 이 목간의 내용에 대한 이해에 차이를 보이고 있다.

먼저 이용현(2007b: 263)에서는 '策'을 국가 행정기관의 명령으로 보고, 6세기 신라 비문이나 월성해자 목간에 '교사(教事)'가 보임을 근거로 '책사'도 이와 같은 6세기 이래 신라적 용법에 바탕을 두는 것으로 다음과 같은 책사문을 쓰려했던 것으로 보고 있다. '策'이 '고대 중국에서 군주가 신하에게 내린 봉토(封土), 수작(授爵), 면관(免官) 등의 교령적 문건'

을 의미하므로(『한어대사전』 '策' 항목 ⑪ 참조) 이러한 가능성이 전혀 없지는 않을 것이나, '책사' 내지 '책사문'에 대하여 신라적 용법으로 규정한 근거가 확실하지 않음이 문제점으로 지적될 수 있을 것이다.

이런 점에서 중국에서의 '책사'의 사례에 근거하여 이 목간의 의의를 새롭게 규정한 뤄징 외(2011)의 논의에 주목할 필요가 있다. 이에 따르면 182호 목간은 신라에서 황족과 귀족 자제들의 학문적 소양을 점검하던 수재 책시로서의 책사문의 문형을 연습한 것이라 할 수 있다.

문자의 습서(낙서)

문자의 습서에는 한 글자를 반복 연습한 '일자습서'(一字習書), 관사명(官司名)·지명·물품명 또는 의미를 알 수 없는 어구 등을 반복 연습한 '다자습서'(多字習書)가 있다(사토 1997: 449).

먼저 일자습서의 사례는 중국과 일본, 그 중에서도 일본에 풍부하다. 한국의 경우는 해당 사례를 찾아보기가 상당히 어려운 형편이다.

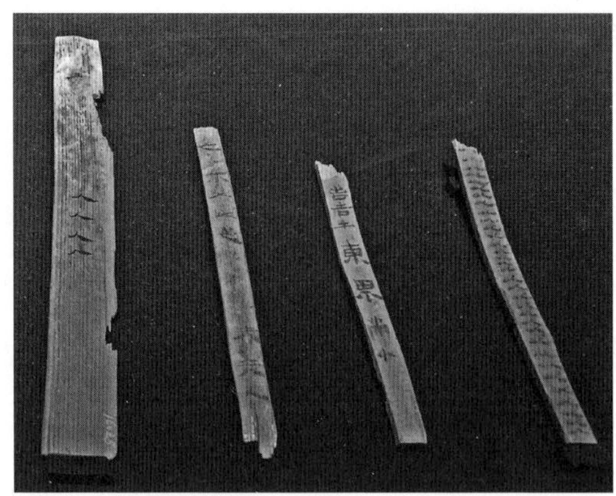

[사진9] 중국의 1자 습서목간
<대만 중앙연구원 역사문물진열관 전시품; 정승혜 교수 촬영>

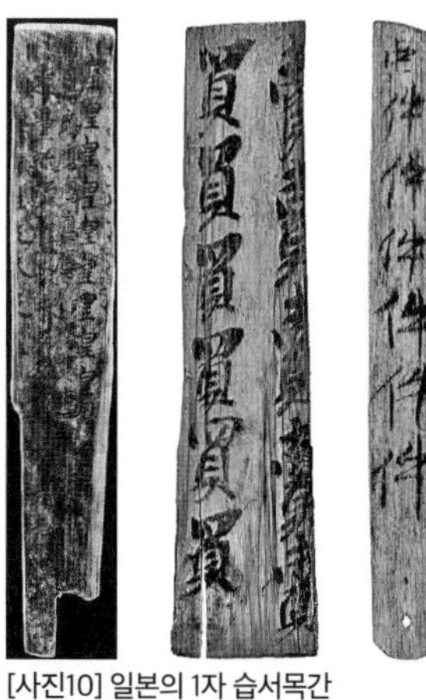

[사진10] 일본의 1자 습서목간
<『지하의 정창원전 2013』, pp.9, 12>

[사진11] 한국의 1자 습서목간(?)
<부여 능산리사지 296호 목간 뒷면(부분)>

[사진9]는 거연 한간(居延漢簡) 중 일자습서에 해당될 만한 것으로서 좌로부터 「人」자의 반복 습서/ "□下以以 □夫夫人"/ "告告□ 東界□□"/ 「以」자의 반복 습서로 판독되는데, 맨 왼편과 맨 오른편의 목간이 좁은 의미에서의 일자습서의 사례라 할 것이다. [사진10]은 평성궁(平城宮) 출토 목간의 사례들로서 좌로부터 「皇」/ 「雁」, 「賣」/ 「買」, 「件」자가 반복 습서되어 있음을 볼 수 있다. 이밖에도 고대일본의 사례는 매우 많다. [사진11]의 능산리사지 296호 목간은 "广淸靑靑靑用……" 정도로 판독될 수 있는데, 제3~5자에 「靑」자가 반복 습서되어 있음을 주목하면, 문서 관련 1자 습서목간의 사례로 볼 수 있을 듯하다. 이 목간이 문서와 일정한 관련성이 있는 것은 그 앞면이 "三月十二日梨田(?)……"으로 시작되고 있음에 근거한 것인데, 문서를 쓰다가 만 것인지 아니면 폐기 후에 재활용된 것인지는 불분명하나 앞·면 공히 하단부에 일부 동일한 글자가 반복습서되어 있으므로 백제의 1자 습서목간의 사례로 보고자 한 것이다.

다음으로 다자습서의 사례 중에서 한·일 양국에서 특별히 주목되는 것으로는 인면화(人面畵) 목간과 한자 유희(漢字遊戲) 관련 목간들이다.

#1 인면화 관련 습서(낙서) 목간

먼저 [사진12]의 경주 안압지 184호 목간은 "天寶十一載"라는 묵서에 의하여 752년으로 제작연도를 알 수 있는 드문 예인데, 이 목간에 대한 필자의 판독은 다음과 같다.

□□舍舍舍　　　天寶十一載壬辰十一月

a. 韓舍　　　韓舍

韓舍韓舍韓舍　　　天寶寶□寶

b. 韓舍韓舍韓舍文辶[얼굴 그림]

[사진12] 안압지 184호 목간
(『개정판 한국의 고대목간』 p.149)

[사진13] 일본의 인면화 목간
(『지하의 정창원전 2014』 p.7/『平城京木簡三』 PL173)

이 목간에는 관등명 '한사(韓舍)'와 연호 '천보(天寶)'가 반복 습서되어 있는데, 이는 당시 문서 작성에 필요한 상용구를 연습한 것일 가능성이 높다는 점에서(권인한 2013: 27, 「백지묵서화엄경조성형지기」와 비교) 문서 작성과 관련된 다자습서로 볼 만한 특성을 갖추고 있다. 뿐만 아니라 뒷면 말미에 얼굴 그림이 그려져 있는데, 그것도 비방의 뜻이 포함된 그림이라면 낙서의 특성도 갖추고 있다. 뭉툭한 코, 날카로운 눈매, 삐뚤어진 입 등의 특징은 결코 우호적으로 그려진 것으로 보이지 않는다는 점에서 한사(韓舍)직의 상관에 대한 비방의 뜻을 담고 있는 것으로 보아야 할 것이다. 따라서 이 목간은 다자습서 겸 낙서 목간으로 분류하고자 한다.

이와 근사한 사례로 일본의 목간들에서 찾아본 것이 [사진13]이다. 좌측의 목간은 평성궁에서 출토된 것으로 "[얼굴 그림] 太郎郎/ [얼굴 그림] □□[十女?]"로 판독될 수 있는데, 여기에서도 인면화가 우호적으로 그려진 것은 아닌 것으로 판단되거니와 혹 태랑(太郎)에 대한 비방(바람둥이?)의 의도가 있지 않았을까 한다. 이것이 사실에 가깝다면 앞서 본 안압지 184호 목간과 마찬가지로 다자습서(낙서)의 예로 추가할 수 있을 것이다. 우측의 목간은 평성경 이조대로(二條大路)에서 발굴된 것으로 습서와 인물화가 공존하는 참고 사례로 제시한 것이다.

#2 한자 유희 관련 습서 목간

[사진14]의 목간들은 한국에서 유례를 찾아보기 어려운 것들로 좌로부터 말씀언 변(言), 갓머리(宀), 초두머리(艹)를 공통적으로 가지는 글자들이 나열되어 있음이 특징적이다.

• 謹論語諫誅?課許謂諟誰 (『宮』 4-4688)

[사진14] 일본의 문자 유희 목간
(『지하의 정창원전 2011』, p.5, 渡辺晃宏(2009), p.102)

- 家宇宇害?宮宙?□ (『京』 3-5125)
- □薊蕗□蒜韮葱 (『宮』 6-10015)

(『宮』=『平城宮木簡』, 『京』=『平城京木簡』)

왼편 4_4688호 목간의 묵서는 자못 특이하여 한 사람의 글씨로 보기 어려우나, 나머지 목간들은 한 사람의 글씨로 보아도 좋을 것이다.

이들은 모두 한자를 이용한 놀이를 보여주는 목간들로 주목을 받고 있다. 특히 4_4688호 '謹論語諫' 목간은 유명한 『겐지노모노가타리源氏物語』에 나오는 변잇기 놀이(偏繼ぎ; 한자의 변[偏]만 주어진 곳에 참여자들이 돌아가며 동일 변에 해당되는 한자를 써넣는 일종의 퍼즐)의 실체를 확인할 수 있다는 점에서 흥미로운 사례에 해당된다(이누카이 다카시犬飼隆 2014: 79_1). 한국에서 비슷한 예를 찾을 수 없음이 안타까우나 고대일본의 한자

문화사적인 측면에서 소중한 예들이라 하지 않을 수 없다.

고대한국 낙서(습서)의 사례들

앞서 제시된 사토 교수의 분류안에서는 나니와 노래難波津の歌·구구단·한시·일본 노래和歌·희서·희화 등으로 낙서(습서)의 종류가 세분되어 있으나, 일본과는 양적인 면에서 비교가 되지 않는 고대한국의 자료에 그대로 적용하기는 어려운 것으로 판단된다.

여기에서는 이러한 점들을 고려하여 한국의 낙서(습서)의 사례들을 수집·정리한다는 마음으로 고찰에 임하고자 한다. 편의상 시대를 고대한국에 한정하지 않고 조선조 이후의 자료라도 대상으로 삼고자 하며, 서사의 재료면에 초점을 맞추어 금석문·토기, 문헌류로 대별할 것이다.

#1 금석문·묵서토기의 낙서(습서)

[사진15]는 신라의 금석문 중에서 낙서(습서)의 사례로 볼 만한 것들이다.

[사진15] 낙서(습서)의 금석문 사례들
(『신라금석문탁본전』 p.35/ 『문자로 본 신라』 p.155)

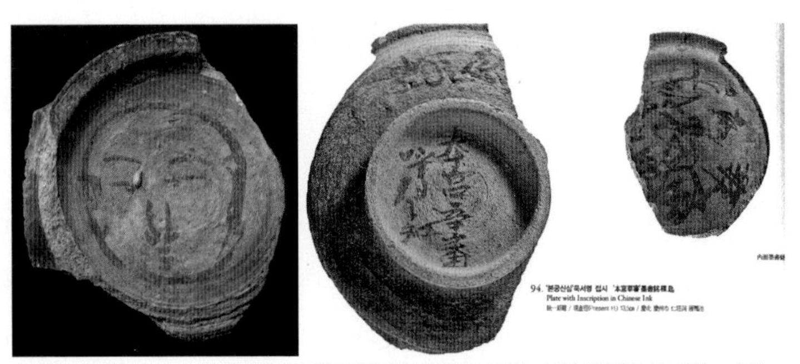
[사진16] 묵서토기 속의 낙서(?)(『부여 관북리백제유적 발굴보고III』 도판/『문자로 본 신라』 p.76)

먼저 좌측은 경주 남산신성비 제1비의 탁본(부분)으로서 하부에 「辛」자가 새겨져 있음이 주목되는데, 「辛」자는 본문의 첫 글자이므로 본문 글씨를 새긴 사람(또는 쓴 사람)이 본문을 새기거나 쓰기 전에 미리 글자를 연습해본 것으로밖에 해석되지 않는바, 이를 낙서적인 성격의 습각(習刻)의 사례로 보는 데에 이견은 없을 것이다.

다음으로 우측은 경주시 동천동 출토의 통일신라 "을견(乙見)"명 전돌인데, 여기에는 명문 좌측에 닭으로 추정되는 가금류 두 마리가 새겨져 있음이 주목된다. 전돌에 그림이 있는 사례가 흔치 않다는 점에서 그 용도를 정확히 알기는 어려우나, 필자의 판단으로는 이 그림도 낙서화의 일종으로 보아야 좋을 것이 아닌가 한다.

이 밖에 [사진16]에 제시한 묵서토기의 낙서 사례들도 주목해야 할 것이다.

좌측의 인면화는 부여 관북리 유적에서 발굴된 것으로 백제인의 유순하고 순박한 인상의 얼굴을 보여주는 대표적 사례로 주목을 받은 바 있다([이광형의 '문화재 속으로...'] ①백제인의 얼굴, 「국민일보」 20100131). 지름 12㎝의 깨진 토기 밑바닥에 얼굴 전체 윤곽을 한 줄로 둥글게 그은 다음 그 안에 눈과 눈썹, 코와 입을 형상화한 그림으로 기본적인 성격은 낙서화의 일종으로 보아도 좋을 것이다. 우측의 묵서명 접시는 안압지에서 출토된 것으로 접시 밑바닥에 있는 명문은 "본궁신심/호□지(本宮辛審/呼□知)"로 판독 가능하나, 접시 내부에 있는 묵서는 우측 위쪽 사진에서 보는 바와 같이 판독이 거의 불가능한 낙서처럼도 보인다. 혹여 동궁의 무사 안녕을 기원하는 주술 성격의 문장으로 보아야 할지도 모르겠다.

앞으로 각 박물관에 소장되어 있는 묵서토기 자료들에 대한 정밀한 수집 및 조사·연구를 통하여 이 방면의 사례들이 추가될 수 있기를 기대해본다. 앞으로의 논의 과제로 남기고자 한다.

#2 문헌류의 낙서

앞서 [사진1]에서 (광주판)『천자문』 앞표지 뒷면의 낙서(습서) 사례를 소개한 바 있거니와, 문헌류 낙서의 대부분은 간본(刊本)의 앞표지 뒷면이나, 뒤표지 앞면 등 빈 종이 부분에 후대인들에 의해 행해진 것이 대부분이다.

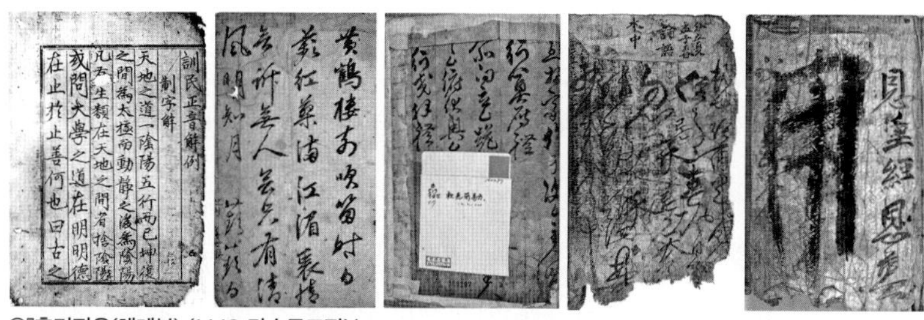

①『훈민정음(해례본)』(1446, 간송문고장)/
②『해동제국기(중간본)』(1471, 국립중앙도서관장)/ ③『구급간이방(중간본)』(1489, 영남대도서관장)/
④『창진방촬요언해』(1517, 성환갑교수장)/ ⑤『부모은중경』(1676, 소창문고장)

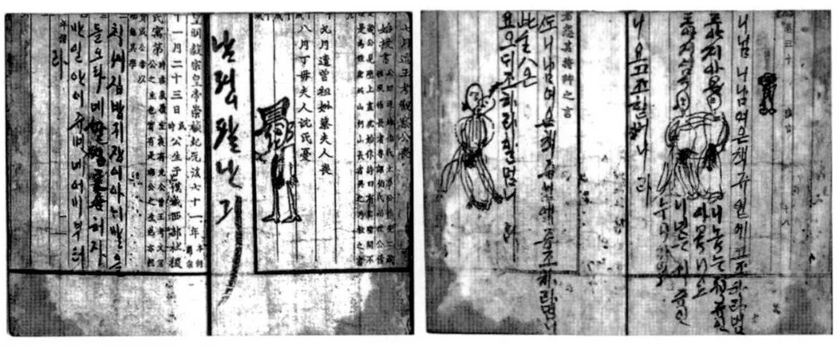

[사진18] 조선시대 방각본 속의 낙서
(http://blog.naver.com/mkm2739/220812191089에서 재인용)

①은 소위 '예의(例義)'편이 끝나는 면으로 본래 빈 종이 자리인데 후대인이 제자해의 5행분에 이어 『대학』의 첫 부분을 습서한 것이고, ②~⑤는 각 문헌의 뒤표지 앞면에 있는 사례들인데, 한시 구절이나 문헌명 등이 자유분방한 필치로 낙서(습서)되어 있다.

[사진18]의 예는 2011년 국립중앙도서관 기획전이었던 "조선의 독서열풍과 만나다: 세책과 방각본"에 전시된 방각본들에서 찾아진 순수한 의미에서의 낙서들이다. 여기에는 주로 책을 대여한 사람들이 세책주에게 남긴 저속한 욕설이나 성적 표현 등이 등장한다는 점이 흥미롭다. 이들은 최근세 시기의 언어·사회·경제·문화사적 연구에 일정한 도움을 줄 수 있으리라 기대된다.

이 밖에 낙서의 경우 일본의 유명한 '니조가와라 낙서(二条河原の落書)' 등과 같이 정치적 비판·풍자 내지 야유 목적의 한국적 사례로는 『삼국유사』·진성여대왕 거타지조에 나오는 다라니 투서문 "나무망국 찰니나제 판니판니소판니 우우삼아간 부이사바하(南無亡國 刹尼那帝 判尼判尼蘇判尼 于于三阿干 鳧伊娑婆訶)"를 들 수 있을 뿐만 아니라, 고려·조선조의 빈번한 '벽서(壁書), 괘서(掛書)', 현대의 '대자보' 등이 이 방면의 예들로 이어짐을 보충하고자 한다. 또한 조선조의 일부 문헌 속에 각필로 그려진 낙서화가 남아 있음도 보충하고 싶다. 고바야시 요시노리小林芳規(2004: 225)에서 고려대학교 중앙도서관 소장 『지봉유설』 권17~20(1책, 17세기 간행) 3면의 표 상란에 조선 후기의 각필 낙서화가 있다는 보고가 그것이다.

부호의 정의와 분류

부호란 "일정한 뜻을 나타내기 위하여 따로 정하여 쓰는 기호"(『표준국어대사전』)를 말한다. 오늘날 우리는 각종 부호 속에 파묻혀 산다고 해도 과언이 아닐 만큼 문장부호, 교정부호, 모르스 부호, 표정 부호(이모티콘) 등은 우리들의 문자·언어생활과 밀접하게 관련되어 있다. 몇 가지 예들을 보이면 [사진18]과 같다.

그런데 가끔씩 '모르스 부호'를 '모르스 기호'로 부르는 분들을 접하게 되는데, 여기서 부호와 기호의 차이에 대하여 궁금증을 낳을 수 있겠다. 기호에 대해서는 "어떠한 뜻을 나타내기 위하여 쓰이는 부호, 문자, 표지 따위를 통틀어 이르는 말"(『표준국어대사전』)로 정의되어 있음에서

[사진18] 각종 부호들(문장 부호/ 교정 부호/ 국제모르스 부호/ 표정 부호)

알 수 있듯이 기호는 부호보다 상위의 개념이다. 고대한국의 자료 중에는 부호보다는 기호로 일반화되어 있는 유물들을 만날 수 있는데(『고대의 문자와 기호유물』 등 참조), 청동기 시대 이래 고대 한국의 바위나 절벽, 토기 등의 유적·유물에 새겨진 각종 기호들(#, ×, +, 등)은 그것들이 뜻하는 바를 정확히 알기는 어려운 관계로 부호론의 대상에서는 제외해야 할 것이다.

이제 시기적으로는 고대(~중세)로 한정하고, 종류상으로는 표점부호(標點符號)에 한정하여 한국의 부호들에 대한 분류안을 제시해보도록 하겠다. 표점부호란 "문서나 서류, 각종 문헌류에서 구두(句讀) 및 각종 어기(語氣)를 표시하는 부호들"(维基百科)을 말한다. 앞서 말한 것처럼 고대한국의 각종 기호들을 제외하고 나면, 의미있는 부호론의 대상으로는 표점부호들로 좁혀질 수밖에 없기에 이와 같이 고찰 대상을 한정한 것이다.

표점부호의 분류에 대해서는 이건식(2013: 36)에서 '교정부호(삭제호, 전도호 등), 문장부호(구두호, 사성점, 표제호 등), 대치부호(중문호, 대자호 등)'의 3종으로 나누어 이해할 수 있음을 제안하고 있다. 필자의 생각도 이와 크게 다르지 않다. 다만, 사성점(四聲點)을 문장부호로 분류한 것은 어색하다는 점, 위의 분류안에 넣기가 곤란한 부호들도 상당하다는 점 등을 고려하여 '교정부호, 문장부호, 대치부호/기타'로 나누어 살펴보도록 하겠다.

표점부호의 실례와 그 의미

고대~중세한국의 각종 부호에 대한 고찰은 이승재(2002), 고바야시

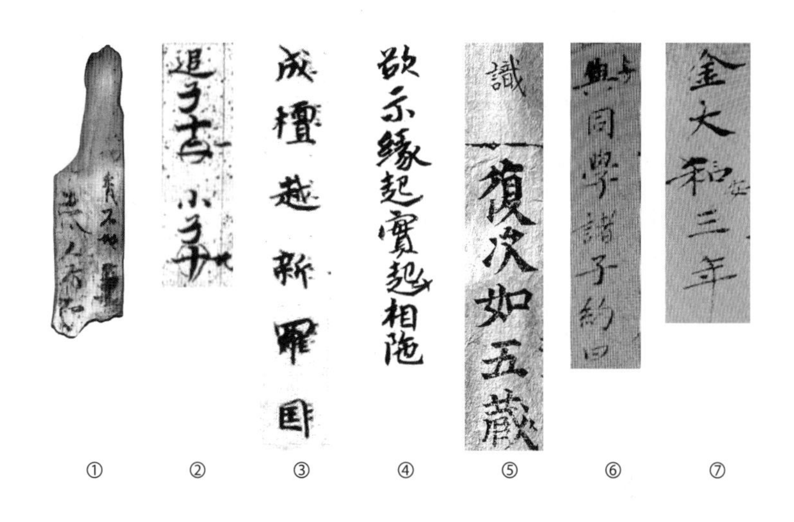

(2004), 이용현(2007a·b), 윤선태(2008), 이건식(2013) 등의 선행 연구가 있다. 여기에서는 선행 연구 결과를 바탕으로 목간과 문헌류의 사례들을 중심으로 중국과의 이동(異同)을 살피면서 문자문화사적 의의에 대하여 서술할 것이다.

교정부호

#1 삭제부

중국의 돈황 문헌들에서의 삭제부에는 '●, ▯, ▮, ㄱ,], ○, △, ·, :, ⁝, ⋮, ⦚, ㅏ, „' 등이 있는데(이건식 2013: 44), 고대~중세 한국에서도 이들과 유사한 사례들을 볼 수 있다.

① ⊏コ香石城■■城⊏

× × <경주월성해자목간 168호>(7세기 중엽?)

. 志川人有而□ㄷ

②追子十二[○一] 小子十[○九]<「신라촌락문서」 當縣沙害漸村, 4행>(695?)

③成⋮檀⋮越⋮新⋮羅⋮國⋮<「신라백지묵서화엄경사경조성기」 권10, 19행>(756)

④欲示緣起實起[厶]相陀타<『화엄문의요결』 15장 30행>(경덕왕대)

⑤復次如五藏[⺊ + 난상 識 ⺊]<『유가사지론 권66』 15장 1행>(11세기)

⑥興[●与]同學諸子約日<「수선사형지안(修禪社形止案)」 64행>(1221)

⑦金大和[＼安]三年<「수선사형지안」 134행>(1221>

앞선 중국의 삭제부들과 비교해보면, 위의 ①, ②, ③, ⑤, ⑥은 중국과 동일함을 확인할 수 있는데, 이는 중국의 삭제부들 중에서 '■, ○, ⋮~⋮, ⺊, ●'의 부호를 선택적으로 수용한 것임을 알려준다. ③의 예는 논란이 있으나, 중국의 삭제부 '○'에서 서사의 편의성에 따라 '○→□→厶'로 변용된 것으로 보는 편에 따르고 싶다. 붓으로 '○'를 그린다는 것은 상당히 어려워 곧잘 '□' 형태로 변하기 쉽고, '□' 형태도 또한 '厶' 형태로 변이됨을 '强~強'의 예로 확인할 수 있기 때문이다(이건식 2013: 40). ⑦의 역빗금(＼) 사례는 중국의 자료들에서 확인할 수 없는 바, 이는 13세기에 나타난 한국적 창안의 삭제부라 할 만하다.

이상을 정리해보면, 13세기 이전에는 중국의 삭제부 중에서 일부를 선택적으로 수용하여 변용을 행하다가, 13세기 이후 부분적으로 새로운 삭제부를 독창적으로 고안하기 시작한 것으로 보아야 할 것이다.

#2 삽입부

중국의 돈황 문헌들에서의 삽입부에 대해서는 별로 알려진 것이 없다. 이에 비하여 한국에서는 '▫, ◦, 丶'의 사례들을 확인할 수 있음이 주목된다.

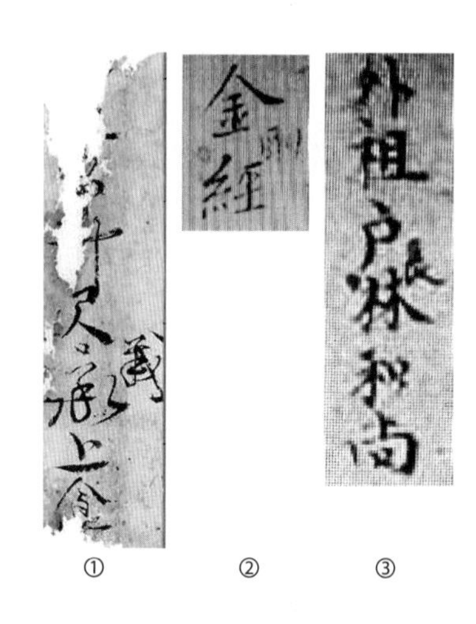
①　②　③

①□□□□尺▫[義]承上食<「석가탑 묵서지편_소명기」 26편 1행>(1038)
②金◦[剛]經<「수선사형지안」 57행>(1221)
③外祖戶、[長]林和尙<「고려말화령부호적대장단편(高麗末和寧府戶籍臺張斷片)」 4-2>(1392)

돈황 문헌들과의 비교를 통해서 보면 고려시대의 삽입부 사례들은 한국의 창안일 가능성을 제기할 수도 있을 것이나, 簡錫華(2002: 164~165)에 소개된 송각본(宋刻本) 『남화진경주(南華眞經注)』에서의 '중권구호(中圈句號)'의 세 번째 용법에 삽입부 기능이 있음을 감안하면, 위의 삽입부들은 송대의 'o'를 수용하여 서사상의 편의로 '▫, 、'로까지 변용시킨 것으로 이해함이 옳을 것이다.

#3 전도부

중국의 전도부는 한위(漢魏) 시대 이래 예외없이 을자호(乙字號) 즉, '乙~√'의 사례만 보고되어 있다. 반면, 한국의 경우는 을자호 외에 독자적인 부호들이 보임도 의미있다.

①竹尸□乎[√]于(→于乎)支稗一 <함안성산산성목간 12호>(6세기 중·후반?)
②…此[√]由(→由此)……諸者[√]義(→義者)……法緣界[√]起(→起界)…

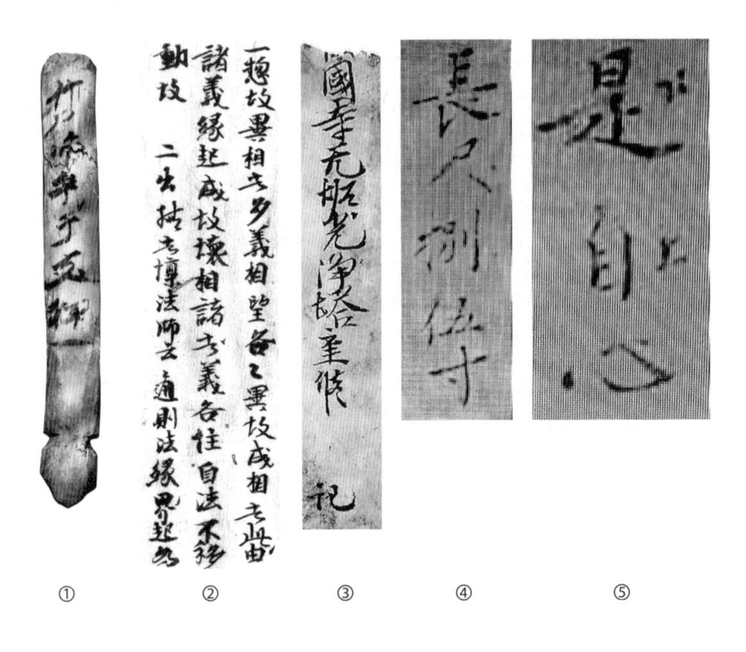

<「화엄문의요결」 제11장 18~20행>(경덕왕대)

③[仏]國寺无垢光[ᆡ]淨[ˊ](→淨光)塔重修記<「석가탑묵서지편_무구정광탑중수기」 72편 1행>(1024)

④長尺[']捌[ˇ](→捌尺)伍寸<「수선사형지안」 22행>(1221)

⑤是[下]自[上]心(→心自)<「수선사형지안」 40행>(1221)

①, ②의 사례는 중국과 다르지 않지만, ③~⑤의 사례들은 중국에서는 보고되지 않은 전도부들로 알려져 있다(이건식 2013: 49~52). 이로써 미루어보면 통일신라시대까지 중국의 전도부들을 수용하여 고려시대 이후 한국에서 창안된 전도부들이 조선 초기까지 이어진 것으로 보아야 할 것이다.

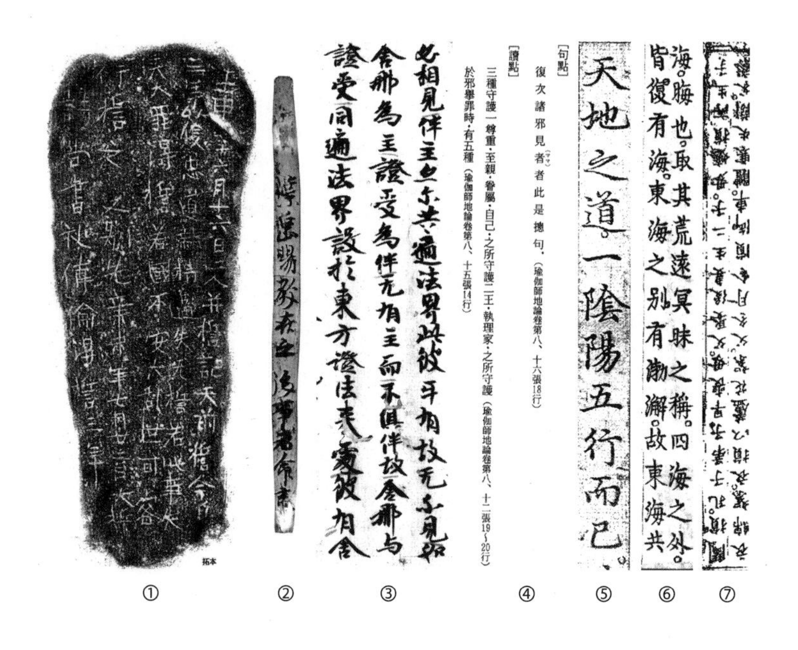

① ② ③ ④ ⑤ ⑥ ⑦

문장부호

#1 구두점

글의 뜻이 끊어지는 곳에 찍는 구점(句點: ◦)과 구점 안에서 읽기 편하게 끊는 곳에 찍는 두점(讀點: ◦, 이상 세로쓰기 기준)은 각각 오늘날의 마침표와 쉼표에 해당되는 부호로서 이들을 합하여 구두점이라 부른다. 중국에서는 송본(宋本) 『자경편(自警編)』(1234) 이래 원·명대에 걸쳐 발달하였는데(이승재 2002: 27~28), 한국에서는 신라시대의 공격(空隔), 수평선 등의 사례를 거쳐 초조대장경 이후 중국과 동일한 사례들이 보이기 시작한다.

①……可容/行誓之 又別先辛未年……<임신서기석 3~4행>(552?)

②牒垂賜教在之 後事者命盡<월성해자목간 149호, 3면>(7세기 중엽?)

③……不見|如/舍那爲主|證處爲伴|无有主而不俱伴故|舍那与/證處|同遍法界……(……서로 보지 않음이 없다.| 노사나불이 주동이 되고| 증득한 곳이 수반이 되는 것처럼| 주동이면서 수반을 함께하지 않음은 없으므로,| 노사나불과 증득한 곳이| 함께 법계에 편만하다.)<「화엄문의요결」 제5장 22~24행>(경덕왕대)

④(초조본)『유가사지론』 권8의 각필점(11세기)<고바야시 2004: 147>

⑤(해례본)『훈민정음』·제자해_1a(1446)/ ⑥『용비어천가』 권1_1a(1447)/

⑦『삼강행실도』·효자도_1b(1481)

①, ②를 비롯하여 신라시대 사례들에서는 종결사 '~之' 다음에 의도적으로 빈칸을 두고 있는데, 이는 의사전달을 보다 정확히 하기 위하여 문장을 구분하는 마침표(또는 쉼표)의 구두점으로 기능하도록 하는 공격에 해당된다(윤선태 2008: 304).

③의 예에서는 주묵(朱墨)의 수평선이 구두점의 기능이 있는 것으로 보고되어 있고(김성주 2009: 131-134), 11세기 초조대장경들에서도 이와 동일한 기능의 각필 수평선이 있음이 보고된 바 있다(고바야시 2004: 148). 중국의 돈황 문헌에서도 수평선의 존재는 보고되어 있으나(簡錫華 2002: 122-123), 이는 운서에서 동일 운이 아닌 글자들을 구분하는 기능이 있음에 비하여 고대한국에서처럼 구두점의 기능을 하는 수평 주선/각필선의 사례는 아직까지 보고된 바 없는 듯하다.

이와 같이 한문 해석 과정에서 창안된 독자적인 부호의 사용이 고려 초기까지 이어져 오다가 ④의 초조본 『유가사지론』 권8에서부터 중국과 동일하게 구점과 두점을 명확히 구별하기 시작한다. 고려말에 간행된 『금강경』(1357), 『상교정본자비도량참법(詳校正本慈悲道藏懺法)』(1378?) 등

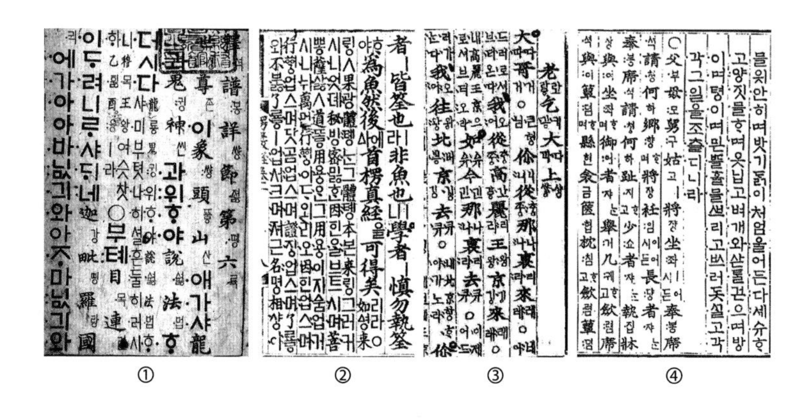
①　②　③　④

에서도 이러한 구두점이 있는 것으로 보고되어 있다(이승재 2001: 28). 조선시대에 이르면 ⑤, ⑥의 세종대 문헌들에서 동일한 양상을 보이나, 더 많은 문헌들에서는 ⑦과 같이 두점으로 일관되는 듯하다. 이런 점에서 세종조의 문헌들은 『영락대전(永樂大全)』의 영향을 받은 사례로 보아야 할 것이다.

#2 단락부

중국을 비롯하여 한자문화권에서 문장부호로서의 쓰임새가 매우 다양한 부호는 '○' 즉, 원권(圓圈)인데, 『광운(廣韻)』(1008)을 비롯하여 송대 이래 문헌들에서 주로 단락의 경계나 화제를 전환하는 자리에 나타나므로 단락부라 부를 만하다. 한국에서도 고려말 이후 이러한 원권이 나타난 것으로 보고되어 있다(이승재 2002: 22~24).

①『석보상절』 권6_1a(1447)/ ②『능엄경언해』 제1_8a(1461)/
③(번역)『노걸대』 上_1a(1517 경)/ ④『소학언해』 권2_5a(1588)

①은 화제가 전환되는 자리에 쓰인 원권의 사례이고, ②는 본문과 협주의 경계를 표시하는 원권의 사례이며, ③은 한어 원문과 번역문의 경계를 표시하는 원권의 사례이며, ④는 새로운 단락이 시작되는 자리에 쓰인 원권의 사례이다.

이 밖에 원권은 「수선사형지안」(1221) 등에서 국명, 연호, 간지, 지명, 인명 등의 첫 글자에 기입되어 의미를 변별하는 부호로 쓰이기도 하는데, 이는 중국에서와 동일한 원권의 쓰임례에 해당된다(이건식 2013: 53~54).

대치부호 및 기타

#1 중복부

중국의 돈황문서에서 중복부는 ‘〻, ⺀, 丶’ 등의 형태로 나타남에 비하여, 한국에서는 ‘〻, ⺀, 丶, 又, ⼆’ 등 좀더 다양한 형태로 나타난다(이건식 2013: 54~63).

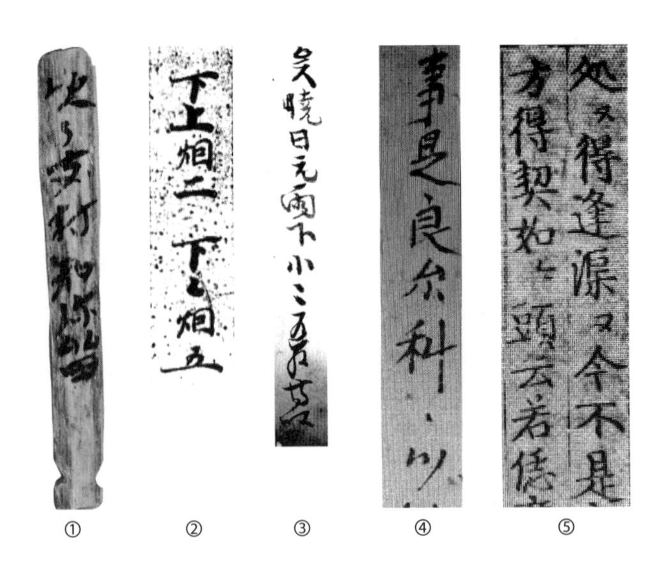

① ② ③ ④ ⑤

①次〻支村知弥留<함안성산산성목간 06-w9>(6세기 중·후반?)

②下上烟二 下〻烟五<「신라촌락문서」 當縣沙害漸村, 2행>(695?)

③…元雨下小∶爲教等以<「석가탑묵서지편_서석탑중수형지기」 95편 5행>(1038)

④事是良尒科、以<윤광전노비별급점련문서(尹光琠奴婢別給粘連文書) 4-4>(1354)

⑤處[又]得渠 [又]今不是/方得契如 頭云若 <『직지심체요절』 卷下 106>(1378)

①, ②는 중복부 '〻', ③은 중복부 '∶', ④는 중복부 '、', ⑤는 중복부 '又, '의 사례이다. 이 중에서 ⑤는 중국 돈황 문헌에도 나타나지 않는 부호들로서 『직지심체요절』만의 독특한 쓰임을 보여주고 있다.

#2 생대부(省代符)

생대부란 운서 등에서 표제자의 한자를 생략하여 대신할 때 쓰이는 부호를 말한다. 중국에서는 '〻, ㅣ' 등이 알려져 있는데(이건식 2013: 65), 한국에서는 'ㅣ'의 쓰임만 찾을 수 있다. 왼쪽에 보인 『훈몽자회』(1527) 상권의 '天'자조의 예가 그것인데, '天道尙左日月右旋'의 첫 글자가 표제자와 동일하므로 '天'자를 생략하여 대신한 부호가 바로 'ㅣ'인 것이다.

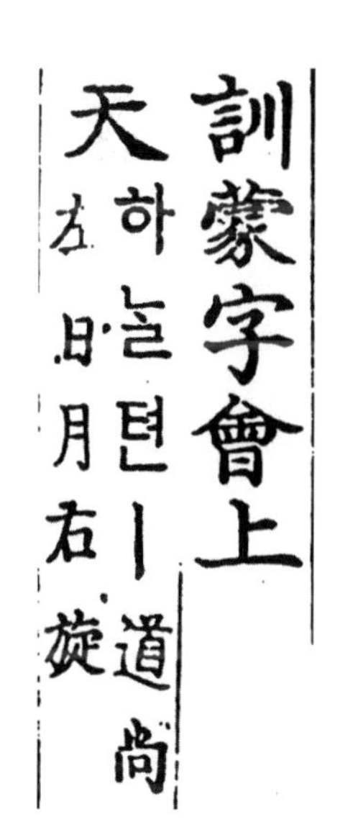

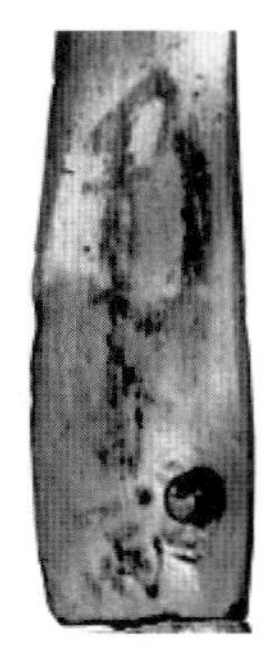

#3 기타

이 밖에 고대~중세 한국의 부호들로는 목간들에서의 확인부(=합점合點), 경계부(境界符) 등이 있다. 이들에 대해서는 기존 논의들에서 자세히 고찰되어 있으므로 여기에서는 요점만 간략히 소개하고자 한다.

먼저 안압지 목간 189호 목간에는 '대황(大黃)' 등 약재명과 수량이 기록되어 있어서 의약처방전의 일종으로 생각되는데, 각 약재명의 상단과 우측을 '了~㇁'의 형태로 감싸는 부호가 여러 군데 나타난다. 이들은 약재의 수수를 재확인하는 가운데 첨기된 확인부에 해당된다(윤선태 2008: 300~301).

다음으로 월성해자 목간 151호 목간에는 부명(部名)·리명(里名)이 나열되는 가운데, 제4면에는 "■|牟喙 仲里受"와 같이 특이한 기호가 쓰이고 있다. '■'는 부의 시작을 나타내는 부호로, '|'는 구간의 구분을 표시한 부호로 보고 있다(이용현 2007a: 122, 윤선태 2008: 282~283).

이 밖에 최근에 발굴된 고려시대 각필 문헌들에서도 점토(點吐), 역독부(逆讀符), 구절부(句切符), 합부(合符), 사성점(四聲點), 범패부(梵唄符=節博士), 주시부(注視符) 등 다양한 부호의 쓰임이 확인되고 있으나, 여기에서는 분량 관계상 논의를 생략할 수밖에 없음을 혜량해주실 것을 빈다. 이들에 대해서는 고바야시(2004), 이승재 외(2005~2009), 권인한(2016) 등의 논의를 참조하기 바란다.

결론적으로 고대~중세 한국의 습서·낙서 및 부호에 대한 고찰을 통하여 다시 한번 우리의 한자문화의 발달 과정이 중국으로부터의 '선택적 수용과 변용' 그리고 '한국적 창신'의 기제로 설명될 수 있음을 확인할 수 있겠다. 앞으로 이 방면의 좀더 본격적인 조사와 연구가 이어지기를 기대해마지 않는다.

[후기] 이 글을 준비하는 과정에서 나라문화재연구소의 와타나베 부소장님과 방국화 선생께 크게 신세를 졌음을 밝혀 감사의 뜻을 표한다. 특히 필자가 2018년 1월 25일 나문연을 방문했을 당시 일본의 습서·낙서 목간에 대한 필자의 이해를 돕기 위하여 나문연 소장 목간에 대한 실견을 주선해주시는 한편, 각종 연구 성과물을 복사하여 제공해주신 방국화 선생의 진심어린 협조를 잊을 수 없다.

참고문헌

※본문에서 제시된 도록 등 자료집 목록은 생략함.

小林芳規, 2004,『角筆文獻硏究導論 上卷 東アジア篇』, 汲古書院.

권인한, 2013,「고대한국 습서 목간의 사례와 그 의미」,『목간과 문자』11.

권인한, 2016,「고대 한국한자음의 연구(Ⅰ)-최근 발굴된 각필 성점 자료를 중심으로」,『구결연구』37, 구결학회.

김성주, 2009,「사토본『화엄문의요결문답』의 부호」,『동악어문학』53, 동악어문학.

呂靜 외, 2011,「한국 경주 안압지 출토 '책사(策事)' 목간에 관한 시론」,『죽간·목간에 담긴 고대 동아시아』, 권인한·김경호 책임편집, 성균관대학교출판부.

三上喜孝, 2008,「일본 고대 목간의 계보-한국 출토 목간과의 비교검토를 통하여-」,『목간과 문자』창간호.

佐藤信, 1997,「習書と落書」,『日本古代の宮都と木簡』, 吉川弘文館.

渡邊晃宏, 2009,「日本古代の習書木簡と下級官人の漢字教育」,『漢字文化三千年』, 高田時雄 編, 臨川書店.

윤선태, 2008,「한국 고대문자자료의 부호와 공격」,『구결연구』21, 구결학회.

윤선태, 2010,「나주 복암리 출토 백제목간의 용도」,『6~7세기 영산강유역과 백제』, 국립나주문화재연구소·동신대학교문화박물관.

이건식, 2013,「중국 고대 표점부호의 유형과 한국 고대와 중세의 표점부호에 대하여」,『구결연구』31, 구결학회.

犬飼隆, 2014,「木簡「謹論語諫」」,『文字のチカラ 古代東海の文字世界』,「文字のチカラ展」實行委員會.

이승재, 2002,「옛 문헌의 각종 부호를 찾아서」,『새국어생활』12-4, 국립국어연구원.

이승재 외, 2005~2009,『각필구결의 해독과 번역 1~5』, 태학사.

이용현, 2007a,「목간으로 본 신라의 문자·언어 생활」,『구결연구』18, 구결학회.

이용현, 2007b,「안압지 목간과 동궁 주변」,『역사와 현실』65, 한국역사연구회.

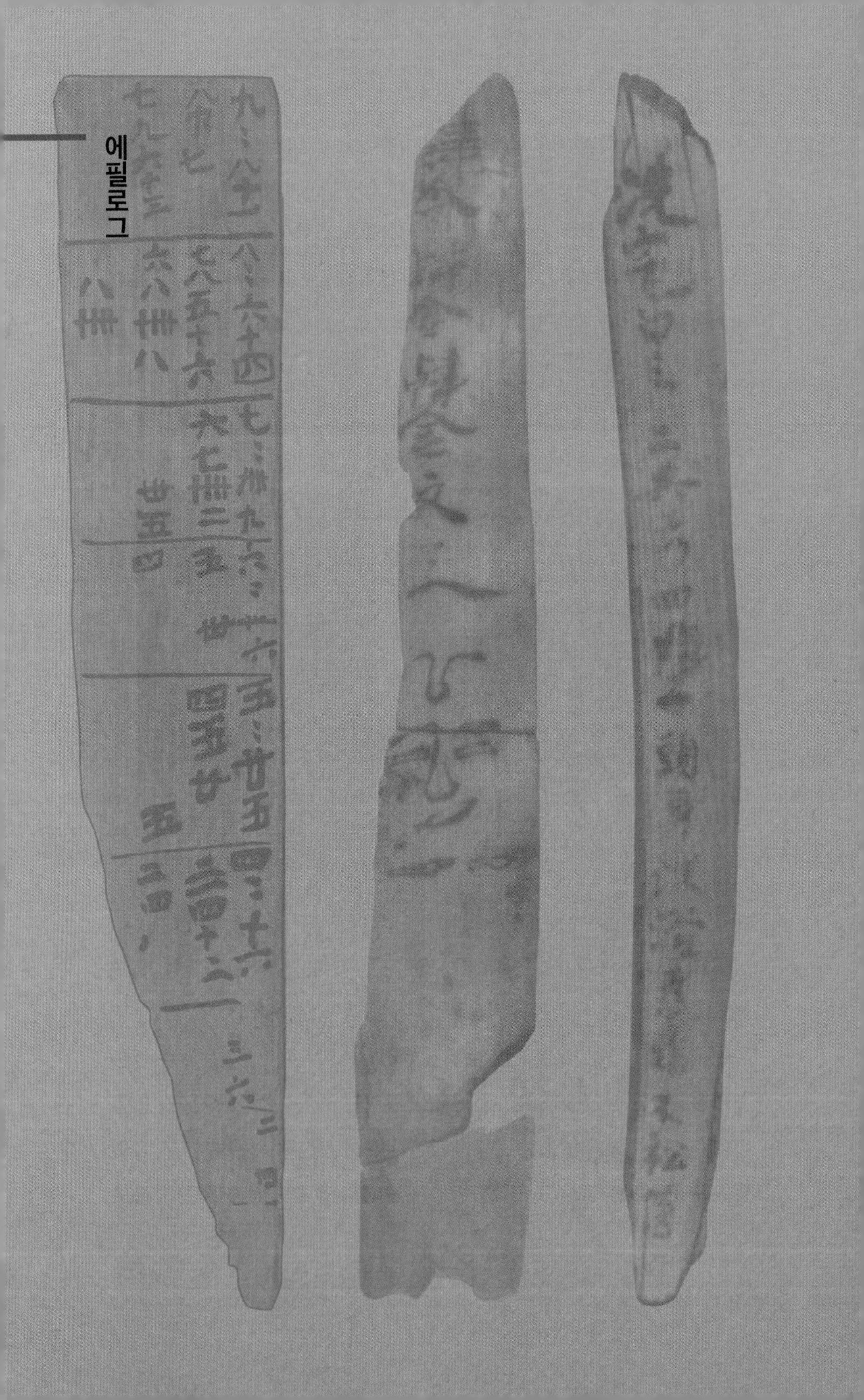

에필로그

문자를 보존하는 과학

양석진

창원대학교

목간은 종이가 보편화되기 이전에 나무를 다듬어 문자를 기록한 목제품이다. 따라서 목간의 기본적인 물질은 나무이며, 그 표면에 먹으로된 문자가 존재한다. 목간을 보존한다는 것은 목재와 문자를 동시에 보존하는 것을 의미한다. 목간을 보존하기 위해서는 먼저 나무의 특성을 이해할 필요가 있다.

목재는 천연유기체로서 가공이 손쉽고 주변으로부터 쉽게 구할 수 있어 고대로부터 건축물이나 선박, 농기구, 생활용구, 예술 조각품 등을 만드는 소재로 널리 이용되어 왔다. 이러한 고목재가 존재할 가능성이 있는 상태는 수침상태, 탄화상태, 극도의 건조상태에서 그 형태를 유지하고 있을 수 있다. 목재는 중량에 비해 높은 강도를 갖고 있으며, 가공이 쉽고 전기, 소리, 열 등에 대해 절연성(絶緣性)을 보인다. 목재의 또 다른 장점은 적절한 환경이 지켜진다면 썩지 않고 오랫동안 사용할 수 있다는 점이다. 한편 목재는 균일한 재료가 아니며 방향에 따라 성질을 달리하고, 수분변화에 따라 수축하고 팽윤하며, 불에 타고, 썩고, 벌레 먹는 등의 단점도 가지고 있다. 목재의 구성 물질은 주성분과 부성분으로 구분할 수 있는데 셀룰로오스와 헤미셀룰로오스, 리그닌이 주성분에 속하고 어떤 수종이든 목재의 세포막에 다량 분포되어 있다. 그리고 그 외 수지나 회분 등을 부성분이라고 한다. 목재는 목재실질(세포막질), 공극 및 수분의 3요소로 구성되어 있는 다공체이다. 공극을 함유하지 않은 목재실질의 비중을 진비중이라 하고 공극을 함유한 비용적중을 통상 비중이라고 한다. 목재의 함유수분(moisture content)은 비중과 더불어 목재의 모든 물리적 또는 기계적 성질에 영향을 끼치는 인자이다. 출토된 고목재의 함유수분, 즉 함수율이 높다는 것은 그만큼 부후가 많이 진행되어 주성분이 분해되고, 그 공간에 수분이 채워져 있다는 것을 의미한다.

목간을 보존하기 위해서는 목간의 출토상태와 매장환경을 파악하는 것이 목간의 보존처리를 시행하는데 많은 도움이 된다. 우리나라의 발굴조사에서 출토되고 있는 목간의 대부분은 저습지 또는 수중 발굴조사 과정에서 발견된 수침목제유물이 그 주류를 이루고 있다. 수침목제 유물은 습하고 불안정한 조건에서 장기간 매장되어 있었기 때문에 대부분 연부후균과 혐기성 세균에 의해 부후되어 셀룰로오스와 헤미셀룰로오스 리그닌 같은 목제의 구성성분들이 분해 유실되고, 그 결과 비중은 낮아지고 상대적으로 공극은 늘어나게 되므로 많은 양의 수분을 함유한 수침목재 상태로 존재하게 된다. 수침고목재의 화학적 성질은 부위에 따라 다르다. 고목재의 부후가 대체로 표면 부위에 국한되어 있기 때문에 표면과 내부의 화학적 조성이 판이 하게 다르다. 특히 신안선의 경우처럼 대형 목재의 경우 표면 부위는 셀룰로오스와 헤미셀룰로오스 등 다당류가 심하게 감소되는 반면 목재 내부는 신재와 큰 차이를 보이지 않는다. 수침고목재는 헤미셀룰로오스가 먼저 분해되고 이어 섬유소가 분해되는 순서를 밟는다. 다당류는 현저히 감소되지만 리그닌은 거의 분해되지 않는다. 신재는 K, Mg, Ca 등 알칼리 금속 및 알칼리 토금속의 양이 많은 반면 수침고목재는 Fe, S 등의 원소가 다량으로 함유되어 있다. 이 같은 회분량의 증가는 미생물의 대사과정에서 발생되는 황의 성분과 고목재가 매장되어 있는 주위 환경의 무기물 등이 분해된 목재의 공극에 퇴적되어 있기 때문이다.

목간은 대부분 수침 상태로 출토되어 불안정한 상태이기 때문에, 일단 외기에 노출되어 건조가 진행되면 형태를 알아 볼 수 없을 정도로 수축 변형되어 버리고 만다. 특히 건조에 의해 수축되거나 갈라진 목재는 원상태로 되돌릴 수 없다. 따라서 이들 수침목제 유물을 박물관의 전시실이나 수장고의 대기환경에서 안전하게 보관하고 전시하기 위해서는 목제의 건조 수축을 방지하고 취약한 재질을 강화하는 보존처리가 필요하다. 특히 목간의 경우 목재의 보존과 더불어 묵서를 보존하는 것에서도 만전을 기해야 한다. 목간은 일반적으로 목제유물을 보존처리 하는 방법과 동일하지만, 육안으로 묵서를 확인할 수 있도록 표면의 색을 밝게 처리하고 묵서를 손실 없이 처리하는 데 주안점을 두어야 한다. 목재의 보존은 기본적으로 약화 되어 있는 목재를 강화 시키는 일, 그 강화가 목재의 크기 변화에 아무런 영향을 미치지 않는 것이어야 한다. 마지막으로 강화제의 사용이 가역성이 있는 것이어야 한다. 그러므로 사용되는 강화재는 화학적으로 안정성이 있어야 하고 환경의 영향에 덜 민감한 것이어야 한다. 수침고목재 보존처리의 기본원리는 목재내부에 가득한 수분을 화학약품으로 대체시켜 치수안정성과 내구성을 부여하는 것이다. 이 때, 목재는 수종, 함수상태, 분해도, 매장환경 등 여러 가지 요인의 영향을 받아 불규칙한 재질상태를 가지므로 보존처리 약제 및 세부처리법을 판단하기 위해서는 여러 시편을 이용한 다각적인 검토가 필요하다. 수침목재 유물은 표면과 내부의 부후 정도가 다르기 때문에 목재 표면과 내부의 함수율에서 현격한 차이를 나타낸다. 극심한 수분경사는 건조 과정에서 심한 수축과 변형을 발생시켜 본래의 형태나 기능을 알 수 없게 된다. 이를 방지하기 위해 목재 내에 존재하고 있는 수분을 다른 물질로 치환하여 공동화된 내부를 채워 주는 것이 수침고목재 보존처리의 주된 방법이다. 목재를 보존한다는 것은 목재의 현재 상태를 지속적으로 유지시키는 것으로 완전히 열화 되지 않는 상태를 만들어주는 것은 아니다. 썩는다(decay, rot, 腐朽, 腐敗)는 것은 지극히 자연스러운 현상이다. 모든 자연물은 원래의 상태로 돌아가고자 하는 거대한 물질 순환의 일부분(중간상태)에 놓여 있는 것이다. 지구상에 존재하는 모든 물질은 점진적으로 고분자 물질로부터 저분자 물질로 변하는 것이 자연계의 원리이다. 목재는 셀룰로오스, 헤미셀룰로오스, 리그닌 등이 분해되어 CO_2와 H_2O로 변화되는 사이클에 놓여있다. 이러한 자연계의 원리에 의해 목간도 오랜 세월이 경과되는 동안 여러 가지 형태로 변화의 양상을 나타나게 되며 곧 이것은 목간의 손상을 의미하게 된다. 따라서 목간에 발생되는 손상현상을 주의 깊게 관찰하고 그것이 어떤 원인에 기인되었는가? 그리고 손상의 진행을 억제할 수 있는 방법을 강구하는 것이 목간을 보존하는 과학의 역할이라고 할 수 있다.

먹과 적외선 촬영

목간이 다른 목제유물과 다른 점은 목제품에 먹으로 문자가 기록된 점이다. 먹의 기원은 은 시대의 백도자기, 옥기, 그리고 갑골문에서 발견된 주서와 먹의 흔적으로부터 찾아볼 수 있다. 그러나 은 시대에는 목탄이나 석묵, 석물을 물에 녹인 묵즙과 단사를 제련시켜서 만든 주액 등을 사용한 것이고, 주시대에는 대나무 조각에 칠묵으로 글자를 썼다고 한다. 제묵의 시초는 분명하지는 않으나 25~200년 후한시대에 이르러 비로소 오늘날과 같은 먹을 만들게 되었다.

현재 남아있는 가장 오래된 한국먹은 일본 나라(奈良)의 정창원에 옛날 먹 14자루가 보관돼 있는 배모양의 신라 먹 2점이고, 고구려 동수묘(冬壽墓)의 묵서명(墨書銘), 일본서기(日本書紀)의 고구려 담징(曇徵)이 영양왕(嬰陽王) 12년에 제묵법(製墨法)을 일본에 전했다는 기록 등으로 미루어보아 한반도에서 먹의 제조 및 사용이 상당히 오래되었음을 알 수 있다.

먹을 만드는 주재료는 연매(煙煤), 아교(膠), 향료(香料)이다. 먹은 용기에 기름을 가득 넣고 심(芯)에 점화시켜 태워서 생긴 매연을 긁어모아 고무질 혹은 교질(膠質)을 혼합하고 반죽하여 조그만 틀에 부어 굳힌 것이다. 어숙권(魚叔權)의 『고사촬요(攷事撮要)』에 있는 우리나라의 조묵법을 간단하게 소개하면 다음과 같다.

"물 9근에 아교 4근을 넣고 불에 녹인 다음 순수한 그을음 10근을 넣어 잘 반죽한다. 이것을 다른 그릇에 옮기고, 남은 물 1근을 적당히 뿌려 가면서 잘 찧는다. 다음에 깊숙한 방에 평판을 깔고 습한 재를 한 치 정도 깐 후 종이를 덮는다. 그 종이 위에 먹을 옮겨 놓고 다시 종이로 덮고 위에 다시 습한 재를 한 치쯤 덮는다. 그대로 3일을 두었다가 각 장을 바르게 네모로 자른다. 자른 먹 위에 마른 재를 한 치쯤 덮고 2, 3일 지난 후 꺼내어 으슥한 방 평판 위에 놓고 여러 차례 뒤집어 가며 말린다."

전통적인 연매에는 유연(油煙)과 송연(松煙)이 있고 최근에 공업연(工業煙, 카본)이 있다. 먹을 만들 때는 기름이나 소나무를 태워 생기는 그을음을 이용한다. 채종유(菜種油), 호마유(胡麻油), 대두유(大豆油), 면실유(綿實油), 오동나무 씨앗 기름이나 삼씨기름 등 식물성 기름을 태워 나온 그을음으로 만든 먹은 '유연먹'이라하고, 송연먹은 소나무의 송진을 태워 나온 그을음으로 만든 먹이다. 송연은 노송에서 송진을 유출시킨 다음 구멍을 뚫고 천천히 불에 그을려서 수액을 제거한후 소나무 가지를 한자 가량 길이로 잘라 가마 안에 넣고 태워서 만든다. 순수한 그을음을 충분히 모으고 난 뒤에 해야 할 일은 '아교와 함께 잘 반죽하는' 것이다. 탄소로 이루어진 그을음은 본래 물에 녹지 않는데 이것을 물에 개어 글을 쓸 수 있도록 도와주는 것이 아교다. 아교는 동물의 가죽이나 뼈에서 젤라틴 성분을 추출한 것이며, 그 외에 동물의 근육 및 물고기 부레 등도 사용된다. 아교는 화학적으로 콜라겐 성분으로 농색 불투명하지만 정제를 하면 담색 투명한 것으로 변한다. 이것이 젤라틴으로 사진제품, 의약품 및 식료품 등에 사용되며 주로 접착제로 많이 쓰이고 있다. 아교의 끈적끈적한 성질이 따로 흩어져 있는 그을음을 한데 뭉치도록 해준다. 먹이 건조되는 동안 아교는 습기를 머금었다, 내놓았다 하면서 점차 숙성된다. 아교는 콜라겐을 주성분으로 하는 단백질의 일종이므로 고분자 사슬이 물속에서 가수분해하여 잘게 나누어지는데 3~5년 정도가 지나면 적당히 분해돼 아교의 점도가 글씨를 쓰기에 알맞은 정도로 약해진다. 그을음을 원료로 하는 먹의 물리적 특성은 검은색을 띄고 있고, 시간이 지나도 색이 퇴색되지 않으며, 먹 그 자체가 부식을 유발하지 않는다. 또 아교로 인해 부착력이 강하고 종이나 나무등 다공성 물질에 잘 침투한다.

출토된 목간은 대부분 묵서(墨書)가 남아 있다. 그러나 목간의 묵서는 오랜 기간 동안 땅 속에 묻혀 있는 동안 여러 가지 좋지 않은 환경으로 인해 묵서가 잘 보이지 않는 경우가 대부분이다. 묵서가 잘 보이지 않는 경우는 목간 표면이 흑화 되어 검게 변한 경우와 표면의 묵서가 탈락하여 묵서가 없어진 경우를 들 수 있다. 첫째, 목간표면이 검게 변한 이유는 매장환경의 영향이라 할 수 있는데, 출토되는 목간은 장기간 습한 환경의 토양 속에 있었기 때문에, 목재 변재의 분해가 타닌을 생성하고, 이러한 타닌은 수분과 접촉하면서 일부 가수분해 하여 수용성 페놀을 생성한다. 수용성 페놀류는 대체적으로 Fe(Ⅲ)에 의해 청색~녹색 반응을 일으킨다. 그러므로 발굴된 목재의 명도는 철 함유량과 상관성이 있으며, 산소의 접촉이 활발하지 않은 매장상태에서는 무색이었던 일부의 타닌산 제Ⅰ철이 산소와 접촉하면서 전부 타닌산 제Ⅱ철이 되어 흑색을 띠게 되는 것이라 할 수 있다. 또한 철 결합물이 습재와 접할 때, 목재의 색이 청색~흑색으로 변색되는데, 이는 철과 목재 내 추출물(타닌류와 폴리페놀류) 간의 화학반응의 결과로 나타나는 변색이다. 축합형 타닌은 분자량이 매우 크고 복잡한 페놀성 물질의 혼합물로 가수분해 등의 간단한 조작에 의하여 쉽게 분해되지 않기 때문에, 그 구조가 아직 밝혀져 있지 않다. 타닌은 제이철염과 결합하여 청색 또는 녹색을 띠기 때문에, 잉크제조 원료로도 사용된다.

종합해 볼 때 목재 내에 존재하는 타닌이 Fe과 화합물을 이루어 타닌산 제일철로 존재하고 있을 가능성이 매우 높다. 신안선 목재와 광주 동림동 저습지 및 창녕 송현동 고분 출토 목재는 분석결과가 매우 유사하며, 이러한 결과는 토양과 목재의 특수성이 아니라 매장 목제유물의 일반적인 성질이라 할 수 있을 것이다. 둘째, 묵서가 육안으로 관찰되지 않는 경우는 표면의 묵서가 물리적인 힘에 의해 탈락된 경우, 광 또는 산소에 의한 산화작용으로 먹의 탄소가 이산화탄소로 변화하여 없어진 경우이다. 육안으로 관찰되지 않은 묵서의 경우, 보다 선명하게 묵서의 흔적을 찾아내기 위하여 적외선카메라를 이용하게 된다. 먹의 주성분은 그을음 덩어리로 탄소 덩어리이다. 이는 다공질의 목재의 표면에 서사할 경우 얇은 깊이기는 하지만 표면에 침투하게 된다. 때문에 일부 표면에 묵서가 사라져 육안으로 묵서를 확인할 수 없는 경우에도 적외선을 사용하면 목재 내부에 남아 있는 묵서를 확인 할 수 있다. 일반적인 사진촬영은 태양의 빛이 피사체에 반사되어 카메라의 렌즈에 도달하여 카메라가 인식하게 된 것을 촬영하는 것이다. 적외선 촬영에서는 적외선 필터가 적외선만 통과시키고 나머지의 광선은 모두 반사시켜 피사체에서 반사된 적외선의 파장만을 인식하여 촬영하는 것이다. 태양을 광원이라고 할 때, 피사체는 적외선뿐만 아니라 모든 광선과 파장에 대해서 흡수와 반사를 하게 된다. 우리가 나뭇잎이 녹색으로 보이는 것은 모든 광선이 나뭇잎에 도달하지만, 우리가 인식할 수 있는 가시광선 중 녹색을 반사하고, 나머지는 흡수하기 때문이다. 마찬가지로 적외선을 조사 하였을 때도 일부 파장은 흡수하고 나머지는 반사한다. 이 반사된 파장을 적외선 필터를 거처 카메라에서 인식하게 되는 것이다.

적외선으로 목간의 묵서가 확인 가능한 것은 묵서의 성분 대부분이 탄소이고 그 탄소의 색이 검은색이기 때문이다. 검은색은 모든 종류의 빛을 흡수하는 성질이 있다. 적외선은 육안으로 볼 때 색이 없어 흡수와 반사로 검은색과 흰색으로 구분된다. 육안으로 확인 할 수 없었던 묵서가 적외선을 통해 확인 가능한 것은 표면에서는 확인할 수 없지만 적외선은 파장이 길어서 공기 중에서 미립자에 의한 산란효과가 적은 동시에 근접한 얇은 막을 통과하는 성질이 있기 때문에 표면 밑에 존재하는 묵서에 적외선의 빛과 파장이 흡수되고 묵서가 없는 부분에서는 반사하기 때문이다.

적외선 장비에도 많은 발전이 있어 왔다. 기존에 사용되었던 적외선 촬영 장치는 동영상촬영 장치였고 그 해상도가 너무나도 낮은 상태였다. 장비의 크기도 크고 동영상을 촬영하여 캡처하는 방식으로 사진을 프린트했기 때문에 선명한 글씨가 아니라면 판독조차 어려웠다. 현재는 적외선 디지털 카메라가 출시되어 높은 화소수를 가지게 되었고 적외선 광원 발생 장치나 여러 가지 조작 장치가 없이도 자연광에서 촬영이 가능하고 묵서를 더욱 선명하게 확인 할 수 있게 되었다.

목간의 보존처리

일반적인 목재유물의 보존처리는 목재의 상태에 따라 강화제의 선택과 건조방법을 선택함으로 이루어진다. 강화제는 PEG. cetyl alcohol, dammar gum 등 여러 가지가 사용되고 있다. 건조 방법으로는 동결건조 자연건조 조습건도 등의 방법이 널리 이용되고 있다. 그중 목간은 강화제로 PEG를 사용하고 용매로 *t*-Butanol, 건조방법으로는 동결건조 방법을 선택하여 보존처리한다. PEG는 Ethylene Oxide로부터 중합된 Poly Ethylene Glycol의 상업적 약어이다. 실온에서 PEG는 중합도의 차이에

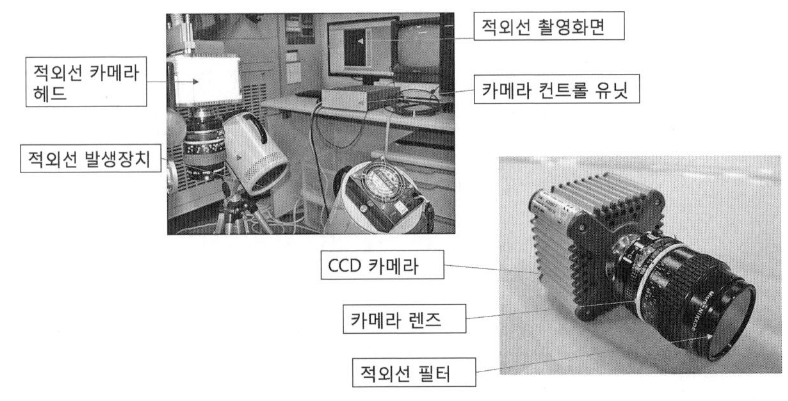

그림 1. 기존에 사용되었던 적외선 카메라

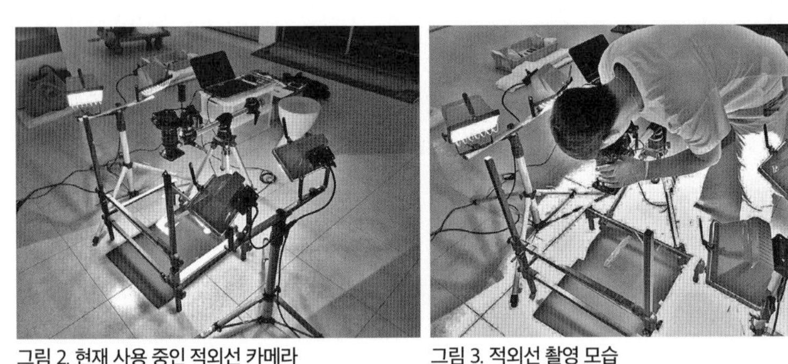

그림 2. 현재 사용 중인 적외선 카메라

그림 3. 적외선 촬영 모습

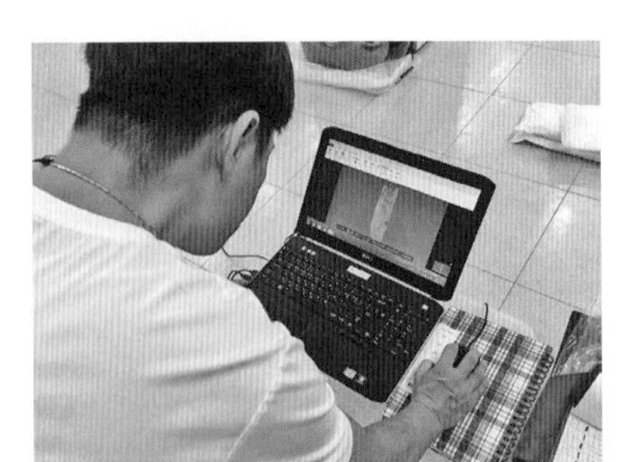

그림 4. 촬영 직후 바로 사진을 확인

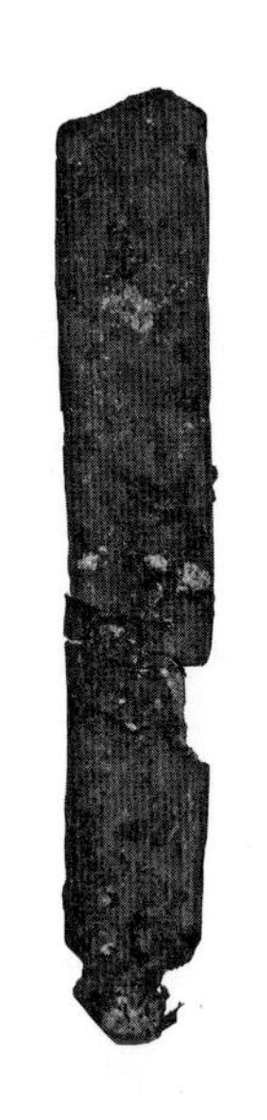

그림 5. 출토 상태

그림 6. 출토상태 (적외선 사진)

그림 7. EDTA 처리 후

그림 8. EDTA 처리 후(적외선 사진)

그림 9. 보존처리 후

그림 10. 보존처리 후 (적외선 사진)

따라 액상과 고상으로 다른 상태를 나타낸다. 수침 목재유물의 보존처리에는 융점 55℃, 평균분자량 3,700인 PEG#4,000이 가장 많이 쓰인다.

진공동결건조법은 목재의 색을 밝게 하여 묵서를 육안으로도 용이하게 관찰하기 위한 것으로 인스턴트식품이나 의약품 등의 제조에도 폭넓게 이용되는 방법이다. 그림 11에서와 같이 수용액 또는 수분을 함유한 물질을 급속냉각(Liquid→Solid)하여 동결시키고, 감압상태(Solid)에서 승화(Solid→Gas)시켜 물체를 건조시킨다. 목제유물에 함유된 수분을 예비동결한 후, 고진공 상태에서 승화시키는 방법을 통해, 유물 내부에 수분 확산을 방지하여 유물의 수축변형을 막을 수 있다.

처리방법은 수침목제품에 포함되어 있는 수분을 융점 25℃의 유기용매제인 -Butanol로 치환하여 동결 건조한다. 이 방법은 물을 포함한 상태로 동결건조 하는 것 보다 시간을 단축시킬 수 있으며, 유물의 변형이나 균열이 거의 일어나지 않는다. 건조시간의 단축은 목제의 수축 변형에 영향을 주지 않으며 과도한 건조에 의한 변형도 방지할 수 있다. 또한 건조 도중 목재의 수축 변형을 막기 위해 사전에 PEG#4000을 스며들게 함으로써 동결건조 처리 후 목재 조직의 보강제로 작용한다. 진공동결건조 한 목재의 경우 함유수분의 절반정도가 PEG로 교체되어 있고, PEG는 목재 내부에 분산되어 있다.

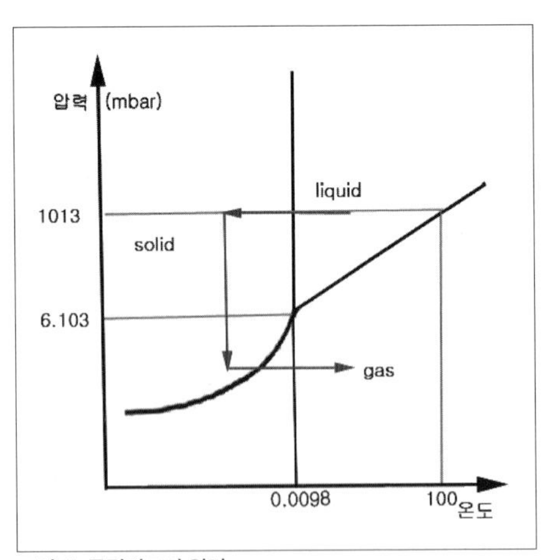

그림 11. 동결건조의 원리

목간의 보존처리 과정을 자세히 설명하면, 그림

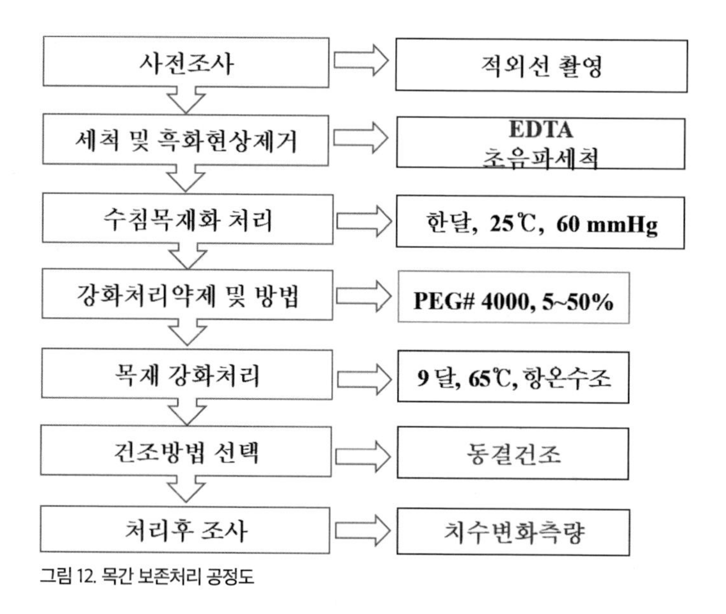

그림 12. 목간 보존처리 공정도

12와 같은 순서를 따르게 된다.

함안 성산산성 발굴조사에서 출토된 목간은 부엽층에서 출토되었으며, 대부분 유기물이 표면에 부착되어진 채 확인되었다. 목간을 수습할 때는 딱딱하고 날카로운 것을 사용하면 목재를 손상할 수 있기 때문에 경도가 약한 대꼬챙이를 사용하여 수습한다. 목재는 수습 후 시간이 경과하게 되면 공기 중에서 수축할 우려가 있기 때문에 확인 즉시 사진촬영과 도면에 기록, 출토지점 확인 후 수습한다. 수습 후 물 속에 넣어서 보관하는 것이 수축을 예방하는 가장 좋은 방법이며, 바로 수습하지 못하는 경우라면 지속적으로 물을 분무하여 목간이 마르지 않도록 유지하여 주고, 최대한 빨리 수습하는 것이 좋다.

출토된 목간은 밝은색에서부터 어두운색에 이르기까지 다양하지만, 공기 중에 목간이 노출되면 급격하게 검은색으로 변하게 된다. 그림 13에서와 같이 표면색이 자연스러운 갈색에서 14시간 후에는 검은색으로 변하게 된다.

목재유물의 세척은 물리적인 세척과 화학적 세척으로 나눠실시한다. 첫째로 붓 등을 이용한 도구의 세척이 대표적인 세척방법으로 이는 수침고목재뿐만 아니라 도 토기 청동, 철제품, 복식류 등 발굴 출토되는 유물의 표면세척에 널리 적용되고 있는 방법이다. 세척은 세척하고자 하는 대상보다 경도가 낮은 재질의 도구를 사용하여 세척하는 것을 철칙으로 한다. 수침고목재의 경우 이물질이 완전히 제거되지 않더라도 표면이 손상되지 않고 고고학적 자료가 사라지지 않을 정도로 행하고 있다. 목간의 경우 세척전 반드시 적외선촬영을 실시하여 그 사진을 바탕으로 묵서를 손상시키지 않도록 해야한다.

도구에 의한 세척 이후 필요에 따라 초음파 세척을 시행한다. 초음파 세척은 목간 내부나 도구로 세척할 수 없는 부분의 세척을 가능하게 한다. 목간의 경우 표면의 묵서를 보호하기 위해 도구에 의한 물리적 세척을 과하게 수행할 수 없기 때문에 초음파세척을 통해서 제거하지 못한 이물질의 제거를 시행하고 있다. 초음파 세척은 목재내부의 불순물을 제거하는 효과도 있어서 강화처리시에 강화제가 원활하게 이동하도록 하는

그림 13. 목간 출토 상태

효과도 있다.

앞서 설명한 바와 같이 목간은 매장환경의 영향을 받아 출토되면 대부분이 흑화현상이 일어나게 된다. 목간의 경우 흑화가 일어나게 되면 묵서를 알아볼 수 없기 때문에 필히 철 이온을 제거해야만 한다. 목간내에 침투된 철의 제거는 킬레이트제인 EDTA를 사용하여 제거한다.

EDTA는 화학식 $C_{10}H_{16}N_2O_8$, 에틸렌 디아민 테트라 아세트산 이라고도 하고, 무색의 결정성(結晶性) 분말로, 녹는점 240 ℃(분해)이다. EDTA는 여섯 쌍의 전자쌍을 가지고 있으며, 각 전자쌍은 한 개의 배위결합을 하여 알칼리금속을 제외한 거의 모든 금속이온과 1:1의 mole 비로 반응하여 고리구조의 안정된 킬레이트(chelate) 착화합물을 형성한다. 이러한 킬레이트 화합물의 종류는 매우 다양하지만, 그 중 EDTA가 착화합물을 형성하는 정도가 가장 좋다. EDTA는 때문에 목재 내부에서 나오게 되는 금속이온들 특히 Fe2+는 그림16과 같이 안정한 chelate compound를 형성하게 되고 목재에서 빠져나온 EDTA-Fe용액을 교체함으로써 철이온을 제거하고 흑화현상을 제거 할 수 있다.

그림 14. 출토 24 시간 후 목간

출토된 후 2주에 걸쳐 시행한 이러한 세척과정들은 목재의 색조를 밝게 할 수 있었으며, 금속이온으로 초래되는 흑화현상을 방지 할 수 있었다.

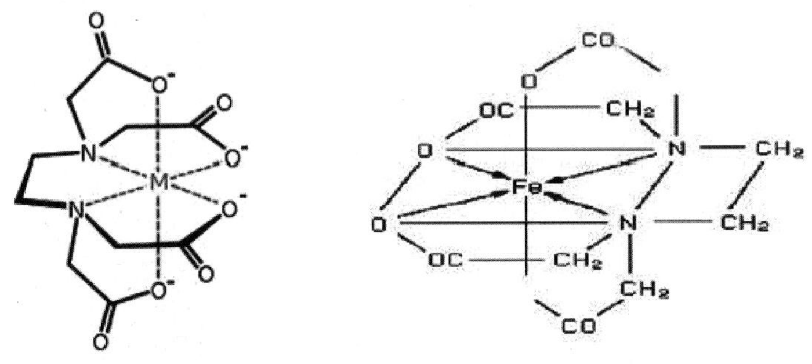

그림 15. EDTA의 구조 그림 16. EDTA 와 Fe의 chelate compound 구조

수침목재화처리는 치수안정제를 주입할 때 방해 요인으로 작용하는 목재의 air pocket을 제거함으로써 수침고목재를 완전 포수재로 만들어 주는 역할을 한다. 감압을 걸어 부분압력이 대기압보다 낮아져 주변의 공기가 빨려 나가는 원리를 이용하는 방법이다. 주로 감압기나 진공함침기를 사용한다. 탈기를 통해 목재내의 기포가 제거되며 목재 내의 이물질제거에도 효과가 있다.

완전히 세척된 목재는 알코올을 이용하여 내부의 수분을 제거하고, *t*-butanol 로 치환을 용이하게 할 수 있도록 한다. 수분의 제거는 목간을 알코올 수용액에 침적하여 실시하는데, 목간을 알코올 수용액에 넣어두게 되면 목간 내부와 외부의 Ethyl alcohol의 농도가 차이가 있기 때문에 그 농도를 일정하게 유지하기 위해서 목간에서 수분이 빠져나오고 수분이 빠져나온 부분에 알콜이 채워진다. Ethyl alcohol 의 농도를 10%에서 점차 농도를 높여 100%까지 시행함으로 완전히 수분을 제거하고 목제의 내부에 alcohol이 채워지게 하는 것이다. 이러한 과정은 농도의 상승이 있을 때마다 각 1주일에서 10일 동안 시행한다. 이 과정에서 주의할 점은 확산에 의한 탈수이기 때문에 가급적 처리기간을 길게 하여 충분히 용

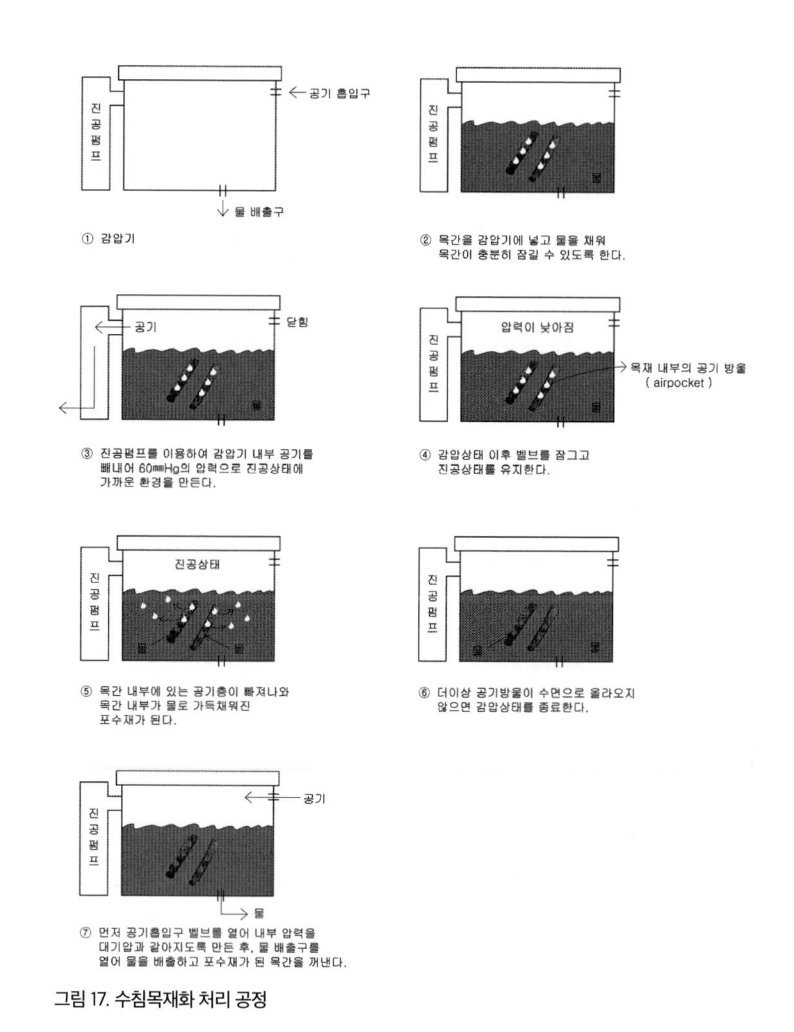
진공펌프
공기 흡입구
물 배출구
① 감압기
진공펌프
물
② 목간을 감압기에 넣고 물을 채워
목간이 충분히 잠길 수 있도록 한다.
공기
닫힘
물
③ 진공펌프를 이용하여 감압기 내부 공기를
빼내어 60㎜Hg의 압력으로 진공상태에
가까운 환경을 만든다.
진공펌프
압력이 낮아짐
목재 내부의 공기 방울
(airpocket)
물
④ 감압상태 이후 벨브를 잠그고
진공상태를 유지한다.
진공펌프
진공상태
물
물
⑤ 목간 내부에 있는 공기층이 빠져나와
목간 내부가 물로 가득채워진
포수재가 된다.
진공펌프
물
물
⑥ 더이상 공기방울이 수면으로 올라오지
않으면 감압상태를 종료한다.
진공펌프
공기
물
⑦ 먼저 공기흡입구 벨브를 열어 내부 압력을
대기압과 같아지도록 만든 후, 물 배출구를
열어 물을 배출하고 포수재가 된 목간을 꺼낸다.

그림 17. 수침목재화 처리 공정

액의 교환이 이루어져야한다. 또한 목질 내부를 지탱하고 있던 수분 대신 alcohol이 그 내부를 지탱하고 있기 때문에 외기에 노출시킬시 alcohol의 증발이 수분보다 빠르기 때문에 목재 자체가 쉽게 건조될 수가 있다. 목재가 건조된다면 수축과 변형이 발생할 수 있기 때문에 정말 필요한 경우가 아니라면 외기로의 노출은 삼가야 한다.

탈수가 끝난 목간들은 *t*-Butanol로 alcohol 과의 치환과정을 거치는데 이는 앞에서도 설명했듯이 동결건조의 전처리 과정으로 동결건조 시 건조시간을 단축시켜준다. *t*-Butanol 의 치환역시 alcohol 의 탈수 과정에서와 마찬가지로 농도 차에 의한 확산작용을 이용하여 치환한다. 이 과정은 항온수조에서 각 과정마다 일주일에서 10일의 시간이 요구된다. 농도의 상승은 50%에서 100%까지 순차적으로 시행한다.

완전히 *t*-Butanol 으로 치환된 목간은 *t*-Butanol을 용매로 PEG용액으로 목재내부의 조직을 강화하게 된다. PEG 10%~50%까지 순차적으로 농도를 상승시키면서 목재내부가 강화되는 것이다. 이 과정이 끝나게 되면 예비단계는 끝나게 되므로 유물의 상태를 잘 관찰해야한다. 이전 과정이나 PEG 수지 주입단계에서 목간이나 목제 유물이 휘게 된다면 다시 그 형태를 복원시키기는 여간 어려운 일이 아니다. 그러므로 지금처럼 목질이 연약해져 있고 탄력이 있을 때 모양을 바로 잡을 수 있어야 한다. PEG의 수지 주입 단계에서 바닥에 닿는 부분은 PEG가 침투할 공간이 적어 PEG가 고르게 침투하지 못하게 될 소지가 있기 때문에 농도를 상승시켜주거나 일정한 시간 간격으로 목간을 뒤집어 주어서 고르게 PEG가 침투할 수 있는 여건을 만들어 주어야한다. 한번에 여러 점의 목간을 처리할 수밖에 없는 여건이 대부분이기 때문에 너무 무리해서 하나의 용기에 많은 유물을 침적시키는 것은 좋지 않다. 약품의 농도를 조정한다든지 여타 다른 작업을 할 때 유물 서로 간의 손상의 위험이 있기 때문이다. 부득이하게 많은 유물을 한 번에 처리해야할 경우에는 각각의 그릇을 만드는 것이 좋다. stainess 그물망을 이용하여 용액의 흐름이 자유로울 수 있는 여건 속에서 각각의 공간을 확보하여 유물끼리 부딪히지 않게 해야 한다.

PEG가 완전히 침투된 다음 유물을 밖으로 꺼낼때 PEG가 녹아 있는 상태에서 표면의 PEG를 제거하여 보관하는 것이 나중 표면 처리에 이로움이 있다. 동결건조기가 준비되어 있는 상태라면 곧바로 예비동결을 시작하여 동결건조를 하는 것이 바람직하지만 여건이 여의치 않아 곧바로 동결건조를 시행할 수 없는 상태라면 비닐 속에 담아 냉장고 3~4℃에서 보관하는 것이 바람직하다. 하지만 이러한 보관도 영구적으로 시행할 수 없으므로 빠른 시일 내에 동결건조 처리를 시행해야 한다. 동결건조의 조건은 -45℃에서 24시간 예비냉동 후 100m torr이하의 기압 내부온도 -40℃ 건조 판의 온도 0~2℃로 설정하였으며, 동결건조의 시간은 목간의 크기나 양에 따라 12~24시간까지 시행한다.

표면처리

동결건조를 마치게 되면 표면에 PEG가 고착되어 있거나 코팅된 상태이다. 파손되어진 목재유물이나 목간의 경우 접착면에 PEG가 남아 있다면 접착에 어려움이 있고 목재표면에 PEG를 완전히 제거하여야 묵서의

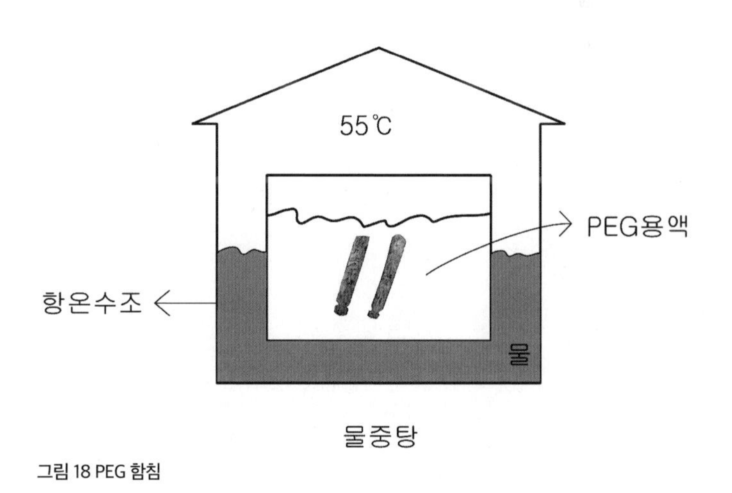

그림 18 PEG 함침

확인이 가능하다. 표면처리는 trichloroethylene을 이용하거나 스팀세척기를 이용하여 제거가능하다. trichloroethylene은 단시간에 PEG를 제거할 수 있고 표면의 색도 밝게 처리되는 장점이 있으나 신체에 유해한 유기용재로 반듯이 흄후드내에서 실시하여야 한다. 스팀세척기는 고온의 스팀을 분사하여 일시적으로 표면의 PEG를 녹여 제거가능하다. 스팀세척기는 trichloroethylene을 사용한 경우보다 자연스러운 목재색으로 표면처리 가능하다.

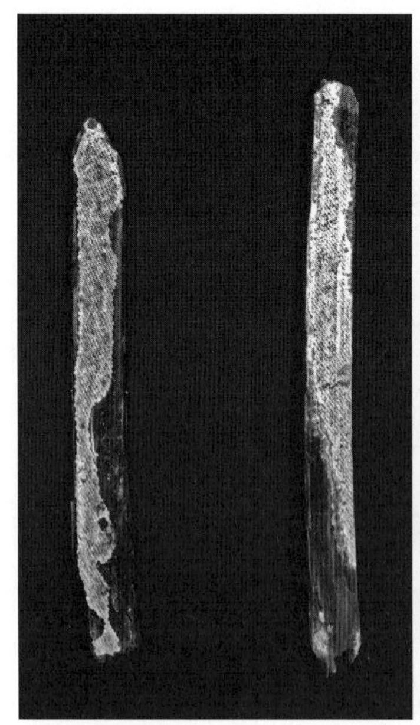

그림 19. 표면처리 전

그림 20. 표면처리 후

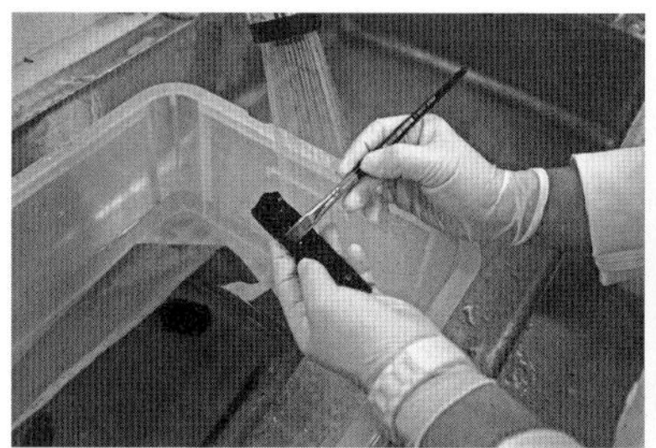

붓 등 도구를 이용한 표면세척

EDTA 처리

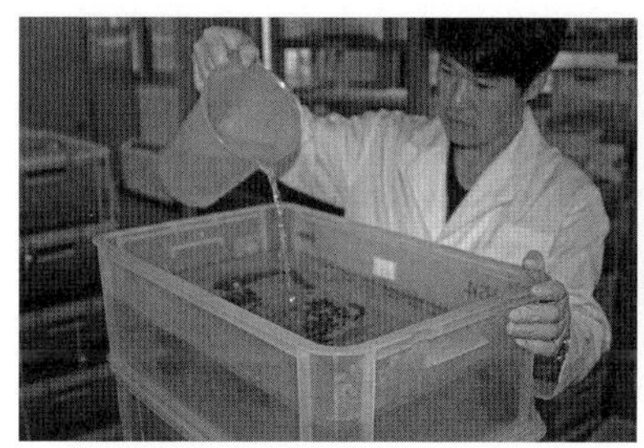

알코올에 의한 탈수

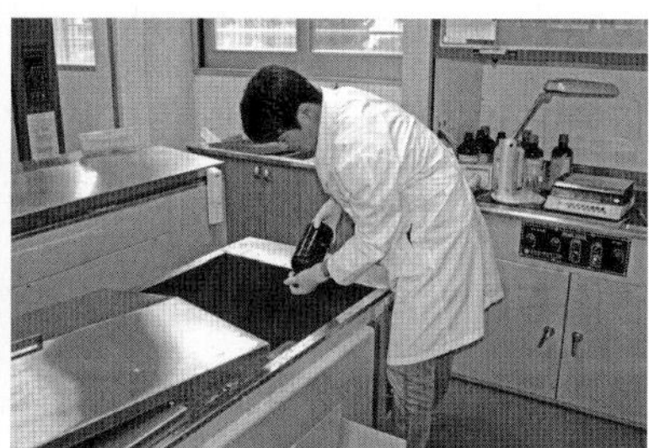

t-butanol 치환

PEG 함침

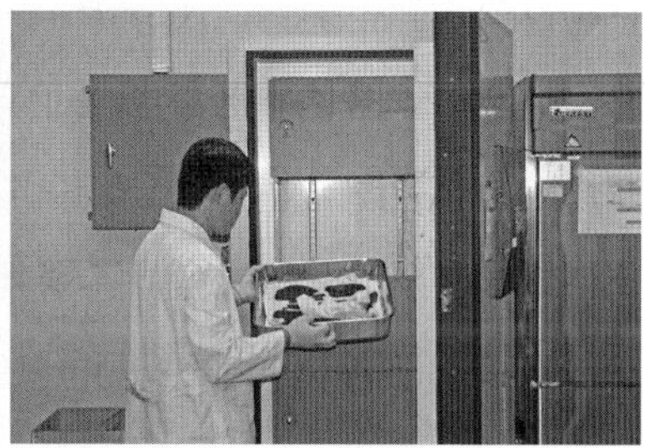

예비동결

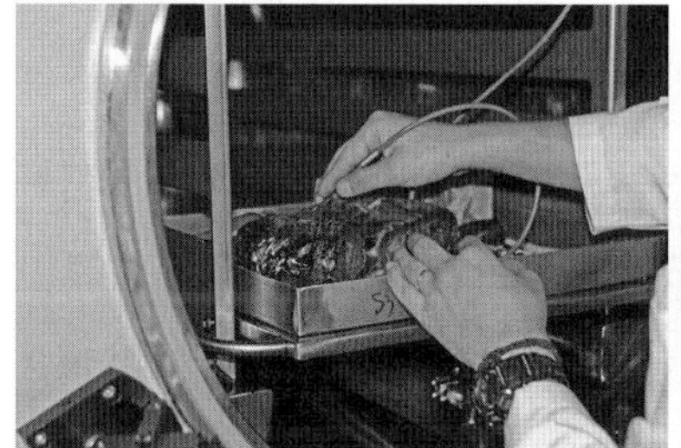

동결건조

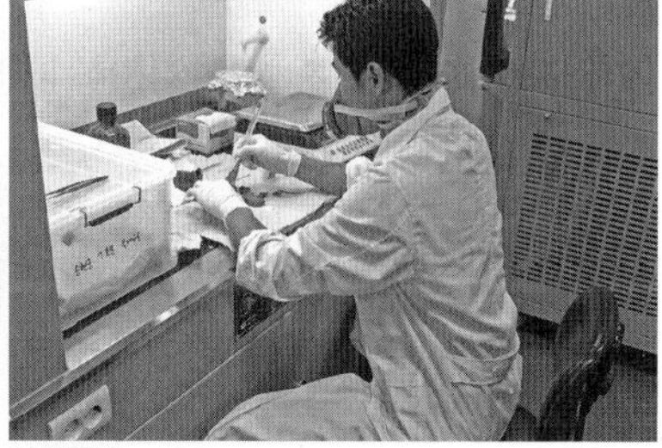

표면처리

미래의 연구

현재 고목재의 보존처리 방법은 종종 우리가 원하지 않는 문제점을 발생시키고, 이미 처리된 유물의 안정성에 위협을 받는다. 따라서 새로운 보존처리제를 위해 재료 과학적 측면이나 생화학적 합성방법에 의해서 문제점 개선을 위한 새로운 시도를 해야 한다. 이전 처리법과 현재 사용되는 처리법에 대한 결과들로 부터 발생된 문제점과 손상은 재처리 공정이나 앞으로의 보존 계획에 반드시 고려해야 한다. 현재 가장 널리 사용 중인 수침고목재의 치수안정화 방법은 polyethylene glycol (PEG)를 기반으로 하고 있는 함침법이나 동결건조법이 시행되고 있다. PEG를 이용한 처리방법에서 발생할 수 있는 문제점은 고농도의 PEG 수용액 사용 시 점도가 높기 때문에 목재에 침투하기에 어려움이 있고 목재 내 수분은 침출되기 쉬워서 목재가 수축될 우려가 있다. 이는 고농도의 PEG가 목재 조직을 패쇄하는 상태가 되면 공극이 막혀 약제가 침투하기 어렵기 때문이다. 목재 내에서 수분이 빠져나오는 양과 목재 내부로의 PEG수용액 침투량의 평형상태가 무너지게 되면 수축, 변형이 발생한다. 또, 금속 재료가 결구된 경우에도 산화된 금속으로 인해 PEG와 수침고목재가 산화될 수도 있다. 수침목재유물 보존처리에 사용되어진 몇몇의 재료들의 가장 중요한 점은 재료뿐만 아니라 그 보존처리 결과가 야기되어진 문제점에 있다. 고고유물은 수리나 보존처리에 사용된 고분자(수지)에 영향을 받는다, 그것이 유물에 적합하지 않은지 그것이 유물에 손상을 야기시키는지에 대한 지속적인 연구 관찰이 필요하고, 새로운 물질이 기존에 알려진 위험을 피할 수 있어야 한다. 사용되어진 고분자물질의 제거는 일반적으로 매우 힘들다. 결과적으로 유물에 손상을 입히게 된다. 많은 처리제들이 가역적이라고 생각하지만 생각만큼 그렇지 않다. 새로운 수침목재유물 강화제의 개발은 현재 우리가 가장 흔하게 사용하고 있는 PEG의 안전성에 달려있다. PEG의 분해는 자연적인 것이다. 영원히 그 상태로 존재할 수 없다. 또한 PEG의 분해가 가져오는 부차적인 것들에 의해 유물이 손상되는 것이다. 때문에 우리는 PEG를 대신할 새로운 물질의 개발과 적용에 적극 검토해야 한다. 그러므로 우리는 새로운 재료와 방법을 이용한 수침고목재유물의 보존처리방법과 재료를 개발할 필요성에 놓여 있다.

목간은 나무에 먹으로 글씨를 쓴 것이다. 목간에 사용된 먹의 분석을 통해서 먹에 사용된 먹의 원료인 그을음의 입자크기를 확인할 수 있고, 원소 분석을 통해 사용된 먹의 조성, IR 분석을 통해서 아교와 함께 사용된 첨가제를 알아낼 수 있을 것으로 생각된다. 김강재, 엄태진은 동양전통 먹의 이화학적 성상비교분석을 통해 위에서 언급했던 여러 가지 분석을 이용해 한국 유연먹이 비교적 탄소가 많고 질소가 적으며 중국먹은 탄소함량이 낮고 산소를 많이 포함하고 있는 것, 한국 유연먹과 소가죽 아교는 비교적 많은 양의 황을 함유하고 있다는 것, 먹을 벼루에 갈아도 탄소 알갱이의 크기는 변함없음을 밝혀낸바 있다. 남태광, 신수정, 박원규, 김병로는 고대 먹의 특성분석을 통해서 고목재와 고문서의 묵서부분에서 먹 분석을 시도하였다. 그러나 서책과 고목재의 묵서부분의 적외선 분광분석에서 적외선이 묵서부분의 층만 투과하여 분석한 것이 아니라 목재부분이나 종이 부분까지 침투하여 묵서부분에 존재하는 먹의 특성 분석을 어려울 것으로 판단하였다. 라만분석을 통해서는 묵서부 박편을 측정한 결과보다 목재부분을 긁어 분리한 먹입자에 의한 라만 효과를 더 측정할 수 있었고, 현대 먹의 송연 그을음과 유사한 패턴의 라만 흡광을 확인한 바 있다.

결과적으로 먹의 분석은 먹을 분리하여 조사한다면 먹을 제조할 당시의 원소 성분, 아교와 함께 사용된 물질, 그을음이 만들어지는 과정에서 생성된 그을음의 입자크기로 인해 특징적인 라만 결과가 확인 될 수 있을 것으로 기대하며 이러한 결과로 먹의 원료 분석이 가능 할 것으로 생각된다. 나아가 먹 분석에 관한 데이터가 축적되어 시대별 제조 공정의 차이점이 밝혀진다면 그을음의 입자 크기나 사용된 아교의 품질과 함께 첨가된 물질 등의 차이에 의해 시대를 구분할 수 있을 날이 올수도 있을 것으로 생각된다.

참고문헌

김강재·엄태진, 2008, 「동양 전통 먹(墨)의 이화학적 성상 비교 분석」, 『Journal of Korea TAPPI』40-4.

김윤수 외, 1990, 「수침고목재의 화학조성」, 『목재공학』18-2.

김익주, 2005, 『목재유물의 보존』, 보존과학기초연수교육.

남태광·신수정·박원규·김병로, 2012, 「고대 먹의 특성 분석」, 『Journal of conservation science』282-2.

양석진, 2007, 「수침고목재의 흑화 원인과 제거방법에 관하여」, 『문화재』40.

양석진, 2012, 「수침녹나무재 유물 보존처리와 발생폐액 재활용에 관한 연구」, 창원대학교 박사학위논문.

양석진, 2015, 「함안성산산성 목간의 보존처리」, 『함안성산산성 목간 발굴에서 보존까지』.

양석진, 2016, 「목재 강화처리제의 개발 및 필요성」, 『가야 이야기 2』, 국립가야문화재연구소.

정승웅·천진기·박찬욱, 1992 『먹(墨), 文房四友 조사 보고서- 紙,筆,硯,墨 제작과정을 중심으로(국립민속박물관 학술총서 11)』, 국립민속박물관.

최광남 외, 1986, 『신안해저 고대선의 과학적 보존처리(Ⅵ)』, 문화재관리국.

R.M. Rowell, R.J. Barbour (Eds.), 1990 Archaeological wood: properties, chemistry, and preservation, American Chemical Society, Washington DC, USA.

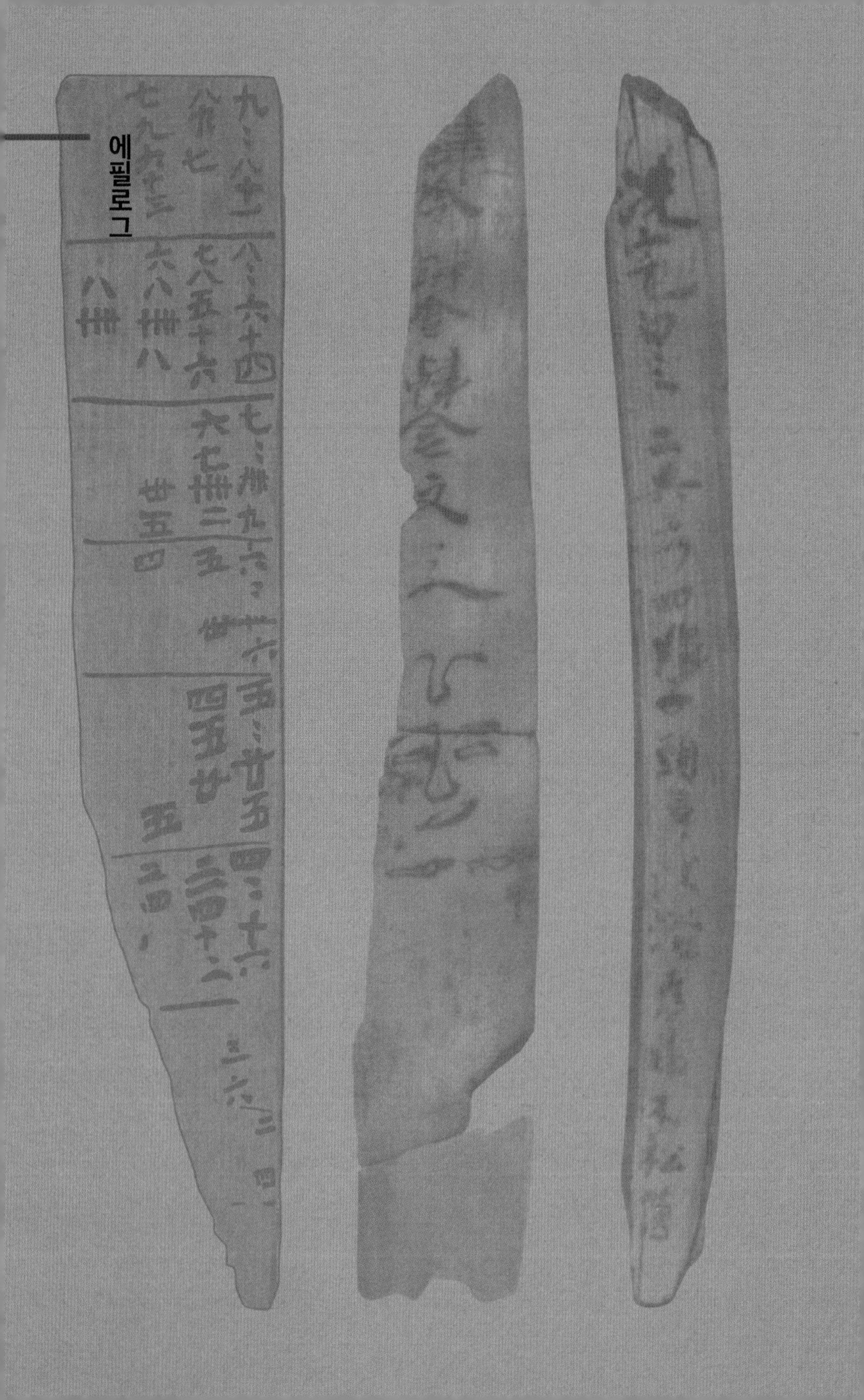

에필로그

문자연구와 현대과학

여인욱

동국대학교

팔백만 점 이상의 유물을 보유하고 있는 서구 고고학의 최전선 영국 대영박물관의 소장문화재 중 박물관의 대표유물이자 가장 중요한 유물로 대우받는 것은 이집트어가 새겨져 있는 사람 몸통만한 비석, 로제타석이다. 돌덩어리인 로제타석이 이러한 파격적인 대우를 받는 것은 근대 서구 문자연구의 막을 여는 계기를 마련해준 '문자 그대로의 기념비'이기 때문이다. 그 명성에 걸맞게 서구 문자연구에 적용된 수많은 기법들이 로제타석 연구에서 나왔거나 로제타석 연구에 동원된 적이 있다. 그 기법들 중에서는 지질학, 천문학, 분광학, 건축학, 3D 기술, 과학수사학, 심지어 컴퓨터과학 등에서 활용되는 첨단과학기술을 활용한 문자연구가 포함되어 있다. 이러한 기법들은 길게는 1960년도부터 논의가 진행되었지만, 서구 문자연구 학계에서 본격적인 주목을 받게 된 것은 최근의 일이다. 그처럼 짧은 역사에도 불구하고 첨단과학기술을 통한 문자연구는 오늘날 서구 역사학계에서 그 중요성을 인정받고 있으며, 구미 선진국 정부 기관 역시 대학과 민간 기관과의 거버넌스 구축을 통한 적극적인 투자를 전개하고 있다. 장정 둘이 옮길 수 있을 정도로 비석 치고는 자그마한 돌, 로제타석은 어떻게 서구 문자연구의 백화제방을 연 것인가? 그것은 로제타석이 첨단과학기술을 문자연구에 적용하는 시발점이었기 때문이다.

전쟁의 신 나폴레옹의 좌절이 낳은 인류사적 발견

1798년 프랑스 혁명정부는 대영제국의 인도에 대한 무역 이익선을 가로막아 부족한 제해권을 만회하기 위해 나폴레옹을 이집트로 파견하였다. 그러나 프랑스의 이집트 원정은 군사적 목표 이외에 또 다른 목적을 가지고 있었다. 바로 기성 지식인층이었던 가톨릭 성직자와 귀족들만큼의 문화적·지성적 수준을 혁명정부가 갖추고 있음을 증명하여 신생 공화국의 국가위상을 높이고자 하는 외교적 목적이 그것이었다.

이를 위해 나폴레옹은 5만 명의 군사와 함께 167명의 민간인 과학자들과 기술자들로 구성된 학술조사단을 동행시켰다. 1799년 프랑스 학술조사단은 병사들의 숙소용 받침돌로 사용하려 했던 단단하고 평평한 비석에 이상한 글자가 새겨져 있다는 소문을 듣는다. 학술조사단은 이 돌에 고대 그리스어와 알 수 없는 두 문자가 적혀있는 것을 발견하고, 매우 중요한 학술적 가치를 가지고 있음을 간파하였다. 로제타석이 세상에 재발견된 것이다.

그러나 영국과 오스만 투르크의 협공, 질병, 열악한 기후와 식량사정 등으로 프랑스군은 고전을 면치 못하며 고국으로의 귀환을 걱정해야 하는 처지에 몰린다. 때문에 학술조사단은 로제타석을 프랑스로 가져가는 것이 불가능할 수 있음을 직시하고, 스케치화 1점과 의류에 문양을 찍어내는 방식을 응용한 탁본 2점을 제작하였다. 예상대로 프랑스군은 군사적 실패를 계속하였고, 2년간의 지루한 협상과 공방 끝에 프랑스가 이집트에서 획득한 모든 이권과 프랑스군이 보유하고 있는 장비와 물자들을 포기하는 대가로 프랑스로 무사히 귀환하는 조약을 맺었다. 이 때 민간인 학술조사단이 획득한 각종 이집트학 자료들이 프랑스군의 재산인지 아닌지가 문제시 되었는데, 격렬한 논쟁 끝에 최중요 수준의 유물을 제외한 나머지 것들은 학자 개인의 재산으로 간주, 프랑스로 이송하는 것을 허가받았다. 프랑스로서는 불행히도 로제타석은 영국군으로 이관되었고, 자세한 획득과정이나 운송과정에 대한 기록은 남아있지 않지만, 1802년에 런던으로 옮겨져 대영박물관에 전시된다.

상형문자 해독에서 이면의 정보까지의 여정

이집트 원정 이후 유럽 학술계는 이집트 상형문자를 누가 먼저 해석하느냐를 두고 뜨거운 경쟁을 벌이게 된다. 당시 프랑스와 영국의 극악한 관계로 인해 프랑스 학자들은 주로 스케치본과 탁본을 통해, 영국 학자들은 원본과 원본을 석고로 본을 떠서 만든 4개의 사본을 통해 연구를 진행하였다. 당시의 기술력으로는 정확한 석고모형을 제작할 수 없었기 때문에, 탁본과 스케치본으로 연구한 프랑스 학자 샹폴레옹이 이집트어 해석이라는 언어학적 업적을 쟁취해낸다. 샹폴레옹은 제작과 출판·보급의 편의성을 갖춘 탁본과 스케치가 자료 매체에서 문자를 추출하는 우수한 방식임을 증명했고, 이후 이집트 문자 연구에서 이들 방식이 주류를 이루게 된다. 이와 별도로 그는 로제타석에 색채가 사용되었을 가능성이 높다는 주장 또한 내놓았으나, 대영박물관에 전시된 로제타석은 전체가 검은색을 보이고 있었고 당대의 기술로는 검증할 수 없었기 때문에 '증명되지 못한 가설'로 남게 되었다.

상형문자 해독이 끝나고 난 후, 로제타석은 그 역할을 끝내고 대영제국의 영광을 상징하는 유물로서의 기능을 수행하게 되었다. 그러나 현대의 발전한 과학기술은 로제타석이 품고 있는 이면의 정보를 향한 길을 열어주었다. 그 출발은 뮌헨대학 지질학과 교수 디트리히 클램이라는 독일인 학자가 로제타석의 표면을 관찰한 후, 로제타석의 재질이 화강섬록암일 가능성이 높으며 화강섬록암의 색은 진한 검은색이 나올 수 없기 때문에 로제타석에 특별한 처리가 가해졌을 가능성이 있다는 점을 제기하면서 시작되었다. 실제로 대영박물관에서 로제타석의 보존처리를 하면서, 그 색상이 검은색이었던 것은 근세에 개발된 왁스로 표면을 코팅하였기 때문임을 밝혀낸다. 그리고 코팅을 벗겨내면서 왁스 안쪽에 묻어있는 성분들을 분석하여 당시 영국군이 사용하던 화약 조제 비율과 일치하는 화약성분이 검출되어 영국군이 로제타석의 획득과 운송에 깊이 관여했음이 증명되었다.

무엇보다 놀라운 것은 상형문자가 새겨진 부분의 코팅면을 조사한 결과, 고대 이집트의 잉크배합비에 따라 제작된 핑크색 염료가 발견된 사실이다. 이는 샹폴레옹의 추측대로 로제타석이 건립되었던 프톨레마이오스 5세 때에는 채색되어 있었음을 암시한다. 뿐만 아니라 이집트에서 생산

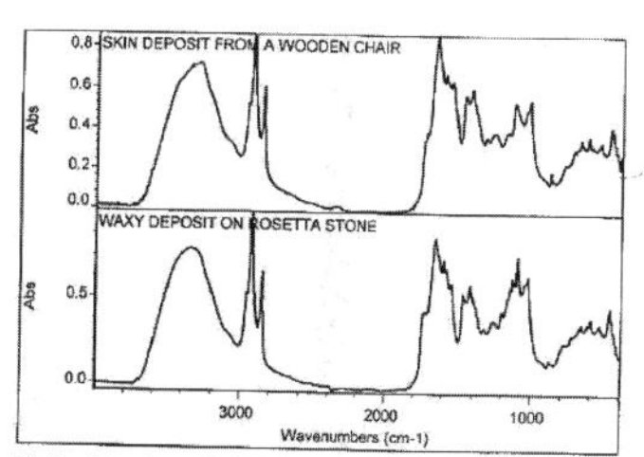

Fig. 3 Infrared analysis of black waxy deposit taken from the Stone is a match for the spectrum of modern skin grease taken from the arm of a chair.

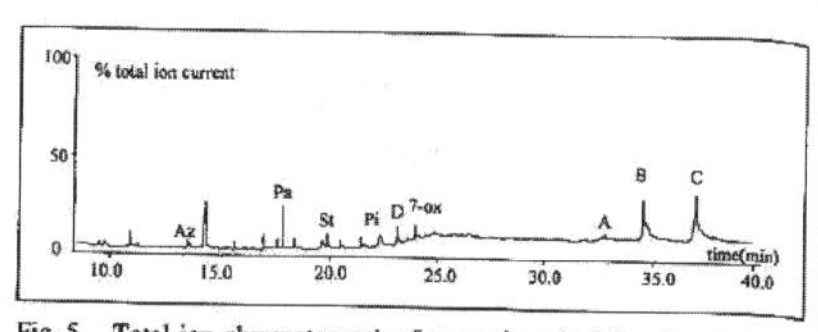

Fig. 5 Total ion chromatograph of waxy deposit, following treatment with 3-(trifluoromethyl) phenyl trimethyl ammonium hydroxide in methanol/dichloromethane (5% in methanol). Peaks A, B and C represent liberated plant sterols characteristic of carnauba wax. Peaks labelled Pi, D and 7-ox are characteristic of pine resin; Az, Pa and St (azelate, palmitate and stearate) are fatty acid components liberated from the wax.

그림 1. Miller et al.(2000)에서 제시한 로제타석 복원과정에서 획득한 코팅부와 현대 목재 코팅에 쓰이는 왁스의 성분 비교분석(좌)과 왁스 이면에서 검출된 이물질들의 원소 구성비 분석(우)

되지 않는 청금석 가루가 검출됨으로써, 예로부터 청금석 산지로 유명한 아프가니스탄 지역과의 교류를 보여주는 간접적 증거 또한 획득할 수 있었다. 아울러 왁스 코팅을 실시했을 때 상형문자를 부각시키기 위해 음각부분에 분필가루를 채우는 등의 훼손을 가했기 때문에 로제타석의 색채 복원은 불가능함이 밝혀졌다

과학기술을 통한 로제타석 조사는 기존의 논쟁을 해소함과 동시에 기존에는 발견하지 못했던 새로운 의문을 제기하기도 하였다. 그 재질인 화강섬록암은 프랑스 학술조사단이 기록한 발견지점에 존재하지 않기 때문에, 어디서 그 돌을 채취해 왔는지가 중요해진 것이다. 학자들은 (1) 프톨레마이오스 5세 당시 이집트의 지배영역이었던 나일강 하류 아스완, (2) 이집트 서쪽의 리비아 지역, (3) 아스완 남쪽의 수단 등 세 가지 가능성을 제기하였는데, 같은 암석이라도 조성비가 다르다는 점을 활용하여 로제타석이 나일강 하류 아스완에서 채취되었음을 확인하였다. 이처럼 로제타석은 비석에 새겨져 있는 문자가 가지는 중요성뿐 아니라, 첨단 과학기술을 통해 밝혀낸 이면의 정보들을 통해서 문자연구에 대한 시각을 풍요롭게 할 수 있었다.

스페인 소재 로마 화강암 유적의 원산지 추척 연구

로제타석 출토 위치 추정에 사용된 기법은 1970년대부터 히스파니아와 갈리아, 이탈리아 등 로마제국 영토에 남아 있는 대리석과 화강암 석재들의 원산지 파악을 통해 축적된 연구성과를 바탕으로 실행 가능해진 것이었다. 분홍색 화강암을 사용하여 오벨리스크를 건축하거나 화강섬록암을 사용하여 많은 유적과 문자매체를 남긴 이집트와는 달리, 고대 그리스는 대리석을 활용하였다. 설립 초기부터 지속적으로 그리스의 문화적 영향을 받아온 로마는, 기원전 146년 그리스 정복 이후 그리스 문화를 중심으로 한 국가 시스템을 확립하였다. 때문에 이탈리아 반도 내에서 활동하던 고대 로마는 대부분의 건축에 대리석 혹은 목재를 사용했을 것으로 추측된다.

그러나 로마가 이탈리아 반도를 넘어 지중해의 제해권과 패권을 장악하게 되면서, 도로와 건물 기둥 등 높은 강도와 지지력을 필요로 하는 부분에 화강암을 사용하기 시작한다. 화강암을 건축재로 즐겨 사용하던 이집트 문화가 로마에 영향을 끼친 것이었다. 로마는 폭발적인 확장기를 거치면서 이탈리아 반도뿐 아니라 확장된 세력권 내 화강암 산지의 화강암을 운송하여 사용할 수 있게 되었다. 그러나 그리스 문화를 중심으로 전개된 로마의 중심지역은 여전히 대리석을 선호하였다. 때문에 화강암은 로마에서 거리가 멀지만 지역의 중요도는 높은 지역, 즉 당시 곡창지대로서 로마 경제에 큰 영향을 미치던 스페인 지역에서 활발히 사용되었다.

학자들은 오랫동안 스페인 지역에 남아있는 화강암 기둥들의 원산지를 조사하여 로마제국의 무역시스템과 물자 수송 경로를 파악하고

자 노력했지만, 인간의 오감으로 확인되는 특징이 없어 쉽지 않았다. 이러한 교착 상황에 전환점을 마련한 것이 2002년 진행된 윌리엄 토르프(Williams-Thorpe)와 포츠(Potts)의 연구이다. 그들은 과거의 히스파니아 지역, 즉 현재의 스페인 지역에 남아있는 152개의 화강암 기둥들의 원산지를 세 가지 비파괴 검사 방식을 통해 분석하였다. 표면 정보를 활용한 광물학적 분석, 마그마의 성분에 따라 자철석의 함유량이 달라지는 것에 착안한 자성(磁性) 검사, 감마선을 물체에 비출 때 물체에 따라 반사되는 파장이 다르다는 점을 이용한 감마선 분광검사가 그것이다. 특히 스페인의 화강암 기둥 연구에 도움이 된 것은 자성 검사로서, 스페인산 화강암이 낮은 자성이라는 명확한 특성을 가지고 있기 때문에 그 중 123개의 기둥은 스페인에서 채취된 화강암으로 제작한 것임이 확실해졌다.

그런데 152개의 기둥 중 25개는 이탈리아와 터키의 채석장에서 온 것임이 확인되고, 해외에서 온 화강암 기둥은 연도에 관계없이 스페인 남부에만 존재함이 밝혀졌다. 이는 문자로 기록되지 않은 많은 사실들을 시사하고 있다. 먼저, 이집트와 로마에서 귀하게 대접받던 아스완산 붉은 화강암은 제국의 변방인 히스파니아까지 다다르지 못했다는 것이다. 그보

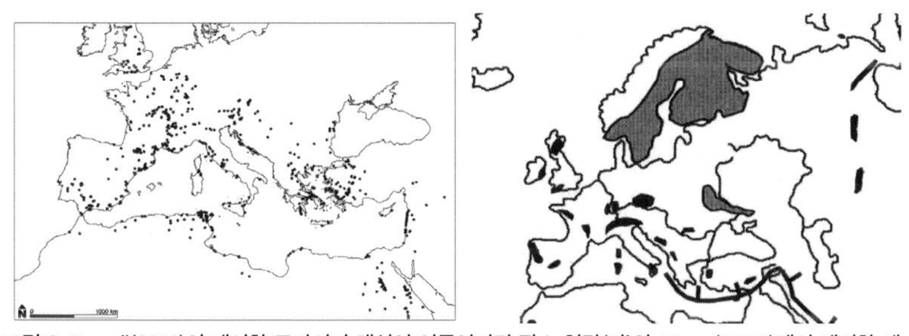

그림 2. Russell(2013)이 제시한 로마시기 채석이 이루어지던 장소 일람(좌)와 Migon(2006)에서 제시한 세계 화강암 분포도 중 로마의 세력권역에 있는 화강암 분포도(우)

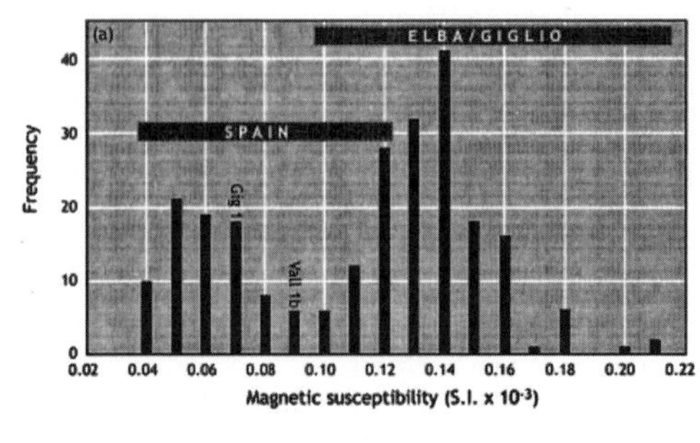

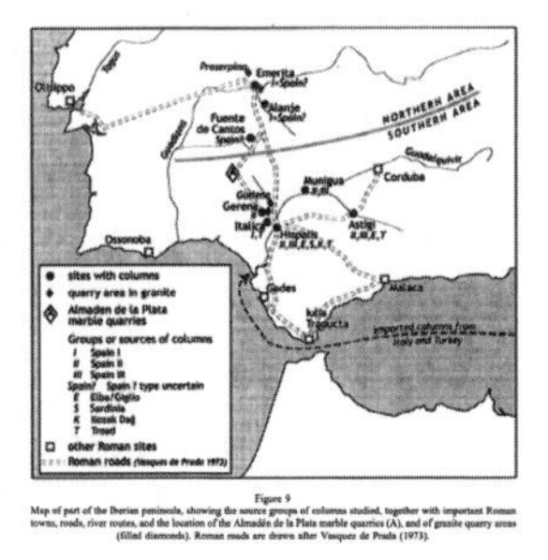

그림 3. Williams-Thorpe, Potts(2002)에서 제시한 자성검사를 이용하여 실제 원산지를 추정한 그래프(좌)와 이탈리아-터키산 화강암이 전래되었을 예상 무역로(우)

다 더욱 중요한 사실은 수운을 통해 코카서스산 화강암과 터키산 화강암이 스페인으로 운송되었으며, 지브롤터 해협을 지나 강을 통하는 것이 주요 수송 루트였다는 것이다. 이것은 도로와 다리로 대표되는 육로를 중심으로 로마가 유지되었다는 일반적인 선입견과 달리, 해상 운수가 로마제국에서 큰 입지를 가지고 있었고, 히스파니아 남부가 로마제국에서 가지는 비중이 결코 작지 않았음을 보여준다.

3D 스캐닝 기법과 소프트웨어를 활용한 영상분석 기법 연구

4차 산업혁명의 중요한 축으로 주목받고 있는 첨단장비를 통한 3D 정보의 측정과 이를 가공하는 컴퓨터 소프트웨어의 발달은 요철이 있는 문자 자료, 특히 석재와 같이 음각을 사용한 매체의 연구와 첨단과학을 만나게 하였다. 인류는 요철이 있는 정보를 획득하기 위해 점토, 석고 플라스터, 탁본, 심지어 촉각을 이용한 요철의 인지 등 다양한 방법을 사용하였다. 그러나 이러한 방법들은 표면의 미세한 요철을 잡아내기에는 역부족이었으며, 매번 요철정보를 획득할 때마다 차이가 발생할 수밖에 없다는 약점이 있다. 무엇보다 본질적으로 표면에 복구 불가능한 손상을 가한다는 점에서 신중한 접근을 요구하는 것들이었다.

적외선 레이저 등의 파장이 매질에서 반사되는 것을 측정하는 원리를 가지고 있는 3D 스캐닝 기법은 표면에 직접적인 접촉이 발생하지 않는다는 점에서 기존의 입체정보 획득방식이 가지고 있는 한계와 위험성으로부터 자유롭다. 초창기의 3D 스캐닝은 탁본보다 나을 것이 없는 방법이었으나, 광학센서의 발달, 반사된 파장을 처리하는 하드웨어의 진보, 그리고 무한에 가까운 정보를 종합하여 이미지로 구현하는 소프트웨어 부문의 혁신이 겹치면서 이제는 머리카락 두께보다 얇은 요철도 포착할 수 있는 수준까지 진보하였다. 특히 대기의 습도, 문자 매체의 크기 등의 제약사항을 극복하고, 요철정보와 조명정보, 색채정보 등 서로 다른 층위의 정보를 소프트웨어적 처리를 통해 분석함으로써 육안으로는 파악할 수 없던 정보를 종합적으로 시각화하는 것이 가능해졌다.

2017년 대영박물관은 로제타석을 360도 3D 스캔하고, 이를 통해 얻은 정보를 종합하여 만든 3D 이미지를 인터넷에 공개, 전세계 사람들이 무료로 접근할 수 있게 하였다. 이 3D 이미지는 3D 보존이라는 문자연구의 새로운 과제를 상징적으로 보여주는 것이다. 3D 스캐닝 기법의 성과로 주목되는 또 다른 사례가 바로 2012년 완료된 스톤헨지에 대한 분석이다. 스톤헨지의 기원과 기능, 용도와 거석의 출처 등에 대해서는 중세부터 최근까지 수많은 학설들이 각축을 벌이고 있었다. 이러한 상황을 정리하고 현대 과학기술로 스톤헨지를 분석하기 위해 잉글리시 해리티지 재단은 2012년 5월부터 8월까지 스톤헨지에 대한 종합적인 분석을 실시하였다. 그들은 석재의 물리적 특성에 대한 분석 및 3D 스캐닝을 통해 획득한 표면 정보를 소프트웨어를 통해 다각적으로 분석하는 방식 등 두 가지 방법을 채택하였다. 먼저 조사팀은 석재 자체가 방출하는 방사선의 특징을 분석하여 이 비석이 40km 이상 떨어져 있는 웨일즈 지방에서 운송해 온 것임을 밝혀냈다.

한편 스톤헨지의 역할에 대해 알기 위해서는 그 구성 바위의 표면 정보를 획득해야 했는데, 이 과정에서 결정적인 공헌을 한 기법이 다항식 텍스처 매핑(Polynomial Texture Mapping)이다. 이 기법은 많은 수의 카메라를 고정하여 장치한 후, 다양한 종류의 광원을 여러 강도로 발사하여 관측한 정보를 컴퓨터에서 종합적으로 정리·분석하는 것으로서, Reflectance Transformation Imaging으로도 불리운다. 전통적으로 연구자들은 조명의 밝기를 조정하며 연구 대상을 관찰하는 차등광원기법(Ranking Light)을 사용해 왔는데, 이는 연구자가 지정한 광원 단계만 관찰 가능한 데 비해, 다항식 텍스쳐 매핑 기법은 컴퓨터 프로그램의 도움을 통해 연속적인 빛의 변화를 구현할 수 있다. 획득한 표면 정보를 프로그래밍을 통해 다양한 질감으로 변환할 수 있다는 점 또한 문자가 새겨져

그림 4. Malzbender et al.(2001)에서 제시한 원본과 다항식 텍스쳐 매핑으로 요철의 차이를 시각적으로 구현한 새로운 질감 이미지

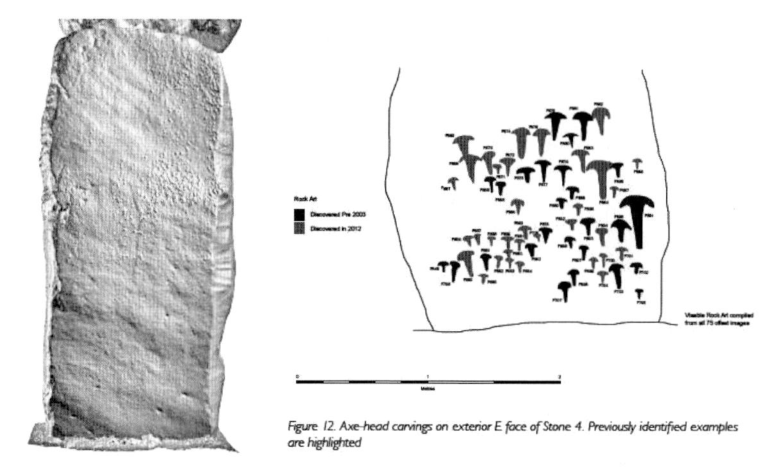

Figure 12. Axe-head carvings on exterior E face of Stone 4. Previously identified examples are highlighted

그림 5. 스톤헨지에 다항식 텍스쳐 매핑을 적용하여 획득한 이미지(좌)와 적외선 파장 자료 등을 통해 획득한 정보와의 합성을 통해 발견해 낸 새로운 도끼문양(우측 갈색 부분)

있는 매체의 표면을 인간의 오감 이상으로 관측할 수 있게 해 준다.

컴퓨터를 통해 모니터에 구현된 스톤헨지의 종합적 표면 정보는 놀라웠다. 희미한 도끼 머리 모양의 음각이 기존에 알려진 것보다 수십 배나 많음이 확인되었다. 이는 영국에 있는 신석기 시기 도끼 문양 중 대부분이라 할 정도로서, 해당 문양이 왕권 혹은 제사장의 권위를 나타냄을 고려할 때, 스톤헨지가 영국 전체 사원의 제사적인 기능과 매우 밀접한 관계를 맺고 있다는 학설을 실증적으로 뒷받춤해준다.

3D스캐닝과 컴퓨터를 통한 종합적 이미지 구현 기술의 파급력은 적지 않았다. 테러 활동으로 인한 유물의 영구적 손상 위협이 더해지면서, 구미 선진국 정부와 유관 기관들은 현재 표면정보를 가장 완벽하게 저장할 수 있는 방식인 3D 스캐닝과 다항식 텍스쳐 매핑 기법을 활용한 양적 데이터 확보에 진력하고 있다. 나아가 물리적-기후적-생리·화학적 파괴로 인해 조도와 각도 정보로도 알아보기 힘든 문자정보를 추출하는 기법

a
b
c
d
Figure 6: The final result of the proposed methodology: a V-PTM built from a MRM colour-coded 3D model of an inscription from Panóias sanctuary.

그림 6. Pires et al(2014)에서 제시한 형태잔차모델을 통한 풍화된 글자 인식과, Pires et al(2015)에서 제시한 다항식 텍스쳐 매핑과 형태잔차모델의 결합을 통한 글자 인식

도 개발되고 있다. 특히 문자 매체의 표면 마모 현상은 오랜 시간이 흐를수록 랜덤에 가까운 형태로 이루어지기 때문에, 최근에는 '빅데이터와 패턴 분석을 통한 정보의 제거'라는 새로운 패러다임이 제기되었다.

랜덤하게 마모된 표면이 너무 많은 요철 정보를 전달하여, 결과적으로 문자 유추를 불가능하게 하는 문제를 해결하기 위해 2014년에 형태잔차모델(Morphological Residual Model)이 발표되어 신뢰성과 유용성을 검증받고 있다. 형태잔차모델은 스캐닝을 통해 획득한 표면정보를 통계학적 분석을 통해 단순화하여 해당 표면에서 주된 경향성을 보이는 흔적을 부각시키는 기법이다. 그러나 이를 통해 인식된 글자가 정말 문자 매체에 원래 새겨졌던 글자인지는 아직 엄정한 검정을 거쳐야 한다. 형태잔차모델은 데이터 수집량을 늘리면 늘릴수록 정확도가 상승한다는 점에서, 문자 연구자들뿐 아니라 프로그래머, 수학자 등과의 협력을 통한 다학제적 연구를 필요로 한다고 할 수 있다.

비가시선을 활용한 잃어버린 문헌의 탐색

서구의 문자 문화에서 석재보다 더욱 중요한 위상을 차지하고 있던 매체는 양피지와 종이였다. 각각의 재질적 특성상 파피루스는 새로운 섬유를 기존 종이에 덧붙이는 방식으로, 양피지는 표면을 긁어내는 방식으로 매체를 재활용하는 것이 현대의 인쇄용지보다 용이하였다. 특히 양피 혹은 우피로 제작된 문헌들에서 재활용이 많이 이루어졌을 것으로 예상되나, 기존의 방법으로는 그러한 사례를 발견하는 것은 쉽지 않았다.

이러한 추론을 실증할 수 있게 된 것은 비가시광선을 활용한 비파괴 분석을 통해 매체에 물리적 자극을 가하지 않고 문자정보에 접근할 수 있게 되면서부터이다. 적외선 등 각종 파장을 매질에 발사할 경우, 원소의 특성에 따라 파장을 반사하는 정도가 다르다. 이러한 특성을 이용하여 자연광 하에서 인간의 육안으로는 관찰이 불가능한 매체를 관찰하는 것이 비파괴 분석의 기본적인 원리이다.

비파괴 분석의 가능성을 가장 잘 보여주는 사례로서 리빙스턴 문서 해석 사례와 아르키메데스 문서 재발견 사례를 들 수 있다. 19세기 영국의 가장 위대한 탐험가이자 선교사, 그리고 노예해방운동였던 데이비드 리빙스턴은 1866년 영국 왕립지리학회 등 학술기관들의 의뢰를 받아 나일강의 근원을 찾기 위한 탐험을 떠났다가, 1873년 5월 1일 잠비아에서 사망하였다. 그의 유품과 유해는 현지인들에 의해 운반되어 1874년 웨스트민스터 사원에 안치되었다. 이때 리빙스턴의 탐험일지도 함께 영국 런던으로 이송되었는데, 종이와 잉크가 떨어져 나무 열매에서 추출한 즙으로 이미 인쇄되어 있는 종이 위에 기록을 남길 수밖에 없었고, 고온다습한 기후로 인해 작성 당시부터 문자가 열화되었기 때문에, 당시 작성된

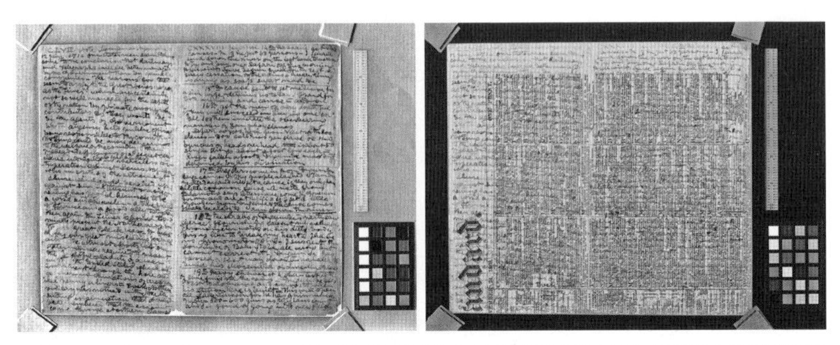

그림 7. Wisnicki, Ward, Easton, Knox(2016)에서 제시한 리빙스턴이 1971년에 남긴 이면지에 기록한 일지의 원본(좌)과, 스펙트럼 이미징 기법을 통해 글자를 인식해낸 것(우)

지 오래된 기록일수록 문자를 육안으로 인식하는 것이 불가능했다.

2010년 메릴랜드대학, 네버레스카대학, 리빙스턴 재단, 미국국립인문재단, 국립 스코틀랜드 도서관이 컨소시엄을 구성하여 리빙스턴 문헌 해독을 시작하였다. 연구진들은 리빙스턴 문헌을 해석하기 위해 미국항공우주국(NASA)에서 우주관측에 쓰던 기술인 스펙트럼 이미징 기법을 사용하였다. 스펙트럼 이미징 기법은 인간이 육안으로 관측할 수 있는 가시광선과 적외선, 자외선을 물체에 발사한 후 반사된 파장을 개별적으로, 또는 컴퓨터 소프트웨어를 통해 합성함으로써 희미한 문자를 선명하게 드러내는 방식이다.

이 프로젝트는 미국국립인문재단에서 "인문학의 지형을 바꿀 성과"라고 호평할 정도로 큰 성과를 거두었고, '디지털 인문학 개론'이라는 학부 과목이 개설될 정도로 인문학 전반으로 빠르게 파급되고 있다. 스펙트럼 이미징 기법의 진정한 잠재력은 원본에 손상을 가하지 않는 비파괴 방식이기에 가능한, (1) 기술이 발전함에 따라 동일한 매체를 조사하면서 더욱 다양한 정보를 얻을 수 있다는 점과 (2) 이렇게 획득한 정보를 디지털화하여 보존 및 공유하는 것이 수월하다는 두 측면에 있다.

이를 가장 잘 보여주는 것이 아르키메데스 문서(archimedes palimpsest)이다. 아르키메데스 문서는 성서 학자 콘스탄틴 티센도르프가 1846년에 작성한 동방여행이라는 기행록에 언급되면서부터 소실된 것으로 간주되던 아르키메데스의 책이 아닐까 하는 기대로 주목받던 서적이었다. 그러나 이 문서는 1299년 원본 양피지의 표면을 긁어낸 후 새로운 글자를 잉크로 적었기 때문에, 육안으로는 잉크가 흡수되지 않는 부분만을 해독할 수밖에 없었다. 때문에 양피지를 재활용하기 전의 원본 텍스트에 대한 연구는 매우 제한적이었다.

1999년, 수학자부터 그리스어 전공자, 컴퓨터 프로그래머, 소립자물리학자 등 다양한 배경을 가진 연구자들이 책을 분해한 후, 스펙트럼 이미징 기법을 통해 각 장의 표면을 촬영하였다. 표면정보를 왜곡하는 여러 요인들을 처리한 후, 자외선, 감마선을 포함한 14개의 파장을 통해 이미지를 생성한 후, 이를 상호비교하는 방식을 사용하였다. 기원전 4세기 경 고대 그리스에서 사용된 잉크는 중세에 사용된 잉크보다 철 성분이 많이 포함되어 있기 때문에 파장에 따른 원소들의 반사율 차이를 활용한 분석

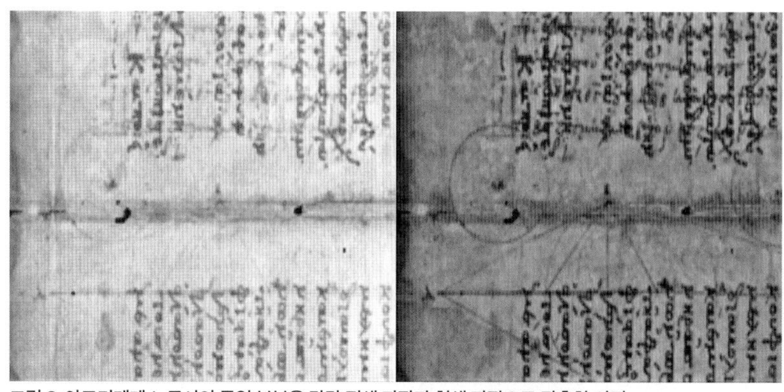
그림 8. 아르키메데스 문서의 동일 부분을 각각 적색 파장과 청색 파장으로 관측한 사진

을 통해 원본의 파괴 없이 고대 그리스 문자를 추출할 수 있었다.

이 책에는 1900년대 이후 가치를 올리기 위해 소유자가 성화를 위조해서 그려넣은 후 금박을 씌운 페이지가 존재하였는데, 2005년 연구진들은 빛이 투과하지 못하는 금박 너머 금 이외의 분자들이 모여있는 잉크 부분을 층층이 관찰하기 위해 x선 형광 이미징(X-ray fluorescence imaging) 기법을 사용하였다. 이와 함께 2007년에는 아르키메데스 문헌을 적색, 녹색, 청색 스펙트럼으로 촬영한 후, 획득한 이미지를 머신러닝 알고리즘을 통해 여러 요소가 혼재되어 있는 상황에서 주요한 변수가 집중적으로 부각될 수 있도록 컴퓨터 프로그래밍을 통해 처리하는 PCA(Principal component analysis) 방식으로 가공하였다. 그 결과 아르키메데스 문서에 고대 아테네의 정치인이자 웅변가였던 하이페리데스의 법정재판 당시의 연설문이 남아있음을 발견하였다.

아르키메데스 문헌 연구는 다양한 파장, 광선뿐 아니라 전자파, 심지어는 방사선을 활용한 비파괴분석을 통해 가시광선만을 인식할 수 있는 문자 연구자들에게 육체적 한계를 극복하고 보다 다채로운 정보를 제공할 수 있다는 점을 알려준다. 동시에 아르키메데스 문헌 연구는 비파괴분석의 최고의 강점인 '매체에 손상이 가지 않는다'는 특징을 활용하여, 원본이 잘 보존되어 있다면 지속적으로 새로운 기술을 적용하면서 새로운 정보를 도출할 수 있다는 점을 잘 보여준다.

오늘날에는 스펙트럼 이미징 분석기법, 특히 매체를 두께 단위로 분석할 수 있는 매크로 엑스선 형광 스캐닝(MA-XRF)기법을 사용하고, 훼손이 심하거나 매체에 다른 문헌이 있었을 가능성이 있다는'단서'없이 빅데이터적 분석을 통해 예상치 못한 문헌을 발견하는 단계에 이르렀다. 뿐만 아니라 스펙트럼 이미징 기법은 불타거나 습기에 의해 뭉쳐진 채 굳은 종

그림 9. 금박을 한 위조 성화(좌)와 x선 형광 이미징 기법을 통해 포착한 금박 이면의 그리스어(우)

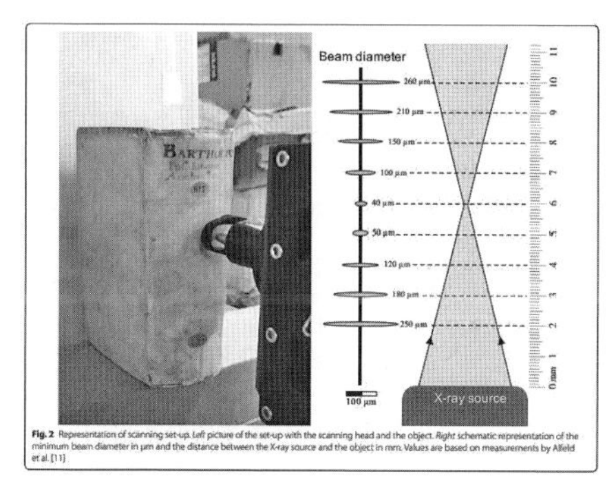

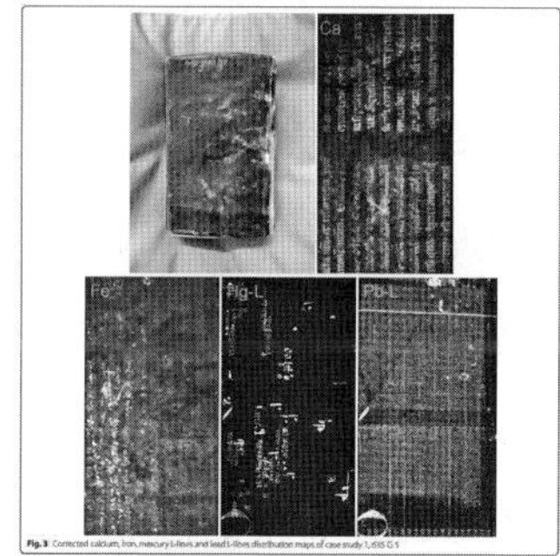

그림 10. 네덜란드 연구진들이 사용한 MA-XRF 기법에 대한 개념소개(좌)와, 이를 통해 책 표지로 재활용된 양피지에 새겨진 문자를 별도의 해체과정이나 화학적 처리 없이 인식해 낸 문자(우)

이의 글자를 해석하는 데도 사용되고 있다. 이러한 스펙트럼 이미징 기법의 장점을 이용하여 현재 서양 학계에서는 고문서가 많은 도서관이나 수도회 문서고를 전수조사하여 실전된 자료를 찾으려는 시도가 이어지고 있다.

일본의 사례를 비추어 본 한국 문자연구의 도전과 전망

첨단과학기술을 활용한 서구 문자연구 학계의 일련의 움직임은 한국 문자연구에 많은 시사점을 준다. 일본 역시 서구 학계의 성과에 주목하여 그 기법을 도입하여 일본의 문자연구 환경에 적합한지를 검토했다. 일본은 많은 수의 자료들이 온전한 형태를 보유하고 있다는 특성을 가지고 있어서, 목간이나 비단 및 정창원 문서 등 오래되고 파괴에 취약한 자료들에 대해서는 적외선 분석 등의 과학적 기법을 초기부터 도입하였으나, 종이 기반의 매체를 중점적으로 다루는 문헌 연구 분야에서는 보존 이외의 활동에 대해 소극적인 경향을 보였다. 때문에 일본 문자연구 학계의 첨단 연구는 고화질 카메라를 활용하여 이미지를 획득, 육안으로 인식 가능한 문자정보를 데이터베이스화하는 프로젝트를 중심으로 진행되었다.

그러나 2011년 동일본대지진으로 동북지방 전체가 막대한 피해를 입고, 후쿠시마 사태로 인한 2차 피해를 경험한 후, 일본에서는 이러한 피해가 문자 매체에 미칠 영향에 대해 심도 깊은 논의를 시작하게 되었다. 그 중에서 특히 이전과 논의의 방향이 달라진 점은 후손들이 원본이 없더라도 충분한 정보를 확보할 수 있도록 3D 스캐닝 등 가능한 최고의 기술을 사용하여 데이터베이스를 만들어야 한다는 인식이 증가하고 있다는 것이다.

이러한 흐름에 힘입어 일본에서는 사진 자료를 현재 가능한 최고 화질로 디지털화하는 방안과 함께, 서구 문자연구의 경험을 활용하여 석재 문자 매체에 다항식 텍스쳐 매핑과 형태잔차모델을 적용한 연구를 진행하였다. 이를 통해 풍화침식에 취약한 사암에 새겨져 형태를 알아볼 수

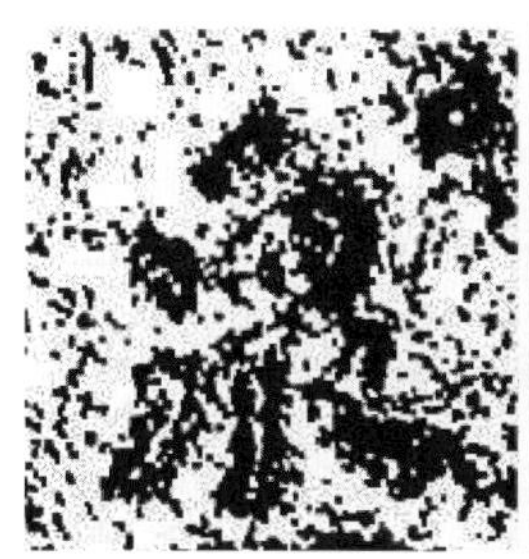

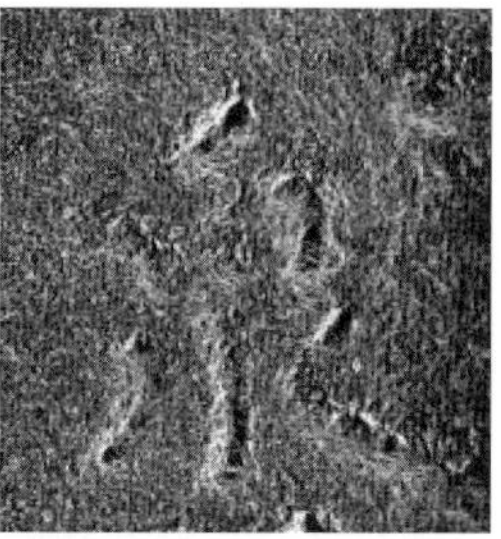

그림 11. 上椙(2014)에서 제시한 다항식 텍스쳐 분석 등을 통한 사암에 새겨진 마모문자 판독 사례

없이 마모된 글자를 파악하는 방식을 정립하는 등의 성과를 거두었으나, 서체와 미세한 부수의 차이 등 한자라는 글자가 가지고 있는 한계에 더해 표면의 마모편차가 심했기에 보편적인 적용방법론으로의 정립에 다다르지는 못하였다. 이를 해결하기 위해 매체의 위치, 금석문의 문자열 등의 주변정보를 활용하여 연구대상을 어느 정도 특정짓는 방식을 사용할 것이 제안되었다. 한국 역시 서구 문자연구의 경험의 적용에 있어 일본이 직면했던 문제를 경험할 가능성이 높기 때문에, 마모된 표면의 흔적에 형태잔파모델을 적용하기 위한 이미지 처리 소프트웨어의 개발과 함께 연구자들의 심도 깊은 논의를 통해 획득 이미지 해석을 위한 방법론을 공고히 할 필요가 있다.

일본은 연구의 한계로 지적되고 있던 한자해석에 있어 판단기준이 되는 자료 수의 부족을 극복하기 위한 방향으로 첨단기법 적용을 전개하고 있다. 그 중에서 특기할만한 연구로서 과거 지진 관련 문헌정보 획득 프로젝트 '모두 다같이 번역(みんなで翻刻)'을 들 수 있다. 이 연구는 교토대학 고지진연구소에서 국문학연구관과 연계하여 과거 지진에 대한 문헌을 데이터베이스화하는 데서 출발하였으나, 진행 과정에서 (1) 일본학에 대한 전세계적인 관심의 증가, 그리고 관에서 관리하는 문헌에 비해 결코

그 가치가 적지 않은 민간 문헌들이 라이프사이클의 변화와 (2) 문헌 보존에 관심이 있는 세대의 노령화로 인한 문자 매체에 대한 관리 부족 등의 이유로 민간의 문헌이 복구 불가능한 상태에 처하고 있다는 사실, (3) 고어체 혹은 옛 서체와의 연계점이 세대가 바뀔수록 적어지는 상황에서 고문헌 해독을 위한 교육의 기회비용이 지속적으로 상승하고 있기에 발생하는 연구의 지속 가능성 확보에의 고민 등의 문제에 직면하였다.

이러한 문제들을 해결하기 위해 스마트폰 어플리케이션을 통해 촬영자에게는 교토대학 지진연구소에서 번역 서비스를 무료로 제공하여 이용자의 문헌에 대한 접근성을 향상시키고, 지진연구소에서는 촬영한 민간문헌들을 데이터베이스화하여 다양한 민간 문헌들을 수집하는 시스템을 구축하였다. 교토대학, 오사카대학, UCLA의 연구진들이 개발하여 2016년 2월 18일에 발매한 iOS와 Android 어플리케이션은 학술 어플리케이션으로서는 드물게 한 달 동안 만 건의 다운로드를 기록할 정도로 성공적인 관심을 이끌어 냈다.

현재 '모두 다같이 번역'은 학생들에게 고문서를 읽는 방식을 교수하는 방식을 추가함과 동시에 이용자들이 스스로 고문서를 해석하여 주석을 남기면 다른 이용자들이 이에 대한 평을 하는 기능, 그리고 고문서 해독 레벨에 차등을 두어 더 어려운 문서를 해독하게 하는 경쟁 요소 등, 향후 필요에 따라 다양한 서비스를 추가할 예정이다. 이와 같은 일본의 사례는 서체의 다양성이나 부수의 민감성 등에서 상대적으로 자유로운 라틴어 기반의 문자 문화권에 비해 한자문화권이 가지고 있는 한계점과 함께, 고도의 디지털화가 이루어져 있는 동아시아권만이 가지고 있는 가능성, 그리고 기존 연구와 프로젝트들에 대한 심도 깊은 이해를 기반으로 첨단과학기술을 접목하는 것이 불가능하지 않음을 보여준다.

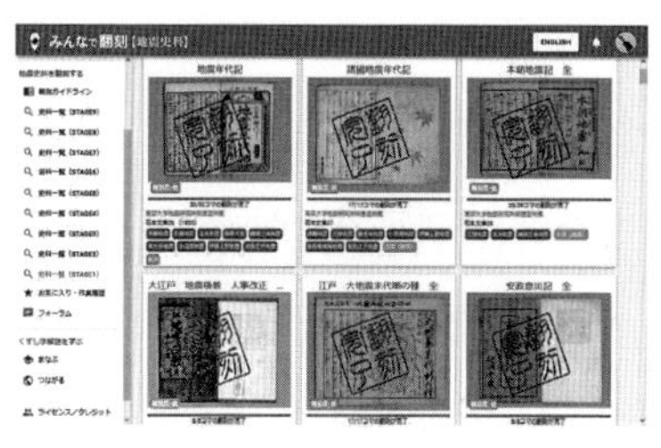
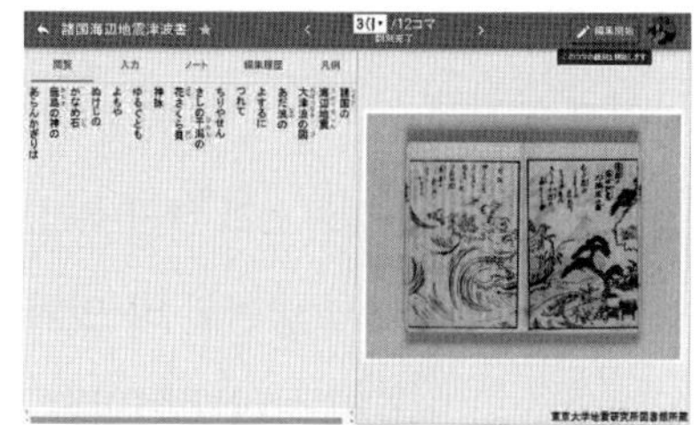

그림 12. 교토대학, 오사카대학, UCLA 컨소시엄이 개발한 '모두 다함께 번역'의 인터페이스

한국 역시 첨단기법을 적용하여 탑, 부도, 비석 등에 새겨져 있는 문자를 연구하고 있다. 그러나 한국의 문자연구 역시 일본과 같이 한자의 복잡다변한 부수, 시기별 서체와 글자 모양의 차이 등 서구 학계보다 더 큰 난관에 직면하고 있다. 특히 계절별 기후변화의 폭이 큰 한국의 기후환경은 문자 매체의 손상을 더욱 크게 한다는 점에서 일본이 미세한 표면정보를 해독할 때 겪었던 어려움을 더 크게 겪을 가능성이 크다. 이러한 지점에 대해서는 다학제적 융합연구를 통해 첨단과학기법으로 추출한 문자정보를 해독하는 기준을 마련하는 것이 필요하다.

과학기술 도입을 통해 발전한 서구 문자연구의 방법론은 문자에 대한 새로운 정보를 제공할 뿐 아니라, 파괴되기 쉬운 매체를 기록·보존하는 데도 공헌할 수 있다. 화강암과 사암같이 기후적 풍화에 취약한 재료를 사용한 비석과 같은 매체의 경우 지속적 손실을 경험하고 있다. 특히 현재 열악한 환경에 있는 북한 소재의 문자 매체들은 시간이 지남에 따라 영구적 파괴의 위험성이 적지 않다. 서구 문자연구의 경험을 한국의 문자연구 환경에 맞게 재해석할 수 있다면, 미래세대의 문자연구를 위한 초석을 공고히 할 수 있을 것이다.

서구의 경험은 첨단과학기술이 야기하는 세 가지 새로운 도전을 보여준다. 첫째, 의외의 매체에 들어있는 의외의 문자정보를 추출하는 서구의 방법론은 문중문고 등 민간의 문헌들에서 의외의 정보를 발견할 가능성을 제시한다. 실제 최초의 한글소설로 평가받는 설공찬전이 전혀 상관없는 책의 제본부에서 발견된 바 있기에, 해체 작업보다 더 빠르고 문서손상이 없는 스펙트럼 이미징 기법은 실전된 문헌 발견에 요긴하게 사용될 수 있다. 둘째, 석재의 원산지 분석, 그리고 표면에 미세하게 남은 흔적에서 문자정보를 추출하는 방식은 문헌자료가 적은 삼국시대의 자료를 분석하는 데 요긴하게 사용될 수 있다. 마지막으로 일본에서 운영되고 있는 '다함께 번역'의 사례는 첨단과학장비와 이를 해석하는 기준의 제정과 함께 문자 연구에의 접근성과 연구 생태계 조성의 중요성을 보여준다. '다함께 번역'이 학습과 재미, 편리함이라는 요소를 도입하여 문자연구의 저변을 확장하고 타 분과학문과의 접점을 늘린 것처럼, 한국의 문자연구 역시 다학제적 연구가 가능한 지속가능한 연구생태계 조성을 달성한다면 전술한 두 가능성의 파급효과를 극대화할 수 있을 것이다.

참고문헌

박상구·박성철·김재환·좌용주, 2017, 「남한산성 외성 성벽부재에 대한 암석학적 연구 및 산지추정」, 『암석학회지』53(4).

박성철·문성우·김사덕,·좌용주, 2015, 「불국사 삼층석탑에 사용된 석재의 암석학적 연구」, 『암석학회지』24(1).

上椙英之·上椙真之·多仁照廣, 2012, 「石造遺物銘文取得のためのデータベース開発」, 『じんもんこん 2012 論文集』(7).

上椙英之·上椙真之, 2014, 「砂岩製石造遺物における銘文の風化傾向と銘文の取得方法について」, 『研究報告人文科学とコンピュータ (CH)』103(2).

Knox, Keith T.; Easton, Roger L.; Christens-Barry, William A.; Boydston, Kenneth Recovery of handwritten text from the diaries and papers of David Livingstone. In: Computer Vision and Image Analysis of Art II. International Society for Optics and Photonics, 2011.

Miller, Eric; Lee, Nicholas J.; Uprichard, Kenneth; Daniels, Vincent. The examination and conservation of the Rosetta Stone at the British Museum. Studies in Conservation, 2000, 45.

Pires, Hugo; Goncalves-Seco, Luis; Fonte, Joao; Santos, Maria Joao Correia; Sousa, Orlando. Morphological Residual Model: a tool for enhancing epigraphic readings of highly erosioned surfaces. Information Technologies for Epigraphy and Cultural Heritage. Studi Humanisti-Serie Antichista, Sapienza Universitá Editricie, 2014.

Russell, Ben. The economics of the Roman stone trade. OUP Oxford, 2013.

WILLIAMS-THORPE, Olwen; POTTS, P. J. Geochemical and magnetic provenancing of Roman granite columns from Andalucia and Extremadura, Spain. Oxford journal of archaeology, 2002.

Wisnicki, Adrian S.; Ward, Megan; Easton Jr. Roger L.; Knox, Keith. Spectrally Illuminating the Hidden Material History of David Livingstone's 1870 Field Diary. Victorian Studies, 2016.

한국목간학회 연구총서 04
주보돈교수 정년기념논총

문자와 고대 한국 |2|

교류와 생활

엮은이 | 한국목간학회
펴낸이 | 최병식
펴낸날 | 2019년 10월 21일
펴낸곳 | 주류성출판사
주소 | 서울특별시 서초구 강남대로 435(서초동 1305-5) 주류성빌딩 15층
전화 | 02-3481-1024(대표전화)　팩스 | 02-3482-0656
홈페이지 | www.juluesung.co.kr

값 30,000원

잘못된 책은 교환해 드립니다.

ISBN 978-89-6246-405-4 94910
ISBN 978-89-6246-254-8 94910(세트)